Thor Heyerdahl · Wege übers Meer

Thor Heyerdahl

# Wege übers Meer

## Völkerwanderungen in der Frühzeit

C. Bertelsmann Verlag

Die englische Originalausgabe erschien im Verlag
George Allen & Unwin, London, unter dem Titel
»Early Man and the Ocean«
Aus dem Englischen von Jutta und Theodor A. Knust


Gesamtherstellung: Welsermühl, Wels
Printed in Austria · ISBN 3-570-00107-5

Gewidmet den zahllosen Herausforderern, deren Widerspruch mich zum Bewunderer des frühen Menschen und zum Freund der lebendigen See gemacht hat; den gelehrten Fachleuten, von deren bahnbrechender Arbeit dieses Buch ganz und gar abhängig ist und die dennoch Schlupflöcher gelassen haben, so daß ich mich gezwungen sah, mich dort, wo es keine lebenden Gewährsleute gibt, an den frühen Menschen zu wenden.

# Inhalt

# I

## Frühe Schiffe und das Meer

# 1

# Anfänge der Seefahrt

Der Mensch hißte Segel, bevor er ein Pferd sattelte. Er stakte und paddelte die Flüsse entlang und befuhr die offenen Meere, bevor er auf Rädern eine Straße entlangfuhr. Die Wasserfahrzeuge waren von allen Fahrzeugen die ersten. Mit ihnen ging die Steinzeit zu Ende. Indem der frühe Mensch Segel setzte oder auch nur mit der Strömung reiste, konnte er die Inseln besiedeln. Gebiete, die auf dem Landweg nur durch generationenlange Wanderungen erreicht werden konnten, da man sich Hindernissen wie Sümpfen oder unbelebten Tundren, kahlen Gebirgen und undurchdringlichen Dschungeln, Gletschern und Wüsten gegenübersah, ließen sich durch zufälliges Driften oder durch Navigation in Wochen erreichen. Wasserfahrzeuge waren die ersten großen Werkzeuge des Menschen bei seiner Eroberung der Welt.

Das hier folgende Kapitel über frühe Schiffe erschien ursprünglich im Jahr 1972 in *Dialogue.* Es ist etwas erweitert worden, vor allem durch eine Beschreibung der haltbaren Binsenflöße der Sumpfaraber, die ich später im gleichen Jahr im Irak studierte, und durch neue Ergebnisse der Feldforschung im Jahr 1976 in Ägypten.

Wann wagte sich der Mensch zum erstenmal aufs Meer, und wie sah sein Fahrzeug aus? Wie weit konnte er sich uneingeschränkt auf hoher See bewegen?

Noch vor knapp zwei Jahrhunderten, als das Segel die Ozeane beherrschte, nahm man allgemein an, daß die Kulturvölker der Frühzeit zu fast unbegrenzten Wanderungsbewegungen fähig gewesen seien. Schließlich hatten die Schiffe Magellans, Kapitän Cooks und vieler anderer ein-, zweimal nur mit Hilfe des Windes die Welt umsegelt – weshalb sollten es die alten Völker nicht auch getan haben? Doch als man den Propeller- und den Düsenantrieb erfand und die Welt von einer Generation zur anderen immer kleiner wurde, gewannen wir den Eindruck, sie sei in früheren Zeiten weit größer, in den Tagen vor Kolumbus geradezu endlos und die Ozeane seien unpassierbar gewesen.

In der ersten Hälfte dieses Jahrhunderts, als Dampfschiffe und Flugzeuge die großen und kleinen Segelschiffe auf den Meeren ersetzten, bildete sich unter den modernen Anthropologen die Ansicht, der Mensch sei vor Erfindung des hölzernen Schiffsrumpfes aus Spanten und Planken und vor dessen Entwicklung zu ausreichender Größe bei seinen Reisen auf Binnen- und Küstengewässer beschränkt gewesen. Man hielt aus seefahrtstechnischen Gründen transozeanische Kontakte mit Amerika für unmöglich, bevor es die kleinen, aber hochgebauten Karavellen wie die des Kolumbus aus dem Jahr 1492 gab.

Die übliche Vorstellung in den Lehrbüchern für Schiffbau ist immer noch die, daß sich der Mensch zuerst rittlings auf einen Baumstamm setzte, um kurze Wasserstrecken zu überqueren. Um trockene Füße zu behalten, ging er als nächstes daran, den Baumstamm mit Querbeil und Feuer auszuhöhlen. Und als er sich in immer höhere Wellen wagte, setzte er immer mehr Seitenplanken auf, um das Wasser am Hereinschlagen zu hindern, bis er schließlich zum hohlen Rumpf mit wasserdichtem Deck hoch über dem Wasserspiegel gelangte, um so auch dem heftigsten Wellengang trotzen zu können. Und je größer der Rumpf wurde, desto weiter, so nahm man an, wagte er sich aufs offene Meer hinaus. Kaum ein einziges Lehrbuch weicht von dieser Ansicht, wie der Mensch die ersten Schiffe baute, ab. Doch bei genauerer Prüfung steht das altehrwürdige Dogma im Gegensatz zu den bekannten Tatsachen.

Es liegt auf der Hand, daß das erste Interesse des Menschen bei der Entwicklung von Wasserfahrzeugen dem Problem der Schwimmfähigkeit galt. Auf der ganzen Welt wurde dieses Ziel mit Hilfe zweier völlig verschiedener Prinzipien erreicht. Das eine besteht darin, ein Fahrzeug, das vom Wasser durchspült wird, aus Bestandteilen, die selbst schwimmen, so zusammenzusetzen, daß das entstehende Gebilde genügend Auftrieb besitzt, um die erforderliche Mannschaft und Ladung zu tragen. Das andere besteht im Bau eines wasserdichten Rumpfes, der seinen Auftrieb nicht dem Material, sondern der Verdrängung des Wassers durch Luft verdankt.

Eine Überprüfung der ältesten erhaltenen Bootsabbildungen zeigt, daß sich Schiffe aus der ersten dieser beiden Kategorien entwickelt haben und nicht, wie allgemein angenommen worden war, aus dem Einbaum, dem ausgehöhlten Baumstamm. Das läßt sich sowohl in der Alten wie in der Neuen Welt sehr leicht beweisen. Für Amerika gibt es keine andere Möglichkeit. Als die Europäer Amerika entdeckten, war die Hochseeschiffahrt sowohl auf der atlantischen als auf der pazifischen Seite der Neuen Welt bereits hoch entwickelt und wurde in großem Maße ausgeübt. Doch nicht einmal die fortgeschrittensten amerikanischen Eingeborenenkulturen waren auf den Gedanken gekommen, Schiffe aus Spanten und Planken zu bauen, obwohl Kanus allgemein gebräuchlich waren. Die Segelfahrzeuge des alten Amerika waren flache, robuste Flöße aus Balsastämmen und bootsförmige Binsenflöße mit elegant hochgezogenem Bug und Heck. Beide Arten beförderten viele Tonnen schwere Ladungen auf geplanten Handelsreisen zwischen weit voneinander entfernten Gebieten der Neuen Welt. Offensichtlich hat sich also die Hochseeschiffahrt in der Neuen Welt entweder auf der amerikanischen Seite des Ozeans selbständig entwickelt, oder es müßten, falls es Einflüsse von der Alten Welt gegeben hat, diese von Seefahrern gekommen sein, die die Prinzipien des Schiffsrumpfes aus Spanten und Planken nicht kannten. Daß seetüchtige Binsenschiffe und Flöße aus Baumstämmen bei den Eingeborenen Amerikas ebenso alt sind wie deren Zivilisation überhaupt, zeigt sich an den Modellen und Abbildungen aus Keramik, auf gewebten Stoffen und aus Holz, die in riesigen Mengen in den ältesten Wüstengräbern vom nördlichen Peru bis nach Chile entdeckt worden sind.

Wenn die heutige Annahme der Anthropologen korrekt ist, waren vor dem 1. vorchristlichen Jahrtausend in Amerika weder Zivilisation noch Schiffbau zu finden, während die Mittelmeerzivilisation um diese Zeit bereits den Ozean jenseits von Gibraltar befuhr, und zwar sowohl in Binsenbooten wie auf Plankenschiffen.

Wie bereits erwähnt, entwickelte sich in den Eingeborenenzivilisationen Amerikas das Schiff aus Spanten und Planken überhaupt nicht, während die Kunst der Alten Welt deutlich zeigt, daß sich die erste Form des Holzschiffes in den Mittelmeerländern aus einer früheren Form des Binsenbootes entwickelt hat. Binsenboote und Darstellungen von Binsenbooten sind im gesamten Mittelmeerraum gefunden worden, von Mesopotamien, Ägypten, den Küsten des heutigen Syrien, Libanon und Israel über Zypern, Kreta, Korfu, Malta, Italien, Sardinien, Libyen, Algerien und über Gibraltar hinaus bis zur Atlantikküste von Marokko. Kürzlich wurde vor dem alten phönizischen Hafen Cadiz an der Atlantikküste Spaniens von Tauchern ein phönizischer Krug gefunden, mit realistischen Reliefs von Binsenbooten geschmückt, die auf dem Deck eine strahlende Sonne tragen. Zusammen mit einer kleinen ägyptischen Bronzestatue aus dem gleichen Atlantikhafen wird der Krug im Archäologischen Museum von Cadiz ausgestellt. Solche Binsenboote sind noch in diesem Jahrhundert von Mesopotamien bis zum atlantischen Marokko gelegentlich in Gebrauch gewesen, während Felszeichnungen und -malereien aus Ägypten und der algerischen Sahara zeigen, daß sie bereits vor 5000, 6000 oder vielleicht gar 7000 Jahren benutzt worden sind.

Die größte Zahl von Darstellungen solcher Schiffe findet sich im Wüstengebiet Ägyptens zwischen dem Niltal und dem Roten Meer. In einer kürzlich veröffentlichten Monographie über diese nubischen Felszeichnungen von Walther Resch zeigen die zahlreichen Abbildungen, daß Binsenboote – abgesehen von Menschen- und Tierfiguren – das bei weitem dominierende Motiv sind und außer Waffen übrigens das einzige von Menschen angefertigte Produkt.[1] Man ist überrascht, daß die Mehrzahl dieser sichelförmigen Fahrzeuge eine recht starke Besatzung hat, bisweilen 50 Mann oder noch mehr. Neben dem doppelten Steuerruder weisen manche

Binsenschiffe von alten ägyptischen Felszeichnungen (nach Resch 1967)

40 oder mehr Ruderriemen im Wasser auf, während eine beträchtliche Zahl von Schiffen Mast und Takelung besitzt, einige sogar ein mächtiges gehißtes Segel. Für die gewaltigen Ausmaße sprechen nicht nur die vielen Leute und Ruderriemen, sondern auch gehörnte Rinder und andere große Tiere, die auf dem Deck winzig wirken. Es ist nicht ungewöhnlich, daß auf Deck ein oder gar zwei Kabinen dargestellt sind, eine vor, die andere achter dem Mast. Das Papyrusschiff *Ra II,* auf dem unsere unerfahrene achtköpfige Mannschaft im Jahr 1970 den Atlantik überquerte, war klein im Vergleich zu den größeren der abgebildeten Schiffe, die ein, zwei Jahrtausende älter sind als der Beginn der 1. Dynastie in Ägypten.

Kürzlich, bei meinem Besuch im Wadi Abu Subeira, einer Schlucht in der nubischen Wüste zwischen dem Assuan-Staudamm und dem Roten Meer, hatte ich das Glück, mehrere historisch bisher unbekannte Abbildungen dieser frühen, vordynastischen Segelschiffe zu entdecken. Sie waren umgeben von in den Fels geritzten Wasserböcken, Giraffen, Krokodilen und anderen Tieren, die darauf hindeuten, daß die heutige Wüste in dieser Gegend

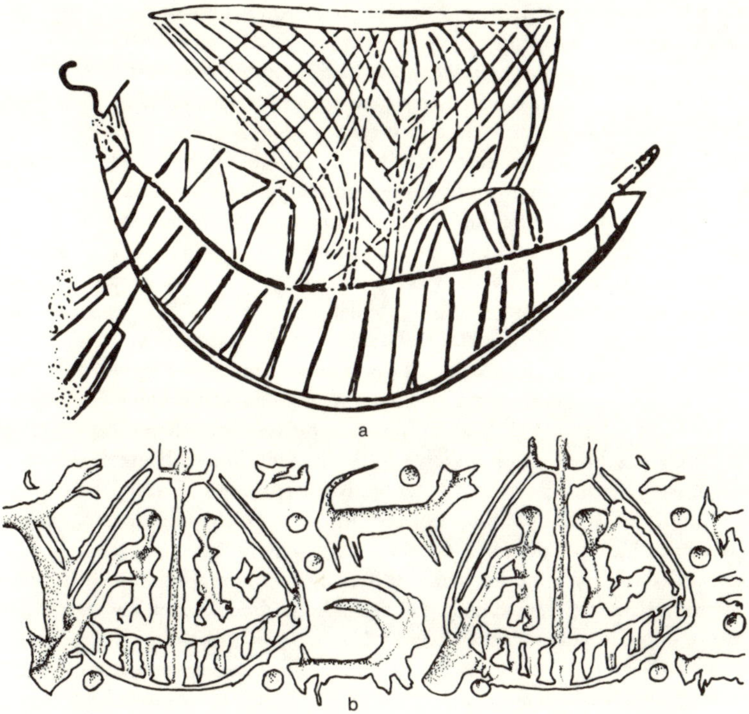


Binsenschiffe aus einer Höhle in Israel (a) und einem Rollsiegel aus Zypern (b)

von Wald bedeckt und die jetzige Schlucht in jener frühen Zeit, als die Felszeichnungen entstanden, ein Fluß war.

Wie weit diese sichelförmigen Binsenfahrzeuge aus der gleichen frühen Zeit verbreitet waren, wurde deutlich, als Henri Lhote im Jahr 1956 von seiner Expedition ins Tassili-Gebiet der algerischen Sahara mit den erstaunlichen Entdeckungen von Felsmalereien zurückkehrte, die neben Menschen- und Tierfiguren Flußpferdjagden von Binsenbooten aus darstellten. Kohlenstoffdatierungen ergaben, daß diese Sahara-Kunst aus der Zeit zwischen dem 6. und 2. Jahrtausend v. Chr. stammt. Lhote erklärte, daß die verschiedenen von ihm entdeckten Schiffszeichnungen Binsen-Nilboote des gleichen Typs darstellen, wie sie in der vordynastischen Periode in Ägypten gefunden wurden. Aus diesen Binsenbootabbildungen und anderen identifizierbaren Motiven leitet er eine Verbindung zwischen der frühen Hirtenkultur Algeriens und den frühesten Kulturen Ägyptens ab.[2]

Die Wissenschaftler sind sich immer noch uneinig, wenn es zu der Frage kommt, ob die erste Zivilisation im ägyptischen Niltal oder auf den Flußebenen Mesopotamiens entstanden ist. Bestimmt hat es seit den ersten Kulturanfängen wechselseitige Beziehungen zwischen den beiden Gebieten gegeben. Unter den Archäologen der Fachrichtung Naher und Mittlerer Osten ist allgemein bekannt, daß in den Jahrhunderten nach dem Entstehen örtlicher Zivilisationen zwischen diesen beiden Gebieten beiderseits der Arabischen Halbinsel Handel stattgefunden hat, weil ägyptische Artefakte bei Ausgrabungen in Mesopotamien gefunden worden sind und umgekehrt. In seiner Studie über die seefahrenden Händler von Ur zeigt A. L. Oppenheim, daß die reichlichen Einfuhren von Elfenbein in das südliche Mesopotamien entweder aus Ägypten oder aus Indien kamen. Die Insel Bahrain im Persischen Golf diente den mesopotamischen Seeleuten dabei als zentraler maritimer Marktplatz.[3] Wie S. R. Rao nachweist, sind Siegel aus dem Industal im Innern Mesopotamiens ausgegraben worden. Die archäologischen Fundstätten reichen von Ur und Uruk nahe dem Persischen Golf bis zum Tell Brak in Syrien nahe der türkischen Grenze. Und G. F. Dales schließt aus kürzlich ausgegrabenen, kunstvoll angelegten Häfen, die von frühen Bewohnern der Stadt Harappa im Industal gebaut worden sind, daß sich diese mit »hochorganisierten Seehandelsunternehmungen« nach Mesopotamien und anderen Ländern im Westen beschäftigten.[4] Importierte Elfenbeintäfelchen, auf denen typisch ägyptische Motive eingeschnitzt sind, treten so häufig in archäologischen Funden aus dem alten Mesopotamien auf, daß die meisten Museen im Irak Exemplare besitzen und das Nationalmuseum in Bagdad diesen im Lande gefundenen ägyptischen Kunstobjekten eine ganze Halle eingeräumt hat. Weniger bekannt ist dagegen, daß P. Amiet in seiner Studie über die erste Form der Hieroglyphen in Mesopotamien entdeckt hat, daß das früheste Vorkeilschriftzeichen für »Schiff« identisch mit dem ist, das in der Schrift des alten Ägypten »Meer« bedeutet. Wie A. Falkenstein bereits früher gezeigt hat, ist diese Hieroglyphe für »Schiff« in den frühesten sumerischen Texten Mesopotamiens, die bis etwa 3000 v. Chr. zurückgehen, sehr häufig. Das Zeichen stellt ein sichelförmiges Binsenboot mit querlaufenden Zurrings (Bindeleinen) und sonderbarem S-förmigem Schmuck an Bug und Heck dar.[5] Das soll zeigen, daß Mesopotamien und Ägypten, noch bevor diese beiden kontinentalen Zivilisationen um 3000 v. Chr. in den Gebieten beiderseits der Arabischen Halbinsel Wurzel faßten, bereits ein ganz besonderes Hieroglyphenzeichen gemeinsam hatten, das dieselbe Grundbedeutung besaß und so spezielle ornamentale Einzelheiten aufwies, daß sie anderswo auf der Welt niemals wiederholt worden sind. Der Bug- oder Heckteil des gleichen Schiffstyps wird als eigenes Hieroglyphenzeichen verwendet. Falkenstein weist nach, daß in dieser frühesten mesopotamischen Schrift das sumerische Zeichen für »Herr« oder »Vornehmer« (*en*) durch den Vordersteven eines solchen Binsenschiffs dargestellt wird, vermutlich, weil dies der übliche Platz für den Schiffsherrn war.

Aus den Hieroglyphenzeichen und aus der religiösen und Gedenkkunst ergibt sich deutlich, daß Binsenschiffe vor der Gründung lokaler Stadtstaaten ein wesentlicher Teil der mesopotamischen Kultur waren. Vermutlich waren sie das einzige Wasserfahrzeug, das während der Periode der frühesten Dynastien bekannt war. Amiet weist darauf hin, daß die erwähnte Hieroglyphe einem so alten Fahrzeug entspricht, daß seine besondere Form während des Alten Reiches außer Gebrauch kam und nur noch religiösen Zwecken diente, obwohl andere Formen von Binsenbooten in früher sumerischen Gebieten bis in das jetzige Jahrhundert benutzt worden sind.

Die seetüchtigen Schiffe des alten Ur und ihre wertvollen Ladungen aus fremden Ländern werden auf den frühesten sumerischen Tontäfelchen ständig erwähnt, und Oppenheim weist darauf hin, daß diese Fahrzeuge »außerordentlich groß sind«. In den Verzeichnissen der 3. Dynastie werden Größen von 300 *gur* genannt, was 96 000 Liter oder fast 100 Tonnen entspricht. In seiner gründlichen Studie über die Wasserfahrzeuge der frühen Babylonier erwähnt auch A. Salonen Täfelchen, die Schiffe mit über 50 Tonnen Fracht beschreiben, und auch er weist darauf hin, daß der Schiffbau in Mesopotamien bestimmt mit Binsenschiffen begann und daß diese später als Modelle oder Prototypen dienten, als die ersten aus Planken erbauten Schiffe in Gebrauch kamen.[6] Vielleicht kann man sich schwer vorstellen, daß Menschen, die man gern als recht primitiv betrachtet, wirklich große Fahrzeuge, neben denen unsere Papyrusschiffe *Ra I* und *Ra II* klein erschienen, bauen und navigieren konnten. Noch schwerer wäre allerdings zu glauben, daß die gleichen frühen Menschen Pyramiden wie die von Sakkara in Ägypten und von Ur und Uruk im Iran hatten bauen können, wenn wir davon lediglich durch geschriebene Worte erfahren hätten und sie nicht in dauerhaftem Stein oder Ziegel hätten sehen können.

Binsenschiffe mit dem Sonnengott, mit Vogelmännern und anderen Gottheiten an Bord und bisweilen mit Decksaufbauten, Hornvieh und anderen Beweisen für große Dimensionen sind auf den ältesten sumerischen Siegeln überaus häufig und erscheinen gelegentlich weit aufwärts an den zwei Strömen, dort, wo das Gebiet der Hethiter in der heutigen Südtürkei liegt. Große assyrische Reliefs aus dem frühen Ninive zeigen realistische Binsenschiffe im Seekampf. Besiegte Seeleute werden von Doppelreihen enternder Feinde über Bord zu den Krabben und Fischen geworfen. Binsenschiffe und Baumstammflöße gingen in Kleinasien genau wie in Ägypten den hölzernen Schiffen voraus, und das gleiche ergibt sich aus den Schiffsdarstellungen auf Siegeln und Felszeichnungen der frühen Zivilisationen auf Zypern, Kreta und Malta.

Unter diesen ältesten bekannten Schiffsabbildungen der Welt befindet sich nicht ein einziger gerader, ausgehöhlter Einbaum. Alle Fahrzeuge sind vom Bug bis zum Heck gebogen, die meisten vollkommen sichelförmig – die übliche stilisierte Wiedergabe eines Binsenbootes. Während Übergangsformen vom Einbaum zu den ersten hölzernen Schiffen in dieser oder sonstiger frühen Kunst fehlen, läßt sich die Entwicklung von den Binsenbooten zu den ersten hölzernen Schiffen sehr deutlich in der späteren und verfeinerten Kunst des pharaonischen Ägypten und ebenso durch das unmittelbare Studium der ältesten bekannten Reste mit Spanten versehener Schiffe verfolgen. Tatsächlich zeigen im ganzen inneren Mittelmeerraum, wo die Hochseeschiffahrt begann, alte Siegel und Felszeichnungen, daß alle wirklich frühen Formen seegehender Schiffe entweder aus Binsen hergestellt oder in Form von Binsenbooten gebaut worden sind. Da die originalen Fahrzeuge überall außer in den trockenen und völlig verschlossenen Wüstengräbern Ägyptens zerfallen und verschwunden sind, müssen wir uns dorthin wenden, um eine Erklärung dafür zu finden, weshalb in den frühesten hölzernen Schiffen die Form der Binsenboote erhalten blieb.

Wenn der Künstler der frühen Pharaonen legendäre Fahrzeuge darstellte, die der Zeit der frühen Götter und der ersten göttlichen Vorfahren des Menschen zugeschrieben wurden, wiesen diese stets die Sichelform der aus Papyrusstengeln zusammengebundenen Schiffe auf, deren anmutig aufwärtsgeschwungene Enden gewöhnlich in einer symbolischen Papyrusblüte ausliefen. Hier wurden auch der Sonnengott, vogelköpfige Gottheiten und andere Kulturheroen der Vorfahren bei ihren Reisen unveränderlich auf Papyrusbooten dargestellt, niemals auf hölzernen Fahrzeugen. Die alten Künstler bilden nur die späteren historischen Pharaonen bei der Benutzung von hölzernen Schiffen ab – neben der von Fahrzeugen der älteren Form aus Papyrus –, und etwa vom 2. vorchristlichen Jahrtausend an scheinen nahezu alle größeren Schiffe aus zusammengefügten Planken gebaut worden zu sein. Nur Jagdfahrzeuge und die Boote der Armen wurden weiter aus Papyrusstengeln zusammengebündelt. Die Grabmalereien dieser Periode zeigen Ernte und Transport von Papyrusbündeln, die, wie in den Tagen der Götter, mit Tauwerkrollen zusammengebunden sind. Besonders auffallend ist, daß all diese ersten Holzschiffe die Gestalt der Papyrusboote bis in jede Einzelheit nachahmen, sogar die hochgezogenen Bogen von Bug und Heck, die in der charakteristischen Kelchform der Papyrusblüte enden. Der Zimmermann, der mit starrem Holz arbeitete, mußte sich unendlichen Mühen unterziehen, um die äußerst komplizierten Kurven zu kopieren, die sich bei den biegsamen Papyrusstengeln der Vorfahren ganz natürlich ergeben hatten.

Die hochentwickelte Form dieser pharaonischen Fahrzeuge, sowohl die der ursprünglich aus Papyrus als auch die der hölzernen Nachahmungen, war der Navigation in Brandung und grober See angepaßt. Diese komplizierte Form beizubehalten war ganz überflüssig, da die Pharaonenfahrzeuge hauptsächlich auf dem Nil benutzt wurden, wo sich die Wellen höchstens sanft kräuselten und wo Barken oder flache Flöße für alle Zwecke ausgereicht hätten. Deshalb genügt allein schon diese Form, um zu zeigen, daß der Urtyp des Binsenschiffes der alten Ägypter für den Gebrauch über die Nilmündung hinaus entwickelt worden war. Diese verwirrende Tatsache rückte durch die Entdeckung der wohlerhaltenen Zedernplanken des kompletten Fahrzeugs des Cheops, das vor wenigen Jahren in einer mit Steinplatten bedeckten Kammer am Fuß seiner Pyramide gefunden wurde, auf dramatische Weise in den Mittelpunkt des Interesses. Als es Ahmed Joseph, dem Chefkustos für Archäologie in Ägypten, gelang, all die riesigen Planken wieder zusammenzusetzen, indem er neue Leinen durch die alten Bändsellöcher zog, stand die Welt dem ältesten noch vorhandenen Schiff gegenüber.

Etwa 2700 v. Chr. gebaut, besaß es eine Gesamtlänge von 46 Metern und war so vollendet stromlinienförmig und elegant, daß die Wikinger nichts Anmutigeres oder Schiffsmäßigeres bauen konnten, als sie einige Jahrtausende später in kleineren Fahrzeugen mit ähnlichen Linien die Meere befuhren. Der auffallendste Unterschied zwischen den beiden scheinbar verwandten Schiffstypen war der, daß der Rumpf des Wikingerbootes gebaut war, um den Anprall der Ozeanwellen auszuhalten, während das Schiff des Cheops für Prunk und Zeremonien auf dem ruhigen Nil berechnet war. Abnutzungserscheinungen an dem Holz dort, wo einst die Leinen Furchen gescheuert haben, zeigen, daß Cheops' Schiff tatsächlich in Gebrauch und kein »Sonnenschiff« gewesen ist, das nur für die Bestattung des Pharao erbaut wurde. Doch die vollendet maritime Gestalt des Schiffes ist irreführend: bei der ersten Begegnung mit hohen Wellen wäre es auseinandergebrochen.

Dieses Paradox hat uns viel über die Geschichte der Seefahrt zu sagen. Die vollendeten Linien des Cheops-Schiffes – doch lediglich die Linien – waren unverkennbar und in hoher Vollendung für wirkliche Ozeanreisen spezialisiert. Die quer- und längsgerichteten Krümmungen des Schiffskörpers mit dem elegant aufwärtsgeschwungenen und äußerst hohen Bug und Heck besaßen alle charakteristischen Merkmale, die man nur an seegehenden Schiffen findet, bestimmt, auf Brechern und hochgehenden Wellen zu reiten. Doch Pharao Cheops, der vor fast 5000 Jahren an den Ufern des ruhigen Nils lebte, ließ ein Schiff bauen, die Planken übereinandergreifend und genau zusammengepaßt, ohne etwas von der Notwendigkeit der inneren Spanten zu wissen, und erhielt so ein Schiff, das nur das Wellengekräusel des Flusses bestehen konnte, obwohl es nach architektonischen Linien gebaut war, die auch später von keiner seefahrenden Nation je übertroffen wurden. Offensichtlich waren die meisterhaften Linien des Cheops-Schiffes von Schiffbauern mit langer und gründlicher Tradition der Ozeanfahrt geschaffen worden, und ebenso offensichtlich folgten diese Linien in jeder Einzelheit dem Plan der älteren Papyrusschiffe. Alle Autoritäten stimmen darin überein, daß das Cheops-Schiff streng »papyriform« ist, sogar in dem scharf einwärtsgebogenen Heck mit der Kelchform der Papyrusblüte an der Spitze.

Um zusammenzufassen: Das gesamte verfügbare Beweismaterial zeigt, daß es das Papyrusschiff war, das alle charakteristischen Eigenschaften des

a

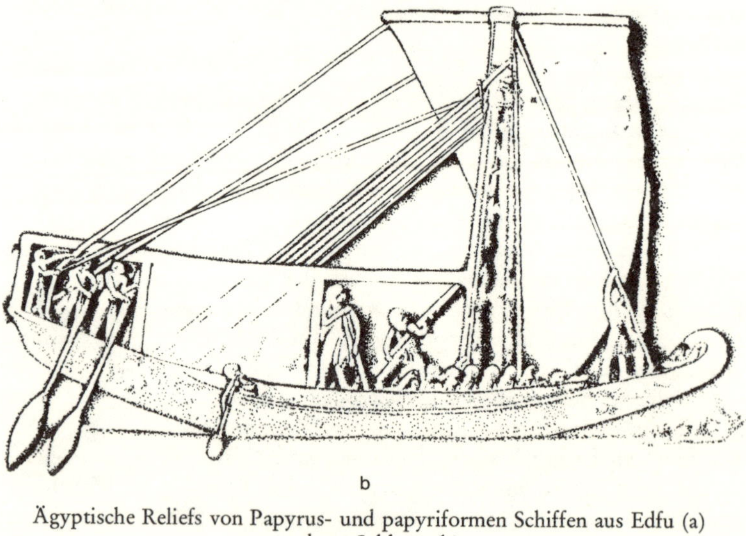

b

Ägyptische Reliefs von Papyrus- und papyriformen Schiffen aus Edfu (a) und aus Sakkara (b)

seegehenden Schiffes entwickelt hatte und später zum Modell für das hölzerne Schiff wurde – und nicht umgekehrt. Der Bauplan des Papyrusschiffes war bereits entwickelt, als die 1. Dynastie begann, den Nil entlang Pyramiden zu errichten.

Praktische Beweise dafür, daß das Papyrusschiff ursprünglich für Ozeanfahrten entworfen und benutzt worden ist, haben die Experimente geliefert, die der Verfasser in den Jahren 1969 und 1970 organisiert hat. Zwei Papyrusschiffe wurden gebaut und auf dem offenen Atlantik erprobt. Beide wurden nach den allgemeinen Umrissen angefertigt, wie sie die alte ägyptische Kunst zeigt; und die Form des Papyrusrumpfes wie auch die Einzelheiten der Takelung, der Kabine und der Steuerruder folgten einer Bauzeichnung, die die führende Autorität auf dem Gebiet der ägyptischen Schiffe, Björn Landström, angefertigt hatte. Diese Zeichnung war eine Synthese aller Details, die er während seiner ausgedehnten Studien dieses Themas beobachtet hatte. Da weder er noch ein anderer Ägyptologe wußte, wie man die Papyrusstengel zusammenbinden müsse, damit sie die gewünschte Sichelform bekamen und behielten, wurde *Ra I* von Papyrusbootbauern aus dem Stamm der Buduma vom Tschadsee in Zentralafrika, *Ra II* dagegen von Aymara-Indianern vom Titicacasee in Südamerika gebaut. Beide Versuchsschiffe wurden in dem alten phönizischen Hafen Safi in Marokko zu Wasser gebracht. *Ra I* segelte fast 5000 Kilometer, bis sie in amerikanischen Gewässern zerbrach, während *Ra II* in 57 Tagen 5270 Kilometer zurücklegte und Barbados in der Karibischen See sicher erreichte. Das Ergebnis beider Expeditionen zeigte, daß die gängige Ansicht der Gelehrten, Papyrus sinke nach zwei Wochen, falsch war und daß sich Papyrusstengel, für längere Zeit in Seewasser getaucht, nicht auflösen, sondern stärker und zäher werden. Tatsächlich bildet Papyrus, wenn die Stengel richtig zusammengebunden sind, ein ideales Material für den Bau sicherer und zuverlässiger Wasserfahrzeuge.

Die Ursache für das Versagen der *Ra I* war in sich selbst ein Beweis dafür, daß die frühägyptische Takelung für die Fahrt durch Brandung und hohe Wellen entworfen war. Wir hatten ein Problem außer acht gelassen, das die Ägypter durch Erfahrung gelöst hatten. Für jedes Schiff von nennenswerter Größe besteht die Gefahr, daß es quer durchbricht, wenn es entweder mittschiffs von einer hohen Welle angehoben wird, während Bug und Heck ungestützt abwärtssinken, oder wenn es zwei Wellenkämme überbrückt, ohne mittschiffs gestützt zu werden. Um das Papyrusschiff in die Lage zu versetzen, die offene See zu befahren, ohne zu zerbrechen, hatten es seine hochbegabten Architekten in zwei miteinander verbundene Bestandteile zerlegt. Fast drei Viertel des Schiffes, vom Bug bis zur Mitte des Achterdecks, wurden durch parallele Stütztaue hochgehalten, die an beiden Seiten zu dem Zweibeinmast hinaufliefen. Der verbleibende Heckteil konnte sich unabhängig bewegen, wenn auch nur wenig, wobei er dank eines sehr sinnreichen Federsystems stets in die ursprüngliche Lage zurückkehrte: das hohe Heck des Papyrusschiffes krümmte sich wie eine Harfe einwärts, während ein starkes Seil von der höchsten Spitze zum Achterdeck hinablief, gerade bis dahin, wo das letzte der nach achtern laufenden Stütztaue des Mastes das Deck erreichte.

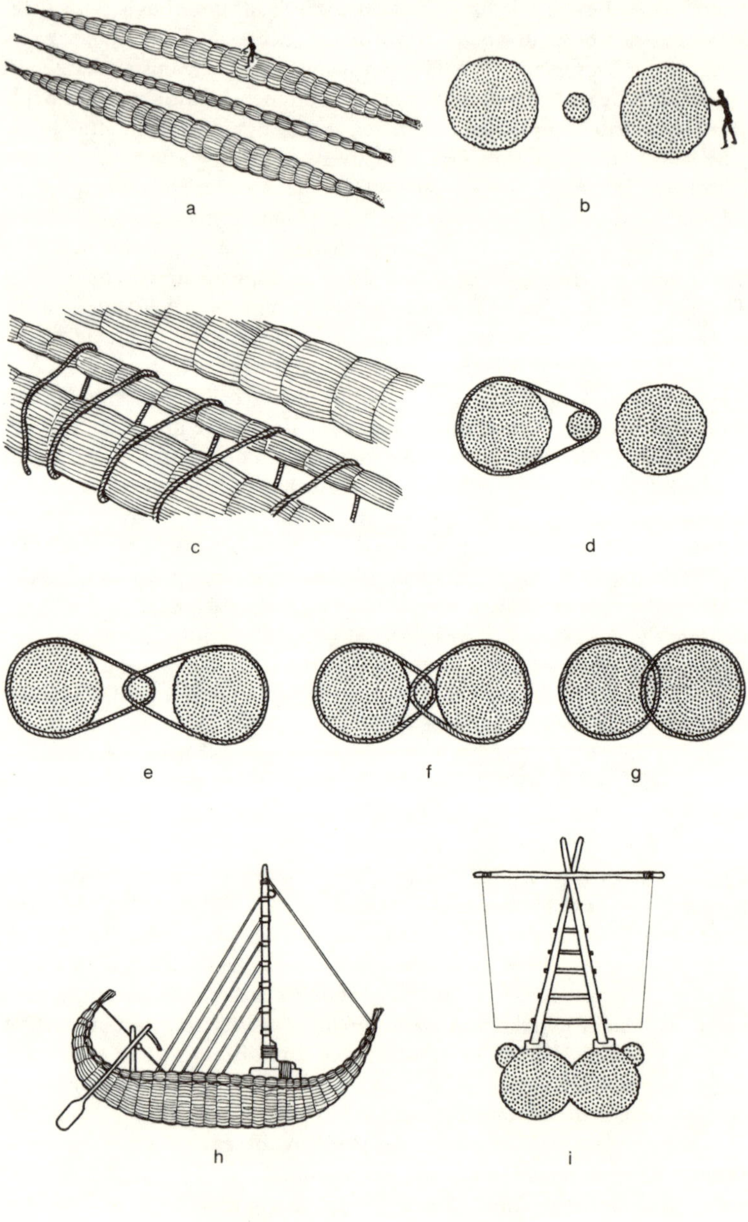


Konstruktionsskizzen eines Binsenschiffes

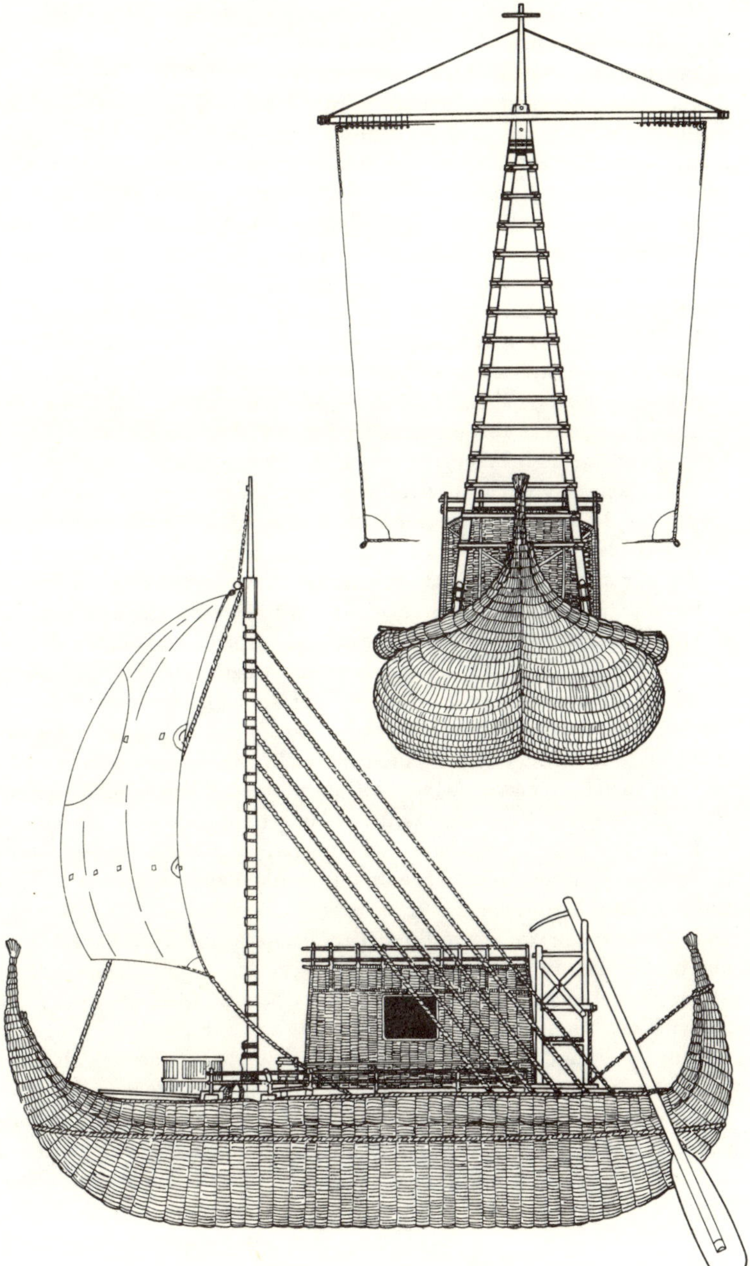

*Ra II*, Vorder- und Seitenansicht

Vor unseren Versuchen waren Gelehrte und Seeleute übereinstimmend der Ansicht gewesen, daß die Harfensaite achtern den Zweck habe, die Einwärtskrümmung des Hecks zu erhalten, und daß die Einwärtskrümmung selbst lediglich ästhetische Gründe habe. Die Bootsbauer vom Tschadsee zeigten uns, daß der schöne Bogen auch erhalten blieb, wenn man diese Harfensaite entfernte; und da sie damit offenbar recht hatten, segelten wir ohne sie, und das Heck behielt seine schwungvolle Biegung. Doch das Achterdeck senkte sich allmählich so tief, daß schließlich nur noch das geschwungene Heckende aus dem Wasser ragte. Zu spät hatten wir entdeckt, was uns nur die alten Ägypter hätten lehren können, daß nämlich die Harfensaite keineswegs dazu da war, das gekrümmte Heckende nach unten zu ziehen, sondern daß das gebogene Heck das sich wellenförmig bewegende Achterdeck hochziehen sollte. Es trat jedesmal in Funktion, wenn das Fahrzeug auf Welle oder Dünung ritt, wobei seine harfenähnliche Struktur als Feder diente. Diese wichtige Erfindung wäre bei Fahrten auf einem Fluß niemals gemacht worden und hätte auf dem ruhigen Nil auch keinen Zweck zu erfüllen gehabt. Allein dieses Detail bewies schon, daß die alten Ägypter eine Spezialtakelung entwickelt hatten, die es ihren flexiblen Papyrusschiffen erlaubte, durch grobe See zu segeln.

Nur wer selbst schon einmal versucht hat, aus Binsen und Tauen ein Boot zu bauen, wird begreifen, wie überaus sinnvoll eine Technik sein muß, die es einer so eleganten Schiffsform wie der auf ägyptischen Wänden abgebildeten ermöglicht, sich auf stürmischer See zu behaupten. Unsere Bootsbauer vom Tschad lösten das Problem auf die naheliegendste Weise: sie banden Bündel neben Bündel in ständig zunehmender Zahl mit Tauen aneinander fest, wobei sie die Schlingen von einem Bündel zum nächsten führten, so daß ein dickes flaches Floß aus Bündeln in vielen Schichten entstand. Bug und Heck dünnten sie aus und bogen sie nach oben, um das Profil der ägyptischen Papyrusschiffe zu kopieren. Wie schon erwähnt, sackte dieses improvisierte Heck auf See ab, und als die Wellen nun von achtern an Bord donnern konnten, rutschte die aufgebundene Kabine vor und zurück und scheuerte die von einem Bündel zum andern laufenden Tauschlingen durch. Die ägyptischen Fresken und Reliefs zeigen solche übereinandergelegten Bündel nicht, ebensowenig die von einem Bündel zum andern laufenden Tauschlingen. Sie zeigen ein einziges dickes Bündel, an beiden Enden zugespitzt und nach oben gebogen, dazu Zurrleinen, die sich ohne Unterbrechung vom Deck zum Boden winden. Danach hätte man annehmen müssen, daß dieses Schiff aus einem einzigen Papyruszylinder mit hochgezogenen Enden gebaut sei, was jedoch völlig unmöglich gewesen wäre, da sich ein zylindrisches Fahrzeug wie ein Faß um die Längsachse wälzen würde und außerdem kein Deck hätte. Aber die ägyptischen Schiffe sind stets im Profil dargestellt, und es ist überaus bemerkenswert, daß es in der modernen Welt nur ein einziges Gebiet gibt, wo Binsenboote mit diesem charakteristischen Profil noch gebaut werden – Südamerika.

Die Zivilisation, die unter den primitiven Fischern an der Küste Nordperus mit dem Bau von Pyramiden und der Sonnenverehrung begann, hat der Nachwelt Binsenbootmodelle aus Keramik hinterlassen, die deutlich zeigen, daß ein zweites Binsenbündel neben dem ersten dem eigentümlichen Wasserfahrzeug Stabilität und Decksraum verlieh. Als wir also auf der ganzen Welt nach Baumeistern für die *Ra II* suchten, sollten wir erfahren, daß die einzigen überlebenden Binsenbootbauer, die noch imstande waren, ein Fahrzeug herzustellen, das dem längst verschwundenen ägyptisch-mesopotamischen System entsprach, die Aymara-, Uru- und Quechua-Indianer Südamerikas sind. Ihre Methode, einen unerschütterlich festen Doppelzylinderrumpf ohne Knoten an den sich kreuzenden Tauen zu fertigen, war folgende: sie legten eine schmale Papyrusrolle in den offenen Gang zwischen zwei weit dickere Rollen. Alle drei waren etwa zehn Meter lang, die mittlere war jedoch nur etwa einen halben Meter dick, während die beiden äußeren Bündel je zweieinhalb Meter dick waren. Nun wurde eine einzige lange Leine in ständigen Spiralwindungen so gewickelt, daß sie die dünne Rolle an eine der beiden dicken band. Darauf befestigte eine weitere spiralförmige Wicklung dieselbe dünne Rolle an die dicke auf der anderen Seite. Wenn diese beiden voneinander unabhängigen, spiralförmig gewickelten Leinen mit der vereinten Kraft vieler Männer angezogen wurden, schmiegten sich die beiden dicken Rollen so an die dünne in der Mitte, daß diese von den beiden dicken zusammengedrückt und schließlich ganz in sie hineingepreßt wurde und einen völlig unsichtbaren Kern bildete (Abb. S. 22).

Die sich ergebende Form eines Zwillingsbündels erlaubte nicht, daß der Fuß eines schweren Mastes an die schwache Stelle der Mittelverbindung gestellt wurde. Das Fahrzeug erforderte deshalb einen Zweibeinmast, der auf den beiden dicken Bündeln aufstand. Das war genau der Zweibeinmast, der von allen südamerikanischen Indianern benutzt wurde und auch im alten Ägypten verwendet worden war. Und obwohl er auf einem hölzernen Schiff sinnlos war, wurde er dort traditionellerweise beibehalten, bis er in späteren pharaonischen Zeiten durch den modernen, einbeinigen, in der Mitte stehenden Mast ersetzt wurde. Der ursprüngliche Zweibeinmast, an dem die ersten Segel des Menschen gehißt worden waren, wurde also für ein Zwillingsbündel-Binsenboot und nicht für ein aus Planken gebautes Holzschiff entwickelt.

Das erste bekannte Segel ist das in Altägypten dargestellte in Trapezform, oben viel breiter als unten. Da der Verfasser auf dem Nil gesegelt ist, hat er die allgemein verbreitete Theorie nie recht verstanden, nach der die Ufer des Nils diese Segelform erfordert hätten, da die Ufer an der Wasseroberfläche nur wenig Wind an den Fluß ließen. Das ist unlogisch, da die größte Breite des Segels gerade unten sein sollte, wo der Wind angeblich geringer ist. Überdies ist aber der Nil so breit, und die Ufer sind so niedrig – mindestens dort, wo der meiste Schiffsverkehr herrscht –, daß sie wenig oder gar keinen Windschutz bieten. Und weshalb wurde diese ursprüngliche Trapezform des Segels schließlich nicht bis auf den heutigen Tag beibehalten, wenn sie von den Bedingungen auf dem Nil diktiert wurde? Der *Ra*-Besatzung auf See bot sich sofort eine andere Erklärung an: das Papyrusschiff war so robust, daß es weit mehr Segelfläche tragen konnte als jedes Holzschiff ähnlicher Größe. Da es jedoch ein kompaktes Floßschiff war, lag das Deck der Wasseroberfläche so nahe, daß kein Segel breiter sein durfte als das Fahrzeug, um nicht von den Wellenkronen getroffen zu werden, die seitwärts dahinjagten. Um trotzdem die große Segelfläche zu erhalten, die von der erstaunlichen Stabilität des Fahrzeugs ermöglicht wurde, hatte man die Leinwandbreite oberhalb der Reichweite der Wellen vergrößert – die Trapezform war automatisch und unausweichlich das Ergebnis.

Seit seinem Verschwinden in früher Zeit wurde der ungewöhnliche Steuermechanismus, den die ägyptische Kunst ständig zeigt, zum erstenmal auf den *Ra*-Expeditionen erprobt und angewendet. Nach dem ägyptischen Vorbild hatten wir zwei sechs Meter lange Steuerriemen mit riesigem Blatt in schräger Stellung zu beiden Seiten des hochgezogenen Hecks der *Ra* achtern festgemacht. Die unteren Teile der Schäfte waren an einem Querbaum in Deckshöhe festgezurrt, die oberen Teile an einem höheren Querbaum, der sich vom Heck aus weiter vorn befand. Da diese Steuerriemen an je zwei Punkten festgemacht waren, konnten sie nicht wie ein normaler Steuerriemen frei schwingen, sondern sich lediglich um die eigene Achse drehen, wie eine Art langgeschäftetes Steuerruder. Jeder dieser Steuerriemen wurde mit Hilfe einer kleinen Ruderpinne am oberen Schaftende gedreht. Damit beide Steuerriemen gleichzeitig von einem Mann bedient werden konnten, wurden sie durch eine dünne Stange, die durch eine Leine an den Pinnen befestigt war, miteinander verbunden.

Die Empfindlichkeit dieser langschäftigen und großblattigen Steuerriemen, die an zwei Stellen befestigt waren, wurde auf der Reise der *Ra I* offensichtlich. Die Schäfte brachen mehrmals und mußten ständig repariert werden. Da uns die starke und biegsame Libanonzeder, wie sie von den Ägyptern benutzt worden war, nicht zur Verfügung stand, schrieben wir diese Pannen dem von uns verwendeten ungeeigneten Holz zu und benutzten für die *Ra II* dickere und stärkere Riemenschäfte. Außerdem machten wir die Taue dicker, mit denen die Schäfte oben und weiter unten befestigt wurden, damit sie dem Anprall größerer Wellen besser standhielten. Erst als eine einzelne Riesenwelle sogar einen der Steuerriemen der *Ra II* zerbrach, lehrte uns die Erfahrung, daß wir als Sicherheitsmaßnahme eine dünnere Leine hätten benutzen sollen, um den Riemen an den Querbaum in Decksebene zu zurren, und das dickere Tau nur für den Baum in der Nähe der Pinne. Dann hätte eine ungewöhnlich starke Welle die Leine zerrissen, statt den Schaft zu zerbrechen. Der Steuerriemen wäre in diesem Fall nur zur Seite geschwungen und hätte leicht wieder festgemacht werden können.

Als wir nach unserer Rückkehr Björn Landström über die praktische Lösung dieser einzigen Steuerschwierigkeit berichteten, der wir begegnet waren, sah er sofort eine Erklärung für ein Detail, das er häufig auf alten ägyptischen Schiffsdarstellungen beobachtet hatte. Beim Kopieren zahlreicher Zeichnungen war ihm rätselhaft erschienen, weshalb die Ruderschäfte am unteren Befestigungspunkt ganz allgemein eine dünnere Leine oder weniger Schlingen aufwiesen als am oberen. Ehe er davon erfuhr, daß wir die Notwendigkeit zweier verschiedener Dicken bei den Befestigungsleinen erkannt hatten, wobei die untere als eine Art Abreißsicherung diente, war er nicht auf den Gedanken gekommen, daß dieses besondere Detail des Künstlers von praktischer Bedeutung sein könnte. Dies ist ein weiterer überzeugender Hinweis darauf, daß die alten Ägypter über die Nilmündung hinaus und in wirklich grober See gesegelt waren.

Eine Überprüfung des Beweismaterials, das wir aus den vordynastischen Bootszeichnungen auf den geschützten Felshängen von Ägypten bis Algerien, aus der Aufeinanderfolge der Schiffe, wie sie von den Künstlern der Pharaonen berichtet wurde, aus den ältesten Fahrzeugen in Bestattungsplätzen, etwa dem papyriformen Holzschiff des Cheops', und aus den Versuchen mit Papyrusschiffen auf dem offenen Meer gewonnen hatten, zeigt, daß das aus Planken gebaute Schiff mit hohlem Rumpf dem Menschen erst nach dem Binsenboot bei der Hochseeschiffahrt gedient hat.

Alle verfügbaren Daten weisen darauf hin, daß irgendwann um 3000 v. Chr. die Pioniere der Schiffsarchitektur im Nahen oder Mittleren Osten den revolutionären Schritt taten, kompakte Papyrusbündel durch einen hohlen hölzernen Rumpf zu ersetzen. Dabei kopierten sie während einer langen Übergangsperiode die charakteristischen Linien ihrer vorherigen Binsenschiffe. Völker mit Zugang zu der leicht spaltbaren und unglaublich dauerhaften Libanonzeder, wie die Hethiter und die Phönizier, gaben den Papyrus für den Schiffbau frühzeitig auf. Dieses Material hatten sie im überseeischen Handel mit Ägypten erhalten. Danach begannen auch die Ägypter selbst Zedern vom Libanon zu importieren und bauten die Vergnügungs- und Lastfahrzeuge für den Nil ebenfalls aus Holz. In dieser Zeit wurde der Handel zwischen den Seefahrernationen dieses Gebietes so wichtig, daß die alte Hafenstadt Byblos im Libanon einen eigenen Hafen ausschließlich für den Handel mit Ägypten einrichtete. Die Hauptfrachten waren Zedern für den Export und Papyrus und ägyptischer Granit für den Import. Die Papyrusschiffe von Ägypten, die vorher an Israels Küste entlanggesegelt und von den Hebräern in der Bibel (Jesaja 18, 2) erwähnt worden waren, wurden von hölzernen Schiffen verdrängt. Abbildungen dieser Schiffe traten an die Stelle der früheren sichelförmigen Binsenboote mit ihren Bündeln und Querverzurrungen auf den Bootszeichnungen, die in die Wände der Bestattungshöhlen in Israel eingeritzt sind. In alten Zeiten wurde gewöhnlich Pech, Teer oder Bitumen zur Abdichtung von Fahrzeugen mit hohlem Rumpf verwendet. In Ägypten benutzte die Mutter des

Moses Pech, um das kleine Binsenboot zu überziehen, in dem sie ihr Kind auf dem Nil aussetzte (2. Moses 2, 1–3). Die Bibel weist eine weitere Erwähnung eines alten Schiffbausystems auf, das einen Übergang vom ursprünglichen Kompakt-Bündelboot aus Binsen zum Plankenfahrzeug mit offenem Rumpf darstellen könnte. Der erste Schiffbauer in den biblischen Berichten, Noah, erhielt nach dem 1. Buch Mose (6, 14–16) folgenden Befehl: »Baue dir eine Arche aus Zypressenspanten; mache sie aus Binsengeflecht und überziehe sie innen und außen mit Pech.« (Nach verschiedenen Übersetzungen.) Es ist unerheblich, wie wir diese frühe hebräische Erklärung bewerten; die Tatsache bleibt bestehen, daß der Schreiber, der diese Geschichte aufzeichnete, wußte, daß mit Pech überzogene Binsenbündel verwendet werden konnten, um den Rumpf eines Spantenschiffes, sogar eines von erheblicher Größe, damit zu bedecken. Ob wir den Größenangaben von Noahs Binsenschiff – 300 Ellen lang, 50 Ellen breit und 30 Ellen hoch – nun glauben wollen oder nicht – die frühe Vorstellung eines richtigen Schiffes von eindrucksvoller Größe ergibt sich deutlich aus der Erwähnung von drei Decks: »... ein unteres, mittleres und oberes Stockwerk.«

Die Hebräer haben nicht als erste eine urzeitliche Überschwemmung beschrieben, die eine einzige Familie überlebte, weil sie ein großes Wasserfahrzeug gebaut hatte. Die frühen Sumerer beschrieben im 3. Jahrtausend v. Chr. Tontäfelchen, auf denen sie behaupteten, es habe lange vor ihrer Zeit Zivilisation und Städte gegeben. Eine große Flut wurde von dem höchsten Gott angeordnet, um die Menschheit zur Strafe zu vernichten; doch Enki, der Meeresgott der Sumerer (gleichbedeutend mit dem griechischen Gott Poseidon), verständigte einen frommen, gottesfürchtigen König namens Ziusudra von der Gefahr »und riet ihm, sich zu retten, indem er ein sehr großes Boot baute«. Leider ist der Textabschnitt, in dem die Bauweise beschrieben wird, zerstört. Wir erfahren jedoch, daß die Flut sieben Tage und sieben Nächte über die Erdoberfläche gerast sei, »und das ungeheure Boot weit auf den großen Wassern umhergeschleudert wurde«, bis der Sonnengott Utu Licht auf Himmel und Erde goß und Ziusudra gestattete, ein Fenster seines riesigen Schiffes zu öffnen, sich in Dankbarkeit niederzuwerfen und einen Ochsen und ein Schaf als Opfer zu schlachten. Interessanterweise glaubten die Hebräer zwar, daß ihr Noah am Berg Ararat an der Quelle der beiden Flüsse Euphrat und Tigris gelandet sei, während die frühen Sumerer überzeugt waren, daß Ziusudra mit seinem großen Boot auf der Insel Bahrain (Tilmun; griech.: Tylos) landete. Von hier aus begab er sich, wie der Meeresgott Enki selbst, nach Ur in Mesopotamien und gründete die sumerische Zivilisation.[7]

Kleine offene Boote, *jillabie* genannt, und runde, als *guffa* bezeichnete Fahrzeuge, beide mit binsenbedeckten Spanten, innen und außen mit Pech (Bitumen) überzogen wie die Arche Noahs, werden auf den mesopotamischen Flüssen heute noch verwendet. Alte sumerische Modelle von pechüberzogenen *jillabies* befinden sich im Museum von Bagdad. So stellten Boote mit Spantenrümpfen, mit Binsen bedeckt, möglicherweise die frühe Übergangsform vom ursprünglichen Binsenbündelschiff zum späteren Plankenschiff dar. Eine logischere Entwicklung ließe sich kaum finden als anzunehmen, daß der erste Spantenrumpf mit dem frühesten Schiffbaumaterial bedeckt wurde – mit schwimmfähigen Binsenstengeln, die in Ägypten und Mesopotamien so reichlich wuchsen und im Libanon so knapp waren, gerade in dem Gebiet, in dem die hölzernen Schiffe ihren ersten bekannten Durchbruch hatten.

Sogar die Kunst auf Zypern und Kreta spiegelt einen frühen Übergang von zusammengebundenen Bündelbooten zu den ersten papyriformen Holzschiffen wider, den Vorläufern der griechischen und römischen Fahrzeuge. Europäische Eiche und Kiefer ersetzten allmählich die verschwindende Zeder im Schiffbau, und schließlich wurden die Meere von hohen Holzschiffen aller Art beherrscht, von denen nicht ein einziges mehr dem ursprünglichen Papyrus-Prototyp ähnelte. Zu der Zeit, als feste Stahlplatten die verletzbaren Holzplanken im Schiffbau zu ersetzen begannen, gab es im Salzwasser überhaupt kaum noch Binsenbündelboote. Die wenigen Ausnahmen waren rudimentär: die kleinen *caballitos* aus *totora*-Binsen vor Huanchaco im nördlichen Peru; die *madia* und die *schafat* aus *khab*-Binsen vor Lixus an der Atlantikküste von Marokko; die *jassoni* von Sardinien und die *papyrella* von Korfu; und die großen *gáré* aus *berdi*-Binsen im innersten Teil des Persischen Golfs. Andere seegehende Flöße vom Bündelboottyp, die andernorts noch in Gebrauch sind, werden im allgemeinen aus hohlem Rohr gebaut und besitzen deshalb keine dauerhafte Schwimmfähigkeit. Echte Binsenboote haben sich sonst nur noch auf Binnengewässern bis in unser Jahrhundert hinein erhalten; die bei weitem größten auf dem Tschad- und auf dem Titicacasee, zwei Binnenseen zu beiden Seiten des Altantik, von denen wir uns die Erbauer von *Ra I* und *Ra II* holten.

Weshalb sank die Verbreitung der frühen Binsenschiffe so auffallend, als der hölzerne Rumpf bekannt wurde? Eine Erklärung könnte die sein, daß aus Gründen, die die Botaniker nicht kennen, die Papyrusstaude vom unteren Nil völlig verschwand. Heute ist diese Pflanzenart in ganz Ägypten ausgestorben, abgesehen von einer modernen Papyrusanpflanzung, die kürzlich in Kairo begonnen wurde, um Souvenirs für Touristen zu produzieren. Für den Bau von *Ra I* und *Ra II* mußten die großen Papyrusmengen an der Quelle des Blauen Nils in Äthiopien geschnitten und die zahlreichen Bündel anschließend auf dem Landweg zum Roten Meer befördert werden.

Doch wie vollendet die Binsenschiffe auch gebaut waren, in der Haltbarkeit konnten sie nicht mit hölzernen Fahrzeugen konkurrieren. Die Zurrleinen, die die Binsenbündel zusammenhielten, scheuerten sich allmählich durch, wenn ein solches Fahrzeug allzuhäufig an Land gezogen wurde, und vermutlich waren zwei Jahre etwa die Lebensdauer für ein häufig benutztes großes Binsenschiff. Zweifellos zählten die überlegene Festigkeit und die Geschwindigkeit des hölzernen Schiffes auf die Dauer mehr als alle guten Eigenschaften der frühen Bündelboote. Aber außer acht lassen durfte man diese nicht: das Binsenschiff bot weit größere Sicherheit auf See und war in der Tragfähigkeit überlegen.

Ein Binsenboot klassischen Typs, sicher zusammengezurrt, wie es sich heute nur noch auf dem Titicacasee im stürmischen Altiplano der Anden erhalten hat, ist ohne jeden Zweifel das sicherste Wasserfahrzeug, das je von Schiffbaufachleuten erfunden worden ist. Kompakt wie ein harter Gummiball und schwimmfähig wie ein Korken reitet es auf den Wellenkronen wie ein Seevogel und überlebt jeden Orkan, weil es keinen Rumpf hat, der vollschlagen könnte. Der Bündelrumpf des Binsenbootes erlaubt ihm, in die Brandung und über Untiefen zu fahren, ohne daß man schöpfen oder Furcht haben müßte, daß das Fahrzeug leck schlägt. In der Stabilität und Tragfähigkeit übertrifft es jeden hölzernen Rumpf gleicher Größe. Nach zwei empirischen Experimenten, bei denen fast 10 000 Kilometer Ozean im Papyrusschiff überquert wurden, wissen die Teilnehmer der *Ra*-Expeditionen, klug geworden aus vielen Fehlern uneingeweihter Anfänger, daß ein richtig gebautes und von einer erfahrenen Mannschaft richtig gehandhabtes Binsenschiff die Welt ebenso leicht umsegeln kann wie eine Karavelle oder jedes andere Holzschiff.

Eratosthenes, der leitende Bibliothekar der riesigen ägyptischen Papyrusbücherei in Alexandrien an der Nilmündung, konnte, bevor die Zehntausende von unersetzlichen Papyrusmanuskripten in Flammen aufgingen, berichten, daß »Papyrusschiffe mit dem gleichen Segel und der gleichen Takelung wie auf dem Nil« bis Ceylon und weiter zur Mündung des Ganges segelten. Der römische Historiker Plinius zitierte später diesen gelehrten Bibliothekar in seiner geographischen Beschreibung Ceylons und schrieb, daß die Papyrusschiffe volle 20 Tage brauchten, um vom Ganges zur Insel Ceylon zu segeln, während die »modernen« römischen Schiffe die Reise in sieben Tagen machten.[8]

Berechnet man die Entfernungen nach nautischen Einheiten, so zeigt dieser frühe Bericht, daß das Papyrusschiff bei einer solchen Ozeanreise durchschnittlich etwa 75 Seemeilen (fast 140 km) am Tag zurücklegte. Das entspricht einer Geschwindigkeit von mehr als drei Knoten. Das stimmt mit der Geschwindigkeit überein, die wir mit *Ra I* und *Ra II* erreichten, bevor die Bündel durchnäßt waren und das tiefere Eintauchen unsere Geschwindigkeit auf kaum über zwei Knoten senkte.

Die Papyrusstengel sowohl für *Ra I* als auch für *Ra II* wurden im Monat Dezember geschnitten. Niemand hatte uns informiert, daß die Jahreszeit, in der Papyrus geschnitten wird, entscheidend für seine Schwimmfähigkeit ist. Die Äthiopier, die den Papyrus für uns am Tanasee ernteten, benutzen die eigenen Papyrusboote nur für eintägige Fischausflüge oder Lasttransporte von wenigen Tagen; und da sie überdies ihre kleinen Fahrzeuge, wenn sie sie nicht benutzen, zum Trocknen an Land ziehen, berücksichtigen sie das Problem der allmählichen Wasseraufnahme überhaupt nicht. Infolge des Fehlers in der Heckkonstruktion der *Ra I* lockerten sich zahlreiche Papyrusstengel in den Bündeln und blieben hinter uns zurück, sanken jedoch nicht. *Ra II* absorbierte Wasser bis zur völligen Sättigung, schwamm aber dennoch sicher, das Deck in Höhe der Wasseroberfläche, trug tonnenschwere Decksbauten, Last und Mannschaft auf einer Transatlantikreise, die in einem früheren phönizischen Hafen begann und im tropischen Amerika endete. Die kürzeste Entfernung von Afrika bis Südamerika beträgt nur die Hälfte der 3270 Seemeilen, die *Ra II* nach ihrem Auslaufen in der Nähe von Gibraltar zurücklegte. Dennoch hätten die für die Überquerung benötigten 57 Tage erheblich vermindert werden können, wenn das Schiff die Geschwindigkeit, die es in trockenem Zustand erzielte und die nach dem Auslaufen zwischen vier und fünf Knoten betrug, beibehalten hätte.

Erst nach den beiden *Ra*-Expeditionen erfuhr der Verfasser im Jahr 1972 von den Sumpfarabern im südlichen Irak, die am Zusammenfluß von Euphrat und Tigris leben, daß Binsen im August geschnitten werden müssen, um ihre ursprüngliche Schwimmfähigkeit für weit längere Zeit zu bewahren. Binsenboote, die zur Zeit des Ersten Weltkrieges dort noch allgemein verwendet wurden, waren schon recht selten. Im Jahr 1972 waren nur pflugförmige Einmannflöße aus drei Bündeln zu sehen, abgesehen von den oben erwähnten *jillabie* und *guffa*, die beide immer noch mit binsenbedeckten Rümpfen, dick mit Bitumen überzogen, gebaut werden. Solche überzogenen Binsenfahrzeuge würden tatsächlich für immer schwimmen. Aber die schwimmenden Binseninseln, auf denen viele heutige Sumpfaraber ihre Hütten bauen und auf denen sie ständig leben, zeigen, daß selbst unbehandelte Binsen, in der richtigen Jahreszeit geschnitten, eine unglaublich lange Schwimmfähigkeit besitzen. In der Nähe von Basra, wo eine moderne Fabrik für Hartfaserplatten die papyrusähnlichen *berdi*-Binsen kauft, die von den Sumpfarabern den Fluß abwärts geflößt werden, fand der Verfasser im Jahr 1972 ein halbes Dutzend riesiger und solide gebauter Binsenflöße, *gáré* genannt, die wie Schiffe schwimmend am Flußufer festgemacht waren. Eins davon wurde gemessen. Es war 34 m lang, 5 m breit und 3 m tief und ließ *Ra II* mit einer Gesamtlänge von 12 m winzig erscheinen. Diese Flöße mußten manchmal bis zu einem Jahr warten, bis der Eigentümer an der Reihe war, sie der Fabrik zu veräußern, und dennoch behielten sie ihre Schwimmfähigkeit. Einige dieser Flöße wiesen eine Binsenhütte an Deck auf, in welcher der Eigentümer wohnte und sich mit trockenen Binsen auf einer Lehmplatte sein Essen kochte. Diese riesigen *gáré* vermitteln uns wie die kolossalen *kaday* oder Papyrusbarken vom Tschadsee, die bisweilen 40 Tonnen Rindvieh oder andere Fracht über das Wasser befördern, eine brauchbare Vorstellung von der Größe der Fahrzeuge, die die Pyramidenbauer Mesopotamiens und Ägyptens anfertigen konnten. Wir sollten deshalb nicht überrascht darüber sein, daß in den frühen schriftlichen Berichten aus Uruk von Kauffahrteischiffen von 300 *gur* oder fast 100 Tonnen gesprochen wird.

Die mesopotamische *berdi*-Binse ist, wie der ägyptische Papyrus und die peruanische *totora*-Binse, in trockenem Zustand zwar zerbrechlich, doch in Wasser eingeweicht wird sie zäh und geschmeidig wie eine Leine, und zwei Männer können einen einzelnen Stengel nicht zerreißen. Feste Binsenbündel, dicht und spiralförmig mit Zurrleinen umwunden, werden hart wie Gummireifen und im Vergleich mit Holz unzerbrechlich. Die ausgezeichneten Schnüre und Taue, die von den überlebenden Binsenbootbauern in diesen Gebieten noch aus Fasern der Binse oder denen der *dom*-Palme oder anderer lokaler Faserpflanzen hergestellt werden, erreichen doch die Güte der vorzüglichen Hanfseile nicht, die von ihren alten, klassischen Vorgängern mühevoll produziert wurden. Das erweist sich immer wieder an den Seilen und Tauen, die in gut erhaltenem Zustand in Wüstengräbern Ägyptens, des Irak und Perus gefunden werden. Die Größe eines hölzernen Schiffes muß notwendigerweise begrenzt bleiben, um die Gefahr des Zerbrechens bei hohem Seegang zu verringern; für die Maße eines Papyrusschiffes dagegen gibt es solche Beschränkungen nicht. Theoretisch läßt sich ein Binsenbündelfahrzeug in der Größe eines modernen Ozeanliners bauen, vorausgesetzt, der Eigentümer hat unbegrenzte Mengen von Binsen und Arbeitskräften zur Verfügung. Die an Land erhaltenen Bauten zeigen, daß es in den frühen Reichen des Nahen und Mittleren Ostens keinen Mangel an Zeit und Arbeitskräften gab, und Binsen wuchsen in überreicher Fülle in den Ufersümpfen des alten Mesopotamien und Ägypten. Da Binsenboote im Gegensatz zu Stein und Ziegel nicht dauerhaft sind, besitzen wir zwar die ägyptischen Pyramiden und die sumerischen Zikkurats, doch die Größe der Binsenschiffe aus der gleichen Zeit läßt sich nur nach den Ritzungen der Künstler in ägyptischen Fels und sumerische Tonsiegel abschätzen.

Die Qualität der verfügbaren Binsen, die Form der Schiffe mit dem aufgebogenen Bug und Heck und den für das Meer überaus geeigneten Linien, mit dem federnden Heck und der dazu passenden, auf Flexibilität berechneten Takelung und dem Zweibeinmast, der auf den beiden Binsenrollen aufstand, dem trapezförmigen Segel, so zugeschnitten, daß die Wellenkronen es nicht erreichten, und dem Steuermechanismus mit einer »Abreißsicherung«, die ihn in grober See schützte, beweisen, daß diese hochentwikkelten Binsenschiffe, von Fachleuten gebaut, ursprünglich für Fahrten auf dem Ozean und nicht für den Transport auf dem Fluß bestimmt waren. Sie waren für die Hochseeschiffahrt getakelt und ausgerüstet, bevor ihre Linien und ihre Takelung in den dauerhafteren, aus festen Planken erbauten Fahrzeugen kopiert wurden. Der Einbaum hat sich niemals zum wirklichen Rumpf eines auf Spanten gebauten Segelschiffes entwickelt. In Polynesien und bei den Indianern wurden Planken an das Spülbord angenäht, wenn keine Baumstämme von ausreichender Dicke zur Verfügung standen, aus denen man Boote der gewünschten Größe hätte herstellen können. Doch diese Entwicklung war eine Sackgasse, da die auf diese Weise gebauten Boote immer noch Kanus blieben. Dagegen wurde das Prinzip der Wasserverdrängung durch Luft vom Kanu entliehen, als die Linien und die Takelung der ersten seetüchtigen Binsenschiffe von Schiffbauern des Mittelmeerraumes um 3000 v. Chr. in Holz kopiert wurden. So vereinigt das moderne Segelschiff infolge seiner mediterranen Herkunft zwei Stammbäume in sich: es beginnt sowohl mit dem ausgehöhlten Baumstamm als auch mit einem Bündel schwimmender Binsen.

# 2

# Straßen über die Ozeane

In der Verbreitung der Spezies Mensch über die Erde hat es niemals völlige Bewegungsfreiheit gegeben. Die Wanderungen des frühen Menschen sind stets von natürlichen Hindernissen und von der Anwesenheit anderer Menschen gelenkt und eingeschränkt worden. Ob sich der Mensch zu Fuß oder mit Hilfe primitiver Fahrzeuge fortbewegte, er wurde durch abschreckende Gebirgsketten mit Gletschern und Steilabhängen, durch Sümpfe, Wüsten, undurchdringliche Dschungel, arktisches Eis, Meerküsten und Widerstand früherer Siedler und feindlicher Stämme aufgehalten und ernstlich behindert. Letztere waren bereits in Form bestehender Gemeinden zweifellos das Haupthindernis für die freie Bewegung des Menschen in alle bewohnbaren Gebiete, außer in den sehr frühen Zeiten, als primitive Sammler in Regionen eindrangen, die noch allein von Vögeln und Vierfüßlern beherrscht wurden.

Für den zu Fuß erkundenden Menschen war der Ozean tatsächlich eine gewaltige Schranke. Eine Küste mußte jede Wanderschaft unterbrechen, den Weg des Wandernden ablenken und ihn dazu veranlassen, sie auf- und abwärts zu erforschen. Seen und breite Flüsse hatten die gleichen Auswirkungen, indem sie den Menschen die Ufer und Gestade entlangführten und ihn dazu brachten, Vorstöße in das Unbekannte zu wagen. Fließendes Wasser war jedoch mehr als nur ein passiver Führer. Es forderte geradezu heraus, einer Fahrt zurück ins vertraute Land oder in die *terra incognita* zu unternehmen.

Man weiß, daß Flüsse die ersten Straßen des Menschen waren. Sie führten durch dichte Wildnis, in der unbekannte Gefahren lauerten. Bei den Entdeckungsreisen ins Innere der Kontinente wurde der Vorteil der Wasserstraßen im Binnenland voll ausgenutzt. Zivilisationsgründer wurden von den Ufern der Flüsse Indus, Euphrat, Tigris, Nil, Wolga, Donau und Magdalena – um nur einige der bekannteren zu nennen – angelockt. Flüsse, bemerken wir! Die Ozeanströmungen dagegen sieht man nicht und neigt deshalb dazu, sie zu vergessen. Ihre Ufer sind aus Wasser, und sie fließen unsichtbar durch das Meer. Der größte Fluß, der seine Quelle in Peru hat, ist nicht der Amazonas, der nach Osten durch Brasilien fließt, sondern der Humboldtstrom, der westwärts durch den Pazifik verläuft. Der mächtigste Fluß Nordafrikas ist nicht der Nil, sondern der Kanarenstrom mit seinem Delta zwischen den Karibischen Inseln. Er bringt afrikanisches Seewasser in den Golf von Mexiko. Die Wege dieser marinen Flüsse führen durch die Ozeane und bilden Straßen zwischen den Kontinenten.

Der folgende Text erinnert daran, daß der amerikanische Kontinent nicht von einem toten Meer umgeben ist. Er liegt vielmehr im Herzen eines lebendigen Ozeans mit einem eigenen System aus Arterien und Venen.

Dieses Kapitel besteht aus einer Verbindung von zwei Aufzeichnungen: Es ist der erste Teil eines Vortrags über »Primitive Seefahrt« vor dem 13. Kongreß über Pazifikwissenschaften im Jahr 1975 in Vancouver, im folgenden Jahr als Kapitel 13 der *Congress Proceedings* veröffentlicht. Die zweite Hälfte dieses Vortrags ist hier weggelassen. Sie bildet das Thema des 6. Kapitels. Statt dessen ist das hier folgende Kapitel um den Text aus einem früheren Papier über »Mögliche Ozeanrouten nach und von Nord- und Südamerika in vorkolumbischen Zeiten«, geschrieben für den 35. Internationalen Amerikanistenkongreß im Jahr 1962 in Mexiko und veröffentlicht in den *Actas y memorias* dieses Kongresses im Jahr 1964, erweitert worden.

Die Wissenschaft ist wie ein wachsender Baum. Während er wächst, erwirbt er immer mehr Zweige. Der frühe Wissenschaftler konnte den Stamm verstehen, doch keiner von uns heute Lebenden versteht alle Zweige. Wir können lediglich die Früchte erfassen. Es gab eine Zeit, da konnte man einen Gelehrten als Anthropologen bezeichnen und wußte dann, welches sein Tätigkeitsgebiet war. Heute ist das nicht mehr so einfach. Die Wissenschaft der Anthropologie hat sich rasch entwickelt und erweitert und umfaßt alles, was der Mensch ist und tut, sowie alles, was er im Lauf der Jahrtausende in jedem Teil der Welt gewesen ist und getan hat. Die Spezialisierung hat den Anthropologen, der Blutgruppen studiert, sehr weit von seinem Arbeitsgebiet, der Sozialwissenschaft, fortgeführt, und ebenso weit von der Arbeit des Philologen oder des Archäologen.

Selbst die vielen Untergruppen der Anthropologie verlieren allmählich den Kontakt untereinander. Ein Archäologe mag eine führende Autorität für minoische Kunst auf Kreta sein und doch nicht mehr wissen als der durchschnittliche Laie über die Mochicatöpferei in Peru, oder umgekehrt. Wie gelehrt er auch sein mag, jeder moderne Anthropologe wird einen großen Ausschnitt aus seinem eigenen heterogenen Gebiet außer acht lassen müssen, um sich auf eine oder mehrere Spezialfragen zu konzentrieren. Gewisse Themen und geographische Regionen sind deshalb gründlicher bearbeitet worden als andere. Es ist nur natürlich, daß sich Ethnologen von Ländern wie Afrika, Grönland oder Brasilien angezogen fühlen, wo ursprüngliche Verwandtschaftssysteme, Kunst und Gewerbe bis in unsere Zeit erhalten geblieben sind, während Archäologen häufiger in Länder wie Ägypten, Mesopotamien, Mexiko oder Peru streben, wo Architektur, Gräber und irdene Scherben sie einladen, die örtlichen Aktivitäten des Menschen in der Vergangenheit zu rekonstruieren.

Angesichts seiner überragenden Bedeutung für das Verständnis kultureller Beziehungen und gegenseitiger Abhängigkeiten gibt es ein Gebiet der Anthropologie, das bisher nicht die angemessene Aufmerksamkeit im Vergleich mit anderen Aspekten menschlicher Bemühungen erhalten hat, nämlich die primitive Schiffahrt.

Primitiv bedeutet keineswegs, daß etwas so einfach und unkompliziert ist, daß wir ohne angemessene Forschungsarbeit damit fertig werden könnten.

Die Spur des Seefahrers verliert sich, nachdem sein Fahrzeug vorübergezogen ist; den modernen Gelehrten bleibt nichts auf See, was sie studieren könnten, vielleicht hin und wieder ein Wrack und Teile der Ladung, die man im flachen Wasser der Festlandküste findet. Gewiß, die Unterwasserarchäologie zieht eine immer größere Zahl junger Wissenschaftler an. Die Diskussionen über primitive Seefahrt aber beschränken sich hauptsächlich auf das Studium antiker Modelle, ergänzt durch Bootszeichnungen alter Petroglyphen, Felsmalereien, Tonwaren-Dekorationen oder Reliefs. Die Beurteilung so wichtiger Eigenschaften wie Seetüchtigkeit, Ladefähigkeit und Reisebereich vorgeschichtlicher Fahrzeuge ist deshalb im allgemeinen rein theoretisch und häufig sogar ganz unwissenschaftlich.

Allzuoft ist die Erklärung, ob ein gewisses Wasserfahrzeug den Menschen von einem Punkt zu einem anderen tragen könne, auf vorgefaßte Theorien darüber gestützt worden, ob ein kultureller Kontakt zwischen diesen beiden Gebieten stattgefunden habe. Eine Prüfung der vorhandenen Literatur wird zeigen, daß Diffusionisten im großen ganzen jedem primitiven Fahrzeug, das einer vorgegebenen Wanderungshypothese genügt, fast unbegrenzte Fähigkeiten zuschreiben. Die Isolationisten dagegen werden wahrscheinlich das gleiche Schiff als nicht seetüchtig beurteilen, weil sie annehmen, daß die kulturellen Parallelen, auf die von den Diffusionisten hingewiesen wird, nicht auf überseeischen Kontakten beruhen, sondern auf unabhängige Entwicklung entlang paralleler Linien zurückzuführen sind.

Mit anderen Worten, das Urteil über gewisse primitive Wasserfahrzeuge, die den Gelehrten nur von Modellen und aus der ikonographischen Kunst bekannt sind, bedeutet meist nicht mehr als indirekte Schlußfolgerungen, die sich auf Unterschiede in der Interpretation der Genese kultureller Parallelen an Land gründen, aber nicht in Zusammenhang mit dem zu beurteilenden Fahrzeug stehen. Es bleibt noch viel zu tun, bis das Thema der primitiven Seefahrt den Platz unter den vielen anderen wissenschaftlich begründeten und heute wirklich fortgeschrittenen Zweigen der Anthropologie findet, den es verdient.

Bedauerlicher ist, daß das, was in Wirklichkeit nicht mehr ist als die Äußerung persönlicher Ansichten aus der anthropologischen Literatur in Disziplinen, die nicht mit ihr in Beziehung stehen, verbreitet wird, als ob es wissenschaftliche Erkenntnisse wären. Häufig wird von Gelehrten anderer Gebiete, die persönlich keinen festen Stand in der Anthropologie haben, ein realistisches Verständnis für die mögliche Reichweite früher Entdekkungs- und Driftreisen erwartet. So sind, wie später gezeigt werden wird, Botaniker und Zoologen, die im Gebiet der pazifischen Inseln arbeiten, direkt auf die Aussagen von Anthropologen angewiesen, wenn es um ihre eigenen Interpretationen darüber geht, wie bestimmte Pflanzen- und Tierarten ihre Verbreitung vor der europäischen Zeit erhalten haben könnten. Die heimische Flora und Fauna der pazifischen Inselwelt enthält eine Anzahl domestizierter Arten problematischer Herkunft. Von vielen weiß man, daß sie aus botanischen Gründen vollkommen unfähig sind, sich ohne menschliche Hilfe über einen offenen Ozean weiterzuverbreiten, dennoch haben sie einige der abgelegensten Inseln der Welt vor der Ankunft der Europäer erreicht. Auf der Suche nach einer Erklärung für solche Tatsachen ist es ein Paradox, daß der Botaniker gewöhnt ist, Orientierung vom Anthropologen zu erwarten, statt umgekehrt; denn die genetischen Erkenntnisse des Biologen liefern in der Tat verläßlichere Hinweise auf Verbreitungsrouten und -entfernungen der frühen Übermittler, als irgendwelche theoretischen Urteile über mögliche Reisestrecken früher Seeleute. Da das Thema der primitiven Seefahrt in der Anthropologie ein offensichtliches Vakuum darstellt, haben sich die Annahmen im Hinblick auf die mögliche Reichweite vor- oder frühgeschichtlicher Wasserfahrzeuge mehr denn einmal als irrig erwiesen.

Wir Menschen des 20. Jahrhunderts sind, ohne Rücksicht auf den Beruf, so voreingenommen in unseren Vorstellungen darüber, was notwendig ist, um einen Ozean zu überqueren, daß wir uns von einem den Tatsachen zuwiderlaufenden Dogma leiten lassen. Der Verfasser mußte drei Ozeanüberquerungen auf Floßschiffen und eine erhebliche Anzahl anderer empirischer Experimente unternehmen, um richtig einzuschätzen, wie weit von der Realität entfernt unsere modernen Vorstellungen von dem sind, was für das Überleben auf See notwendig ist, und wieviel empirische Forschung noch betrieben werden muß, bevor das Thema primitive Seefahrt zur wahren Wissenschaft wird.

Vier grundlegende Mißverständnisse müssen ausgeräumt werden, ehe Diskussionen über primitive Seefahrtmöglichkeiten auch nur annähernd realistisch werden können.

1. Ein wasserdichter Rumpf ist weder die einzige noch die beste Gewähr für Sicherheit auf See.

2. Die Ansicht, daß sich die Sicherheit bei Ozeanreisen unveränderlich mit der Größe des Fahrzeugs und der Höhe seines Decks über der Wasseroberfläche erhöhe, ist falsch.

3. Die Vorstellung, daß es für primitive Seefahrer leichter und sicherer war, sich dicht unter der kontinentalen Küstenlinie zu halten, statt einen Ozean zu überqueren, ist eine sehr verbreitete Täuschung, der die Tatsachen widersprechen.

4. Die Schlußfolgerung, daß die Entfernung von A nach B gleich der Entfernung von B nach A sei, ist an Land richtig, aber auf See falsch.

Um diese scheinbar ketzerischen Aussagen akzeptieren zu können, untersuchen wir sie einzeln, da sie die Grundlage für das Verständnis dessen sind, was beispielsweise auf dem Atlantik und dem Pazifik vor Ankunft der europäischen Karavellen geschehen sein könnte und was nicht.

1. Primitive Wasserfahrzeuge lassen sich, wie wir sahen, in zwei Kategorien einordnen, die nach grundlegend verschiedenen Prinzipien gebaut werden: in Fahrzeuge mit wasserdichtem Hohlrumpf und in die mit wasserdurchspültem Boden. Zu den zahllosen Möglichkeiten der ersten Kategorie gehören beispielsweise die seegehenden Kanus der Indianer der Nordwestküste und der Polynesier, die Dschunken und Proas Asiens oder die offenen Schiffe der Phönizier und der Wikinger. Zur zweiten Klasse gehören – unter vielen anderen – das Balsaholzfloß Südamerikas, das Binsenboot, früher im gleichen Gebiet sowie im Nahen und Mittleren Osten und der gesamten Mittelmeerwelt, auf der Osterinsel und im ursprünglichen Neuseeland verwendet, die *pahi* oder Floßboote von Mangareva, den Marquesas und den Leewardinseln, die vier Typen der durchspülten *waka* der Moriori der Chathaminseln und die vielen Arten asiatischer Bambusfahrzeuge. Ein Fahrzeug mit Rumpf ist gefährdet, da seine Schwimmfähigkeit nicht vom Baumaterial, sondern von der Verdrängung von Wasser durch ein entsprechendes Volumen eingeschlossener Luft abhängt. Baut man solche Wasserfahrzeuge aus Holz, dann werden sie, falls sie sich lange Zeit in tropischen Gewässern aufhalten, von Bohrwürmern angegriffen. Sie laufen Gefahr zu sinken, wenn der Rumpf von oben durch Brecher mit Wasser gefüllt oder wenn der Boden in einem Sturm oder an einem nicht auf der Karte verzeichneten Riff zerschlagen wird. Bei den Booten mit wasserdurchspültem Boden schwimmt das Baumaterial selbst, Bohrwürmer sind keine Bedrohung, und Ausschöpfen ist nicht nötig, da jeder Brecher, der an Bord kommt, einfach durchläuft und das Fahrzeug auf den Wellen bleibt. Wie bereits erwähnt, gestatten der flache Bau und die kompakte Struktur solchen Fahrzeugen, sich zwischen Riffen und Untiefen zu bewegen und Aufprallandungen an Küsten zu unternehmen, denen sich Fahrzeuge mit Hohlrümpfen nicht einmal nähern dürften. Allein diese Vorteile erklären schon, weshalb die Seefahrer der fortgeschrittenen Zivilisationen im alten Peru ihre beiden wasserdurchspülten Floßschifftypen vorzogen, obwohl sie mit der Bauweise des Hohlrumpfes durchaus vertraut waren. Solche

Fahrzeuge benutzten sie jedoch lediglich für den Flußverkehr. Das Auflaufen des Balsafloßes *Kon-Tiki* an der Windseite der Tuamotuinseln bewies deutlich die größere Sicherheit eines Fahrzeugs dieser Art. Der Verfasser besitzt auch genügend Erfahrung mit Ozeanreisen im polynesischen Kanu und offenen europäischen Rettungsboot, um bestätigen zu können, daß er im Fall eines Sturmes auf hoher See oder bei Gefahr an der Küste lieber an Bord eines wasserdurchspülten Fahrzeugs sein möchte.

2. Wenn wir von Wasserfahrzeugen der Eingeborenen sprechen, dann erhöht sich die Sicherheit auf See nicht mit der Größe des Fahrzeugs. Zahlreiche Experimente im Pazifik und Atlantik haben den Verfasser und andere davon überzeugt, daß primitive, unter zehn Meter lange Fahrzeuge eine größere Chance des Überlebens bei stürmischer See bieten als ähnliche Fahrzeuge größerer Dimensionen. Es ist ein großer Vorteil für ein Fahrzeug, klein genug zu sein, um sich frei zwischen und über den Dünungswellen zu bewegen, da ein Boot von mehr als zehn Metern Länge entweder gezwungen sein wird, Bug oder Heck in die Wellen zu graben oder zwei Wellenkämme gleichzeitig zu überbrücken und dabei Gefahr zu laufen, mittschiffs durchzubrechen. Der gleiche Sturm, der vielleicht Roller hochpeitscht, die eine Karavelle durchschnittlicher Größe scheitern lassen, erfaßt ein kleines Floß, das sich über und zwischen den Wellen bewegt, überhaupt nicht.

3. Grund zur Furcht für jeden Seefahrer in einem primitiven Fahrzeug sind die Küstengewässer. Die Sicherheit wächst mit der Entfernung vom Land. Ob bei Sturm oder normalem Wetter, nirgends sind die Meere trügerischer als in Küstennähe und über Untiefen. Nirgendwo steigen die Wellen steiler und gefährlicher auf als dort, wo die Ozeandünung auf die rücklaufende Strömung von Klippen trifft und durch die chaotische Einwirkung von Gezeiten und abgelenkten Strömungen zu Brandungsrollern anwächst. Mitten im Ozean gibt es keine Felsen und Riffe, die sich der Bewegung des Fahrzeugs oder der Strömung in den Weg stellen. Die Dünung ist langgezogen und regelmäßig, und die Gefahr des Strandens ist auf ein verhältnismäßiges Minimum reduziert. Die verbreitete Behauptung, ein bestimmter Kurs sei für primitive Seefahrer leichter oder weniger gefährlich, weil es sich dabei um Küstenschiffahrt und nicht um Hochseeschiffahrt handle, ist also falsch. Die einzig wirkliche Gefahr während der Überquerung des Pazifik auf dem *Kon-Tiki*-Floß gab es, als wir in den polynesischen Gewässern in Sichtweite von Riffen und Land kamen. In den beiden Atlantiküberquerungen mit den Binsenschiffen *Ra I* und *Ra II* verspürte die Besatzung tiefe Erleichterung, als das Land endlich zurückblieb und sie in die glatte und regelmäßige Dünung der offenen See kam, nachdem sie etwa 1000 Kilometer die bedrohliche nordafrikanische Küste entlanggesegelt war.

4. Einer der Hauptunterschiede zwischen Reisen zur See und zu Lande ist der, daß auf See die zu bewältigende Entfernung sehr trügerisch ist, weil sie sich auf einer Karte nicht messen läßt und völlig von der Geschwindig-

keit des Fahrzeugs abhängt. Die Entfernung von Peru zu den Tuamotuinseln beträgt beispielsweise 4000 Meilen; aber nachdem das *Kon-Tiki*-Floß nur ein Viertel dieser Entfernung, also etwa 1000 Meilen der Ozeanfläche, bewältigt hatte, erreichte es bereits den Tuamotuarchipel. Der Grund dafür ist natürlich der, daß sich die Ozeanfläche während der 101 Tage Reisezeit selbst um etwa 3000 Meilen in Richtung Polynesien bewegt hatte. Das Floß konnte den Vorteil der unsichtbaren Mitnahme durch den Humboldtstrom nützen, der wie ein Fluß von Peru durch Polynesien verläuft. Wenn ein anderes primitives Fahrzeug mit geradem Kurs und gleicher Geschwindigkeit in umgekehrter Richtung hätte segeln können, dann hätte sich dieses stromauf bewegen und nicht weniger als 7000 Meilen fließenden Seewassers hinter sich bringen müssen, um vom Tuamotuarchipel aus Peru zu erreichen. Das heißt, etwa siebenmal die Segelentfernung und Segelzeit, denen sich die *Kon-Tiki* gegenübersah, obwohl die Entfernung auf der Karte genau dieselbe war. Dazu kommt, daß kein Segelschiff in gerader Linie direkt gegen den Wind vorankommen kann. Wenn es also versucht hätte, sich den Weg in entgegengesetzter Richtung zu der von der *Kon-Tiki* eingeschlagenen zu erzwingen, müßte es außerdem gegen die starken Passatwinde kreuzen und weitere 2000 Meilen auf den geraden Weg von 7000 Meilen aufschlagen.

Um den klarsten Eindruck davon zu bekommen, wie die Oberflächenentfernung zwischen zwei gegebenen Küsten zurückzulegen ist, verläßt man sich weniger auf die Meilenangaben auf einer Karte als auf den benutzten Fahrzeugtyp. Wir wollen einmal die Entfernung von Peru zu den Marquesasinseln betrachten, die auf der Karte annähernd 4000 Meilen beträgt. Die durchschnittliche Stromversetzung beträgt täglich etwa 40 Meilen genau westwärts. Das bedeutet, daß ein primitives Fahrzeug, wenn es mit einer Oberflächengeschwindigkeit von 60 Meilen pro Tag nach Westen bewegt wird, tatsächlich 60 plus 40 Meilen am Tag zurücklegt und die Reise von Peru zu den Marquesasinseln in 40 Tagen vollendet. Bei dem Versuch, in genau entgegengesetzter Richtung voranzukommen, bewegt es sich 60 minus 40 gleich 20 Meilen je Tag vorwärts, braucht also 200 Tage, um von den Marquesasinseln nach Peru zu gelangen. Angenommen, das Fahrzeug könnte am Tag nur 40 Meilen schaffen, dann wird es sich nach Westen mit einer Geschwindigkeit von 40 plus 40 gleich 80 Meilen am Tag vorwärtsbewegen und die Marquesasinseln nach 50 Tagen erreichen, während es, wenn es sich in entgegengesetzter Richtung bewegt, 40 minus 40 gleich null Meilen bewegt und überhaupt nicht von den Marquesasinseln wegkommt.

Es gibt noch einen weiteren entscheidenden Faktor bei Ozeanreisen, der uns zwar allen wohlbekannt ist, aber dennoch aus irgendwelchen unerklärlichen Gründen in der anthropologischen Literatur ständig übersehen wird. Mit einer Weltkarte vor Augen vergißt man leicht, daß unser Planet auf eine äußerst verzerrte Weise dargestellt wird, im allgemeinen so, daß sich die beiden Polarpunkte ebenso lang erstrecken wie der Äquator. Wenn wir eine solche Mercator-Weltkarte zusammenrollen, so daß Osten auf Westen trifft, finden wir unsere Erde als Zylinder dargestellt. Und als Zylinder behandeln wir sie in anthropologischen Theorien, in denen es um transozeanische Wanderungen geht, gewöhnlich auch. In den Diskussionen über die Bewegungen der Polynesier oder anderer pazifischer Völker wird unveränderlich angenommen, die Mercatorprojektion sei korrekt, und entsprechend werden die Wanderwege angegeben. Die häufig aufgestellten und ebensooft zurückgewiesenen Theorien, daß prähistorische Seefahrer Südamerika vom tropischen Asien aus erreicht hätten, sind immer davon ausgegangen, daß die hypothetischen Wanderer dem Äquator gefolgt seien, der sich tatsächlich auf der Karte als die geradeste und kürzeste Linie über den Pazifik darstellt. Obwohl die Theorie als solche niemals anerkannt wurde, ist die Vorstellung vom Äquator als einer geraden Linie doch erhalten geblieben. Diese Täuschung, entstanden aus der Projektion einer zylindrischen Welt durch den Kartenmacher, wurde wiederbelebt, als einige international berühmte Archäologen kürzlich Meeresströmungen suchten, die vorgeschichtliche Wasserfahrzeuge von Japan nach Ecuador getragen haben und damit seltsame Parallelen in der sehr frühen keramischen Kunst dieser beiden Gebiete erklären könnten. Wiederum wurde die äquatoriale Route bevorzugt, weil der Äquatorial-Gegenstrom, wie behauptet wurde, von Asien »geradeaus nach Ecuador fließt«, während der nördlichere Japanstrom »einen Bogen durch den Nordpazifik beschreibt« (*Newsweek*, 19. Februar 1962, S. 49). Diese übliche und weithin verwendete Ausdrucksweise ignoriert die Kugelgestalt unseres Planeten: In Wirklichkeit ist nämlich der Japanstrom sowohl die geradere als auch die kürzere der beiden Routen, ganz abgesehen von seiner weit überlegenen Stärke. Der Pazifische Ozean ist eine vollständige Halbkugel, und es ist ganz trügerisch, nach einem Abkürzungsweg über den Äquator zu suchen, der einen ebensolchen Bogen beschreibt wie jeder andere Großkreis über den Pazifik.

Indonesien und Peru bilden Antipoden. Die Luftlinie zwischen der pazifischen Küste Südostasiens und der Südamerikas ist über den Nordpol ebenso kurz wie über den Äquator. Wenn wir einen Draht von Sumatra nach Ecuador am Äquator entlang um einen Globus biegen, können wir beide Enden festhalten und diesen Draht aufwärts schieben, daß er über die Aleuten oder die Beringsee läuft, ohne daß wir seine Länge verändern müssen.

Wenn wir uns vor Augen halten, daß der ungeheure Pazifik kein flacher See, sondern eine vollständige Halbkugel ist, die von Nord nach Süd dieselben Krümmungen aufweist wie von Ost nach West, erhalten wir völlig andere Voraussetzungen für eine realistische Betrachtung des Problems der frühen Wanderungsrouten in und rund um diese gigantische Wassermasse.

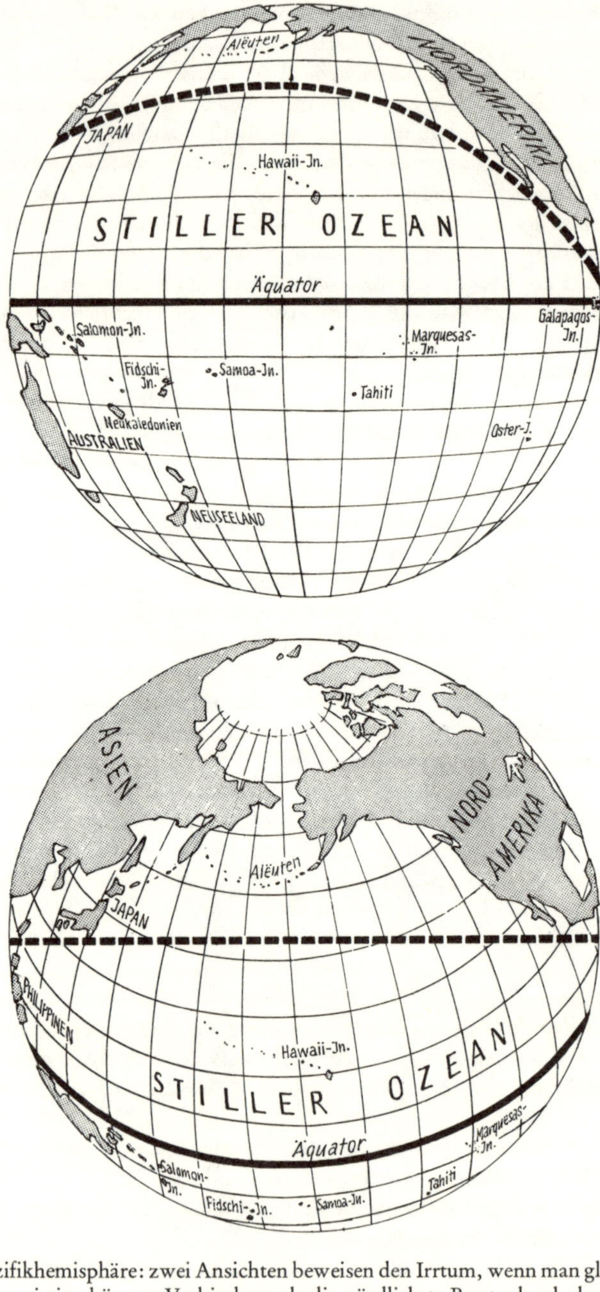


Die Pazifikhemisphäre: zwei Ansichten beweisen den Irrtum, wenn man glaubt, der Äquator sei eine kürzere Verbindung als die nördlichste Route durch den Pazifik.

Hier kommen wir an eine sehr wichtige Lektion, die wir aus der Geschichte lernen können: die frühe Festlegung der sogenannten Karavellenroute im Pazifik. Wie wir uns erinnern werden, waren die asiatischen Küsten des Pazifik den Europäern über zwei Jahrhunderte früher als die amerikanischen Küsten dieses Ozeans bekannt. Marco Polo erreichte die Küsten Chinas und Indonesiens in der zweiten Hälfte des 13. Jahrhunderts, während Balboa die Panamalandenge im Jahr 1513 von der entgegengesetzten Seite aus überquerte und den Pazifik zu Gesicht bekam. Doch trotz der frühen Ankunft von Europäern bei den Kulturvölkern des Fernen Ostens, wobei die Portugiesen wichtige Handelshäfen an den pazifischen Küsten der Philippinen gründeten und die Spanier sich in anderen Teilen Indonesiens festsetzten, segelte von dieser Seite aus nicht ein einziges europäisches Schiff in den offenen Pazifik hinaus. Winde und Strömungen verhinderten jeden Versuch, und die asiatischen Zivilisationen, mit denen die Europäer in Beziehungen standen, wußten nichts von fremden Völkern, die draußen auf dem weiten Ozean lebten. Erst als Kolumbus die Europäer nach Amerika brachte, wurden die Tore zum Pazifik weit aufgestoßen. Kaum hatten die Spanier die Panamalandenge durchfahren und die Pazifikküste von Peru erreicht, als die Inka-Historiker ihnen bereits erzählten, daß von anderen Völkern bewohnte Inseln in der Entfernung einer zwei Monate währenden Reise nach Osten von ihrem Reich zu finden seien. Wie wir später sehen werden, gaben sie korrekte Segelanweisungen zu einigen davon – auch zur Osterinsel, die die Mendañaexpedition nur durch reines Pech infolge von Streitigkeiten an Bord verfehlte, weil diese zu einer Kursänderung im letzten Augenblick führten. Dennoch war es direkt auf die Inka-Berichte zurückzuführen, daß spanische Karavellen zu zwei Reisen von Peru aus aufbrachen. Dabei wurde erst Melanesien, dann Polynesien entdeckt.

Im allgemeinen hält man die Segelschiffe der frühen Europäer als jedem Wasserfahrzeug von Eingeborenen für überlegen. Gewiß sind sie nicht unterlegen, und deshalb können ihre Segelleistungen in dem unerschlossenen Pazifischen Ozean für uns heute ein guter Maßstab zur Bewertung primitiver Navigationsmöglichkeiten sein. Wir werden lernen, daß die Entfernung nicht der entscheidende Faktor bei Ozeanerforschungen ist, sondern die gemeinsame Richtung von Wind und Strom.

Die erste von Europäern gefundene Pazifikinsel war Guam in den Marianen. Obwohl es eine der ozeanischen Inseln ist, die den auf den Philippinen lebenden europäischen Siedlern am nächsten liegt und dem asiatischen Festland am nächsten ist, blieb sie unbekannt, bis sie im Jahr 1521 von Magellan entdeckt wurde, der vom fernen Südamerika gesegelt kam. In den folgenden Jahrhunderten wurde das übrige Mikronesien einschließlich der Karolinen-, der Marshall- und der Gilbertinseln entdeckt, sämtlich von Amerika und überwiegend von Mexiko aus, da der Nord-Äquatorialstrom, vereint mit den kräftigen Passatwinden, von diesem Gebiet aus unmittelbar nach Mikronesien führt.

Die zweite Entdeckung im Pazifik war zufällig eine der Gruppen in Melanesien, die Salomoninseln, die, wie bereits erwähnt, von der Mendaña-Expedition auf der Reise im Jahr 1567 von Peru aus gefunden wurde. Weitere Entdeckungen in Melanesien ergaben sich sämtlich bei Reisen, die gleichermaßen von Südamerika ausgingen. Die bedeutendste war die von Quiros, der Peru im Jahr 1606 verließ und die Neuen Hebriden erreichte.

Polynesien wurde, wie erwähnt, zuerst im Jahr 1595 bekannt, als Mendaña die Marquesasgruppe bei seiner zweiten Reise von Peru aus erreichte. Als nächstes wurde im Jahre 1606 der Tuamotuarchipel zuerst von Quiros gesichtet, der ebenfalls von Peru aus segelte, und im Jahr 1616 fanden Le Maire und Schouten, die von Chile kamen, die Tongainseln. Die Osterinsel wurde von Roggeveen im Jahr 1722 entdeckt. Auch er kam von Chile. Und Byron, der die gleiche Route von Südamerika nahm, stieß im Jahr 1765 auf die Cookinseln, und der ihm folgende Wallis gelangte im Jahr 1767 nach Tahiti und zu den Gesellschaftsinseln.

Weshalb gelang es keinem der Europäer in Asien, auch nur eine dieser ozeanischen Inseln zu entdecken? Auch hier ist die Geschichte ein sehr verläßlicher Führer. Die europäischen Segelfahrzeuge, die den gesamten Pazifik von Amerika aus überquerten, waren nicht imstande, auf der Route, auf der sie gekommen waren, zurückzusegeln. Selbst als die riesige Weite des von Inseln übersäten Pazifik von der amerikanischen Seite her geöffnet worden war, blieb dieser Ozean für Segelschiffe, die von asiatischen Häfen ausliefen, weiter unzugänglich.

Im Jahr 1527, als die Spanier sowohl in Mexiko als auch in Indonesien bedeutende Handelsposten eingerichtet hatten, entschloß sich Cortés, der Eroberer Mexikos, eine von Saavedra zu führende Expedition auszurüsten, die von Mexiko zu den Philippinen und zurück segeln sollte. Saavedra lief von Zacatula in Mexiko aus und erreichte Mindanao auf den Philippinen. Im folgenden Jahr schiffte er sich für die Rückreise ein, doch Winde und Strömungen zwangen ihn, seine Bemühungen aufzugeben. Im Jahr darauf versuchte er es abermals. Diesmal folgte er der Küste von Neuguinea, weil er hoffte, so in den Süden der widrigen Elemente zu gelangen. Doch Wind und Strömung zwangen ihn wieder zur Rückkehr. Saavedra starb, und die ersten Versuche, von den Philippinen über den Pazifik nach Amerika zurückzukehren, wurden aufgegeben. Eine Reihe von Karavellen segelte in den folgenden Jahren mit geringen Schwierigkeiten von Mexiko zu den Philippinen, aber keins der Schiffe war imstande, auf dem gleichen Weg zurückzukommen. Um wieder nach Mexiko zu gelangen, mußten sie den ganzen Erdball umfahren und über den Atlantik zurücksegeln.

Erst im Jahr 1565 gelang es Urdaneta, die einzig mögliche Rückreiseroute für die Segelschiffe jener Zeit zu entdecken. Er steuerte die Küste Japans entlang nach Norden und überquerte den Pazifik mit dem Japanstrom, die Westwinde im Rücken. Dadurch gelangte er in die hohen Breiten nördlich von Hawaii. Wenn der Kompaß auch dafür sprach, daß er in einem Bogen nach Norden segelte, lief sein Kurs doch in Wirklichkeit ebenso direkt auf das tropische Amerika zu wie die Äquatorlinie. Urdaneta führte ein genaues Logbuch seines Kurses, und von dieser Zeit an wurde dies die sogenannte Karavellenroute, der spanische und portugiesische Schiffe über zwei Jahrhunderte lang folgten. Diese kreisbogenförmige Route verlief von Mexiko westwärts zu den Philippinen in den tropischen Wassern in Äquatornähe und über den hohen Nordpazifik zurück durch das leere Meer zwischen Hawaii und den Aleuten. Sogar die beiden Mendaña-Expeditionen, die von Peru aus Melanesien und Polynesien, das heißt, Gebiete südlich des Äquators entdeckten, mußten nordwärts weit über Hawaii hinaus segeln, um westliche Winde und Strömungen zu finden, die es ihnen erlaubten, zu ihrem Ausgangspunkt in Südamerika zurückzukehren.

In einer Studie über primitive Seefahrt wäre es ein Mangel, unsere eigene frühe Geschichte im Pazifik außer acht zu lassen. Die ständige Drehung des Ozeans selbst und der Luft über ihm auf dieser vollständigen Halbkugel beherrschte ein halbes Jahrtausend lang alle europäischen Entdeckungen und Handelsrouten, von Marco Polos Reisen um 1270 bis zu Cooks Reisen um 1770. Der einzige Forscher, dem es bis zu einem gewissen Grade gelang, diese maritime Umdrehung zu umgehen, war Tasman, der im Jahr 1624 von Indonesien aus genau nach Süden segelte statt nach Osten und durch Umrundung der australischen Südküste Tasmanien südlich der »brüllenden Vierziger« entdeckte und danach Neuseeland. Daraufhin kreuzte er nordwärts nach Tonga, bevor er von dem tropischen Transportband gefangen wurde, das ihn nach Indonesien zurückführte. Erst als Kapitän Cook gegen Ende des 18. Jahrhunderts in den ziemlich gut bekannten Pazifik einlief, hatte sich die moderne Segeltechnik so weit entwickelt, daß es möglich war, die Herrschaft der Elemente bis zu einem gewissen Grade herauszufordern. Auf seiner ersten Reise segelte auch Cook den üblichen Kurs vor dem Wind von Südamerika nach Indonesien, doch bei seinen beiden folgenden Reisen folgte er Tasmans Kielwasser südwärts bis Australien und wandte sich dann direkt nordwärts durch den Tropengürtel, wobei er auch auf Hawaii stieß, das die Europäer bis dahin noch nicht entdeckt hatten.

Der Zeitraum von 500 Jahren, in dem all die unerschrockenen europäischen Seeleute völlig außerstande waren, ihre Schiffe von Asien über Papua-Melanesien nach Ozeanien zu zwingen, vermittelt uns ein realistisches Bild der großen Schwierigkeiten, mit denen primitive Forscher fertig werden mußten. Es wäre ein unverzeihlicher Fehler, wenn wir heute, zur Zeit der Dampfschiffe, nicht weniger als ein halbes Jahrtausend unserer aufgezeichneten Segelgeschichte außer acht ließen und weiter von pazifischen Kursen prähistorischer Fahrzeuge ausgehen wollten, die sich bereits für historische Segelschiffe als unmöglich erwiesen haben.

Ferner wird die unbezweifelbare Lehre aus der gut belegten europäischen

Geschichte von einer langen Reihe praktischer Experimente mit voreuropäischen Typen von Wasserfahrzeugen bestätigt, die in unserem Jahrhundert unternommen wurden. Seit 1947, als das Balsafloß *Kon-Tiki* nach Modellen der Inka gebaut worden war, haben nicht weniger als dreizehn bemannte Flöße die pazifische Küste Südamerikas verlassen, und sämtlich haben sie Inseln in Ozeanien erreicht. Ein Floß hat Polynesien verlassen und zwei Dschunken Asien, deren Besatzungen darauf aus waren, Überquerungen in umgekehrter Richtung vorzunehmen. Sie alle mußten aufgeben. Ihre Erfahrungen und Kurse sind ebenso vielsagend wie die Segelversuche der frühen Europäer.

Das Balsafloß *Kon-Tiki* segelte im Jahr 1947 von Zentralperu nach Raroia im östlichen Polynesien.

Das Balsafloß *Seven Sisters* trug als nächstes William Willis im Jahr 1954 von Zentralperu nach Samoa im westlichen Polynesien.

Das Balsafloß *La Cantuta I* wurde im Jahr 1955 von Eduard Ingris und Begleitern vom nördlichen Peru zu den Galapagosinseln gesegelt. Dort wurde es gerettet, da es weder nach Osten noch nach Westen weiterreisen konnte, weil es in den sogenannten Äquatorial-Gegenstrom geraten war.

Das Baumstammfloß *Tahiti Nui II* wurde im Jahr 1958 von Eric de Bischop und Besatzung von Zentralperu nach Rakahanga im westlichen Polynesien gesegelt.

Das Balsafloß *La Cantuta II* brachte Ingris mit einer neuen Mannschaft im Jahr 1959 von Zentralperu nach Matahiva in Zentralpolynesien.

Das Balsafloß *Age Unlimited* wurde von dem alternden Willis in den Jahren 1963/64 den weiten Weg von Zentralperu über Samoa nach Tully Beach in Australien gesegelt.

Dann trug das Balsafloß *Tangaroa* im Jahr 1965 Carlos Cavevedo Arca und seine Begleiter von Zentralperu nach Fakareva in Zentralpolynesien.

Das Balsafloß *Pacifica* lief 1966/67 mit Vitale Alsar und seinen Gefährten von der Südküste Ecuadors aus. Es erreichte die Galapagosinseln und gelangte danach so weit nach Norden, daß es in das Gebiet des sogenannten Äquatorial-Gegenstroms geriet. Dieser Strom sollte für die Heimreise nach Amerika genutzt werden. Obwohl allgemein geglaubt wurde, es handle sich bei ihm um eine nach Osten führende Strömung, stellte sich heraus, daß der Äquatorial-Gegenstrom nichts anderes ist als eine verworrene Reihe von Wallungen und Wirbeln, die sich in einem schmalen Gürtel von Kalmen zwischen den beiden nach Westen gerichteten starken Strömungen oberhalb und unterhalb des Äquators hinzieht. Nachdem die Mannschaft 143 Tage lang vergeblich darum gekämpft hatte, nach Amerika zurückzukehren, wurde sie schließlich von einem Rettungsschiff aufgenommen.

Danach trieb im Jahr 1969 das Gummifloß *Celeusta* mit Mario Valli von Zentralperu nach Raroia. Auf dem gleichen Atoll war vorher die *Kon-Tiki* gelandet.

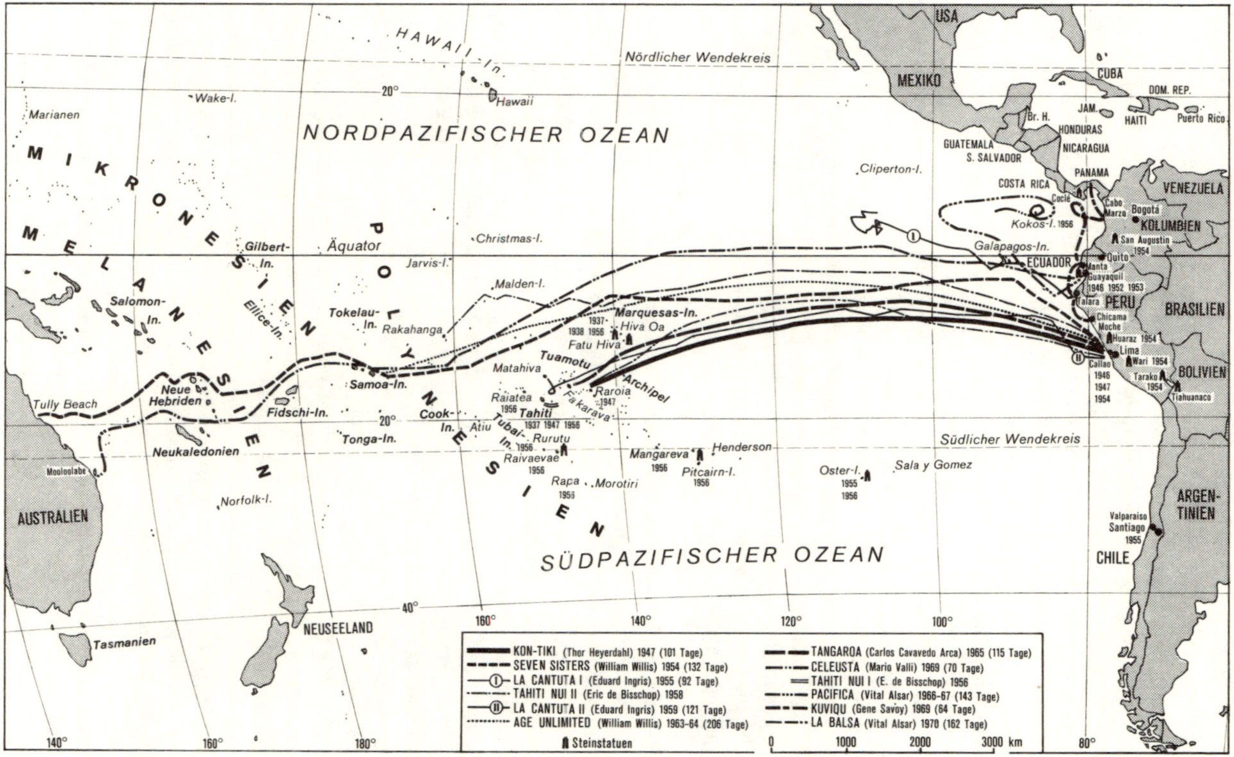


Floßreisen von Südamerika nach Ozeanien seit 1947

Das Balsafloß *La Balsa,* das im Jahr 1970 von Vitale Alsar und seinen Begleitern zu Wasser gelassen wurde, segelte in 161 Tagen den weiten Weg von der Küste von Ecuador nach Mooloolaba in Australien.

Drei weitere Balsaflöße, *La Aztlán, La Guayaquil* und *La Mooloolaba,* mit internationalen Besatzungen bemannt, liefen unter der Führung desselben Alvar von Ecuador aus und segelten als Flottille durch Polynesien und Melanesien. Nach 179 Tagen landeten sie im Jahr 1973 in Bellina in Australien. Nach Beendigung dieser dritten Reise war Vitale Alsar auf südamerikanischen Balsaflößen insgesamt 42 555 Kilometer weit gesegelt, also 2555 Kilometer mehr, als der Umfang der Erde am Äquator beträgt.

Mit anderen Worten: dreizehn bemannte Flöße wurden in der Zeit von 1947 bis 1973 an der Pazifikküste Südamerikas zu Wasser gelassen. Zwei davon landeten auf den Galapagosinseln, die übrigen elf erreichten sämtlich Polynesien, und fünf gelangten sogar bis Melanesien oder zum australischen Kontinent.

Als nächstes wollen wir das Schicksal primitiver Fahrzeuge betrachten, die in diesem Jahrhundert zu Wasser gelassen worden sind, um in entgegengesetzter Richtung zu segeln.

Der erste Versuch wurde von Eric de Bisschop vor dem Zweiten Weltkrieg unternommen. Er beabsichtigte, eine chinesische Dschunke von Indonesien nach Polynesien zu segeln, um die Richtigkeit der damaligen Theorie zu demonstrieren, nach der dies der Kurs gewesen sei, auf dem die asiatischen Vorfahren der Polynesier ihre Inselwelt erreicht hätten. Bisschop brachte drei Jahre auf seiner Dschunke zu und bemühte sich, Nutzen aus dem nicht aufzufindenden Äquatorial-Gegenstrom zu ziehen. Aber es gelang ihm nicht einmal, bis nach Mikronesien zu gelangen. Schließlich gab er sein Experiment auf und gelangte zu dem Schluß: »Die allgemein akzeptierte Theorie einer Besiedlung Polynesiens von Malaysia aus oder von irgendeinem anderen Zentrum im Westpazifik aus … ist unvorstellbar!«[9]

Danach baute er sich ein polynesisches Kanu in Hawaii und segelte innerhalb weniger Wochen von Polynesien nach Indonesien. Als das Floß *Kon-Tiki* später zeigte, wie leicht Polynesien von Peru aus zu erreichen war, baute de Bisschop in Tahiti ein Bambusfloß, um zu sehen, ob die Reise in entgegengesetzter Richtung ebenso durchführbar sei. Er segelte nach Süden in die stürmischen Breiten unterhalb der »Vierziger«, um westliche Winde zu finden. Da er jedoch fast sieben Monate lang unter Kälte und grober See gelitten hatte, mußte er, noch etwa 1000 Meilen von Chile entfernt, SOS-Rufe funken, weil sein vom Sturm angeschlagenes Bambusfloß mittlerweile den Beginn des Humboldtstroms erreicht hatte und nach Polynesien zurückzutreiben drohte. Als er gerettet und nach Südamerika zurückgebracht worden war, baute er das oben genannte Floß, das seine Mannschaft sicher von Peru ins westliche Polynesien brachte, wo er selbst auf einem Riff ums Leben kam.

Der bestimmt am sorgfältigsten vorbereitete Versuch, den Pazifik von der asiatischen Seite aus mit einem primitiven Fahrzeug zu überqueren, war das sogenannte »Projekt Pazifik«, das im Jahr 1974 nach sechsjähriger Vorbereitung verwirklicht wurde. Um die diffusionistische Theorie der Wiener Schule wiederzubeleben, baute Kuno Knöbl, ein Schüler des bekannten Anthropologen Heine-Geldern, eine authentische asiatische Dschunke, wobei er als Vorbild ein Keramikfahrzeug aus dem 1. Jahrhundert n. Chr. benutzte, das in der Nähe von Kanton in Südchina gefunden worden war. Das Ziel dieses Experiments war, das asiatische Fahrzeug vom Chinesischen Meer nach Ecuador in Südamerika zu segeln. Die getreu kopierte experimentelle Dschunke, *Tai Ki* benannt, bestätigte, was wir aus einem halben Jahrtausend früher europäischer Seefahrt wußten: die primitive Navigation von Asien in den Pazifik mußte die Karavellenroute benutzen. Die *Tai Ki* konnte der Kraft der widrigen tropischen Winde und der Strömung nicht standhalten und trieb hilflos nach Norden. Als sie 40° N erreichte, den Aleuten näher als Hawaii, funkte die Besatzung der ursprünglich seetüchtigen, doch rasch von Würmern zerfressenen und allmählich zusammenfallenden Dschunke SOS und wurde von Flugzeugen aufgenommen, während das Wrack ihres Fahrzeugs, wie später beobachtet wurde, an der Küste Alaskas entlangtrieb. Als die Besatzung die sinkende Dschunke verließ, war sie bereits 114 Tage an Bord gewesen, und bis zur Nordwestküste Nordamerikas waren immer noch 2000 Seemeilen zurückzulegen.

Vielleicht hatte dieses Experiment aber schließlich doch die größte wissenschaftliche Auswirkung. Es steckte den Weg von Asien nach Amerika für primitive Fahrzeuge jeder Art ab. Die Nordwestküste Amerikas, das heißt, der kontinentale Archipel von Alaska und Britisch-Kolumbien, und nicht das tropische Inselgebiet, war der einzig mögliche Weg für voreuropäische Seefahrer von Asien zur Neuen Welt. Von ebendieser Nordwestküste Amerikas führen Winde und Ozeanströmungen direkt abwärts nach Hawaii ins nördliche Polynesien, genau wie sich die Elemente von Peru nach Ost- und Zentralpolynesien drehen. Frühe Forschungsreisende wie Vancouver und Byron haben berichtet, daß sie auf Hawaii große Kanus gefunden hätten, die aus Kiefernstämmen angefertigt worden seien. Diese Kiefernstämme seien von der amerikanischen Nordwestküste herabgetrieben. Und ein Handbuch des Bishop-Museums aus dem Jahr 1915 schreibt sogar, daß die großen Kriegskanus der alten Bewohner Hawaiis »im allgemeinen« aus Kiefernholz gewesen seien, das von der amerikanischen Küste heruntergetrieben sei. Sharp und Farley glaubten aufgrund von Ähnlichkeiten auf Felszeichnungen an Kontakte zwischen den Eingeborenen von Nordwestamerika und Hawaii und wiesen darauf hin, daß Hunderte von Rotholzstämmen an den hawaiischen Stränden gefunden wurden, wenige Monate, nachdem Überschwemmungen an der Pazifikküste von Britisch-Kolumbien die Staubdecken der Sägemühlen für den Holztransport ausgewaschen hatten.[10] Daß fertige Kanus und nicht nur treibende Baumstämme die gleiche Drift überstehen konnten, wurde vor einem halben Jahrhundert von Kapitän Voss bewiesen. Er beschaffte sich auf der Vancouverinsel ein nordwestindianisches Kanu von 11,5 m Länge und segelte damit innerhalb von zwei Monaten direkt nach Tongareva in Zentralpolynesien. Daraufhin setzte er seine Reise nach Neuseeland und weiter nach Westen fort. Das verwendete nordwestindianische Kanu, die *Tilikum,* ist noch im Thunderbird-Park in Victoria, Britisch-Kolumbien, ausgestellt.

Um zusammenzufassen: Geschichtliche Belege und eine große Anzahl moderner empirischer Experimente haben gezeigt, daß primitive asiatische Fahrzeuge nur in den äußersten nördlichen Breiten zwischen Hawaii und den Aleuten in den offenen Pazifik gelangen und daß Landungen lediglich an der nordwestamerikanischen Küste erfolgen können. Von hier aus ist der Weg zu den subtropischen und tropischen Inseln des mittleren Pazifik offen.

Bisher haben wir uns mit beabsichtigten Versuchen beschäftigt, in früheuropäischen Segelfahrzeugen oder in Nachbauten vorgeschichtlicher Fahrzeuge von Osten oder Westen in den offenen Pazifik einzufahren. In den letzten Jahren kreist die Diskussion jedoch häufig um die Frage, ob Ozeanien ursprünglich von Forschungsexpeditionen, ähnlich denen der frühen Europäer, oder bei ganz zufälligen Driften gefunden worden sei. In einigen Kreisen ist behauptet worden, daß Stürme, die in entgegengesetzter Richtung zu den vorherrschenden Winden bliesen, die Vorfahren der Polynesier zu ihren Inseln im mittleren Pazifik geführt haben könnten. Eine Computersimulation zur Überprüfung dieser Theorien ist von M. Levison, R. G. Ward und J. W. Webb vorgenommen worden. Die Autoren gaben über 100 000 simulierte Driften in die Computer ein, dazu mehr als 8000 gesteuerte Reisen, sämtlich von 62 Auslauforten ost- und westwärts von Polynesien. Dabei wurden die fernen asiatischen Küsten völlig eliminiert, da die Chancen, Polynesien selbst von einer der näher gelegenen Inseln in dem 4000 Meilen breiten benachbarten Mikronesischen Ozean zu erreichen, wie festgestellt wurde, gleich Null waren. Es wurde sogar herausgefunden, daß die nur 400 Meilen weite Ausdehnung offenen Meeres, die die Salomoninseln und die Neuen Hebriden von Polynesien trennt, »eine gewaltige Schranke für Driften nach Osten darstellt«.[11]

Nachdem die Reise von Menschen sowohl von Mikronesien als auch Melanesien durch Drift nach Polynesien sorgfältig ausgeschlossen worden war, zeigte die Computersimulation – was nach historischen Reisen bereits anzunehmen war –, daß innerhalb des Gebietes Ozeanien zufällige Driften, die zur Entdeckung von Inseln führen können, den vorherrschenden Bewegungen der Elemente von Ost nach West folgen und nicht gelegentlichen Stürmen oder Unregelmäßigkeiten. Archäologen und Sprachwissenschaftler haben bereits gezeigt, daß die Ursprünge aller Polynesiersiedlungen, die sich in Mikronesien oder Melanesien befinden, auf Reisende zurückgehen, die aus dem eigentlichen Polynesien gekommen sind, und keineswegs

Zwischenstationen von frühen Auswanderern aus Indonesien oder Kontinentalasien darstellen. Außerdem bringt die Computerstudie von Levison u. a. einen, wie die Autoren sagen, für die Glaubwürdigkeit ausreichenden Beweis dafür, daß solche Kolonien von direkten Driftreisen von Polynesien aus stammen.

Selbst innerhalb des eigentlichen Polynesien ist die Möglichkeit, irgendeine Insel gegen die vorherrschenden Winde und Strömungen durch Driften zu erreichen, nur sehr gering. Driftreisen vom westlichen Polynesien zu irgendeiner anderen polynesischen Insel sind also höchst unwahrscheinlich. Die Computeruntersuchung zeigt, daß »die Chance, von Samoa zu den Cook- oder Gesellschaftsinseln zu driften, geringer ist als eins zu siebenhundert. Die Möglichkeit, Hawaii, die Osterinsel und Neuseeland [durch zufälliges Driften] von anderen Teilen Polynesiens aus zu erreichen, besteht nicht.«[12] Und »der höchste Grad, in Polynesien einzudringen und das Gebiet zu besiedeln, wird durch das Einreisen bei der Marquesasgruppe oder der Osterinsel erreicht«.[13] Das sind die beiden Außenposten Polynesiens, die Südamerika am nächsten liegen.

Die Möglichkeit von Driften aus Richtung Südamerika erweist sich, wie man erwarten durfte, als eine völlig andere Sache. Levison u. a. schreiben:

»Falls Seefahrer von der Küste Perus in der Nähe von Callao auslaufen und ihren Kurs so genau westlich wie möglich halten sollten, wäre die Möglichkeit, daß sie Polynesien erreichen, sehr groß. Etwas mehr als ein Drittel der Fahrzeuge in unserem Experiment, die in der Nähe von Callao ausliefen, landeten an polynesischen Inseln, gewöhnlich innerhalb von drei Monaten nach dem Auslaufen.«[14]

Über das Balsafloß vom Inkatyp sagen Levison u. a., daß das hochentwickelte System des Steuerns mit Steckschwertern und die Seetüchtigkeit dieser Flöße ihnen ermöglichte, von Südamerika aus ins östliche Polynesien zu segeln, daß es gleichzeitig jedoch infolge seiner überlegenen Segeleigenschaften in der Lage gewesen sei, zur Küste zurückzukehren, falls es etwa 300 Kilometer von ihr entfernt in starke Drift geraten sollte. Die Autoren fassen ihre Ergebnisse in dem Schluß zusammen, daß es höchst unwahrscheinlich sei, daß Menschen infolge zufälliger Driftreisen eingelaufen seien.

Man sollte sich dabei vor Augen halten, daß die dreizehn Flöße, die in den letzten Jahrzehnten von der Küste Perus ausliefen, ihr Heck sämtlich den Passatwinden zukehrten und deshalb keine Driftreisenden in dem Sinn waren, wie Levison u. a. das Wort benutzen. Reine Driftreisen von Südamerika aus würden nach den Computersimulationen der Autoren zur Marquesasgruppe führen, die, wie auch die Osterinsel, außerdem die maximale Möglichkeit biete, bei der Weiterfahrt auch die übrigen polynesischen Inseln zu erreichen.

Diese an sich wichtige Studie weist einen ernsten Mangel auf. Die Autoren dehnten ihre Tests nicht weit genug nach Norden aus. Den britisch-kolumbischen Archipel haben sie nicht mit eingeschlossen. Das ist um so bedauerlicher, als es sich dabei um das einzige bekannte Gebiet handelt, das natürliche Driften von Südostasien erhält und sie unmittelbar in das polynesische Dreieck weiterführt. Levison u. a. sind sich dieses Mangels jedoch bewußt, da sie erklären, der Umfang ihrer Studie habe ihnen nicht erlaubt, Reisen weit genug nordwärts vorzunehmen, um die »Treibholzreisen«, wie sie es nennen, von der amerikanischen Nordwestküste zu simulieren. Sie zeigen allerdings eine Route mit geringer Wahrscheinlichkeit von Mexiko nach Polynesien und setzen hinzu: »Die Chancen, die Hawaiische Gruppe von Ausgangspunkten weiter nördlich an der Pazifikküste zu erreichen, sind zweifellos höher ... falls Driften von Nordamerika ausgingen, wäre das Gebiet von Britisch-Kolumbien zweifellos das aussichtsreichste.« [15]

Das Gebiet von Britisch-Kolumbien, das einzige Inselgebiet, das sowohl durch Driften als auch durch gesteuerte Reisen in primitiven Fahrzeugen unmittelbaren Zugang zu Polynesien bietet, ist selbst auch das einzige Gebiet am Ende ähnlicher Reisen von Südostasien her. Mit anderen Worten, die von Inseln übersäte Küste Britisch-Kolumbiens bietet das, was Mikronesien und Melanesien gerade nicht darstellen, eine geographische Zwischenstation für Reisen vom Philippinenbecken nach Polynesien. Frühe Segelexpeditionen und simulierte Driften zeigen, daß es keine Alternative gibt. Malayische Kanus und Proas oder chinesische und japanische Dschunken werden, ob gesteuert oder treibend, mit dem Japanstrom auf direktem Wege nach Britisch-Kolumbien geführt und finden sich, wenn sie weitertreiben, nach einigen Wochen nach Hawaii befördert. Der Zwangskurs der Experimentaldschunke *Tai Ki* hatte in diesem Jahrhundert bereits eine recht beträchtliche Zahl von Vorläufern in Gestalt von echten asiatischen Schiffbrüchigen, die nach Britisch-Kolumbien getrieben wurden, einige von ihnen sogar noch weiter bis Hawaii, das die Bootsbesatzungen noch lebend erreichten. Aufzeichnungen und Beweismaterial dafür wurden von J. F. G. Stokes auf dem 5. Pazifischen Wissenschaftlichen Kongreß vorgelegt. Auch von Anthropologen wie E. S. C. Handy und R. U. Sayce wurde darauf hingewiesen. [16]

Das Hauptziel der hier vorliegenden Analyse ist es, mögliche Ozeanrouten, auf denen von einem rein praktischen Standpunkt aus frühe Menschen in voreuropäischen Fahrzeugen zu den beiden amerikanischen Kontinenten oder von ihnen weg gelangt sein könnten, zu lokalisieren und zu untersuchen. Es wird nicht unterstellt, daß die hier diskutierten Routen sämtlich von Seefahrern vor Kolumbus benutzt worden sind, wenn es auch durchaus auf der Hand liegt, daß der frühe Mensch auf diesen Wegen nicht auf unüberwindliche Hindernisse gestoßen wäre. Der Zweck dieses Überblicks ist nicht, für die Diffusion zu sprechen, sondern die praktischen Fragen zu analysieren, die sich jeder stellen muß, der behauptet, es habe zwischen der Alten und der Neuen Welt Kontakte mit Hilfe bemannter primitiver Fahrzeuge gegeben.

Die unsichtbaren Ströme, die durch alle Ozeane fließen und stärker und breiter sind als jeder kontinentale Fluß, werden von nichts Geringerem als der Erdumdrehung in ständiger Bewegung gehalten. Sie fließen im Tropengürtel von Ost nach West, und wenn sie auf einen Kontinent treffen, wenden sie in einem weiten Bogen, so daß sie in den kälteren Breiten, der Arktis und Antarktis, so nahe wie möglich nach Osten zurückkehren. Aber diese tropischen Strömungen bewegen sich nicht nur, sie reißen alles, was schwimmt, mit sich, während über dem Meer die ewigen Passatwinde mit voller Kraft in die gleiche Richtung wehen – von Ost nach West, das ganze Jahr hindurch. Sie übertreffen die kontinentalen Flüsse als Transportbänder weit und sind weit mehr als diese Einbahnstraßen, verstärkt durch die mächtigen östlichen Passatwinde. Wo nicht sichtbare Küsten und überlegte Entscheidungen den Menschen bei der Suche nach neuem Land geführt haben, trugen ihn die unsichtbaren, ständig wirksamen Förderbänder der Meere von einer Küste zur anderen, ob der Reisende dies nun wünschte oder nicht.

Geschichte und Ozeanographie weisen gemeinsam auf drei günstige Ozeanstraßen von der Alten zur Neuen Welt hin, zwei auf der Atlantik- und eine auf der Pazifikseite, dazu auf zwei Abfahrtswege von der Neuen Welt, beide auf der Pazifikseite. Diese Routen sind so deutlich definiert, daß man sie unbedenklich nach ihrem historisch überlieferten Entdecker benennen kann.

Die *Leif-Eriksson-Route* ist die von den Elementen am wenigsten begünstigte, doch die von den Europäern zuerst benutzte, weil sie Zwischenstationen nach Amerika anbietet, wie sie sich sonst nur in der Aleutenkette auf der pazifischen Seite wiederfinden. Wenn wir die widersinnig vergrößerte Arktis auf der Mercatorkarte außer acht lassen und einen Globus zur Rate ziehen, finden wir auf der Route von Norwegen oder Großbritannien über die Shetlandinseln, die Färöer, Island, Grönland und die Baffininsel nach Labrador und Kontinentalamerika keinen Ozeanschritt, der weiter ist als die Länge des Michigansees. Wie wir in einem der folgenden Kapitel sehen werden, haben Norweger in der Zeit zwischen etwa 986 und 1500 Siedlungen mit 280 Bauernhöfen, zwei Bischofssitzen, Klöstern und 17 Kirchen an der grönländischen Südwestküste gegründet und unterhalten. Obwohl diese frühen europäischen Siedler nur mühsam den Kontakt mit Island und Norwegen in offenen Booten aufrechterhielten und regelmäßig vom Vatikan in Rom visitiert und besteuert wurden, lebten sie fünf Jahrhunderte lang nur 200 Meilen von der amerikanischen Küste entfernt, bevor Kolumbus Amerika erreichte. Vom 11. bis zum 14. Jahrhundert geschriebene Berichte belegen mindestens fünf Besuche, die der Neuen Welt von Grönland aus abgestattet wurden, zwischen denen nur die Davisstraße lag. Wie wir noch sehen werden, waren die Norweger des 15. Jahrhunderts nicht die einzigen Europäer, die in diesem fernen Winkel des Atlantik tätig waren. Im Jahr 1448 tadelte ein päpstlicher Brief die britischen Piraten, die christliche norwegische Siedlungen auf Grönland überfielen und ihre Kirchen zerstörten. Im Jahr 1432 war schon zwischen dem norwegischen und dem britischen König ein Vertrag geschlossen worden, der den Zweck hatte, die englischen Piraten daran zu hindern, die Norweger in der Davisstraße zu belästigen – ein historischer Beweis dafür, daß selbst unbekannten Abenteurern der Britischen Inseln die Küsten des äußersten Nordwestatlantik bereits vor der historischen Reise des Kolumbus bekannt waren.

Die undeutlichen Vorstellungen, die man im mittelalterlichen Irland von einem fernen Land im Nordatlantik hatte, könnten durchaus auf diese Periode zurückgehen, wenn nicht noch weiter. Es gab zahlreiche Bindungen zwischen dem mittelalterlichen Norwegen und Irland. Um das Jahr 840 n. Chr. hatten norwegische Wikinger die Stadt Dublin gegründet. Ferner stellten norwegische Flüchtlinge, als sie im Jahr 872 infolge der Kriege im eigenen Land nach Island flohen und die Insel besiedelten, fest, daß ihnen irische Mönche zuvorgekommen waren und diese ferne Insel bereits kolonisiert hatten. Der spätere regelmäßige transatlantische Verkehr zwischen den norwegischen Siedlern auf Grönland und den Mutterländern Norwegen und Island konnte deshalb der Aufmerksamkeit der irischen Zeitgenossen seit der allerersten Besiedlung Grönlands im Jahr 985 nicht entgangen sein. Der irische Mönch Sankt Brendan, zweifellos eine historische Gestalt, besuchte nach keltischen Berichten, die etwa zur Zeit der Besiedlung Grönlands aufgezeichnet wurden, die Färöer, Island und eine Anzahl anderer überseeischer Gebiete. Die Reise, die in einem irischen Boot aus Weidengeflecht, mit Leder überzogen *(curragh)*, unternommen worden war, hat, wie viele annehmen, sogar bis in die Neue Welt geführt. Dafür gibt es jedoch noch keine ausreichenden Beweise, doch die Möglichkeit wurde kürzlich von T. Severin und seinen Begleitern erprobt, als sie den Nordatlantik zwischen Irland und Neufundland im Jahr 1977 überquerten, wobei sie ein lederbezogenes Boot nach Brendans Art und die Leif-Eriksson-Route benutzten.

Wenn wir noch weiter, bis in vorgeschichtliche Zeiten zurückgehen, dann hatte, wie der amerikanische Archäologe E. F. Greenman annimmt, der Mensch des oberen Paläolithikums noch leichteren Zugang zu Nordostamerika als der spätere Norweger.[17] Greenman erläutert, daß diese Altsteinzeitmenschen nur dem Rand der Gletscherfront zu folgen brauchten, die zu jener Zeit tatsächlich den Ozean in der Breite von Irland überspannte. Eine Überquerung durch arktische Jäger zu jener frühen Zeit von Nordeuropa aus scheint deshalb durchaus möglich. Ob sie tatsächlich erfolgt ist, werden Archäologen der Zukunft beweisen müssen. Einstweilen handelt es sich um nicht mehr als eine einleuchtende Hypothese.

Die *Kolumbus-Route* ist erheblich länger, bietet jedoch sehr milde klimatische Bedingungen und äußerst günstige Strömungs- und Windverhältnisse. Wenn diese Strömung auch von Flüssen aus Westeuropa gespeist wird, nimmt sie eigentlich doch vor Gibraltar und der afrikanischen Nordwest-

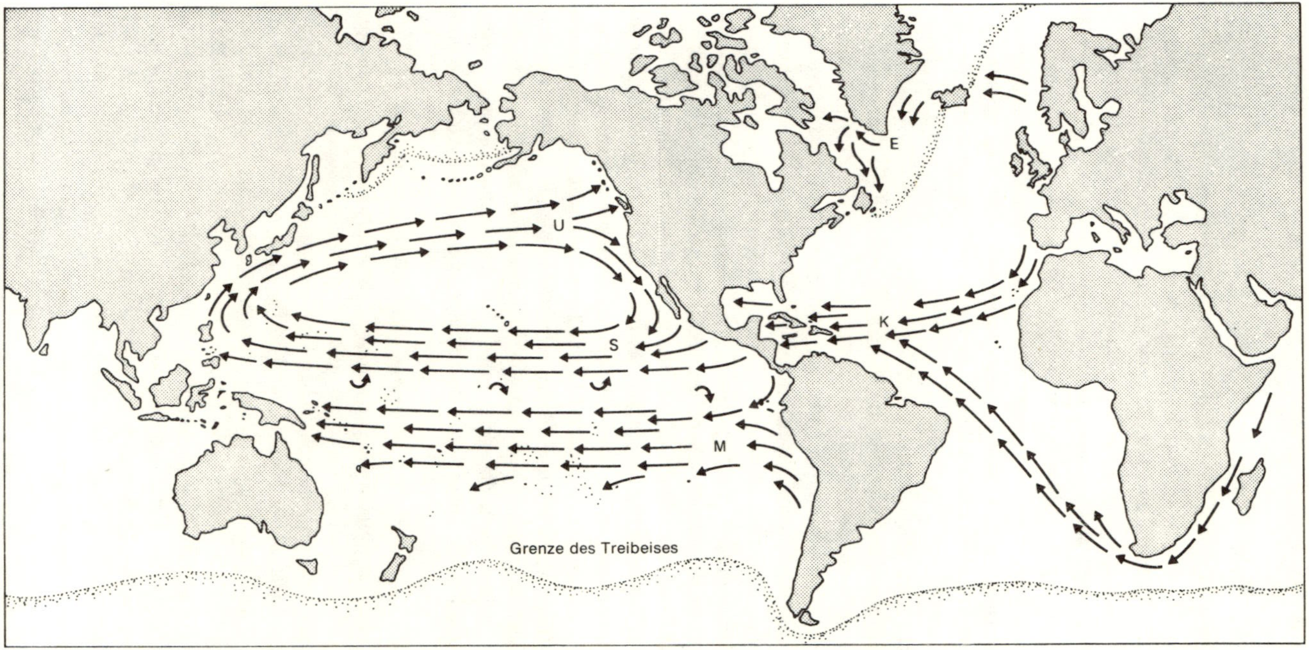


Seerouten nach und von Amerika, wie sie von den frühen europäischen Reisenden benutzt wurden

E: Leif Eriksson und die Norweger; K: Kolumbus und frühneuzeitliche Europäer; M: Mendaña und die Entdecker Polynesiens und Melanesiens; S: Saavedra und spätere Karavellenreisende von Mexiko nach Indonesien; U: Urdaneta und Rückreisende von Indonesien nach Amerika küste ihren Ausgang. Dort tut sie sich mit den kräftigen Passatwinden zusammen. Die Route folgt von Nordafrika aus dem Kanarenstrom, auch Nord-Äquatorialstrom genannt, direkt bis zu den Karibischen Inseln und in den Golf von Mexiko. Der Nord-Äquatorialstrom erhält große Wassermengen von Madagaskar und Südafrika, die der Süd-Äquatorialstrom bringt. Er fließt ebenfalls in den Golf von Mexiko, jedoch an der Küste von Brasilien entlang. Diese beiden, als zwei getrennte afrikanische Einheiten entstandenen Ozeanstraßen könnte man durchaus als Unterteilungen eines gewaltigen Transportbandes betrachten, das Mittelamerika sehr nahe an den scheinbar fernen afrikanischen Kontinent heranzieht, diesen jedoch noch ferner rückt, wenn man sich ihm von der Neuen Welt nähert.

Soweit wir aus schriftlichen Berichten wissen, ist Kolumbus die erste historische Gestalt, die diese Route benutzt hat. Es ist jedoch nicht ganz unvorstellbar, wenn auch historisch keineswegs belegt, daß nach Westen vordringende Araber, nachdem sie die Berber besiegt und die Guanchen auf den Kanarischen Inseln besucht hatten, im Schwung des dortigen Transportbandes auch weiter in den Atlantik hinausgesegelt sind. Mehrere Hinweise, die darauf schließen lassen, sind von verschiedenen Autoren behandelt worden. Ein solcher Hinweis findet sich in *The History of the Discovery and Conquest of the Canary Islands* (»Die Geschichte der Entdeckung und Eroberung der Kanarischen Inseln«), die G. Glas im Jahr 1764 aus einem alten spanischen Manuskript, das auf der Insel La Palma gefunden worden war, ins Englische übersetzte. Im Text erscheint folgendes Zitat aus dem »Dritten Klima des Nubischen Geographen« über ferne atlantische Länder, die von umherstreifenden Arabern besucht worden waren: »In diesem Meer liegt auch die Insel Saale, auf der Männer von einer Art wie Frauen zu finden sind ... ihr Atem wie der Rauch von brennendem Holz ... und die Männer von den Frauen lediglich durch die Fortpflanzungsorgane unterschieden: sie besitzen keine Bärte und kleiden sich in die Blätter von Bäumen.«[18]

Diese bemerkenswerte Beschreibung verdient deshalb Beachtung, weil die Guanchen der Kanarischen Inseln, wie die Berber des afrikanischen Festlandes, ebenso bärtig waren wie die Araber selbst, sich in Schaffelle kleideten und überdies den semitischen Völkern seit den Zeiten der Phönizier bekannt waren. Aber Indianer sind bartlos. Das war übrigens auch die Eigenart, die die Spanier bei ihrer Ankunft am meisten überraschte; und das Tabakrauchen war bei den karibischen Stämmen üblich, von denen viele nackt oder in Röcken aus Palmwedeln umhergingen, wodurch sie sich von den den Arabern aus der Alten Welt bekannten Völkern unterschieden.

Kolumbus wird jedoch immer unangefochten der bleiben, der mit zahlreichen Beweisen für seine Entdeckung zurückkehrte. Er überquerte den Atlantik auf der gleichen Route noch zweimal, und niemand kann ihm das Verdienst rauben, Männern und Frauen aller Nationen das Tor nach Amerika geöffnet zu haben. In seinem Kielwasser schwärmte eine unendliche

Zahl großer und kleiner Karavellen aus, einige davon so winzig und zerbrechlich, daß sich die Schiffbauer des alten Mittleren Ostens mit Recht darüber lustig gemacht hätten. Als Kolumbus den Weg einmal entdeckt und das Beispiel gegeben hatte, ließ sich kaum ein Fahrzeug finden, das für eine Reise auf der Kolumbus-Route nicht geeignet gewesen wäre. In unserer Zeit gibt es jährlich eine Regatta von Einhandseglern, Männern wie Frauen, die genau der Kolumbus-Route von den Kanarischen Inseln aus in die Karibik folgen. Anfänger, die sich brüsten, noch nie gesegelt zu sein, überqueren den Ozean in kleinen offenen Ruderbooten, Jollen, Kanus und Flößen aller Art. Das Papyrusschiff *Ra II* segelte ebenfalls auf der traditionellen Kolumbus-Route, mit acht Mann Besatzung, von denen mindestens fünf notorische Landratten waren, einer davon so sehr, daß er nicht einmal wußte, daß Seewasser salzig ist.

In auffallendem Gegensatz dazu gibt es auf der atlantischen Seite für primitive Amerikaner keinen günstigen Ausgangspunkt. Der kalte, nach Süden führende Labradorstrom beherrscht die gemäßigten Gebiete Nordamerikas, und der warme Golfstrom hat seinen Anfang dort, wo tropisch akklimatisierte Eingeborene leben, die kaum darauf vorbereitet sind, die lange Drift nordwärts in den kalten Nordatlantik zu überstehen.

Wenn wir uns nun dem Pazifik zuwenden, so werden auch dort die Bedingungen von der Erdumdrehung diktiert. Die Richtung von Wind und Wasser die Kolumbus-Route entlang nach Westen wird durch Zentralamerika unterbrochen, aber an der Pazifikküste sofort wiederaufgenommen, wo die Nord- und die Süd-Äquatorialströmung mit denselben Passatwinden in den Ozean hinein und über ihn hinweg führen.

Wir sahen, daß die europäischen Entdeckungsreisenden den Pazifik zwar zuerst von der asiatischen Seite aus sahen, daß es aber nicht einem einzigen Fahrzeug gelang, den neu entdeckten Ozean von dieser Seite aus zu befahren. Erst als Kolumbus Europäer nach Amerika gebracht hatte, stießen diese von der anderen Küste aus in den bisher unzugänglichen Ozean vor.

Die *Mendaña-Route* könnte mit gutem Grund auch als *Inka-Route* bezeichnet werden, und wir werden später noch auf die Tatsache zurückkommen, daß es Segelanweisungen der Inka waren, die Mendañas Forschungsreise anregten und lenkten. Die Mendaña-Route bietet wohl die beste Möglichkeit zu anthropologischen Untersuchungen, da ihr kurzer und kräftiger Schwung die am stärksten isolierten und dennoch bewohnten Inselgruppen mit einer Küste der Neuen Welt verbindet, an der es eine Überfülle von selbstschwimmenden Wasserfahrzeugen gibt. Die Bedeutung dieser Route liegt in dem äußerst starken Süd-Äquatorialstrom. Er wird von Wasser gespeist, das von Chile an der Küste Südamerikas entlang nach Norden strömt und vor der Nordküste Perus scharf nach Westen abbiegt, geradewegs nach Polynesien und darüber hinaus. Sehr starke Passatwinde begleiten diese Strömung, deren Nordrand die Galapagosinseln und deren Südrand die Osterinsel berührt. Der Hauptstrom umfaßt das gesamte bewohnbare Land Polynesiens außer der Hawaiigruppe, dazu ganz Melanesien, bevor er sich zu einer Art Delta verzweigt, wo Neuguinea und Australien ihm den freien Weg versperren.

Selbst Magellan nutzte dieses Transportband, als er im Jahr 1521 Guam entdeckte. Doch für praktische Zwecke verliert es seine Kraft in Melanesien, während sein begrenzter Einfluß noch bis zur Nordostküste von Neuguinea und zu den südöstlichen Inseln von Mikronesien reicht. Nautisch gesehen liegt das Inselgebiet des gesamten Südpazifik unmittelbar neben Südamerika, und wenn die Papua-Melanesier auch zweifellos sehr früher asiatischer Herkunft sind, so liegt doch zwischen ihnen und der Neuen Welt nichts, was den sporadischen Einfluß der andinen Kultur hätte verhindern können.

Wir sahen, daß für die frühen Europäer die Rückreise im gleichen Meeresgebiet unmöglich war. Sie waren gezwungen, über die hohen Breiten nördlich von Hawaii nach Peru zurückzukehren. De Bisschops Experiment, bei dem er sich sieben Monate lang vergeblich bemühte, Südamerika in einem primitiven Fahrzeug in den eisigen Winden unterhalb der »brüllenden Vierziger« von Polynesien aus zu erreichen, und der Fehlschlag von Ingris und Vitale Alsar bei dem Versuch, mit Hilfe des verworrenen Äquatorial-Gegenstroms nach Amerika zurückzusegeln, zeigen deutlich, daß der Südpazifik dem primitiven Menschen gewiß kein marines Transportband geboten hat.

Die *Saavedra-Route* von Mexiko nach Indonesien verläuft parallel zur Mendaña-Route auf der Nordseite der Äquatorlinie. Sie umspannt die gesamte Breite des tropischen Pazifik von Amerika bis Asien, und die Geschwindigkeit des Stromes und die Kraft der Passatwinde sind nicht geringer als die auf der kürzeren Route südlich des Äquators. Wir haben gesehen, daß Saavedra dieses marine Transportband im Jahr 1527, 40 Jahre bevor Mendaña von Peru aus in See stach, auf seiner Reise von Zacatula in Mexiko nach Mindanao voll nutzte. Während Mendaña zuerst in die dicht beieinanderliegenden Inseln Melanesiens gelangte und erst danach einige der weiter voneinander entfernten Inseln in Polynesien fand, an denen er vorbeigesegelt war, überquerte Saavedra den Ozean in dem leeren Gürtel südlich von Hawaii und nördlich des eigentlichen Polynesien. Aus geographischen Gründen bietet diese Route also, obwohl sie große Möglichkeiten für die Bewegungen primitiver Fahrzeuge besitzt, weniger deutliche Gelegenheiten für die Entdeckung und Kulturverbreitung als die Mendaña-Route in der mit Inseln dicht besetzten Breite Perus.

Die viel debattierten Theorien über sehr frühe Überseekontakte zwischen südostasiatischen und zentralamerikanischen Kulturen, die in jüngster Zeit von einer kleinen Gruppe hervorragender Archäologen vorgetragen worden sind, wären leichter zu verteidigen, wenn sie den Transfer, soweit es die Chronologie erlaubt, so betrachteten, daß er auf der Saavedra-Route von Mexiko nach Westen erfolgte, statt umgekehrt.

Mikronesien liegt zwar vor Asien, wurde jedoch von europäischen Reisenden von Amerika aus entdeckt. Es wäre deshalb angebracht, die vielen kulturellen Parallelen zwischen den Spuren mancher der verschwundenen mexikanischen Zivilisationen und denen einiger unidentifizierter Vorfahren der frühen mikronesischen Stämme nicht aus dem Auge zu lassen: etwa die Megalithruinen auf Kusaie und Ponape in der Karolinengruppe sowie auf Guam und Tinian in der Marianengruppe. Sie alle liegen querab der Saavedra-Route.

Die *Urdaneta-Route* ist nicht mehr als die ununterbrochene Fortsetzung der Saavedra-Route und beginnt dort, wo diese endet, im Philippinenbekken. Hier wendet sich das warme Wasser des Nord-Äquatorialstromes nach Norden, weil es von Indonesien und dem dahinterliegenden Festland bei seiner weiteren Bewegung nach Westen gehindert wird. Dieses warme Wasser fließt an Japan als Japanstrom oder Kuroschio entlang, bewegt sich südlich der Aleuten gemeinsam mit den vorherrschend westlichen Winden und erreicht die nordamerikanische Westküste in einem weiten Bogen, der von Alaska bis zum südlichen Kalifornien reicht. Wie wir sahen, bilden die Saavedra- und die Urdaneta-Route gemeinsam die wichtige Karavellenroute, die alle Europäer benutzten, wenn sie den Pazifik in den frühen Tagen der Segelschiffahrt überquerten.

Die Urdaneta-Route ist die einzige, die es frühen Asiaten ermöglicht haben könnte, das vorkolumbische Amerika auf dem Seeweg zu erreichen. Die besondere Bedeutung – in anthropologischem Zusammenhang – liegt dabei vielleicht darin, daß diese Route Indonesier in die gemäßigten Gebiete Amerikas gebracht haben könnte, ohne daß diese durch den Schnee der arktischen Tundren stapfen mußten. Die auffallende physische Ähnlichkeit zwischen den tropischen Malaien und der einheimischen Urwaldbevölkerung Brasiliens wird von allen als Folge einer gemeinsamen Wiege in Südostasien anerkannt. Diese Übereinstimmungen schließen, wie nachgewiesen worden ist, auch solche speziellen Kulturelemente ein, wie den Gebrauch von Blasrohren mit Giftpfeilen, die einander gleichen. Eine solche Urwaldausrüstung konnte nicht auf der unwirtlichen Tundra erworben worden sein. Der Weg über die Arktis ist für tropische Stämme lang und kaum vorstellbar, doch könnten sie eine unfreiwillige Reise auf der Urdaneta-Route durchaus überstanden haben; denn diese Eingeborenen waren sicher nicht weniger widerstandsfähig gegen Kälte und Hunger als Schiffbrüchige unserer Zeit, die monatelang im Ozean dahingetrieben sind und Tausende von Meilen zurückgelegt haben, sich nur von Regenwasser, Fischen und Vögeln ernährend.

Die Mendaña-, die Saavedra- und die Urdaneta-Route sind die einzigen natürlichen Transportbänder über den Pazifik. Wenn der Mensch diese marinen Förderbänder nicht hätte benutzen können, wäre der Ozean für seine einfachen Wasserfahrzeuge ein unüberwindbares Hindernis gewesen. Der sogenannte Äquatorial-Gegenstrom, der auf vielen Karten so deutlich zwischen den beiden breiten, nach Westen führenden Strömungen in östlicher Richtung zu fließen scheint, ist nicht mehr als ein schmaler Gürtel von Wirbeln und Wallungen, die in den Breiten von Kalmen und wechselnden Winden, dem in den Tagen der Segelschiffahrt gefürchteten Windstillengürtel auftreten. Der Äquatorial-Gegenstrom ist für Transpazifikreisende von wenig Nutzen, wie de Bisschop, Ingris, Vitale Alsar und Kuno Knöbl entdeckt haben. Sie alle gaben ihre Versuche auf, Dschunken und Flöße auf diesem schmalen Weg nach Amerika zu manövrieren.

Wenn der Verfasser hier die natürlichen Ozeanstraßen nach und von den beiden amerikanischen Kontinenten skizziert, so ist es doch keineswegs seine Absicht, die Möglichkeit anderer Reisewege primitiver Seefahrer auszuschließen. Wie die heutigen Kapitäne kleiner Segelschiffe, so hatten auch die frühen Seefahrer viele Typen von Fahrzeugen erfunden, die gegen den Wind kreuzen und so gegen den Verlauf der marinen Transportbänder in den ruhigeren Ozeangebieten zwischen diesen segeln konnten. Das Balsafloß, mit richtig gehandhabten *guara* als Steckschwertern zwischen den Stämmen, ist nur einer der Eingeborenensegler, der tatsächlich kreuzen kann, und das Doppelbündel-Binsenschiff mit seinem »negativen Kiel« ein weiterer. Das gleiche gilt für das polynesische Doppelkanu. Aber erzwungene Ozeanüberquerungen außerhalb der natürlichen Ozeanrouten erfordern überlegene navigatorische Fähigkeiten und sind sicher nicht ohne vorherige Kenntnis des Landes, dem sie galten, unternommen worden.

# II

# Das Atlantik-Problem

*Das Atlantik-Dogma vor den* Ra-*Reisen:*

»Auf der Atlantikseite machte die weite Ausdehnung des Wassers eine Einwanderung unmöglich.«

Franz Boas, führender Gelehrter für die Frage der Herkunft der Indianer, in: »America and the World«, *International Congress of Americanists,* Bd. 21, Nr. 2, 1925

# 3

# Isolationisten kontra Diffusionisten

Menschenaffen haben die Neue Welt ausschließlich in nachkolumbischer Zeit und nur durch Transport mit Hilfe von Menschen erreicht. Das Fehlen der höchsten Primaten in der heimischen Fauna Amerikas beweist, daß der *Homo sapiens,* ihr letzter Nachkomme, die Neue Welt unbedingt als Einwanderer erreicht haben muß. Für die unabhängige Entwicklung der Art Mensch in Amerika gibt es keinerlei Voraussetzungen.

Wie früh der Mensch in die Neue Welt kam, zeigt sich an der großen Zahl miteinander nicht verwandter Sprachen, die die ersten Europäer vorfanden. Die vielen Stämme und Nationen vor Kolumbus wiesen auch eine Vielfalt physischer Verschiedenheiten und kultureller Niveaus auf. Einige waren nie über das primitivste Stadium unorganisierten Nahrungssammelns hinausgelangt, während andere wahrhaft zivilisiert waren, in einer Art, die in manchen Aspekten die des zeitgenössischen Europas übertraf. Spricht diese Vielschichtigkeit für verschiedene Herkunft, oder ist sie das Ergebnis zahlloser Generationen lokaler Entwicklung entlang verschiedener Linien?

Vor nicht allzulanger Zeit wurde allgemein noch angenommen, daß der Mensch ziemlich spät nach Amerika gelangt und erst in den letzten vorchristlichen Jahrtausenden von Asien aus eingewandert sei. Heutige Gelehrte haben das angenommene Datum für diese Besiedlungsperiode allmählich immer weiter in der Zeit zurückgeschoben. Jetzt sind die meisten Anthropologen bereit zuzugeben, daß Amerika um etwa 30 000 v. Chr. besiedelt wurde. Andere nehmen die Zeit um 60 000 v. Chr. an, und manche möchten noch weiter zurückgehen. In diesen frühen Perioden erstreckte sich das Eis in Sibirien und Alaska so weit nach Süden, daß arktische Jäger nach Amerika gelangen konnten, ohne die Seefahrt beherrschen zu müssen. In jedem Fall waren keine weiten Entfernungen über das Wasser zurückzulegen. Von dieser frühen Zeit an bis zur Ankunft der Europäer lebten die meisten nordamerikanischen Stämme weiter als primitive Sammler, und ebenso stand es mit der Mehrzahl der Urwaldbewohner des tropischen Amerika, selbst mit den Nachkommen der Einwanderer, die bis in die winterlichen Breiten von Feuerland hinabgedrängt worden waren. Was führte zu dem plötzlichen Ausbruch echter Kultur höchsten Niveaus, die auf einen schmalen Gürtel von Mexiko nach Peru beschränkt blieb? In diesem Punkt sind Isolationisten und Diffusionisten verschiedener Meinung. War es ein Entwicklungsprozeß in diesem begrenzten Gebiet, oder war es das Ergebnis von Kontakten mit anderen Kulturen aus Übersee?

Das folgende Kapitel stützt sich auf einen Aufsatz gleichen Titels in dem Sammelband *The Quest for America*. Der Aufsatz wurde geändert, um Wiederholungen an anderen Stellen des Buches zu vermeiden.

Die Spekulationen über Kontakte zwischen der Alten und der Neuen Welt vor den Reisen des Kolumbus fanden kein Ende. Wissenschaftlich ausgedrückt, haben sie sich nach und nach zu zwei gegensätzlichen Schulen verhärtet: Isolationismus und Diffusionismus. Die Isolationisten glauben, daß die großen Ozeane, die die beiden Amerika umgeben, die Neue Welt bis zum Jahr 1492 n. Chr. völlig von Einflüssen aus der Alten Welt isoliert hätten. Diese Schule erkennt lediglich an, daß primitive Sammlerhorden von den asiatischen Tundren nach Alaska im arktischen Norden Amerikas übergewechselt seien. Die Diffusionisten sind dagegen von einer einzigen gemeinsamen Wiege aller höheren Kulturen überzeugt. Sie nehmen verschiedene Reisen in das primitive Amerika von Asien, Europa oder Afrika aus in vorkolumbischen Zeiten an. Extreme Vertreter beider Schulen haben ein ausgeprägtes Merkmal gemein: wenig oder gar kein Verständnis für solche ozeanographischen Faktoren wie vorherrschende Winde und Strömungen. Für sie sind die Ozeane tote, unbewegliche Gewässer. Der Unterschied zwischen beiden ist, daß der extreme Isolationist glaubt, diese toten Wasserflächen bildeten Schranken für jede menschliche Bewegung, während der extreme Diffusionist sie eher als offene »Rollschuhbahnen« betrachtet, auf denen sich primitive Reisende in jeder Richtung bewegen konnten, die ihnen zusagte. Diese Mißachtung der geographischen Realität hat die Diffusionisten häufig dazu verführt, schlecht begründete Wanderungstheorien aufzustellen, die keine andere Wirkung gehabt haben, als die Einstellung der Isolationisten zu verhärten. Andererseits hat die dogmatische Art, mit der die Isolationisten ihre Sache verteidigen – indem sie einfach die Beweislast den Diffusionisten zuschieben –, ebensolchen Unwillen bei letzteren hervorgerufen. Tatsächlich haben sich die Isolationisten nie bemüht, schlüssige Beweise für ihre Sache beizubringen, da sie meinten, ihre Stellung sei durch das Fehlen von Beweisen für die Ansicht der Diffusionisten ausreichend bestätigt: den mangelnden Beweis für einen Kontakt betrachten sie als Beweis für fehlenden Kontakt.

Alle geben zu, daß es viele – und häufig bemerkenswerte – Übereinstimmungen zwischen den Kulturen im vorkolumbischen Amerika und denen der Mittelmeerwelt gibt. Diese Beobachtung wurde von den spanischen Konquistadoren gemacht, als sie in die erstaunlichen Reiche im heutigen Mexiko und Peru eindrangen. Von ihnen wurde diese Beobachtung auch aufgezeichnet. Die Grundlage für die diffusionistische Einstellung wurde tatsächlich von den ersten Spaniern in Amerika gelegt. Viele der frühen Chronisten waren überzeugt, daß vor ihnen semitische Reisende aus dem inneren Mittelmeerraum den Atlantik überquert und den Wilden in Amerika ihre Glaubensvorstellungen, ihre Kunst, Kleidung und ihre Bräuche mitgebracht hätten. Der von Kolumbus benutzte Seeweg erschien den emigrierenden Mannschaften des endlosen Zuges zerbrechlicher Wasserfahrzeuge, die seinem Kielwasser folgten, so sicher und einfach, daß sie als selbstverständlich annahmen, andere hätten die Reise schon vor ihnen unternommen; denn in den frühen Tagen der Segelschiffahrt wurden die Ozeane als Transportbänder und die Tundren als Schranken betrachtet, und erst in den Tagen der modernen Ozeanschiffe begannen die an mechanische Antriebskräfte gewöhnten Reisenden zu glauben, daß die Amerika umgebenden Ozeane in früheren Tagen unüberwindbar gewesen seien.

Die isolationistische Ansicht wurde aus dem Motorzeitalter geboren und von der immer exakter werdenden Wissenschaft Anthropologie genährt. Es wurde anerkannt, daß rote Haut nicht für geringere Intelligenz und weniger Erfindungsreichtum sprechen muß als weiße und daß das menschliche Gehirn nach sehr ähnlichen Mustern arbeitet, wo immer man es untersucht. Für den Isolationisten konnten deshalb Beweise für einen Kontakt nicht einfach dadurch erbracht werden, daß man kulturelle Parallelen zwischen Mexiko–Peru und Mesopotamien–Ägypten sammelte, wie es seit der Entdeckung Amerikas getan worden war. Pyramiden, Papiermanuskripte mit Hieroglyphen, hieratische Dynastien, die behaupteten, von der Sonne abzustammen, und viele andere scheinbare Analogien könnten sämtlich unabhängigen Ursprungs sein.

Im 20. Jahrhundert verlor die diffusionistische Ansicht rasch an Boden und hielt nur noch ein Widerstandsnest unter Gelehrten deutscher Sprache aufrecht, die im Volksmund die Wiener Schule genannt wurden. Die isolationistische Einstellung sollte schnell an Stoßkraft gewinnen, besonders in Nordamerika, eine Zeitlang sogar in der Lokalpolitik. Wegen des hohen Niveaus der amerikanischen Anthropologie konnten deren Lehren nicht ohne weiteres abgelehnt werden, und es war nicht einfach, die These zu bestreiten, daß die Identität oder das parallele Auftreten irgendeines Werkzeugs, einer ornamentalen Zeichnung, eines Brauches oder eines anderen kulturellen Merkmals als Beweis für menschliche Kontakte nichtig sei.

Mit der fast allgemeinen Anerkennung, daß die Ansicht von der unabhängigen Entwicklung logisch sei, verlor eine ganze Reihe vorher überzeugender Argumente der Diffusionisten für globale Reisen an Wirkung.

Wann auch immer Diffusionisten mit einem neuen Fall von Parallelen zwischen der Alten und der Neuen Welt hervortraten, wurde das Argument von vornherein als »Beweis nicht erbracht« etikettiert. Eine sorgfältige Prüfung des verschiedenartigen Materials, das vorgelegt worden ist, um die Ansicht zu stützen, daß auch andere als die Wanderer aus Sibirien das vorkolumbische Amerika erreicht hätten, enthält auch nicht ein einziges Beweisstück, das von den Isolationisten als schlüssig akzeptiert worden wäre. In solchen Fällen, in denen sie aus irgendwelchen Gründen nicht die unabhängige Entwicklung behaupten können, etwa bei gewissen Kulturpflanzen oder bei Artefakten, die zu speziell für eine zufällige Übereinstimmung sind, erklären die Isolationisten, es handle sich um die Einführung in nachkolumbischer Zeit. Wenn selbst dies für nicht akzeptabel gehalten wird, greifen sie als letzte Zuflucht zu der Erklärung, daß der Same der Pflanze oder der Prototyp des Artefakts von Indianern am Strand gefunden worden sein könnte, nachdem er ohne menschliche Hilfe über den Ozean gedriftet sei. Es ist behauptet worden, daß die fraglos amerikanische Süßkartoffel in den Wurzeln eines gefällten Baumes von Peru nach Polynesien getrieben sei und daß der hochspezialisierte steinerne Angelhaken vom Osterinseltyp in einem leeren polynesischen Kanu in die Santa-Barbara-Region getrieben oder von eingeborenen amerikanischen Fischern im Maul eines Fisches gefunden worden sei, der sich von der Angelleine eines polynesischen Fischers losgerissen habe.

Trotz der Rückschläge, die die diffusionistische Bewegung aufgrund der isolationistischen Doktrinen erlitt, wurden die Versuche, Beweise für kulturelle Kontakte über das Meer zu finden, nie ganz aufgegeben, und in den letzten Jahren haben sie sogar an Stoßkraft gewonnen, nicht zuletzt in Amerika, wo der Widerstand viele Jahre lang am stärksten gewesen war.

Es kann nur zwei Gründe für diesen Rückschlag des Pendels zum Diffusionismus hin geben. Entweder beginnen die Argumente der Diffusionisten immer mehr Gelehrte zu überzeugen, oder aber die Beweise der Isolationisten werden nicht mehr allgemein als schlüssig angesehen. In einem Aufsatz über »Theoretical Issues in the Trans-Pacific Diffusion Controversy« zeigt D. Fraser deutlich, daß das vorhandene Beweismaterial nach beiden Seiten hin interpretiert werden kann und daß das, was für den einen Gelehrten als schlüssiger Beweis für die Diffusion gilt, von einem anderen genau gegensätzlich interpretiert wird.[19] Er zeigt, daß das asiatische Spiel *parchesi* und das ganz ähnliche mexikanische *patolli* sowohl von Diffusionisten als auch von Isolationisten benutzt wird, um ihre Ansicht zu stützen. Das eine Lager argumentiert, daß wegen der Ähnlichkeit der beiden Spiele Verbindungen existieren müssen, und macht sich auf die Suche nach diesen Verbindungen. Das andere Lager dagegen sagt, die Entfernung und andere Faktoren schlössen eine Verwandtschaft aus, und deshalb demonstriere das Vorhandensein dieses Spiels die Gültigkeit der Lehre von der unabhängigen

Erfindung. An diesem Beispiel sieht man, daß die Diskrepanz der Standpunkte eine vorsichtige und völlig unvoreingenommene Einstellung von beiden Seiten erfordert und daß der Isolationist seine Bemühungen gleichmäßig dazu verwenden sollte, den Standpunkt des Diffusionisten zu widerlegen und unumstößliche Beweise für seine eigenen Ansichten zu suchen. Wenn auch oft behauptet wird, es sei der Diffusionist, dem die Hauptbeweislast zufalle, so fällt sie ihm doch bestimmt nicht allein zu; und solange nicht beide Seiten die Gültigkeit ihrer Ansichten schlüssig bewiesen haben, wird die Kontroverse nicht aufhören.

Weshalb, so fragt der Diffusionist, sind die Isolationisten nicht imstande, uns auch nur ein einziges geographisches Gebiet in Amerika zu zeigen, in dem Spuren unabhängiger Entwicklung nachzuweisen sind? Und weshalb gab es keine entsprechende Entwicklung bei den ursprünglichen Einwohnern der klimatisch stärker stimulierenden Gebiete, die heute die Vereinigten Staaten, Chile und Argentinien bilden? Hier ist es der Isolationist, dem es an einer befriedigenden Antwort fehlt. Denn Isolationist und Diffusionist stimmen darin überein, daß Amerika zuerst von primitiven Sammlerhorden besiedelt wurde, die vom arktischen Sibirien her eindrangen und weder Landwirtschaft, Architektur, Schrift noch andere kulturelle Attribute besaßen, die so typisch sind für die von den spanischen Konquistadoren im zentralamerikanischen Bereich entdeckten Völker. Nach Meinung der Diffusionisten liegt die Angreifbarkeit der isolationistischen Ansicht in der bemerkenswerten Beobachtung, daß trotz intensiver archäologischer Probe- und Schichtengrabungen in allen Hauptkulturzentren von Mexiko bis Peru und Bolivien – das heißt, überall dort, wo Hochkulturen im alten Amerika blühten – nirgendwo auch nur die geringste Spur einer allmählichen Entwicklung von einer primitiven Gesellschaft zur Zivilisation gefunden worden ist. Wo immer Archäologen gegraben haben, mußten sie feststellen, daß die Zivilisation plötzlich in Amerika erschien, voll entwickelt über einer primitiven, archaischen Gesellschaft gelagert. Die plötzliche Blüte der Zivilisation beginnt mit einem Höhepunkt und zeigt im Lauf der Jahrhunderte, die zur Ankunft der ersten Europäer führen, eher ein Absinken als einen Fortschritt.

Die Inka von Peru versetzten die Spanier durch ihre hohe Kultur in Erstaunen, doch hat die Archäologie gezeigt, daß die Inka den größten Teil ihrer Kulturelemente von den früheren Kulturen der Tiahuanaco, Chavín, Nazca und Mochica entlehnt hatten, die in mancher Hinsicht eine sogar noch höher entwickelte und eindrucksvollere Zivilisation besessen hatten, die plötzlich und ohne feststellbaren Ursprung an der Küste von Ecuador und Peru und in den Hochländern der Anden erschien. Die moderne Archäologie hat festgestellt, daß Kontakte zwischen diesen frühen Vorinkazivilisationen und den gleichzeitigen Zivilisationen in Zentralamerika und Mexiko stattfanden. In Mexiko wiederum hatten die großen Kulturen der Azteken, Tolteken und Maya viel Grundlegendes von der hochentwickelten Zivilisation der Olmeken bezogen. Diese sind ein unbekanntes Volk, das plötzlich eine der frühesten Zivilisationen Mexikos – mit Schrift, Kalendersystem, Pyramidenbau usw., alles voll entwickelt – an der sumpfigen und ungünstigen Urwaldküste des Golfs von Mexiko begründete, genau dort, wo das marine Transportband von Afrika endet. Hier stützen weder Klima noch Geographie das plötzliche Erblühen einer hervorstechenden Zivilisation.

Obwohl die Kontroverse noch nicht beigelegt ist, scheint indessen eine ständig wachsende Zahl von Gelehrten, heute vielleicht schon die Mehrheit, neuerdings einen vorsichtigen Mittelkurs eingeschlagen zu haben. Sie schließen sich keiner der beiden extremen Lehren an, sondern geben zu, daß Ozeanströmungen einzelne Fahrzeuge mit überlebenden eingeborenen Besatzungen nach oder von Amerika weg getragen haben *könnten,* ohne daß dies unbedingt eine Bevölkerungsbewegung in größerem Ausmaß gewesen sein müßte. Ich werde deshalb die Bezeichnung Diffusionist für einen Wissenschaftler benutzen, der im allgemeinen menschliche Kontakte als Erklärung bevorzugt, und zwar überall dort, wo kulturelle Parallelen auftreten, und Isolationist für einen, der dogmatisch glaubt, daß die Amerika umgebenden Ozeane vor 1492 unpassierbar gewesen seien.

Die fanatischen Isolationisten, die als Grundlage für ihre These zwar das gleichförmige Verhalten der Menschen aller Rassen verteidigen, haben jedoch eine völlig andere Ansicht, wenn es sich um die angebliche Überlegenheit der mittelalterlichen Europäer handelt. Ein typisches Beispiel für diese Neigung, das Jahr 1492 als Wendepunkt in der Anthropologie – mit einem klaren Bruch aller früheren Regeln des menschlichen Verhaltens – zu betrachten, findet sich in einem Aufsatz über »Diffusion und Archäologie« von J. H. Rowe im Jahr 1966 in *American Antiquity* veröffentlicht. Der Autor trägt eine überaus eindrucksvolle Menge von nicht weniger als 60 bemerkenswerten Parallelen zweier begrenzter Gebiete in der Alten und der Neuen Welt zusammen. Rowe beschreibt diese Sammlung als »substantielle Liste spezieller Kulturmerkmale von begrenzter Verbreitung, die Kulturen des alten andinen Gebietes und des alten Mittelmeerraumes vor dem Mittelalter gemeinsam waren«. Seine Liste reicht von Binsenbooten bis zu Sandalen aus Leder oder aneinandergenähten Seilen, von denen er sagt: »Es lassen sich sehr spezifische Ähnlichkeiten in Entwurf und Fertigung feststellen.« Man sollte meinen, daß diese zum Denken anregende Liste aufgestellt worden sei, um die Beweisführung der Diffusionisten zu stützen. Doch das ist keineswegs der Fall, wie uns der Autor unmißverständlich wissen läßt. Er beginnt seinen Aufsatz mit der Erklärung:

»Der doktrinäre Diffusionismus ist eine Bedrohung für die Entwicklung solider archäologischer Theorien ... In der Science-fiction-Welt der Diffusionisten ... gelten Zeit, Entfernung und die Schwierigkeiten der Seefahrt als irrelevant. Die Archäologie besitzt eine zu lange und ehrenhafte Tradition, als daß man sie ohne Protest Phantasien ausliefern dürfte, die von uns verlangen, daß wir mit unseren Schlußfolgerungen beginnen und sie dazu benutzen, danach das Beweismaterial entsprechend zurechtzubiegen.«

Rowe stützt jedoch seine ganze eigene Beweisführung genau auf diese Methode, mit den Schlußfolgerungen zu beginnen. Und tatsächlich legt er seine Liste der Parallelen vor, um zu argumentieren, daß Gebiete, von denen er stillschweigend voraussetzt, daß sie zu weit voneinander entfernt liegen, als daß Kontakte in der Zeit vor Kolumbus hätten stattfinden können – wie das Andengebiet und die Mittelmeerwelt –, dennoch eine Menge sehr spezieller Kulturzüge gemeinsam haben. Ergo, so folgert er, kann es zu der eindrucksvollsten Menge von Parallelen durch unabhängige Entwicklung kommen. Mit anderen Worten, er setzt als Grundlage für seine ganze Argumentation voraus, daß Peru und der Mittelmeerraum für Kontakte zu weit voneinander entfernt liegen, und benutzt diese Annahme dazu, um kulturelle Übereinstimmungen als Beweis für die Diffusion abzulehnen.[20]

Auf welcher Basis kann man es als axiomatisch betrachten, daß Peru »zu weit« von der Mittelmeerwelt entfernt liege, als daß vor 1492 Kontakte stattgefunden haben könnten? Zu Lebzeiten des Kolumbus reiste Francisco Pizarro mit einer Besatzung von gewiß nicht über normal begabten Männern von der Mittelmeerwelt geradewegs über Mittelamerika nach Peru. Wie kurz vor ihm Kolumbus, brachte auch er die Ozeanreise völlig ohne Seekarten der Gewässer zwischen Afrika und Amerika zustande. Danach gelang es ihm, den von Urwald bedeckten Isthmus von Panama bis zur pazifischen Seite zu überqueren, von wo aus er in neuen Schiffen weitersegelte, vorüber an den undurchdringlichen Sumpfgebieten der Küste bis zu dem günstigen, offenen Terrain von Peru, wo er eine Siedlung gründete. Sein Landsmann Cortés war bereits an der Dschungelküste des Golfs von Mexiko gelandet, marschierte hinauf zur offenen mexikanischen Hochebene und errichtete dort eine Siedlung.

Wenn sich die isolationistische These zu einem Dogma verhärtet, das nur, um zu überleben, seine eigenen Grundprinzipien verletzt, dann braucht man kein Diffusionist zu sein, um sich aufzulehnen. Wir Menschen europäischer Herkunft sind gewiß nicht so verblendet von unserer Geschichte, daß wir uns für ein Geschlecht von Supermenschen halten, die vor vier Jahrhunderten tun konnten, was früher die großen Zivilisationen von Kleinasien und Nordafrika nicht hätten schaffen können. Man darf dabei nicht vergessen, daß diese Völker des Altertums Fähigkeiten und Fertigkeiten besaßen, die alles weit übertrafen, was während des Mittelalters in Europa auf den gleichen Gebieten geleistet wurde. Die Ägypter und ihre Nachbarn in Mesopotamien und Phönizien wußten mehr über die Astronomie, den Schlüssel zur Ozeannavigation, als irgendein Europäer zur Zeit des Kolumbus, Cortés und Pizarro. Und die Phönizier umsegelten in Zusammenarbeit mit den Ägyptern Afrika bereits zur Zeit des Pharao Necho – zwei Jahrtausende bevor Kolumbus in einen Ozean auslief, der, wie die meisten Europäer glaubten, von Drachen bewohnt war und am Horizont in einem Absturz endete.

Wir bewundern die Fähigkeiten der Alten, die in den Pyramiden und Obelisken, in der raffinierten Mathematik und den Kalendersystemen, der tiefgründigen Literatur und Philosophie und in der vollendeten Meisterschaft der Schiffsarchitektur verkörpert sind, wie es die funktionelle Form und die komplizierte Takelung ihrer Schiffe aus Planken wie aus Binsen bereits vor 5000 Jahren beweisen. Und ihre Tüchtigkeit auf dem Gebiet der Forschungsreisen und der Kolonisation zeigt sich in den zahlreichen archäologischen Spuren phönizischer Siedlungen entlang der ganzen atlantischen Küste Marokkos, die 3000 Jahre alt sind. Aber ist es realistisch, diese Leistungen ehrfürchtig zu bestaunen und den Alten dennoch die Fähigkeit abzusprechen, das zu tun, was Pizarro mit einer Handvoll Männern in einem späteren Zeitalter getan hat, das von Unwissen und Aberglauben beherrscht war.

Es ist ein weiter Weg vom östlichen Mittelmeer bis zum Golf von Mexiko, doch Kolumbus wurde in Italien geboren und segelte dreimal nach Amerika. Mindestens 27 Jahrhunderte vor Kolumbus beschäftigten sich Phönizier, die vom innersten Winkel des Mittelmeers ausliefen, mit Forschungsreisen großen Umfangs und mit der Kolonisation an den offenen Atlantikküsten Spaniens und Afrikas. Natürlich kann man sich nicht gut vorstellen, daß hilflose, schiffbrüchige oder vom Kurs abgekommene Seeleute die Hochkulturen Mexikos und Perus begründet haben sollen. Eine Handvoll ungebildeter Seeleute aus dem östlichen Mittelmeer, die unter kleine, nicht organisierte Familiengruppen primitiver Menschen an den Strand geworfen wurden, wären – wenn sie wahrscheinlich auch den gleichen freundlichen Empfang genossen hätten wie Kolumbus – kaum fähig gewesen, ihr beschränktes Wissen von ihrer eigenen Zivilisation an diese weiterzugeben. Das Vermitteln von Konzeptionen wie die Hieroglyphenschrift, die Null oder die Techniken des Mumifizierens und Trepanierens erfordert vom Lehrer mehr als nur die Kenntnis ihrer Existenz und auch mehr als das beiläufige Wissen ihres Funktionierens. Eine Gruppe von Seefahrern, die fähig war, eine Kultur wie die der Olmeken zu begründen, muß groß genug gewesen sein, daß sich auch Vertreter der geistigen Elite ihres Heimatlandes darunter befanden: etwas wie eine geplante und vollständig ausgerüstete Kolonisationsexpedition, die vielleicht vom Kurs abkam. Sowohl die Archäologie als auch die geschriebene Geschichte bezeugen, daß vielköpfige organisierte Gruppen von Kolonisten das Mittelmeer verließen, um größere Siedlungen und Handelsposten an der Küste Westafrikas zu errichten. Der älteste schriftliche Bericht ist die Stele in Karthago, die verkündet, daß der phönizische König Hanno etwa im Jahr 450 v. Chr. mit 60 Schiffen auslief, vollgeladen mit Männern und Frauen, um Kolonien an der ganzen Atlantikküste Marokkos zu gründen. Und die Archäologie zeigt, daß Hanno kein Pionier war. Als er eintraf, hatten andere organisierte Expeditionen des inneren Mittelmeerraums längst die große megalithische Stadt Lixus weit südlich von Gibraltar gegründet, gerade dort, wo die Ozeanströmung vorbeifließt und unmittelbar zum Golf von Mexiko führt.

Die Geschichte von Lixus verliert sich im Nebel der Zeit. Die Römer nannten sie die »Ewige Stadt« und sagten, sie sei der Begräbnisplatz des Herakles. Die Stadt wurde von unbekannten Sonnenverehrern erbaut, die die riesigen Megalithmauern nach der Sonne ausrichteten. Der älteste bekannte Name lautet tatsächlich »Sonnenstadt«. Wer immer Lixus gegründet und erbaut haben mag, fest steht, daß sich unter ihnen Astronomen, Maurer, Schreiber und tüchtige Töpfer befanden. Um 1200 v. Chr., kurz bevor die olmekische Kultur in Amerika plötzlich aufzublühen begann, waren organisierte Kolonisten aus dem östlichen Mittelmeerraum mit gründlichen Kenntnissen der mesopotamischen sowie der ägyptischen Kultur bis in den Bereich des Atlantik vorgedrungen, wo beständige Winde und Strömungen ein marines Transportband zum Golf von Mexiko bilden.

Schiffsladungen mit Kolonisten, die hier vielleicht vom Kurs abgekommen waren, wären gewiß nicht zu den Begründern der gewaltigen Inka-, Maya- und aztekischen Kultur geworden. Die überlieferte Geschichte, von der Archäologie bestätigt, zeigt deutlich, daß diese großen historischen und protohistorischen Nationen des Andengebiets und Mexikos Verschmelzungen einheimischer Völker waren. Diese verdanken ihre entscheidenden Anregungen jedoch weniger bekannten Vorgängern. So scheint beispielsweise in Mexiko die Kultur in hohem Maß von einem sehr fortgeschrittenen Küstenvolk ausgegangen zu sein, dem man den Namen Olmeken gegeben und dessen frühe Aktivität, wie schon erwähnt, in einem begrenzten Gebiet am Golf von Mexiko begann. Es könnte sehr wohl auf dem Seeweg gekommen sein. Eine solche Möglichkeit wird augenscheinlicher, wenn man sich klarmacht, daß alle in Betracht kommenden voreuropäischen Zivilisationen von einer Hierarchie beherrscht wurden, die auf ihrer Abstammung von der Sonne bestand. Die Sumerer, Assyrer, Hethiter, Phönizier, Ägypter und die Leute von Lixus waren sämtlich fanatische Sonnenverehrer, genau wie die Olmeken, die Mochica und all ihre Nachfolger bis zur Zeit der Azteken, Maya und Inka in Mexiko und Peru. Sie errichteten astronomische Observatorien, um alle Sonnenbewegungen zu studieren, und waren fähiger als alle anderen, genau nach Westen zu steuern, um dem Weg der Sonne zu folgen und den Ort ihres täglichen Sichzurückziehens aufzusuchen. Genau westlich der Kanarischen Inseln liegt der Golf von Mexiko. Auf den Reisen der beiden Papyrusschiffe *Ra I* und *II* auf der Kolumbus-Route hatten wir jeden Abend die untergehende Sonne vor dem Bug.

Eine der 60 Parallelen, die Dr. Rowe als gemeinsame Züge der alten Zivilisationen Perus und der Mittelmeerwelt nennt, war das Binsenboot. Als er seine Liste im Jahr 1966 aufstellte, wußte er nicht, daß nur drei Jahre später ein peruanisches Binsenboot den weiten Weg von Peru nach Panama segeln sollte. Diese experimentelle Fahrt einer freiwilligen Besatzung ohne seemännische Erfahrung, die von Gene Savoy geleitet wurde, dauerte zwei Monate, vom 15. April bis zum 17. Juni. Etwa um die gleiche Zeit, vom 25. Mai bis zum 18. Juli, segelte mein Papyrusboot *Ra I* von Afrika bis in amerikanische Gewässer. Im nächsten Jahr wurde die Reise von *Ra II* wiederholt, die nach weniger als zwei Monaten Land erreichte. Diese drei Binsenbootunternehmen fanden innerhalb eines Zeitraums von 16 Monaten statt und legten gemeinsam die Übersee-Entfernung zwischen der Mittelmeerwelt und Peru zurück. Weder Gene Savoy mit seinen Begleitern noch meine Gruppe hätte größere Schwierigkeiten gehabt, zu Fuß über den Isthmus von Panama zu gehen, als sie Pizarro und seine Männer hatten, und es ist schwer einzusehen, weshalb das Binsenboot und die 59 weiteren besonderen Kulturmerkmale von begrenzter Verbreitung auf Rowes Liste voneinander durch unpassierbare Schranken getrennt gewesen sein sollten, bevor die Spanier im Jahr 1492 die Segel hißten.

Weshalb sind die Spanier direkt an den Karibischen Inseln vorbeigezogen und haben sich im Hochland von Mexiko und dem von Peru angesiedelt? Waren sie anders als frühere Menschenrassen, oder könnten nicht doch andere Seeleute vor ihnen geographische Gründe gefunden haben, sich ebenso wie sie zu verhalten? Das sumpfige Dschungelland des Isthmusgebietes verlockte Pizarro und seine Männer nicht, dort bei ihrer Ankunft eine Kolonie zu gründen. Statt dessen zogen sie zu Land und zu Wasser weiter, bis sie das gastlichere Küstengebiet Perus erreichten. Weshalb sollten es andere Menschen anders gemacht haben, falls sie vor Pizarro den Altantik überquerten? Dadurch, daß die Isolationisten Pizarros kleiner Gruppe von Seeleuten Motivationen und Leistungen zusprechen – und schon die Vorstellung zurückweisen, daß andere Reisende aus dem Mittelmeerraum unabhängig die gleichen Winde und Strömungen genutzt haben und dadurch einen ähnlichen Weg genommen haben könnten –, tun sie dem Grundgesetz des Isolationismus Gewalt an: daß Menschen in der Lage sind, die Leistungen anderer zu wiederholen, soweit sie die gleichen Umweltbedingungen vorfinden.

In der Beweisführung des doktrinären Isolationisten findet sich ein weiterer Haken. Er wird, und gewöhnlich mit gutem Grund, erklären, daß Übereinstimmungen in den Umweltbedingungen Übereinstimmungen in den kulturellen Äußerungen hervorrufen. Wenn diese These auch ohne Fehler zu sein scheint, ist sie doch nicht die einzige Erklärung für kulturelle Übereinstimmungen und nicht imstande, das geographische Muster der Kultur in der Neuen Welt zu erklären. Die Olmeken im mexikanischen Urwald und die Lacandonen, die heute im gleichen Gebiet leben, haben übereinstimmende Umweltbedingungen gehabt. Doch die Olmeken legten vor etwa 3000 Jahren die Fundamente für machtvolle Zivilisationen, während die Lacandonen heute noch immer als primitive Dschungelbewohner leben. Die Archäologie hat gezeigt, daß die Zivilisation der frühen Olmeken expansiv war und sich durch ganz Mexiko und Zentralamerika südwärts verbreitet hat. Dort verlor sie in einer ununterbrochenen Linie nahe verwandter Urwaldzivilisationen, die bis zu den Andenhängen von Kolumbien bis Bolivien reichten, an Eigenart. Außerhalb dieses schmalen und zusammenhängenden Streifens der Kontakte oder der Diffusion – in Venezuela, Guyana und ganz Brasilien – lebten zahlreiche Urwaldstämme, vermutlich mit den gleichen sibirischen Vorfahren und den gleichen Umweltbedingungen, aber nichts hat sie angeregt, das primitive Leben ihrer Vorväter aufzugeben. Umweltbedingungen sind anscheinend wohl doch nicht die hauptsächlichen Stimulatoren der frühen amerikanischen Zivilisationen.

Doch das ist längst nicht alles. Kaum irgendwo in Amerika haben wir den Eindruck größerer geographischer Gegensätze als zwischen den beiden Kerngebieten der amerikanischen Zivilisation: La Venta in Mexiko und Tiahuanaco in Südamerika. La Venta, mit heißem, feuchtem und drückendem Klima, lag in den Niederungen am Golf von Mexiko in sehr sumpfigem Gelände, das damals von dichtem tropischem Regenwald bedeckt war. Tiahuanaco, mit kaltem und windigem Gebirgsklima, lag 3800 Meter über Seehöhe auf einer baumlosen, kahlen Ebene zwischen schneebedeckten Bergrücken. Der Umweltgegensatz könnte kaum krasser gewesen sein. Trotzdem hat die Archäologie gezeigt, daß gerade in diesen beiden Gebieten die Fundamente für zwei der ältesten Zivilisationen der Neuen Welt gelegt wurden. La Venta an der Küste, dort, wo der Kanarenstrom von der Alten Welt ankommt, ist als Entstehungsort der großen Kultur festgestellt worden, die plötzlich auftauchte und willkürlich »olmekisch« genannt wurde, weil kein besserer Name zur Verfügung stand. Seit die Olmeken kurz vor 1000 v. Chr. auf der Atlantikseite Mexikos auftauchten, verbreiteten sie ihren Einfluß über das ganze Land bis zur Pazifikküste und südwärts über Guatemala hinaus. Wie bereits erwähnt, inspirierte diese starke Mutterkultur die ihr folgenden großen und sich verschieden entwickelnden Zivilisationen der Maya, Tolteken, Mixteken und Azteken. Etwa um die gleiche Zeit ließ sich ein ebenfalls nicht identifiziertes Wandervolk mit auffallend ähnlicher Zivilisation im Tiahuanacogebiet an der Südseite des Titicacasees nieder und beeinflußte über bisher noch unzureichend erforschte Beziehungen zu den Chavín, Mochica und anderen frühen Völkern die späteren Chimú-, Nazca- und Inkazivilisationen, die in Südamerika entstanden.

Es springt deutlich ins Auge, daß geographische Nähe und nicht Umweltähnlichkeiten Aufstieg und Fall der großen vorkolumbischen Zivilisationen stimulierten. Unabhängig von Umweltbedingungen lagen sie wie die Perlen einer Kette auf der zentralamerikanischen Brücke zwischen La Venta und Tiahuanaco. Außerhalb dieses zusammenhängenden Gürtels einheimischer amerikanischer Zivilisation, ob in der Tundra Alaskas, in den Wäldern Kanadas, den Prärien der jetzigen Vereinigten Staaten, den Urwäldern Brasiliens, den Gebirgen Chiles oder den Pampas Argentiniens, behielten die Menschen des frühen Amerika das primitive Leben ihrer steinzeitlichen Vorfahren bei, das auf nicht mehr als das Überleben ausgerichtet schien. Waren diese Menschen infolge geringerer Fähigkeiten rückständig, oder waren sie einfach behindert, weil sie außerhalb eines geographischen Kerngebietes lebten, das überseeische Anregungen erhielt?

Der Isolationist betrachtet es für den Intellekt des Indianers als beleidigend, nach einer Inspiration von außen für die in Amerika heimischen Zivilisationen zu suchen. Aber ist es denn nicht beleidigender für die überwiegende Mehrzahl der Indianer, die außerhalb des Gebietes hoher Kultur lebte und keine Kultur besaß, wenn man die Möglichkeit außer acht läßt, daß sie einfach den entsprechenden hilfreichen Einfluß entbehren mußte? Können wir Europäer denn sagen, daß wir von unabhängigen Erfindern der Zivilisation abstammen? Vergessen wir, daß Europa noch das Gebiet schriftloser Barbaren war, als die gebildeten Olmeken Meisterwerke der Bildhauerei mit hieroglyphischen Inschriften und komplizierten Kalenderangaben schufen? Die spanischen Konquistadoren brachten eine Zivilisation nach Amerika, die ihre europäischen Vorfahren selbst durch kulturelle Diffusion erworben hatten. Die europäische Zivilisation kam über die alten Griechen und Römer, die ihrerseits alle Grundelemente ihrer Kultur von Kreta, Kleinasien und Ägypten erhalten hatten.

Schriftkunst und fortgeschrittene Kultur wurden mit Hilfe von Schiffen auf ferne Inseln und in kontinentale Winkel des Mittelmeerraums in einer Periode verbreitet, die kurz vor 3000 v. Chr. begann und ihren Höhepunkt mit der Errichtung großer Handelsposten an den Atlantikküsten Spaniens und Marokkos durch die Phönizier um 1200 v. Chr. erreichte. Die Vorfahren der phönizischen Händler, die um jene frühe Zeit an den offenen Küsten des Atlantik lebten, stammten aus Kleinasien und ihre Schiffsbesatzungen und Passagiere kamen aus dem gesamten Mittelmeerraum. Ägyptische Artefakte wurden durch die Straße von Gibraltar befördert, wie es ein ägyptisches Bronzefigürchen und ein ägyptisches Figurengefäß bezeugen, die kürzlich von Archäologen in dem phönizischen Hafen Cadiz an der spanischen Atlantikküste gefunden wurden. Beide Objekte stehen jetzt im Archäologischen Museum von Cadiz.

Kaum waren Angehörige der Zivilisation des Nahen Ostens mit großen, organisierten Kolonistenflotten durch die Straße von Gibraltar gesegelt, als auch schon die olmekische Zivilisation im Golf von Mexiko am anderen Ende des Kanarenstroms zu blühen begann. Warum dieses bemerkenswerte zeitliche Zusammentreffen? Wenn die Menschheit seit Millionen von Jahren auf diesem Planeten und immerhin Dutzende von Jahrtausenden auf den beiden amerikanischen Kontinenten gelebt hatte, weshalb entstand dann gleichzeitig an beiden Enden des Kanarenstroms eine Zivilisation?

Das fundamentale Kulturgut, das Cortés und Pizarro nach Amerika gebracht hatten, vom Alphabet bis zum christlichen Kreuz, hatten sie selbst ursprünglich von Lehrern übernommen, die aus dem Nahen Osten zu ihnen gekommen waren. Wenn wir Europäer mit diesem Eingeständnis leben müssen, weshalb sollte es dann für Montezuma und seine Aztekennation demütigend sein, eine grundlegende Kulturquelle mit seinem Besieger Pizarro und dem spanischen Volk zu teilen?

Geographische Hindernisse gibt es nicht, die das Gebiet der Olmeken von der Atlantikküste der Alten Welt isolieren. Im Gegenteil, es liegt am Ende des marinen Transportbandes, das wir als die Kolumbus-Route bezeichnet haben. Wenn aber vorkolumbische Reisende die olmekische Kultur angeregt oder gar begründet haben, weshalb erreichten dann, so fragen die Isolationisten, weder das Rad noch irgendwelche Kulturpflanzen der Alten Welt das frühe Amerika? Der Neuen Welt wären solche wichtigen kulturellen Errungenschaften doch bestimmt nicht unbekannt geblieben, falls zivilisierte Reisende sie wirklich vor Kolumbus erreicht hätten.

Das Argument des Rades ist oft wiederholt worden, und es taucht auch heute gelegentlich auf, da es in alten Büchern so häufig genannt wird. Inzwischen hat jedoch auch die Archäologie Fortschritte gemacht, und man weiß längst, daß das Prinzip des Rades im frühen Amerika tatsächlich bekannt war, und gerade bei den Olmeken. Seit der systematischen Ausgrabung olmekischer Stätten im Gebiet bei Vera Cruz am Golf von Mexiko vor wenigen Jahrzehnten sind in den Totenurnen viele kleine Tontiere gefunden worden, die auf Rädern laufen. Allmählich gelangen diese in mexikanische und ausländische Museen und stellen eines der charakteristischsten Artefakte des olmekischen Volkes dar. Diese Grabfigürchen stellen entweder Hunde oder Pumas dar und besitzen Tonräder, die an hölzernen Achsen befestigt sind. Diese Achsen laufen durch Löcher in den Füßen der Tiere. Die ursprüngliche Funktion dieser mit Rädchen versehenen Figuren ist unbekannt, wenn auch die meisten von ihnen ein Loch zum Pfeifen haben. Im Entwurf stimmen sie jedoch völlig mit den kleinen Keramiktieren überein, die ebenfalls Räder auf Achsen aufweisen und in sumerischen, hethitischen und phönizischen Grabstätten von Ur in Mesopotamien bis Ibiza im westlichen Mittelmeer gefunden worden sind.

Daß das Rad den Begründern der Neuweltzivilisation bekannt war, ist natürlich überaus wichtig. Weshalb es später nicht von den amerikanischen Stämmen als Hilfe bei Reisen über Land angenommen wurde, bietet gewiß Anlaß zu vielen Spekulationen, ist jedoch ohne Bedeutung für unser Problem. Jeder Besucher La Ventas erkennt, daß die Sümpfe und der Dschungel dort, wo sich die Olmeken zuerst ansiedelten, keinen Verkehr auf Rädern erlaubten. Sie bereiten dem modernen Straßenbau auch in unserer Zeit große Schwierigkeiten. Welches die Gründe auch sein mögen, die Nachfahren großer Völker, wie die Maya und die Inka, ignorieren noch heute, ohne Rücksicht auf das Gelände, die Einführung von Zugtieren und die Erfindung des Rades. So reisen die Lacandonen aus Mexiko und die Quechua aus Peru immer noch zu Fuß und befördern Lasten auf den eigenen Schultern oder auf dem Rücken von Lamas, selbst dort, wo Straßen zur Verfügung stehen. Selbstverständlich wird dieses Lieblingsargument gegen den Kontakt über den Ozean in dem Augenblick unwirksam, in dem sich heraus-

Tontiere mit Rädern als Spielzeug

(a) sumerisch aus Ur in Mesopotamien; (b) hethitisch aus Antakia an der Mittelmeerküste; (c) phönizisch von Ibiza in den Balearen; (d) olmekisch aus Tres Zapotes, Mexiko

stellt, daß das Rad bekannt war, in Miniatur dargestellt und später von den nachfolgenden amerikanischen Generationen ignoriert wurde.

Der olmekische Hund auf Rädern und die äußerst realistischen Hundedarstellungen, die von späteren mexikanischen Kulturen vor Kolumbus in Ton modelliert wurden, bilden einen weiteren Dorn im Fleisch der doktrinären Isolationisten. Welches war der Ursprung dieser Hunde? Es gibt in Amerika keine wilden Vorfahren der domestizierten Hunde des frühen Mexiko und Peru. Der einzige Hund, der das primitive Amerika mit zu Fuß Wandernden erreicht haben könnte, ist der sibirische Spitz vom Typ des Eskimohundes, der dem arktischen Menschen nach Alaska und Grönland gefolgt ist. Die Olmekenhunde und der von mumifizierten Hunden des alten Peru bekannte *Canis ingae* unterscheiden sich auffallend in der Rasse vom sibirischen Spitz, weisen jedoch eigenartige Merkmale auf, die wir von mumifizierten Hunden in Ägypten und aus der äußerst realistischen darstellenden Kunst des Nahen und Mittleren Ostens kennen. Die mittelmeerische Art verbreitete sich mit frühen Reisenden aus Mesopotamien nach Marokko und zu den Kanarischen Inseln, erreichte Sibirien im fernen Osten nie und konnte deshalb auch nicht über Alaska nach Mexiko und Peru gekommen sein. Von allen domestizierten Tieren ist der Hund dasjenige, das am häufigsten frühe Wanderer zu Lande und zur See begleitete, und es war nicht zu verhindern, daß er das tropische Amerika mit Reisenden erreichte, die dem Kanarenstrom folgten.

Das Argument, Kulturpflanzen aus der Alten Welt hätten das frühe Amerika nicht erreicht, ist zwar relevant, kann aber als Beweis gegen Kontakte nicht überzeugen, da hungrige Seeleute ihre eßbaren Vorräte auf See durchaus aufgezehrt haben könnten. Außerdem sind die tropischen Sümpfe des Olmekengebietes früher ebensowenig wie heute für den Anbau von Weizen aus dem Mittelmeerraum oder anderer Erntefrüchte geeignet gewesen, wie sie Seeleute aus dem Nahen Osten üblicherweise mit sich führten. Die Aussicht, daß Kulturpflanzen von Feldern in Nordafrika in La Venta Wurzeln schlagen, ist äußerst gering. In jedem Fall hängt die Schlüssigkeit eines negativen Beweises von der Verifizierung völligen Fehlens jeder in der Alten Welt kultivierten Spezies in der Neuen Welt ab. Wenn auch nur zu beweisen wäre, daß eine einzige Kulturpflanze vor Kolumbus nach Amerika gekommen ist, dann wird das, was früher ein Anzeichen für Isolierung war, nun ein Beweis für Kontakte. Selbstverständlich ist daraufhin die Ethnobotanik zu einem Schlüsselstudium für die Bemühungen geworden, frühmenschliche Wanderungen aufzuspüren, und Botaniker wurden häufig unfreiwillig in die anthropologische Kontroverse zwischen Isolationismus und Diffusionismus hineingezogen.

Die Geschichte der Gemeinen Gartenbohne *Phaseolus vulgaris* veranschaulicht deutlich, wie sehr vorgefaßte Ansichten über die Seefahrtmöglichkeiten Eingeborener die wechselseitigen Schlußfolgerungen von Botanikern und Anthropologen tendenziös beeinflußt haben. Im Jahr 1885 wies Körnicke darauf hin, daß diese wichtige Kulturpflanze früher allgemein als die Bohne betrachtet wurde, die von den Griechen und Römern unter dem Namen *dolichos* oder *phaseolos* angebaut worden sei (Aristophanes und Hippokrates haben um 400 v. Chr. über sie geschrieben). Als man entdeckte, daß diese Bohne von den Eingeborenen der Neuen Welt kultiviert wurde, glaubte man, die ersten Spanier müßten sie eingeführt haben. Das wurde allgemein angenommen, bis Wittmack im Jahr 1880 entdeckte, daß die Gemeine Gartenbohne auf dem prähistorischen Friedhof von Ancon an der Zentralküste Perus als Totennahrung mit in die Gräber gegeben worden war. Diese Bestattungen sind weit älter als die Entdeckung Amerikas durch die Europäer. Später begegnete man *Phaseolus vulgaris* in Vorinka-Fundstätten an der ganzen peruanischen Küste, und die Botaniker sahen sich reichem Beweismaterial dafür gegenüber, daß diese Pflanze vor Ankunft der Europäer in Amerika angebaut wurde. Die Theorie, daß die Spanier sie eingeführt hätten, war also unhaltbar geworden. Um diese Zeit waren jedoch vorkolumbische Exemplare dieser Bohne in der Alten Welt nicht mehr vorhanden. Die Theorie wurde deshalb umgedreht, und man vertrat die Ansicht, daß *Phaseolus vulgaris* aus dem alten Amerika stamme und erst von den Spaniern nach Europa gebracht worden sei. Eine neuerliche Überprüfung dieser verworrenen botanischen Frage durch Hutchinson, Silow und Stephens im Jahr 1947 überzeugte diese jedoch, daß *Phaseolus vulgaris* nicht einheimisch in der Neuen Welt sei und daß ihre Wanderungen einen Beweis für Kontakte der Alten mit der Neuen Welt vor Kolumbus darstellten.[21]

Das gleiche Problem ergibt sich für eine verwandte Pflanze, die Schwertbohne, *Canavalia sp.* C. R. Stonor und E. Anderson machen auf folgendes aufmerksam: »Die Schwertbohne *(Canavalia),* weithin in der Südsee angebaut und immer als aus der Alten Welt stammend betrachtet, kennt man jetzt aus prähistorischen Fundorten entlang der südamerikanischen und mexikanischen Küste.«[22] *Canavalia*-Bohnen, die in den klar gegliederten Schichten von Huaca Prieta an der peruanischen Pazifikküste ausgegraben wurden, stammen aus der Zeit zwischen 3000 und 1000 v. Chr. C. O. Sauer erklärt, daß ihre archäologische Verbreitung und Beziehung zur Wildform die Schwertbohne jetzt als Züchtung der Neuen Welt erweisen.[23]

Der Flaschenkürbis, *Lagenaria siceraria,* stellt ein weiteres Beweisstück für Kontakte dar. Diese wichtige Kulturpflanze wurde vor Kolumbus in Afrika weit verbreitet kultiviert. Wenn auch der Flaschenkürbis selbst nur bescheidenen Nährwert hat, wurde seine Schale doch von Mesopotamien über Ägypten bis nach Marokko, über Feuer getrocknet, als wasserdichter Behälter benutzt. Als die Botaniker in die Neue Welt kamen, um dort die Pflanzen zu studieren, fanden sie den Flaschenkürbis in sämtlichen amerikanischen Gebieten mit Hochkulturen, einschließlich Mexiko und Peru, zu dem gleichen Zweck angebaut und verwendet. Es wurde, wie bei der Gartenbohne, angenommen, die Spanier hätten den Flaschenkürbis mitgebracht. Doch auch diese Theorie wurde allmählich aufgegeben, als Archäologen den Flaschenkürbis in Fundstätten der vorkolumbischen Kultur entdeckten. Er war eines der beständigsten Kulturelemente im amerikanischen Hochkulturgebiet. Dann wurde eine zweite Theorie vorgetragen: der Flaschenkürbis könne von Afrika aus über den Atlantik geschwommen, im tropischen Amerika mit lebensfähigem Samen an Land gespült und gewachsen sein. Die Indianer hätten dann bemerkt, daß die Schale, wenn man sie über dem Feuer trocknete, einen ausgezeichneten Behälter abgäbe, und damit sei der ursprünglich afrikanische Gebrauch des Flaschenkürbisses wiederentdeckt worden. Das ist natürlich der bewußte Versuch, sich eines unerwünschten Beweisstücks zu entledigen. Die Isolationisten schütten bei ihrem Bemühen, vorsichtig zu sein, tatsächlich das Kind mit dem Bade aus. Sie versuchen, einen wichtigen afrikanischen Fingerabdruck in Amerika wegzuwischen: solides genetisches Beweismaterial. Wie jeder, der schon einmal über die Ozeane gedriftet ist, genau weiß, fallen eßbare Dinge – wie Flaschenkürbisse – sofort den Haien oder auch Organismen, wie etwa dem Schiffsbohrwurm, zum Opfer. Die vier Monate, die ein afrikanischer Flaschenkürbis brauchen würde, um allein über den Atlantik zu treiben, würden ihn tausendmal in die Situation bringen, von einem nahrungsuchenden Hai verschlungen oder von dem überall vorhandenen Schiffsbohrwurm *Teredo navalis* angebohrt und rasch keimunfähig gemacht zu werden. Für einen Seefahrer klingt es paradox, wenn behauptet wird, daß von zwei afrikanischen Kulturelementen – dem terrestrischen Kürbis und dem maritimen Boot – der Kürbis mit Erfolg bis Amerika übers Meer treiben könne, das Boot aber nicht!

Die Baumwollpflanze (Gattung *Gossypium*) bietet ein noch komplizierteres Beweisstück. Wilde Baumwolle ist kurzfaserig, nicht spinnbar und läßt auf keinerlei Nutzen für den Menschen schließen. Doch als die Europäer nach Amerika kamen, fanden sie die Indianer in dem gesamten hochkultivierten Gebiet von Mexiko bis Peru mit kunstvollen Baumwollgewändern hervorragender Qualität bekleidet. Spätere archäologische Ausgrabungen der Mumiengräber Perus haben sogar Baumwollstoffe aus der frühesten Vorinkaperiode zu Tage gefördert, die eine durch nichts zu übertreffende Feinheit des Gewebes und dekorative Muster aufwiesen. Offensichtlich sind also schon die Begründer der peruanischen Zivilisation irgendwie in den Besitz einer kultivierten, langfaserigen Baumwollspezies wie auch des Spinnwirtels und des Webstuhls gelangt. Der Weg von nutzloser kurzfaseriger Baumwolle, wie sie wild wächst, über Spinnwirtel und Webstuhl bis zu fertig gewebtem Baumwollstoff ist lang und keineswegs selbstverständlich, solange er nicht zurückgelegt ist. Wie ein so erklärter Isolationist wie Dr. Rowe in seiner Liste von Parallelen zwischen Peru und dem Mittelmeerraum zeigt, sind Verfahren und Ergebnisse des Baumwollwebens in Peru die gleichen wie die in der Alten Welt. Er zeigt, daß der Webstuhl mit senkrechtem Rahmen und zwei Garnbäumen, wie ihn die Inka benutzten, der gleiche ist wie der im ägyptischen Neuen Reich verwendete, wo er vermutlich aus Mesopotamien eingeführt wurde. Dr. Rowe setzt hinzu, daß der zweite Webstuhltyp, der fest im Boden verankerte waagerechte Webstuhl, wie er im Titicacabecken benutzt wird, ebenfalls der gleiche wie der des alten Ägypten sei. Viele Beobachter haben bemerkenswerte Übereinstimmungen zwischen den Mänteln und Lendentüchern festgestellt, die auf diesen Webstühlen in Amerika hergestellt wurden, und denen, die im Mittelmeerraum angefertigt worden sind. Rowe geht sogar so weit, das Wort »identisch« zu benutzen, besonders, als er »eine Art Frauenkleid« verzeichnet, »das aus einem rechteckigen Stück Stoff besteht und unter den Armen um den Körper gewickelt und auf beiden Schultern festgesteckt und in der Taille von einem Gürtel gehalten wird ...«[24]

Im Jahr 1947 veröffentlichten Hutchinson, Silow und Stephens die erste Studie über die Genetik der Baumwolle auf der ganzen Welt. Sie entdeckten, daß man die Baumwolle nach Zahl und Größe ihrer Chromosomen in drei Gruppen einteilen könne. Alle Baumwollarten der Alten Welt, sowohl die wilden als auch die kultivierten Varietäten, weisen dreizehn große Chromosomen auf. In der Neuen Welt besteht jedoch ein bemerkenswerter Unterschied zwischen wilder und kultivierter Baumwolle. Alle wilden Baumwollarten Amerikas haben dreizehn kleine Chromosomen, während die kultivierten Sorten – und davon gab es zwischen Mexiko und Peru drei – 26 Chromosomen aufweisen: dreizehn kleine und dreizehn große. Da es unter den wilden amerikanischen Arten keine Baumwolle mit großen Chromosomen gibt und da die kultivierten amerikanischen Arten deutlich Hybriden sind, muß den frühen amerikanischen Baumwollzüchtern zu Beginn der lokalen Zivilisation irgendeine unerklärt gebliebene Spezies zur Verfügung gestanden haben, die sie in die Lage versetzte, das hervorzubringen, was unstreitig eine vom Menschen gezüchtete Hybride mit langen Fasern war. Da es die dreizehn großen, nichtamerikanischen Chromosomen sind, die man hinzugefügt hat, gelangten die drei Botaniker zu dem Schluß, daß die Indianer irgendwie entweder die wilde oder die kultivierte Spezies von der Alten Welt erhalten haben und daß sich die Hybride mit spinnbaren Fasern mit der Hochkultur entwickelte und sich mit ihr durch Mexiko und Peru verbreitete.[25]

Wo immer man frühe Zivilisation in der Neuen Welt findet, findet man auch kultivierte Baumwolle mit 26 Chromosomen, und sie verbreitete sich von der Pazifikküste bis nach Polynesien, als sich der amerikanische Einfluß in dieses benachbarte Inselgebiet ausdehnte. Von den westlichen Grenzen Polynesiens bis nach Südostasien hinein war Baumwolle, ob wild oder kultiviert, dagegen unbekannt. Die polynesische Baumwolle, die aufgegeben wurde und verwilderte, ehe die Europäer kamen, erwies sich als ein Abkömmling der künstlich erzeugten amerikanischen Baumwollhybride. Es ist nicht zu bezweifeln, daß die polynesische Baumwolle vom Menschen aus Amerika gebracht worden ist, weil es die kultivierte und nicht die wilde Art ist. Die Frage ist die: Wie kam es zu spinnbarer Baumwolle in Amerika?

Die wilde Art mit dreizehn kleinen Chromosomen war in der Neuen Welt einheimisch, und das botanische Problem bezieht sich nur darauf, wie die Indianer Mexikos und Perus später die Art mit dreizehn großen Chromosomen erhalten haben, die typisch für die Alte Welt von Ägypten bis Pakistan ist, aber in Amerika fehlt. Es gibt nur zwei Möglichkeiten: entweder driftete die altweltliche Baumwollspezies – genau zu der Zeit, als sich die Hochkultur in Amerika entwickelte – zufällig sicher über den Ozean, ohne vernichtet zu werden, oder sie wurde von Seefahrern der Antike absichtlich hinübergebracht – zugleich mit dem Flaschenkürbis. Falls die erste Alternative die richtige ist, müssen wir annehmen, daß die Indianer sich am Strand aufhielten, als der Samen der altweltlichen Baumwolle an Land trieb, daß sie diesen sofort als das erkannten, was er war, ihn einpflanzten und sich eilig auf die Suche nach amerikanischer Baumwolle machten, um sie mit dieser zu kreuzen. Nachdem sie Erfolg gehabt und eine Hybride mit langer Faser entwickelt hatten, erfanden sie als nächstes einen tönernen Spinnwirtel, der mit dem des Nahen Ostens identisch war und mit dem sie Garn produzierten. Als sie Hunderte von Metern Garn hatten, erfanden sie den Webstuhl und machten sich daran, Lendentücher und Mäntel vom Mittelmeertyp anzufertigen – in den wärmsten Teilen Amerikas, wo Kleidung am allerwenigsten erforderlich war. Falls die Baumwolle aus der Alten Welt jedoch mit dem Schiff ankam und von Leuten gebracht wurde, die seit langem wußten, wie man sie nutzte, wäre es nur logisch, daß ihre Ankunft mit dem Entstehen der peruanischen und mexikanischen Hochkultur zusammenfiel. Für die im Baumwollanbau erfahrenen Ankömmlinge war es nur natürlich, daß sie ihren importierten Vorrat mit einer wilden amerikanischen Spezies kreuzten und dabei die Spezies mit 26 Chromosomen schufen, die sie dann auf riesigen Feldern von Mexiko bis Peru anbauten. Ebenso natürlich wäre es für sie, Spinnwirtel aus Ton und Stein in der gleichen Form anzufertigen, wie sie sie in der Alten Welt benutzt hatten, und auch Webstühle vom gleichen Typ, auf dem sie Kleidung von der Art herstellten, wie sie sie in dem Teil der Welt getragen hatten, aus dem sie kamen.

Baumwollsamen mag monatelang ohne Schaden in Labortanks schwimmen, doch wenn man versucht, den Samen schwimmend über den Atlantischen Ozean zu bringen, vorbei an all den Fischen, und in die Hände von Leuten gelangen zu lassen, die niemals auch nur ein Baumwollfeld gesehen haben, viel weniger einen Webstuhl, dann wird das Experiment kaum gelingen. Es scheint, als ob einige besonders übereilte Theorien über transozeanische Diffusion von Isolationisten stammten, die in dem Bemühen, vorsichtig zu sein, jeder Diffusionshypothese zustimmen, solange daran nur kein Schiff beteiligt ist!

Einen ähnlichen Fall bildet der Pisang oder die Banane *(Musa paradisiaca)* in Amerika. Diese Spezies hat in der Neuen Welt keine wilden Verwandten. Aus diesem Grund haben es Ethnobotaniker – von Anthropologen beeinflußt – für selbstverständlich gehalten, daß ihr Vorhandensein in Amerika im 16. Jahrhundert auf die Einführung nach Kolumbus zurückzuführen sein müsse. Doch diese Annahme widerspricht aufgezeichneten Berichten. Verschiedene Chronisten des 16. Jahrhunderts betrachteten nämlich die Banane als einheimisch in Amerika und beschrieben, daß sie von Jalisco in Mexiko bis zur Südküste Brasiliens angebaut werde. Die Indianer von Mexiko bis Südamerika hatten ihre eigenen Namen für die Pflanze. Inka Garcilaso, Guaman Poma, Pater Acosta und Pater Montesinos erklären alle, daß der Pisang bereits vor der Eroberung in Peru kultiviert worden sei. Der Historiker W. H. Prescott wies schon 1847 darauf hin: »Es ist falsch, anzunehmen, daß diese Pflanze nicht heimisch in Amerika gewesen sei. Das Bananenblatt ist häufig in alten peruanischen Gräbern gefunden worden.«[26] Im Jahr 1879 berichtete A. T. de Rochebrune über die Entdekkung von Bananenblättern sowie -früchten in einem Grab des vorkolumbischen Gräberfeldes Ancon an der Pazifikküste Perus. Da die Früchte ohne Samen waren, mußten sie zur kultivierten Sorte von *Musa paradisiaca* gehören.[27] Das historische und archäologische Beweismaterial veranlaßte deshalb H. Harms im Jahr 1922 dazu, *Musa paradisiaca* in seine Liste der in vorkolumbischen peruanischen Gräbern identifizierten Pflanzen aufzunehmen.[28]

Da niemand zu behaupten wagte, samenlose Bananen könnten ohne menschliche Hilfe nach Amerika geschwommen sein, erwies sich der Anbau von Bananen im vorkolumbischen Amerika als ein weiteres genetisches Hindernis für die Ansicht der Isolationisten. Doch keineswegs von den entgegengesetzt lautenden Berichten der frühen spanischen Chronisten entmutigt, behauptete E. D. Merrill, der Hauptwortführer der Isolationisten unter den Botanikern, im Jahr 1946, daß die Banane vielleicht von den Portugiesen über die Kapverdischen Inseln vor Afrika in die Neue Welt mitgebracht worden sei.[29] Anhänger dieser Theorie haben versuchsweise Tomás de Berlanger, Bischof von Panama, die Ehre zugeschrieben, die Pflanze im Jahr 1516 bei den Eingeborenen Amerikas eingeführt zu haben, als er, wie berichtet wird, einige Pisangwurzeln auf der Insel Santo Domingo (damals Hispañola), 800 Kilometer vom nächsten Festland entfernt, anpflanzte. Der bedeutende Pflanzengeograph C. O. Sauer zeigte jedoch die Unhaltbarkeit einer solchen Theorie auf:

»Die Vermehrung der Banane ist schwieriger als die einer samentragenden Pflanze. Die reifen Wurzelstöcke müssen ausgegraben, geteilt, wünschenswerterweise eine Zeitlang getrocknet und dann wieder eingepflanzt werden. Diese Spezies ist für den Wildwuchs bemerkenswert ungeeignet, und ihre Verbreitung muß fast ausschließlich durch bewußte und ziemlich sorgsame Anpflanzung vor sich gegangen sein.«[30]

Falls die isolationistische Theorie richtig und die Banane in der Neuen Welt zuerst im Jahr 1516 auf der Insel Hispañola erschienen wäre, müßte sie sich mit einer Geschwindigkeit ausgebreitet haben, die selbst für ein zählebiges Unkraut erstaunlich gewesen wäre, da sie die Spanier zu der Annahme veranlaßte, daß die Pflanze in den Indianersiedlungen von Mexiko bis Peru einheimisch gewesen sei, selbst in den unzugänglichsten Teilen des Kontinents. Beispielsweise fand Orellana, als er 1540/41 die Anden von der pazifischen Seite her überquerte und als erster Europäer den Amazonas bis zur Mündung hinabsegelte, nur 24 Jahre, nachdem Bischof Berlanger angeblich seine Bananen auf der Insel Santo Domingo angepflanzt hatte, überall am Oberlauf des Stromes Bananenkulturen. Falls die Wurzelstöcke des Bischofs die Vorfahren aller amerikanischen Bananen gewesen wären, müßten sie eingeborene Bauern rasch wieder ausgegraben und übers Meer nach Mexiko und Panama und gleichzeitig mit Boten zur Mündung des Amazonas (übrigens eine Seereise, die genauso lang ist wie die von Afrika nach Südamerika) gebracht haben, ehe die gleichen oder andere Stämme den längsten Urwaldstrom der Welt mit riesigen Bananenwurzelvorräten hinaufpaddelten und überall am Oberlauf des Stromes die Indiostämme überredeten, diese unbekannte Staude anzubauen. Von den Quellen des Amazonas oder vom Isthmus von Panama aus brachten die Bananenbeförderer es dann irgendwie fertig, die Wurzelstöcke des Bischofs noch in den gleichen Jahrzehnten auf die bewässerten Felder und in die nie geöffneten Wüstengräber der peruanischen Pazifikküste zu schmuggeln. Dabei müssen sie außerdem noch solche eingesessenen Autoritäten wie Inka Garcilaso und seine Zeitgenossen so verwirrt haben, daß diese berichteten, die Banane sei in Peru schon vor Ankunft der Europäer einheimisch gewesen. In ihren Versuchen, den wichtigen genetischen Beweis, den die Banane liefert, wegzuerklären, werden die Isolationisten in Fragen der Reisemöglichkeiten in der Neuen Welt nach 1516 zu extremen Diffusionisten.

Man muß zugeben, daß die Kritik der Isolationisten an der Mißachtung der Chronologie bei den Diffusionisten häufig berechtigt ist. Es sind Wanderungstheorien vorgelegt worden, die die Diffusion nach Amerika von Kulturelementen abhängig machen, die in der Neuen Welt bereits weitverbreitet waren, lange bevor sich ihr Vorhandensein anderswo bezeugen läßt. Allzuoft haben die Diffusionisten behauptet, daß die Ideen zur Errichtung der steinernen Statuen und des Megalithmauerwerks im alten Peru von Einwanderern der Osterinsel stammten. In solchen Fällen läßt sich die Unhaltbarkeit der Behauptung durch stratigraphische Untersuchungen und Kohlenstoffdatierungen nachweisen. Steinerne Statuen und Megalithmauern charakterisierten die großen amerikanischen Hochkulturen von Mexiko über Zentralamerika, Kolumbien, Ecuador bis Peru und Bolivien. Die Olmeken in Mexiko und die Tiahuanakaner in den Anden waren Spezialisten auf diesem Gebiet, lange bevor der Mensch die Osterinsel oder sonst irgendeinen Teil Polynesiens besiedelt hatte. Eine Inspiration dieser kulturellen Leistung von außen ist deshalb wegen der verfügbaren chronologischen Beweise auf der pazifischen Seite Amerikas auszuschließen.

Wendet man sich jedoch der atlantischen Seite zu, so findet sich dort keine solche chronologische Diskrepanz. Zwei weit auseinanderliegende Daten weisen auf große Ereignisse hin, die die Menschen auf beiden Seiten dieses Ozeans beeinflußt haben, nämlich der erste Teil des 3. und des 1. Jahrtausends v. Chr. Wenn das zweite Datum vielleicht auch wichtiger für die vorliegende Studie ist, so sollte man das erste doch nicht außer acht lassen, weil es von grundlegender Bedeutung für die Vorgeschichte der Alten Welt ist. Wie bereits erwähnt, gelangten die großen Zivilisationen des Nahen und Mittleren Ostens kurz vor 3000 v. Chr. zur vollen Blüte. In Ägypten begann die 1. Dynastie der Pharaonen zwischen 3200 und 3100 v. Chr., und die 1. Dynastie des Königreiches Ur in Mesopotamien ist auf eine ähnliche Zeit datiert worden. Wenn die neuesten archäologischen Datierungen korrekt sind, wurde Malta sogar noch vor dieser Zeit von zivilisierten Seefahrern besiedelt und Kreta kurz danach. Allerdings können wir noch nicht mit Sicherheit das Gebiet oder die Gebiete genau bezeichnen, von denen aus die ersten Schiffe das Mittelmeer überquerten. Da neue Kohlenstoffdatierungen eine frühere Periode für den Beginn der Megalithbauten auf Malta als in Ägypten ergeben haben, sinnen manche Gelehrte schon darüber nach, ob nicht die ersten Impulse, die von der Zivilisation der Alten Welt ausgingen, vielleicht von Westen nach Osten durch das Mittelmeerbecken verliefen und nicht von Osten nach Westen. Die Überzeugung der Römer, daß Lixus an der offenen Atlantikküste und nicht Byblos in Phönizien die älteste Stadt der Welt gewesen sei, verleiht diesem Gedankengang Rückhalt. Das tut auch der ägyptische Glaube an Atlantis, über den die frühen Griechen berichten. Danach läge die Wiege der mediterranen Zivilisation außerhalb der Straße von Gibraltar. Ohne daß man auf Spekulationen zurückgreift, die sich einstweilen noch auf unzureichendes Beweismaterial stützen, ist es doch eine gut belegte Tatsache, daß bereits vor Beginn der schriftlich niedergelegten Geschichte Seefahrer, die Erfahrung in der Megalithbaukunst besaßen, zu beiden Seiten Gibraltars tätig waren. Kurz vor 3000 v. Chr. fand im inneren Mittelmeerraum eine ungewöhnliche kulturelle Tätigkeit statt. Dabei kamen plötzlich neue Dynastien an die Macht und errichteten in Mesopotamien und Ägypten fortgeschrittene Zivilisationen.

Für ähnliche Tätigkeiten in der Neuen Welt zu diesem frühen Zeitpunkt gibt es bisher nur karge archäologische Belege. Es ist allerdings recht bemerkenswert, daß das Jahr Null im alten Maya-Kalender, in unsere Zeitrechnung übertragen, dem Jahr 3113 v. Chr. entspricht. Der Maya-Kalender gründet sich auf ein astronomisches Jahr von 365,2420 Tagen und ist damit so genau, daß ihm nur alle 5000 Jahre ein Tag fehlt, während unser eigener moderner Kalender auf einem Jahr von 365,2425 Tagen beruht, was in 5000 Jahren anderthalb Tage zuviel bringt. Auf der alten mexikanischen Grabpyramide in Palenque ist eine Inschrift erhalten, die erklärt, daß 81 Monate 2392 Tage ergeben, eine Beobachtung, durch die jene frühen Amerikaner zu einem Monat von 29,53086 Tagen gelangen. Das ist eine Abweichung von nur 24 Sekunden von der wahren Länge. Weshalb, werden wir wohl fragen, begannen die frühen Mexikaner ihre sehr genaue Zeitrechnung mit dem Kalenderjahr 4 *Ahau 2 Cumhu*, das heißt mit dem 12. August 3113 v. Chr.? Manche nehmen an, die Indianer hätten dieses Datum aus der Luft gegriffen, nur um irgendeinen Tag für den Anfang ihres Kalenders zu haben. Andere glauben, sie könnten zu irgendeiner besonderen astronomischen Konjunktion zurückgerechnet haben, die weit zurücklag, noch vor den Anfängen der olmekischen Zivilisation. Daß das Datum jedoch so bemerkenswert mit wichtigen Ereignissen in Ägypten und Mesopotamien und mit großen Wanderungen im Mittelmeerraum zusammenfällt, könnte bedeuten, daß die zeitliche Übereinstimmung keineswegs zufällig ist.

Die Periode um 1200 v. Chr. bildet einen weiteren Meilenstein in der Mittelmeervorgeschichte. Alle Autoritäten stimmen darin überein, daß irgendeine Katastrophe von ungewöhnlicher Größenordnung dramatische Entvölkerung und den Zusammenbruch großer Zivilisationen in der Mittelmeerwelt verursacht hat. Die minoische Zivilisation auf Kreta verschwand, und alle Gebiete der mykenischen Welt wurden erheblich in Mitleidenschaft gezogen. Das nicht identifizierte Volk, das die damaligen Ägypter als »Seevölker« bezeichneten, streifte mit großen Flotten durch das Mittelmeer und überfiel die Küsten Kleinasiens und Ägyptens. Plötzliche Hungersnöte trafen den ganzen Nahen und Mittleren Osten, und die starken Küstennationen der Vergangenheit – die Ägypter und Hethiter – verloren plötzlich ihre Macht und erhoben sich danach nie wieder zur Bedeutung. Phönizische Kolonisten verließen ihre früheren Häfen und segelten in großer Zahl durch die Straße von Gibraltar. Sie gründeten bedeutende Niederlassungen an der Küste Spaniens und an den atlantischen Küsten Marokkos in Richtung Süden.

In einer neuen Studie analysiert L. Pomerance die möglichen Ursachen dieses allumfassenden Aufruhrs, der Historikern und Archäologen so große Rätsel aufgibt und versuchsweise bald Angriffen der »Seevölker«, bald einer ungewöhnlich schweren Dürre zugeschrieben wird. Pomerance beginnt mit der Archäologie Kretas und zeigt, daß »um 1200 v. Chr. der traurige Rekord der Katastrophe fast universal ist. Zerstörung, Brände, Aufgabe und Flüchtlingszentren werden fast ohne Ausnahme bei allen Fundstätten verzeichnet«. Er stellt eine Vielfalt von Argumenten zusammen, um zu zeigen, daß die Zerstörung und der Untergang der Insel Santorini (Thera) falsch datiert worden sei und um 1200 v. Chr. stattgefunden haben müsse. Die Flutwellen dieser geologischen Katastrophe müssen ungeheuren Ausmaßes gewesen sein, und seine These lautet, daß »die Tsunamis [Flutwellen] von Santorini um 1200 v. Chr. eine Sintflut für die Bevölkerungen und primitiven Wirtschaften der ägäischen und östlichen Mittelmeerküsten zur Folge gehabt hätten«. Ferner:

»Der wüste Horizont der Periode um 1200 v. Chr. sollte neu bewertet werden, nicht nur als Ergebnis des gewaltsamen Aktes der überlebenden Reste der Menschen, der Seevölker, sondern als Auswirkung des endgültigen Zusammensturzes des Kraterkessels von Santorini. Innerhalb einer unglaublich kurzen Zeitspanne findet der Zusammenbruch der meisten großen Kulturen, der plötzliche Verlust von Künsten und Fertigkeiten statt, die seit Jahrhunderten berühmt waren ... die Unterbrechung des internationalen Handels und der entsprechenden Verbindungen. Erst in dieser Periode verschwinden plötzlich die kulturellen Hochleistungen des Bronzezeitalters. Nach 1200 v. Chr. versinkt das Leben in der Ägäis für 400 Jahre in Dunkelheit.«[31]

Da die olmekische Kultur unmittelbar nach dieser Periode ungewöhnlicher Unruhe sowohl innerhalb als auch außerhalb der Straße von Gibraltar an der mexikanischen Küste aufzublühen begann, ist die Chronologie auf der atlantischen Seite nicht fehlerhaft, was auch immer der wirkliche Grund für diesen gewalttätigen Aufruhr unter den Altweltzivilisationen gewesen sein könnte.

Die Isolationisten liegen mit ihrer Behauptung, daß die Argumente der Diffusionisten, jedes für sich genommen, nicht schlüssig seien, nicht unbedingt falsch. Aber könnte es, da die olmekische und die mexikanische Zivilisationsgeschichte dort begann, wo so viele mittelmeerische Kulturen endeten – an den fließenden Wassern des Kanarenstroms –, nicht doch sein, daß einige der Parallelen der Diffusionisten, wenn sie vielleicht auch als Beweis für Überseereisen unzureichend sein mögen, dennoch auf Überseereisen zurückzuführen sind? Der Mangel an Beweisen ist an sich noch kein schlüssiger Gegenbeweis.

Es ist richtig, daß Parallelen in Bräuchen und Artefakten jede für sich als nichtschlüssiger Beweis für Kontakte ausgeschieden werden können. Doch trifft das auf die Verbreitung von Kulturpflanzen nicht zu. Und die Beweisführung verliert auch dann ihre Gültigkeit, wenn alle Kulturparallelen als Block betrachtet werden. Die Wahrscheinlichkeit einer unabhängigen Erfindung läßt sich auf sehr schematische Weise einmal ganz grob abschätzen. Man darf annehmen: wenn ein Prozent der Weltbevölkerung astronomisch orientierte Pyramiden erbaut hätte, dann bestände eine einprozentige Wahrscheinlichkeit dafür, daß Menschen auf die Idee kommen, solche Bauten zu errichten. Es wäre natürlich ganz und gar nicht unvernünftig, wenn dieses eine Prozent auf zwei getrennte Gebiete entfiele, etwa Mesopotamien-Ägypten und Mexiko-Peru. Das gleiche ließe sich sagen, wenn ein Prozent der Nationen der Welt anfinge, seine Gottheiten als menschliche Wesen mit Raubvogelköpfen darzustellen. Solche mythischen Vogelmenschen könnten ebenfalls unabhängig konzipiert werden. Doch gibt es nur eine Wahrscheinlichkeit von einem Prozent eines Prozents, daß sowohl Pyramiden als auch Vogelmenschen zufällig in den beiden gleichen begrenzten Gebieten erdacht würden. Wenn man diese Berechnungen fortführt und die zeremoniellen Bestattungen kleiner Keramiktiere auf Rädern dabei aufnimmt, dann ist die Verteilung dieses Punktes in der Welt so beschränkt, daß sie, selbst wenn man diesen Punkt allein für sich berücksichtigt, weit weniger als ein Prozent Wahrscheinlichkeit hätten. Aber zusammen mit Pyramiden und Vogelmenschen betrachtet, wäre die Wahrscheinlichkeit geringer als ein Prozent. Da eine Überprüfung weit über hundert solcher kultureller Parallelen zwischen den beiden Gebieten ergibt – die überdies von so speziellem Charakter sind, daß sie anderswo überhaupt nicht auftreten – es sei denn, sie wären deutlich von diesen Gebieten beeinflußt –, wächst die Unwahrscheinlichkeit unabhängiger Entwicklung in einer logarithmischen Kurve zu wahrhaft astronomischen Zahlen an. Selbst wenn man berücksichtigt, daß die Rechenmethode höchst schematisch und annähernd ist und daß eine Anzahl kultureller Parallelen, die verzeichnet wurden, voneinander abhängig sind, dann bleiben immer noch genug übrig, um zu zeigen, daß die Isolationisten einen Fehler machen, wenn sie die vielfältigen Indikationen einzeln eliminieren, statt sie gemeinsam abzuwägen.

Die Leichtigkeit, mit der die erfahrene Besatzung eines Papyrusschiffes den Atlantik auf der Kolumbus-Route überqueren könnte, hat mich veranlaßt, eine Liste von hierhergehörigen transatlantischen Kulturparallelen nach ausgedehnter Feld- und Museumsforschung in den hier erörterten Gebieten aufzustellen. Die Liste mag Elemente von scheinbar unvernünftig weiter Verteilung enthalten, wenn wir ihr globales Auftreten im Mittelalter beurteilen, aber wir sollten uns vor Augen halten, daß dies kulturelle Züge waren, die sich in der Antike von einem Zentrum innerhalb des afro-asiatischen Bogens zwischen dem Nil und dem Tigris aus verbreitet hatten. Wie wir wissen, waren es die alten Griechen und später die alten Römer, die Erfindungen wie die Papierherstellung und die Kunst des Schreibens, sogar den christlichen Glauben und neue Verhaltensformen, vom Nahen Osten aus nach Europa verbreiteten, während die Berber, Phönizier und später die Araber für eine davon unabhängige Kulturverbreitung aus derselben Quelle über die nordafrikanischen Küstengebiete zu den Gestaden des Atlantik und den Kanarischen Inseln sorgten. Der größte Teil dieser Verbreitung nahm Jahrhunderte in Anspruch. Der verbleibende Schritt nach Mexiko dauerte nur Wochen.

Bei der Zusammenstellung der charakteristischen Kulturzüge, die den voreuropäischen Zivilisationen Kleinasiens, Ägyptens, Zyperns und Kretas gemeinsam sind – Züge, die man als Verbindungsglieder betrachtet, die diese Zivilisationen zu einem einheitlichen, zusammenhängenden Kulturgebiet machen –, erwies es sich als schwierig, irgendein solches gemeinsames Merkmal zu finden, ohne daß der gleiche Zug auch als typisch für die voreuropäischen Zivilisationen Mexikos und Perus wiedererschien. Es ist tatsächlich die Gesamtheit der kulturellen Merkmale, die sich vom Nahen und Mittleren Osten von etwa 3000 bis 1200 v. Chr. nach Gibraltar ausbreitete und die innerhalb der gleichen Periode in verwandter Form am amerikanischen Endpunkt des Kanarenstroms auftauchte. Die Beispiele in der hier folgenden Liste gehören zu dieser Kategorie:

1. Eine Hierarchie, beruhend auf Sonnenverehrung und komplizierter Staatsverwaltung unter der Herrschaft eines absolutistischen Priesterkönigs, dessen Dynastie behauptete, von der Sonne abzustammen.

2. Bruder-Schwester-Ehe in den königlichen Familien, um die solare Blutslinie zu bewahren.

3. Ein voll entwickeltes Schriftsystem in einer Periode, in der Schreiben unter den europäischen Nationen noch unbekannt war.

4. Papiermanufaktur durch Einweichen und Schlagen von sich kreuzenden Schichten pflanzlicher Fasern und die Produktion von Büchern, gefüllt mit polychromen hieroglyphischen Inschriften, in Form langer, breiter Bänder, die gefaltet oder aufgerollt wurden.

5. Die Organisation spektakulärer Menschenmassen für die Errichtung von Kolossalstatuen ohne praktische Funktion.

6. Eine heute unbekannte Technik, die das Schneiden von mathematisch perfekten, kolossalen Steinblöcken erlaubte, die, völlig unabhängig von Gestalt oder Größe, ohne Mörtel, jedoch mit so exakten Fugen aneinandergepaßt wurden, daß sich eine Messerklinge nicht dazwischenschieben ließ.

7. Technische Kenntnisse, die den Transport solcher Riesenblöcke, die über hundert Tonnen wogen, über viele Meilen zerklüfteten Terrains, durch Sümpfe, Flüsse und Seen ermöglichte, und die Fähigkeit, sie als hoch aufragende Monolithen zu errichten oder sie zu perfekten Megalithmauern aufzutürmen.

8. Die Errichtung steinerner Kolossalstatuen, in menschlicher Gestalt ausgehauen und als religiöse Monumente im Freien dienend.

9. Die Errichtung von Gedenkstelen mit Abbildungen von Menschen, im Relief ausgehauen und von hieroglyphischen Inschriften umgeben. Die Wiederholung des gleichen Motivs in beiden Gebieten, das einen bärtigen Mann zeigt, der eine Riesenschlange bekämpft, die auf dem Schwanz steht. (Hethitische Stele im Museum von Aleppo und olmekische Stele aus La Venta, jetzt im archäologischen Park von Villahermosa.)

10. Stuckverputzte Räume religiöser Gebäude mit Wänden und Säulen, die mit polychromen Fresken von Priesterkönigen und Prozessionen, ferner mit im Profil dargestellten Menschen bedeckt sind. Alle Gliedmaßen der Menschen sind sichtbar. In beiden Gebieten die häufige Wiederkehr eines so speziellen Freskenmotivs wie das eines Mannes mit Vogelkopf, der auf dem Rücken einer gefiederten Schlange steht. (Häufig auf Mauern im Tal der Könige, Ägypten, und kürzlich auf den Wänden des ausgegrabenen Tempels in Cacaxtla, Mexiko, entdeckt.)

11. Der Bau von Pyramiden des mesopotamischen Zikkurattyps von erstaunlichen Ausmaßen und geometrischer Perfektion, die auf beiden Seiten des Atlantik bisweilen aus rechtwinklig behauenen Steinblöcken und bisweilen aus sonnengetrockneten Lehmziegeln errichtet wurden, wobei der Grundriß stets sorgfältig astronomisch orientiert ist. Diese Pyramiden weisen in einigen Fällen auf beiden Seiten des Atlantik weitere Parallelen auf: eine Zeremonialtreppe, die an einer oder mehreren Seiten der Pyramide zu einem Tempelbau auf der Spitze führt; ein versiegeltes und verstecktes Tor zu einer inneren Geheimtreppe, die zu einer Grabkammer führt; ein besonderer siebeneckiger Querschnitt des steilen Ganges, der die lange schmale Treppe zur Tür der Grabkammer aufnimmt; das Vorhandensein eines steinernen Sarkophags, eines Ventilationssystems und zahlreicher Grabbeigaben in dieser Kammer; die Anwendung einer bautechnischen Lösung, die diese voreuropäischen Baumeister trotz ihrer Unkenntnis im Hinblick auf das Prinzip des Bogens in die Lage versetzte, die weite Decke der Grabkammer ebenso wie die schmalere der Innentreppe so zu gestalten, daß sie das ungeheure Gewicht der gesamten Pyramide trugen.

a b c d

Pyramiden vom mesopotamischen Typ

(a) Ägyptens ältester Bau in Sakkara; (b) alte Abbildung einer mexikanischen Pyramide im Museo Nacional, Mexiko; (c) peruanische Pyramide, Zeichnung von Benzoni 1565; (d) Pyramide auf Tahiti, nach Wilson 1799

12. Ein großer ummauerter Tempelhof, an eine Seite der Pyramide angrenzend, mit hohen Steinsäulen von rundem sowie quadratischem Querschnitt und in langen Parallelreihen aufgestellt.

13. Megalithsarkophag, mit einem steinernen Deckel verschlossen, der selbst mehrere Tonnen wog und auf dem manchmal ein menschliches Bild ausgehauen war.

14. Die Fähigkeit und Fertigkeit, Verstorbene von hohem Rang durch Entfernung der Eingeweide durch den Anus und die Verwendung von gewissen Harzen, Ausfüllen mit Baumwolle und Umhüllen zu mumifizieren.

15. Eine besondere Mumienmaske, die an den Rändern perforiert war, damit man sie über dem Mumientuch vor dem Gesicht anbringen konnte.

16. Große Fertigkeit in dem schwierigen magisch-chirurgischen Trepanieren des Schädels lebender Personen mit hohem Prozentsatz von Überlebenden unter den Patienten.

17. Beschneidung von Knaben als religiöses Ritual.

18. Aufbewahrung der mit Lehm gefüllten Schädel der Vorfahren, deren Augenhöhlen mit Seemuscheln ausgelegt wurden.

19. Die Benutzung falscher Bärte als Teil der Zeremonialkleidung der Hohenpriester.

20. Die Anfertigung von Lehmziegeln aus einem Brei verschiedener Erdarten, mit Häcksel und Wasser vermischt und zu rechteckigen Blöcken in Holzmodeln geformt, danach in der Sonne getrocknet und zum Bau von Pyramiden, Tempeln und Häusern mit mehreren Stockwerken verwendet.

21. Der Bau von Städten aus Lehmziegelhäusern, zu Blocks geordnet, die durch Straßen und öffentliche Plätze voneinander getrennt und mit Wasserleitungen und Kanalisation versehen waren.

22. Versorgung mit Wasser für Bewässerung und Haushalt über große Entfernungen durch Kanäle und erhöhte Aquädukte; Anfertigung von Tonrohren gleichen Querschnitts, an einem Ende erweitert, um das engere Ende des nächsten Rohres aufzunehmen, so daß eine geschlossene Rohrleitung entstand.

23. Terrassenlandwirtschaft großen Umfangs mit Benutzung von tierischem Dünger und künstlicher Bewässerung für den Anbau von Nahrungspflanzen und von Baumwolle für die Kleidung.

24. Ernten der Fasern, die nicht von wilder Baumwolle, sondern nur von der künstlich gekreuzten, kultivierten Baumwolle zu gewinnen sind; Spinnen dieser kurzen Fasern zu Garn durch Drehen eines Stocks, der auf einen besonders gestalteten Spinnwirtel – in beiden Gebieten von gleicher Größe und Form – gesteckt wurde; Färben des Garnes; Bau der beiden gleichen Webstuhltypen, auf denen das Garn zu polychromem Stoff gewebt wurde.

25. Die Ähnlichkeit der Baumwollkleidung, auf die sowohl von Isolationisten als auch von Diffusionisten hingewiesen wird: Lendentuch und Mantel für Männer, Kleid mit Gürtel und Schulternadel für Frauen.

26. Gleiche Arten von Sandalen aus Leder und Seil.

27. Die außerordentlich wichtige Federkrone, die von Kriegern und Männern von Rang getragen wurde. (Diese für mexikanische und peruanische Vornehme charakteristischen Federkronen werden von vielen als ausschließlich amerikanischer Brauch betrachtet; es ist jedoch eine typische Kopfbedeckung des alten Nahen und Mittleren Ostens, wie sich auf Reliefs von hethitischen Kriegern ebenso zeigt wie auf ägyptischen Darstellungen ihrer Seeräuberfeinde, der geheimnisvollen mittelmeerischen Seevölker.)

28. Die komplizierte Organisation und Unterhaltung stehender Heere mit dem Brauch, den Soldaten Schilde zu geben, deren aufgemalte Symbole dazu dienten, ihre Einheiten zu identifizieren, und der Verwendung von Zelten aus Stoff in den militärischen Lagern.

29. Die Benutzung der Schleuder als wichtiger Waffe und übereinstimmende Typen von Schnur- und Bandschleudern mit Geschoßlagern, Schlitz und Fingerloch von gleicher Art.

30. Parallelen und Übereinstimmungen bei Werkzeug und Geräten, oft besonders deutlich bei landwirtschaftlichen Geräten, Zimmermanns- und Maurerwerkzeug, bei den Geräten von Künstlern, bei Angelhaken, Netzen und Reusen der Fischer, bei den Waagen der Händler und den Trommeln und Blasinstrumenten der Musiker.

31. Expeditionen über weite Entfernungen auf der Suche nach besonderen Mollusken, hochgeschätzt wegen ihrer roten Schalen oder der roten Farbe, die von der Schnecke geliefert wird.

32. Gleiches Stadium in der Entwicklung der Metallurgie. Die gleichen Metalle wurden abgebaut, doch Eisen wurde von den hier verglichenen voreuropäischen Kulturen ignoriert. Gold und Silber wurden hoch geschätzt, das Erz wurde geschmolzen, gehämmert und in Tonformen der gleichen Art gegossen. Die entstandenen Figürchen und Schmucksachen sind manchmal von erstaunlicher Übereinstimmung. Für die Härtung von Kupfer zu Bronze wurden schwierige Bergbauunternehmungen ausgeführt, um das Zinn zu suchen, das für die Legierung erforderlich ist.

33. Bronzespiegel mit kurzem Griff, Zangen und kleine Schmuckglöckchen als Hauptprodukte, die den Eintritt in die Bronzezeit markieren.

34. Goldfiligranarbeiten von hervorragender Qualität. Die bis in winzige Einzelheiten durchgestalteten, von den amerikanischen Hochkulturen hervorgebrachten Schmucksachen gleichen den Meisterwerken des alten Nahen und Mittleren Ostens und übertreffen – wie auch die feingewebten Textilien – alles im heutigen Europa.

35. Äußerst hochentwickelte Keramikkunst in den gleichen spezialisierten Formen wiederholt wie die polychrome Grabware. Die konventionelle dreifüßige Vase, die man als so typisch für den Osten betrachtet, daß sie als phönizisch bezeichnet wird, wenn man ihr bei Ausgrabungen an der Atlantikküste Marokkos oder auf den Kanaren begegnet, ist ebenso charakteristisch für das amerikanische Hochkulturgebiet von Mexiko bis Peru. Typisch für beide Gebiete sind auch die polychromen Bildnisgefäße in Form

von Köpfen und Gegenständen verschiedener Art. Auf beiden Seiten des Atlantik wohlbekannt sind die Keramikvasen in Form eines menschlichen Fußes, der über dem Knöchel abgeschnitten ist und eine Sandale trägt; die ständig wiederkehrenden Krüge in Form von Fischen, Vögeln und Vierfüßlern mit Tülle und Schlingenhenkel auf dem Rücken; die ringförmigen Vasen in Form einer zusammengerollten Schlange, die Miniaturkrüge auf dem Rücken trägt; und die zusammengesetzten Trauben von Früchten und kugelförmigen Krügen, die durch Querröhren zu einer gemeinsamen langhalsigen Tülle verbunden sind.

36. Die große Bedeutung einer ungewöhnlich flachen Tonfigurine, die eine nackte Göttin darstellt. Ihr universales Kennzeichen ist, daß Körper und Glieder flach wie eine Platte sind, während der Kopf als Rundplastik dargestellt ist. Vom Mittleren Osten brachten die Phönizier diese Figurine durch das Mittelmeer nach Westen als Darstellung ihrer Hauptgöttin Tanit, der Erdmutter. Mit denselben Merkmalen ist das gleiche weibliche Figürchen vielleicht das charakteristischste Beispiel früher keramischer Kunst im ganzen Gebiet von Mexiko bis Peru.

37. Tonmodelle des täglichen Lebens. In beiden Gebieten treten die gleichen Tonfigürchen auf, die eine kniende, getreidemahlende Frau darstellen; eine schwangere Frau, die mit gespreizten Beinen hockt, während eine andere sie von hinten hält und eine dritte vor ihr das zur Welt kommende Kind in Empfang nimmt; und ein Kreis von kleinen Figürchen, die sich an den Händen halten und um eine kleine, flötespielende Zentralfigur tanzen.

38. Grabware in Gestalt kleiner Tiere, die auf Rädern rollen. Obwohl diese Ware im Mittleren Osten weitverbreitet war und von den Phöniziern mindestens bis Ibiza westwärts gebracht wurde, scheint sich die Verteilung in Amerika auf das frühe olmekische Gebiet in Mexiko zu beschränken.

39. Große Bedeutung von Stempelsiegeln mit kurzem Griff sowie Zylindersiegeln aus Terrakotta; in die Fläche sind vielfältige figürliche oder geometrische Motive eingeschnitten. In Farbe getaucht, wurden die Stempelsiegel für den Druck von Symbolen und Zeichnungen, die Zylindersiegel für ihr Abrollen in zusammenhängenden Bändern benutzt. Das gleiche spezielle Motiv wiederholt sich manchmal in beiden Gebieten.

40. Der Brauch, hölzerne Figürchen zu schnitzen und manchmal auch große Steinstatuen mit tiefen Höhlen anstelle der Augen, die später mit Muscheln um eine schwarze Obsidianpupille ausgelegt wurden, zu meißeln.

41. Eine runde Scheibe mit einem zentral plazierten menschlichen Kopf, der die Zunge herausstreckt, die Scheibe an der Peripherie in 16 gleiche Teile geteilt.

42. Große Bedeutung in der religiösen Kunst haben mythische Figuren, dargestellt als menschliche Wesen mit Vogelkopf, sowie die häufige Darstellung dieser Vogelmenschen als Kapitäne oder Passagiere auf Binsenfahrzeugen oder als Seeleute, die Binsenboote mit langen Seilen durch das Wasser ziehen.

43. Das Auftreten – ebenfalls in beiden Gebieten – einer weiteren mythischen Gestalt mit menschlichem Körper und Gliedern, aber einem Felidenkopf.

44. Die gleichen drei Tiere als königliche Symbole: die Schlange, der Raubvogel und die Katze. In beiden Gebieten wird die Schlange bisweilen mit vortretenden Hörnern dargestellt. Der Adler der Alten Welt wird in der Neuen Welt durch den Kondor ersetzt und der Löwe der Alten Welt durch den Puma in der Neuen.

45. Die gefiederte Schlange als Symbol des höchsten Gottes und Vorfahren der Königsdynastie. (Die Schlange mit federbedecktem Körper oder mit Flügeln erscheint in der religiösen Kunst von Mesopotamien und dem hethitischen Syrien bis Ägypten, Mexiko und Peru.)

46. Der Gürtel gewisser Gottheiten und bedeutender Personen, dargestellt als doppelköpfige Schlangen, und die Bedeutung doppelköpfiger Vögel und Säugetiere in der symbolischen Kunst.

47. Die Idee, übernatürliche Wesen manchmal mit dreifingrigen Händen darzustellen.

48. Das Verständnis des Begriffes Null und seine Anwendung in mathematischen Berechnungen.

49. Die Bedeutung des 1. Jahrhunderts des 3. Jahrtausends v. Chr. als Stammesbeginn.

50. Die Wahl des ersten jährlichen Wiedererscheinens der gleichen Sternkonstellation, der Plejaden, als Anfang des neuen Jahres, obwohl in der Neuen Welt keinerlei jahreszeitliche Gründe wegen der Unterschiede in der geographischen Breite dafür sprechen.

51. Der bemerkenswert hohe Standard des Kalenders, der sich auf genauestes astronomisches Wissen gründet. Während offene Landschaften wie Mesopotamien oder Ägypten mit ihrem äußerst trockenen Klima ideal für die ununterbrochene Beobachtung der Sterne sind, konnten die Olmeken am Golf von Mexiko den Himmel vor Urwaldbäumen und tropischen Wolken kaum sehen, und daß sie dort einen Kalender entwickelt haben sollen, erscheint als ebenso unwahrscheinlich wie ihre Wahl von Sandalen für trockenen Boden und langen Gewändern für das Leben im Sumpfwald.

52. Der Brauch, die runden und bemalten Kampfschilde der Krieger in fortlaufender Reihe am Dollbord der Schiffe auf See zu beiden Seiten festzulaschen. (Der phönizische Brauch wird auch auf den Mayafresken in Chichen Itzá wiedergegeben und stellt die Fahrzeuge dar, wie sie mit einer Besatzung von gelbhaarigen Männern einlaufen.)

53. Das Erscheinen derselben beliebten Art von Wasserfahrzeugen auf beiden Seiten des Atlantik: ozeantüchtige Binsenschiffe mit sichelförmigen maritimen Linien, ein zusammengesetzter Bündelkörper, geschickt mit spiralig fortlaufender Schnur zusammengezurrt, und einem Stoffsegel, am Zweibeinmast gehißt, der auf den beiden Hauptbündeln stand.

Nach der Legende und den künstlerischen Darstellungen auf beiden Seiten des Atlantik waren die Binsenschiffe bisweilen so groß, daß über dem ersten ein zweites Deck gebaut wurde. Wir haben gesehen, daß Binsenflöße erstaunlichen Ausmaßes noch heute auf dem Tschadsee und am Zusammenfluß von Euphrat und Tigris fahren, und ähnliche Ausmaße waren für die amerikanischen Gegenstücke erforderlich, die einmal die gewaltigen olmekischen Monolithen von La Venta den Tonalafluß hinab und von Tiahuanaco über den Titicacasee befördert haben. Wichtiger noch als die Dimensionen waren jedoch die Kenntnisse in einem Verfahren, das dem Binsenschiff seine Sichelform auch auf hoher See beibehalten ließ. Keine andere Technik als die früher im Nahen und Mittleren Osten angewandte und heute nur noch von den Indianern am Titicacasee erinnerte konnte dieses Erfordernis erfüllen. Das in Afrika von Indianern vom Titicacasee erbaute Papyrusschiff *Ra II* behielt seine vollkommenen Linien ohne auch nur einen Papyrusstengel verloren zu haben, als es in der Neuen Welt aus dem Wasser gehoben wurde. Erst nach jahrelanger Aufbewahrung in Oslo lokkerten sich die Seile, und alsbald sanken Bug und Heck zusammen – die eleganten Linien verschwanden. Weder Gelehrte noch erfahrene Handwerker waren in der Lage, uns bei der Wiederherstellung der Form zu helfen, und wir mußten die Aymara-Bootsbauer der *Ra II* vom Titicacasee nach Oslo bringen, damit sie uns das Binsenfahrzeug auf die traditionelle Weise neu bauten; eine Tatsache, die deutlich gegen die Wahrscheinlichkeit unabhängiger Entwicklung spricht.

Das seetüchtige Binsenschiff ist nicht die einzige spezielle kulturelle Errungenschaft, der den voreuropäischen Zivilisationen beiderseits des Atlantik gemeinsam ist. Den Theorien der unabhängigen Entwicklung nach läßt sich diese Tatsache kaum erklären. Es ist jedoch das einzige Kulturelement, das zeigen könnte, wie die anderen transatlantischen Parallelen entstanden sind.

# 4

# Die bärtigen Götter vor Kolumbus

Was die erste Begegnung der Europäer mit Amerika betrifft, so hat die Welt nichts mehr verwirrt als die Behauptung der Azteken, die Spanier seien nicht die ersten weißen und bärtigen Menschen, die sie von der anderen Seite des Atlantik erreicht hätten. Wohin die Spanier auch vorrückten, von Mexiko und Zentralamerika bis Peru, sie wurden mit offenen Armen aufgenommen. Man gab ihnen die Namen und erwies ihnen die Ehren legendärer hellhäutiger Menschen mit hohem kulturellem Standard, die sich in der dunklen Vergangenheit der Vorfahren in den gleichen Regionen hervorgetan hatten. Eindrucksvolle Ruinen und Monumente, die von den Trägern verlorener Zivilisationen hinterlassen worden waren, standen an den Wegen der Konquistadoren, wohin sie in diesem Gebiet auch kamen, und stets erklärten die einheimischen Stämme sie als Nachfahren der wohlwollenden weißen, bärtigen Wanderer. Diese Erinnerungen waren unter ganzen Nationen lebendig und bildeten die Grundlage der gesamten Geschichte und Religion dieser Länder, Ankunft und Aktivitäten der bärtigen weißen Lehrer wurden in vorkolumbischen Papierbüchern in Hieroglyphen beschrieben und auf steinernen Monumenten und in der Töpferkunst dargestellt. Besonders der Bart der Spanier machte großen Eindruck auf die Indianer, die biologisch nicht in der Lage waren, Barthaar zu entwickeln. Die Weltgeschichte veränderte sich durch die Erinnerung an diese legendären Menschen. Cortés und Pizarro, jeder nur mit einer Handvoll Männern, konnten die beiden mächtigsten Nationen der damaligen Welt – das riesige Azteken- und das gewaltige Inkareich – erobern, ohne auf militärischen Widerstand zu stoßen.

Waren diese Abbildungen vorkolumbischer Besucher aus Übersee nur Erfindungen bartloser Indianer, die keine bessere Erklärung für das Entstehen ihrer Zivilisation hatten, oder stammten sie aus tatsächlichen Kontakten mit frühen Seefahrern der Alten Welt?

Das folgende Kapitel ist ursprünglich im Jahr 1971 als Teil der Sammlung *The Quest for America* veröffentlicht worden.

Meine Forschungen im Pazifik führten mich zu der Frage, ob die Menschen vor Kolumbus über den Atlantik segeln konnten oder nicht. Dieses scheinbare Paradox ergab sich aus dem Studium der Literatur über die unklare Herkunft der Polynesier und ihrer Kultur. Ältere Schriftsteller, wie A. Fornander, S. P. Smith, W. J. Perry und E. Best, die um die Jahrhundertwende Überlegungen anstellten, betonten nachdrücklich, daß es reiches Beweismaterial gebe, nach dem Polynesien – und besonders die Osterinsel – zuerst von Auswanderern aus Ägypten, Mesopotamien oder einem anderen Zentrum innerhalb des uralten Hochkulturgebietes im östlichen Mittelmeerraum besiedelt worden sei. Diese frühen Polynesien-Wissenschaftler wiesen auf die verblüffenden Übereinstimmungen in diesen beiden Antipodengebieten hin, etwa auf das kunstvoll gefügte megalithische Mauerwerk, die abgestuften Tempelpyramiden, die monolithischen Statuen, auf die Mumifizierung, Trepanation, auf die Priesterkönige, die königliche Geschwisterehe, ein Kalendersystem, Genealogien, Götter, die von der Sonne abstammten, und Hieroglyphentafeln. Unveränderlich wurde erklärt, daß die hypothetische Wanderung, vom östlichen Mittelmeerraum ausgehend, über den Indischen Ozean, den Malaiischen Archipel, nach Mikronesien oder Australien mit Melanesien und schließlich nach Polynesien führte und auf der Osterinsel endgültig beendet wurde. Erst auf dieser letzten kleinen Insel vor der Küste Südamerikas sind Schrift und andere wichtige Kulturelemente, die dem östlichen Mittelmeerraum entsprechen, gefunden worden. Da sich keinerlei Spuren in den riesigen kontinentalen und ozeanischen Gebieten feststellen lassen, die angeblich von diesen Wanderern durchquert worden waren, hatten es spätere Gelehrte, die vorsichtiger waren, leicht, solche diffusionistischen Theorien als geographisch und chronologisch unhaltbar zurückzuweisen. Doch einige frühe Entdeckungen der Diffusionisten – etwa, daß manche wichtigen Götter- und Ortsnamen aus dem alten Ägypten und Mesopotamien in Polynesien erhalten sind – übten einen nachhaltigen Eindruck auf die polynesienwissenschaftliche Literatur aus. Beispielsweise wurden im alten Ägypten Sonne und Sonnengott als *Ra* verehrt, und *Ra* war der Name der Sonne auf all den Hunderten von Inseln Polynesiens. Ein weiteres Beispiel ist, daß die polynesischen Überlieferungen ständig von *Uru* als einem bedeutenden Stammes- und Ortsnamen im ursprünglichen Heimatland außerhalb Polynesiens sprechen. Das wurde als Bezugnahme auf das alte mesopotamische Kulturzentrum Ur interpretiert. Obwohl die frühen Theorien direkter Wanderungen von Ur und Ägypten aus von den meisten Wissenschaftlern zurückgewiesen wurden, hat die Vorstellung, daß die alten Kulturen des östlichen Mittelmeerraumes oder der arabischen Welt irgendeine unbestimmte Beziehung zur Herkunft der Polynesier haben, ihren Einfluß auf das Unterbewußtsein der Polynesien-Wissenschaftler nie ganz verloren.

Ein Blick auf den Globus zeigt, daß der Weg zur Osterinsel von Mesopotamien aus kürzer ist, wenn er über den Atlantik führt, statt über den Indischen und den Pazifischen Ozean. Im Gebiet der hohen Kultur von Mexiko bis Peru finden sich die erwähnten mittelmeerisch-polynesischen Kulturelemente, von denen es auf der um den halben Erdball führenden indopazifischen Route keinerlei Spuren gibt. Und tatsächlich ist der legendäre polynesische Name *Uru* auch der Name des uralten und bedeutenden Stammes, der jetzt in Peru am Titicacasee lebt und früher das gesamte Gebiet von den Megalithruinen Tiahuanacos bis hinunter zur Pazifikküste bewohnt haben soll. Zur Zeit der spanischen Eroberung lag die Herstellung von Binsenbooten hauptsächlich in den Händen dieser Uru; sie lebten sogar auf schwimmenden Inseln aus *totora*-Binsen. Die völlig gleiche Binse, eine charakteristische südamerikanische Spezies, war vom Menschen auf die Osterinsel gebracht und in den dortigen Süßwasserseen angepflanzt worden mit dem Zweck, daraus die gleichen Boote wie die der Uru-Indianer zu bauen. Und nach der Überlieferung auf der Osterinsel wurde der Gott, der diese exotische Süßwasserbinse auf die Insel brachte, *Ure* genannt.

Zwei der großen Transportbänder der Meere, die wir die Kolumbus-Route im Atlantik und die Mendaña- oder Inka-Route im Pazifik genannt haben, führen geradewegs von der Mittelmeerwelt nach Polynesien – wobei die Landenge von Panama kaum ein nennenswertes Hindernis für die Benutzer der Meerestransportbänder mit Rückenwind darstellt. Mendaña, der erste Europäer, der den Fuß auf polynesischen Boden setzte, kam tatsächlich aus der Mittelmeerwelt, hatte den Isthmus von Panama zu Fuß überquert und Polynesien von Peru aus erreicht. Wie im vorigen Kapitel gezeigt wurde, besteht kein vernünftiger Grund für die Annahme, daß ein Reiseweg, den ein Europäer des 16. Jahrhunderts zurücklegen konnte, für die Träger der großen Zivilisationen des Altertums nicht benutzbar gewesen wäre.

Wenn ich auch erst Jahre später durch Experimente herausfand, wie leicht es ist, mit Eingeborenenfahrzeugen von Afrika nach Amerika und von Amerika nach Polynesien zu reisen, gelangte ich bei meinen Forschungen doch schon früh zu der Vermutung, daß die ersten Kulturträger die Osterinsel und die benachbarten polynesischen Inselgruppen von Südamerika aus erreicht hatten – ganz gleich, ob das tropische Amerika irgendwelchen Einflüssen aus der antiken Mittelmeerwelt ausgesetzt war oder nicht. Wie die meisten Forscher ursprünglicher polynesischer Kultur erkannte ich, daß diese ein Gemisch war: es mußte mehr als eine Gruppe von Einwanderern auf den Inseln des äußersten Ostpazifik gelandet sein. Mit einer Ausbildung, zu der auch das Studium der Geographie gehörte, und der praktischen Erfahrung eines Aufenthalts in Polynesien unter Eingeborenen war ich zu dem Schluß gelangt, daß die südostasiatischen Elemente auf diesen Inseln mit dem Japanstrom über Nordwestamerika aus dem Philippinenbecken gekommen waren und Inseln erreicht hatten, die größtenteils schon von Seefahrern der Vorinkazeit aus Südamerika entdeckt worden waren.

Die rassische Zusammensetzung der Polynesier blieb jedoch ein Rätsel, ganz gleich, welchen Pazifikküsten man ihren Ursprung zuschrieb. Obwohl die Polynesier rassisch deutlich gemischt sind, gehören sie insgesamt doch zu den größten Menschen der Welt, sind häufig langschädlig und haben eine Hautfarbe, die oft ebenso hell ist wie die von Südeuropäern. Anthropologen stellten überdies fest, daß sich in ganz Polynesien ein stark europider Einschlag findet, der häufig als arabisch-semitischer Typ bezeichnet wird. Charakteristisch dafür sind die Adlernase, schmale Lippen, starker Bartwuchs und manchmal rotbraunes Haar mit welliger Struktur. Solche Typen wurden von den ersten Europäern auf dem ganzen Weg von der Osterinsel bis nach Neuseeland und den Chathaminseln beobachtet. Dieser Mischtyp, der sich oft in ganzen Familien fand, wurde von den Polynesiern selbst mit dem Namen *uru-keu* bezeichnet und soll, wie sie sagen, von einer früheren Rasse blondhaariger, weißhäutiger Halbgötter abstammen, die diese Inseln ursprünglich bewohnt hätten. Diese körperlichen Eigenschaften der Polynesier im Ostpazifik standen in allen eben genannten Merkmalen wie auch in der Blutgruppe im Gegensatz zu den Menschen im Westpazifik, den Papua-Melanesiern, Negritos, Malaien und Indonesiern, die das Gebiet bewohnen, aus dem die Polynesier, den Hypothesen der meisten modernen Gelehrten nach, gekommen waren. Das physiologische Rätsel der europiden Komponente trug dazu bei, die scheinbar wilden Theorien von einem mittelmeerischen Element im Ostpazifik am Leben zu erhalten.

Auf den ersten Blick hat es nicht den Anschein, als ob die Annahme eines Ausgangspunktes in Amerika dieses Problem lösen könnte. Die südamerikanischen Indios wiesen keine europiden Charakteristiken auf und stimmten genau mit dem Typ des Malaien überein, mit dem sie durch gemeinsame Vorfahren verwandt waren. Abgesehen von ihrer allgemeinen Übereinstimmung mit den Polynesiern in den Blutgruppen und in der Nasenform, unterschieden sich die südamerikanischen Stämme ebensosehr von den Insulanern im Ostpazifik wie die Völker Südostasiens und des Westpazifik. Große und rothaarige Menschen mit Vollbart waren, als die Europäer eintrafen, ebenfalls zu beiden Seiten Polynesiens unbekannt. Die kleinen, rundköpfigen, gelbbraunhäutigen Menschen Indonesiens und Südamerikas waren ebenfalls bartlos. Wie konnten dann die polynesischen Insulaner ihre abweichenden europiden Merkmale erhalten?

Auf der Osterinsel, dem polynesischen Außenposten, der am weitesten von Asien entfernt und der Neuen Welt am nächsten liegt, erklären ins einzelne gehende Überlieferungen, daß die ersten Vorfahren der Insulaner aus einem weiten Wüstenland im Osten gekommen seien – das heißt aus Richtung Südamerika – und die Insel erreicht hätten, nachdem sie 60 Tage in Richtung der untergehenden Sonne gesegelt seien. Die geschichtsbewußten, deutlich gemischten Osterinsulaner behaupten fest, daß einige ihrer frühesten Vorfahren weiße Haut und rotes Haar hatten, während andere dunkelhäutig und schwarzhaarig waren. Das wurde von den ersten Europäern, die die Insel erreichten, bestätigt. Als die Holländer unter Roggeveen die Insel im Jahr 1722 entdeckten, berichteten sie, daß sich unter den ersten Eingeborenen, die an Bord kamen, »ein völlig weißer Mann befand«; und über die Osterinsulaner im allgemeinen schrieben sie: »Man findet unter ihnen manche von dunklerem Braun wie die Spanier, andere völlig weiß und auch einige von rötlicher Hautfarbe, als ob sie von der Sonne verbrannt wären.«[32]

Alle frühen Besucher bemerkten außerdem, daß einige Osterinsulaner nicht nur sehr hell und groß seien, sondern auch weiches rötliches Haar hätten. Konnten solche Menschen wirklich aus dem Osten, aus Südamerika, gekommen sein, wo Quechua-, Aymara- und Uruindianer die gleichen physischen Merkmale aufweisen wie die schwarzhaarigen, gelbbraunen, sehr kleinen Menschen Südostasiens? Konnte es sein, daß die Menschen der Vorinkakultur in Peru körperliche Eigenheiten besaßen, die sich von denen der kleinen rundschädligen Indios unterschieden, die in historischen Zeiten lebten?

Es ist bemerkenswert, daß die Osterinsulaner in den frühesten, auf der Osterinsel gesammelten Überlieferungen behaupteten, daß das Land, 60 Tage ostwärts, aus dem ihre Vorfahren kamen, »Begräbnisplatz« genannt wurde. Sie erklärten: »In diesem Land war das Klima so übermäßig heiß, daß die Menschen manchmal an den Auswirkungen der Hitze starben, und in gewissen Jahreszeiten wurden Pflanzen und andere Gewächse von der brennenden Sonne versengt und verdorrten.«[33]

Westlich der Osterinsel gibt es auf dem ganzen Weg bis Südostasien nichts, was dieser Beschreibung entspricht, da alle Küsten grün, wenn nicht sogar von dichtem Urwald bedeckt sind. Doch im Osten, in der Richtung und Entfernung, deren sich die Osterinsulaner erinnern, liegt die Küstenwüste Perus und Nordchiles, und nirgendwo im Pazifik gibt es ein Gebiet, das der Beschreibung der Osterinsulaner besser entspricht – sowohl im Hinblick auf das Klima als auch auf den Namen. In den Küstengebieten, besonders denen Perus, ermöglicht eine leichte jahreszeitliche Feuchtigkeit eine spärliche Vegetation, die in der brennenden Sonne der wolkenlosen Monate verdorrt. Überall entlang dieser südamerikanischen Wüstenküste liegen außerdem große, fast ineinander übergehende Nekropolen, von denen viele riesige Gebiete bedecken und deren Ansammlung menschlicher Überreste und Grabbeigaben in dem regenlosen Klima über fast unendliche Zeiten erhalten geblieben ist. Dieses Klima und die Begräbnisstätten liefern uns tatsächlich die Möglichkeit, menschliche Überreste aus frühen Perioden zu studieren, während organische Reste in benachbarten Gebieten mit feuchterem Klima – wie Mittelamerika, Mexiko und die pazifische Inselwelt – rasch verwesen.

Das bedeutet, daß die modernen Archäologen unmittelbare Beweise für die bemerkenswerte Tatsache besitzen, daß von den frühesten Begründern der Vorinkazivilisation in Peru echte Mumifizierung ausgeübt wurde. Und tatsächlich war die echte Mumifizierung – mit Entfernung der Eingeweide durch den Anus und Einreiben mit Konservierungsmitteln aus Harz und Öl – sowohl in Peru als auch im benachbarten Polynesien häufig, während sie in Indonesien völlig unbekannt war. Aber stehen uns auch aus dem Wüstengebiet Perus noch Hunderte von Mumien zur Verfügung, so bezeugen überall auf den verstreuten Inseln Polynesiens – von der Osterinsel im Osten bis nach Hawaii im Norden und Neuseeland im Südwesten – fast nur schriftliche Berichte früher Reisender die weite Verbreitung der Mumifizierung königlicher Persönlichkeiten. Dies zeigt, daß die mühsame Praxis in einem tropischen Inselgebiet, dessen feuchtes Klima dauernden Erfolg verhindert, von einer gemeinsamen Kulturquelle ausgegangen sein muß, die außerhalb des Inselgebietes liegt und für die Mumifizierung günstiger ist. Da die Mumifizierung nicht aus Südostasien auf die Inseln gelangt sein kann, weil es sie dort gar nicht gab, ist es um so bemerkenswerter, daß zwei königliche Mumienbündel, die denen von Tiahuanaco aus der Vorinkazeit auffallend ähneln und aus noch nicht identifizierten, nichtpolynesischen Fasern gewebt sind, in einer Höhle auf Hawaii entdeckt wurden. Sie geben den örtlichen Wissenschaftlern, wie diese eingestehen, Rätsel auf und sind im Bishop-Museum von Honolulu untergebracht. Selbst die menschliche Maske, die das obere Ende dieses hawaiischen Mumienbündels schmückt, erinnert an Mumienmasken auf ebensolchen Mumienbündeln aus dem alten Peru und vom Hochland Mexikos.

In den tropischen Regenwäldern Mittelamerikas und den mexikanischen Niederungen haben keine menschlichen Überreste vergleichbaren Alters dem feuchten Klima standgehalten. Doch die Mumienmaske aus Jade und zerfallene Stücke der roten Stoffumhüllung an den verwesenden Knochen, die man in dem riesigen, mit einem Steindeckel verschlossenen Sarkophag im Innern der alten mexikanischen Begräbnispyramide in Palenque gefunden hat, bezeugen die verzweifelten Mumifizierungsversuche.

Weisen die Mumien aus dem Peru der Vorinkazeit die gleichen homogenen Merkmale – sehr kleiner Wuchs, ausgesprochene Rundschädelform und straffes schwarzes Haar – auf wie die Indios, die dieses Gebiet heute bewohnen? Oder gab es in vorspanischer Zeit eine heterogene Bevölkerung in Peru, zu der auch große blonde Menschen entsprechend dem rätselhaften *uru-keu*-Typ des benachbarten Polynesien gehörten?

Als Mitte des 19. Jahrhunderts umfangreiche Ausgrabungen peruanischer Nekropolen die Wissenschaft mit zahlreichen Mumienköpfen zum Studium belieferten, waren europäische Anthropologen überrascht, als sie feststellten, daß manche Köpfe – sowohl in der Schädelform als auch in Haarfarbe und -textur – physische Merkmale aufwiesen, die man bisher bei den eingeborenen Bewohnern der beiden Amerika nicht beobachtet hatte. Wilson hatte im Jahr 1862 festgestellt, daß Haar aus Indianergräbern, die er anderswo untersucht hatte, »seine schwarze Farbe und grobe Textur, unverändert durch Zeit und Bestattung, beibehält«. Dagegen beschrieb Wilson einige Mumien aus den alten peruanischen Friedhöfen von Atacama mit braunem, weichem, welligem Haar und erklärte, daß diese »bedeutende Abweichungen in einem der beständigsten und universalsten Merkmale der modernen amerikanischen Rassen aufweisen«. Er spricht sogar von »wesentlicher Ungleichheit des Schädelbaus«.

Besonders überrascht war Wilson über den Inhalt eines Grabes an der Bucht von Chacota, unterhalb von Tiahuanaco an der Pazifikküste. Hier lagen die Mumien eines Mannes, einer Frau und eines Kindes – offensichtlich Personen von hohem Rang. Zu ihren Grabbeigaben gehörten einige vollkommen erhaltene leuchtend bunte Taschen, die Locken menschlichen Haares enthielten, vermutlich von Mitgliedern derselben Familie. Über die männliche Mumie sagt Wilson: »Das Haar hat wenig oder keine Veränderung erfahren und unterscheidet sich wesentlich von diesem besonders charakteristischen Merkmal des Indianers des nördlichen Kontinents. Es ist braun von Farbe und ebenso fein in der Textur wie das zarteste Haar eines Angelsachsen.« Wilson fährt fort: »Die Leiche der Frau aus dem gleichen Grab weist im allgemeinen die gleichen Merkmale auf. Das Haar ist kürzer und etwas gröber, doch fein, wenn man es mit dem der nördlichen Indianer vergleicht. Es ist von hellbrauner Farbe, glatt und ordentlich geflochten.« Die Kopfhaut des Kindes ist, wie Wilson schreibt, »dicht mit sehr feinem dunkelbraunem Haar bedeckt«. Überaus bemerkenswert ist Wilsons Beschreibung der verschiedenen Haarproben, die sich in den bunten Taschen fanden: »Das Haar ist insgesamt von feiner Textur, in verschiedenen Farbtönungen von schönem Hellbraun bis Schwarz und hat allem Anschein nach keine Veränderung durchgemacht.« Bei der Beschreibung des Haares einer Mumie, die aus einem in der Nähe liegenden anderen Grab stammt, erklärt Wilson: »Es ist nicht nur braun, sondern bemerkenswert fein, legt sich in kurzen Wellen und weist die Tendenz auf, sich zu locken.«

Wilson hat aufgrund dieser und ähnlicher Beobachtungen als einer der ersten Gelehrten vermutet, daß Peru in vorspanischen Zeiten eine Mischbevölkerung besaß. Er betont, daß die Eigenschaften der gut erhaltenen Mumien der peruanischen Küste die angenommene Einheitlichkeit des physischen Typs in voreuropäischen Zeiten auf der ganzen westlichen Hemisphäre widerlegten.[34]

Im Jahr 1925 entdeckten die berühmten Archäologen J. C. Tello und S. K. Lothrop zwei große Nekropolen auf der Halbinsel Paracas im südlichen Teil der Zentralküste Perus, wo Hunderte von sorgfältig eingehüllten Mumien bedeutender Persönlichkeiten in Bestattungshöhlen und Steingräbern aufbewahrt wurden, die mit Hilfe des Radiokarbonverfahrens in die Zeit um 300 v. Chr. datiert worden sind. Es ist interessant, daß man in der Nähe dieser menschlichen Überreste, aus der gleichen Periode stammend, ständig große Mengen von Hartholz-*guara* fand, die als eine Art Steckschwerter bei der Navigation segeltragender Flöße benutzt worden sind.

Sie bezeugen die ausgedehnten maritimen Aktivitäten in frühen Vorinkazeiten. Als man die bunten und erlesen gemusterten und gewebten Grabgewänder aus Baumwolle von den über 2000 Jahre alten Mumien in Paracas entfernte, entdeckte man, daß sich die physischen Merkmale der Leichen deutlich von denen aller bekannten südamerikanischen Indianer unterschieden. Als der Anthropologe T. D. Stewart im Jahr 1943 die Skelette dieser Mumien untersuchte, fand er zwischen den Paracas-Mumien und den Skeletten bekannter peruanischer Indianer erhebliche Unterschiede in der Körpergröße – die Paracas-Menschen waren merklich größer. Da man es früher für selbstverständlich gehalten hatte, daß die Vorinkamenschen gleicher ethnischer Abstammung seien wie die historisch bekannten Indianer Perus, kam Stewarts Entdeckung völlig überraschend. Und da Stewart keine anatomische Erklärung fand, meinte er: »Dies könnte eine ausgewählte Gruppe großer Männer sein und damit nicht typisch für die Gesamtbevölkerung.«[35] Abgesehen davon, daß Mumifizierung nach der physischen Statur nirgendwo bekannt ist, setzt diese Theorie voraus, daß Hunderte von großen Individuen als Kandidaten zur Verfügung standen. Aber mehr noch, die sorgfältige Bestattung und die gründliche Vorbereitung zur Mumifizierung dieser Leichen beweist, daß die Mumien keine einfachen Fischer oder Bauern, sondern Personen von hohem Rang waren.

Stewart stellte außerdem fest, daß sich die Schädelform der Paracas-Mumien von der der bekannten Indianer darin unterschied, daß das Gesicht ausgesprochen schmal war. Da er auch für diesen Unterschied keine anatomische Erklärung fand, äußerte er die Ansicht, daß der Gesichtsschädel als sekundäres Ergebnis der in Paracas geübten Praxis, den oberen Schädel künstlich zu deformieren, verändert worden sein könnte. Diese Erklärung leuchtet nicht recht ein, da die gleiche Deformation des Hirnschädels, die bei Kleinkindern sowohl in beiden Amerika als auch in der Alten Welt häufig praktiziert wurde, nicht zu einer Verschmälerung des Gesichts geführt hat.

Um keine falschen Schlüsse aus der Deformierung des Hirnschädels abzuleiten, verzichtete Stewart darauf, Hypothesen über den natürlichen Schädelindex der Paracas-Mumien aufzustellen, der, ebenso wie die Gesichtsform, von der Norm des rundköpfigen Indianers abwich. Doch ein Jahr nach Stewarts Untersuchungen in Paracas erklärte A. L. Kroeber, der über Vorinkaschädel aus einem Gebiet weiter nördlich an der gleichen Küste berichtete, daß die Mehrzahl der nichtdeformierten Schädel der frühen Chimúkultur lang seien.[36] Dieses frühe Kulturvolk, das die großen Pyramiden der Vorinkazeit erbaute, war also nicht mit seinen historischen Nachfolgern identisch, die sämtlich rundköpfig sind wie die Menschen Indonesiens. Überdies zeigen, nach einer besonderen Untersuchung von A. Chervin, Ausgrabungen in der wichtigsten Vorinkafundstätte Tiahuanaco, daß es in diesem Keimzentrum der alten südamerikanischen Zivilisation eine ausgesprochene Mischung von Schädeltypen gab: die Schädelindizes von Tiahuanaco reichen von 71,97 bis 93,79 – das heißt also von extremer Langschädligkeit bis zu ausgeprägtester Rundköpfigkeit.[37] Es lebten also vor der Inkazeit in den Hauptkulturzentren der pazifischen Gebirgshänge Südamerikas Menschen mit völlig verschiedenen Schädelformen nebeneinander.

Während Stewart die anomalen Skelettreste der rothaarigen Paracas-Mumien untersuchte, nahm M. Trotter gleichzeitig Haaranalysen an Kopfhautstücken von zehn dieser Mumien vor. Sie berichtete, daß die vorherrschende Farbe zwar »rotbraun« sei, daß die Proben in manchen Fällen jedoch »mit sehr hellen, goldblonden Haaren durchsetzt« seien. Ferner beobachtete sie, daß das Haar zweier Mumien »ganz entschieden wellig« sei.

Trotter wies darauf hin, daß der Grad der Welligkeit oder Lockigkeit des menschlichen Haares davon abhänge, wie stark elliptisch sein Querschnitt ist. Das glatte mongolide Haar der heutigen Indianer ist durchweg kreisrund im Querschnitt, während das des Europäers gewöhnlich elliptisch ist. Das Haar der Paracas-Mumien entsprach diesem Schema nicht: »Die Querschnittsform des Haares der verschiedenen Mumien weist so große Unterschiede auf, daß alle Gruppen von Haarformen vorhanden sind.«

Schließlich sind neben der Form und der Farbe des Haares die Ausmaße des Querschnitts ein weiterer Faktor für die Klassifizierung der Haartypen. Der Querschnitt des mongoliden und des indianischen Haares ist sehr groß, verglichen mit dem Haar der meisten Europäer. Trotter stellte fest, daß das Haar der Paracas-Mumien auch in dieser Hinsicht eine große Vielfalt zeigte: »Die Haardicke war weit geringer, als sie für andere Indianer festgestellt worden war ...« Trotz großer Unterschiede in der Behaarung konnte Trotter feststellen, daß der Durchschnitt aller Proben um 30 Prozent dünner war, als man erwartet hätte, wenn diese Mumien mit den indianischen Standardtypen übereinstimmten. Trotter war so überrascht von ihren Feststellungen, die in starkem Gegensatz zu der einmütig akzeptierten Ansicht der herrschenden Anthropologie standen, daß sie sich keinen anderen Rat wußte, als die von Stewart in seiner Analyse der Schädel und Röhrenknochen angewendete Methode zu benutzen: zu erklären, daß diese Mumien uns vielleicht gar nichts sagen, weil sie möglicherweise die mumifizierten Menschen falsch repräsentieren. Vielleicht sei das Haar grauhaariger Indianer im Grab gelb geworden und das von schwarzhaarigen Indianern zu Rot verblichen, während sich Form und Ausmaß des Querschnitts infolge von Dehydrierung verändert habe.[38]

In Beantwortung meiner Anfragen überprüfte Trotter im Jahr 1951 zusammen mit ihrem Mitarbeiter O. H. Higgins, früher in der Haar- und Faserabteilung des FBI, ihr gesamtes Beweismaterial. Sie gelangte nun zu dem Schluß, daß ihre Veröffentlichung von 1943 zwei Fehler enthalte: erstens, daß sie die einbalsamierten Personen von Paracas als »Indianer« bezeichnet habe, und zweitens, daß sie angedeutet habe, das Haar könne ausgeblichen sein. Das vorhandene Beweismaterial »würde nicht dagegen sprechen, daß die ursprüngliche Farbe rötlichbraun und die ursprüngliche Textur rein« gewesen sei.[39]

Es wären zu viele Zufälle auf einmal zusammengetroffen, wenn Auswahl bei der Bestattung, Schädeldeformation und Veränderungen nach der Beerdigung diese Mumien zu einem völlig anderen Typ gemacht hätten, als es der gewöhnliche Indianer ist; denn jede einzelne Abweichung von der Norm bedeutet eine Ähnlichkeit mehr mit den europäisch wirkenden Kulturbringern, die den ankommenden Spaniern von den Azteken und Inka so lebendig beschrieben wurden. Da mir völlig klargeworden war, daß die Wissenschaft niemals eine unmittelbarere Gelegenheit finden würde, etwas über das physische Aussehen der Gründer vorkolumbischer Hochkulturen zu erfahren als durch eine Untersuchung der Mumien dieser einzelnen Persönlichkeiten, konsultierte ich außerdem eine führende britische Autorität auf diesem Gebiet, den wegen seiner Untersuchungen ägyptischer und peruanischer Mumien bekannten W. R. Dawson. Er schrieb folgendes:

»Meiner Ansicht nach macht Haar nach dem Tod keine nennenswerte Veränderung durch. Das Haar eines Individuums mit welliger oder lockiger Struktur bleibt lockig oder wellig, und das einer glatthaarigen Person bleibt glatt. Bei Mumien und ausgetrockneten Leichen hat das Haar die Tendenz, mürbe und brüchig zu werden, doch das ist die natürliche Folge des Austrocknens der Talgdrüsen ... Ich halte es für sehr unwahrscheinlich, daß irgendeine Veränderung der Farbe bei einer Leiche stattfinden würde, die niemals dem Licht ausgesetzt gewesen ist ... Um zusammenzufassen, so deutet sämtliches Beweismaterial, das ich habe, darauf hin, daß sich die Natur des Haares nach dem Tode nicht ändert, außer daß es trocken und brüchig wird.«[40]

Rothaarige Mumien sind auch auf den Kanarischen Inseln gefunden worden, doch wurde dort die Haarfarbe nie in Frage gestellt, weil die europäischen Entdecker beobachtet hatten, daß viele der eingeborenen Guanchen hellhäutig waren und rötlichbraunes Haar hatten. Ägyptische Mumien sind so schwarzhaarig, wie es die frühägyptischen Menschen waren – mit der auffallenden Ausnahme der gut erhaltenen Mumie des Pharaos Ramses II., die blondes Haar aufweist. Aber wir wissen, daß dieser Pharao wirklich blond war, was man auf den zeitgenössischen polychromen Fresken der Tempelwände in Karnak nachprüfen kann, die ihn mit goldblondem Haar darstellen. Im Hinblick darauf scheint es unlogisch zu behaupten, daß die peruanischen Mumien, die analysiert worden sind, die ethnische Rasse, von der sie stammen, falsch repräsentierten. Wenn das nämlich so wäre, ist nichts aus der Entdeckung der Paracas-Mumien zu lernen, und keiner von denen, die wissen wollten, wie diese frühen Menschen aussahen, könnte etwas dadurch gewinnen, daß er ihre Überreste studiert.

Wenn wir dagegen annehmen, daß diese Mumien das sind, was sie zu sein scheinen – einbalsamierte Überreste von Individuen mit nichtmongoliden und deutlich europiden Zügen –, dann haben wir im Peru der Vorinkazeit das gefunden, was wir suchen: eine natürliche Herkunftsquelle des *uru-keu*-Typs auf den benachbarten Inseln Polynesiens und eine Erklärung für die blonden Vorfahren der Osterinsulaner, von denen sie sagen, sie seien aus einem Wüstenland im Osten gekommen, das sie den »Begräbnisplatz« nannten.

Wir brauchen nicht nach Europa oder Kleinasien zu gehen, um nach einer Herkunftsquelle des europiden Elements in Polynesien zu suchen. Es gibt reiches archäologisches Beweismaterial dafür, daß ein solcher Typ, Jahrhunderte, bevor die ersten Menschen nach Polynesien kamen, an der dieser Inselwelt am nächsten gelegenen Küste im Osten vertreten war. Konnte der Kanarenstrom Altweltmenschen in die Neue Welt gebracht haben, die sich dann den Weg durch das tropische Amerika bahnten und dabei ihre Mumien und Kulturelemente aus dem östlichen Mittelmeerraum auf ihrer Spur hinterlassen haben?

Man braucht sich nicht allzusehr in die Literatur über Peru zu vertiefen, ehe man entdeckt, daß die lokalen Berichte voll sind von Erzählungen über weiße, bärtige Wanderer, die zunächst aus einem nicht näher bezeichneten Gebiet erschienen und, lange bevor die Spanier eintrafen, in den Pazifik weiterreisten. Als Francisco Pizarro Peru entdeckte, zeichnete sein Vetter, der Chronist Pedro Pizarro, der ihn begleitete, für die Nachwelt auf, daß einige Mitglieder der einheimischen Herrenschicht »weißer als Spanier« seien und daß er unter den Indianern einige gesehen habe, die weißhäutig und blond waren. Pizarro fügte hinzu, daß letztere von den Inka als Nachkommen ihrer Götter, der Viracochas, betrachtet würden.[41] Und tatsächlich hatten Inkaboten, die in Stafetten liefen, kaum daß die Spanier an der Küste gelandet waren, dem Inkaherrscher die Nachricht überbracht, daß die Viracochas – oder »Seeschaum«-Menschen – zurückgekehrt seien, wie sie es nach der geheiligten Inkatradition versprochen hatten. Die Menschen von Peru hatten keine Bärte, aber sie besaßen ein Wort für Bart (*sonkhasapa*) und ebenso ein Wort für einen weißen Fremden (*virachocha*), das sie noch heute oft auf Europäer anwenden. Wegen ihrer weißen Haut und ihrer Bärte durften Pizarro und seine Männer unbelästigt durch die befestigten Gebirgstäler Perus marschieren und das größte Reich der Welt jener Zeit erobern, dessen riesiges Heer untätig blieb in ehrfürchtiger Verehrung vor diesen zurückkehrenden Viracochas, deren Vorfahren eine so bedeutende Rolle in der überlieferten Geschichte der Inka gespielt hatten.

Die falschen Viracochas unter Pizarro nutzten den Irrtum der Inka hinsichtlich ihrer Identität bis zum letzten aus. Sie erwürgten den Inkaherrscher ungestraft vor seinem eigenen Heer und drangen in den heiligen Tempel von Cuzco ein, wo sie realistische Statuen in Gold und Marmor vom Herrscher der echten Viracochas, Con-Tici Viracocha, fanden, den die Inka als göttliche Person verehrten. Die Spanier schmolzen das goldene

Bildwerk ein, zerschmetterten die marmorne Statue und hinterließen lediglich einen Bericht, in dem sie die Statue beschrieben als »in Haar, Hautfarbe und Gesichtszügen, aber auch dem Gewand und den Sandalen nach genauso, wie die Maler den Apostel Bartholomäus darstellen.«[42]

Die Konquistadoren setzten ihren Weg nach Süden entlang des Hochplateaus der Anden fort, plünderten und raubten von Cuzco bis zu dem riesigen Inkatempel in Cacha, der der Verehrung Viracochas geweiht war. Im Innern dieses architektonischen Meisterwerks fanden sie wiederum eine riesige steinerne Statue des göttlichen Priesterkönigs Con-Tici Viracocha, dargestellt als Mann von fürstlicher Haltung mit langem Bart. Ein Zeitgenosse, Inka Garcilaso, der über die Begegnung berichtete, schrieb: »Als die Spanier diesen Tempel und die Statue in der beschriebenen Form gesehen hatten, wollten sie daraus entnehmen, daß der heilige Bartholomäus bis nach Peru gereist sei, um den Heiden zu predigen, und daß die Indianer diese Statue zur Erinnerung an das Ereignis geschaffen hätten.«[43] Die Spanier waren übrigens von dieser bärtigen Statue und den Inkaberichten über diesen wandernden Fremden, der Peru irgendwann in ferner Vergangenheit mit seinem weißen, bärtigen Gefolge besucht hatte, so beeindruckt, daß die Statue und der Tempel viele Jahre lang der Zerstörung entgingen. Und die spanisch-indianischen Mestizen von Cuzco bildeten eine Bruderschaft und wählten diese Statue des »heiligen Bartholomäus« als ihren Patron. Schließlich erkannten die Spanier jedoch ihren Irrtum, und der riesige Tempel wurde zerstört. Der bärtigen Statue zerschlug man zunächst das Gesicht, später wurde sie dann weggetragen und zerbrochen.[44]

Als die Spanier durch das weite Inkareich vorrückten, stießen sie auf riesige megalithische Stätten aus Vorinkazeiten, die Jahrhunderte vor Kolumbus aufgegeben worden waren und nun in Trümmern lagen. Eines der großartigsten Beispiele megalithischer Architektur in der Neuen Welt fanden sie in Vinaque, zwischen Cuzco und dem Ozean. Der spanische Chronist Cieza de León berichtete 1553: »Wenn die Indianer gefragt wurden, wer diese uralten Denkmäler geschaffen habe, antworteten sie, daß es ein Volk getan habe, das bärtig und weiß wie wir selbst gewesen sei. Diese Menschen seien, wie sie sagten, lange Zeit vor der Herrschaft der Inka in dieses Gebiet gekommen und hätten sich hier angesiedelt.«[45] Wie fest diese überlieferten Erinnerungen verwurzelt waren, wird am besten durch die Tatsache veranschaulicht, daß der peruanische Archäologe Dr. L. Valcárcel, der 400 Jahre nach Cieza de León eintraf, um die Ruinen von Vinaque zu studieren, die gleiche Information erhielt: diese Bauten seien von einem fremden Volk, »weiß wie Europäer«, errichtet worden.[46]

Als die Spanier nach Süden, zum Titicacasee, weiterzogen, gelangten sie in den Mittelpunkt der früheren Tätigkeit Viracochas. Die im ganzen Inkareich überlieferten Geschichten stimmen darin überein, das Zentrum der Viracocha-Besiedlung auf die Insel Titicaca in dem See gleichen Namens und in die benachbarte Stadt Tiahuanaco mit ihrer riesigen Pyramide aus behauenen Steinen, den megalithischen Mauern und monolithischen Statuen zu verlegen. Cieza de León schreibt:

»Bevor die Inka das Land eroberten, waren, wie viele von den Indianern erklären, zwei große Herren im Collado [Bergsattel, Hochebene], der eine Sapana mit Namen und der andere Cari, die viele *pucaras* eroberten, welche ihre Festungen sind. Sie setzen hinzu, daß einer von diesen Häuptlingen auf die große Insel im Titicacasee vorrückte und dort eine weiße Bevölkerung vorfand, die Bärte trug; daß sie mit ihnen auf eine Weise kämpften, daß alle getötet wurden ...«

In seinem zweiten Teil kommt er auf dieses Thema zurück: »Sie berichten auch, was ich im ersten Teil geschrieben habe, daß es nämlich in vergangenen Zeiten auf der Insel Titicaca Leute mit Bart gab, weiß wie wir selbst; daß ihr Hauptmann, der Cari genannt wurde, vom Tal Coquimbo kommend, zu dem Ort gelangte, wo jetzt Coquimbo steht. Von dort fuhr er, nachdem er einige neue Siedlungen gegründet hatte, mit seinen Leuten zur Insel.«[47]

In einem besonderen Kapitel über die uralten Gebäude von Tiahuanaco, wie er sie nennt, hat Cieza de León folgendes zu sagen: »Ich fragte die Eingeborenen in Gegenwart von Juan de Vargas, ob diese Gebäude zur Zeit der Inka errichtet worden seien. Sie lachten über diese Frage und bestätigten, was bereits festgestellt worden war, daß sie lange vor deren Herrschaft geschaffen worden seien ... Aus diesem Grund und auch, weil sie sagen, sie hätten bärtige Männer auf der Insel Titicaca gesehen und das Gebäude von Vinaque sei von ähnlichen Männern errichtet worden, könnte daraus vielleicht abgeleitet werden, daß, bevor die Inka regierten, Menschen von Intelligenz in diesen Gebieten gelebt haben, die aus unbekannten Ländern gekommen sind und solche Dinge getan haben, und da sie gering an Zahl und die Eingeborenen viele waren, sind sie vielleicht alle in den Kriegen getötet worden.«[48]

Als A. F. Bandelier 350 Jahre später eintraf, um bei den Ruinen der Insel Titicaca Ausgrabungen vorzunehmen, war diese Fassung der Lokalgeschichte immer noch lebendig. Ihm erzählte man, daß die Insel in uralten Zeiten von Herren unbekannter Herkunft, den Europäern ähnlich, bewohnt gewesen sei. Sie hätten mit den eingeborenen Frauen der Gegend zusammengelebt, und ihre Kinder seien die Inka geworden, die »die Herren vertrieben und die Insel danach behielten«.[49]

Alle Chronisten, die die Konquistadoren begleiteten oder Peru unmittelbar nach der Eroberung besuchten, erwähnen in ihren Berichten die Viracochas aus der Vorinkazeit. Diese Berichte unterscheiden sich zwar in kleineren Einzelheiten, weil sie von Informanten aus weit voneinander entfernten Gebieten des riesigen Inkareichs gesammelt worden waren, stimmen jedoch in allen wesentlichen Punkten miteinander überein. Unter den Informanten der Spanier befanden sich auch hochgebildete Inka-Historiker, die ihre geschichtlichen Überlieferungen von Generation zu Generation weitergaben, wobei sie sich manchmal eines Systems geknoteter Schnüre – *quipu* – oder bemalter Bretter bedienten. Allen Berichten darüber, wie die Kultur Peru erreichte, ist das Eingeständnis gemeinsam, daß die Vorfahren der Inka mehr oder weniger als Wilde lebten, bis ein hellhäutiger, bärtiger Fremder mit seinem Gefolge in ihr Land kam, sie die zivilisierte Lebensweise lehrte und wieder ging.

Inka Garcilaso bringt folgenden überraschenden Bericht, in dem er seinen königlichen Inka-Onkel über die früheste Geschichte Perus befragt:

»Neffe, ich will dir deine Frage mit großem Vergnügen beantworten, und du sollst, was ich dir sage, in deinem Herzen bewahren ... Wisse denn, daß in uralten Zeiten diese ganze Region, die du siehst, von Wald und Dikkicht bedeckt war und daß die Menschen lebten wie wilde Tiere, ohne Religion oder Regierung, ohne Stadt oder Häuser, ohne das Land zu bestellen oder ihre Leiber zu bekleiden, denn sie verstanden weder Baumwolle noch Wolle zu weben, um Kleider zu machen. Sie lebten zu zweit oder dritt in Grotten oder Felsspalten oder in Höhlen unter der Erde. Sie aßen die Kräuter des Feldes und Wurzeln oder Früchte wie wilde Tiere und auch Menschenfleisch. Sie bedeckten ihre Leiber mit Blättern und der Rinde von Bäumen oder mit den Häuten von Tieren. Kurz, sie lebten wie Hirsche oder anderes Wild, und sogar in ihrem Verkehr mit Weibern waren sie wie Vieh, denn sie verstanden nicht, jeder für sich mit seinen Frauen zu leben.«[50]

Cieza de León, der über die Periode, »bevor die Inka in diesen Gebieten herrschten oder überhaupt bekannt waren«, schrieb, berichtet, daß die Periode der Barbarei mit der Erscheinung der Personifizierung der Sonne auf der Insel Titicaca endete: »Danach kam, wie sie erzählen, ein weißer Mann von hohem Wuchs aus südlicher Richtung nach Cuzco, der durch Aussehen und Persönlichkeit große Verehrung und Gehorsam weckte ... An vielen Orten gab er den Menschen Regeln, wie sie leben sollten, und er sprach liebevoll und mit großer Güte zu ihnen und ermahnte sie, gut zueinander zu sein und einander keinen Schaden und kein Unrecht zuzufügen, sondern sie sollten einander lieben und Nachsicht bezeigen. In den meisten Orten nennen sie ihn im allgemeinen *Ticiviracocha,* doch nennen sie ihn in der Provinz Collado *Tuapaka* und an andern Orten *Arunaua.* In vielen Gegenden bauten sie ihm Tempel, in die sie steinerne Blöcke als sein Ebenbild stellten ...«[51]

Der Chronist Betanzos, der an der Entdeckung Perus teilnahm, berichtete: »Als ich die Indianer fragte, welche Gestalt dieser Viracocha hatte, als ihre Vorfahren ihn gesehen hatten, sagten sie, daß er nach allem, was sie erfahren hätten, ein großer Mann in einem weißen Gewand gewesen sei, das ihm bis zu den Füßen reichte, und daß sein Gewand einen Gürtel hatte und daß er das Haar kurz mit einer Tonsur auf dem Kopf getragen habe, in der Art eines Priesters, und daß er feierlich gegangen sei und daß er in der Hand einen gewissen Gegenstand gehalten habe, der sie heute an ein Brevier zu erinnern scheint, das die Priester in den Händen tragen.«[52]

Doch darüber, woher Con-Tici Viracocha kam, gibt es keine klare Nachricht. Der Chronist Andagoya, der ebenfalls an der Eroberung teilnahm, schrieb: »Es gibt keinen Bericht darüber, woher er kam, außer daß Viracocha in der Sprache des Volkes ›Schaum des Meeres‹ bedeutet. Er war weiß und bärtig wie ein Spanier. Die Eingeborenen von Cuzco hielten seine große Furchtlosigkeit, als sie sie erkannten, für etwas Göttliches und nahmen ihn als ihren Häuptling auf ...«[53]

Der Chronist Zárate nennt den Titicacasee als möglichen Anfangspunkt für Viracocha und schreibt: »Manche meinen, er sei Inga Viracocha genannt worden, was ›Schaum oder Fett des Meeres‹ heißt, weil sie, da sie nicht wußten, wo das Land lag, aus dem er kam, glaubten, er sei aus dieser Lagune gebildet worden.«[54] Gómara berichtet: »Manche alten Indianer sagen auch, er sei Viracocha genannt worden, was ›Fett des Meeres‹ bedeutet, und er habe seine Leute über das Meer hergebracht.«[55]

Der Name Con-Tici Viracocha ist eine Zusammensetzung aus drei Namen für die gleiche weiße und bärtige Gottheit. In Vorinkazeiten war er an der Küste Perus als Con und im Hochland als Tici oder Ticci bekannt, doch als sich mit der Inkaherrschaft die Inkasprache – Quechua – über die ganze Nation ausdehnte, erkannten die Inka, daß sich die Namen Con und Ticci auf die gleiche Gottheit bezogen, die sie selbst Viracocha nannten. Sie faßten deshalb die drei Namen zur Befriedigung aller Völker ihres Reiches zusammen.

Legenden der Chimúindianer von der Nordküste Perus berichten die interessante Geschichte, daß diese Gottheit über das Meer an der Küste entlang aus dem fernen Norden gekommen sei. Während ihn die meisten Hochlandlegenden plötzlich als Personifizierung der Sonne am Titicacasee erscheinen lassen, sprechen weniger ehrfürchtige Legenden an der Küste unmittelbar unterhalb des Titicacasees von einem weißhäutigen, blonden Viracocha, der aus dem Norden gesegelt kam und kurze Zeit unter den Küstenindianern blieb, ehe er zum Titicacasee hinaufstieg, wo er eine Herrschaft durch Betrug errichtete, indem er seine blondhaarigen Kinder bei den Indianern als übernatürliche Nachkommen der Sonne vorstellte.

Der menschliche Aspekt Viracochas zeigt sich auch in einer Hochlandlegende, in der berichtet wird, daß Viracocha »sehr schlau und klug war und sagte, er sei ein Kind der Sonne«.[56] Alle Überlieferungen im Hochland stimmen darin überein, daß sein erster Wohnort auf der Insel Titicaca gewesen sei, ehe er sich mit einer Flotte von Binsenbooten zu einem Ort am Südufer des Sees aufmachte, wo er die megalithische Stadt Tiahuanaco errichtete. Er und seine weißen, bärtigen Begleiter wurden ausdrücklich als *mitime* bezeichnet, mit dem Inkawort für Kolonisten und Siedler. Sie führten kultivierte Feldfrüchte ein und lehrten die Indianer, wie sie diese auf bewässerten Terrassen anbauen sollten. Sie zeigten den Indianern, wie man steinerne Häuser errichtete und in organisierten Gemeinden mit Gesetz und Ordnung lebte. Sie führten Baumwollkleidung, Sonnenverehrung und Megalithbildhauerei ein. Sie erbauten Stufenpyramiden und errichteten monolithische Statuen, mit denen die Vorfahren eines jeden Stammes geehrt werden sollten, über den sie die Herrschaft beanspruchten.

Von Tiahuanaco aus sandte Viracocha der Legende nach seine weißen, bärtigen Boten in alle Teile Perus, damit sie die Menschen lehrten, daß er ihr Gott und Schöpfer sei. Doch am Ende war Viracocha, der Sonnenkönig von Tiahuanaco, das zum religiösen und kulturellen Zentrum des Vorinkareiches geworden war, unzufrieden mit dem schlechten Verhalten und der Feindseligkeit der Indianer dieses Gebietes und entschloß sich wegzugehen. Im ganzen riesigen Inkareich erinnerten sich die Indianer bis zur Ankunft der Spanier der Wege, die Viracocha und seine beiden obersten Jünger beim Abzug benutzten. Auf Viracochas Anweisung folgte der eine Jünger dem inneren Gebirgsrücken vom Titicacasee aus nach Norden und predigte auf seinem Weg, während der andere in gleicher Weise der flachen Küste folgte. Con-Tici Viracocha selbst nahm die mittlere Straße nach Norden über Cacha, wo ihm zu Ehren die dem heiligen Bartholomäus ähnliche Statue errichtet wurde, und Cuzco, dessen Megalithmauern er erbaut haben soll. Nachdem er die Indianer von Cuzco unterwiesen hatte, wie sie sich nach seiner Abreise verhalten sollten, stieg er zur pazifischen Küste hinab und traf mit seinen Anhängern in der Nähe des Hafens Manta in Ecuador zusammen, von wo aus die Sonnenanbeter westwärts in den Pazifik hinaussegelten. Sie liefen fast genau an dem Punkt aus, wo der Äquator den südamerikanischen Kontinent schneidet.

Wie wir sahen, berichten die Indianer der peruanischen Nordküste, daß der gesamtperuanische Kulturbringer nach Westen, das heißt nach Polynesien zu verschwand, während er ursprünglich von Norden gekommen war. Im Norden des Inkareiches, auf der Hochebene Kolumbiens, zeichneten sich die Chibcha, ein weiteres erstaunlich fortschrittliches Volk zur Zeit der Entdeckung durch die Europäer, durch ein hohes Maß an Zivilisation aus. Die überlieferte Geschichte der Chibcha schrieb ihre kulturellen Leistungen ebenso den Lehren eines fremden Wanderers zu, der von ihnen im allgemeinen als Bochica oder Xue bezeichnet wurde. Auch er lebte in der Erinnerung als weißer Mann fort, in lange wallende Gewänder gekleidet und mit einem bis zur Taille reichenden Bart. Er lehrte die wilden Chibcha, zu bauen, zu säen und in Dorfgemeinschaften mit organisierter Verwaltung und mit Gesetzen zu leben. Er herrschte viele Jahre, dann zog er davon, nachdem er einen Nachfolger ernannt hatte, den er ermahnte, gerecht zu regieren. Bochica war auch als Sua bekannt – Sua war das lokale Wort für Sonne –, und als die Spanier eintrafen, hielt man sie für seine Gesandten und nannte sie Sua oder Gagua, was ebenfalls Sonne bedeutet.

Nach der Überlieferung war Bochica oder Sua aus dem Osten gekommen. Ostwärts des Chibchagebiets, in Venezuela und den benachbarten

Territorien, begegnen wir abermals Erinnerungen an den wandernden Kulturheros. Er wird mit verschiedenen Namen genannt, etwa Tsuma oder Zume, und stets wird ihm zugeschrieben, daß er die Menschen in die Landwirtschaft und andere Segnungen eingeführt habe. Nach einer Legende pflegte er die Menschen um einen hohen Fels zu versammeln, auf dessen Spitze er über ihnen stand und seine Anweisungen und Gesetze gab. Er lebte eine gewisse Zeit mit den Menschen und verließ sie dann. In einigen Gebieten berichten die Legenden, er sei aus eigenem Antrieb davongezogen, in anderen, er sei von seinen verstockten und widerspenstigen Zuhörern, die seiner Ratschläge überdrüssig waren, vertrieben worden.

Unmittelbar nördlich von Kolumbien und Venezuela hatten die Cunaindianer aus Panama, die auf Holztafeln schrieben, eine Überlieferung, daß nach einer verheerenden Überschwemmung »eine große Persönlichkeit erschien, die ... die Menschen lehrte, wie sie sich verhalten, wie sie die Dinge nennen und benutzen sollten. Dem Mann folgte eine Zahl von Jüngern, die seine Lehre verbreiteten ...« [57]

Nördlich von Panama, in Mexiko, blühte zur Zeit der Ankunft der spanischen Eroberer eine weitere hochentwickelte Zivilisation, die der Azteken. Das riesige Militärreich der Azteken war – wie das der Inka – weit größer als Spanien oder irgendeine andere europäische Nation jener Zeit. Doch als Hernán Cortés im Jahr 1519 in Mexiko landete, marschierte seine kleine Truppe unbelästigt durch den Dschungel und zur Hauptstadt der Azteken im fernen Hochland hinauf, wo sie den mächtigen Herrscher und seine Nation mit der gleichen überraschenden Leichtigkeit unterwarfen wie Pizarro wenige Jahre später das Inkareich. Diese Ereignisse waren weder spanischer militärischer Überlegenheit noch indianischer Untüchtigkeit zuzuschreiben, sondern einfach der religiösen Verwirrung der Indianer im Hinblick auf die Natur dieser »zurückkehrenden« weißen und bärtigen Fremden. Überall von Anahuac im heutigen Texas bis zu den Grenzen von Yucatán sprachen die Azteken von einem weißen und bärtigen Quetzalcóatl so, wie die Inka von Viracocha sprachen. Und vom Augenblick ihrer Ankunft an der Küste Mexikos an wurden die weißen und bärtigen Spanier von den Azteken als die zurückkehrenden Leute Quetzalcóatls betrachtet.

In seiner *Carta segunda* von 1520 hat Cortés persönlich die Ansprache festgehalten, die der Aztekenherrscher Montezuma an ihn richtete, nachdem die Azteken die Spanier mit Blut eines Menschenopfers gesalbt hatten:

»Wir wissen seit langem aus den Schriften, die von unseren Vorfahren auf uns gekommen sind, daß weder ich noch irgend jemand, der dieses Land bewohnt, hier eingeboren ist, sondern wir sind Fremde, die aus fernen Ländern hierherkamen. Wir wissen auch, daß wir von einem Herrscher hierhergeführt wurden, dessen Untertanen wir alle waren, der in sein Land zurückkehrte und nach langer Zeit abermals hierherkam und seine Leute mit sich nehmen wollte. Doch sie hatten Frauen geheiratet und Häuser erbaut, und sie wollten weder mit ihm gehen noch ihn als ihren König anerkennen, deshalb kehrte er zurück. Wir haben stets erwartet, daß diejenigen, die von ihm abstammen, eines Tages kommen und dieses Land als das seine und uns als seine Vasallen beanspruchen würden. Nach der Richtung, aus der du kommst, die diejenige ist, wo die Sonne aufgeht, und nach dem, was du mir von diesem großen Herrscher erzählst, der dich gesandt hat, glauben wir fest und meinen, daß er unser angestammter Herrscher ist, besonders da du sagst, er wisse seit langer Zeit von uns. Deshalb darfst du überzeugt sein, daß wir dir gehorchen und dich als Statthalter dieses großen Herrn achten werden, und in dem ganzen Land, das ich beherrsche, kannst du alle Befehle geben, die du zu geben wünschst, und sie werden erfüllt werden, und alles, was wir besitzen, wird dir zu Diensten stehen. Und da du nun in deinem eigenen Erbe und Haus bist, mache es dir bequem und ruhe dich aus von der Mühsal der Reise und der Kriege, die du auf dem Weg geführt hast.«

In seiner Studie über amerikanische Eingeborenenreligionen erläutert Brinton: »So lautete die ungewöhnliche Ansprache, mit der der Spanier mit einer Handvoll Männer von dem mächtigsten Kriegsherrn des amerikanischen Kontinents empfangen wurde. Sie drückte völlige Unterwerfung ohne jeden Kampf aus. Doch sie war Ausdruck eines ganz allgemeinen Gefühls. Als die spanischen Schiffe zum ersten Mal an der mexikanischen Küste erschienen, küßten die Eingeborenen die Schiffsrümpfe und jubelten den weißen und bärtigen Fremden aus dem Osten als Göttern, Söhnen und Brüdern Quetzalcóatls zu, die aus ihrer himmlischen Heimat zurückgekehrt waren, um ihre Erde wieder in Besitz zu nehmen und die Tage des Paradieses zurückzubringen, eine Hoffnung, die die armen Indianer, wie Frater Mendieta trocken bemerkte, bald aufgaben, als sie die Taten der Besucher zu spüren bekamen.«

Ursprünglich scheint Quetzalcóatl – ebenso wie Viracocha – der erbliche Name oder vielmehr Titel einer hierarchischen Folge von Priesterkönigen gewesen zu sein, die einen höchsten Sonnengott gleichen Namens verehrten und von ihm abzustammen behaupteten. Erst im Lauf der Zeit wurden alle Quetzalcóatls, wie auch alle Viracochas, zu einer einzigen historischen Gottheit verschmolzen – sowohl Gott und Schöpfer als auch menschlicher Kulturheros und sterblicher Wohltäter.

Der Name Quetzalcóatl ist eine Zusammensetzung und wird häufig frei als Gefiederte Schlange übersetzt: *quetzal (Trogon spendens)* ist der Lieblingsvogel der Azteken und *cóatl* die Schlange und das heilige Symbol für Licht und Göttlichkeit, sowohl in Mexiko als auch in Peru. Quetzalcóatl war der höchste Gott der Azteken, wie Viracocha der der Inka. Brinton schreibt jedoch:

»Es war nicht Quetzalcóatl, der Gott, der geheimnisvolle Schöpfer der sichtbaren Welt, bei dem die Gedanken der aztekischen Rasse zu weilen liebten, sondern Quetzalcóatl, der Hohepriester in der ruhmreichen Stadt Tollan (Tula), der Lehrer der Künste, der weise Gesetzgeber, der ehrenhafte Fürst, der Baumeister und der barmherzige Richter.«

Er verbot das Opfer von Menschen und Tieren und lehrte, daß Brot, Blumen und Weihrauch alles sei, was die Götter forderten. Und er verbot Kriege, Schlägereien, Raub und andere Formen der Gewalt so dringlich, daß er nicht nur die herzliche Verehrung seines eigenen Volkes gewann, sondern auch die ferner Völker, die Wallfahrten zu seiner Hauptstadt unternahmen. Die Tatsache, daß sich die Azteken mit ihren Menschenopfern in den Pyramiden und Tempeln noch eines wohlwollenden, friedliebenden Kulturbringers erinnerten, dessen Lehren den biblischen Geboten so sehr glichen, machte auf die spanischen Mönche einen so großen Eindruck, daß sie Quetzalcóatl mit dem Apostel Thomas gleichsetzten – eine genaue Analogie zu der Verschmelzung Viracochas mit dem heiligen Bartholomäus. Brinton zeigt, daß die Gottheit Quetzalcóatl in ihrer irdischen männlichen Manifestation auch als *Tonaca tecutli,* das heißt Häuptling Tonaca, bekannt war. Das ist deshalb bemerkenswert, weil eine ähnliche Benennung – *Tonapa* – einer der Namen für die entsprechenden wandernden, weißen und bärtigen Viracochas in Peru ist. Fray Alonzo Ramos behauptet, Tonapa sei der legendäre Weiße gewesen, der auf der Insel Titicaca ermordet wurde, während der Chronist Pachacuti, ein Quechuaindianer, Tonapa mit dem wandernden Kulturheros identifiziert, der auch als Viracocha mit dem Suffix Ra, Pacha oder Ccan bezeichnet wird und von dem man behauptet, er sei am Fluß Chacamarca herabgestiegen, um in den Pazifik hinauszusegeln.

Das Wesentliche der Quetzalcóatl-Überlieferungen ist, daß er ein weißer Mann von großer Statur mit wallendem Bart war – der Bart war nach einigen Chronisten von rötlicher Farbe. Er trug ein fremdartiges Gewand, anders als die Kleidung der Indianer, die ihn aufnahmen. Der Historiker Veytia berichtet, daß er »in ein langes weißes Gewand gekleidet war, mit roten Kreuzen übersät, und einen Stab in der Hand trug«. Er wurde bei seinen Reisen von Baumeistern, Malern, Astronomen und Handwerkern begleitet. Er baute Straßen, zivilisierte die Menschen und wanderte so von Ort zu Ort, bis er am Ende verschwand. Nach manchen Überlieferungen starb er an der Küste des Golfs von Mexiko und wurde dort am Gestade von seinen Begleitern begraben, nachdem sie seine Leiche und all seine Schätze verbrannt hatten. Andere Überlieferungen behaupten jedoch, daß sich Quetzalcóatl und seine Begleitung auf einem magischen Floß von Schlangen einschifften und davonsegelten, nachdem sie feierlich versprochen hatten, zurückzukehren und das Land wieder in Besitz zu nehmen.

Die Nachbarn der Azteken in den tropischen Niederungen der Halbinsel Yucatán, die in den Golf von Mexiko hinausragt, waren die Maya. Juan de Grijalva, der ein Jahr, bevor Cortés am Golf von Mexiko landete, von Kuba aus zur Halbinsel Yucatán reiste, erlebte die gleiche erstaunlich respektvolle Aufnahme bei den sonst kriegerischen Indianern, wie sie Cortés und Pizarro gewährt wurde. Die große Mayazivilisation war bereits vor Ankunft der Spanier zusammengebrochen, doch die verstreuten Überreste des Volkes besaßen noch bis ins einzelne gehende Überlieferungen über die Ursprünge der Kultur, die unter ihren Vorfahren geblüht hatte. Sie sprachen von zwei verschiedenen Kulturheroen, Itzamná und Kukulcan – beide bärtig, allerdings kamen sie zu verschiedenen Zeiten und aus entgegengesetzter Richtung und führten die Vorfahren der Maya nach Yucatán.

Brinton sagt von den Nachkommen der Maya: »Sie behaupteten nicht, autochthon zu sein, erklärten vielmehr, daß ihre Vorfahren in zwei Gruppen aus fernen Regionen kamen. Die größte und älteste Einwanderungswelle kam von Osten, über oder, richtiger, durch den Ozean – denn die Götter hatten zwölf Pfade durch das Meer geöffnet –, und diese Welle wurde von dem mythischen Zivilisator Itzamná geführt. Die zweite Gruppe, geringer an Zahl und zeitlich später, kam aus dem Westen, und bei ihr befand sich Kukulcan. Die erste wurde die Große Ankunft, die spätere die Kleinere Ankunft genannt ... Diesen uralten Führer Itzamná bezeichnete die Nation als ihren Führer, Lehrer und Kulturbringer. Er war es, der allen Flüssen und Teilen des Landes Namen gab. Er war der erste Priester und lehrte sie die angemessenen Riten, mit denen sie den Göttern gefallen und ihren Groll besänftigen konnten. Er war der Oberste der Heiler und Wahrsager und hatte ihnen die geheimnisvollen Kräfte der Pflanzen enthüllt ... Itzamná war es, der die Zeichen erfand, mit denen die Maya ihre zahlreichen Bücher schrieben und die sie so überreich in den Stein und das Holz ihrer Gebäude eingruben. Er ersann auch ihren Kalender, der sogar noch vollkommener war als der der Mexikaner, wenn er diesem auch in gewissem Sinn ähnelte. So wurde Itzamná, den man als Herrscher, Priester und Lehrer betrachtete, dennoch offenbar als historische Persönlichkeit bezeichnet und wird auch von verschiedenen Historikern bis in die jüngste Zeit als solche dargestellt. Nach der Großen Ankunft kam die Kleinere: der zweite bedeutende Heldenmythos der Maya war der von Kukulcan. Dieser steht in keinerlei Zusammenhang mit dem von Itzamná, liegt vermutlich später und ist seinem Charakter nach weniger national ... Die Eingeborenen behaupteten, wie Las Casas sagt, daß in alten Zeiten 20 Männer in dieses Land kamen, deren Häuptling ›Cocolcan‹ genannt wurde ... Sie trugen wallende Gewänder und Sandalen an den Füßen, sie hatten lange Bärte und den Kopf unbedeckt, sie befahlen, daß die Menschen beichten und fasten sollten.«

Kukulcans erinnerte man sich als eines großen Architekten und Pyramidenerbauers, der die Stadt Mayapán gründete und veranlaßte, daß in Chichen Itzá mehrere bedeutende Gebäude errichtet wurden. Er lehrte die Menschen, auf den Gebrauch von Waffen zu verzichten – selbst bei der Jagd –, und unter seiner gütigen Herrschaft genoß das Volk Frieden, Gedeihen und reiche Ernten.

Allein schon der Gedanke, daß die grausamen, kriegerischen Maya eine solche friedliebende Lehre wie die Kukulcans, des eingewanderten Priesterkönigs, erfunden haben könnten, ist ebenso überraschend wie der Nachdruck, den die bartlosen Eingeborenen auf die wallenden Bärte, die helle Hautfarbe und die langen Gewänder dieses gebildeten Wanderers und seiner Begleiter legen. Dennoch stimmen seine humanitären Lehren und kulturellen Tätigkeiten völlig mit denen Quetzalcóatls überein. Überdies läßt die Maya-Überlieferung Kukulcan aus dem Westen, also aus Richtung Mexiko kommen – und die aztekische Tradition läßt Quetzalcóatl nach Osten, in Richtung Yucatán, verschwinden: die beiden könnten also tatsächlich dieselbe Person gewesen sein. Brinton weist darauf hin, daß eine der Maya-Chroniken mit einer deutlichen Bezugnahme auf Tula und Nonoal beginnt – Namen, die untrennbar mit der Quetzalcóatl-Überlieferung verbunden sind –, und er schließt daraus: »Vermutlich war Kukulcan ursprünglich eine Mayagottheit, einer ihrer Heldengötter, dessen Mythos so viele Übereinstimmungen mit dem Quetzalcóatls aufwies, daß die Priester beider Nationen ihn schließlich für ein und denselben hielten.« Und tatsächlich ist das Wort *Kukulcan* einfach eine Übersetzung von *Quetzalcóatl. Kukul* ist das Mayawort für den Quetzal-Vogel, und *can* ist eine Schlange.

Schließlich verließ, wie in Mexiko und Peru, der weiße, bärtige Priesterkönig auch Yucatán. Brinton berichtet: »Er versammelte die Häuptlinge und legte ihnen seine Gesetze aus. Unter ihnen erwählte er als seinen Nachfolger ein Mitglied der alten, reichen Familie der Cocom. Als er seine Anordnungen getroffen hatte, soll er, wie einige sagen, nach Westen gewandert sein, nach Mexiko oder an einen anderen Ort zum Sonnenuntergang hin.«

Ein Wanderer, der von Yucatán nach Westen reiste, mußte notwendigerweise das Wohngebiet der Tzendal in den Urwäldern von Tabasco und Chiapas in Mexiko betreten. Die Legende, die um deren Kulturheros Votan kreist, der aus der Richtung Yucatán kam, war zuerst in der Tzendalsprache aufgezeichnet worden, wie sie ein eingeborener Tzendal diktiert hatte. Über dieses Manuskript sagt Brinton:

»Nur wenige unserer Heldenmythen haben Anlaß für wildere Spekulationen gegeben als der Mythos von Votan ... In irgendeiner unbestimmt fernen Epoche kam Votan aus dem fernen Osten. Er war von Gott gesandt worden, um die Erde aufzuteilen und sie den verschiedenen Menschenrassen zuzuweisen, die darauf wohnen, und jeder ihre eigene Sprache zu geben. Das Land, woher er kam, wurde unbestimmt *ualum uotan* genannt, das Land Votans. Seine Botschaft galt besonders den Tzendal. Vor seiner Ankunft waren sie unwissend, barbarisch und ohne feste Wohnstätten. Er sammelte sie in Dörfern, lehrte sie, Mais und Baumwolle anzubauen und erfand die hieroglyphischen Zeichen, die sie in die Wände ihrer Tempel einzumeißeln lernten. Es wird sogar gesagt, daß er darin seine eigene Geschichte niederschrieb. Er gab ihnen die weltlichen Gesetze, nach denen sie regiert wurden, und lehrte sie die angemessenen Zeremonien für den Gottesdienst ... Besonders erinnerten sie sich seiner als des Erfinders ihres Kalenders.«

Man gedachte seiner auch als Städtebauer, und es hieß, er sei der Gründer Palenques mit seinen großen steinernen Pyramiden, von denen zwei Grabkammern enthielten wie die im alten Ägypten. Der Tzendaltext fährt fort:

»Votan brachte nach der einen Erklärung aus seinem Geburtsland einige Begleiter oder Untergebene mit – nach einer anderen Lesart folgten sie ihm. In dem Mythos werden sie nach den langen wallenden Gewändern, die sie trugen, *tzequil,* berockt, genannt. Diese halfen ihm bei der Zivilisationsarbeit ... Als schließlich die Zeit für seine endgültige Abreise kam, ging er nicht, wie es alle Sterblichen müssen, durch das Tal des Todes, sondern drang durch eine Höhle in die Unterwelt ein und fand seinen Weg bis zur ›Wurzel des Himmels‹.«

Mit dieser Erwähnung seines Abstieges in die Unterwelt beschließen die Leute von Chiapas ihren Bericht über ihn. Doch wir brauchen von der Hochebene Chiapas nicht weiter in die Unterwelt hinabzusteigen als bis zur Flachlandküste der Zoque, bis Votan wieder erscheint, diesmal unter dem Namen Condoy. Brinton sagt:

»Die Zoque, über deren Mythologie wir leider wenig oder nichts wissen, waren Nachbarn der Tzendal und standen in dauerndem Verkehr mit ihnen. Wir kennen nur schwache Spuren der frühen Mythologie dieser Stämme, aber sie haben einige Legenden bewahrt, die zeigen, daß auch sie den unter ihren Nachbarn so verbreiteten Glauben an einen wohlwollenden Kulturgott teilten. Dieser Mythos bezieht sich auf ihren Urvater, der auch ihr höchster Gott war und aus einer Höhle in einem hohen Berg ihres Landes kam, um sie zu regieren und anzuleiten ... Sie glaubten nicht, daß er gestorben sei, sondern daß er nach einer gewissen Zeit mit seinen Dienern und Gefangenen, alle mit hellem, leuchtendem Gold beladen, in die Höhle zurückkehrte und ihre Öffnung verschloß, nicht, um dort zu bleiben, sondern, um in einem anderen Teil der Welt wiederaufzutauchen und anderen Völkern ähnliche Gunst zu erweisen. Der Name oder einer der Namen dieses Wohltäters lautete Condoy ...«

Südlich der Maya, Tzendal und Zoque lebten die Quiché von Guatemala, deren Kultur eine fundamentale Verwandtschaft mit der der Maya aufweist. Ihre Überlieferungen sind der Nachwelt durch eine Bearbeitung ihres frühen Nationalepos *Popul Vuh* erhalten. Aus dieser Eingeborenenquelle erfahren wir, daß die Einwohner wohlbekannt mit dem »Wanderer« waren, der mehr als einmal durch ihr Gebiet gekommen zu sein scheint. In Guatemala unter verschiedenen Namen bekannt, von denen einer Gucumatz lautete, erzog und zivilisierte er die Wilden und lehrte sie, eine eigene Kultur zu entwickeln. Brinton schließt: »Doch wie Viracocha, Quetzalcóatl und andere dieser großen Männer wurde auch er, wie es heißt, mit wenig Höflichkeit behandelt, und voller Zorn über ihre Undankbarkeit verließ er sie für immer, um sich ein edleres Volk zu suchen.«[58]

Die Spanier begegneten den gleichen Überlieferungen von weißen und bärtigen Kulturbringern überall in beiden Amerika, vom mexikanischen Hochland südwärts bis zu den Hochebenen Perus und Boliviens – also genau dort, wo sie gewaltige Ruinen untergegangener Zivilisationen fanden. Doch wird es vielen modernen Kommentatoren, die an Eisenbahn-, Auto- und Flugreisen gewöhnt sind, schwer, sich vorzustellen, daß irgendein »Wanderer« in vorkolumbischer Zeit solch riesige Gebiete durchquert haben könnte. Sie vergessen dabei, daß die mittelalterlichen Spanier ebenfalls keine Eisenbahnen, Autos und Flugzeuge hatten. Doch nur innerhalb von zwei Jahrzehnten nach der Landung in Mexiko hatten die verhältnismäßig wenigen Spanier nahezu das gesamte Gebiet der Neuen Welt vom Atlantik bis zum Pazifik, von Kansas bis Argentinien erforscht. Während der gleichen wenigen Jahre wurden Caboza de Vaca und drei Gefährten in der Brandung vor der Küste Floridas schiffbrüchig und wanderten acht Jahre lang, von 1528 bis 1536, unbewaffnet, barfuß und fast nackt, durch Sümpfe, Wüsten und über Gebirge, die noch auf keiner Landkarte zu finden waren, von einem Indianerstamm zum nächsten, quer über den Kontinent bis zum Golf von Kalifornien, wo sie schließlich die neu gegründeten spanischen Siedlungen erreichten. Ehe diese beiden Jahrzehnte vorüber waren, hatte Orellana, der von Spanien herübergesegelt war, den Isthmus von Panama überquert und die Anden von der pazifischen Seite aus erstiegen. Von dort gelangte er abwärts zu den Quellen des Amazonas und folgte dem Strom quer durch den Kontinent bis zu seiner Mündung, bevor er nach Spanien zurückkehrte. Anzunehmen, daß ein paar Spanier in zwei Jahrzehnten so weit über Gebirge und durch Urwälder wandern konnten, und trotzdem zu glauben, daß die Begründer der vorkolumbischen Reiche sie in zwei Jahrhunderten oder auch zwei Jahrtausenden nicht hätten überwinden können, heißt ihre Fähigkeiten weit unterschätzen und die These von der Gleichartigkeit des menschlichen Verhaltens leugnen.

Immer wieder sind verzweifelte Versuche unternommen worden, eine Erklärung für die scheinbar paradoxe Anwesenheit weißhäutiger, bärtiger Männer mit langen Gewändern in den Überlieferungen und Legenden aller braunhäutigen, bartlosen Indianer zwischen Mexiko und Peru zu finden, von denen kein einziger so gekleidet war. Brinton und andere stellten die Theorie auf, daß die wallenden Bärte und Gewänder, von denen in den indianischen Überlieferungen gesprochen wird, allegorische Bezugnahmen auf die Strahlen des Sonnengottes unter Sonnenanbetern seien. Andere äußerten, diese Überlieferungen seien vielleicht gar nicht vorkolumbisch, sondern erst durch die Ankunft der Spanier inspiriert worden.

Beide Theorien spiegeln deutlich wider, wie sehr die Europäer den Intellekt und das historische Bewußtsein des Volkes unterschätzen, das hinter der fortgeschrittenen Zivilisation auf der anderen Seite des Atlantik stand, und wie unbegründet unsere Ansicht ist, daß kein Mensch, der so ähnlich aussah wie wir, vor uns nach Amerika gekommen sein könnte. Es genügt, daran zu erinnern, daß die Geschichten über frühere Besucher, die den Spaniern ähnelten, nicht nur den Spaniern selbst bei ihrer Ankunft mündlich vorgetragen wurden, sondern daß sie bereits in der aufgezeichneten Geschichte der Neuen Welt niedergeschrieben waren, wie der Aztekenkaiser in seiner Begrüßungsansprache für Cortés betonte. Mit den Fortschritten der modernen Archäologie sind die Behauptungen der historischen Indianer bestätigt worden, da man höchst realistische Skulpturen und farbige Abbildungen in Gräbern und uralten Tempeln gefunden hat, von denen manche nicht nur vor der Ankunft der Spanier, sondern in sehr vielen Fällen sogar schon vor den Kulturen der Azteken und Inka, denen die Spanier begegneten, entstanden sind. Sie wurden tatsächlich sehr lebendig in der realistischen Kunst der Olmeken, der Mochica und der anderen frühen Völker abgebildet, die die verschiedenen Zivilisationen von Mexiko bis Peru begründet hatten. Diese frühe Dokumentation zu ignorieren, die die mündliche und schriftliche Geschichte der Menschen, die die Spanier empfingen, bestätigt, ist ebenso unberechtigt wie die Versuche, zu behaupten, die Mumien aus der Vorinkazeit seien nur deshalb so groß, weil man die zu Bestattenden ausgewählt habe; sie hätten nur deshalb eine europide Schädelform, weil man ihnen die Köpfe in der Kindheit deformiert habe, und ihr Haar weise nur deshalb rötliche und blonde Farbe und den gleichen Querschnitt wie europäisches Haar auf, weil es sich nach dem Tod verändert habe.

Die vorkolumbische Kunst stützt die Erinnerung der Indianer in postkolumbischer Zeit und ebenso das Aussehen der Mumien. Wir sahen, daß die Spanier, als sie in die Haupttempel der Inka in Peru eindrangen, goldene und steinerne Statuen des traditionellen Kulturbringers Viracocha fanden, der mit seinem Bart, dem Gewand und den Sandalen im Stil des östlichen Mittelmeerraums eine verwirrende Ähnlichkeit mit den Darstellungen eines ihrer eigenen Apostel aufwies.

Die meisten der zahllosen Statuen, die die Spanier unter den Ruinen von Tiahuanaco fanden und die, wie es hieß, die Ahnherren der verschiedenen Stämme im Bereich des Con-Tici Viracocha darstellten, wurden von den katholischen Konquistadoren als heidnische Überbleibsel zerstört. Doch einige wurden von den Indianern versteckt und entgingen so der Vernichtung. Als der amerikanische Archäologe W. C. Bennett im Jahr 1932 Ausgrabungen in Tiahuanaco vornahm, stieß er auf eine vollständige rote Steinstatue, die Con-Tici Viracocha mit Bart und langem, gegürtetem Gewand darstellte. Das wallende Kleid war mit einer gehörnten Schlange und zwei Pumas dekoriert, Symbolen der höchsten Gottheit sowohl Mexikos als auch Perus. Bennett zeigt, daß diese Statue nahezu identisch mit einer anderen ist, die am Ufer des Titicacasees gefunden wurde, gerade auf der Halbinsel, die der Insel Titicaca am nächsten liegt und auf der Viracocha landete, als er seine Zufluchtstätte auf der Insel verließ und sich auf den Weg nach Tiahuanaco machte.[59] Andere Statuen, die einen bärtigen Mann zeigen und ebenfalls aus der Vorinkazeit stammen, sind an verschiedenen archäologischen Fundplätzen rund um den Titicacasee entdeckt worden.[60] Stein, der für Bildhauerarbeiten geeignet war, fehlte an der pazifischen Wüstenküste Perus fast völlig, dafür gab es dort in der Chimú- und der Nazcakultur Abbildungen des frühen Kulturheros, in Keramik geformt oder auf Keramik gemalt, wobei er stets mit Schnurr- und Kinnbart dargestellt wurde. Diese Darstellungen Viracochas, der dort ursprünglich als Con bekannt war, sind an der Nordküste Perus besonders häufig, wo die Legende berichtet, daß der von Norden kommende bärtige Gott in das Gebiet einzog, das später von den Inka beherrscht wurde. Diese Keramikgefäße stammen von den frühen Chimú oder den Mochica, den ersten Begründern der dortigen Zivilisation und den Erbauern der schönsten Pyramiden Perus. Sie alle bilden einen Menschen ab, der einen ganz und gar unamerikanischen Turban und ein fußlanges Gewand trägt, dazu einen überaus realistischen Schnurrbart und einen langen, spitzen Kinnbart, der bis auf die Brust reicht.

Keramikköpfe und -figürchen, die die gleiche bärtige Persönlichkeit darstellen, sind an der peruanischen Küste und nördlich davon in Ecuador und Kolumbien häufig und erscheinen sporadisch auch noch weiter im Norden auf der ganzen Landenge von Panama bis hinauf nach Mexiko. Höchst realistische Abbildungen des bärtigen und häufig fast arabisch-semitischen Typs treten tatsächlich sehr oft quer durch ganz Mexiko von Guerrero bis hinein nach Yucatán, von der mexikanischen Hochebene und den nördlichen Dschungeln von Vera Cruz bis Chiapas und von dort bis nach Guatemala und El Salvador hinein auf. Der Heros ist in freistehenden Statuen nachgebildet, in Reliefs auf flachen steinernen Stelen ausgemeißelt, in Ton geformt, in Gold geprägt, auf keramische Gefäße und verputzte Wände gemalt und in den Bilderschriften der vorkolumbischen Faltbücher dargestellt. Sein Bart kann lang oder kurz, schwarz oder braun, gestutzt oder natürlich, spitz, rund, sogar zweigeteilt oder gelockt sein, wie man es gewöhnlich in der Kunst des alten Mesopotamien sieht. In einigen Fällen trugen die Mayapriester und andere bedeutende Persönlichkeiten, denen selbst kein Bart wuchs, falsche Bärte, um sich den göttlichen Gründern ihrer Religion anzugleichen.

Die moderne Archäologie ist, wie wir sahen, zu dem Schluß gekommen, daß eine der ältesten Zivilisationen in Mexiko, die alle folgenden anregte und entstehen ließ, von den tropischen Dschungelniederungen an der mexikanischen Golfküste ausgegangen ist, also genau die Gegend, in deren Richtung die starke Strömung der anderen Atlantikseite verläuft und wo übrigens auch die Spanier unter Cortés landeten. Hier an der Küste, in einem überaus ungünstigen Klima, hat die Archäologie enthüllt, daß die amerikanische Zivilisation jäh mit dem plötzlichen Auftreten eines unbekannten Volkes begann, dem die moderne Wissenschaft lediglich einen Namen zugewiesen hat: Olmeken.

Da es den Olmeken an geeignetem Stein im tiefen Humus ihres Lebensbereiches fehlte, holten sie Steine, die bis zu 25 Tonnen wogen, und schleppten sie über 80 Kilometer durch Sümpfe und Urwälder zu ihren Tempelstätten. Mit unübertroffener Fertigkeit meißelten sie menschliche Köpfe und ganze Figuren aus – als Rundplastik oder als Relief –, und sie taten es so vollkommen, daß wir uns heute sehr genaue Vorstellungen von ihrem Aussehen machen können.

Nach ihrer Kunst zu urteilen, gehörten den Olmeken zwei verschiedene ethnologische Typen an: der eine hatte bemerkenswert negride Züge, mit dicken Lippen, flacher, breiter Nase und einem runden Gesicht, das einen naiven, unkultivierten und ziemlich mürrischen Ausdruck zeigt. Dieser Typ wird unter Archäologen häufig als »baby face« bezeichnet. Der andere Typ ist äußerlich völlig verschieden und hat bisweilen einen fast semitischen Einschlag mit schmalem Gesicht, scharfem Profil, starker Hakennase, dünnen Lippen und einem deutlichen Bart. Dieser reicht vom kleinen Spitz- bis zum Vollbart und nimmt manchmal eine Form an, die die Archäologen veranlaßte, diesen Olmekentyp scherzhaft »Uncle Sam« zu nennen.

Keiner dieser beiden gegensätzlichen Typen – weder der negride noch der semitische – weist auch nur die geringste Ähnlichkeit mit irgendeiner ethnischen Gruppe auf, die, wie bekannt ist, über die Beringstraße gekommen ist. Beide repräsentieren dagegen in hohem Maß rassische Typen, die für die voreuropäischen Hochkulturen im afrikanisch-asiatischen Teil des Mittelmeerraums charakteristisch sind. Ihr Aussehen auf Selbstporträts, geformt von den Begründern der Zivilisation in der Neuen Welt und von ihnen in den tropischen Wäldern an der Küste genau dort zurückgelassen, wo das Transportband der Natur in die See Nordafrikas führt, hat die Phantasie des Diffusionisten und des begeisterten Laien beflügelt, wurde von den Isolationisten jedoch niemals kommentiert. Wie schon die frühen spanischen Mönche sind auch in unserer modernen Zeit religiöse Sekten zu dem übereilten Schluß gekommen, daß Gestalten aus der Bibel oder dem Buch Mormon – gar nicht zu reden von dem ganzen Verlorenen Stamm Israels – den Golf von Mexiko erreicht hätten. Solche Behauptungen haben die Sache der Diffusionisten gewiß nicht gefördert. Viele ernsthafte Gelehrte zogen es vor, sich dem offenbar weniger unbedachten Lager der Isolationisten anzuschließen. Aber ist es denn wirklich weniger unbedacht, die Augen zu schließen und so problematisches Beweismaterial wie die Porträts der Olmeken und die grundlegenden Ansprüche aller zivilisierten Nationen im ursprünglichen Amerika zu ignorieren? Ist es nicht unbesonnen, die offensichtliche Möglichkeit zu verkennen, daß der zivilisierte Mensch schon vor 1492 hätte das tun können, was die europäischen Erben seiner Zivilisation Tausende von Malen in den darauf folgenden Jahrzehnten ta-

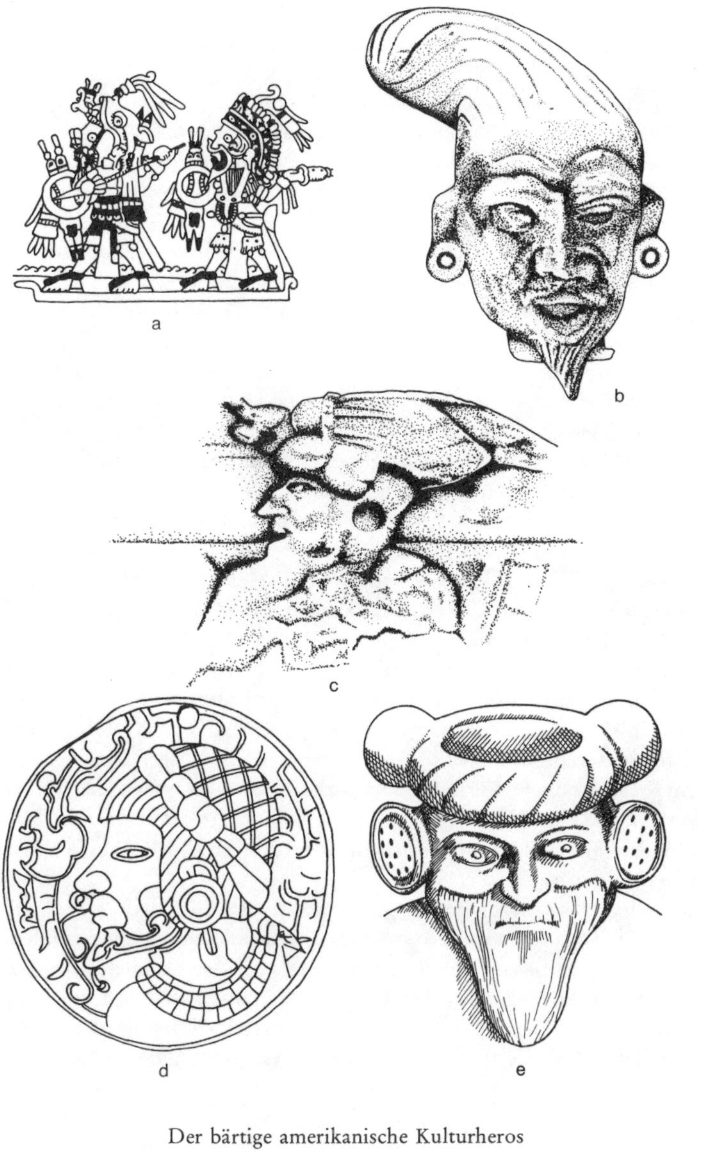


Der bärtige amerikanische Kulturheros

(a) bärtige Floßreisende aus dem aztekischen Kodex Nutall
(b) olmekischer Tonkopf aus Tres Zapotes am Golf von Mexiko
(c) der »Onkel-Sam-Typ« auf olmekischem Steinrelief aus La Venta am Golf von Mexiko
(d) olmekisches Relief auf Steinspiegel aus Vera Cruz am Golf von Mexiko
(e) typisches Keramikporträt des bärtigen Mochica-Kulturbringers aus der Vorinkazeit, nach Montell 1929

ten? Kann irgendein vernünftiger Gelehrter die Tatsache verleugnen, daß hochzivilisierte Kolonisatoren aus dem afrikanisch-asiatischen Teil des Mittelmeerraums in demselben Atlantikwasser segelten, das an die Küsten des Golfs von Mexiko schlägt, als die Olmeken die amerikanische Zivilisation begründeten? Wie heute, so wurde auch in den Tagen dieser frühen Sonnenverehrer die marokkanische Sonne in wenigen Stunden die mexikanische und das marokkanische Seewasser in einigen Wochen mexikanisches.

Daß der Ozean für die am höchsten entwickelten Inlandzivilisationen Mexikos ebenfalls etwas ganz Besonderes bedeutete, läßt sich daraus ersehen, daß die Hochlandazteken gemeinsam mit den Maya aus der Niederung den Bericht überlieferten, daß die Gründer ihrer Kultur über den Atlantik gekommen seien. Tatsächlich erinnert mitten im Herzen Mexikos, in der bedeutenden Kultstätte Teotihuacan, etwa 2250 Meter über Seehöhe, die Pyramide des Quetzalcóatl an diesen Kulturbringer. Sie zeigt ihn, wie er symbolisch als gefiederte Schlange unter Hunderten von großen Tritonshörnern und anderen Muscheln schwimmt. Diese Seewesen, im Hochrelief ausgehauen und mit realistischen Farben bemalt, bedecken alle Seiten der Pyramide von der Basis an. Kürzlich wurde ein bedeutender Bergtempel in Cacaxtla, etwa 140 Kilometer von der Stadt Mexiko entfernt, entdeckt und ausgegraben. Die verputzten Wände waren mit großen polychromen Fresken bedeckt, die auf überraschende Weise an Mayakunst erinnerten. Eine der wichtigsten Abbildungen war eine fast lebensgroße Person, offensichtlich eine Gottheit, mit dunkler Haut und schwarzem Haar. Die Gestalt hielt ein riesiges Tritonshorn unter dem Arm. Aus der Öffnung der Muschel tauchen Oberkörper und Arme eines weißhäutigen Mannes mit langem rötlichbraunem Haar auf. Der rothaarige Mann entsteigt der Muschel, als werde er vom Meer geboren. Das Fresko hatte offensichtlich den vorkolumbischen Anbetenden hoch oben im Innern Mexikos eine Botschaft zu verkünden.

In einer der bedeutendsten Mayapyramiden, in Chichen Itzá auf der Halbinsel Yucatán, wurde vor mehreren Jahren ein Eingang gefunden, der zu inneren Kammern mit Wänden und rechteckigen Säulen führte, die verputzt und mit farbigen Fresken bemalt waren und auffallend an königliche Gräber im östlichen Mittelmeerraum erinnerten. Diese bunten Gemälde, die von den Archäologen E. H. Morris, J. Charlot und A. A. Morris in allen Einzelheiten kopiert wurden, sind später von der Feuchtigkeit und von Touristen zerstört worden. Unter den wichtigsten Motiven dieser Fresken befand sich eine Schlacht an der Küste, an der zwei rassisch verschiedene Gruppen beteiligt waren. Der eine Typ, als weißhäutig, mit langem, flatterndem, goldblondem Haar dargestellt, wird gezeigt, wie er in Schiffen über den Ozean kommt, der durch blaue Wellen und durch Krabben, Rochen und andere Meeresgeschöpfe symbolisiert wird. Die weißen Seeleute sind entweder nackt und beschnitten oder in Tuniken gekleidet dargestellt.

Einer von ihnen trägt deutlich einen Bart. Morris, Charlot und Morris erklären vorsichtig, daß das ungewöhnliche Aussehen der goldblonden Seeleute »Anlaß zu vielen interessanten Überlegungen über ihre Identität gibt«.[61] Der andere ethnische Typ ist dagegen als dunkelhäutig mit Federkopfschmuck und Lendentuch abgebildet. Diese dunkelhäutigen Menschen werden gezeigt, wie sie gegen die hellhäutigen kämpfen, von denen mehrere gebunden als Gefangene abgeführt werden. In einem anderen Bildteil wird einer dieser weißen Gefangenen, dem das lange goldblonde Haar bis zu den Hüften reicht, von zwei schwarzen Männern geopfert, während ein anderer, dessen Fahrzeug gekentert ist, sich durch Schwimmen zu retten sucht, von einem Raubfisch verfolgt; sein überaus langes goldenes Haar schwimmt auf den Wellen. In einem anderen Abschnitt dieser Wandgemälde wandert ein weißer Seemann friedlich davon, ein gerolltes Bündel und andere Habe auf dem Rücken, während sein leeres Boot am Strand gezeigt wird, gelb von Farbe und mit stark hochgezogenem Bug und Heck, was lebhaft an ein Binsenboot vom Titicacasee erinnert.

Von Binsenbooten in nachkolumbischer Zeit wird in acht verschiedenen mexikanischen Staaten berichtet, nicht jedoch vom heutigen Yucatán. Das in der Mayapyramide abgebildete Fahrzeug erinnert auch an die Binsenboote, die bis in moderne Zeiten in Lixus an der atlantischen Küste Marokkos, wo der Meeresstrom beginnt, der zur mexikanischen Küste führt, verwendet wurden. Ähnliche Wandgemälde in alten ägyptischen Grabkammern zeigen mondsichelförmige Papyrusboote, die bisweilen in Kämpfe auf dem Nil verwickelt sind. Ein Relief im alten Ninive zeigt wiederum Binsenboote in einer Seeschlacht; bärtige Männer mit langem Haar schwimmen um ihr Leben in einem Meer, das, wie auf dem Fresko in Chichen Itzá, durch große Krabben und Seegeschöpfe symbolisiert ist. Auf dem Relief in Ninive werden einige der Binsenboote auf der Flucht übers Meer gezeigt, überfüllt mit Männern und Frauen, die ihre Arme im Gebet zur Sonne erheben.

Kampf und Flucht haben möglicherweise ebenso viele Seefahrer in die Gewalt unbekannter Meere und Strömungen getrieben wie Nebel oder Stürme vor der Küste. Was den fliehenden Sonnenanbetern auf dem Relief in Ninive geschah, das geschah zahllosen anderen Seefahrern in Kleinasien und Afrika von Beginn der Zivilisation an. Grundlegende Ähnlichkeiten der menschlichen Natur führen dazu, daß sich die Geschichte wiederholt. Wir werden also nie erfahren, ob es Kriege, zufälliges Abtreiben oder geplante Forschungsexpeditionen waren, die große, blonde und bärtige Männer über das offene Meer von Afrika bis zu den Kanaren brachten, lange bevor Europäer dort erschienen. Wir wissen aus schriftlichen Berichten über die Entdeckung der Kanarischen Inseln wenige Generationen vor Kolumbus, daß diese fernen Atlantikinseln von einer ethnisch gemischten, Guanchen genannten Bevölkerung bewohnt wurde. Einige dieser ursprünglichen Kanarenbewohner waren klein, dunkelhäutig und negrid, während andere groß, weißhäutig und blond waren. Ein frühes Aquarell Torrianis aus dem Jahr 1590, das sechs eingeborene Guanchen zeigt, stellt diese mit äußerst weißer Haut und goldblondem Haar und Bart dar. Die Bärte sind entweder ungeschnitten und außerordentlich lang oder gestutzt und spitz, während ihnen das lange goldene Haar weit über den Rücken hinabfällt, genau wie das Haar der blonden Seeleute auf den Fresken der Mayapyramide in Yucatán.

Kulturzeugnisse – darunter die Kunst des Trepanierens und die Tonsiegel – verbinden die Guanchen eindeutig mit den uralten Zivilisationen, die sich von Mesopotamien zur Atlantikküste Marokkos erstreckten. Die Berber Marokkos sind ebenfalls ein Volk gemischten ethnischen Ursprungs, genau wie die Guanchen und die Olmeken. Die Berber, die Marokko und die benachbarten Gebiete Nordafrikas vor der Invasion der Araber bewohnten, wiesen ebenfalls ein deutlich negrides Element neben einem großen, blonden und blauäugigen Typ auf, und beide Elemente sind noch heute in abgeschiedenen Gemeinden vom Atlasgebirge bis zur Atlantikküste zu erkennen.

Irrigerweise werden blonde, hellhäutige Menschen ausschließlich mit Nordeuropa in Verbindung gebracht, wo sie in der jetzigen Bevölkerung dominieren. Aber die moderne Anthropologie stimmt den nordischen Sagas darin zu, daß die frühen Menschen des Nordens aus den kaukasischen Ebenen kamen, die an Kleinasien grenzen. Blonde und besonders rothaarige Menschen sind aus diesem Gebiet durchaus bekannt. Nirgends auf dem Kontinent ist rotes Haar häufiger als im Libanon, der Heimat der alten Phönizier. Sogar das frühe Ägypten kannte Mittelmeermenschen, die rotes oder blondes Haar besaßen. Pharao Ramses II. war blond, und die Schwiegertochter des Pharao Cheops war, wie man beim Öffnen ihres Grabes am Fuß der Pyramide ihres Gatten, des Pharao Chephren, feststellte, mit goldblondem Haar und blauen Augen abgebildet. Einzelne Menschen mit braunem, einige sogar mit blondem Haar sind sowohl unter den Göttern als auch unter einfachen Binsenschiff-Seeleuten auf den Wänden frühägyptischer Gräber abgebildet worden – genau wie auf mexikanischen Fresken. Solche scheinbar »nordischen« Züge waren also in der Mittelmeerwelt lange vorher verbreitet, ehe sie Skandinavien erreichten.

Wer waren die blonden Seeleute, die die Kanarischen Inseln vor Ankunft der Europäer besiedelten? Wie fuhren sie von Marokko in der starken, nach Westen gerichteten Strömung hinüber und kannten dennoch, als die Europäer kamen, keinerlei Wasserfahrzeuge? Die Phönizier mit ihren Heimathäfen in Kleinasien und Nordafrika hatten sich Jahrhunderte vor Christi Geburt auf den Kanarischen Inseln angesiedelt. Sie benutzten diese Inseln als Zwischenstation auf ihren Segelfahrten zu den Kolonien, in denen Purpurfarbe hergestellt wurde. Von diesen Manufakturen sind jetzt Zeugnisse bis hinunter zur Küste des heutigen Senegal gefunden worden.

Es ist häufig – ob zu Recht oder nicht – behauptet worden, daß die Phönizier ebenfalls hellhäutig und blond gewesen seien. Falls das zutrifft, wäre es ein leichtes, die Anwesenheit hellhäutiger, blonder Guanchen auf den Kanarischen Inseln zu erklären. Trifft dies aber nicht zu, dann müßten sich andere afrikanisch-asiatische Seefahrer – hellhäutig, blond und bärtig wie die legendären Heroen Mexikos und Perus – zusammen mit negriden Menschen in den Kanarenstrom gewagt und gemeinsam das Volk der Guanchen gebildet haben.

Aber nicht nur wird Guanchenwasser innerhalb einiger Wochen zu Olmekenwasser, sondern auch das peruanische Wasser wird in kurzer Zeit zu Osterinselwasser. Ich selbst habe in nur einem Leben beide Strecken im Binsenschiff und auf dem Balsafloß zurückgelegt. Die Transportbänder, die heute mit der Sonne nach Westen ziehen, taten das auch zur Zeit der Guanchen und Olmeken, und es wäre unklug anzunehmen, daß Schiffe vor 1492 und Flöße vor unserer eigenen Generation die Ozeane nicht hätten überqueren können.

# 5

# Kolumbus und die Wikinger

Norwegen ist den Nachkommen von Flüchtlingen verpflichtet, die vor mehr als einem Jahrtausend nach Island reisten; denn die aufgezeichneten Sagas bewahren die frühesten Erinnerungen der norwegischen Nation. Die Sagas hat man in lateinischen Buchstaben auf Pergament geschrieben, nachdem das Christentum im Jahr 1000 offiziell in Island eingeführt worden war. Sie bildeten die Grundlage der skandinavischen Literatur in den Jahrhunderten, die den Reisen des Kolumbus vorausgingen. Mit Einführung der lateinischen Buchstaben wurde die alte nordische Schrift, die Runen, aufgegeben und vergessen. Die *Ynglingatal,* die die Anfänge der norwegischen Geschichte und die Besiedlung Skandinaviens behandelt, wurde von dem gelehrten isländischen Dichter Snorri Sturluson aufgezeichnet.[62] Mit bemerkenswerten geographischen Kenntnissen verlegt dieser Bericht von den Ursprüngen und Wanderungen der ersten skandinavischen Könige die ursprüngliche Heimat der Vorfahren dieser Halbgötter in das Grenzgebiet zwischen Asien und Europa an der Ostküste des Schwarzen Meeres. In dem kaukasischen Territorium, das sich vom russischen Don bis in die nordöstliche Türkei erstreckt, lebten, wie uns erzählt wird, die alten Nordmänner unter der Dynastie der Ynglinga. Damals rückten, wie die Saga weiter berichtet, plündernde römische Heere allenthalben vor, und die Flucht war die einzige Möglichkeit des Überlebens. Snorris Erzählung bringt einen ins einzelne gehenden geographischen Bericht der frühen Wanderung durch Europa, die durch Sachsen (Saksland) nach Dänemark, Schweden und Norwegen führte. Der alten Saga nach wurde das Schreiben in Runen von diesen vom Schwarzen Meer kommenden ersten Auswanderern mitgebracht.

Dieser geographischen Grundlage ist es wohl zu verdanken, daß die Wikinger keinerlei Schwierigkeit hatten, den Weg ins Heilige Land zu finden, das sie wiederholt mit großen Flotten besuchten, als sie später das Christentum annahmen. Dabei segelten sie sowohl die russischen Ströme zum Schwarzen Meer hinab als auch durch den Ärmelkanal, rund um Spanien und durch die Straße von Gibraltar ins Mittelmeer. Die Wikinger fuhren in die Straße von Gibraltar vom Atlantik aus ein. Das geschah zwei Jahrtausende, nachdem die Phönizier in entgegengesetzter Richtung durch diese Straße gekommen waren. Wenn diese beiden Völker auch mehr gemeinsam hatten als die bloße Seefahrerfertigkeit und wenn ihre offenen Schiffe mit den geschnitzten Bugfiguren, dem Trapezsegel und den Schilden auf den Dollborden einander auch so ähnlich waren, daß man sie nicht unterscheiden kann, wenn man sie auf reproduzierten Kunstwerken sieht, so wären die Wikinger doch gar nicht in der Lage gewesen, das zu tun, was die Phönizier vielleicht geschafft haben: sie hätten nie zu einer Zeit auf dem Kanarenstrom nach Westen segeln können, die früh genug gelegen hätte, um die olmekische Kultur zu beeinflussen. Allein schon die Chronologie genügt, um zu zeigen, daß sie keinesfalls die bärtigen, blonden Wohltäter sein konnten, die von den vorkolumbischen Zivilisationen Mittelamerikas dargestellt und beschrieben worden sind.

Das folgende Kapitel wurde nach einem Vortrag aufgezeichnet, der anläßlich der norwegisch-amerikanischen Hundertfünfzigjahrfeier am 12. Oktober 1975 in Minneapolis, Minnesota, gehalten wurde. Auf eine Empfehlung Senator Hubert H. Humphreys hin wurde er vom Senat der Vereinigten Staaten einstimmig zur Veröffentlichung im vollen Wortlaut durch den *Congressional Record* vom 30. Oktober 1975 angenommen.

Manche Menschen versuchen, die Leistung Christoph Kolumbus' zu schmälern, indem sie behaupten, er habe nicht als erster den Fuß ans Gestade der Neuen Welt gesetzt. Doch seine Leistungen und ihr umwälzender Einfluß auf die ganze Welt sind in sich allein schon verdienstvoll, ganz gleich, wie viele andere nach oder vor ihm über amerikanischen Boden gegangen sind.

Wir wollen uns jedoch darauf einigen, daß vor Kolumbus schon andere in die Neue Welt gekommen waren. Die Azteken, die Inka und Hunderte anderer Nationen und Stämme waren bereits dort, als die ersten Europäer landeten. Pyramiden, Städte mit Straßen, Denkmälern und erhabenen Palästen waren sogar schon vor der Zeit Christi in Amerika erbaut worden. In manchen gemäßigten Zonen war die Landschaft übersät von architektonischen Bauten und Ruinen, kreuz und quer durchzogen von gepflasterten Straßen, und wies zahllose urbar gemachte Gebiete für den Anbau von Baumwolle und Nahrungspflanzen auf. In Mexiko hatten des Schreibens kundige Maya und Azteken bereits Generationen vor der Geburt des Kolumbus ihre Lokalgeschichte in Hieroglyphen in Papierbüchern aufgezeichnet. Die Herrscher Mexikos und Perus verfügten über Heere, die größer waren als die eines jeden gleichzeitig in Europa herrschenden Königs; und die Wissenschaft der Astronomie und Medizin sowie manche Künste und handwerklichen Fertigkeiten hatten ein Niveau aufzuweisen, das in der Alten Welt nicht erreicht, geschweige denn übertroffen wurde.

Doch nichts davon schmälert die Leistungen Kolumbus'. Sein Platz in der Geschichte wird dadurch nicht geringer, daß es in der Neuen Welt keine unbetretenen Pfade gab, als er, von Europa kommend, dort eintraf.

Den Namen des ersten Reisenden, der Amerika erreichte, werden wir nie erfahren, denn die Kunst des Schreibens war in der Welt noch unbekannt, als er und seine steinzeitliche Sammlersippe von Asien nach Alaska irgendwo im arktischen Norden hinüberwanderte. Diese nicht aufgezeichnete Erstentdeckung fand mindestens 30 Jahrtausende vor der christlichen Ära statt, wenn nicht sogar weit früher. Jahrtausende später, und immer noch mehrere Jahrhunderte vor Kolumbus, blühten plötzlich bemerkenswerte Kulturen in dem schmalen, aber zusammenhängenden Gürtel von Mexiko bis Peru auf. Die Menschen Mexikos begannen Monumente zu erbauen und Texte zum Andenken an den bedeutenden Ozeanreisenden Quetzalcóatl aufzuschreiben. Dieser weiße und bärtige Begründer der mexikanischen Hierarchie war nach diesen Hieroglyphentexten über den Atlantik gekommen, wie es die Spanier später auch taten.

Obwohl der Aztekenkönig Montezuma den spanischen Konquistadoren am gleichen Tag, an dem sie seinen Hof erreichten, von der Ankunft Quetzalcóatls in früheren Zeiten berichtete, wurde dieser von den Europäern niemals als Rivale für Kolumbus betrachtet. Seine Geschichte war nicht in den leicht lesbaren lateinischen Buchstaben aufgezeichnet, sondern in heidnisch aztekischen Kodizes, die sorgfältig gesammelt, dann aber von den europäischen Priestern, die den Konquistadoren folgten, als Teufelswerk verbrannt wurden. Damit waren die meisten Aufzeichnungen vernichtet.

Anders stand es mit den späteren Berichten über Leif Eriksson, den Sohn Eriks des Roten von Brattalid in Grönland. Diese schrieben ihm keinerlei kulturelle Anregung oder bleibenden Einfluß in Amerika zu, wie es bei Quetzalcóatl der Fall gewesen war. Von ihm wurde niemals gesagt, er habe etwas geleistet außer kurzen Erkundungsmärschen von einem Blockhaus aus, das er und seine Männer in der Nähe der Küste gebaut hätten. Dennoch wurde seine Sage in lateinischen Buchstaben von christlichen norwegischen Siedlern in Island und Grönland aufgeschrieben und war deshalb nach Ansicht der Europäer gewichtiger als die Hieroglyphen der Azteken. Da Leif Eriksson Europäer und eine klar definierte historische Persönlichkeit war, erschien er, und nicht Quetzalcóatl, völlig unschuldig, als eine Art Rivale für Christoph Kolumbus.

Natürlich sind weder Leif Erikssons noch Christoph Kolumbus' Verdienste zu bestreiten. Doch ihre Leistungen waren völlig verschiedener Art. Es ist zwischen ihnen keinerlei Rivalität oder historische Unstimmigkeit festzustellen, und es besteht nicht der geringste Anlaß, den einen herabzusetzen, um die Leistung des andern voll zu würdigen. Wir wollen versuchen, die Gründe für diese künstlich geschaffene Rivalität aufzudecken und jedem dieser beiden historischen Persönlichkeiten das Verdienst zuzuerkennen, das ihm gebührt: Leif Eriksson als erstem Europäer, von dem man genau weiß, daß er in den arktischen und subarktischen Gebieten der Neuen Welt den Fuß an Land gesetzt hat, und Christoph Kolumbus als dem, dessen Entdeckung der tropischen Region das Tor für die Eroberung Amerikas durch Europa und das Entstehen aller heutigen amerikanischen Nationen weit geöffnet hat. Es wäre ebenso ungerecht, Leif Erikssons Entdeckung als heidnisches Wikingermärchen zurückzuweisen, wie es ungerecht wäre, zu leugnen, daß die Reisen des Kolumbus die Welt stärker verändert haben als jedes andere Ereignis in der nachchristlichen Zeit.

Wir wollen versuchen, diesen beiden frühen Seefahrern gerecht zu werden und jeden im wahren Licht der Geschichte zu sehen. Weshalb sollten wir, da man von keinerlei Rivalität oder Konkurrenz zwischen ihnen sprechen kann, ihre Reisen jetzt aus nationalistischen oder religiösen Gründen als etwas sehen, was man etwa mit dem Wettlauf Amundsens und Scotts zum Südpol vergleichen könnte? Die Neigung, die beiden Seefahrer wie Konkurrenten zu betrachten, führt zu einer Sehweise, die sich für Leif Eriksson nachteilig auswirken muß. Als wilder, heidnischer Wikinger im offenen Boot schneidet er schlecht ab, verglichen mit der Pracht des Kolumbus und seinen anmutigen Karavellen. Ein solches Bild erhalten wir jedoch nicht, wenn wir die beiden unabhängig voneinander betrachten und uns erinnern, daß fast ein halbes Jahrtausend ihre Expeditionen voneinander trennt. Das ist die gleiche Zeitspanne, die zwischen den Karavellen des Kolumbus und den Ozeandampfern des 20. Jahrhunderts liegt. Wenn man diesen gewaltigen Zeitunterschied berücksichtigt, schneiden die nordischen Seefahrer bei einem Vergleich mit den Spaniern des 10. Jahrhunderts im Hinblick auf das kulturelle Niveau recht günstig ab. Vielleicht stammt die Schwierigkeit einiger Kreise, Leif Eriksson und seine Taten richtig einzuschätzen, von dem üblichen Bild der Wikinger als Barbaren mit Hörnerhelm und Breitschwert, die über den Ozean segelten und Christen überfielen und ausplünderten, während Kolumbus unter dem Zeichen des heiligen Kreuzes segelte und außer dem Streben nach Gold und Ruhm beabsichtigte, den Wilden auf der anderen Seite des Meeres den christlichen Glauben zu bringen. Diese Gegenüberstellung ist ungerecht, erfunden und völlig falsch. Leif Eriksson nahm, obwohl er so viel früher zur See fuhr, einen katholischen Priester mit an Bord seines Schiffes, in der ausdrücklichen Absicht, den heidnischen Siedlern in Grönland das Christentum zu bringen.

Wir wollen versuchen, ein Bruchstück frühnorwegischer Geschichte wiederzubeleben, das für das Verständnis Leif Erikssons und seiner friedlichen Mission wichtig ist. Es ist ebenso falsch zu glauben, alle Norweger im Mittelalter seien Wikinger gewesen, wie die Ansicht falsch wäre, alle Engländer des 18. Jahrhunderts seien Seeräuber oder alle klassischen Römer Soldaten in Besatzungstruppen gewesen. Die Bevölkerung des mittelalterlichen Norwegen bestand überwiegend aus Bauern, Fischern oder Händlern, und viele waren sehr tüchtige Künstler und Handwerker. In dieser Hinsicht gab es keinen Unterschied zwischen dem norwegischen Volk und dem übrigen Europa jener Zeit. Wikinger im wahren Sinn des alten Wortes waren jene, die fremde Länder durch ihre übers Meer getragenen Überfälle belästigten und dabei kein erreichbares Land von Rußland im Osten bis Irland im Westen, von Schottland im Norden bis Sizilien und die Welt des Islam im Süden verschonten. Heute will niemand ihre grausamen Taten verteidigen, doch als sich andere Europäer, angefangen von den römischen Legionen bis zu den spanischen Konquistadoren, stark genug fühlten, siegreich vorzugehen, waren sie bei ihren Einfällen in fremde Länder genauso erbarmungslos wie die Wikinger. Der Ausdruck Wiking ist allmählich auf alle mittelalterlichen Menschen in den nordischen Ländern ausgedehnt worden, in denen die Wikingerschiffe gebaut wurden. Und dieser ziemlich zweifelhafte Ausdruck wird manchmal sogar auf die heutigen Skandinavier angewendet.

Der britische Historiker David Wilson schreibt: »Wenn vom britischen Standpunkt aus auch die Abenteuer der Wikinger zur See am eindrucksvollsten waren, so waren die Verbindungen, die sie über Land zum Osten knüpften, nicht weniger wichtig. Sie beherrschten die großen Handelsstraßen durch das Gebiet, das wir heute als Polen und Westrußland bezeichnen, südwärts bis Byzanz und ostwärts bis zur Wolga und nach Persien. Und wenn die Wikinger selbst vielleicht nicht immer beteiligt waren, so wurden doch Handelsbeziehungen zu China auf dem Weg über die berühmte Seidenstraße durch Zentralasien geknüpft ... Die Wikinger waren also große Reisende und vollbrachten hervorragende Leistungen auf dem Gebiet der Seefahrt. Ihre Städte waren wichtige Handelszentren. Ihre Kunst war ursprünglich und einflußreich. Sie durften sich einer prächtigen Literatur und einer hochentwickelten Kultur rühmen.«

Ferner sagt er folgendes: »Ihre verheerenden Überfälle im 8. und 9. Jahrhundert trugen den Wikingern einen anhaltenden Ruf als Piraten und Zerstörer ein – und dennoch war ihre Kultur in vieler Hinsicht ebenso verfeinert wie die der Länder, die sie verwüsteten ... Und am Ende zerstörten sie die abendländische Zivilisation ja nicht, sondern bereicherten sie. Teile ihres Rechtssystems, ihre Tradition der persönlichen Freiheit, ihr Forschungseifer und die großen isländischen Sagas, in denen sich ihre heroische Ära spiegelt – das alles ist zu einem Teil unseres nordeuropäischen Erbes geworden.«[63]

So schließt das Urteil eines britischen Historikers. Niemand kennt das Ursprungsland der Wikingervorfahren. Bestimmt waren sie einmal Einwanderer ihrer skandinavischen Heimat. Die meisten Gelehrten scheinen zu glauben, daß sie aus einem Gebiet irgendwo in Kaukasien über Land gekommen oder die großen russischen Flüsse heraufgesegelt sind. Dafür sprechen auch Snorris schriftliche Berichte aus dem frühen 13. Jahrhundert, in denen erklärt wird, daß sich die frühere Heimat des ersten norwegischen Königs, dessen man sich erinnert, im Gebiet des Schwarzen Meeres östlich des Don gelegen habe. Von hier aus war es eine bequeme Flußreise, bei der die Boote nur kurze Strecken über Land getragen werden mußten, um die Ostsee und Skandinavien zu erreichen. Als die norwegischen Wikinger dann christianisiert worden waren, dauerte es nicht lange, bis sie den Weg in umgekehrter Richtung fanden und das Heilige Land über das Schwarze Meer und den Bosporus erreichten. Nach Snorris Berichten war der frühe Wikingerkönig, der sein Volk vom Schwarzen Meer nordwärts führte, Odin, der nach seinem Tod als einer der Wikingergötter gefeiert wurde. Sein Reich hatte sich, Snorris Bericht zufolge, bis in die Türkei erstreckt, als die römischen Kaiser weltweit vorrückten und alle Nationen besiegten. Aus diesem Grund wanderte der große Vorfahre aller Wikingerkönige mit seinem Volk nach Norden und besiedelte erst Dänemark, dann Schweden und schließlich Norwegen. Snorri nennt 30 Könige und berichtet über ihre Abenteuer, bevor er die Generation Harald Hårfagrs [Schönhaar] erreicht, der ganz Norwegen in einem einzigen Königreich zusammenfaßte. Hier befinden wir uns auf festem historischem Boden, denn dies geschah im Jahr 872, in der kraftvollsten Phase der Wikingerära. Der Sieg Haralds über die vielen unabhängigen Regionalkönige und Häuptlinge verursachte erhebliche Unruhe im Land, und viele mächtige Männer flohen mit ihren Familien und Anhängern. Sie siedelten sich auf den bereits entdeckten Inseln weit draußen im Ozean an. Diese Inseln waren bisher von Norwegern als vorübergehendes Versteck während der Wikingerexpeditionen benutzt worden. Unter den Fliehenden, die sich an den Küsten des fernen Island ansiedelten, befand sich auch Erik der Rote, der in Stavanger geboren war und dessen Frau Tjodhild Leif Eriksson gebar. Erik der Rote wurde etwa ein Jahrzehnt nach seiner Flucht aus Norwegen der Entdecker Grönlands. Mit der Einstellung eines modernen Grundstücksmaklers nannte er seine Entdeckung »Grünland«, als er das unwirtliche Südkap umsegelt hatte und weite, vom Frost verschonte Wiesen am Fuß hoher Gletscher auf der Westseite, der Davisstraße gegenüber, fand, die sich für die Rinderzucht eigneten.

Bei seiner Rückkehr nach Island organisierte Erik der Rote eine der unerschrockensten Arktisexpeditionen, die je durchgeführt wurden. Die Einzelheiten seines Seefahrtunternehmens wurden von Are Frode aufgezeichnet, der sich auf die Erinnerungen eines Onkels stützte, der seine Informationen unmittelbar von einem der Begleiter Eriks hatte. 35 Lastschiffe, breiter und robuster als die schnellen, schmalen Wikingerschiffe, nahmen an dieser geplanten Westwanderung über den offenen Atlantik teil. An Bord befanden sich ganze Familien, mehrere hundert Männer, Frauen und Kinder, mit all ihrer irdischen Habe, einschließlich der Pferde, Rinder,

Schafe, Schweine und Hunde. Nur 14 dieser offenen Schiffe mit freiwilligen Auswanderern gelang es, das stürmische Südkap Grönlands zu umsegeln und heil an der freundlicheren Westküste zu landen. Hier bauten sich die Menschen ihre Siedlung, deren Ruinen noch heute stehen, und legten das Fundament für Generationen von Nachkommen, die mit Eskimos als Nachbarn auf der großen Insel und mit Indianern, nur wenige hundert Meilen entfernt, auf der anderen Seite der Davisstraße lebten.

Während der junge Leif Eriksson friedlich auf Brattalid, der Farm seines Vaters, in Westgrönland aufwuchs, streifte ein norwegischer Prinz als regelrechter Wiking durch Europa. Sein Name lautete Olaf Trygvesson. Prinz Olaf wurde in Norwegen geboren, wuchs jedoch am Hof König Waldemars in Rußland auf. Seine Wikingerabenteuer brachten ihn aus den Ostseeländern nach Deutschland, England, Schottland, Irland und Frankreich, doch als seine Flotte vor den Scilly-Inseln im Atlantischen Ozean westlich von Cornwall ankerte, änderte er plötzlich sein Leben. Das Christentum verbreitete sich allmählich über Europa und hatte diese Inseln bereits erreicht. Der Wikingerprinz war bei seiner Begegnung mit einem christlichen Einsiedler auf einer der Inseln so von diesem beeindruckt, daß er sich bald mit all seinen Männern taufen ließ. Als sie sich nach längerem Aufenthalt wieder zur Heimreise einschifften, nahmen sie Priester und Gelehrte mit. In Norwegen hatte bereits eine vom dänischen König gesandte bewaffnete Mission versucht, den Bewohnern das Christentum aufzuzwingen. Der Erfolg war begrenzt. Als Olaf nun von seinen Wikingerabenteuern zurückkehrte und König von Norwegen wurde, erklärte er in einer Ansprache an sein Volk, daß das Christentum die einzig anerkannte Religion in seinem Land sein solle. Er reiste durch sein ganzes Königreich, um persönlich dafür zu sorgen, daß alle seine Untertanen richtig getauft wurden. Er ließ Kirchen dort bauen, wo früher die Tempel zu Ehren Tors und Odins mit ihren Drachenköpfen gestanden hatten. Er war bei seiner missionarischen Tätigkeit so eifrig, daß er sich sogar mit seiner Flotte auf den Weg zu den norwegischen Siedlungen auf den Orkneyinseln nördlich von Schottland machte, um dort das Christentum einzuführen. Den deutschen Priester Tagbrand beauftragte er, das Christentum nach Island zu bringen, doch der temperamentvolle Ausländer wurde bald vertrieben, und König Olaf schickte daraufhin eine ganze Gruppe geweihter Priester unter der Führung Pater Tormods dorthin. Die norwegische Kolonie auf Island erklärte sich schließlich bereit, das Christentum durch Gesetz einzuführen, und bis zum Jahr 1000 waren alle Menschen auf der Insel getauft.

Um diese Zeit hatten Erik der Rote und seine große Auswanderergruppe Island bereits verlassen und sich in Grönland auf der anderen Seite des Atlantik angesiedelt. König Olaf mißfiel es, daß die norwegische Kolonie im fernen Grönland heidnisch blieb, während all seine Untertanen in den Ländern um die Nordsee den christlichen Glauben angenommen hatten. Seine Chance, Grönland zu christianisieren, kam jedoch bald. Die grönländische

Kolonie nahm ziemlich regelmäßige Handelsbeziehungen mit Bergen und anderen Häfen in Norwegen auf, und einer der ersten Steuerleute, der ein grönländisches Handelsschiff nach Norwegen brachte, war Leif, der Sohn des Grönlandentdeckers Erik des Roten. Leif Eriksson segelte zur norwegischen Hauptstadt Nidaros, dem heutigen Trondheim oder Drontheim. Es war der Sommer vor dem Ende der Regierungszeit König Olaf Trygvessons. Das *Flatöy-Buch*, das zwei Jahrhunderte vor Kolumbus geschrieben wurde, berichtet folgendes: »Leif lief mit seinem Schiff in Nidaros ein und machte sich auf, um den König zu besuchen. König Olaf legte ihm den Glauben aus, wie er es bei anderen Heiden tat, die ihn besuchten. Es wurde dem König leicht, Leif zu überzeugen, und er wurde danach zusammen mit all seinen Seeleuten getauft. Leif blieb den Winter über beim König, der ihn gut aufnahm.« [64]

Weitere Einzelheiten sind in der alten *Hauk-Handschrift* aus der gleichen Zeit überliefert: »Bei einer Gelegenheit kam der König, um mit Leif zu reden, und fragte ihn: ›Ist es deine Absicht, im Sommer nach Grönland zu segeln?‹ – ›Es ist meine Absicht‹, sagte Leif, ›wenn es dein Wille ist.‹ – ›Ich glaube, es wird gut sein‹, erwiderte der König, ›und du sollst in meinem Auftrag dorthin reisen, um das Christentum zu verkünden.‹«

Im Frühjahr lief Leif zu seiner Rückreise über den Atlantik aus, und in seiner Gesellschaft befanden sich sowohl ein katholischer Priester als auch eine Anzahl von Religionslehrern. Leif Eriksson reiste kurz vor König Olafs Tod im Jahr 1000 ab. Nach seiner Rückkehr in Grönland erfüllte Leif seinen edlen Auftrag, der so beredt in der gleichen frühen Handschrift aufgezeichnet ist: »Bald verkündete er das Christentum im ganzen Land, dazu den katholischen Glauben und erläuterte König Olaf Trygvessons Botschaft an das Volk, in der ihm gesagt wird, wie viel Vortrefflichkeit und wie großer Ruhm mit diesem Glauben verbunden sei. Erik [der Rote] konnte sich schwer entschließen, seinen alten Glauben aufzugeben, aber Tjodhild [Leifs Mutter] nahm den Glauben sofort an und ließ in einigem Abstand vom Haus eine Kirche errichten. Dieses Gebäude wurde Tjodhilds Kirche genannt, und dort pflegten sie und diejenigen Menschen, die das Christentum angenommen hatten, und das waren viele, zu beten. Tjodhild wollte keinen Verkehr mehr mit Erik haben, nachdem sie den Glauben empfangen hatte, worüber er sich erheblich ärgerte.« [65]

Nach den vorkolumbischen Berichten des Snorri geschah es auf dieser Rückreise von Norwegen nach Grönland, daß Leif zufällig auf den Teil der Neuen Welt stieß, den er erkundete und dem er den Namen Vinland gab. Andere und sogar noch frühere Handschriften scheinen dafür zu sprechen, daß er zunächst auf den grönländischen Hof seines Vaters zurückkehrte und sich danach aufmachte, ein flaches, bewaldetes Land zu suchen, das Bjarne Herjolfsson gesichtet hatte, als er mit seinem Schiff weit draußen in der Davisstraße gesegelt war. Jedenfalls stimmen all die vielen frühen Handschriften, die sich mit Leif Erikssons Entdeckung der Neuen Welt beschäftigen, darin überein, daß sie ihm zubilligen, tatsächlich als erster dort gelandet zu sein. Und er ging wie später Kolumbus als Katholik an Land.

Wir brauchen hier nicht die ausgedehnten Einzelheiten zu wiederholen, die von den vorkolumbischen Schreibern auf Grönland und Island kurz nach den Ereignissen aufgezeichnet worden sind. Leifs Expedition lief, wie wir wissen, drei verschiedene Teil der eben entdeckten Küste auf der anderen Seite der Davisstraße an. Er nannte seine Entdeckungen Helluland, Markland und Vinland und beschrieb die geographischen Eigenschaften ihrer Küsten besonders eingehend. An sich hatten Leifs Entdeckungen keinen tiefgreifenden Einfluß auf die Außenwelt, abgesehen davon, daß sie das sonst ziemlich monotone Leben in den nahen, nicht sehr fruchtbaren grönländischen Siedlungen bereicherten. Wir müssen seine Unternehmungen im weiteren Zusammenhang dieses gesamten Grönlandabenteuers betrachten, um zu verstehen, daß seine Erkenntnisse möglicherweise doch einen größeren Einfluß auf die Weltgeschichte hatten, als allgemein zugegeben wird. Nach den Berichten bauten sich Leif und seine Gefährten zunächst ein paar Hütten an der Küste, während sie das neue Land erkundeten. Danach errichteten sie ein großes Haus, in dem sie den Winter verbrachten, bevor sie zu ihren Familien auf Grönland nordostwärts zurückkehrten. Die neue Möglichkeit, Bauholz, kostbare Pelze und anderes wertvolles Material aus dem neuentdeckten Waldgebiet zu beziehen, hatte natürlich Auswirkungen auf Leifs Landsleute und ist in der zeitgenössischen Literatur klar dokumentiert.

Kaum war Leif mit seiner Ladung aus Holz und Beeren nach Grönland zurückgekehrt, als sein Bruder Thorvald Eriksson schon in das neue Land auslief. Seine Expedition hatte jedoch keinen Erfolg. Nachdem er eine Reihe von Eingeborenen getötet hatte, kam er selbst ums Leben und wurde in der Neuen Welt beerdigt. Der Versuch eines dritten Bruders, Thorstein, Thorvalds Leiche nach Grönland zu holen, schlug völlig fehl. Doch bald darauf gelang es einer Anzahl unabhängiger Schiffe, die Davisstraße zu überqueren und von dort südwärts bis zu Leifs Haus in Vinland zu segeln. Auf diesen Fahrten hatten die Seeleute auch Frauen bei sich. Die bemerkenswertesten Einzelheiten werden von Thorfinn Karlsefne berichtet, der sich mit 60 Männern und fünf Frauen in dem neuen Land seßhaft machte. Er hatte Rinder und andere Haustiere mitgebracht, um eine ständige Siedlung zu errichten. Primitive Eingeborene näherten sich bald den neuen Siedlern. Sie sprachen eine unverständliche Sprache, zeigten jedoch ihre freundliche Einstellung, indem sie gebündelte Felle von Eichhörnchen, Zobeln und anderen Tieren mitbrachten, die man auf Grönland nicht kannte. Diese Felle wurden den Norwegern zum Tausch gegen Milch und rotes Tuch angeboten.

Diese Eingeborenen, die von den norwegischen Kolonisten »Skärlinge« genannt wurden, liefen zuerst beim Anblick eines großen brüllenden Wikingerbullen davon. Die norwegische Kolonie errichtete einen starken Palisadenzaun um die Siedlung, und Gudrid, Karlsefnes Frau, gebar einen Jungen, der auf den Namen Snorri getauft wurde – den ersten Menschen, der, europäischer Abstammung, in der Neuen Welt geboren wurde. Die freundlichen Handelsbeziehungen mit den Eingeborenen endeten in einem regelrechten Krieg, als von Süden her so viele Skrälinge die Küste heraufkamen, daß ihre Kanus die ganze Bucht auszufüllen schienen. Obwohl die Eingeborenen den Berichten nach nur Schleudern und Steinäxte hatten, während die Wikinger Schwerter und Eisenäxte besaßen, waren sie an Zahl weit überlegen, und die Norweger mußten für eine Weile in den Wald fliehen und die Verachtung ihrer Frauen ertragen. Zwei der Männer Karlsefnes fielen, ebenso eine große Anzahl von Eingeborenen. Die Saga läßt keinen Zweifel an dem Unglück der weit an Zahl unterlegenen Wikinger, und die *Hauk-Handschrift* fährt fort: »Nun schien es Karlsefne und seinen Leuten klar, daß ihr Leben, obwohl das Land in jener Gegend sehr reizvoll war, wegen der Bewohner des Landes ständig in Gefahr und Unruhe sein würde. Deshalb bereiteten sie sich vor aufzubrechen und entschlossen sich, in ihr eigenes Land zurückzukehren.«[66] Vor der Abreise fingen sie zwei junge Eingeborene, die sie tauften. Die Jungen wurden mitgenommen und lernten die norwegische Sprache. Sie gaben den Grönländern weitere Informationen über die Eingeborenen des Landes, das entdeckt worden war. Zweifellos bedeutete diese hier berichtete Taufe die erste Bekehrung irgendwelcher Eingeborener der Neuen Welt zum Christentum. Snorri, Karlsefnes Sohn, war drei Jahre alt, als die erfolglosen Kolonisten nach Grönland zurückkehrten.

Die eingehenden Berichte über diesen fruchtlosen Kolonisationsversuch sind wichtig, denn sie zeigen deutlich, weshalb die Ausdehnung von Norwegen aus nach Westen über Island in Grönland steckenblieb, obwohl die Wälder Amerikas nur ein paar Tage Seefahrt weiter über die Davisstraße lagen. Andere, ebenso erfolglose Siedlungsversuche in den neuentdeckten Gebieten folgten, unter ihnen die unglückliche Expedition Fröydis', einer illegitimen Tochter Eriks des Roten. Doch die Segelfahrten über die Davisstraße änderten bald ihren Charakter und wurden zu Handelsfahrten von Kaufleuten, die ihre sichere Heimatbasis auf Grönland lieber beibehielten.

Die ausgedehnten Überreste aus 400 Jahren ununterbrochener Siedlung auf Grönland wurden nicht aufgegeben, auch wenn die Menschen die Insel um das Jahr 1500 verließen. Dänische Archäologen fanden ein reiches Feld vor und leisteten ausgezeichnete Arbeit bei der Ausgrabung vorkolumbischer norwegischer Häuser, die einmal über zwei große, voneinander weit entfernte Gebiete verstreut lagen. Die Spuren norwegischer Behausungen an der amerikanischen Küste waren jedoch verschwunden und vergessen gewesen, bis der norwegische Forscher Helge Ingstad, von den Beschreibungen in den alten Grönland- und Islandsagas angeregt, die heute berühmte Wikingerstätte in L'Anse aux Meadows nahe der Nordspitze Neufundlands fand. Seine norwegische Frau, die Archäologin Anne Stine, später unterstützt von weiteren skandinavischen und amerikanischen Wissenschaftlern, grub Anfang der sechziger Jahre die bis dahin kaum sichtbaren Hausfundamente aus. Sie fanden norwegische Artefakte, darunter eine typische Wikinger-Bronzenadel, einen Spinnwirtel aus Seifenstein von erkennbar norwegischem Typ, die Überreste alter Eisennägel und eine Eisenschmiede skandinavischen Typs. Was jedoch noch wichtiger war, in den Häusern charakteristisch norwegischer Form fand sich noch Kohle in den mit Stein ausgekleideten Herden, die eine ganze Reihe von Kohlenstoffdatierungen möglich machte, die alle etwa das Jahr 1000 n. Chr. ergaben und die Daten von Leif Eriksson, Karlsefne und anderer früher Reisender aus der aufgezeichneten Geschichte bestätigten. Heute gibt es keinen Archäologen mehr, der bezweifeln würde, daß die Ingstads eine frühe Wikingersiedlung in Amerika gefunden haben. Fraglich kann nur sein, ob es sich dabei um Leif Erikssons Haus handelt oder nicht. Dafür spricht in hohem Maß die Tatsache, daß Ingstad die Stätte einfach dadurch fand, daß er den genauen geographischen Beschreibungen in der Leif-Eriksson-Saga folgte.

Dem kurzen Aufenthalt der Grönland-Norweger an der Küste Amerikas folgte ganz zweifellos eine lange Periode gelegentlicher Handelsbeziehungen. Kein anderes Land lag den Grönlandsiedlern so nahe wie Amerika, und der kurze Handelsweg über die Davisstraße erlaubte eine ständige Belieferung der Handelszentren Norwegens mit kostbarem Bauholz und teuren Pelzen, um den Lebensstandard der Grönlandkolonie zu erhöhen. Wie wir noch sehen werden, wurden die Grönlandkolonisten durch einen besonderen Befehl des Papstes verpflichtet, die Kreuzzugssteuer in Naturalien zu zahlen. Die Kirche zog diese Steuer ein, wenn die grönländischen Schiffe in Norwegen landeten. Unter den Handelsgütern, die aus Grönland kamen und von Erzbischof Erik Valdendorf aufgezeichnet wurden, befanden sich Felle von Schwarzbär, Biber, Otter, Hermelin, Zobel, Vielfraß und Luchs, die sämtlich nordamerikanischer Herkunft und auf Grönland nicht zu finden sind. Der amerikanische Historiker J. R. Enterline zeigt außerdem, daß der unter den königlichen Jägern im ganzen mittelalterlichen Europa so überaus beliebte weiße Gerfalke nur von grönländischen Händlern geliefert worden sein konnte, da dieser Vogel nur auf Grönland und in der amerikanischen Arktis vorkam.[67]

Durch die Aufzucht von Vieh, durch Jagen, Fischen und Handel gedieh die von Erik dem Roten gegründete Grönlandkolonie und wuchs, wie unangezweifelt sowohl von der Archäologie als auch in den frühen schriftlichen Berichten dokumentiert wird. Die von Leif Eriksson im Jahr 1000 eingeführte katholische Kirche wurde in der Zeit vom 12. bis 14. Jahrhundert eine wirkliche Macht und ein großer Grundeigentümer. Es wird manchen überraschen, daß in dieser vorkolumbischen Periode 17 Kirchen an der Westküste errichtet wurden, buchstäblich Amerika gegenüber, nur an der anderen Seite der Davisstraße. Es gab sogar einen Bischofssitz, eine Kathedrale und zwei Klöster, eines für Nonnen, dem heiligen Benedikt geweiht, und eines für Männer, dem heiligen Augustinus und dem heiligen Olaf geweiht. Man darf nicht vergessen, daß der heilige Olaf der norwegische König Olaf Haraldson war, der Nachfolger Olaf Trygvessons, der Leif Eriksson auf seine historische Mission gesandt hatte. Die Bemühungen des Königs, der römisch-katholischen Kirche zu dienen, gefielen dem Papst so sehr, daß dieser norwegische Monarch aus dem 11. Jahrhundert als Heiliger kanonisiert wurde, eine Ehre, die nicht einmal König Ferdinand oder Königin Isabella zuteil wurde.

Ich betone diese Punkte so nachdrücklich, weil es überaus wichtig ist, die enge Verbindung zwischen Norwegen mit seinen Kolonien und der römisch-katholischen Kirche in der fraglichen Zeit zu sehen, denn diese starke Bindung muß unausweichlich eine Auswirkung auf folgende Ereignisse von sehr viel globalerer Bedeutung gehabt haben. Es ist zweifelhaft, ob die römische Kirche bis zur Zeit der lutherischen Reformation je eine stärkere Gewalt auf eine Nation ausgeübt hat als auf die des heiligen Königs Olaf und seiner Nachfolger. Das Schisma fand erst im 16. Jahrhundert statt, also etwa eine Generation nach der Zeit Christoph Kolumbus'.

Der enge Kontakt zwischen Kolumbus und dem Vatikan ist bekannt. Weniger vielleicht die engen Beziehungen zwischen den ferner wohnenden Norwegern und dem Vatikan bis zur Periode des Kolumbus, diese eingeschlossen. Unmittelbare Kontakte der Norweger mit Rom gehen bis in die frühe Geschichte zurück, zuerst über Rußland und den Bosporus, und weit später, lange nachdem norwegische Kolonisten um 840 n. Chr. die Stadt Dublin in Irland gegründet hatten, fuhren sie auch am anderen äußeren Ende, durch die Straße von Gibraltar, ins Mittelmeer ein. Anfang des 12. Jahrhunderts war es für die Wikinger so selbstverständlich, das Mittelmeer aufzusuchen, daß der norwegische König Sigurd Magnusson, als er mit 60 Schiffen nach Gibraltar einfuhr, gegen eine andere, eine feindliche Wikingerflotte kämpfen mußte, die auf dem Weg aus dem Mittelmeer war.

Kaum hatte das Christentum Norwegen erreicht, als auch norwegische Könige und Edle regelmäßige Pilgerfahrten nach Rom und ins Heilige Land unternahmen. Zum Beispiel befand sich der königliche Barde des heiligen Olaf, Sigvat Skald, nach einem Besuch im Heiligen Land auf dem Heimweg von Rom, als er vom Sturz des Königs erfuhr, und Tore Hund, der Vasall des Königs, starb im Heiligen Land. König Olafs Bruder und späterer Thronfolger, Harald Hardråde, verbrachte viele Jahre als Kommandeur einer gemischten norwegischen und lateinischen Truppe des oströmischen Kaisers im Mittelmeerraum. Mit seiner christlichen Flotte griff er moslemische Festungen auf den Inseln und entlang der nordafrikanischen Küste an. Die reiche Beute, dazu das Gold, das der Monarch ihm für seine Dienste zahlte, brachten Harald und seine norwegischen Wikinger nach Jerusalem und ließen es dort als Geschenk für die Kirche. Es ist also durchaus verständlich, weshalb sich das Vaterunser in altnordischer Sprache neben der hebräischen, lateinischen, aramäischen und anderen biblischen Sprachen im ältesten Teil des Tempels auf dem Ölberg findet; denn in den Schlachten, die zum Schutz der christlichen Interessen im Heiligen Land geführt wurden, gehörte Norwegen immer zu den kühnsten Teilnehmern. Snorri beschrieb, wie König Harald sein ganzes Heer ins Heilige Land brachte und auf Jersualem vorrückte, wobei er Städte und Festungen eroberte. Der Text endet: »... dieses Land kam ohne Brandschatzung und Verheerung in Haralds Gewalt. Dann rückte er weiter zum Norden, und dort nahm er ein Bad, wie es der Brauch unter den Pilgern war. Harald machte große Geschenke für das Grab des Herrn und das heilige Kreuz und andere Heiligtümer im Heiligen Land. Er schützte die Straße bis zum Jordan und tötete Räuber und andere Banditen.« [68]

Der nächste norwegische König, der den Kampf gegen die moslemische Expansion aufnahm, war Sigurd Magnusson. König Sigurd lief von Norwegen mit 60 Wikingerschiffen aus und verbrachte den Winter friedlich als Gast des englischen Königs Henry I. Danach segelte er weiter, um den Kampf für die katholische Kirche zu beginnen. Zuerst focht er gegen die mohammedanischen Eindringlinge in Portugal und Spanien, wobei er alle tötete, die die Taufe verweigerten. Dann verlegte er seine Tätigkeit nach Marokko und auf die Balearen. Sizilien war bereits von seinen norwegischen Vorgängern erobert worden, die einen christlichen Herzog als Herrscher über die Insel eingesetzt hatten. König Sigurd wurde von seinen Landsleuten auf Sizilien so gut aufgenommen, daß er Herzog Rodgeir in den Rang eines Königs erhob, worauf dieser einen großen Teil der italienischen Halbinsel eroberte und Mitglieder seiner königlichen Familie von Wikingerabstammung direkt mit denen des Kaisers von Rom verheiratete. Sigurd erhielt einen ebenso freundlichen Empfang von König Balduin in Jerusalem. Balduin und der Patriarch schenkten Sigurd einige heilige Reliquien unter der Bedingung, daß der König seinen Kampf für das Christentum fortsetzte und außerdem ein Erzbistum in Norwegen errichtete. Sigurd erfüllte beide Versprechen. Seine eindrucksvollste Tat war die Eroberung der bis dahin uneinnehmbaren Festungsstadt Sidon im Libanon im Jahr 1110, die seit Jahrhunderten die christlichen Pilger belästigt hatte. In dieser heute bedeutenden archäologischen Fundstätte findet sich immer noch eine Inschrift, die an den norwegischen Sieg erinnert. König Sigurd ließ seine sämtlichen Schiffe und die meisten Männer im Mittelmeerraum, damit sie dort weiter nützlich sein konnten, und kehrte zu Pferd nach Norwegen zurück. Das christliche Europa empfing ihn festlich, und es entstand eine herzliche Freundschaft zwischen dem König und den beiden römischen Kaisern in Konstantinopel und in Rom.

Als nächste folgten mit 15 Langbooten und vielen Männern Graf Ragnvald und Erling Skakke, von Bischof Wiljalm begleitet, Sigurds Route von Norwegen durch Gibraltar, wobei sie auch die mohammedanischen Teile Portugals und Spaniens überfielen, bevor sie ihre Pilgerfahrt ins Heilige Land und zum Jordanfluß fortsetzten.

Um die Vereinbarung zwischen dem norwegischen König und dem päpstlichen Bevollmächtigten in Jerusalem zu erfüllen, schickte Papst Anastasius IV. im Jahr 1153 Kardinal Nikolaus aus Rom nach Norwegen. Der Kardinal und Sigurd kamen überein, daß Jon Birgerson Erzbischof werden sollte. Nie war ein Ausländer mit solcher Begeisterung in Norwegen empfangen worden wie Kardinal Nikolaus – so Snorri –, und er kehrte mit vielen Freundschaftsgeschenken zum Vatikan zurück. Kaum war er in Rom angekommen, da starb Papst Anastasius. Er selbst wurde neuer Papst und nannte sich Hadrian IV. Snorri, der selbst Isländer war, schrieb: »Jene, die in seiner Zeit nach Rom kamen, sagen, daß er, und wenn er noch so wichtige Angelegenheiten mit anderen Männern zu erörtern hatte, stets die Norweger als erste empfing, wenn sie ihn sprechen wollten.«[69]

Kurz darauf, im Jahr 1163, sandte der Vatikan den Legaten Stefanus als päpstlichen Botschafter von Rom nach Bergen, dem Hauptliegehafen für Grönlandschiffe, wo er zu ersten Besprechungen mit dem isländischen Bischof Brand und dem zweiten norwegischen Erzbischof Öystein zusammentraf. Danach zelebrierten sie gemeinsam, zusammen mit den fünf norwegischen Bischöfen und einer großen Anzahl von Priestern, die Krönungsmesse für den nächsten norwegischen König, den achtjährigen Magnus Erlingson. Der norwegische Historiker Alexander Bugge bezeichnet die katholische Kirche als die größte Macht im Norwegen jener Zeit.

Nun wollen wir feststellen, wie stark bei diesen engen Bindungen zwischen Rom und Norwegen im 12. Jahrhundert die grönländische Kolonie beteiligt ist. Wir sahen, daß König Olaf einen katholischen Priester mit Leif Eriksson nach Grönland sandte, bevor Leif im Jahr 1000 Vinland entdeckte. Im Jahr 1112 hatte Grönland bereits den ersten Besuch eines Bischofs. Um diese Zeit war der Kirche die Entdeckung einer neuen Welt westlich von Grönland bereits so gut bekannt, daß in den isländischen Annalen berichtet wird, Bischof Erik Gnupsson sei bei seinem Besuch in der grönländischen Gemeinde von dort aus weitergesegelt, ausdrücklich um Leif Erikssons Entdeckung Vinland zu visitieren. Kurz nach seinem Besuch schickte die Kolonie auf Grönland ganze Schiffsladungen von Walroßzähnen, Pelzen und einen lebendigen Eisbären an König Sigurd von Norwegen, mit der Bitte, einen ständigen Bischof nach Grönland zu entsenden. Der König kam dieser Bitte sofort nach, und von 1126 an hatte die grönländische Kolonie ihren eigenen residierenden Bischof, dem nicht lange darauf ein zweiter folgte, da die norwegischen Bauernhöfe und Kirchen auf Westgrönland über weite Entfernungen verstreut lagen. Der Vatikan wußte natürlich genau über seine christlichen Gemeinden auf Grönland Bescheid. Die geographische Isolierung der norwegischen Kolonien auf Grönland von der übrigen katholischen Welt auf der europäischen Seite des Atlantik mußte gewisse rituelle Probleme hervorrufen.

Das päpstliche Dekret verbot Ehen zwischen Christen, die weniger als über sieben Generationen miteinander verwandt waren. Die grönländische

Kolonie war jedoch so jung und klein, daß sich solche Ehen kaum vermeiden ließen. Es wurden deshalb Gesandte von Norwegen eigens nach Rom geschickt, um Papst Alexander III. um Dispens zu bitten. Es wurde ihm erklärt, daß zwölf Tage Schiffahrt durch grobe See notwendig seien, wenn die grönländischen Männer in Norwegen christliche Frauen suchen wollten. Papst Alexander bestimmte, daß der norwegische Erzbischof in Sonderfällen eine Ehe erlauben könne, bei der die Ehegatten schon in der fünften Generation gemeinsame Vorfahren hatten.

Die Sakramente der Eucharistie, die Brot und Wein vorschrieben, verursachten weitere Probleme in einem arktischen Gebiet, in dem weder Korn noch Wein wuchs. Die grönländische Gemeinde schickte deshalb ein Gesuch nach Rom, Fleisch oder andere verfügbare Nahrungsmittel statt Brot und Bier oder vergorenen Moosbeerensaft statt Wein verwenden zu dürfen. Doch Papst Gregorius griff persönlich im Jahr 1237 mit einem Brief an den norwegischen Erzbischof ein, in dem er forderte, daß die grönländische Gemeinde für das Altarssakrament wenigstens den Gebrauch von Brot beibehalten müsse.

Später, im Jahr 1276, lehnte Papst Johannes XXI. ein Gesuch des norwegischen Erzbischofs ab, der sich von der ihm kürzlich auferlegten Pflicht befreien wollte, persönlich nach Grönland zu segeln und dort die Kreuzzugssteuer von den Bischöfen auf der anderen Atlantikseite einzuziehen. Doch erst im Jahr 1279 erlaubte Papst Nikolaus III. dem norwegischen Erzbischof, einen Vertreter auf die lange und gefahrvolle Reise zu schicken. Drei Jahre später war der Vertreter wieder in Norwegen, und der Erzbischof schrieb abermals an den Papst, daß die grönländische Gemeinde arm sei und nichts besitze als Pelze und Walroßzähne, die jedoch als Kreuzzugssteuer kaum Wert hatten. Der Papst erließ die Grönland auferlegte Steuer aber nicht, sondern forderte in einem Brief von 1282, daß die norwegische Kolonie auf der anderen Seite des Atlantik die Kreuzzugssteuer weiterzahlen müsse, das aber in Naturalien tun dürfe. Diese solle die Kirche dann in Norwegen verkaufen.

Der Vatikan verlor sein Interesse an der arktischen Kolonie auf Grönland nicht, solange dort Menschen lebten. Und Norweger gab es auf Grönland bis kurz nach den Reisen des Kolumbus nach Amerika. Um das Jahr 1500 gab es zwar noch einige wenige Siedler, doch die Kolonie befand sich bereits in raschem Verfall. Anfang des 16. Jahrhunderts wurden die letzten der vielen Bauernhöfe verlassen, und die früher so blühende Siedlung verkam. Der Grund dafür ist noch heute unbekannt. Pest, Hungersnöte, Klimaveränderungen, Versuche, in die reicheren Weidegebiete der Indianer in Amerika überzusiedeln, gehören zu den vielen vorgetragenen Möglichkeiten. Zu den am ehesten einleuchtenden Ansichten gehört die, daß die friedlichen Nachkommen der einst so wilden Wikinger völlig von den englischen Seeräubern ausgelöscht worden sein könnten, die das schutzlose Grönland, wie wir wissen, damals ständig überfielen. In England war das

Vorhandensein der grönländischen Kolonie so bekannt, daß im Jahr 1432 zwischen dem norwegischen und dem englischen König ein Vertrag ausgehandelt wurde, um die Überfälle der englischen Piraten auf die ferne christliche Norwegersiedlung abzustellen.

Das unglückliche Erscheinen europäischer Seeräuber in der Davisstraße zwischen Grönland und Amerika in den Jahrzehnten vor der Reise des Kolumbus zeigt, daß sich die Kenntnis der dortigen Siedlungen schon unter einfachen Leuten auch außerhalb Norwegens und des Vatikans verbreitet hatte. Gebildete Europäer hatten bereits seit 400 Jahren Zugang zu dieser geographischen Information; sogar die Entdeckung Vinlands war etwa seit dem Jahr 1070 von dem deutschen Historiker Adam von Bremen in seiner an Berichten über die nordischen Länder reichen *Hamburger Kirchengeschichte* festgehalten worden. Der allmähliche Eintritt der isolierten grönländischen Kolonie in den Mittelpunkt des Interesses brachte ihr mehr Probleme als Segen, wie sich in einem päpstlichen Schreiben an die beiden Bischöfe auf Island zeigt. In dieser Breve äußert sich Papst Nikolaus V. im Jahr 1448 über die Piratenüberfälle auf Grönland:

»Von den nahen heidnischen Küsten kam vor 30 Jahren eine Flotte von Barbaren, die die örtliche Bevölkerung mit einem grausamen Überfall überraschte. So zerstörten Feuer und Schwert ihr Heimatland mit seinen heiligen Gebäuden. Nur neun Kirchen blieben erhalten, da es, wie es heißt, die fernsten und wegen der steilen Klippen die unzugänglichsten sind. Die bedauernswerten Bewohner von beiderlei Geschlecht, insbesondere diejenigen, die als stark und geeignet genug betrachtet wurden, die unaufhörliche Last der Sklaverei zu tragen, verschleppten die Tyrannen als Gefangene in ihr eigenes Land. Doch wie in den Beschuldigungen ebenfalls erklärt wurde, sind im Laufe der Zeit die meisten von ihnen aus eben erwähnter Gefangenschaft zu ihren eigenen Häusern zurückgekehrt und haben hier und da die Ruinen instandgesetzt. Deshalb verlangen sie nun danach, die Gottesdienste wiederaufzunehmen und zu erweitern.« [70]

Trotz der Entfernung hielt sich die christliche Welt über die grönländische Gemeinde auf dem laufenden, solange sie bestand. Gegen Ende des 15. Jahrhunderts erfuhr der Vatikan, daß die auf Grönland noch Lebenden jetzt so arm seien, daß sie sich überwiegend von Milch und Dörrfisch ernährten. Diese Feststellung findet sich in einem letzten, Grönland betreffenden Schreiben, das im Jahr 1492 ausgefertigt wurde, in eben dem Jahr, als Kolumbus nach Amerika auslief. Die transatlantischen Reisen der Norweger waren im Mittelmeerraum also noch nicht vergessen, als sich Kolumbus selbst zu seinem historischen Unternehmen einschiffte.

Gibt es da einen Zusammenhang? Oder wußte Kolumbus nichts von den regelmäßigen Segelfahrten norwegischer und isländischer Bauern, Händler, Priester, Mönche, Nonnen und Bischöfe – wie auch gelegentlich englischer Seeräuber – über den nördlichen Teil jenes Ozeans, den er selbst zu überqueren plante?

Kolumbus war mehr als ein unerschrockener und kühner Seemann. Vor allem war er ein glänzender Organisator und ein für seine Zeit sehr gelehrter Geograph, keineswegs ein unverschämter und unvorsichtiger Abenteurer. Er stand der katholischen Kirche sehr nahe und war bestimmt völlig vertraut mit allem, was der Vatikan über die christlichen Gemeinden in Europa und in Übersee wußte. In jeder Kolumbusbiographie wird Nachdruck darauf gelegt, wie sorgfältig er seine Forschungen betrieb, bevor er sich zu seiner Ozeanüberquerung entschloß, und wie er Informationen über Strömungen, Abdriften, Schiffbrüchige und Entdeckungen während seiner frühen Reisen an den Atlantikküsten Europas und Afrikas sammelte. Nicht alle Biographien sind der Ansicht, daß er nach Island gefahren ist, wenn sein Sohn auch schreibt, daß es so gewesen sei, doch ist historisch dokumentiert, daß er mindestens mit den gelehrtesten Männern in England und Rom Kontakt hielt, um geographische Informationen zu erlangen, die für seine Berechnungen von Nutzen waren. Und das geschah zu einer Zeit, als England und Rom in diplomatischer und religiöser Verbindung mit Norwegen standen, was die sich auflösende Kolonie auf Grönland betraf. Er hätte gar nicht vermeiden können, davon zu erfahren.

Nur wenn wir annehmen, daß Kolumbus nicht weniger von der genauen Lage Grönlands wußte wie der Leiter seiner eigenen Kirche oder die englischen Piraten, wird seine vorher überlegte Entdeckung des tropischen Amerika bedeutsam und verdienstvoll, der wahrhaft klugen Planung und Berechnung wegen. Kolumbus imitierte die Norweger weder in den Segelanweisungen noch in der Entdeckung, sondern machte sich zu einer vollkommen unabhängigen Expedition auf, die auf seinen eigenen, sehr bemerkenswerten Berechnungen beruhte.

In einem Punkt bestritt Kolumbus die religiösen Lehren seiner Zeit: er war überzeugt, daß die Erde eine Kugel sei. Wenn sich die Kirche im 15. Jahrhundert auch noch bemühte, die Vorstellung von der flachen Erde zu bewahren, so war ihre Kugelgestalt doch schon den frühen griechischen Astronomen bekannt gewesen, die einer genauen Berechnung des Erdumfangs von etwa 40 000 Kilometern schon erstaunlich nahe gekommen waren. Die klassischen griechischen Ergebnisse, die auf astronomischen Beobachtungen beruhten, waren Gelehrten zur Zeit des Kolumbus durchaus bekannt. Wenn Kolumbus auf der einen Seite die Ansicht des Ptolemäus akzeptierte, daß die Erde rund sei, so zweifelte er auf der anderen Seite doch die astronomischen Berechnungen im Hinblick auf ihre Größe an. Kolumbus war kein Astronom und muß deshalb irgendeinen besonderen geographischen Grund für seine feste Überzeugung gehabt haben, daß der Erdumfang nur etwa ein Fünftel von dem des durch die alten Griechen so genau errechneten sei. Seine enorme Fehlberechnung, die ihn aber schließlich doch unmittelbar zum Erfolg führte, läßt sich nur mit seiner Kenntnis der norwegischen Entdeckungen und der Benutzung von deren geographischer Länge als Grundlage und Angelpunkt seiner eigenen Berechnungen erklären. Mit anderen Worten, wenn die Entdeckungen der Norweger nicht berücksichtigt werden, können wir Kolumbus' Größe und die Gründe für seinen Erfolg überhaupt nicht verstehen.

Die europäische Ausdehnung vor Kolumbus hatte sich zunächst westwärts nach Grönland und danach ostwärts nach Asien erstreckt. In beiden Gebieten blieben Kolonisten zurück, die kommerzielle und religiöse Beziehungen mit Europa aufrechterhielten. Wie all seine Zeitgenossen glaubte Kolumbus an das Vorhandensein eines großen Weltmeeres und nur eines einzigen. Deshalb stellten sich die Menschen damals auf der anderen Seite dieses einzigen Ozeans Grönland im Norden und Indien im Süden vor. Marco Polo, der wie Kolumbus aus Norditalien kam, jedoch zwei Jahrhunderte vor ihm lebte, hatte die Küsten des fernen Asien erforscht. Infolgedessen und wegen bedeutender spanischer und portugiesischer Handelsposten in Indonesien waren die Europäer zur Zeit des Kolumbus mit dem Wissen vertraut, daß sich Asien in nordöstlicher Richtung bis in subarktische Regionen erstreckte. Da man glaubte, Grönland und Asien lägen beide auf der anderen Seite dieses einen Ozeans, ergab sich logischerweise die Vorstellung, daß das eine die Nordspitze des anderen darstellte, besonders, weil Marco Polos Asien ununterbrochen nordostwärts verlief, in der gleichen Richtung wie der, die sich beim Kurs Leif Erikssons an den Küsten der Subarktis wiederfand.

Kolumbus traf in Amerika genau an dem Tag und an der Stelle ein, an der er Asien zu erreichen erwartet hatte. Da der Pazifik allein die halbe Erdkugel einnimmt, hatte Kolumbus ein Fünftel der Entfernung nach Indien zurückgelegt, doch genau dort, wo er es berechnet hatte, Land erreicht. Trotz seiner drei erfolgreichen Reisen über den Atlantik starb Kolumbus in der Überzeugung, er habe den einen und einzigen Weltozean überquert und Indien erreicht. Dieser Verwechslung zufolge nennt man die Karibischen Inseln immer noch Westindien, und die amerikanischen Eingeborenen, die von den Norwegern als Skrälinge bezeichnet worden waren, sind für immer Indianer geworden, obwohl Indien so weit von ihnen entfernt liegt, wie es nur möglich ist; Amerikaner und Inder sind Antipoden.

Was machte Kolumbus so sicher, daß er genau dort Land finden werde, wo er Amerika fand? Nur die feste Überzeugung, daß Asien die Fortsetzung jenes nordatlantischen Gebietes sei, in dem sich die Siedlungen der Norweger befanden. Nur das Bild von Marco Polos Asien als einer sich südwestwärts erstreckenden Verlängerung von Leif Erikssons Vinland konnte in Kolumbus die Vision der winzigen Erdkugel hervorrufen, die er hatte, als er zum ersten Mal auf den Atlantik hinaussegelte, und die er bis zum Tag seines Todes behielt. Und nur wenn er die Entfernung und Richtung zur nordwestlichen Ecke des Atlantik ebensogut kannte wie die Seeleute der norwegischen Handelsschiffe oder die Piraten von England, war er in der Lage, die geographische Länge des Festlandes auf der anderen Seite des Atlantik so korrekt zu projizieren, wie es ihm vor seiner Reise gelang.

Der spätere Reisegefährte Kolumbus', der berühmte Chronist Las Casas, betonte, daß Kolumbus vor seinem Auslaufen von der Lage der Länder, zu denen er aufbrach, so sicher war, als ob er sie »in seinem Zimmer« gehabt hätte. Außerdem bezeugten mehrere Seeleute von der ersten Reise, daß Kolumbus ihnen vorher versichert habe, sie könnten nach einer Reise von nur 800 spanischen Meilen (alte spanische Meile etwa 5,6 km) erwarten, Land zu sichten, was auch der Fall war. Kolumbus folgte konsequent dem 28. nördlichen Breitengrad, auf dem Florida liegt, was ihn viel zu weit nördlich für irgendeine Landsichtung Indiens oder Indonesien gebracht hätte. Doch er war sich seines Kurses so sicher, daß er sich strikt weigerte, nach Südsüdwest abzudrehen, wie es seine verzweifelnden Offiziere und die Mannschaft forderten. Sie behaupteten, in dieser Richtung Anzeichen für Land entdeckt zu haben. Wie das Tagebuch des Kolumbus zeigt, bestand er trotz der wachsenden Gefahr einer Meuterei und mit Hilfe eines doppelten Logbuches, um seine Besatzung durch Betrug zu der Überzeugung zu bringen, sie seien noch nicht so weit von zu Hause entfernt, darauf, daß kein anderer Kurs sie so rasch zum Festland bringen würde wie der, den er steuern ließ. Eine kurze Abweichung, um eine offene Revolte zu verhindern, die sein Stellvertreter führte, zeigte, daß Kolumbus recht hatte. Und am 11. Oktober 1492, als seine erschöpfte Mannschaft bereits alle Hoffnung aufgeben wollte und die Küste Indiens immer noch viermal so weit entfernt war wie die bereits zurückgelegte Strecke, erklärte Kolumbus, daß sie am nächsten Tag Land sichten würden. Und es wurde am nächsten Tag gesichtet: eine Insel, die vor Florida lag und mit den zahllosen anderen Inseln und dem Kontinent der Skrälinge die Weiterfahrt verhinderte, die nur ein Stück dahinter begann.

Kolumbus hatte einiges zu verkaufen, als er Ihre katholischen Majestäten in Spanien dazu überredete, sein teures Unternehmen zu finanzieren. Die Idee, daß die Welt rund sei, war Jahrhunderte alt und wäre vor dem Besuch des Kolumbus von den Beratern der spanischen Krone entweder anerkannt oder abgelehnt worden. Kolumbus hatte mehr zu bieten, als er von den in Kriege verwickelten Herrschern Spaniens das erhielt, was sie einem ausländischen Seemann aus Genua niemals geboten hätten, wenn er ohne eine Trumpfkarte gekommen wäre. Was er verlangte und erhielt, waren drei vollständig ausgerüstete Schiffe, 120 Seeleute einschließlich Adliger, Beamter und Soldaten, eine Zahlung von zwei Millionen Maravedi in bar, den Rang eines spanischen Adligen, die Stellung des Großadmirals des Weltmeers, die Gewalt des Vizekönigs und unabsetzbaren Gouverneurs aller Inseln und des festen Landes, die er selbst oder irgend jemand anders in Zukunft im Ozean entdecken und erobern würde, und die Zusicherung, daß all diese Ehren an seinen erstgeborenen Sohn von Generation zu Generation vererbt würden. Dieser gewaltige Preis, von Kolumbus selbst »In nomine Domini nostri Jhesu Christi« zur Vorlage bei König Ferdinand und

Königin Isabella von Spanien diktiert, zeigt am besten, daß der Fremde aus Genua mehr zu verkaufen hatte als Beredsamkeit.

Was Kolumbus verkaufte, hätte von jedem anderen Forschungsreisenden seiner Zeit auch verkauft werden können, doch nur er tat es, und wir alle kennen die Geschichte vom Ei des Kolumbus. Es war kein Glückstreffer, sondern es waren ein wißbegieriger Geist, gewissenhafte Vorbereitungen und logische Berechnungen, die das Unternehmen des Kolumbus mit Erfolg krönten. Jene, die versuchen, die Bedeutung der frühen norwegischen Entdeckungen für das spätere Ergebnis der Bemühungen Kolumbus' zu schmälern, erweisen ihm einen schlechten und unangemessenen Dienst. Wenn er nichts von der nach Südwest verlaufenden Küste Vinlands gewußt hätte, dann wäre er ein unverantwortlicher Führer gewesen, der seine Fahrzeuge nur mit einem Fünftel der notwendigen Vorräte ausgerüstet und seine Männer durch Fälschung des Logbuches in den sicheren Tod getrieben hätte. Kolumbus starb jedoch in dem ehrlichen Glauben, daß Indien von Europa nur so weit entfernt lag, wie er vorhergesagt hatte. Es ist überaus bemerkenswert und regt zum Nachdenken an, daß diese feste Überzeugung ihn veranlaßte, seine Ansicht, daß die Erde rund sei, vor seinem Tod zu modifizieren. Da er wußte, daß die Reise nach Indien viel länger war für diejenigen, die in umgekehrter Richtung über die südliche Halbkugel segelten, kam er nach seiner dritten und letzten Reise nach Amerika zu einer sonderbaren Schlußfolgerung. Er schrieb: »Ich stelle fest, daß sie nicht rund ist, wie man sie beschreibt, sondern wie eine Birne geformt, die überall rund ist bis auf die Gegend um den Stiel, wo sie stark vorspringt; oder sie ist wie ein sehr runder Ball mit etwas wie der Brustwarze einer Frau an einer Stelle, und dieser vorspringende Teil ist der höchste und der dem Himmel nächste.« [71]

Kolumbus ist wegen dieser scheinbar albernen Idee verspottet worden, weil sie von einem Menschen kam, der eigentlich deshalb gefeiert wurde, weil er durch die Tat gezeigt hatte, daß die Erde rund ist. Seine Schlußfolgerung war recht bedeutsam, sogar logisch, wenn wir uns vor Augen halten, daß er glaubte, die Wikingersiedlungen stellten den nördlichen Teil Asiens dar. Kolumbus glaubte, er habe den ganzen Weg zu den Gewürzinseln östlich von Indien zurückgelegt, indem er einen kürzeren Weg über den »oberen« nördlichen Teil der birnenförmigen Erde gesegelt war, den Weg, der kürzer war als der über die »untere« südliche Hemisphäre zu jenen fernen Inseln.

Nur wenn wir den norwegischen Entdeckern Grönlands und Nordamerikas die Ehre geben, die ihnen zukommt, erscheint Kolumbus in der richtigen Perspektive – nicht als leichtsinniger Seemann, der zufällig auf Amerika stieß, weil es ihm die Weiterfahrt nach Indien versperrte, sondern weil er kreative Phantasie und große Gelehrsamkeit mit der Fähigkeit verband, die verfügbaren Informationen zur Planung der Suche nach einer Küste zu nutzen, die dann auch dort gefunden wurde, wo sie sein sollte.

# III

# Das Pazifik-Problem

*Das Pazifik-Dogma vor der* Kon-Tiki-*Reise:*

»Da die südamerikanischen Indianer weder die Schiffe noch die Navigationskunst besaßen, den Meeresraum zwischen ihrer Küste und den nächsten polynesischen Inseln zu überqueren, kann man sie als mögliche Besiedler außer acht lassen.«

Sir Peter Buck, führender Gelehrter für das Gebiet der Polynesien-Wissenschaft, in: *An Introduction to Polynesian Anthropology*, Honolulu 1945

# 6

# Auf dem einfachen Weg von Asien nach Polynesien

Die Größe des Pazifikproblems leitet sich von der Größe des Pazifischen Ozeans ab. Dieser Ozean bedeckt die Hälfte der Erdoberfläche. Seine Küsten am Äquator bilden in Asien und Amerika genaue Antipoden. In weit zurückliegenden geologischen Perioden stiegen zwei Typen winziger Inseln an die Oberfläche dieser wasserbedeckten Erdhalbkugel. Der eine Typ wuchs als dampfende Lava aus unterseeischen Vulkanen empor, während der andere allmählich von Korallenpolypen geschaffen wurde, die ihre Kolonien nicht auf die bis an die Meeresoberfläche gelangten Kraterränder bauten. Wenn man Neuseeland ausnimmt, würde die gesamte Fläche der ozeanischen Inseln des Pazifik nicht einmal die Hälfte des Staates New York bedecken. Da der Ozean, in dem sie liegen, allen Kontinenten der Erde samt allen anderen Meeren an Größe gleich ist, muß die Entfernung von einem dieser winzigen Landfleckchen zum anderen naturgemäß ungeheuer sein. Daß Steinzeitmenschen all diese Inseln besiedelt hatten, bevor diese von den Europäern gefunden wurden, ist eine erstaunliche Tatsache, die die Entdeckung des amerikanischen Kontinents auf der anderen Seite über den schmalen Atlantik durch die Europäer klein erscheinen läßt.

Östlich von Asien und nördlich des Äquators liegt der mikronesische Teil des Pazifischen Ozeans, ein Gebiet, das die gesamte Breite des Atlantik einnimmt und vor der Außenwelt winzige Inseln verborgen hält, überwiegend Korallenatolle, die sich kaum über die Wellen erheben und erst sichtbar werden, wenn man ihnen äußerst nahe kommt. Zusammengenommen bedeckt ihre Fläche etwa 3500 Quadratkilometer oder weniger als Long Island vor New York. Viele von ihnen waren tatsächlich der Außenwelt bis tief ins 19. Jahrhundert hinein unbekannt geblieben. Dagegen wurden, wie wir bereits sahen, die höchsten und Asien am nächsten liegenden Vulkaninseln von Europäern entdeckt, die von Amerika kamen.

Südlich von Mikronesien liegt Papua-Melanesien, ein entsprechend weites Ozeangebiet, das dort beginnt, wo der indonesische Archipel endet, und sich etwa 6500 Kilometer weit vom westlichen Neuguinea bis zum östlichen Fidschi erstreckt. Große, hohe Inseln kontinentalen Typs bilden eine fast ununterbrochene Brücke, die in dieser Region ostwärts führt und nur Fidschi als eine ozeanische Gruppe ausnimmt, die deutlich von den übrigen Inseln getrennt liegt.

Ostwärts von Mikronesien wie von Papua-Melanesien, in der Amerika am nächsten liegenden Pazifikhälfte, befindet sich Polynesien. Die weit voneinander entfernten polynesischen Inseln und Atolle sind winzig und innerhalb eines Dreiecks verstreut, das von Hawaii im Norden, Neuseeland im Süden und der Osterinsel im Osten gebildet wird. Es gibt kein bewohnbares Land, das Polynesien von Amerika trennt.

Das Problem, wie es Steinzeitmenschen möglich war, die halbkontinentalen Territorien von Papua-Melanesien zu besiedeln, hat nur wenige Debatten unter Wissenschaftlern ausgelöst, obwohl die Archäologie zeigte, daß die Besetzung dieses Gebietes durch den Menschen auf extrem frühe Perioden zurückgeht. Es war ganz offensichtlich, daß die dunkelhäutigen, negriden Menschen Papua-Melanesiens, wie die primitiven Ureinwohner Australiens und Tasmaniens, aus Südasien und Indonesien – fast zu Fuß – gekommen sein mußten, als noch weniger Wasser als heute diese eng beieinanderliegenden Landmassen voneinander trennte. Vielleicht Fidschi ausgenommen, gab es da keine Schiffahrtsprobleme.

Auch das Problem der Besiedlung Mikronesiens durch primitive Stämme in viel späteren Zeiten übergehen die Gelehrten oft leichthin, da sie sich mit der Beobachtung zufriedengeben, daß die mikronesischen Stämme eine Mischung aus einem noch nicht identifizierten Volk und späteren Eindringlingen aus Melanesien im Süden und Polynesien im Osten zu sein scheint. Winde und Strömungen hätten Driften über See von diesen benachbarten Inselgebieten begünstigt.

Das Problem aber, wie Polynesien besiedelt worden ist, hat mehr Kontroversen hervorgerufen als jedes andere Rätsel in der Geschichte der anthropologischen Wissenschaften. Eine riesige Anzahl einander widersprechender Theorien ist von Gelehrten verschiedener Sachgebiete vorgetragen worden und weit mehr noch von Pseudowissenschaftlern und Populärschriftstellern. Diese gegensätzlichen Theorien haben nur zwei grundlegende Schlußfolgerungen gemein: Polynesien wurde als das letzte große Gebiet auf der Erde besiedelt, und der Mensch aus Asien spielt in den Wanderungen, die allmählich die Besiedlung der gesamten pazifischen Halbkugel, das ferne Polynesien eingeschlossen, zur Folge hatten, eine Hauptrolle. Mit anderen Worten: Wir haben alle nach hypothetischen Segelrouten von Asien gesucht – und sie auch vorausgesetzt –, die irgendwie das 6500 Kilometer breite, rassische und kulturelle Puffergebiet von Mikronesien und Papua-Melanesien umgehen oder durchqueren konnten, um es den Polynesiern zu ermöglichen, sich in späteren Jahrhunderten östlich davon auf den isolierten Inseln anzusiedeln.

Die hier angenommene Wanderungsroute von Asien nach Polynesien ist die, die ich bereits im Jahr 1941 in einem Aufsatz über die Ursprünge der Polynesier in der New Yorker Zeitschrift *International Science* vorgetragen habe. Diese Veröffentlichung fand wegen der zunehmenden Ausweitung des Zweiten Weltkrieges nicht viel Aufmerksamkeit, und als ich im Jahr 1946 nach Amerika zurückkehrte und mit dem Balsafloß *Kon-Tiki* im Jahr darauf von Peru aus in den Pazifik segelte, ging die asiatische Komponente in der von mir aufgestellten Wanderungstheorie völlig in der Aufmerksamkeit unter, die das Floßunternehmen und seine unerwartete Wirkung durch Buch und Film auf das Publikum hervorriefen. Bei dem Versuch, zu zeigen, daß Südamerika der einzige Beteiligte bei der Besiedlung Polynesiens gewesen sei, beschuldigten mich Gelehrte und populäre Schriftsteller von überallher, Asien außer acht gelassen zu haben. Alle Bemühungen, diese Vorwürfe zurückzuweisen und meinen Standpunkt zu erläutern, hatten wenig Erfolg. In dem im Jahr 1952 veröffentlichten Buch *American Indians in the Pacific* unternahm ich einen neuen Versuch, dieses anscheinend universale Mißverständnis zu beseitigen, indem ich die ersten 178 Seiten ausschließlich der Analyse der am ehesten zu benutzenden Route für die asiatische Komponente in der – wie ich zugab – gemischten polynesischen Inselbevölkerung widmete. Unter dem Zwischentitel »Mit der Neuen Welt als Zwischenstation wird eine neue Route, aber keine neue Quelle angenommen« wurde folgende Erklärung vorgetragen:

»Es ist nicht meine Absicht, zu leugnen, daß die Polynesier bis zu einem gewissen Grad entfernte Verwandte unter den Malaien haben. Ich bezweifle nur, daß je Vorfahren der Polynesier auf den Malaiischen Inseln gelebt haben. Ich kann nicht einsehen, weshalb wir, wenn wir die malaiisch-polynesischen Beziehungen erörtern, die Polynesier stets als Wanderer nach Polynesien und die Malaien als stationär im Malaiischen Archipel betrachten. Wir wissen genau, daß die Malaien auf ihrem jetzigen Archipel nicht autochthon, sondern Auswanderer von dem dahinterliegenden Kontinent sind. Es ist deshalb durchaus möglich, ja geradezu höchst wahrscheinlich, daß die jetzigen Malaien, ebenso wie die Polynesier, in den langen Jahrhunderten, die seit der Zeit verstrichen sind, als ihre Vorfahren noch Kontakt miteinander hatten, gewandert sind. Wenn das der Fall ist, dann kann der indonesische Archipel – ebensowenig wie die polynesischen Inseln – nicht das geographische Gebiet sein, in dem sich die Linien der alten Vorfahren dieser beiden Völker treffen. Wie die der Polynesier geht die Linie der Malaien zurück auf den asiatischen Kontinent. Es ist tatsächlich das malaiische *Volk* und nicht sein Archipel, das rudimentäres Beweismaterial für den frühen Kontakt mit einer paläopolynesischen Bevölkerungsgruppe besitzt.

Die polynesischen Vorfahren verließen das Küstengebiet von Ostasien als jungsteinzeitliches Volk, bevor sich die hohe lokale Kultur entwickelte. Das gleiche gilt für die Malaien und ebenso für alle Indianer. Wir brauchen von keiner der bekannten Tatsachen und von keinem der eingeführten Prinzipien der polynesischen Anthropologie abzuweichen, wenn wir behaupten, daß die Vorfahren der Polynesier Ostasien zu ihrer langen jungsteinzeitlichen Wanderung nach Polynesien nicht unbedingt zu einer langsamen oder schnellen Segelfahrt durch den mikronesischen Ozean verließen, sondern indem sie der asiatischen Küste folgten – nämlich dem nach Osten führenden Kuroschiwostrom, vom Festland Südostasiens, oder gar von den Philippinen –, bis zu einem zeitweiligen Aufenthalt und schließlichen Einschiffungsort in den höheren Breiten des Pazifik.«[72]

Mit dieser angenommenen Route von Ostasien aus beschäftigt sich das folgende Kapitel. Diese Route war auch das Hauptthema eines Vortrags, *Sea Routes to Polynesia,* der im Universitätsmuseum der Pennsylvanischen Universität im April 1961 gehalten und danach im Bulletin des Museums veröffentlicht wurde. Die gleiche Route von Asien aus war auch das spezielle Thema einer Rede über *Primitive Navigation* vor dem 13. Kongreß der Pazifikwissenschaften im August 1975 in Vancouver, Britisch-Kolumbien, später von diesem Kongreß und im *Encyclopedia Britannica Yearbook for Science and the Future* für 1976 veröffentlicht. Das folgende Kapitel ist daraus zusammengestellt.

Vor 200 Jahren wurde allgemein angenommen, daß die polynesischen Stämme auf den isolierten Inseln im östlichen Pazifik Indianer seien, die – wie auch alle frühen Europäer – von den vorherrschenden östlichen Winden und Strömungen dorthin getragen worden waren. Wir sahen, daß es 500 Jahre lang, von der Zeit Marco Polos bis zu der von Kapitän Cook, keinem einzigen europäischen Schiff gelang, sich den Weg von Asien oder von den späteren Kolonien in Indonesien in irgendeinen Teil Polynesiens zu erzwingen. Alle Reisen in den polynesischen Teil des Ozeans folgten ausnahmslos einem Kurs von Amerika nach Asien, und um von Asien zurückzukehren, mußte man aus den indonesischen Gewässern an Japan entlang zu den hohen Breiten zwischen den Aleuten und Hawaii hinaufsegeln.

Kapitän Cook, der den Pazifik kreuz und quer durchsegelte, entdeckte als erster, daß einige polynesische Wörter mit den entsprechenden Ausdrücken in den malaiischen Sprachen verwandt waren. Andererseits bemerkte Cook wie seine Zeitgenossen Vancouver und Dixon, daß die physischen Eigenschaften und kulturellen Merkmale der polynesischen Inselbewohner bemerkenswerte Ähnlichkeit nicht mit den Malaien, sondern mit den maritimen Indianern des kontinentalen Archipels entlang der nordwestamerikanischen Küste zeigten. Beobachter aus dem 18. Jahrhundert dachten über die überseeischen Verbindungen zwischen diesen drei Inselbevölkerungen nach, die in getrennten Gebieten desselben Ozeans lebten. Die Ethnologen des 19. Jahrhunderts bemerkten, daß es mehr als unbestimmte linguistische Einzelheiten waren, die Polynesien mit der Alten Welt verknüpften: die Polynesier besaßen Schweine, Hühner, Brotfrucht, Bananen, Zuckerrohr, die Yamswurzel, Taro sowie den Brauch, einen Ausleger an die Seite ihrer Kanus zu binden – sämtlich unbezweifelbar asiatische Kulturelemente.

Die Ansicht änderte sich. Ethnographisch schien sich die Frage nach der Herkunft der Polynesier nun einfach beantworten zu lassen. Man brauchte nur das Gebiet im Malaiischen Archipel zu suchen, von wo aus die Vorfahren der Polynesier, von einer Insel zur nächsten segelnd, ihr jetziges Wohngebiet erreicht hatten. Die Theorie des Übersetzens von einer Insel zur nächsten erhielt weite Unterstützung von solchen Theoretikern, die die gewaltige pazifische Halbkugel nur von den mit Inseln übersäten Karten her kannten, auf denen die unvermeidlich übertrieben großen Punkte und die gedruckten Namen der Inseln einen scheinbar zusammenhängenden Teppich von Indonesien bis fast zur Osterinsel bilden. Diejenigen, die diese Wasserhälfte des Globus wirklich kannten, waren nicht so leicht zu überzeugen. Die Geographen wiesen auf die hier im 2. Kapitel erörterte Tatsache hin, daß das Inselgebiet des Pazifik in der Hauptrichtung der ständig rotierenden Elemente liege, die so entscheidend dafür gewesen waren, daß alle frühen europäischen Entdeckungsreisenden auf ihre Segelrouten gezwungen wurden. Die Geographen erkannten auch, daß die zusammengedrängten Karten, die sie produziert hatten, um sämtliche Informationen über die pazifische Hemisphäre auf ein winziges Blatt Papier zu bringen, unvermeidlich täuschend und zu dieser Theorie des Springens von einer Insel zur nächsten führen mußte. In seiner Abhandlung *The Geography of the Pacific* betont H. E. Gregory klugerweise: »Aber die ozeanischen Inseln boten keine Möglichkeiten zur Wanderung. Sie bezeichnen keine Route von irgendwo nach irgendwo. Sie sind klein, liegen weit voneinander entfernt, sind unregelmäßig verteilt und bieten für Pflanzen und Menschen ungewöhnliche Bedingungen, sie zu erreichen.«[73]

Die Schwierigkeiten für diejenigen Ethnologen, die die Lösung des Springens von einer Insel zur anderen befürworteten, vermehrten sich noch, als es den Archäologen nicht gelang, irgendwelche Spuren eines früheren Aufenthalts der Polynesier irgendwo auf dem Malaiischen Archipel oder im Westpazifik zu finden, woher sie gekommen sein sollen, und auch als die Anthropologen über das malaiische Habitat hinaus nach Menschen zu suchen begannen, deren Körperbau und Physiognomie besser zu den Merkmalen der großwüchsigen und scharfgesichtigen Polynesier paßten als die physischen Züge der kleinen und flachgesichtigen Malaien. Ende des 19. Jahrhunderts entstand deshalb die Polynesienfrage, und Gelehrte aller Fachrichtungen stießen immer häufiger in Hypothesen und Theorien zusammen und gerieten in Auseinandersetzungen. Fast jedes Land auf den Kontinenten hinter Indonesien, von China und Indochina bis Indien, Mesopotamien, Ägypten und sogar Skandinavien ist ernsthaft als die mögliche Heimat der Vorfahren der Polynesier genannt worden. Was das Problem noch schwieriger machte, war, daß die meisten Beobachter zu der Schlußfolgerung kamen, daß mehr als eine Wanderungswelle Polynesien erreicht habe und daß Polynesien sowohl rassisch als auch kulturell ein Schmelztiegel sei.

Nach einem Jahrhundert philologischer Forschung erwies sich das Beweismaterial als gültig, führte jedoch nirgendwohin. Es wurde früh entdeckt, daß die Strukturen der polynesischen und der malaiischen Sprache völlig verschieden waren, daß weniger als ein Prozent des Wortschatzes der beiden Völker verwandte oder gleiche Wurzeln hatte und daß echte malaiische Wörter und Sanskritausdrücke, die in sehr früher Zeit in die malaiische Sprache eingedrungen waren, fehlten. Außerdem wiesen Ausdrücke mit möglicher Wurzelverwandtschaft zum Polynesischen eine so diffuse und sporadische Verteilung innerhalb des Malaiischen Archipels auf, daß sich keine Insel als Ort des Kontaktes gemeinsamer Vorfahren vorschlagen ließ. Infolgedessen entwickelten sich zwei verschiedene sprachwissenschaftliche Schulen. Die eine suchte nach einer gemeinsamen malaiisch-polynesischen Muttersprache irgendwo im kontinentalen Asien, woher sich die Malaien und Polynesier unabhängig verbreitet haben könnten; während der insularen Isolierung über viele Jahrhunderte hin hätten diese beiden Völker mehr von der einmal gemeinsamen Muttersprache bewahren müssen als ihre kontinentalen Verwandten, die Eroberungen und rassischer und sprachlicher Vermischung weit stärker ausgesetzt waren. Die andere wählte einen anderen Weg und behauptete, die polynesische Sprache habe sich überhaupt nicht in Asien oder Indonesien entwickelt, sondern in Ozeanien, irgendwo in den Archipelen, die am Rande des heutigen Polynesien lägen. Von hier aus, so wurde angenommen, hätten sich die Polynesier mit einer gemeinsamen Sprache ostwärts zu all ihren weit voneinander getrennten Gruppen und Inseln im Ostpazifik ausgebreitet, und von dem gleichen ozeanischen Entwicklungszentrum hätten sich sporadisch auch einige Ausdrücke in entgegengesetzter Richtung in das malaiische Gebiet verbreitet. Die Sprachwissenschaftler bringen uns schließlich also einer Lösung des vielschichtigen Problems auch nicht näher. Sie legen nur zwei einander widersprechende Hypothesen vor, von denen keine die Annahme einer früheren Heimat der Polynesier in Indonesien begünstigt.

Wenn auch die Sprache keinen direkten Hinweis bietet, gibt es doch andere Wege, um dem Patt in der malaiisch-polynesischen Frage auszuweichen. Die Anthropologie zur Erforschung körperlicher Merkmale wird im allgemeinen als zuverlässiger für die Feststellung rassischer Verwandtschaft angesehen als die Sprachwissenschaft, da sich das Sprachmaterial unabhängig von menschlichen Beziehungen verbreiten kann. Der prominente amerikanische Anthropologe L. R. Sullivan führte vor einem halben Jahrhundert die ersten systematischen Vergleiche zwischen der polynesischen und der malaiischen Körperkunde durch. Er stellte grundlegende Unterschiede zwischen dem Körpertyp des Polynesiers und dem des Malaien fest: im Grad der Pigmentierung, der Bart- und Körperhaarentwicklung, der Dicke der Lippen und der Augenform, und behauptete, daß die Indonesier geradezu die Antithese der Polynesier in Körpergröße, Kopf-, Gesichts- und Nasenform seien. Seine Schlußfolgerung lautete, daß eine nahe physische Verwandtschaft ausgeschlossen sei, da ein »großer Unterschied in nahezu jedem einzelnen untersuchten Zug« bestehe.[74]

Sullivans Entdeckungen sind von späteren Vertretern dieser Anthropologierichtung niemals bestritten, sondern von modernen Blutgruppenuntersuchungen bestätigt worden. Wissenschaftler der Serumlabors des Commonwealth in Melbourne, Australien, besonders R. T. Simmons, J. J. Graydon und deren Mitarbeiter, begannen eine überaus gründliche Untersuchung der Antigenfrequenzen im ganzen Pazifik und stellten dabei fest, daß die Polynesier im Bluttyp erheblich von allen anderen Völkern Südostasiens und des Westpazifik abwichen. Dominante Gene wie die Blutgruppe B, die nach dem Mendelschen Vererbungsgesetz nicht völlig aus einer Familie verschwinden können, in der sie einmal vorhanden gewesen sind, fallen durch ihr Fehlen bei allen reinblütigen polynesischen Stämmen auf, obwohl sie in Südasien mit Indonesien, Melanesien und Mikronesien das Maximum auf der Welt erreichen. Die Blutmusteruntersuchungen der A-B-O-, M-N-S-, Rh-, P-, $Le^a$-, $Fy^a$ und K-Faktoren zeigten, daß es eine ausgeprägte Übergangslinie gibt, die die Polynesier von allen westlichen Nachbarn trennt, während sie das Blutmuster der eingeborenen Indianer aufwiesen.[75]

Die Tatsache, daß die Polynesier aus Gründen der genetischen Bluttypen nicht von der heutigen Bevölkerung Südostasiens abstammen und ebensowenig ihren Blutcharakter durch Vermischung mit den dazwischen lebenden Bewohnern der melanesischen oder mikronesischen Inseln verloren haben können, schuf ein neues Dilemma. Bisher hatte man allgemein angenommen, daß die von Insel zu Insel übersetzenden Vorfahren der Polynesier das 6500 Kilometer weite melanesisch-mikronesische Puffergebiet sehr schnell, fast nonstop durchsegelt haben mußten, damit sie nicht die helle Haut und die europiden Gesichter durch Vermischung mit Menschen verloren, die noch dunkler und weit negrider waren als die Malaien. Die Blutmuster schlossen einen solchen raschen Durchzug jedoch aus, weil er keine Zeit für die völlig grundlegende Veränderung von den indonesischen zu den polynesischen Antigenfrequenzen gelassen hätte. Die glühendsten Verfechter der Theorie, daß die Polynesier von Indonesien aus nach Osten gesegelt seien, setzten sich nun für die entgegengesetzte Lösung ein und behaupteten, die Vorfahren der Polynesier seien ganz und gar nicht schnell durch Mikronesien hindurchgesegelt, sondern so langsam, daß die polynesischen Blutmuster und die anderen physischen Merkmale reichlich Zeit gehabt hätten, sich unterwegs durch »Mikroevolution« zu verändern. Nach dieser Hypothese hätten einige Männer und Frauen, denen zufällig sämtlich der lokale dominante B-Faktor fehlte, ihre Verwandten mit den B-Faktoren irgendwo in Asien zurückgelassen und ein unbewohntes Atoll in Mikronesien besiedelt. Später könnten zufällig wieder nur diejenigen unter ihren Nachkommen zur nächsten Insel weitergesegelt sein, denen der B-Faktor fehlte. Wenn jedesmal nur eine kleine Gruppe der Menschen, die keinen B-Faktor besaßen, durch Zufall weitersegelte und ihre Verwandten mit dem B-Faktor zurückließen, konnte die »Mikroevolution« unter ausgewählten einzelnen schließlich wohl dazu führen, daß die ersten von ihnen, die Polynesien erreichten und sich über dieses Gebiet verbreiteten, fast ohne die für ihre angeblichen südostasiatischen Ahnen so charakteristischen B-Antigene waren.

Die Schwächen dieser Hypothese sind jedoch zahlreich. Erstens gibt es keinerlei Beweismaterial für eine solche allmähliche Abnahme in der Frequenz der B-Antigene, wenn wir von West nach Ost durch Mikronesien oder Melanesien fahren. Das Verschwinden des B-Faktors ist scharf und plötzlich und findet genau dort statt, wo die anderen Inseln aufhören und Polynesien beginnt. Zweitens wäre es doch ein bißchen zuviel des Zufalls, wenn sich nur Paare nach Osten ins Unbekannte aufgemacht hätten, denen beide der B-Faktor fehlte. Und es wäre wohl ausgeschlossen, daß eine völlig parallele »Mikroevolution« auch mit den M-N-S-, Rhesus- und den gesamten anderen Blutgruppen und den physischen Merkmalen stattfände, die gemeinsam den polynesischen Typ ausmachen und diesen so scharf von den Menschen des Westpazifik trennen.

In dem Augenblick, in dem wir uns wieder in die riskanten Spekulationen von lang währenden Aufenthalten der Polynesier in Mikronesien oder Melanesien wagen, sind wir abermals dort festgefahren, wo die Probleme begannen, und außerdem befinden wir uns in unüberwindlichen Schwierigkeiten mit der Archäologie. Die mikronesischen Atolle sind klein; der trockene und offene Korallenboden verbirgt nichts, und dennoch gibt es keinerlei Spuren einer früheren Besiedlung durch Polynesier. Die südöstlichen Atolle Kapingamarangi und Nukuoro sind Ausnahmen, aber Linguisten und Ethnologen haben gemeinsam bewiesen, daß diese beiden Atolle von echten polynesischen Seefahrern besiedelt worden sind, die in den letzten Jahrhunderten vor dem Wind von Samoa heruntergekommen sind. Das völlige Fehlen irgendwelcher Spuren für einen Durchzug der Polynesier durch das mikronesische Gebiet hat manche Forscher veranlaßt, diese offenen Atolle zugunsten der großen, urwaldbedeckten Gebirgsinseln Melanesiens als theoretische Zwischenstationen nach Polynesien aufzugeben. Doch dort, inmitten der alten und dichten negriden Bevölkerung dieses 6500 Kilometer breiten und unwirtlichen Territoriums, hat keinerlei Chance für eine längere polynesische »Mikroevolution« bestanden.

Spuren neuerer polynesischer Kolonien sind auf mehreren exponierten Küsten östlicher Inseln Melanesiens sowie auf der östlichen Landzunge Neuguineas gefunden worden. Doch wie die bereits erwähnten Atolle in Mikronesien haben sich diese isolierten polynesischen Kolonien immer als Ergebnis ziemlich junger Reisen vor dem Wind direkt von Samoa oder Tonga im eigentlichen Polynesien erwiesen.[76]

Sir Peter Buck, der bekannteste Vertreter der Theorie, daß Polynesien von Indonesien nach Osten gehend besiedelt worden sei, war jedem Eindringen von Polynesiern in Melanesien so entschieden abgeneigt, daß er argumentierte: »Eine starke Bestätigung der mikronesischen Route liegt in dem positiven Beweis gegen die Route durch Melanesien.« Er hatte tatsächlich keinen anderen Beweis für die mikronesische Route, und damit, daß er die Route durch Melanesien ablehnte, gab er auch die lange gewünschten botanischen Argumente für die Heimat der Polynesier in Indonesien auf. Auf den trockenen und sandigen Atollen Mikronesiens wuchsen lediglich Kokosnüsse und Trockenland-Taro, zwei Pflanzen, die auch im alten Amerika heimisch waren, während die anderen, anspruchsvolleren ozeanischen Nahrungspflanzen in diesem ganzen Gebiet fehlten. Buck war sich dieser Fallgrube durchaus bewußt und zog die Konsequenzen, als er schrieb: »Die mikronesische Route konnte deshalb von den Pflanzen nicht benutzt worden sein... obwohl die Polynesier über die mikronesische Route nach Zentralpolynesien einwanderten. So wichtige Nahrungspflanzen wie Brotfrucht, Banane, Yamswurzel und der bessere Taro wurden von Melanesiern aus Indonesien nach Neuguinea gebracht und an ihren östlichen Vorposten auf den Fidschiinseln weitergegeben.«

Es war Bucks Verdienst, gezeigt zu haben, daß diese wichtigen Nahrungspflanzen nicht von den ursprünglichen polynesischen Einwanderern gebracht, sondern durch Grenzkontakte zwischen Polynesien und Melanesien erworben wurden, als die wohlbekannten und schon lange währenden Handelsbeziehungen zwischen Samoa und Tonga auf der polynesischen Seite und den Fidschiinseln als den nächsten Vorposten Melanesiens begannen. In gleicher Weise stellte er die Behauptung auf, daß die Haustiere ein Beweis für die Herkunft der Polynesier aus Indonesien seien: »Korallenatolle bildeten also eine Schranke für die Verbreitung von Haustieren. Sie müssen über die melanesische Route weitergegeben und von den Fidschiinseln nach Samoa gebracht worden sein.«

Buck zeigt tatsächlich, daß die samoanische Überlieferung ausdrücklich erklärt, daß das den Vorfahren unbekannte Schwein erst bekannt wurde, als ein Reisender von Samoa die Fidschiinseln besuchte und mit einigen Ferkeln zurückkam. Buck erklärt: »Die Bedeutung Fidschis als Handelszentrum kann gar nicht überschätzt werden. Das westliche Dreieck Samoa, Tonga und Fidschi wurde ein wichtiges Gebiet für Tausch und Verbreitung ... Die kulturellen Veränderungen, die im westlichen Dreieck stattfanden, bahnten sich vor allem durch den Austausch von Nahrungspflanzen und Haustieren an ... Die Pflanzen und Tiere wurden nach Zentralpolynesien gebracht, doch die Bräuche der Fidschiinsulaner blieben im Westen.«[77]

Die Tiere, die sich von den Fidschiinseln nach Polynesien verbreiteten, waren das Schwein und das Huhn. Wir werden später sehen, daß das einzige verbleibende polynesische Tier, der Hund, in Melanesien und Mikronesien unbekannt war, aber mit alten amerikanischen Rassen übereinstimmt. Deshalb ist es bedeutsam, daß zwar der Hund den Maori auf Neuseeland bekannt war, nicht jedoch das Schwein und das Huhn. Wir werden außerdem sehen, daß der Hund in ihren ältesten Überlieferungen und Mythen erwähnt wird, während selbst in den Stammeserinnerungen ein seltsames Schweigen über das Schwein und das Huhn herrscht. Das ist nicht schwer zu erklären. Aus genealogischen Untersuchungen ist bekannt, daß die Maori Neuseelands zu Anfang unseres Jahrtausends aus dem östlichen Gebiet Polynesiens kamen und sich nach einer begrenzten Zeit fortgesetzter Kontakte mit den Inseln im Nordosten völlig vom übrigen Polynesien isolierten und keine Impulse von der Außenwelt mehr erhielten, bis Tasman im Jahr 1642 eintraf. Daß außerdem die Nahrungspflanzen, die Hühner und Schweine, die sich in dieser Periode zentralpolynesischen Handels und maritimer Aktivität von den Fidschiinseln aus verbreiteten, die isolierten Stämme auf Neuseeland nicht erreichten. Sie bleiben in jeder Hinsicht die reinsten Vertreter des ursprünglichen polynesischen Bestandes. Es ist äußerst bedeutsam, sich vor Augen zu halten, daß die Diffusion zwischen den Inseln, die in den letzten Jahrhunderten vor der Ankunft der Europäer die polynesische Kultur beeinflußte und veränderte, die Maori unbeeinflußt ließ. Aus diesem Grund ist es ebenso wichtig, daß selbst eine so überaus nützliche und wichtige Erfindung wie der Ausleger keinen Maoristamm noch deren Moriorinachbarn auf den Chathaminseln erreichte, obwohl er sich mit anderen nützlichen Errungenschaften von den Fidschiinseln in nahezu das gesamte übrige Polynesien verbreitete.

Mit den direkten Beweisen dafür, daß die Polynesier ohne die Pflanzen und Tiere aus der Alten Welt angekommen waren und nicht einmal den einfachen oder den doppelten Ausleger kannten, sind nicht nur die letzten Argumente für die Theorie einer Wanderung von Indonesien nach Osten hinfällig geworden, sondern wir müssen außerdem nach einem völlig anderen Einschiffungsgebiet suchen, von dem aus die Maori-Polynesier den Ostpazifik erreicht haben könnten, zu einer Zeit, als sie noch nichts vom Ausleger, der wünschenswertesten aller asiatischen Erfindungen für die Seefahrt, wußten. In ganz Indonesien, von Sumatra und den Philippinen bis zur nächsten Spitze Neuguineas haben die Malaien und Indonesier seit frühen Zeiten den *doppelten* Ausleger benutzt, um ihr Fahrzeug zu stabilisieren, das heißt, sie befestigten mit Hilfe von Querstangen einen schwimmenden Baum zu jeder Seite des Fahrzeugs. Die Mikronesier und Melanesier benutzten einen *einfachen* Ausleger, einen Baum auf nur einer Seite. Aus diesem Grund bauten die Mikronesier ihre Kanus seitlich asymmetrisch. Als die Polynesier den einfachen Ausleger für ihre seitlich *symmetrischen* Kanus übernahmen, folgten sie nicht dem mikronesischen Modell, sondern dem der benachbarten Fidschiinseln. Kurz, weder der indonesische noch der mikronesische Typ des Auslegerbootes erreichte den Ostpazifik.

Die Möglichkeit einer Wanderung von Indonesien aus nach Osten, die Neuseeland und die anderen Inseln zu einer Zeit erreichte, die mit der Besiedlungsperiode Polynesiens vereinbar ist, wird noch durch weitere Stolpersteine blockiert. Zu den vielen, von Beobachtern nachdrücklich genannten Hindernissen gehört, daß sich die Polynesier in unserem Jahrtausend als reine Steinzeitmenschen über ihr Inselgebiet verbreiteten, während auf den Philippinen im 2. Jahrhundert v. Chr. und bald darauf in ganz Indonesien nicht nur Bronze, sondern auch schon Eisen in Gebrauch war.

F. W. Christian lenkte außerdem die Aufmerksamkeit auf das Fehlen des Rades in ganz Polynesien, obwohl es in Indonesien schon so früh wie das Eisen bekannt war.[78] Sein Fehlen im frühen Amerika war einmal ein Hauptargument gegen Kontakte mit der Alten Welt. Weshalb wurde das gleiche Argument im Fall von Polynesien nie akzeptiert?

H. Petri zeigt in seiner Abhandlung über pazifische Währungssysteme, daß Stein- und Muschelgeld in Südostasien zur jüngeren Steinzeit gehört und eine fast universale Verbreitung in ganz Indonesien, Mikronesien und Melanesien hatte. Er war infolgedessen überrascht über das plötzliche und vollkommene Fehlen irgendwelcher Art von Geld in ganz Polynesien. Er fand keine andere Erklärung, als über einen möglichen »kulturellen Rückschritt« zu spekulieren.[79]

O. F. Cook nahm die Beobachtung seines Kollegen, des Botanikers B. Seemann, auf und behauptete, die Unkenntnis der Alkoholbereitung im primitiven Polynesien zeige, daß diese Inselbewohner nicht aus irgendeinem Teil der malaiischen Region kommen konnten, »weil Kolonisten aus Asien bestimmt die asiatische Kunst, den Saft der Palmen zu zapfen, indem die jungen Blütentriebe zur Bereitung von Palmwein und Zucker aus dem Saft geschnitten werden, mitgebracht hätten. Solche Tatsachen können zeigen, daß die ursprünglichen Bewohner der pazifischen Inseln ihre landwirtschaftlichen Gewohnheiten nicht aus asiatischen Quellen bezogen . . . da sie die Polynesier in Unkenntnis der Kunst der Palmweinbereitung gelassen haben.«[80]

Noch bemerkenswerter als die Unkenntnis der Alkoholbereitung im ursprünglichen Polynesien war das Fehlen des Brauches, Betel zu kauen, was Millionen von Menschen in Südostasien taten. Wie G. Friederici betont, war dieser Brauch im Westpazifik sehr alt und erstreckte sich von Indien über Malaysia bis zu den östlichen Grenzen von Melanesien, wo er plötzlich verschwindet. Statt dessen erscheint in ganz Polynesien das zeremonielle Kawa-Trinken. (Die Frauen zerkauen die Wurzeln des Rausch- oder Kawapfeffers, *Piper methysticum,* und speien den – mit Speichel als Ferment versetzten – Brei in warmes Wasser, das nach dem Gären und Filtern getrunken wird.) Friederici zeigt, daß die Herstellungsmethode und die Riten des gemeinsamen Trinkens denen des alten Südamerika so ähnlich sind, daß es »eine Verbindung zwischen den beiden höchst wahrscheinlich macht«.[81] Selbst frühe Pazifikreisende, etwa J. A. Moerenhout, sagten von der polynesischen Kawa: »Die Indianer in Amerika machen genau das gleiche, jedoch mit anderen Pflanzen.«[82] J. M. Brown zitiert Brouwers Bericht im Jahr 1643 aus Chile, aus dem hervorgeht, daß *cawau* der Eingeborenenname für ein mit Speichel fermentiertes Getränk war, das Frauen produzieren, indem sie eine örtlich vorkommende Wurzel kauen und den Brei in ein Gefäß mit Wasser speien, genau wie es mit der Kawa aus Polynesien geschieht.[83] Brown faßt den Genuß von Kawa statt Alkohol oder Betel in Polynesien folgendermaßen zusammen: »Ein anderes Geheimnis ist, daß die Auswanderer die Kokosnuß mitgenommen und ihre Hauptverwendung zugunsten der weit weniger berauschenden und verlockenden Kawa des Zentralpazifik aufgegeben haben sollen, die den Prozeß des Kauens und Ausspuckens durchlaufen muß, bevor sie zum Trinken bereit ist . . . Letztere verschmilzt fast mit der *chicha* der pazifischen Küste Südamerikas und reicht nicht weiter nach Westen als bis zum Südosten von Neuguinea, wo sie der Gewohnheit, Betel zu kauen, begegnet, die sich nach Osten verbreitet.«[84]

Kurz, die Polynesier enthielten sich der Gewohnheiten des Alkoholtrinkens und Betelnußkauens aus der Alten Welt und behielten die Zeremonien des Kawatrinkens bei, die dem Brauch in den Gebieten der amerikanischen Hochkulturen ganz ähnlich sind, wo das entsprechende Getränk bei den Inka *chicha* genannt wurde. Andere Namen lauteten *aqha, acca* in Peru, *cawau* in Chile, *aba* in Kolumbien und *kasava* in Brasilien.

T. R. St. Johnston bemerkte, daß das Verfugen von Steinen in Polynesien »eine frühe Trennung vom Festland Asien bedeutet, bevor der Gebrauch von Mörtel üblich war«.[85] Die gleiche Schlußfolgerung zwingt sich uns auf, wenn wir an die Unkenntnis solcher frühen asiatischen Elemente wie das Gewölbe bei Steinbauten und Dollen, Steuerruder und Holznägel im Bootsbau in ganz Polynesien denken. In ihrer Unkenntnis all dieser uralten Erfindungen gehören die Polynesier eher der Neuen als der Alten Welt an. Doch ihre völlige Unkenntnis auch der Töpferei und Weberei, als die Europäer kamen, trennt sie so deutlich von ihren Nachbarn sowohl im

Osten wie im Westen, daß keine Antwort auf die polynesische Frage stichhaltig ist, solange die Herkunft all dieser bemerkenswerten und fundamentalen Charakteristika der maori-polynesischen Kultur nicht völlig geklärt sein wird.

Die polynesische Kultur, wie sie den frühen Europäern entgegentrat, gründete sich auf einige ziemlich einfache Kulturelemente, die die Polynesier nahezu überall begleiteten: das neolithische Querbeil mit Knieschäftung, der Einbaum als Kanu, die spezialisierten Typen von Angelhaken, der Rindenklopfer, der *poi*-Stampfer, der Erdofen und die Kawa-Trinkzeremonien. Da diese Elemente praktisch ganz Polynesien umfassen, müssen sie bereits in dem Gebiet außerhalb Polynesiens vorhanden gewesen sein, von dem aus sich die Vorfahren über das gesamte polynesische Dreieck verbreitet haben.

Das gesamtpolynesische Querbeil mit Knieschäftung und einer Vielfalt von rechteckigen und mit Heftzapfen versehenen Steinbeilklingen ist der Eckpfeiler der polynesischen Kultur und dennoch das widersprüchlichste Kulturelement. H. O. Beyer bemerkte im Jahr 1948 als erster, daß rechteckige, mit Heftzapfen versehene Querbeilklingen, denen von Polynesien sehr ähnlich, aus sehr frühen archäologischen Perioden der nördlichen Philippinen bekannt seien, doch nirgendwo sonst in Indonesien. Er weist jedoch nach, daß diese mit Heftzapfen versehenen Querbeile in jenem Gebiet zwischen 1750 und 1250 v. Chr. benutzt worden sind.[86] Abermals erhebt sich die Frage, wie sie Polynesien erreicht haben könnten. R. Duff hat in mehreren Vorträgen diese Verteilung bis nach Südostasien erweitert, aber das bringt uns Polynesien nicht näher. Mit Heftzapfen versehene Querbeile sind in ganz Melanesien unbekannt, wo die Klinge außerdem gleichmäßig zylindrisch ist. Heine-Geldern, der vergeblich nach Spuren eines Durchgangs gesucht hat, gibt zu, daß das rechteckige, mit Heftzapfen versehene Querbeil nicht diesen Weg genommen haben könne »wegen des radikalen Unterschiedes in den polynesischen und den melanesischen Klingenformen«.[87] Buck, der ebenfalls vergeblich nach solchen Spuren gesucht hat, schloß daraus, daß die polynesische Querbeilform aus dem einfachen Grund nicht über Mikronesien gekommen sein könne, weil auf diesen Atollen keine Steine vorhanden waren und die Mikronesier deshalb gezwungen waren, ihre Schneidwerkzeuge aus Muscheln zu fertigen. Er wies darauf hin, daß die polynesischen Querbeilformen überhaupt nicht aus Südostasien stammen könnten, da der Mangel an Rohmaterial in dem 6500 Kilometer breiten mikronesischen Gebiet eine ungeheure Lücke geschaffen und die Polynesier gezwungen habe, unabhängig ihre eigenen Beilformen zu erfinden, als sie ihre vulkanischen Inseln im Ostpazifik erreicht hatten.[88]

Wir sahen jedoch im 2. Kapitel, daß es eine weitere und durchaus befahrbare Seeroute von Südostasien nach Polynesien gibt, die einzige, die von den frühen europäischen Segelschiffkapitänen als möglich hätte gelten können. Diese Route meidet das mikronesisch-melanesische Puffergebiet völlig und führt vom Philippinenbecken mit dem Japanstrom und westlichen Winden zu der mit Inseln übersäten Küste Nordwestamerikas, wo alle Elemente zusammentreffen und Richtung genau auf Hawaii nehmen. Sobald wir dieses nördliche Inselgebiet an die Stelle von Mikronesien oder Melanesien als Zwischenstation für asiatische Reisende zum Ostpazifik setzen, haben wir auch Fundstätten für die rechteckige, mit Heftzapfen versehene Queraxt: sie war das Hauptwerkzeug der Indianer der Nordwestküste bis zum Eintreffen der Europäer. Kapitän Cook hat als erster darauf hingewiesen, daß die Bevölkerung der nordwestamerikanischen Küste Querbeile benutze, die denen von Tahiti und anderen polynesischen Inseln glichen,[89] und nach Cook bemerkte Kapitän Dixon, daß das Querbeil dieser Küstenindianer »eine schräggesetzte Klinge aus *jasper* war, das gleiche, wie es von den Neuseeländern benutzt wird«.[90] Kapitän A. Jacobsen betonte: »Auch der Querbeilgriff und die Methode der Anbringung der Klinge an dem hölzernen Griff ist genau die gleiche unter den Polynesiern wie unter den Nordwestindianern.«[91]

Anthropologen des 20. Jahrhunderts haben diese frühen Beobachtungen bestätigt. W. H. Holmes erklärte ausdrücklich, daß die rechteckigen, mit Heftzapfen versehenen Querbeile der Indianer der Nordwestküste den Querbeilen auf den pazifischen Inseln mehr ähneln als den entsprechenden Geräten anderer amerikanischer Stämme,[92] und R. L. Olson schrieb in seiner Abhandlung über das Querbeil mit Knieschäftung der Nordwestküste: »Sein Vorkommen in Polynesien in einer dem Querbeil mit Knieschäftung in Amerika fast identischen Form spricht für sehr hohes Alter und außeramerikanischen Ursprung.«[93] Es ist also möglich, daß sich das rechteckige, mit Heftzapfen versehene Querbeil, das nur einer sehr frühen Periode in Asien und den nördlichen Philippinen angehört, während einer weit späteren Periode nach Polynesien verbreitete und dabei dem natürlichen Seeweg über Nordwestamerika folgte.

Wie bereits erklärt, krümmt sich der Pazifische Ozean als eine vollständige Halbkugel; der Äquator ist keine gerade Linie, und was auf einer Karte wie ein Umweg nach Norden aussieht, ist nach Reisezeit und -mühe nur ein Bruchteil von dem, was notwendig wäre, um von Indonesien aus genau nach Osten zu reisen. Wenn wir ganz einfach die Problemgebiete Mikronesien und Melanesien umsegeln und in Polynesien über Hawaii statt über Samoa einlaufen, ist es genau wie mit dem wichtigen rechteckigen und mit Heftzapfen versehenen Querbeil: die ganze Serie der bekannten anthropologischen Dilemmata verschwinden ebenso wie alle Navigationsprobleme. Wenn das Inselgebiet der amerikanischen Nordwestküste die Zwischenstation von Asien nach Polynesien bildet, wird zu allererst der physische Typ des Polynesiers zur logischen Folge statt zu einem ständigen Problem. Wir stellten fest, daß die Indonesier durch ihren zierlichen Körperbau mit zu den kleinsten Menschen der Welt zählen, während die Polynesier zu den allergrößten gehören. Die Indianer auf dem Festland der Nordwestküste sind etwas größer als die Malaien, doch die Haida der entlegenen Königin-Charlotte-Inseln und die Kwakiutl der nordwestlichen Vancouverinsel rechnet man mit zu den größten Menschen der Welt. Die von F. Boas[94] für die Nordwestküste und die von H. L. Shapiro[95] für Polynesier angegebenen Zahlen stimmen überein und zeigen Stämme mit einer durchschnittlichen Körpergröße von über 170 Zentimetern; und in beiden Gebieten waren Eingeborene von 183 Zentimetern nicht selten zu sehen.

Die Köpfe der Indonesier und ihrer Nachbarn sind kurzschädlig und ebenso die der meisten Indianer. Doch sind lange Schädelformen aus archäologischen Fundstätten an der Nordwestküste wohlbekannt und wiederholen sich häufig in den Schädelmischformen Polynesiens. A. Hrdlička[96] nennt den durchschnittlichen Schädelindex der Nordwestküstenindianer mit 81,19 für Männer und 81,4 für Frauen. Das paßt bemerkenswert gut zu dem Index von 81,27, der nach Shapiro für die Schädel der sechs polynesischen Hauptgruppen gilt, nämlich Hawaii, Gesellschaftsinseln, Samoa, Tonga, Marquesasgruppe und Neuseeland.

Die den Europäern ähnlichen Gesichtszüge der meisten Polynesier haben sogar noch mehr wilde Spekulationen hervorgerufen als ihr großer Wuchs; denn die helle Haut, der starke Bartwuchs, das häufig weiche und wellige Haar, das manchmal zu braunen Farbtönen neigt, die schmalen Lippen und die im allgemeinen schmale Adlernase unterscheiden sie erheblich von den Indonesiern und noch mehr von den Menschen der dazwischenliegenden Gebiete. Welches auch der Grund sein mochte, die Eingeborenenstämme auf den Inseln Nordwestamerikas hatten ebenfalls eine weit hellere Gesichtshaut als die anderen Mitglieder der Indianerfamilie, eine Tatsache, die von allen frühen europäischen Besuchern wie Cook, Dixon und Vancouver betont worden ist. Auch ihr Haar zeigte die gleichen nichtasiatischen Eigenschaften wie das der Polynesier: es war nicht immer straff und schwarz, sondern häufig weich in der Textur und wies manchmal sogar braune Schattierungen auf. Die frühen Besucher überraschte es nicht wenig, als sie unter den vollkommen bartlosen Menschen, wie es die Indianer und die Indonesier sind, an der Nordwestküste Eingeborene fanden, die häufig starke Schnurrbärte trugen und, wie es Cook beschrieb, »große und dichte, aber glatte Kinnbärte«.[97] Die schmalen Nasen der meisten Polynesier, die häufig adlerartig sind, stehen im krassen Gegensatz zu den breiten flachen Nasen der Indonesier. Das gleiche gilt für die Indianer der Nordwestküste und andere Bewohner der Neuen Welt. Ebenso ist es mit den schmalen Lippen und der nichtmongoliden Augenform. Das alles trägt zum europiden Aussehen bei und findet sich in Polynesien wieder. Kapitän Vancouver schrieb von den maritimen Stämmen im Zentralgebiet der Nordwestküste vor ihrer Vermischung mit Europäern: »Das Vorspringen ihres Gesichts und die Regelmäßigkeit ihrer Züge ähnelte den Nordeuropäern.«[98]

Angesichts dieser ständigen Übereinstimmung in Größe, Schädel- und Gesichtsform, Haar- und Gesichtsfarbe kann es nicht überraschen, daß Forscher im 19. Jahrhundert, die so völlig mit den Indianern der Nordwestküste vertraut waren wie Kapitän A. Jacobsen und Professor C. Hill-Tout, Schwierigkeiten hatten, polynesische Besucher von den ansässigen Indianern der Nordwestküste zu unterscheiden. Jacobsen war von der, wie er schrieb, bemerkenswerten Ähnlichkeit zwischen den Haida, Kwakiutl und den Bewohnern Hawaiis überrascht: »So begegnete ich einmal einem Sandwichinsulaner auf einer kleinen Insel in der Nähe von Vancouver, der dort verheiratet war und Kinder hatte. Ich konnte keinen wahrnehmbaren Unterschied zwischen ihm, seinen Kindern und seinen Nachbarn erkennen ...«[99] Und Hill-Tout erklärt: »Ich habe Angehörige des Squamishstammes gesehen, die ich nur mit Schwierigkeit von einigen Samoanern unterscheiden konnte, die von der Messe in Chicago auf diesem Weg zurückkehrten und hier in dem Squamishdorf kampierten.«[100] Ich selbst habe den Winter 1939/40 unter den Nordwestküstenindianern des Bella-Coola-Tals verbracht, nachdem ich ein Jahr unter den Polynesiern der Marquesasgruppe gelebt hatte, und war überrascht von der Ähnlichkeit zwischen einzelnen Personen der reinblütigen Salishindianer Bella Coolas und meinen polynesischen Freunden in Tahiti und der Marquesasgruppe.

Im Jahr 1952 stellte ich, nachdem ich beide Gebiete besucht hatte, zum ersten Mal alle damals verfügbaren Blutgruppen A-B-O zusammen, um nachzuweisen, daß die Polynesier, die erheblich von den Südostasiaten in den Antigenfrequenzen abwichen, durchaus aus dem nordwestlichen Nordamerika gekommen sein könnten. Als früherer Biologe war ich von G. A. Matsons Entdeckung aus dem Jahr 1946 angeregt worden, nach der Schwarzfuß- und Blutindianer aus Nordamerika A-Frequenzen aufwiesen, die denen der eingeborenen Bewohner Hawaiis entsprachen.[101] Die Frage wurde unverzüglich von dem Pazifik-Serologen J. J. Graydon aufgenommen, der die Blutfaktoren M-N und Rh meinen früheren Vergleichen hinzufügte. Er kam zu dem Schluß, daß das Beweismaterial der Blutuntersuchungen für eine amerikanisch-polynesische Verwandtschaft spräche und »es wahrscheinlich mache, daß die Inseln Polynesiens im wesentlichen durch Wanderungswellen von Kontinentalamerika aus besiedelt worden sind.«[102] Im Jahr 1954 erweiterte A. E. Mourant die Analyse, indem er alle zu jener Zeit verfügbaren Blutmusterdaten zusammenstellte. Auch er folgerte: »Ein großer Teil der genetischen Konstitution der Polynesier kann auf der Basis eines amerikanischen und besonders eines nordwestamerikanischen Ursprungs, erklärt werden ...«[103] Von diesen Beobachtungen herausgefordert, legten R. T. Simmons, J. J. Graydon, N. M. Semple und E. I. Fry eine vollständige Abhandlung über die A1-A2-B-O-, M-N-S-, Rh-, P-, $Le^a$-, $Fy^a$- und K-Muster vor und kamen zu dem Schluß, »daß es eine enge blutgenetische Verwandtschaft zwischen Indianern und Polynesiern gibt und daß keine ähnliche Verwandtschaft sichtbar wird, wenn man Polynesier mit Melanesiern, Mikronesiern und Indonesiern vergleicht, ausgenommen vielleicht die benachbarten Gebiete unmittelbarer Kontakte«.[104] Diese wichtige Schlußfolgerung wurde schließlich im Jahr 1972 von einer internationalen Arbeitsgruppe bestätigt, die sich aus E. und A. Thorsby, J. Colombani, J. Dausset und J. Figueroa zusammensetzte.[105]

Leider haben die Indianer der Nordwestküste, obwohl man sie allgemein für die Nachkommen einiger der letzten Einwanderer in Amerika hält, ihre Sprache so vollständig verändert, daß es unmöglich festzustellen ist, wie sie früher einmal war. Obwohl all die verschiedenen Stämme der Nordwestküste, sowohl biologisch als auch kulturell, immer noch eng miteinander verwandt sind, haben alle Stämme, sogar nah benachbarte, anscheinend nicht miteinander verwandte Sprachen entwickelt. Manche meinen, dieser Prozeß sei einesteils auf späte Vermischung mit kontinentalen Stämmen und zum anderen Teil auf die lokale Praxis der Wörtertabus zurückzuführen. Gewiß, die rauhe, gutturale Sprechweise der Nordwestküstenbewohner, vor allem die der Festlandstämme, steht scheinbar im Gegensatz zu den weichen, vokalreichen Dialekten Polynesiens. Es könnte sich dennoch als interessant erweisen, wenn ein moderner Sprachwissenschaftler die Herausforderung der Linguisten J. Campbell und C. Hill-Tout aus dem 19. Jahrhundert annähme. Campbell gelangte zu dem Schluß, daß die Haidasprache der zentralen Nordwestküste zusammen mit dem Polynesischen in die ozeanische Gruppe aufgenommen werden sollte.[106] Hill-Tout behauptete, so viele strukturelle wie auch Bedeutungsparallelen zwischen dem Indianisch der Nordwestküste und polynesischen Sprachen gefunden zu haben, daß er seine Entdeckungen als »eine Kette von Beweisen für gemeinsamen Ursprung, der völlig außerhalb der Möglichkeit von Zufällen liegt«, bezeichnet.[107]

Die Indianer der Nordwestküste lebten in einer Welt von Kanälen und Inseln, bedeckt von Wäldern mit gewaltigen Bäumen und vom amerikanischen Binnenland abgeschnitten durch Schluchten und wilde Gebirge. P. E. Goddard erklärte: »Die Nordwestküste Amerikas ist für die Entwicklung einer Kultur überaus günstig, die fast ausschließlich von Kanus für Reise und Transport und für die Nahrungsversorgung vom Meer abhängig ist.«[108] Die Menschen, die in einer fernen jungsteinzeitlichen Periode von Asien kamen und sich gerade an dieser Küste niederließen, genossen den Segen eines milden Klimas, hervorgerufen vom warmen Strom des Philippinenbeckens, der ständig die Küste umspülte und es möglich machte, daß die Menschen das ganze Jahr über barfuß und mit Rindenmänteln bekleidet leben konnten. Das kulturelle Niveau glich, als die Europäer eintrafen, in jeder Hinsicht dem der jungsteinzeitlichen Fischer Polynesiens, ihren unmittelbaren Überseenachbarn im Südwesten.

Von weiterer Bedeutung ist neben dem spezialisierten Querbeil mit Knieschäftung, das in beiden Gebieten verwendet wird, das seegängige

Kanu, das in einer Untersuchung polynesischer Wanderungen in den Ostpazifik von besonderem Interesse ist. Lange Bekanntschaft mit den Leuten der Nordwestküste im letzten Jahrhundert veranlaßte A. P. Niblack zu folgendem blumenreichen Kommentar: »Das Kanu ist für die Nordwestküste, was das Kamel für die Wüste ist. Es bedeutet dem Indianer dieser Region soviel wie das Pferd dem Araber. Es ist sein Augapfel und der Gegenstand seiner besorgten Aufmerksamkeit und Zuneigung. Es erreicht seine höchste Entwicklung bei den Haida der Königin-Charlotte-Inseln.«[109]

Einige dieser hochseegängigen Fahrzeuge maßen bis zu 21 Meter in der Länge, 2 Meter in der Breite und 1,4 Meter in der Tiefe und konnten bis zu hundert Leute aufnehmen.[110] Mit solchen großen Kanus wagten sich die Haida-, Kwakiutl- und Bella-Coola-Indianer in die außergewöhnlich wilden Wellen des offenen Ozeans zwischen Vancouver und den Königin-Charlotte-Inseln. Und in einem modernen Experiment wurde ein solches Kanu der Nordwestküste von Kapitän J. C. Voss von der Vancouver-Insel direkt nach Tongareva in Zentralpolynesien gesegelt.[111]

Wir sahen, daß weder die Proa noch das Kanu mit doppeltem Ausleger, die für Indonesien charakteristisch sind, den Ostpazifik erreicht haben. Die Polynesier kamen in großen symmetrischen, einfachen Kanus oder in vorübergehend mit Querbäumen paarweise zusammengebundenen Kanus, die das sehr robuste und seetüchtige, als Doppelboot bekannte Fahrzeug bildeten. Wir sahen auch, daß der Ausleger, den Maori und Moriori unbekannt, eine sekundäre Errungenschaft war, die sich erst später von den benachbarten Fidschiinseln aus in Polynesien verbreitete. Außerhalb Polynesiens war der Brauch, den offenen Ozean in zwei gleichen Kanus zu befahren, die vorübergehend ein Doppelboot bildeten, nur bei den Indianern der Nordwestküste bekannt. Nach einer Untersuchung R. L. Olsons könnten diese den Brauch – jedoch mit weniger guten Booten – von den Jukagiren und Korjaken in Nordostasien übernommen haben.[112] Kein anderes Volk, das den Pazifik im Kanu befährt, hatte so selbstverständlichen Zugang zu Polynesien wie die Seeleute der Nordwestküste. J. M. Brown sagte über ihre Boote: »Sie sind von allen primitiven Fahrzeugen am geeignetsten, die Bedingungen der Ozeanreise zu erfüllen, und weisen große Ähnlichkeit mit dem Kriegskanu der Maori auf...«[113]

Ihre starke Übereinstimmung in Größe, Bau und Schmuck mit den größten Kanus der Maori umfaßt Einzelheiten wie das Fehlen von Kiel, Steuerruder, Ruderbänken, Dollen und Holznägeln zum Verbinden der Planken, während beide Völker die erhöhten Bug- und Heckstücke anfügten, sogar Seitenplanken, wenn sie nötig waren; beide Völker schnitzten und bemalten kunstvolle Bugfiguren und schmückten das fertige Kanu mit Einlegearbeiten aus Schalen der Seeohren. Die Übereinstimmung wird noch offensichtlicher durch den beiden Gebieten gemeinsamen Brauch, zwei solche Fahrzeuge zeitweilig nebeneinanderzubinden und eine Plankenplattform zu errichten, sobald eine längere Reise geplant war. Die Maori- und die Nordwestküstenboote hatten keinen festen Mast, und eine plumpe Matte wurde nur gehißt, um begleitende Winde zu nutzen. An der Nordwestküste, wie auch auf Neuseeland, beobachtete man die seltsame Sitte, das Kanu herumzudrehen, so daß es bei der Landung mit dem Heck voran auf den Strand lief, weil angeblich nur übernatürliche Wesen mit dem Bug voran landen durften.[114]

Die Paddel waren ebenfalls in beiden Gebieten gleich, und genauso steht es mit der Handhabung des Fahrzeugs. H. H. Bancroft schrieb über die Indianer der Nordwestküste: »Wenn sie sich einschiffen, sitzt ein Indianer im Heck und steuert mit einem Paddel, die anderen knien paarweise auf dem Boden des Kanus und paddeln, auf den Fersen sitzend, über das Dollbord neben sich. Auf diese Weise reiten sie mit vollkommener Sicherheit auf den höchsten Wellen und wagen sich ohne die geringste Besorgnis in Meere, in denen andere Boote nicht einen Augenblick standhalten könnten.«[115] Und E. Best schrieb über die Maori: »Die Mannschaft an Bord der Kriegskanus kniet zwei und zwei auf dem Boden, sitzt auf ihren Fersen und schwingt Paddel von vier bis fünf Fuß Länge (1,2 bis 1,5 m); der im Heck sitzende Steuermann hat ein Paddel von neun Fuß Länge (2,75 m). Auf stürmischen Wellen reiten Kriegskanus wie Seevögel.«[116]

Die nächst große Bedeutung für das Überleben der polynesischen Seefahrer während ihrer Inselentdeckungen kam zweifellos ihren drei Angelhaken-Grundtypen zu: der zusammengesetzte Haken mit Schenkel aus Stein oder Muschelschale und dem Bart aus Knochen; der einwärtsgekrümmte, einteilige Haken aus Muschelschale oder Knochen; und der große zusammengesetzte Haken aus Holz und Knochen für Haie und andere große Fische. Die Verbreitung dieser Formen in ganz Polynesien und zum Teil auch in Mikronesien und benachbarten Teilen von Melanesien macht einen Ursprung außerhalb Ozeaniens sehr wahrscheinlich. Sehr überraschend ist, daß Angelhaken jeder Art in Indonesien und ganz Südostasien völlig unbekannt waren. Die Malaien und ihre Nachbarn haben nie gelernt, Fische mit der Angel zu fangen. Im zirkumpazifischen Gebiet war diese Methode auf Nordasien beschränkt und hatte sich von Alaska bis hinab nach Peru und Chile verbreitet. Die Ekholm-Heine-Geldern-Ausstellung von 1947 im Amerikanischen Museum für Naturgeschichte zeigte als erste, daß der einfache, einwärts gekrümmte Angelhaken aus Muschelschale und der zusammengesetzte Angelhaken mit steinernem Schenkel und Knochenbart aus Polynesien völlig mit an den Pazifikküsten Nord- und Südamerikas archäologisch gefundenen Angelhakentypen übereinstimmen. Am bemerkenswertesten war die Übereinstimmung des hochspezialisierten zusammengesetzten Typs dort, wo der zigarrenförmige Steinschenkel nahe der Basis einen Längsschlitz zum Einsetzen des Knochenbartes und eine Querkerbe rund um jedes der beiden zugespitzten Enden für die Anbringung der Angelschnur oben und eines Federköders unten aufwies. In Oregon und besonders an der südamerikanischen Küste, genau ostwärts von Polynesien allgemein verbreitet, ist dieser Typ kürzlich auch in archäologisch untersuchten Abfallhaufen der Nordwestküstenindianer aufgetaucht, und Exemplare im Provinzialmuseum von Victoria, Britisch-Kolumbien, gleichen den archäologisch aufgefundenen Stücken in Neuseeland. Während dieser Typ wie auch der Muschel- oder Knochenhaken aus einem Stück sowohl von Norden als auch von Süden nach Ozeanien gewandert sein könnte, findet sich die dritte ozeanische Form, der große V-förmige Holzhaken mit einwärts gekrümmtem Knochenbart, nirgends sonst als bei den Indianern der Nordwestküste, die ihn zum Heilbuttangeln entwickelt hatten. Die Übereinstimmung ist wiederum so bemerkenswert, daß E. W. Gudger die Exemplare der Nordwestküste in seine Spezialuntersuchung der ozeanischen Art mit aufnahm wegen »der bemerkenswerten Ähnlichkeit in der Grundform und in der Konstruktion«.[117]

Ein weiteres Merkmal der gesamtpolynesischen Kultur war der gerillte *tapa*-(oder Rinden-)Klopfer aus Holz oder Walknochen, der zur Herstellung des Baststoffes benutzt wurde. Dieses primitive Werkzeug war der Ersatz für den Webstuhl und die Weberei in Polynesien, die dort gänzlich fehlten. Der Webstuhl war seit sehr frühen Zeiten zu beiden Seiten des Pazifik bekannt, besonders bei Völkern, die fortschrittlich genug waren, maritime Unternehmungen auszuführen. Der Rindenklopfer war ebenfalls auf beiden Seiten weit verbreitet, doch nur unter rückständigen Stämmen oder abgesonderten Menschen ohne seefahrerische Betätigung. Die einzige auffallende Ausnahme war die an der amerikanischen Nordwestküste, wo alle seefahrenden Stämme den Webstuhl nicht kannten, bis die Europäer kamen, und wo sie, genau wie die Polynesier, gerillte Rindenklopfer aus Holz oder Walknochen benutzten, um den eingeweichten Bast geeigneter Bäume zu klopfen. Exemplare aus Walknochen sind bei Ausgrabungen in Abfallhaufen an der Nordwestküste gefunden worden, und die Ähnlichkeit mit polynesischen Stücken aus Walknochen ist auffallend. Der Bast des Papiermaulbeer- und des Brotfruchtbaumes, die von den Fidschiinseln zu den Polynesiern kamen, ergab, indem man ihn einfach kreuzweise aufeinanderlegte und klopfte, einen fasrigen Papierstoff. Die Maori und die Moriori im fernen Süden hatten solche Bäume nicht und mußten ihre Zuflucht zum »Fingerweben« nehmen, das heißt, die lockeren Fasern, die sie durch das Klopfen des Bastes von ihren Bäumen erhielten, wurden geflochten, genau wie es die Leute der Nordwestküste taten. Kapitän Cook war abermals der erste, der auf diese Parallele hinwies, als er diese Küste besuchte: »In den meisten Häusern waren Frauen an der Arbeit. Sie machten Kleider aus der erwähnten Pflanze oder Rinde auf genau die gleiche Weise, wie die Neuseeländer ihren Stoff herstellen.«[118] Kapitän Jacobsen sagte von den fertigen Erzeugnissen: »Ihre Kleidungsstücke aus Stoff sehen fast genauso aus wie die der Maori von Neuseeland, sowohl in der Form als auch im Stoff und in der Herstellungsmethode. Die Ähnlichkeit ist so groß, daß einige Decken aus den beiden Regionen, wenn man sie nebeneinander aufhängt, kaum voneinander zu unterscheiden sind.«[119]

In seinem Buch über Samoa zeigt E. S. Schurmann, daß Rindendecken oder -matten als Zahlung für die örtlichen Zimmerleute benutzt wurden. »Diese Matten«, sagt er, »... sind das samoanische Symbol für Reichtum. Derjenige, der viele feine Matten hat, ist reich, wer nur wenige hat, ist arm.«[120] Petri zeigte in seinem bereits erwähnten Werk über Geldformen im Pazifik, daß sich die Polynesier erheblich von all ihren Nachbarn im Westen durch das Fehlen von Stein- oder Muschelgeld auszeichneten, während Matten in allen wesentlichen Punkten in vielen Teilen Polynesiens das Geld ersetzten. Er sagt: »Viele Autoren bezeichnen geflochtene Matten als eine Art Geld, das für die Polynesier typisch ist.«[121] Es ist nicht schwer festzustellen, woher dieser eigenartige Brauch gekommen sein könnte. Den Indianern der Nordwestküste fehlt ebenfalls jede Art von *wampun* oder sonst eine Währung, aber W. Dreyer schrieb im vorigen Jahrhundert, daß sie ihre Zimmerleute mit Bastdecken belohnten. »Die eben genannten Decken«, schrieb er, »... stellen den Maßstab des Reichtums, eine Art Geld, dar. Der Reichtum eines Mannes und der Preis eines Gegenstandes wird nach einer bestimmten Zahl von Decken berechnet.«[122]

Außer den geflochtenen Matten auf dem Fußboden aus Erde gab es im Eingeborenenhaus Nordwestamerikas und Polynesiens keine Einrichtungsgegenstände und nur sehr wenige Utensilien. Aber jeder Archäologe, der in Polynesien arbeitet, wird mit dem konventionellen und schön geformten *poi*-Stampfer aus hartem, poliertem Stein vertraut sein, der ein unentbehrliches Gerät war. Abgesehen von den steinernen Querbeilen und den Angelhaken taucht kein anderes gesamtpolynesisches Artefakt bei Ausgrabungen in solchen Mengen auf, und zusammen mit den großen steinernen Angelhaken der Osterinsel wird dieses meisterhaft ausgeführte Werkzeug als Höhepunkt der Steinbearbeitungskunst auf der Pazifikinsel betrachtet. Es gibt drei hochspezialisierte Formen: den glockenförmigen Typ mit langem, schlankem Griff, der in einer kleinen Scheibe oder einem Knauf endet und dessen vollkommenste Exemplare von Rapaiti und der Marquesasgruppe stammen; den T-förmigen Stampfer mit horizontalem Griff und aufwärtsgerichteten Ösen, typisch für die Gesellschaftsinseln; und den Typ mit dem D-förmigen Griff, der neben dem glockenförmigen Stampfer in Hawaii vorkommt. All diese spezialisierten Formen erscheinen unter den hauptsächlichen Geräten zur Nahrungsbereitung bei den Indianern der Nordwestküste, und auch dort stellen sie die häufigsten Artefakte bei archäologischen Ausgrabungen dar. Die Formen der Nordwestküste unterscheiden sich von denen in Polynesien nur darin, daß sie eine flache Basis haben und als Pistill oder Stößel gebraucht wurden, während die polynesischen Stücke eine leicht konvexe Basis haben und als Stampfer oder Mörserkeule dienten. J. F. G. Stokes hat jedoch nachgewiesen, daß die auf Hawaii ausgegrabenen Stücke oft experimentelle oder Entwicklungsstadien von dem für trockene Lebensmittel gebrauchten Pistill bis zum Stampfer zum Zerdrücken von Taro und Brotfrucht zu *poi* zeigten.[123] Das ist wichtig, da Hawaii die natürliche Zwischenstation vom Archipel der Nordwestküste zu den tropischen Inseln bildet, wo Taro und Brotfrucht wuchsen.

Der gesamtpolynesische Gebrauch des Erdofens hing wiederum mit der überraschenden Unkenntnis der Polynesier auf dem Gebiet der Töpferei zusammen. Töpferwaren, auf der Scheibe gedreht, waren in ganz Südostasien bekannt, Indonesien eingeschlossen, und das Aufbauen aus Wülsten seit sehr frühen neolithischen Zeiten im größten Teil Amerikas und Melanesiens. Die ersten Siedler in Polynesien müssen zu irgendeiner Zeit mit der Kunst der Töpferei vertraut gewesen sein, denn Tonscherben in Wulsttechnik sind sowohl in den östlichen wie den westlichen Randgebieten Polynesiens ausgegraben worden. Aber die Tatsache, daß historische und protohistorische Stämme auf jeder polynesischen Insel die keramische Kunst überhaupt nicht kannten und, statt in Töpfen zu kochen, das Verfahren anwandten, die Speisen in besonderen, mit Steinen ausgefütterten Erdöfen zu backen, ist so bemerkenswert, daß sie der Erklärung bedarf, da es nirgendwo an geeignetem Lehm fehlte, den man zur Töpferei hätte benutzen können. Wiederum war, in auffallendem Gegensatz zu allen anderen zirkumpazifischen Völkern mit Ausnahme der Primitiven auf Feuerland, den maritimen Stämmen der Nordwestküste die Töpferei ebenso unbekannt wie den Polynesiern. Auch sie backten ihre Nahrung in genau den gleichen steingefütterten Erdöfen, bis die Europäer kamen. Zu denen, die die Bedeutung dieser bemerkenswerten geographischen Verteilung sahen, gehörte der unerschrockene Reisende J. Macmillan Brown, der über den Erdofen schrieb: »Er ist eins der charakteristischsten Merkmale der Kultur der Polynesier und findet sich bei ihnen, wohin auch immer sie gingen. Er entstand vermutlich in dem gefrorenen Boden des winterlichen Nordens, und da er zu den Eingeborenen der nordwestlichen Küste Amerikas gehört, ist er einer der Anhaltspunkte, die auf eine Verwandtschaft zwischen diesen und den Polynesiern hinzuweisen scheint.«[124]

Bei allen Maori gibt es einige Merkmale, die nicht gesamtpolynesisch sind, wenn auch verwandte Rudimente anderswo in Polynesien erscheinen. Am auffallendsten sind die herkömmlichen und schön gearbeiteten kurzen Einhand-Kampfkeulen aus Stein und Walknochen. Sowohl die Indianer der Nordwestküste als auch die Polynesier waren mit dem bei ihren Nachbarn so beliebten Pfeil und Bogen vertraut, benutzten sie jedoch niemals im Krieg, wo sie lieber Mann gegen Mann mit kurzen Keulen konventionellen Typs kämpften, die Freund und Feind die gleichen Chancen boten. Diese sorgfältig geformten und polierten Keulen sind seit den Tagen der ersten Entdeckungsreisenden gesuchte und hochbezahlte Sammlerstücke, und Kapitän Jacobsen schrieb: »Wir finden unter den Maoriwaffen eine Kriegskeule, die früher allgemein im Gebrauch war. Sie wurde gewöhnlich aus

Walknochen hergestellt oder aus Nephrit oder anderen Steinen. Genau die gleichen Waffen wurden von den Bewohnern der Vancouver- und der Königin-Charlotte-Inseln benutzt. Die Ähnlichkeit in Form und Größe ist so bemerkenswert, daß selbst der große Entdecker Kapitän Cook überrascht war, als er die Waffen erst bei den Maori und dann in Amerika sah.«[125]

Herausgefordert von der Behauptung Ratzels und anderer früher Begründer der wissenschaftlichen Völkerkunde, daß die Kampfkeulen dieser beiden Gebiete nahezu identisch seien, führte J. Imbelloni eine besondere Untersuchung durch und gelangte zu dem Schluß, daß es kaum auf Zufall beruhen könne, wenn die Krieger der Maori und der Nordwestküste den gleichen Keulentyp aus den gleichen Materialien herstellten, nämlich das *patu onewa* aus Stein und das *patu paraoa* aus Walknochen. Er zeigte, daß das Bohrloch, das den Riemen durch den schlanken Griff der steinernen Exemplare aufnahm, so viel Scharfsinn und Beharrlichkeit erfordert, daß eine unabhängige Entwicklung höchst unwahrscheinlich ist. Er lenkte außerdem die Aufmerksamkeit darauf, daß die Walknochenkeulen in beiden Gebieten gewöhnlich auch darin übereinstimmten, daß in das Keulenende ein stilisierter Vogelkopf im Profil eingeschnitzt wurde. Und er wies auf das Vorhandensein so spezialisierter Maori-Keulenformen wie die *mere onewa,* die *mere pounamu* und das *miti* der Nordwestküste hin. Zum Schluß erklärte er, daß »es genügt, an die Querbeile, Pistille, Angelhaken Polynesiens und der nordwestlichen Küste Amerikas zu erinnern, um zu beweisen, daß ein vollständiges Erbe übertragen worden ist«.[126]

Imbelloni behauptete jedoch, daß die Keulen der Nordwestküste von den Maori entwickelt und vom frühen Neuseeland nach Nordwestamerika gebracht worden seien. Es war eine einfache Aufgabe für H. D. Skinner, die Autorität auf dem Gebiet der Maorikultur, diese Behauptung zurückzuweisen, indem er zeigte, daß es keinerlei stratigraphische Beweise für eine Entwicklung dieser spezialisierten Keulen innerhalb Neuseelands gibt, weshalb er nun behauptete, daß die Maori selbst vermutlich Empfänger von irgendeiner nicht identifizierten gemeinsamen Quelle irgendwo in Asien seien.[127] Neuere Untersuchungen haben das hohe Alter der Entwicklungsformen ermittelt und deren weite Verbreitung durch Ausgrabungen in archäologischen Fundstätten innerhalb Nordwestamerikas festgestellt, doch weder Imbelloni noch Skinner dachten daran, die Richtung der Verbreitung entsprechend zu korrigieren.

Es ist tatsächlich verwirrend, daß sich alle, die die Aufmerksamkeit auf Parallelen zwischen Amerika und Ozeanien gelenkt haben, die Polynesier als die Gebenden vorstellen. Wir erkennen an, daß das Hauptproblem der Maori-Polynesier die Frage ihrer eigenen Herkunft ist. Wir wissen auch, daß die Leute der Nordwestküste, genau wie die Bewohner Indonesiens, von Vorfahren aus dem Küstengebiet Ostasiens abstammen und daß die Strömung ihres kontinentalen Archipels, ganz im Gegensatz zu dem von

Mikronesien, direkt auf Polynesien gerichtet ist, und zwar mit solcher Kraft, daß die Hawaii-Insulaner ihre größten Kanus aus Riesenbäumen bauten, die von der amerikanischen Nordwestküste herübergedriftet waren. Ferner entstehen die nordöstlichen Passate ein paar hundert Meilen vor der amerikanischen Nordwestküste und wehen den größten Teil des Jahres durch Polynesien und bis hinunter nach Neuseeland. Wir sind jedoch im Unterbewußtsein so sehr von der früheren sprachwissenschaftlichen Theorie, die Polynesier stammten von den Malaien ab, beeinflußt, daß wir, wenn wir ein Gebiet überreich an polynesischen Parallelen finden, diese nur deshalb zurückweisen, weil wir beweisen können, daß die Polynesier nicht die *Gebenden* gewesen sein können.

In einem Aufsatz über Kontakte mit Amerika quer über den Südpazifik betont der hervorragende Ethnologe R. B. Dixon, daß die Übereinstimmung zwischen der nordwestamerikanischen und der maori-polynesischen Kultur schon deutlich geworden sei, als die ersten Europäer die zirkumpazifischen Küsten erforschten: »Von den frühen englischen Erforschern der Nordwestküste Amerikas waren mehrere, etwa Cook und Vancouver, die vorher mit der Erforschung der Südsee beschäftigt gewesen waren, sehr überrascht, als sie mit den Indianern dieser Region in Kontakt kamen, über die Ähnlichkeiten zwischen einigen Merkmalen ihrer Kultur und solcher der Maori von Neuseeland. Die solide gebauten Plankenhäuser mit ihrem kunstvoll geschnitzten und bemalten Schmuck, die Forts, die fein gewebten Mäntel, die kurzen Knochen- und Steinkeulen riefen in ihrem Geist die Erinnerung an ähnliche Objekte bei den Maori hervor und führten sie zu der Überlegung, ob irgendeine Verwandtschaft zwischen den beiden Menschengruppen möglich sei.« [128]

Aus unerfindlichen Gründen haben diese Überlegungen, die in modernen völkerkundlichen Abhandlungen fortgesetzt werden, zu denen auch Dixons Untersuchung gehört, nie versucht, Ozeanien als den empfangenden Teil zu sehen, sondern immer als den gebenden. Das schaffte neue Probleme, statt die vorhandenen zu lösen. Die Polynesier, die selbst unbekannter Herkunft sind, könnten tatsächlich manche Artefakte und Ideen zu den uralten Eingeborenen an der Küste Nordwestamerikas gebracht haben, aber sie hätten ihnen die Kenntnis von Webstuhl und Töpferei nicht wegnehmen und ebensowenig alle Stämme der Nordwestküste so tiefreichend beeinflussen können, daß körperliche Erscheinung, Blutgruppen und alle Hauptaspekte der lokalen Kultur dem Muster der Maori-Polynesier folgten. Im Verhältnis zu den Stämmen der Nordwestküste weisen die Maori-Polynesier die Aspekte einer Tochterkultur, nicht die einer Mutterkultur auf.

Ein Vergleich jedes einzelnen Zuges zwischen den Kwakiutl-Haida-Selisch-Indianern der Nordwestküste und den Maori-Polynesiern ergibt nicht einen einzigen Punkt, bei dem der Unterschied größer wäre als die Veränderlichkeit von einer Insel zur nächsten in einem der beiden Gebiete. Die Liste der Übereinstimmungen geht weit über das hinaus, was dem Betrachter auf den ersten Blick ins Auge fällt, obwohl auch da schon vieles beiläufig oder nachdrücklich von frühen Beobachtern berichtet worden ist.

Besonders auffallend ist der Maoribrauch, hohe Holzpfosten oder -säulen im Freien zu errichten, die so geschnitzt sind, daß eine Figur auf dem Kopf einer anderen steht. Polack hat solche Maori-Ahnenpfosten von einer Höhe bis zu neun Metern gesehen,[129] und andere frühe Entdeckungsreisende beschreiben und zeichnen sie in Hawaii als üblich. In Tahiti standen mehrere solcher Figuren aufeinander. Dieser Brauch findet seine Wiederholung auf charakteristische Weise an der Nordwestküste in den sogenannten Totempfählen, die in der Nähe der Dörfer errichtet werden. M. Barbeau zeigt in einer Monographie über Totempfähle der Nordwestküste, daß die für diese Region in den letzten Generationen typischen überreich gestalteten Pfosten ein Ergebnis der Einführung europäischer Stahlwerkzeuge sind, denn die Exemplare aus der Voreuropäerzeit waren bescheidener und beschränkten sich im allgemeinen auf zwei übereinandergestellte Figuren, wie sie in Neuseeland allgemein verbreitet sind. Er fand eine, wie er es nannte, »zwingende Ähnlichkeit« mit den entsprechenden Pfosten in Neuseeland und hebt dadurch hervor, daß er die Abbildung eines großen Maori-Exemplars in seine Beispiele von der Nordwestküste aufnimmt.[130] In beiden Gebieten sind diese geschnitzten Pfosten bisweilen als Hausdekoration aufgestellt, mit einer schmalen Öffnung zwischen den gespreizten Beinen der unteren Figur, durch die die Bewohner Zutritt zum Haus haben.

Die kunstvoll gebauten Häuser waren in beiden Gebieten die gleichen, groß und geräumig, mit einem rechteckigen Grundriß und Wänden und Dach aus breiten, von Hand gespaltenen Brettern. Das Giebeldach, das auf soliden Eckpfosten ruhte, fiel flach zu den langen, niedrigen Seitenwänden ab. Es gab keine Fenster, und die kurze Frontwand hatte eine schmale Tür und war oft reich mit Schitzereien oder Malereien geschmückt. Am Frontgiebel, über der Tür, befand sich gewöhnlich eine kleine menschliche Figur, in Holz geschnitzt. Der Lehmfußboden war mit geflochtenen Matten bedeckt, Möbel gab es nicht. In den Dörfern der Nordwestküste konnten solche großen Plankenhäuser bis zu 20 Meter lang sein, und Bachmann beschreibt ein Plankenhaus der Maori von 25 Meter Länge, neun Meter Breite und sechs Meter Höhe unter dem First.[131] In solchen großen Gebäuden werden sowohl aus dem Gebiet der Maori als auch aus dem der Nordwestküste geschnitzte innere Pfosten als Dachträger beschrieben. Umgeben von Gruppen hoher Ahnenpfosten, ähnelten diese Dörfer, von Palisaden geschützt, nichts anderem im pazifischen Gebiet, da das heiße Klima des tropischen Polynesien die Einwohner veranlaßte, luftige Hütten aus Pfählen und aus Pflanzen geflochtene Dächer zu bauen.

Auch das Sozialsystem war in den beiden Gebieten das gleiche, da sich die Leute der Nordwestküste von allen anderen Indianern nördlich Mexikos dadurch unterscheiden, daß sie die Bevölkerung in drei soziale Klassen einteilen: eine herrschende Aristokratie, Freie und Sklaven. Diesem System folgten die Maori und eine Anzahl anderer polynesischer Stämme exakt. In Polynesien war das Klansystem patriarchalisch im Gegensatz zu dem matriarchalischen, das bei Indonesiern und Melanesiern vorherrschte. An der Nordwestküste fanden sich beide Systeme, je nach Stamm, doch das patriarchalische System war bei den Kwakiutl des Zentralgebiets dominant. Niblack verglich die Sozialsysteme der beiden Gebiete und stellte fest: »Ihre politische Organisation des Stammes, ihre Ordnung des Bodeneigentums und ihre Gesetze der Blutrache sind gleich.« [132]

Ebenfalls in beiden Gebieten gab es außer den Medizinmännern auch noch die *arioi* oder *hametse*, eine besondere religiöse Gesellschaft, gewissermaßen eine Gruppe von Medizinmännern, die kunstvoll geschmückt umherreisten und überall mit Achtung und Verehrung aufgenommen und großzügig behandelt wurden, obwohl sie die menschenunwürdigsten kannibalischen Zeremonien verrichteten und sich durch hemmungslose Orgien auszeichneten. Nach ihnen und den Stammeshäuptlingen rangierten die öffentlichen Redner in den Ortsgemeinden. Beredsamkeit wurde sehr bewundert, und Reden wurden bei allen Gelegenheiten gehalten; die öffentlichen Redner erwiesen sich dabei als wohl bewandert in den lokalen Traditionen und waren gewöhnlich, wenn sie vor dem Volk auftraten, durch einen Zeremonienstab oder andere Insignien ausgezeichnet.

P. Drucker schrieb in seiner Untersuchung der Eingeborenenkultur der Nordwestküste: »Zu dem System des abgestuften Status, der zum Teil auf den Vorfahren beruhte, trat ein ausgeprägtes Interesse an der historischen Tradition. Die Genealogien wurden systematisch ins Gedächtnis eingeprägt, um bei formalen Gelegenheiten rezitiert zu werden. Diese Familienlegenden, die angeblich die Geschichte der Familien von der Zeit der frühesten Ahnen an umfassen, sind weit mehr als die Rezitation von Personennamen und Verwandtschaften – sie erzählen auch von Krieg und Eroberung und von den Wanderungen der Familien von einem Ort zum anderen. Die genannten Orte sind tatsächlich längst aufgegebene Dorfstätten. So nüchtern und innerlich konsequent sind diese Berichte, und vor allem so konsequent passen die der einen Familienlinie zu den Traditionen ihrer Nachbarn, daß kein Völkerkundler, der in dem Gebiet gearbeitet hat, ihren historischen Wert leugnen könnte.« [133]

Das könnte ebensogut von allen maori-polynesischen Stämmen gesagt werden.

Im vorigen Jahrhundert lebte G. M. Dawson bei den Kwakiutl auf der nördlichen Vancouverinsel und den benachbarten Küsten und zeichnete ihre hauptsächlichen Stammeserinnerungen auf, die um einen wandernden Kulturheros kreisen; von dessen jüngerem Bruder leiteten die Hauptfamilien ihren göttlichen Ursprung ab: »Der Name dieses Helden ist wie andere Wörter in der Sprache in den verschiedenen Dialekten etwas verändert. Nachdem ich ihn von einer Anzahl von Individuen im nördlichen Teil der Vancouverinsel und an der Westküste gesprochen gehört hatte, erschien mir ›Kan-ē-a-ke-luh‹ als die korrekteste Wiedergabe. Die ›Nawitti‹-Leute benutzten eine Form, die eher durch ›Kan-e-a-kwe-a‹ wiederzugeben wäre.«

Dawson zitiert jedoch auch einen Mythos, in dem dieselbe Gottheit mit noch einem anderen Suffix als Kānī-kē-lāq bezeichnet wird. Die Kan-e-Legenden schließen mit der Überzeugung, daß er am Ende »eine Frau vom Meer« heiratete und über den Ozean davonfuhr. So verschwand er auf immer aus dem menschlichen Gesichtskreis, so daß »die Menschen annehmen, daß die Sonne ihn repräsentiert«.

»Die enge Verbindung des Kulturhelden Kan-ē-a-ke-luh mit der Sonne ist schon in den Geschichten über ihn aufgetaucht, zusammen mit dem Glauben, daß die Häuptlinge oder doch einige von ihnen, mit Kan-ē-a-keluh durch Abstammung von seinem jüngeren Bruder verwandt sind. Zweifellos finden wir, ebenfalls im Zusammenhang hiermit, daß die Sonne, *nala,* früher unter dem Namen Ki-a-kun-ā-e oder ›unser Häuptling‹, verehrt wurde. Man betete um Gesundheit und andere Wohltaten zu ihr.«[134]

Boas zeigt in seiner Monographie über Geschichten der Kwakiutl, *Kwakiutl Tales,* ebenfalls, daß der Held, den er als Q̄āneqelak oder Kane-ke-lak bezeichnet, der Hauptgott und göttliche Vorfahr des lokalen Volkes war, der schließlich abreiste und dabei sagte, er wolle in südlichere Breiten fahren.[135]

Wir brauchen nicht weiter nach Süden zu gehen als bis nach Hawaii, um wie Fornander festzustellen, daß Stammeserinnerungen die Entdeckung ihrer Inselgruppe einem mythischen »wandernden Häuptling« zuschreiben, der von einer riesigen Insel oder vom Festland weiter nördlich kam, das nie mit dem richtigen Namen genannt, sondern nur als »das verlorene Heim Kanes« angedeutet wurde. Die Sonne, in der Sprache der Kwakiutl *na-la* und in der Hawaiis ebenfalls *la* (in anderen polynesischen Dialekten *ra*), wurde auf Hawaii auch als »der Ruheplatz Kanes« bezeichnet. Kane wurde in Hawaii als der Hauptgott und unmittelbare Vorfahr der herrschenden Familien verehrt, während die Kwakiutl behaupteten, vom jüngeren Bruder des Kan-e abzustammen. A. Fornander, der im vorigen Jahrhundert hawaiische Glaubensvorstellungen sammelte, erklärte: »Dieser ›Kane‹-Glaube, wie er in den hawaiischen Überlieferungen bewahrt worden ist, von der Zeit verdunkelt und von Interpolationen entstellt, ist immer noch ein überaus wertvolles Relikt des geistigen Status, der religiösen Vorstellungen und der historischen Erinnerungen der frühen Polynesier. Keine andere Gruppe in Polynesien hat, soweit meine Nachforschungen es haben ermitteln können, diese so vollständig bewahrt; doch habe ich Teile davon bei fast allen Gruppen angetroffen, wenn auch mehr oder weniger entstellt, und in diesem Fall bin ich der Ansicht, daß die Allgemeinheit einer Legende unter so weit verstreuten Stämmen ihr hohes Alter beweist.«[136]

Einer der vollständigen Namen Kanes auf Hawaii lautete Kane Uakea, »Kane das Licht«,[137] was deutlich dem Kan-e-a-kwe-a der Kwakiutl entspricht, wie es Dawson aufgezeichnet hat.

Wir brauchen bei der Betrachtung der weiteren Glaubensüberzeugungen und Bräuche nicht ins Detail zu gehen, wo die verschiedenen maori-polynesischen Stämme dem Muster ihrer Nachbarn von der Nordwestküste folgen, etwa Nasenreiben als Begrüßung, Haarknoten als Männerfrisur, Deformierung des Kopfes, Tätowierung des Körpers, Abtrennung von Fingern, durchs Feuer gehen, Panzer im Kampf, die Zunge als Symbol der Herausforderung und Waffen, als stilisierte Köpfe mit herausgestreckter Zunge, als Klinge gestaltet, die Unkenntnis der Saiteninstrumente in der Musik, die ihr Hauptzentrum auf der Welt zwischen Indien und Indonesien haben, und eine Wiederholung der Rasseln der Nordwestküste bei den Maori, Schlaginstrumente und die hölzerne Flöte, ein Flageolett, geschnitzt als groteskes menschliches Gesicht, aus dessen weit geöffnetem Mund der Ton kommt, das System des Tabus, die Furcht vor Bestattungen im Boden und der in beiden Gebieten bevorzugte Brauch, die Toten auf hölzerne Plattformen zu legen, die auf Pfählen erhöht angebracht wurden. Die vertrockneten Überreste der Skelette wurden in Rindendecken gehüllt und in sitzender Stellung, die Knie unters Kinn gezogen, in Höhlen, Bäumen oder (ebenfalls in beiden Gebieten) in einem Teil eines Kanus untergebracht.[138]

Es könnte so scheinen, als ob allein schon der Archipel vor der Nordwestküste als Zwischenstation eines weit früheren Wohngebiets in irgendeiner bisher noch nicht identifizierten Region Südostasiens allen vernünftigen Anforderungen an ein geographisch, anthropologisch und chronologisch überzeugendes Herkunftsgebiet der Völker und Kulturen des äußersten Ostpazifik genügen würde. Das ist jedoch nicht der Fall. Wir sahen, daß das polynesische Problem vielschichtig ist und daß die Maori-Polynesier selbst behaupten, es hätten schon Menschen auf all diesen Inseln gelebt, als ihre Vorfahren dort eintrafen. Buck erklärt: »Traditionelle Erzählungen berichten, daß auf Hawaii, den Cookinseln und Neuseeland von den späteren Polynesiern ein frühes Volk gefunden wurde ... Die späteren Einwanderer besiegten ihre Vorgänger, die jedoch nicht ausgerottet, sondern absorbiert wurden.«[139] Genealogische Datierungen, die auf einer Periode von etwa 25 Jahren für jede polynesische Generation beruhen, stimmen in ganz Polynesien darin überein, daß die verschiedenen Inseln je nach ihrer Lage von den heutigen Maori-Polynesiern während der ersten Jahrhunderte des jetzigen Jahrtausends besiedelt worden sein müssen. Der namhafte frühpolynesische Genealoge A. Fornander behauptete nach einem lebenslangen Studium polynesischer Stammesgeschichte, daß etwa 30 Generationen, vom Ende des letzten Jahrhunderts zurückgerechnet, uns in eine

Periode bringen, »wo die Aristokratie in fast allen Gruppen sozusagen einen neuen Weg nahm«. Von da an wurden während einer Zeit von einigen Generationen alle königlichen Linien unterbrochen und durch neue ersetzt: »Eine Wanderungswelle fegte über die Inselwelt des Pazifik, die alle Hauptgruppen in ihren Wirbel hineinzog und vermutlich auch alle kleineren ... Ihre Spuren waren tief und unauslöschlich. Sie veränderte die alten Bräuche, den Glauben und die Politik. Sie beeinflußte sogar die Sprache des Volkes.« Er zeigt, daß neue Schutzgötter den früheren Gottheiten folgten, neue Ortsnamen die alten ersetzten und daß auch die Errichtung pyramidenähnlicher Steinplattformen in dieser Periode aufgehört zu haben scheint.[140]

Vor mehr als einem Jahrhundert sammelte E. Shortland Stammeserinnerungen der Maori und schrieb: »Aus dieser Quelle erfahren wir, daß die Vorfahren der jetzigen Rasse von einer fernen Insel namens Hawaiki kamen, die in nördlicher oder nordöstlicher Richtung von Neuseeland liegt, oder von einer Inselgruppe, von denen eine diesen Namen trug.«[141] Dieselben Traditionen haben sich in Tahiti erhalten, doch dort wurde die Insel Hawai'i genannt und lag nördlich von der eigenen Gruppe. Die Legende von der Ankunft der Vorfahren aus Hawaiki oder Hawai'i ist in Zentral- und Südpolynesien weit verbreitet, fehlt jedoch auffälligerweise in der Hawaiigruppe. Außer Hawaii im nordöstlichen Pazifik hat nur Savaii in der Samoagruppe einen Namen, der im Maoridialekt Hawaiki werden würde. Es wurde lange Zeit vermutet, daß Savaii die Insel sei, die in den Überlieferungen genannt wurde, da ihre Lage mit der Theorie der Verbreitung von einer Insel zur nächsten, vom malaiischen Gebiet ausgehend, gut übereingestimmt hätte. Da die Maoriüberlieferungen jedoch von langen Reisen sprechen, die ihre Vorfahren zwischen Hawaiki und der Samoagruppe unternommen hätten, und da sie ausdrücklich Rarotonga in Zentralpolynesien als Zwischenstation auf dem Weg von Hawaiki nach Neuseeland angaben, wurde Savaii schließlich verworfen, und die modernen Forscher sind sich alle darin einig, daß die Maori nicht von Samoa, sondern von irgendwoher in Ostpolynesien kamen.

Es ist nicht schwer, das legendäre Hawaiki der Maori mit Hawaii, der nahe liegenden geographischen Zwischenstation von Nordwestamerika aus, zu identifizieren. Fornander machte beim Studium der frühen Maori-Genealogien folgende Entdeckung: »Unter anderen hervorragenden Namen, die in ihren Ahnenberichten vorkommen, finden sich aus der Zeit vor der Abreise von Hawaiki vier, die auch in der hawaiischen Ulu-Linie, zwischen *Aikanaka* und *Paumakua,* erscheinen. In den Neuseeländer-Legenden erscheinen sie als Häuptlinge oder *Ariki* von *Hawaiki* und folgen einander in der gleichen Reihenfolge wie in der hawaiischen Genealogie. Ihre Namen sind – die hawaiische Aussprache in Klammer – *Hema* (Hema), *Tawhaki* (Kahai), *Whahieroa* (Whahieloa), *Raka* (Laka).«

Fornander gibt zu: »Es ist kaum möglich, daß es zwei Reihen von Häuptlingen ... mit identischen Namen und in der gleichen Reihenfolge gegeben haben könnte; allein mit einer einzigen Umstellung gilt das gleiche für die Namen von drei ihrer Frauen ...« Er fand außerdem heraus, daß die Bewohner Hawaiis selbst eine Überlieferung über das Leben eines frühen Lokalhäuptlings hatten, der schließlich Hawaii verließ, um sich in einem fernen Land ein neues Siedlungsgebiet zu suchen; und er vergleicht diese hawaiische Tradition mit einer Maorierinnerung an gewisse Ereignisse bei den Vorfahren im frühen Hawaiki und findet die Übereinstimmung so ausgeprägt, »daß leicht zu erkennen ist, daß beide Legenden nur verschiedene Fassungen ein und desselben Geschehnisses sind«.[142]

Ein anderer bekannter Polynesien-Genealoge, Percy Smith, entdeckte, daß unter den namhaften hawaiischen Häuptlingen, die Hawaii etwa in den Jahren 1100 bis 1200 n. Chr. verließen, um sich auf den südlichen Inseln eine neue Heimat zu suchen, einer war, der Olopana hieß und dessen Frau Lu'ukia genannt wurde. »Nun würden die Namen Olopanas und seiner Frau, durch den bekannten Buchstabentausch ins Maori verwandelt, Koropanga und Rukutia lauten. Tatsächlich finden wir in der Maorigeschichte die Namen Tu-te-Koropanga, dessen Frau Rukutia war und daß sie in Hawaiki lebten ...«[143]

Mit der legendären Insel Hawaiki und Hawai'i in der Maori- und der zentralpolynesischen Stammesgeschichte, die als Hawaii identifiziert wurde, wird die nördliche Ecke des großen polynesischen Dreiecks zum Eingangstor der heutigen Bevölkerung dieser Inseln. Wir sahen, daß später Samoa, die westliche Ecke zu einem Hauptkontaktpunkt wurde, wo wichtige melanesische Güter von den Fidschiinseln aufgenommen und Kolonisten in die Randgebiete von Mikronesien und Melanesien ausgesandt wurden. Die dritte Ecke, die Osterinsel, ist ein einsamer östlicher Außenseiter auf dem halben Weg nach Südamerika. Wir werden später bei der Suche nach einer fehlenden Komponente in der gemischten polynesischen Kultur noch auf die Osterinsel zurückkommen, da wir gesehen haben, daß es noch eine andere und sogar noch gewaltigere Meeresstraße in den Ostpazifik gibt, die verdächtiger sein muß als jede andere angesichts des ständig wiederholten Arguments, daß es in Polynesien ein Substrat eines früheren Volkes gibt. Es ist reichlich physisches und kulturelles Beweismaterial vorhanden, um eine gewisse Zustimmung zu dieser wiederkehrenden Behauptung zu rechtfertigen, die von der historisch eingestellten Bevölkerung von der Osterinsel bis nach Hawaii und Neuseeland erhoben wird und nach der andere bereits im Besitz der Inseln gewesen seien, als ihre Vorväter über Hawaiki vor weniger als 30 Generationen ankamen. Diese früheren Einwohner und viele ihrer Glaubensvorstellungen und Bräuche wurden von den Neuankömmlingen häufiger absorbiert als ausgelöscht. Sie waren keine Zimmerleute, die Planken spalteten und sich in der Holzschnitzkunst auszeichneten wie die historisch bekannten Maori-Polynesier und ihre nördlichen Nachbarn an der bewaldeten Nordwestküste Amerikas. Sie waren vielmehr geschickte Steinmetzen, die riesige Blöcke aus dem Gebirge herausschlugen, sie für ihre Tempelbauten und Monumente behauten und zupaßten wie die Bewohner der kahlen Andenlandschaft. Diese frühen Siedler waren verantwortlich für die genau zusammengepaßten Megalithbauten und für die Riesenstatuen in Menschengestalt, die auf der Südamerika am nächsten liegenden Randinsel errichtet und später aufgegeben wurden; für die Einführung des eßbaren maori-polynesischen Hundes; für die Verbreitung der vom Menschen gezüchteten amerikanischen Baumwolle mit 26 Chromosomen, die in Amerika heimisch war, nach Polynesien, dazu der Süßkartoffel mit ihrem südamerikanischen Namen *kumara*, des Flaschenkürbisses und seiner vielfältigen Verwendungsmöglichkeiten vom Behälter über die Klapper bis zum Fischnetzschwimmer und einer ganzen Reihe anderer nützlicher amerikanischer Pflanzen, denen wir uns im 9. Kapitel zuwenden werden. Zu ihnen gehört auch die wichtige amerikanische Süßwasserbinse *totora*, aus der die Osterinsulaner ihre Bündelboote bauten, die denen des alten Peru glichen und mit denen sie ihre kreisförmigen und nichtpolynesischen Steinhäuser deckten, die ebenfalls vom südamerikanischen Typ waren. Überall im polynesischen Gebiet finden wir Elemente dieses protopolynesischen Substrats, nicht immer als archäologische Funde, sondern häufiger als übernommene Kulturmerkmale, die sich über die Generationen bis in historische Zeiten erhalten haben.

Der gewaltige Schub der Elemente von Peru aus endet nicht im polynesischen Dreieck, sondern erstreckt sich sogar nach Melanesien hinein, und es gibt mehrere Kulturmerkmale auf den Fidschiinseln und anderen Randinseln in diesem Territorium, die sich am besten so erklären lassen, daß sie in jener Epoche, als die noch leeren Inseln Polynesiens zum ersten Mal kolonisiert wurden, mit Wind und Strömung von Südamerika gekommen sind. Die schwierige und allgemein ausgeführte Kunst des Trepanierens, überall in Asien außer dem Nahen und Mittleren Osten unbekannt, ist ein stichhaltiger Beweis; das zeremonielle Kawatrinken, das bereits erwähnt wurde, ist ein weiterer Faktor, der sich ständig von Zentral- und Südamerika aus durch Polynesien verbreitete und dort jäh endete, wo das Betelkauen von Asien aus ins Bild tritt. Die Schleuder als Kampfwaffe ist in Indonesien unbekannt, und dennoch gibt es drei spezialisierte Südseetypen: die Bandschleuder, die Taschenschleuder und die Schlitzschleuder, die sämtlich genaue Wiederholungen der drei peruanischen Typen sind. Das Mumifizieren war in Indonesien unbekannt, wurde jedoch trotz der ungünstigen klimatischen Bedingungen, die schlechte Ergebnisse brachten, in verschiedenen Teilen Polynesiens nach einem Verfahren versucht, das dem im alten Peru angewandten entsprach. Kunstvoller und bunter Federkopfschmuck und Federmäntel für vornehme Personen, charakteristisch für die ausgedehnte polynesische Kultur, waren im ganzen Fernen Osten, einschließlich Indonesien, unbekannt, doch kennzeichnend für das alte Amerika und besonders für Mexiko und Peru. Die hölzernen Tafeln mit Inschriften im umgekehrten Bustrophedon* und das komplizierte polynesische *kipona* oder kunstvolle mnemonische System geknoteter Schnüre haben im Westpazifik nirgendwo etwas Ähnliches, aber genaue Entsprechungen in der Neuen Welt. Die Verehrung des Vorfahrengottes Tiki, der in den meisten polynesischen Gruppen Kane gleichzusetzen ist, wurde weiter im Westen nirgendwo gefunden, war jedoch die Grundlage der Gottesverehrung der Vorinkazeit in Amerika. Die Liste kann erheblich erweitert werden, und das soll im 13. Kapitel geschehen.

Ein Beweis für ein kulturelles Substrat wird auch in den bereits erwähnten archäologischen Funden von Tonscherben in Polynesien gesehen. Kleine Fragmente sind sowohl in der Marquesasgruppe als auch auf den Inseln in der Nähe der Fidschigruppe gefunden worden. In der eben genannten Marquesasgruppe, also sehr weit von den Fidschiinseln entfernt, wuchs, als die Europäer kamen, eine langfasrige, also kultivierte Baumwolle wild, ein klarer Hinweis auf frühere Anpflanzung durch Menschen, die in Spinnen und Weben erfahren waren. Töpferei und Weben könnten, wie wir sahen, diese Inseln theoretisch in vor-maori-polynesischer Zeit ebensogut von der Alten wie von der Neuen Welt aus erreicht haben. In Südostasien und Indonesien wurde Keramik auf der Töpferscheibe geformt, während sie in der Neuen Welt durch den Aufbau von spiralförmig übereinanderliegenden Tonringen gefertigt wurde. Die in Polynesien ausgegrabenen Tonscherben und die Gefäße der benachbarten melanesischen Inseln, auf denen die Töpferei bekannt war, sind ohne Töpferscheibe hergestellt worden – wie in Amerika. Und auf den Fidschiinseln, wo noch vollständige Gefäße im Gebrauch waren, als europäische Sammler kamen, sind die hochspezialisierten Formen den frühen peruanischen Bildnis- und Mehrfachgefäßen so auffallend ähnlich, daß man sie für eine lokale Varietät halten würde, wenn man sie in einem Grab aus der Vorinkazeit an der nordperuanischen Küste fände.

Die Baumwollpflanze, die sich über den Ostpazifik von den Galapagosinseln bis Fidschi, aber nicht weiter verbreitete, spricht ebenfalls für sich selbst. Eine moderne Chromosomenuntersuchung hat, wie im 9. Kapitel gezeigt wird, ergeben, daß sie 26 Chromosomen besitzt und also zu einer von den alten Zivilisationen Mexikos und Perus künstlich durch Kreuzung erzeugten Art gehört, während sämtliche Baumwollarten der Alten Welt, die wilden ebenso wie die kultivierten, nur dreizehn Chromosomen aufweisen, wie auch die wilden Spezies Amerikas. Die Töpfer, die keine Drehscheibe hatten und daher ihre keramischen Gefäße von Hand formten, könnten ebenso wie die Weber, die ihr Garn aus der amerikanischen Baumwolle mit 26 Chromosomen spannen und webten, durchaus von Peru gekommen sein, aber nicht von Indonesien.

* Abwechselnd von links nach rechts und umgekehrt geschrieben, nach jeder Zeile wird die Tafel außerdem auf den Kopf gestellt.

Um zusammenzufassen: Das polynesische Ozeangebiet ist riesig, das Landgebiet unbedeutend und die Kultur deutlich gemischt; alles ist auf ein Dreieck begrenzt, von dem eine Ecke in Melanesien und die beiden anderen dort liegen, wo ozeanische Rolltreppen von Peru bzw. der Nordwestküste ankommen. Ein frühes kulturelles Substrat aus Peru, auf typische Weise auf der Osterinsel im Osten verkörpert, von Randkontakten mit der Fidschigruppe bereichert, konzentriert auf Samoa im Westen und von späteren maori-polynesischen Wanderern überwunden, die über Hawaii im Norden eindrangen, bestätigt die dreifache Herkunft, die so häufig für die Mischkultur in diesem ostpazifischen Dreieck vermutet worden ist. Es darf behauptet werden, daß die amerikanische Süßkartoffel von Osten, die melanesische Brotfrucht von Westen kam, daß aber von Norden die Eroberer eindrangen, die die Ernte einbrachten. Diese Sieger stellten das asiatische Element in Polynesien dar, Abkömmlinge von Wanderern, die aus Südostasien gekommen waren, ohne auf mikronesisches oder melanesisches Terrain zu gelangen.

# 7

# Inkas führten die Europäer nach Polynesien

Es gibt nicht eine einzige bewohnbare Insel im Pazifik, die nicht schon vor Ankunft der Europäer in diesem Ozean besiedelt gewesen wäre. Dennoch bezeichnen wir einige europäische Reisende als Entdecker dieser Inseln. Dem Spanier Alvaro de Mendaña wird die Entdeckung der Marquesasinseln im Jahr 1595 zugeschrieben, dem holländischen Admiral Roggeveen die der Osterinsel im Jahr 1722, dem englischen Kapitän James Cook die von Hawaii im Jahr 1778 und so fort. Mehr noch, die ersten Europäer, die erfuhren, daß es bewohnte Inseln im Pazifik gab, wurden sogar erst von eingeborenen Peruanern, die ihnen ihre Segelanweisungen gaben, dorthin geführt.

Seit den Tagen der Konquista ist es zur seltsamen Gewohnheit der Europäer geworden, Menschen anderer Kulturen als minderwertiger zu betrachten, wenigstens so lange, bis sie den Glauben angenommen und die Schrift gelernt hatten, die wir selbst von Asien erhielten. Erst wenn sie unsere Glaubensvorstellungen und unsere Bräuche übernommen hatten, wurden sie unseresgleichen und verdienten Schutz und Würdigung ihrer Leistungen. Als es zu den Begegnungen mit anderen Zweigen des Menschengeschlechts in der Neuen Welt und dem noch neueren Ozeanien kam, wurde das Überlegenheitsgefühl des weißen Mannes sowohl durch sein Gewehr erhöht als auch durch das untertänige Verhalten der weit überlegenen Zahl intelligenter Männer und Frauen, die ihn willkommen hießen, verstärkt. Wir sahen im 4. Kapitel, daß die ersten europäischen Besucher von Mexiko bis Peru überall, wohin sie kamen, mit Ehrfurcht und Verehrung als die wiederkehrenden Boten weißer und bärtiger Vorfahren empfangen wurden, die dem Volk früher einmal verschiedene Segnungen der Zivilisation gebracht hatten. Genau die gleiche Aufnahme erwartete den weißen Mann, als er, von den Informationen der Inka geleitet, zu den am nächsten gelegenen ozeanischen Inseln vorstieß.

S. Percy Smith, eine bekannte Autorität auf dem Gebiet der frühpolynesischen Legenden, schrieb: »In der ganzen Rasse, überall, wo wir ihr begegnen, finden wir eine Linie hellfarbiger Menschen, die keine Albinos sind, aber recht helles Haar und helle Haut haben. Bei den Maori läuft diese Linie in den Familien oft durch viele Generationen; ein andermal wieder erscheint sie als vermutliche Rückkehr zu dem ursprünglichen Typ, von dem die Linie abstammt. Es gibt unter den Maori auch Überlieferungen von einem »Göttergeschlecht«, Pakepakeha genannt, das immer auf dem Meer leben soll und weiß im Gesicht sei – daher der Name Pakeha, den sie den Weißen gaben, als sie im 18. Jahrhundert mit uns bekannt wurden ... Wir sehen also, daß es ganz offenbar eine undeutliche Erinnerung an ein weißes oder hellfarbiges Volk gibt, die sich in polynesischen Überlieferungen erhalten hat. Wenn wir dazu gelangen, nach dem Ursprung dieser Geschichte zu fragen, ist es nur allzu natürlich, ihn dem Kontakt mit einer hellfarbigen Rasse in sehr alter Zeit zuzuschreiben.«[144]

In seiner Studie *Polynesian Religion* schrieb E. S. C. Handy, nachdem er lange auf der Marquesasgruppe gelebt hatte, daß die Insulaner an zwei verschiedene Vorfahrengötter glaubten, an Tane, »der ›weiß‹ und blondhaarig gewesen und der Erzeuger der ›weißen‹ Fremden (*hao'e*) gewesen sein soll, im Gegensatz zu Atea, dem Vorfahren der eingeborenen Leute, die braun und dunkelhaarig waren wie sie selbst«. Er zeigt, daß es auf Mangaia ein anderer polynesischer Gott war, Tangaroa (Tana der Große), dem Blondheit zugeschrieben wurde; sein Haar sei von roter, sandiger Farbe gewesen, weshalb Kapitän Cooks Leute als die hellhaarigen Söhne des Tangaroa empfangen wurden.[145] Diese Verwechslung eines verehrten legendären Volkes mit den eintreffenden Europäern brachte den Neuankömmlingen sowohl in Amerika als auch in Polynesien Glück – und kostete Kapitän Cook das Leben. Bei seiner »Entdeckung« Hawaiis wurde er fälschlich für den weißen und blondhaarigen Ahnengott Rono (Lono) gehalten und, als der Irrtum aufgeklärt war, getötet. Sein überlebender Begleiter, Kapitän King, schrieb später: »Sie betrachteten uns im allgemeinen als ein Geschlecht ihnen überlegener Menschen und sagten häufig, daß in unserem Lande große *Eatooa* [Ahnengötter] wohnten.«[146]

Nur vor diesem geschichtlichen Hintergrund können wir verstehen, weshalb sich all die großen Völker des alten Amerika und des benachbarten Ozeans so bereitwillig den europäischen Ankömmlingen unterwarfen und ihnen gestatteten, die Rolle von Übermenschen und Entdeckern zu spielen.

Das folgende Kapitel ist ein Vortrag, der im Jahr 1964 vor dem 36. Internationalen Kongreß der Amerikanisten in Barcelona gehalten und danach in den Sitzungsberichten des Kongresses veröffentlicht wurde.

Am 19. November 1567 verließ eine spanische Expedition – zwei Karavellen mit 150 Mann – den Hafen von Callao in Peru. Sie hatte von König Philipp II. von Spanien Befehl, bestimmte, den Europäern noch nicht bekannte Inseln im Pazifik aufzusuchen und ihre Bewohner zum Christentum zu bekehren. Der Neffe des Vizekönigs, Alvaro de Mendaña, war zum Kommandanten der beiden Schiffe ernannt worden. Ihm beigegeben war der berühmte Steuermann und Inkachronist Sarmiento de Gamboa, auf dessen unmittelbare Initiative hin man das Unternehmen organisiert hatte. Nach zwei in Mexiko und Guatemala verbrachten Jahren war Sarmiento de Gamboa 1559 nach Peru gekommen. Hier widmete er die ersten sieben Jahre dem Studium der Indianerkultur und verfaßte für Philipp II. seine bedeutende Denkschrift über die Geschichte der Inka. Obwohl es gerade Sarmiento war, der buchstäblich der Geschichte der Inka ein Ende setzte, als er den letzten Inka Tupac Amaru verfolgte und mit eigener Hand gefangennahm. Er war so an ihrer mündlich überlieferten Literatur interessiert, daß der Vizekönig von Peru ihn den »fähigsten Mann auf diesem Gebiet, den ich im Lande fand«, nannte.[147] Sarmiento machte auch als erster auf die immer wiederkehrenden Behauptungen der Inka aufmerksam, es gebe bewohnte Inseln weit draußen im Pazifik, und er war so überzeugt von der Wahrheit dieser peruanischen Berichte, daß er schließlich den Gouverneur überredete, eine Expedition auszuschicken, die den alten Segelanweisungen der Indianer folgen sollte.

Die Erfolge der beiden Mendaña-Expeditionen sind bekannt, doch schenkte man später den Anregungen der Inka, die hinter dem Unternehmen standen, kaum noch Beachtung. Das ist vielleicht keine Überraschung. Schließlich lagen die Salomoninseln, auf die die Spanier stießen, nicht genau in dem Gebiet, das die Inkagewährsleute bezeichnet hatten. Außerdem haben moderne Beobachter angenommen, daß die alten Inkafahrzeuge zu Ozeanreisen überhaupt nicht tauglich waren. Dennoch stolperte der holländische Admiral Roggeveen im Jahr 1722, anderthalb Jahrhunderte nach Sarmientos Versuch, den Inkaanweisungen zu folgen, zufällig über eine bewohnte Insel, genau an der Stelle, wo die Spanier sie hätten suchen sollen. Als Roggeveen jedoch die Osterinsel entdeckte, hatten seine Zeitgenossen längst die Inkainstruktionen vergessen, die der Nachwelt lediglich in den handschriftlichen Berichten Sarmientos und seiner Begleiter erhalten geblieben sind. Diese Tatsache zusammen mit dem heutigen Wissen, daß Balsaflöße, nach Inkabauweise mit *guaras* ausgerüstet, imstande sind, Hin- und Rückreisen in jeden beliebigen Teil des Pazifik zu unternehmen, erlaubt eine neue Untersuchung der Mendaña-Expeditionen, das heißt eine Überprüfung der ursprünglichen Inkaberichte und eine Analyse der Motive Sarmientos für sein Vertrauen in die peruanischen Berichte von ausgedehnten Reisen in den offenen Pazifik.

Die Spanier lebten bereits 40 Jahre mit den peruanischen Eingeborenen zusammen, als Sarmiento seine Regierung davon überzeugte, daß hinter den Behauptungen der Inka eine Realität stehe. In diesen frühen Jahrzehnten vor dem großen Niedergang der einheimischen Kultur waren die Konquistadoren ausnahmslos vom Umfang der altperuanischen Hochseeschifffahrt beeindruckt. Natürlich richtete sich die Aufmerksamkeit aller Chronisten in erster Linie auf die wichtigen Zentren im Hochland, wo der unermeßliche Reichtum der herrschenden Klassen aufgehäuft lag. Die historischen Berichte bestätigen jedoch das Bild der Archäologie, das Bild einer zahlreichen und furchtlosen Fischer- und Händlerbevölkerung, die in großen Siedlungen entlang der offenen Küste lebte und deren Wirtschaft fast ausschließlich auf der Meeresströmung vor dieser Küste beruhte.

Sarmiento und seine Zeitgenossen wußten genau, daß ihre Landsleute schon fast ein Jahr vor Erreichen der peruanischen Küste auf weitreisende Wasserfahrzeuge mit Inkabesatzung gestoßen waren. Vor dem nördlichen Ecuador begegnete die erste voraussegelnde Vierzigtonnenkaravelle einem nach Norden laufenden Balsafloß mit 30 Tonnen Last und 20 eingeborenen Männern und Frauen aus Peru an Bord. Die Spanier staunten über die feine Takelung und die Baumwollsegel, die auf die gleiche Weise verwendet wurden wie auf ihrer eigenen Karavelle.[148] Fünf weitere Handelsflöße, die, wie das erste, mit Hilfe von Segeln navigierten, wurden von Pizarros vorauslaufender Karavelle überholt, bevor diese Peru erreichte. Und als sich die Spanier schließlich Tumbez näherten, kam ihnen eine ganze Flotille von Balsaflößen entgegen, die aus dem Hafen auslief und Truppen zur Insel Puna, 40 Meilen hinter dem Horizont, beförderte.

Als Sarmiento 1559 selbst eintraf, wurden noch immer Balsaflöße für Handel und Transport bis nach Zentral- und Südperu hinunter verwendet, nahezu 2000 Meilen von den Balsawäldern entfernt. Die Bewohner des Chicamatals standen in Verbindung mit dem 500 Meilen nördlicher liegenden Guayaquil und benutzten dazu schwer mit Proviant und anderer Fracht beladene Balsaflöße. Solche Flöße waren von den Inkaseeleuten auch verwendet worden, um Guano von den Chinchainseln bei Pisco und Paracas in die verschiedenen Provinzen an der ganzen Küste zu befördern. Sarmientos Generation bestaunte die nautischen Kenntnisse der eingeborenen Peruaner und die Seetüchtigkeit ihrer sonderbaren Flöße. Sie rühmten die eleganten Masten und Rahen. Das peruanische Segeltuch wird als »ausgezeichnet« gerühmt und die Taue als »besser denn die aus Spanien«.[149]

Bis zur Zeit Sarmientos hatten die Spanier selbst häufig Gebrauch von den Inkaseeleuten und ihren Balsaflößen gemacht, da sie Brandungswellen und Untiefen überwanden, in die sich kein europäisches Schiff wagen konnte. Oviedo beschreibt, wie Francisco Pizarro mit all seinen Leuten und Pferden von Indianern auf Segelflößen über das Meer zur Insel Puna gebracht wurde.[150] Zárate berichtet auch, wie sich seine Zeitgenossen mit bis zu 50 Soldaten und drei Pferden auf einem einzigen Balsafloß einschifften und sich von den Indianern mit ihren Segeln und »Paddeln« befördern ließen, »weil die Indianer selbst große Seeleute sind«.[151] Pedro Pizarro berichtete im Jahr 1571, wie er persönlich, ebenso wie Alonso de Mesa, Kapitän Soto und viele andere führende Konquistadoren, von den Peruanern in schwerer Brandung vom Floß heruntergestoßen und halb ertrunken an Land gespült worden war, während die geschickten Inkaseeleute bei stürmischer See wieder auf die Flöße kletterten und vom Land wegsegelten.[152] Cieza de León und Zárate schrieben beide, daß die Küstenindianer so viel auf See lebten, daß sie wie Fische geworden seien. Und sie berichteten, daß sie häufig Balken aus ihren Flößen herauslösten, während sie sich auf hoher See befanden, so daß ihre weniger seerfahrenen Feinde an Bord durchfielen und ertranken.[153] Inka Garcilaso berichtete, daß dieser verräterische Trick früher häufig von den Küstenbewohnern angewandt wurde, wenn sie gezwungen waren, Hochlandinkas über See zu befördern. Sie zerschnitten die Taue und stießen ihre Passagiere ins Meer, grüßten einander fröhlich von einem Floß zum anderen, »denn die von der Küste, die so an die See gewöhnt waren, hatten den Inlandindianern gegenüber den gleichen Vorteil wie Meerestiere den auf dem Land lebenden gegenüber«.[154] Diese Küstenbewohner waren täglich auf ihren großen Flößen und verbrachten gewöhnlich Wochen mit ihrer ganzen Familie und all ihrer Habe auf See. Sie und die noch zahlreicheren Besitzer kleiner Binsenboote heimsten in der tückischen Strömung 20 bis 50 Meilen vor der Küste einen solchen Überfluß an Fischen ein, daß sogar die Inka im Hochland einen Anteil erhielten, der binnen zwei Tagen von organisierten *caski* dorthin gebracht wurde.[155]

Inka Garcilaso zeigt, daß Hochseefischerei, weitreichender Handel und Verkehr zur See einen festen Bestandteil im Wirtschaftssystem der Inka bildeten, als Peru von den Spaniern erobert wurde.[156] Das wird auch von allen zeitgenössischen Chronisten mindestens beiläufig erwähnt, wenn sich ihre Berichte sonst auch ausnahmslos mit Reichtum und Macht der Herrscher im Hochland beschäftigten. Nach dem Urteil Sarmientos und seiner Zeitgenossen aus Spanien waren die Inkaseeleute auf ihren Balsaflößen fähig, sich ebensoweit ins Unbekannte vorzuwagen wie jedes europäische Schiff, und das erklärt, weshalb die Konquistadoren so bereitwillig an die Erzählungen der Inka glaubten.

Gerüchte, Überlieferungen und historische Berichte, wie sie im 16. Jahrhundert in ganz Peru in Umlauf waren, reichten aus, die Phantasie eines Seemannes wie Sarmiento anzuregen und ihn zum Handeln zu veranlassen. Als führenden Geschichtsschreiber des Inkareichs reizten ihn die mündlichen Überlieferungen, die immer wiederkehrende Berichte von Seewanderungen großen Umfangs auf Balsaflößen enthielten: bald fuhren sie ab, bald liefen sie ein, und manche Berichte schilderten lange Hin- und Rückreisen mit zahlreichen Flößen.

Das Gebiet um den Hafen Manta im äußersten Norden des Inkareichs, dem heutigen Ecuador, spielt eine bedeutende Rolle in den Seefahrergeschichten der Inka. Von dort aus soll der oberste Kulturheros Con-Tici Viracocha in den Pazifik aufgebrochen sein. Von dort segelte später der Inka Tupac Yupanqui oder Tupac Inka mit seiner Flotte ab, um Inseln im Pazifik zu suchen. Es ist daher bemerkenswert, daß Sarmiento und seine Begleiter nicht dieses nördliche Gebiet für ihr eigenes Unternehmen wählten, sondern von der mittelperuanischen Küste ausliefen und noch südlicheren Breiten zustrebten.

Tupac Inka war der Großvater des königlichen Brüderpaares, dem die Spanier begegneten, und Sarmiento rief 42 führende Inka-Historiker zusammen, um eine korrekte Fassung seiner Geschichte zu erhalten. Daher wußte Sarmiento genau, daß Tupac Inka von einem nördlichen Hafen ausgelaufen war. Sarmiento schrieb im Jahr 1572 über Tupacs Eroberung der Nordküste, daß er »zu Lande kämpfte und zur See auf *balsas,* von Tumbez bis Huanapi, Huamo, Manta, Turuca und Quisin. Während er vorrückte und an der Küste Manta, ferner die Insel Puna und die Stadt Tumbez eroberte, trafen in Tumbez einige Kaufleute ein, die von Westen auf segelführenden *balsas* über See gekommen waren.« Sarmiento zeichnet weiter die Geschichte auf, wie diese Kaufleute über bewohnte Inseln berichteten, die sie besucht hatten. Diese Berichte verlockten nun den Inka aus dem Hochland, sein Glück auf See zu versuchen. »Doch glaubte er den fahrenden Händlern nicht leichthin, denn solche Männer sind große Schwätzer und sollten nicht allzu bereitwillig Gehör finden.«

Doch erhielt Tupac Inka von seinem eigenen Geisterbeschwörer hellseherisch gewisse weitere Informationen und entschloß sich daraufhin, die fernen Inseln zu besuchen. »Er ließ eine ungeheure Anzahl *balsas* bauen, auf denen sich mehr als 20 000 ausgesuchte Leute einschifften. Als Kapitäne nahm er mit: Huaman Achachi, Cunti Yupanqui, Quihual Tupac (alle Hanan-cuzcos), Yancan Mayta, Quisu Mayta, Cachimapaca Macus Yupanqui, Llimpita Usca Mayta (Hurin-cuzcos). Sein Bruder Tilca wurde General der ganzen Flotte. Apu Yupanqui bekam das Kommando über das Heer, das an Land zurückblieb. Tupac Inka segelte so lange, bis er die Inseln Avachumbi und Ninachumbi entdeckte ...«

Die Dauer dieser Reise wurde mit neun Monaten angegeben, während andere Gewährsleute Sarmiento wiederum von einem Jahr berichteten. Als Tupac zurückkam, hatte er »schwarze Leute« bei sich und andere Beute, die in der Festung Cuzco aufgehoben wurde, bis die Spanier kamen. Sarmiento befragte sogar den Aufseher, der diese besonderen Schätze bewachte.[157]

Daß der Inka aus einem Hafen der Nordküste ausgelaufen ist, wird auch von Pater Miguel Cabello de Balboa berichtet, der ein Jahr zuvor, ehe sich Sarmiento auf der Suche nach den Inkainseln einschiffte, nach Peru gekommen war. Balbao schreibt über Tupac Inka, den er König Topa nennt: »Und nachdem er seine Ansichten und Pläne mit den Offizieren besprochen hatte, brach er auf mit seinem jetzt fast unzählbaren Gefolge und machte in Manta, Charapoco und Piquara Quartier, denn es wäre unmöglich gewesen, eine solche Menge von Leuten, wie er sie mitgebracht hatte, auf engerem Raum unterzubringen und zu verpflegen. An diesem Ort sah König Topa zum ersten Mal den Ozean. Nach dieser Entdeckung ordnete er an, daß er andächtig angebetet wurde, und nannte ihn Mamacocha, was soviel heißt wie ›Mutter der Seen‹. Er ließ eine große Anzahl der Lastfahrzeuge, die die Eingeborenen benutzen, herstellen, die aus Hunderten von Stämmen eines auffallend leichten Holzes bestehen. Diese banden sie Stück für Stück nebeneinander zusammen, und oben darauf legten sie hundert Matten aus geflochtenen Rohrstengeln als Fußboden. So entstanden sichere und brauchbare Fahrzeuge jener Art, die wir *balsa* nennen. Als er dann die ungeheure Zahl davon, die für die Menge der ihn begleitenden Truppen nötig war, zusammen hatte, wählte er die erfahrensten Steuerleute aus, die unter den Eingeborenen dieser Küsten zu finden waren, und fuhr hinaus auf das Meer mit dem gleichen Mut und Schwung, der ihn, solange er lebte, von Erfolg zu Erfolg geführt hatte. Von der Fahrt will ich nicht mehr sagen, als man wirklich glauben kann, aber diejenigen, die die Heldentaten dieses tapferen Inka berichtet haben, versichern, er sei auf dieser Reise für die Dauer eines Jahres auf See geblieben, andere meinen sogar noch länger. Er habe gewisse Inseln entdeckt, die Hagua Chumbi und Nina Chumbi genannt wurden und in der Südsee liegen sollen, an deren Küste sich der Inka eingeschifft hatte.«

Auch Balboa berichtet, daß »eine große Zahl Gefangener, deren Haut schwarz war«, an Bord der Inkaflöße nach Südamerika gebracht worden sei.[158]

Ehe Sarmiento Peru erreichte, hatte Betanzos, der die Entdecker begleitete, die viel ältere Legende über den Aufbruch der weißen Viracochaleute von der gleichen Mantaküste aufgezeichnet, eine Überlieferung, die den Geist der Bevölkerung im ganzen Inkareich weit mehr beschäftigte als die kürzlich erfolgte Reise Tupac Inkas. Der legendäre Kulturheros Viracocha war, wie man fest glaubte, in der Vorinkazeit mit all seinen Leuten von Tiahuanaco nordwärts durch Cuzco gezogen, bis er die Küste von Ecuador erreichte. Hier sammelten sie sich bei Puerto Viejo in der Nähe von Manta und fuhren auf den Ozean hinaus.[159] Sarmiento verknüpfte diese allgemein geglaubten Inkaüberlieferungen mit der allen Konquistadoren bekannten und von ihm noch besonders hervorgehobenen historischen Tatsache, daß die ankommenden Spanier irrtümlich als weiße, bärtige Viracochaleute betrachtet wurden, die vom Pazifik zurückkehrten. Diese Verwechslung ermöglichte es, wie wir sahen, Pizarro und seinem kleinen Haufen von Seefahrern, das ganze weite Inkareich mit seinen mächtigen Herren und Festungen kampflos zu erobern.[160]

Inka Tupac hat sicher nicht zufällig einen der nördlichen Häfen, der auch von seinem legendären Vorgänger ausgesucht worden war, zum Ausgangspunkt gewählt. Manta liegt fast genau dort, wo der Äquator in den Pazifik führt, und Inka Tupac verehrte wie vor ihm Viracocha die Sonne als seinen eigenen Ahnherrn und Beschützer. Außerdem stammte das gesamte Balsaholz aus Ecuador, das für den Floßbau an der ganzen Küste des Inkareiches verwendet wurde. Nur dadurch, daß er seine Leute in die dortigen Wälder brachte, war es dem Inka möglich, sich die große Menge an Balsastämmen und Bambus zu sichern, die er für den Bau einer ganzen Flotte von seetüchtigen Flößen benötigte. Aus den Inkaüberlieferungen, die wir kurz erwähnen wollen, geht hervor, daß die Flotte in den südlichen Teil des Ozeans steuerte, was Sarmiento veranlaßte, vom Hafen Callao aus in Richtung Westsüdwest zu suchen.

An der Wüstenküste Perus, 700 Meilen südlich von Manta, stießen die Spanier auf ebenso lebhafte Erzählungen über alte Mochicawanderungen auf Balsaflößen. Pater Miguel Cabello de Balboa schreibt: »Die Leute von Lambayeque – und alles Volk, das bei ihnen wohnt – sagen, daß in so alten Zeiten, daß sie nicht wissen, wie sie es ausdrücken sollen, ein Vater von Familien aus dem Norden dieses Piru mit einer großen Flotte von *balsas* kam, ein Mann von großer Tapferkeit und Tugend namens Naymlap. Er brachte viele Konkubinen mit, aber die Hauptfrau soll Ceterni gewesen sein. In seiner Begleitung befanden sich viele Leute, die ihm als ihrem Kapitän und Führer folgten.« [161]

Die Ankunft dieser Balsafloßreisenden führte nach den Berichten der Eingeborenen der Nordküste zur Gründung der Chimúdynastie und -kultur.

Entsprechende Geschichten über die Errichtung der Inkadynastie lebten noch bis ins vorige Jahrhundert unter den Indianern an der Zentralküste Perus.[162] Nach den Überlieferungen der Stämme um Lima kamen die ersten königlichen Inka durch Betrug an die Macht. Sie täuschten dem Bergvolk vor, von der Sonne abzustammen. Diese Anklage wurde das erste Mal von dem Jesuiten Anello Oliva erhoben, einem der Ansiedler des 16. Jahrhunderts, die sich unter der Tieflandbevölkerung niederließen. Man erzählte ihm, die ersten königlichen Inka stammten von Seeleuten ab, die von Ecuador heruntergesegelt waren: »Viele machten Fahrten entlang der Küste, und einige gingen dabei zugrunde. Schließlich nahm ein Zweig seinen Wohnsitz auf einer Insel, Guayau genannt, nahe der Küste von Ecuador. Auf dieser Insel wurde Manco Capac geboren. Nach dem Tod seines Vaters Atau beschloß er, seinen Geburtsort zu verlassen und einen günstigeren Himmelsstrich zu suchen. Daher brach er mit allen Fahrzeugen, die er besaß, und mit 200 Leuten auf, die er in drei Gruppen teilte. Von zweien hörte man nie wieder, aber er und seine Gefolgsleute landeten bei Ica an der peruanischen Küste und kämpften sich von dort zum Gebirge hinauf, bis sie zuletzt die Ufer des Titicacasees erreichten.« [163]

Natürlich braucht an der Nachricht von einer Landung des ersten Inka bei Ica kein wahres Wort zu sein, aber die Gerüchte gingen dort um, und Ica konnte seit frühen Vorinkatagen mit dem Waldgebiet im Norden als

Zentrum der Floßsegelei wetteifern. Pater Joseph de Acosta berichtete, daß die Indianer von Ica, aber auch die von Arica, 750 Meilen weiter südlich, den Spaniern erzählten, daß sie in alten Zeiten in die Südsee gesegelt seien, wo sie einige Inseln sehr weit im Westen besuchten.[164] Acosta war der Meinung, daß diese vorspanischen Expeditionen auf Flößen von aufgeblasenen Robbenhäuten stattgefunden hätten, aber die zahlreichen prähistorischen Hartholz-Steckschwerter und Modelle von Balkenflößen, die sowohl in Ica wie in Arica ausgegraben wurden, zeigen, daß gerade diese beiden Gebiete in frühester Vorinkazeit Zentren für Blockfloßfahrten waren.[165]

Kapitän de Cadres befragte einen uralten, weisen Indianer namens Chepo (angeblich 115 bis 120 Jahre alt) und erfuhr dabei, daß Arica und Ilo, die beiden Haupthäfen an der Küste gerade unterhalb Tiahuanacos, als besonders geeignete Auslaufhäfen zu den bewohnten Pazifikinseln galten. Chepo sagte, daß sich die Indianer in den Häfen von Arica und Ilo einzuschiffen pflegten, um nach zweimonatiger Reise westwärts im Pazifik zunächst eine öde Insel namens Coatu zu erreichen, auf der es drei hohe Berge und viele Vögel gebe. Auf der Weiterfahrt zu den bewohnten Inseln dahinter sollten sie diese unbewohnte Vogelinsel links liegenlassen und würden dann die nächste abgeschiedene Insel, Qüen, erreichen, die stark bevölkert sei und einen Häuptling namens Qüentique habe, und zwei weitere namens Uquenique und Camanique. Zehn Tage weiter westlich liege noch eine andere, größere bewohnte Insel: Acabana. Mit dem Tod bedroht, falls er die Wahrheit verhehle, erzählte der alte Chepo dem gierigen Kapitän auf dessen Fragen Geschichten von großen Reichtümern auf diesen fernen Inseln. Zuletzt setzte er aus freien Stücken hinzu, daß sie hölzerne Flöße zur Seefahrt verwendet hätten. Obwohl die zeitgenössischen Spanier glaubten, Chepo habe die Salomoninseln gemeint – ein Name, den sie allen gerüchtweise bekannten Inseln vor Peru gaben –, nahmen Amherst und Thompson, die 1901 eine englische Übersetzung der alten Handschrift herausgaben, an, er könne die verstümmelte Fassung des Berichts über eine tatsächliche Indianerreise wiedergegeben haben. In einer Fußnote wiesen sie darauf hin, daß die Osterinsel und die ihr vorgelagerte kahle Insel Sala-y-Gómez in bemerkenswerter Weise mit der Beschreibung übereinstimmten, von der Kapitän de Cadres berichtet.[166]

In der Tat hatte der alte Chepo – Generationen vor Roggeveen – den Spaniern eine genaue Segelanweisung von den bequemsten Häfen an der südperuanischen Küste aus zur Osterinsel gegeben. Heute wissen wir, daß ein Floßfahrer wirklich, um die nächste bewohnte Insel zu erreichen, von Ilo oder Arica aus zunächst auf das öde Vogelinselchen Sala-y-Gómez zuhalten muß. Von dort geht es in gerader Linie zur Osterinsel weiter. Diese Floßreise, vom Passatwind und vom südlichen Bogen des äußeren Perustromes begünstigt, würde rund gerechnet zwei Monate dauern, genau wie es der alte Indianer behauptete. Chepos Beschreibung von Sala-y-Gómez ist ebenfalls korrekt. Die wüste Insel ist voll von Vögeln, die man aus großer Entfernung sehen kann. Besonders wenn man von Osten kommt, sieht sie aus wie drei in den Himmel ragende Berge. Diese drei Spitzen wurden von den europäischen Entdeckern als typisches Kennzeichen vermerkt. Sie sind so charakteristisch, daß moderne Karten Sala-y-Gómez irrtümlicherweise häufig als drei getrennte Inseln wiedergeben. Der Eindruck trügt. Das Inselchen wird bei stürmischem Wetter fast ganz überschwemmt, nur die drei Bergspitzen gewähren den zahllosen Vögeln Schutz. Sala-y-Gómez muß, ganz korrekt, backbords liegenbleiben, wenn man von Ilo und Arica aus direkten Kurs zur Osterinsel, der ersten bewohnten Insel, halten will. Mangareva ist die nächste.

Chepos Erwähnung des obersten Häuptlings von Qüen als Qüentique ist ebenfalls interessant, wenn man bedenkt, daß die ersten spanischen Besucher der Osterinsel im Jahr 1770 *teque-teque*, vermutlich *tiki-tiki*, als Bezeichnung für »Häuptling« notierten.[167] Qüen-tique könnte also durchaus der »Häuptling« der Insel Qüen gewesen sein.

In Südperu kannten die Indianer also die genaue Richtung und auch die richtige Entfernung zur Osterinsel und wiesen sogar auf die Merkmale des einzigen Landzeichens hin, das unterwegs zu finden war. Genau 1000 Meilen weiter nördlich küsteaufwärts, in Callao, erhielt Sarmiento ähnlich präzise Segelanweisungen. Das beweist, daß die alten Peruaner imstande waren, die Position der Osterinsel durch Kreuzpeilen festzulegen. Wie bekannt, führten interne Schwierigkeiten bei der Mendaña-Expedition zur Änderung des Kurses, den Sarmiento nach den Ratschlägen der Indianer festgelegt hatte. Es ist hier deshalb notwendig, kurz zu analysieren, was damals geschah.

Amherst und Thompson erklären in ihren ausgezeichneten Bänden über die Expedition, daß mit dem Beginn einer geordneten Verwaltung in Peru die Abenteurer aus Spanien gierig die Geschichten von unentdeckten Inseln und einem Kontinent im Westen aufnahmen, die unter den Indianern und der seefahrenden Bevölkerung von Callao umliefen. Aus dem Schenkengeschwätz wurde mit der Zeit ein Lieblingsthema des Palastes, und Pedro Sarmiento de Gamboa »erklärte öffentlich, er sei imstande, den Kurs zu diesen Inseln festzulegen. Die Gelehrten in der Kolonie waren sich einig, daß dies die Außenposten eines südlichen Kontinents seien, der sich von Feuerland nordwärts erstreckte, bis er 15 Grad südlicher Breite, etwa 600 *leguas* von Peru entfernt, erreichte.«

Es trifft zu, daß über die Entfernung von 600 *leguas* von Peru aus allgemeine Übereinstimmung herrschte. Wie die beiden Autoren nachweisen, war der Proviant der Mendaña-Expedition tatsächlich unter der Voraussetzung berechnet, daß das Land 600 *leguas* vom Hafen Callao entfernt war.[168] Das ist beachtenswert, denn als die Spanier zwei Jahrhunderte später die Osterinsel von Callao aus zum ersten Mal erreichten, gaben sie die Position an als »etwa 600 *leguas* von Callao entfernt und etwa ebensoweit vom chilenischen Festland«.[169] Tatsächlich sind 600 *leguas* etwas mehr als 2000 Seemeilen, und das entspricht fast genau der Entfernung der Osterinsel. Abgesehen von der Distanz von 600 *leguas*, gab es noch einen Punkt, in dem die Mitglieder der Mendaña-Expedition völlig übereinstimmten: die nächstgelegene Insel sollte genau westsüdwestlich von der Hafenstadt Callao liegen. Das ergibt der Vergleich des für Sarmiento geschriebenen Reiseberichts mit dem seiner Gegner, des offiziellen Expeditionschronisten Catoira, des Expeditionsleiters Mendaña, des Ersten Steuermanns Gallego, und mit dem anonymen Manuskript eines anderen schreibkundigen Mitgliedes der Besatzung. Daß die erwähnte Insel genau westsüdwestlich von Callao lag, darüber müssen sie sich alle einig gewesen sein, denn sämtliche Logbücher geben an, daß man zehn Tage lang (nach Gallego zwölf) unentwegt diesen Kurs hielt. Das ist genau die Richtung von Callao zur Osterinsel. Ende November hatten sie, immer noch auf dem richtigen Kurs, die Breite 15 Grad 45 Minuten Süd erreicht, und hier begann der Streit. Sarmiento, obwohl als unsympathischer Mensch bekannt, fühlte sich mit Recht zuständig für die Positionen der Inseln. Er betont – er schreibt von sich in der dritten Person –, daß er es war, der dem Gouverneur von Peru »Informationen über viele Inseln und Kontinente zukommen ließ, die, wie er sagte, im südlichen Pazifik existierten, und daß er sich persönlich erboten habe, sie im Namen Seiner Majestät zu entdecken. In dieser Absicht habe er Hinweise gesammelt und Karten angefertigt ... Es war vorgesehen, daß sie dem Kurs Westsüdwest bis zum 23. Grad folgen wollten bis zu der Breite, die Pedro Sarmiento festgelegt hatte ...«

Sarmientos Absicht, im Ozean 600 *leguas*, das heißt etwa 2000 Seemeilen westsüdwestlich von Callao, Land zu suchen, hätte ihn in die unmittelbare Nähe der Osterinsel geführt. Sein Versuch, die Breite der Insel im voraus zu berechnen, war jedoch um vier Grad verfehlt, ein verzeihlicher Irrtum, wenn man bedenkt, daß der Erste Steuermann den vertrauten Hafen Callao mit 12 Grad 30 Minuten Süd ansetzte, während er tatsächlich auf 11 Grad 56 Minuten liegt. Bei 15 Grad 45 Minuten Süd brach ebendieser Steuermann plötzlich den geraden Kurs zur Osterinsel ab und segelte statt dessen genau westwärts. Wütend erklärte Sarmiento in seinem Bericht: »Pedro Sarmiento sprach mit allem Nachdruck mit dem General [Mendaña] über diesen Kurswechsel und sagte ihm wörtlich in Gegenwart aller, daß er nicht zustimmen dürfe und daß er das ändern müsse, sonst werde er die Entdekkung nicht machen und sich verirren ...«

Aber der junge Mendaña hielt zum Ersten Steuermann, und die Expedition segelte nun ungefähr den 15. Breitengrad entlang 20 Tage nach Westen. Der ganzen Expeditionsgesellschaft war klar, daß der Erste Steuermann den vorher bestimmten Kurs weit vor dem Punkt nach 600 *leguas*, die sich Sarmiento ausbedungen hatte, abbrach, aber keiner erhob Einwände. Der Grund war, daß Gallego, der lange Zeit als Steuermann an der Küste Perus und Chiles gefahren war, selbst entgegengesetzte Informationen von der

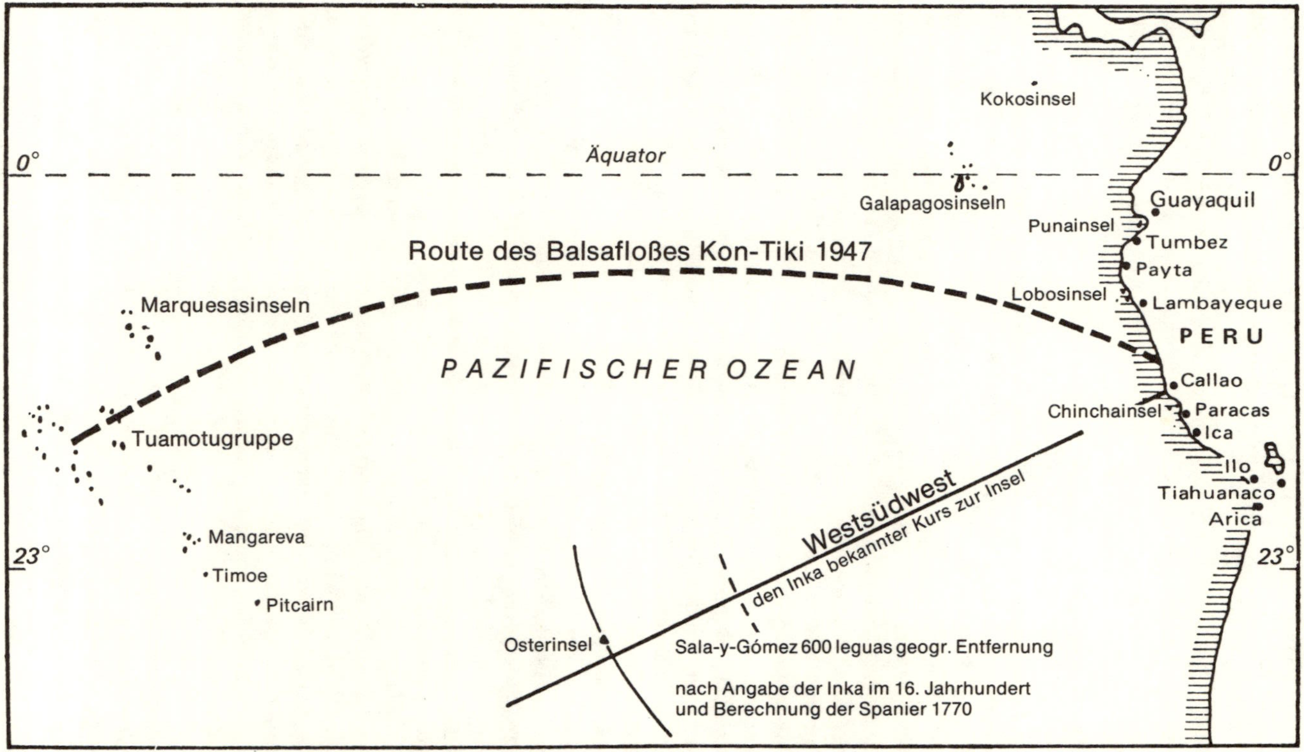


Segelanweisung zur nächsten bewohnten Insel im Pazifik, wie sie die Inka gaben

Cancillería in Lima erhalten hatte. Gallego begründete sein Vorgehen wie folgt: »Ich segelte auf dieser Breite, weil der Señor Presidente gesagt hatte, daß es auf 15 Grad südlicher Breite, 600 *leguas* von Peru entfernt, eine Menge reicher Inseln gebe.« Dieser Mitteilung entsprechend, fuhr der Steuermann jetzt genau auf das Herz Polynesiens zu, da die Tuamotu-, die Gesellschaftsinseln, Samoa, Fidschi und zahlreiche andere bewohnte Inseln hauptsächlich in einem Gürtel zwischen dem 10. und dem 20. südlichen Breitengrad liegen.

Statt weiter geradewegs auf die isolierte Osterinsel zuzulaufen, strebte die Expedition jetzt dem dichtesten Teil des Tuamotuarchipels zu. Doch im allerletzten Augenblick vor dem Erreichen der Inseln in der Nähe Pukapukas und Raroias, dem Landeplatz des Floßes *Kon-Tiki,* änderte der wankelmütige Steuermann plötzlich abermals den Kurs und drehte nach Nordwesten, so daß beide Expeditionsschiffe in der zweiten Dezemberhälfte die Lücke zwischen den Marquesas- und den Tuamotuinseln passierten. Drei Wochen später sichteten sie Nukufetau in der Ellicegruppe und landeten schließlich, 80 Tage nach der Abreise, auf den Salomoninseln in Melanesien. Später brauchten sie fast 400 Tage, um sich den Weg nach Peru zurückzuerkämpfen. Sie wurden gezwungen, durch die hohen Breiten nördlich von Hawaii zu fahren, um den widrigen, von Ost nach West gerichteten Winden und Strömungen Polynesiens auszuweichen.[170] 26 Jahre später brach die zweite Mendaña-Expedition noch einmal in Callao auf und landete in der Marquesasgruppe. Damit gelang, wie schon erwähnt, die erste Entdeckung Polynesiens durch Europäer.

Wenn der Steuermann Sarmientos Instruktionen auch weiter gefolgt wäre, hätte die Mendaña-Expedition die größte Aussicht gehabt, die Osterinsel zu entdecken. Wäre er etwas konsequenter bei seiner eigenen Entscheidung geblieben, wäre sie mitten in die Tuamotugruppe gelaufen. Durch seinen Wankelmut verfehlte die erste Expedition diese nächstgelegenen Inseln und landete im fernen Melanesien.

Es lag auch für Tupac Inka bei seiner vorkolumbischen Reise durchaus im Bereich des Möglichen, bis nach Melanesien zu gelangen, und das würde die zahlreichen schwarzen Gefangenen erklären, die er, wie berichtet wird, als Kuriosität nach Peru mitbrachte. Es besteht jedoch Grund zu der Annahme, daß er, im Gegensatz zu Sarmientos Expedition, durch Auffächern seiner größeren Flotte die nächstgelegenen Inseln fand. Wie wir sahen, kannten noch die Nachkommen der Untertanen Tupacs Richtung und Entfernung der Osterinsel, von Ilo und Arica ebensogut wie von Callao aus, und es kann wenig Zweifel daran bestehen, daß Tupacs Steuerleute ein paar Generationen früher als die Spanier mindestens ebensoviel wußten. Die nächste bewohnte Insel hinter der Osterinsel ist Mangareva im südöstlichen Zipfel des Tuamotuarchipels. Daß Tupac mit seiner Flotte zu dieser Insel gelangte, wird von der einheimischen polynesischen Bevölkerung bestätigt. Ihre Hauptüberlieferungen kreisen nämlich um den Besuch eines fremden

Königs namens Tupa. Die Erinnerungen an diesen Besucher wurden zuerst 1924 von F. W. Christian veröffentlicht, der die Inkageschichte nicht kannte: »Und die Mangarevaner haben eine Überlieferung von einem Häuptling namens Tupa, einem roten Mann, der mit einer Flotte von Kanus von Osten kam, ganz unpolynesischer Art, eher wie Flöße – sicher eine Erinnerung an ein paar peruanische *balsas* oder Floßschiffe.«[171] Rivet, der Christian zitiert, hat 1928 als erster vermutet, daß sich die Mangarevaner an einen Besuch von Tupac Inka erinnerten.[172] Buck veröffentlichte als nächster weitere Details aus der alten Tiripone-Handschrift, die ein paar Jahrzehnte nach Ankunft der Europäer von dem Sohn eines Häuptlings von Mangareva verfaßt worden war: »Ein bedeutender Besucher auf Mangareva war Tupa. Die Inselgeschichte erklärt, daß er zur Zeit der Bruderkönige Tavere und Taroi kam ... Tupa segelte nach Mangareva durch die Südostpassage, später Te-Ava-nui-o-Tupa (großer Tupakanal) genannt.« Ferner: »... der Seefahrer Tupa ... segelte geradewegs auf Mangareva zu und ankerte in dem großen Tupakanal. Er ging auf der kleinen Insel Te Kava an Land.« Die gleiche polynesische Eingeborenenhandschrift berichtet, daß Tupa, bevor er in seine Heimat zurückkehrte, »den Mangarevanern von einem weiten Land erzählte ... wo ein großes Volk lebte, von mächtigen Königen regiert«.[173]

Kava, das Inselchen am Ostriff, wo Tupa nach der Überlieferung auf Mangareva an Land ging, und die große Ava, der Tupakanal, wo seine Floßflotte ankerte, erinnern unmittelbar an die Erwähnung einer Insel Ava oder Ava-chumbi durch die Inka. Sie war eine der beiden Inseln, die Tupacs Flotte besuchte. Die andere war als Nina-chumbi oder Feuerinsel bezeichnet worden, ein treffender Name für die Osterinsel, von der die frühen Besucher, von den Entdeckern Roggeveen und González bis zu Beechey, schreiben, daß die Eingeborenen zahllose Feuer anzündeten und Rauchsäulen rund um die Küste aufsteigen ließen, als sie sich näherten, wohl um ihnen Zeichen zu geben. Verschiedene Beobachter haben vermutet, daß sich der Name »Feuerinsel« auf die Galapagosgruppe mit ihren für gewöhnlich untätigen Vulkanen beziehe, aber die Galapagosinseln waren, wie wir im 10. Kapitel sehen werden, den Inka ohnehin bekannt und nicht besiedelt.[174] Die »schwarzen« Menschen konnten durchaus unter den Eingeborenen Mangarevas ausgesucht worden sein, wo Beechey, der europäische Entdecker, in der äußerst gemischten Bevölkerung einzelne Leute fand, die so dunkel waren wie die Melanesier.[175] Schwarze Gefangene waren auch so ziemlich das einzig Bemerkenswerte, was der mächtige Inka von den armen Steinzeitmenschen der Pazifikinseln mitbringen konnte. Er muß genauso enttäuscht nach Peru zurückgekehrt sein wie die goldgierige Mendaña-Expedition und möglicherweise auf einer ähnlich nördlichen Route über Mexiko oder Zentralamerika, wo zu den dunkelhäutigen Gefangenen noch der Thron aus Metall und andere Souvenirs kamen, die die Spanier zur Zeit von Tupacs Enkeln bewundern konnten.

Das Fehlen von Gold und anderen Schätzen auf den entdeckten Inseln im Verein mit der außerordentlich schwierigen Rückreise nach Peru mögen erklären, warum alle Mendaña-Entdeckungen fast zwei Jahrhunderte lang wieder in Vergessenheit gerieten, bis sie von anderen Europäern in der zweiten Hälfte des 18. Jahrhunderts wiederentdeckt wurden. Selbst in dieser Gleichgültigkeit gegenüber der Möglichkeit, Besitz von den armen Inseln zu ergreifen, die sie entdeckt hatten, folgten die spanischen Herrscher von Peru dem ihrer Vorgänger, den Inka, gesetzten Beispiel.

# 8

# Balsafloß-Seefahrt

Der allgemeine Eindruck der Besucher im heutigen Polynesien ist der, daß den eingeborenen Besiedlern dieser Inseln nur Einbaumkanus mit einfachem Ausleger als Wasserfahrzeuge vertraut sind. Wir sahen jedoch im 6. Kapitel, daß die Polynesier überhaupt keine Ausleger kannten, als sie den Ostpazifik erreichten. Der für Indonesien typische doppelte Ausleger erreichte keinen der polynesischen Stämme, doch während die Maori auf Neuseeland ihre Kanus immer ohne Ausleger fuhren, erhielten die Stämme auf den tropischen Inseln den melanesischen einfachen Ausleger sekundär beim Kontakt mit der benachbarten Fidschigruppe.

Aber wie steht es mit Flößen? Bestimmt würden sie sich für ein seefahrendes Volk wie die Polynesier nicht recht eignen. Das ist eine weitere irrige und doch bezeichnende Vorstellung jener, die nur ein oberflächliches Interesse für dieses Problem haben. Als das Floß *Kon-Tiki* auf Raroia in der Tuamotugruppe landete, lautete der erste Ausruf der Insulaner, die uns fanden, daß unser Fahrzeug ein *paepae* sei, der in Polynesien weit verbreitete Ausdruck für Floß. Tatsächlich hätten diejenigen, die meinen, daß Flöße in Polynesien nicht am Platz seien, einige Jahre später, als ich von Polynesiern eine Steinstatue auf der Osterinsel aufrichten ließ, ebenfalls fragen können: Weshalb sollte man in Polynesien mit steinernen Kolossen arbeiten, wo doch jeder weiß, daß die polynesischen Stämme ausschließlich Zimmerleute und Holzschnitzer sind, die niemals Steine brechen? Das trifft in der Tat zu. Doch daß die heutigen Polynesier nur Holz schnitzen und daß sie vom Auslegerboot aus fischen, muß nicht unbedingt Steinbildhauer und Floßreisende als frühes Substrat in diesem Gebiet ausschließen. Wir dürfen nicht vergessen, daß die polynesische Kultur gemischt ist: mehr als ein Volk ist in das Inselgebiet des Ostpazifik eingedrungen.

In ihrer umfangreichen dreibändigen Abhandlung *Canoes of Oceania* beziehen sich A. C. Haddon und J. Hornell auf Berichte über Balsaflöße, die früher in der Gruppe der Gesellschaftsinseln im Gebrauch gesehen wurden, und setzen hinzu: »Diese Information bringt die Gesellschaftsinseln in Übereinstimmung mit den Marquesasinseln und mit Mangareva, Samoa, Tonga, Fidschi und Neuseeland, deren Bewohner alle gut mit dem Handhaben von Flößen zur Schiffahrt vertraut waren. Sie unterstützt die Ansicht, daß Flöße häufig von den ersten Einwanderern in Ozeanien mindestens zum Teil für die Fahrt von einer Insel zur anderen verwendet worden sind.«

Danach sprechen sie von dem durchspülten Typ des Floßschiffes, das das einzige Wasserfahrzeug der Chathaminsulaner war, und erklären, daß sein Vorhandensein in dieser polynesischen Inselgruppe »der Hypothese, daß ein großer Teil der frühesten Fahrten im Pazifik von Menschen ausgeführt wurden, die irgendeine Form von Segelflößen bei ihren Reisen von einer Insel zur anderen verwendeten, Gewicht verleiht«.[176]

In einer speziellen Untersuchung der Balsaflöße Südamerikas beschäftigt sich Hornell auch mit dem benachbarten Inselgebiet und erklärt: »Allenthalben in ganz Ozeanien stoßen wir auf Beweise für die jetzige oder frühere Verwendung von Flößen. In Mangareva ... fast die östlichste Insel von einiger Bedeutung in Polynesien, mit Ausnahme der Osterinsel, sind oder waren bis vor kurzem Segelflöße im Gebrauch, die in der Form der der Segelbalsaflöße von Ecuador sehr nahe kommen.«[177]

Tatsächlich waren auf Mangareva, eben der Insel, an der die Erinnerung an den Besuch des fremden Königs Tupa bewahrt wird, keine anderen Fahrzeuge im Gebrauch, als Kapitän Beechey auf dem Weg über Südamerika im Jahr 1825 die Insel erreichte. Er fand in der Gambiergruppe überhaupt keine Kanus, veröffentlichte jedoch eine Zeichnung von dreizehn Mangarevanern, die auf einem Floß aus Baumstämmen segelten, und erklärte, daß diese Flöße 40 bis 50 Fuß (etwa 12–15 m) lang seien und mehr als 20 Menschen tragen könnten.[178]

Neben dem Floß aus Baumstämmen hat auch der zweite Typ der peruanischen Wasserfahrzeuge, das Binsenboot, eine gewisse Verbreitung im früheren Polynesien gefunden. Von allen drei Gebieten des polynesischen Dreiecks wird darüber berichtet. In ihrem Aufsatz über *Traces of Reed Boats in the Pacific* zeigt R. Knudsen, daß die hawaiische Folklore mehrmals Kanus aus Binsen erwähnt. Bedeutende legendäre Vorfahren wie Kana und der blonde Gott Lono, mit dem Cook verwechselt worden war, werden in Verbindung gebracht mit Fahrten in Booten aus Binsen und Flechtwerk.[179]

Auf der Osterinsel hatte man Binsenboote wie die aus Peru noch bei religiösen Wettkämpfen in Gebrauch, als die ersten Europäer eintrafen, und wie man im nächsten Kapitel sehen wird, waren die verwendeten Binsen die gleichen wie die *totora* der peruanischen Binsenboote. Nach einem Test, den W. Castro im Jahr 1956 mit einem Binsenboot machte, das vom Titicacasee zur Pazifikküste gebracht worden war, zeigte dieses *totora*-Boot nach ständigem Liegen in Salzwasser während einer Zeit von 14 Monaten keinerlei Zeichen von Fäulnis, Beschädigung durch marine Fauna oder Verlust der Schwimmfähigkeit durch Vollsaugen mit Wasser. Diese papyrusähnliche und sehr schwimmfähige Binse ist jedoch eine ausschließlich amerikanische Süßwasserpflanze, die nur bis zu den Kraterseen der Osterinsel vorgedrungen ist. Aber trotz des Fehlens geeigneter lokaler Binsen war die Tradition des Binsenbootbaues bis Neuseeland im Westen noch lebendig, als die Europäer dort eintrafen. J. S. Polack, ein Händler, der von 1831 bis 1837 unter den Maori wohnte, schrieb:

»Von den frühen Bewohnern Neuseelands wurden Kanus völlig aus Binsen hergestellt. Zwischen Kaipara und Hokianga haben wir eins dieser Fahrzeuge aus alten Zeiten gesehen, fast 60 Fuß in der Länge (ca. 18 m), imstande, ebenso viele Personen aufzunehmen, aber sie sind völlig außer Gebrauch geraten. Sie waren bemerkenswert dick, ganz und gar aus Binsen geformt, mit Ausnahme der Ruderbänke, und ähnelten in jeder Einzelheit dem Modell eines Kanus. Sie waren ungewöhnlich leicht ... obwohl viele Bündel Binsen bei der Herstellung verbraucht wurden, und wurden mit großer Schnelligkeit gepaddelt, bis sie vollgesogen waren und im Wasser untergingen. Diese Fahrzeuge werden nicht mehr gebaut, und Exemplare sind außerordentlich selten.«[180]

In seiner Untersuchung *The Maori Canoe* reproduziert E. Best eine alte Zeichnung eines solchen Binsenbootes der Maori, das *mokihi* genannt wird, neben einer Abbildung eines südamerikanischen Binsenbootes vom Titicacasee, um die auffallende Ähnlichkeit zu zeigen.[181] Auch Hornell ist sich dieser Übereinstimmung mit dem peruanischen Bootsbau bewußt und setzt im Hinblick auf einen zweiten Typ von Maori-Binsenfahrzeugen hinzu: »Eine noch primitivere Form des *mokihi,* wie diese Flöße genannt wurden, glich dem *caballito* aus Peru, auf dem der Fischer rittlings sitzt und sich durch Paddeln vorwärtstreibt.« Er fügt hinzu: »Eine Einzelheit, die von erheblicher Tragweite für die Aufklärung des hier behandelten Problems sein könnte, ist die Tatsache, daß zum Zusammenbinden der Binsenbündel der Titicacaseeflöße geflochtene Binsenzöpfe statt Schnur verwendet und in der Art von Tauwerk gelegt werden. Die Polynesier verwendeten ebenfalls geflochtene Zöpfe als Taue, doch in ihrem Fall wurden sie aus Kokosfasern hergestellt, dem geeignetsten Material, das ihnen zur Verfügung stand. Das ›sennit‹, wie es genannt wird, wird in genau derselben Technik gemacht wie der Binsenzopf in Peru.«[182]

Da Kanus also keineswegs die einzigen in Polynesien bekannten Fahrzeuge waren und da Polynesien durchaus im Bereich südamerikanischer Wasserfahrzeuge liegt, wie es in den letzten Jahrzehnten durch dreizehn bemannte Floßreisen gezeigt wurde, ist es notwendig, eine Untersuchung früher peruanischer Aktivitäten zur See in das Studium der Herkunft der Polynesier einzubeziehen.

Das hier folgende Kapitel beruht auf einer Verbindung meines Aufsatzes »The Balsa Raft in Aboriginal Navigation off Peru and Ecuador«, veröffentlicht im Jahr 1955 von der Universität New Mexiko im *Southwestern Journal of Anthropology* (Bd. II, Nr. 3), mit dem Vortrag »Guara Sailing Technique Indigenous to South America« vor dem 33. Internationalen Kongreß der Amerikanisten im Jahr 1958 in Costa Rica, danach in den *Acts of the Congress* publiziert.

## Die Seetüchtigkeit von Segelflößen aus Balsaholz im frühen Südamerika

Die Seefahrt der Eingeborenen Perus und der benachbarten Regionen des nordwestlichen Südamerika ist von den modernen Schiffbauern wie von den Ethnologen wenig zur Kenntnis genommen und noch weniger verstanden worden. Der Grund liegt offensichtlich darin, daß der dortige Schiffbau auf Prinzipien beruhte, die von den von unseren Vorfahren ererbten völlig abweichen. Für europäische Vorstellungen gilt, wie bereits vermerkt, einzig und allein das Schiff als seetüchtig, das durch einen wasserdichten, luftgefüllten Rumpf schwimmfähig wird, so groß und hoch, daß ihn die Wellen nicht vollschlagen können. Den alten Peruanern war die Größe weniger wichtig. Als seetüchtig galt ihnen ein Fahrzeug, das nie mit Wasser vollaufen konnte, weil die offene Bauweise ihm keinen Behälter bot, und es durchlaufen ließ. Die alten Peruaner lösten das Problem daher mit der Konstruktion äußerst schwimmfähiger, floßartiger Schiffe aus Balsa- und anderem sehr leichtem Holz oder aus Binsen- oder Rohrbündeln, die in Bootsform zusammengebunden wurden, gelegentlich auch durch Herstellen von Pontons aus aufgeblasenen Robbenhäuten, die eine Art Deck trugen.

Ein solches Fahrzeug wird jedem, der mit den Eigenschaften auf See nicht vertraut ist, als primitiv, unbequem und unsicher erscheinen, und das ist der einzige Grund für die ebenso verbreitete wie irrige Annahme, die Völker Altperus wären trotz ihrer 2000 Meilen langen Küste und ihrem in sonst fast jeder Hinsicht erstaunlichen Kulturniveau ohne seetüchtige Fahrzeuge und tüchtige Seeleute gewesen.

Als ich im Jahr 1941[183] zum ersten Mal versuchte, auf die Möglichkeiten der frühperuanischen Schiffahrt aufmerksam zu machen, schenkten die wenigen Ethnologen, die mit dem Balsafloß als voreuropäischem Kulturelement vertraut waren, seiner Existenz kaum Beachtung. Einige übersahen sogar, daß es in voreuropäischer Zeit unter Segel lief. Der Gebrauch von Segeln wurde aus anderen Teilen Altamerikas nicht berichtet. Der allgemeine Eindruck schlägt sich in dem Urteil des englischen Anthropologen Hutchinson in seiner *Anthropology of Prehistoric Peru* von 1875 nieder, in der das Balsafloß nur als »schwimmendes Bündel Korkholz« bezeichnet wird.[184] Drei moderne Autoren, Lothrop[185], Means[186] und Hornell[187], legten interessante Artikel über altperuanische Fahrzeuge und Seefahrt vor, die ausgezeichnete Beschreibungen der Bauprinzipien des Balsafloßes enthielten. Aber aus rein theoretischen Überlegungen – wie wir später noch sehen werden – urteilten sie alle, das Balsafloß sauge sich mit Wasser voll und sei deshalb für Fahrten auf dem offenen Meer ungeeignet.

Angesichts solcher Vorurteile wurde ich zu einer weiteren Untersuchung und Neubeurteilung der peruanischen Schiffahrt veranlaßt, da ich durch andere Beobachtungen zu der Vermutung gelangt war, daß peruanische Balsaflöße bis zu den 4000 Meilen entfernt liegenden Inseln Polynesiens gereist waren.

Der erste Bericht über ein peruanisches Balsafloß geht noch vor die Zeit der eigentlichen Entdeckung des Inkareichs zurück. Als Francisco Pizarro die Landenge von Panama im Jahr 1526 zu seiner zweiten, weiter vordringenden Entdeckungsreise an der Pazifikküste entlang verließ, begegnete seine Expedition auf See peruanischen Kaufleuten, lange bevor er deren Land entdeckt hatte. Sein Steuermann Bartolomeo Ruiz segelte voraus, um die Küste südwärts in der Nähe des Äquators zu erforschen, als sein Schiff auf der Höhe Nordecuadors plötzlich auf ein entgegenkommendes Segelfahrzeug von fast gleicher Größe stieß. Das nach Norden steuernde Schiff erwies sich als ein großes Floß, und seine Mannschaft bestand aus den ersten Peruanern, die Europäer je erblickten. Sofort danach sandte Juan de Sáamanos einen Bericht an Karl V., so daß die Episode schriftlich festgehalten wurde, noch bevor man Peru selbst besucht hatte.[188] Auch Pizarros Privatsekretär Francisco de Xeres erzählte 1534 von diesem Ereignis.[189] Aus beiden Quellen erfahren wir, daß die Spanier das große Balsafloß kaperten und darauf eine Besatzung von 20 Indianern und Indianerinnen fanden. Elf warfen sie über Bord, vier ließen sie auf dem Floß, und zwei Männer und drei Frauen behielten sie auf der Karavelle, um sie für spätere Reisen als Dolmetscher auszubilden.

Das Balsafloß war ein mit Waren schwer beladenes Handelsschiff. Die Spanier schätzten seine Tragfähigkeit auf 30 spanische oder rund 36 metrische Tonnen, verglichen mit den 40 Tonnen ihrer eigenen Karavelle, die jedoch nur halb soviel Personen Platz bot wie das Floß. Die Ladung wurde von den Spaniern sorgfältig registriert und enthielt einige Dinge, die nur aus Peru selbst stammen konnten.[190]

Sáamanos beschrieb das Fahrzeug als flaches Floß, das aus einer Unterschicht von Baumstämmen und einem darüberliegenden Deck aus dünnem Rohr bestand, so hoch, daß Mannschaft und Ladung trocken blieben, während das Wasser über die Hauptstämme spülte. Baumstämme und Rohr waren mit Sisaltauen fest verbunden. Von Segel und Takelung sagt Sáamanos: »Es trug Masten und Rahen aus sehr gutem Holz und Baumwollsegel in der gleichen Form und Art wie unsere eigenen Schiffe. Es besaß eine ausgezeichnete Takelung aus besagtem Sisal, der etwa dem Hanf ähnelt, und ein paar Ankersteine, die aussahen wie Schleifsteine.« [191]

Ruiz kehrte nun mit den Gefangenen und der Beute zu Pizarro zurück, und ein paar Monate später stieß eine neue Expedition unter der Leitung Pizarros südwärts gegen die Nordküste des Inkareichs vor. Auf dem Weg zur Insel Santa Clara im offenen Golf von Guayaquil überholte Pizarro binnen zwei Tagen fünf Segelflöße und eröffnete erfolgreiche Verhandlungen mit den Besatzungen. Dann fuhr er über den Golf weiter zu dem peruanischen Hafen Tumbes, der Heimat einiger seiner Gefangenen von den Flößen. Als sich die Spanier der Küste näherten, sahen sie, daß ihnen eine ganze Flottille von Balsaflößen entgegenkam, die mit bewaffneten Inkatruppen besetzt waren. Pizarro fuhr neben der Flottille her und lud ein paar Inkakapitäne auf sein Schiff ein. Durch seine Dolmetscher – die Gefangenen des ersten Floßes, dem sie begegnet waren – nahm er freundschaftliche Beziehungen auf und erfuhr, daß die ganze Flottille zur Insel Puná unterwegs sei, die damals unter peruanischer Herrschaft stand.

Weitere Balsaflöße kamen mit Freundschaftsgeschenken und Proviant für die Spanier aus der Bucht gefahren. Wir hören von Francisco Pizarros Vetter Pedro, daß die Spanier ein wenig weiter südlich an der peruanischen Küste Balsaflöße einholten, auf denen sie Edelmetalle und einige landesübliche Kleidungsstücke fanden, die sie alle behielten, um sie mit nach Spanien zu nehmen und dem König zu zeigen. [192]

Doch schon bevor Ruiz das erste Handelsfloß vor Ecuador kaperte, hatten die Spanier von den Eingeborenen Panamas Gerüchte über die peruanische Schiffahrt gehört. Der Chronist Las Casas, ein Sohn des Begleiters von Kolumbus, vermerkt, daß die Eingeborenen in Peru Balsaflöße besäßen, die sie mit Segel und Paddeln navigierten. Diese Tatsache war schon in der Zeit vor der Konquista dem ältesten Sohn des Comogre, eines großen Häuptlings in Panama, bekannt, der mit Pater Cabello de Balboa von einem mächtigen Küstenreich im Süden sprach, von dem aus die Leute den Pazifik mit Schiffen befuhren, die etwas kleiner seien als die der Spanier und mit Segeln und Paddeln fortbewegt würden. [193]

Mehrere Zeitgenossen Pizarros bringen Einzelheiten über die Fahrzeuge der Küstenbewohner von Ecuador und Nordperu, vor allem Oviedo, Andagoya und Zárate. [194] Ihre Berichte ähneln einander und beschreiben Flöße aus »langen und leichten Baumstämmen« in ungerader Zahl – fünf, sieben, neun oder elf –, mit Querbalken verbunden, die ein Deck tragen; Navigation mit Segel und Paddeln; Tragfähigkeit der großen Flöße bis zu 50 Mann und drei Pferden; Anlage einer besonderen Kochstelle an Bord. Oviedo beschreibt, wie wir bereits sahen, daß Francisco Pizarro mit all seinen Leuten und Pferden auf von Indianern gesteuerten Segelflößen über See zur Punainsel befördert wurde. Andagoya, der an den ersten Entdeckungsreisen die Pazifikküste entlang nach Nord und Süd teilnahm, war besonders beeindruckt von der Qualität der Sisaltaue, stärker als die spanischen, und von dem ausgezeichneten Segeltuch aus Baumwolle. Bei der Beschreibung der Geschicklichkeit, mit der die Eingeborenen mit normalen Segeln zu navigieren verstanden, stellte Zárate fest, daß die Floßmannschaften von Tumbes in Nordperu großartige Seeleute – *grandes marineros* – seien, die, wie wir im vorigen Kapitel sahen, vielen Spaniern, die als Fahrgäste auf ihren Balsaflößen reisten, verhängnisvolle Streiche spielten.

Der italienische Reisende Girolamo Benzoni, der um 1540 nach Peru kam, veröffentlichte eine höchst primitive Zeichnung eines kleinen peruanischen Balsafloßes aus sieben Stämmen, das acht Indianer trug. Diese navigierten das Floß mit Hilfe eines kleinen Segels vor der Küste. Im Text vermerkte er, daß es seegängige Flöße gebe, die viel größer seien, aus neun oder elf Stämmen, und Segel von verschiedenenen Ausmaßen, je nach Größe des Floßes, führten.[195]

Inka Garcilaso de la Vega, der von den Inka abstammte und 1560 von Peru nach Spanien fuhr, widmete seine Aufmerksamkeit hauptsächlich den Fischerfahrzeugen aus wasserdurchlässigen *totora* oder anderen Binsen. Diese gab es in großer Zahl, sie waren bei weitem der dominierende Typ an der peruanischen Küste. Damit fuhr man, wie er sagt, gewöhnlich vier bis sechs *leguas* hinaus (das sind 25 bis 40 Kilometer), auch mehr, wenn es notwendig war. Garcilaso setzte hinzu, daß man zur Beförderung größerer Ladungen Flöße aus Holz benutze, auf denen man auf offener See Segel hisse.[196]

Pater Reginaldo de Lizarraga, der im gleichen Jahr, in dem Inka Garcilaso nach Spanien abreiste, in Peru eintraf, sagt von den Eingeborenen des Chicamatals: »Diese Indianer sind tüchtige Seeleute. Sie haben große Flöße aus leichtem Holz, mit denen sie den Ozean befahren. Beim Fischen halten sie sich viele *leguas* weit draußen auf dem Meer auf.« Er erzählt auch, daß die eingeborenen Händler des Chicamatals Verbindung mit Guayaquil hielten, 800 Kilometer weiter nördlich. Ihre Balsaflöße waren mit Fischereiprodukten und anderen Lasten beladen.[197]

Wie wir sahen, erfuhr Pater Cabello de Balboa, der im Jahr 1566 nach Peru kam, von den Inkahistorikern, daß etwa zwei bis drei Generationen vor der Ankunft Pizarros Inka Tupac Yupanqui zur Küste niedergestiegen sei, einige der besten Steuerleute der Gegend ausgewählt habe und mit einem ganzen Heer auf einer gewaltigen Anzahl von Flößen von der Küste davongesegelt sei. Er war etwa ein Jahr abwesend, ehe er mit seiner Flottille in sein Reich zurückkehrte.[198] Auch der Chronist Sarmiento de Gamboa berichtete im Jahr 1572 über diese Inkaerzählungen von Reisen auf Balsaflößen zu fernen pazifischen Inseln, und wie bereits gezeigt, gibt dieser berühmte Steuermann zu, daß es Gerüchte über peruanische Handelsschiffe in Form von Balsaflößen und die Erzählung von Inka Tupac Yupanquis Entdeckungsreise gewesen sei, die ihn veranlaßt hätten, den peruanischen Vizekönig zu drängen, die Mendaña-Expedition zu organisieren.[199]

Der bedeutende frühe Historiker Perus, Bernabé Cobo, wurde bei der Beschreibung der bemerkenswerten Eigenschaften des Balsaholzes, das für seegängige Flöße verwendet wurde, recht ausführlich. Ebenso eingehend würdigte er die Geschicklichkeit der Eingeborenen im Navigieren und im Schwimmen. Er fügte hinzu: »Die größten Flöße, mit denen jene peruanischen Indianer fahren, die in der Nähe der Wälder leben – etwa die von den Häfen Paita, Manta und Guayaquil –, sind aus sieben, neun oder mehr Balsastämmen zusammengesetzt, und zwar wie folgt: Die Stämme werden der Länge nach einer am anderen mit Lianen oder Tauen festgebunden. Diese wieder laufen über andere Balken, die als Querbäume darüberliegen. Der Stamm in der Mitte ist am Bug länger als die anderen. Die Stämme werden immer kürzer, je weiter sie an den Außenseiten liegen, so daß sie am Bug in Form und Proportion den Fingern einer ausgestreckten Hand gleichen. Das Heck aber ist gerade abgeschnitten. Obendrauf setzen sie eine Plattform, so daß die Leute und die Kleidung an Bord nicht naß werden von dem Wasser, das durch die Spalten zwischen den großen Stämmen heraufdringt. Diese Flöße manövrieren sie auf dem Ozean mit Hilfe von Segeln und Paddeln, und einige sind so groß, daß sie leicht 50 Mann tragen können.«[200]

Die nächste grobe Abbildung eines Balsafloßes unter Segel zeichnete Admiral Joris van Spilbergen auf seiner Reise um die Welt von 1614 bis 1617. Spilbergen erklärt, daß die Mannschaft von fünf Eingeborenen auf diesem Balsafloß zwei Monate lang auf Fischfang unterwegs gewesen sei, als das Floß in den Hafen Paita, 120 Meilen südlich des peruanischen Hafens Tumbes, einlief. Es brachte einen Fang mit, der ausreichte, die ganze holländische Flotte, die in der Bucht ankerte, zu versorgen.[201] Interessant an Spilbergens sonst recht ungenauer Zeichnung ist, daß sie die Mannschaft auf dem Floß in Aktion zeigt: Zwei Indianer bedienen das Segel, während drei andere auf dem Deck hocken und das Floß ohne Paddel oder Steuerruder navigieren: sie heben und senken einfach Steckschwerter, die in die Spalten zwischen den Stämmen geschoben sind. Der Gebrauch solcher Steckschwerter war eine Kunst, die Schiffbauern in Europa bis etwa 1870, mehr als 250 Jahre später, völlig unbekannt blieb.

Den ersten erfolglosen Versuch, Steckschwerter in Europa einzuführen, unternahmen im Jahr 1748 die spanischen Marineoffiziere G. Juan und A. de Ulloa. Zwölf Jahre zuvor hatten sie in der Bucht von Guayaquil eine interessante Untersuchung der sinnvollen Kunst der Navigation von Balsaflößen vorgenommen. Sie veröffentlichten die hervorragende Zeichnung eines Balsafloßes auf See, auf der sie solche Einzelheiten wiedergaben wie die Anordnung des Zweibeinmastes mit Segel und Takelung, die strohgedeckte Hütte mittschiffs, die Kochstelle mit offenem Feuer und den Vorrat

Alte Zeichnung eines Balsafloßes aus Guayaquil (aus Juan und Ulloa 1748)
A Bug; B Heck; C binsengedeckte Hütte; D Pfähle, als Masten dienend; E Art Bugspriet; F Steckschwerter; G Steckschwert, als Ruder dienend; H Kochstelle; I Wasserkrüge; K Hauptstütztaue; L Deck oder Fußboden

von Wasserkrügen am Heck sowie die Position der Steckschwerter, die nahe Bug und Heck eingesetzt sind. Juan und Ulloa versichern nachdrücklich, daß eine eingeborene Mannschaft, die über genügend Geschicklichkeit in der Handhabung der Steckschwerter verfüge, bei jedem Wind mit einem Balsafloß wie mit einem normalen Schiff segeln könne.[202]

Später veröffentlichte M. Lescallier eine Zeichnung von einem großen Floß aus neun Balsastämmen mit einer geräumigen Behausung mitschiffs und einer Mannschaft, die auf See einfach mit Hilfe von Steckschwertern und einem ungeheuren viereckigen Segel am Zweibeinmast navigierte. Lescalliers Arbeit, die im Jahr 1791 auf Anordnung des französischen Königs als Druckvorschrift für Seekadetten veröffentlicht wurde, enthielt eine gute Beschreibung des Balsafloßes der Eingeborenen und seiner bemerkenswerten Steuerprinzipien, die immer noch ausschließlich von den Eingeborenen der Nordwestküste Südamerikas angewendet wurden. Lescallier, der Juan und Ulloa als Hauptquelle benutzte, betonte, daß viele Schiffbrüchige, wenn die Grundsätze dieser Navigation mit Steckschwertern in Europa bekannt gewesen wären, ihr Leben hätten retten können, indem sie ihre Flöße zum nächsten Hafen steuerten.[203]

Im Jahr 1801 unternahm J. Charnock in seiner großen Geschichte des Marinebauwesens einen weiteren ergebnislosen Versuch, die geniale Kunst der Steckschwertnavigation in der Außenwelt bekanntzumachen. Er erklärte, daß dieses Steuerverfahren eine in Europa bisher unbekannte Kunst der die Küsten Perus und Ecuadors bewohnenden Indianer sei.[204]

Alexander von Humboldt veröffentlichte im Jahr 1810 eine schöne Aquarellabbildung eines großen segeltragenden Balsafloßes mit Steckschwert und Feuerstelle achtern.[205] Und im Jahr 1825 gab W. B. Stevenson eine ausgezeichnete Beschreibung der größeren Balsaflöße, die immer noch die Küste des früheren Chimúwohngebiets bis nach Huanchaco, südlich von Chicama, hinunter befuhren. Einige dieser größeren Flöße hatten gedeckte Bambushütten mit vier bis fünf Räumen, und sie »kreuzten gegen Wind und Strom über eine Entfernung von vier Breitengraden und hatten 25 bis 30 Tonnen Güter als Fracht an Bord, neben der Mannschaft von Indianern und deren Proviant«. Stevenson beschreibt auch die Steckschwerter: »Durch Heben oder Senken dieser Bretter an verschiedenen Stellen des Floßes können die Eingeborenen auf ihrem Fahrzeug alle Manöver eines regulär gebauten und gut getakelten Schiffes ausführen ...«[206]

In dem unveröffentlichten Manuskript von George Blaxland aus dem Jahr 1840, das in der Mitchell-Bibliothek von Sidney aufbewahrt wird, gibt der Autor die Zeichnung eines neunstämmigen Balsafloßes wieder, mit Segel und Steckschwertern als einzigen Navigationsmitteln. Das Manuskript enthält auch den Bericht eines Offiziers der königlich britischen Kriegsmarine, der eine peruanische Eingeborenenfamilie auf einem Balsafloß an der Insel Lobos de Afuera, etwa 60 Meilen vor der peruanischen Küste, angetroffen hatte. Die Eingeborenen rüsteten sich gerade, trotz Gegenwind, zur Floßreise zum unsichtbaren Festland:

»Sie waren drei Wochen von ihrem Heimatdorf abwesend gewesen und wollten gerade mit einer Ladung Dörrfisch zurückfahren. Die Familie bestand aus neun Personen mit mehreren Hunden und allem Hab und Gut ... Das Schiff, auf dem ich mich befand, ein Vierzig-Tonnen-Schoner, segelte in seiner Gesellschaft dem gleichen Ziel zu, und es war verblüffend, wie gut das Floß hart am Wind segelte – mit einer Geschwindigkeit von vier bis fünf Knoten die Stunde. Wir blieben eine Zeitlang zusammen und kamen am nächsten Tag nur wenige Stunden früher an ... Das gesamte Beladen und Entladen der Schiffe geht an einigen Teilen der Küste ausschließlich mit diesen Balsaflößen vor sich. In Lambeyeque ist infolge der schweren Brandung vor der Küste eine Landung mit anderen Fahrzeugen überhaupt nicht möglich. Sie transportieren auch Salz von einem Hafen zum anderen, 200 bis 300 Meilen weit – ein Beweis mehr, daß sie zuverlässig sind.«[207]

Im Jahr 1841 erhalten wir eine präzise technische Zeichnung von F. E. Paris in seinem Essay über den Schiffbau bei nichteuropäischen Völkern. Paris konnte in Südamerika noch Balsaflöße der eingeborenen Peruaner sehen, bevor sie um die letzte Jahrhundertwende von europäischen Schiffstypen verdrängt wurden. Doch studierte er die Flöße nur, während sie in der Bucht vor Anker lagen. Obwohl er die Steckschwerter oder *guara,* wie sie von den Eingeborenen genannt wurden, sorgfältig zeichnete und beschrieb, verstand er ihre Technik oder Funktion nicht recht, sondern erklärte lediglich: »Diese werden in größerem oder geringerem Maße vorn

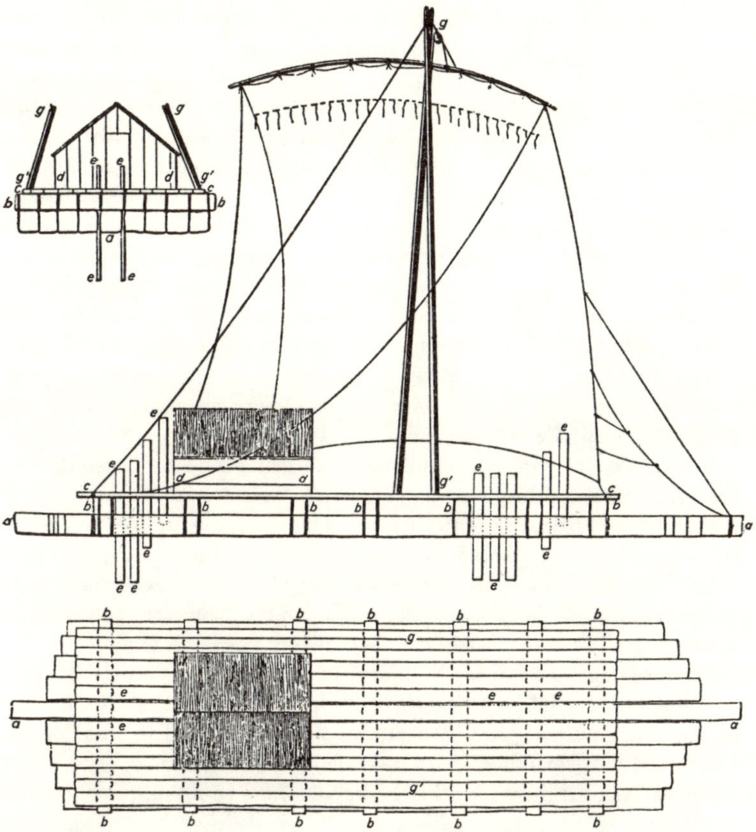


a . . . 9 Hauptbalken, Balsa
b . . . 7 Querbalken, Balsa
c . . . erhöhtes Deck
d . . . Hütte aus Rohr mit Binsendach

e . . . . 9 Steckschwerter
gg' . . Zweibeinmast aus Mangrovenholz, der Baum mit Rahsegel aus Baumwolle trägt

Länge des Floßes bis etwa 24 m
Breite des Floßes bis etwa 7,7 m
Tragfähigkeit 20,25 Tonnen

Konstruktionsskizze eines Balsafloßes aus dem nordwestlichen Südamerika (Zeichnung 1841 von F. E. Paris in Guayaquil angefertigt)

oder achtern eingeschoben, um anzuluven oder zu wenden. Die Flöße haben keine anderen Steuermethoden auf dem Ozean . . .« [208]

Es liegt auf der Hand, daß ein *guara* oder Steckschwert im Gegensatz zu Paddel oder Steuerruder nur in Verbindung mit einem Segel verwendet werden kann. Ohne Segel hat das Steckschwert weder eine Funktion noch eine Wirkung. Dies ist bereits von S. K. Lothrop[209] und anderen betont worden und stellt eine wichtige Tatsache angesichts der vielen Steckschwerter dar, die in den Wüstengräbern an der Nord- und Südküste Perus ausgegraben worden sind. Die schön geschnitzten Hartholz-*guara* aus den zahlreichen Gräbern von Paracas und Ica in Südperu zeigen, daß segelführende Flöße sogar in diesen südlichen Breiten noch bedeutende Kulturelemente waren, und das zu einer Zeit, die nicht nur vor Beginn der schriftlich fixierten Geschichte liegt, sondern uns bis in die Zeit vor der Inkaperiode führt. W. C. Bennett zum Beispiel gibt Bilder eines dieser prächtig geschnitzten und bemalten *guara* aus der Vorinkazeit von der Südküste Perus wieder.[210]

Die Archäologie liefert uns auch einige kleinere, aber ziemlich wichtige Details, die von den frühen Chronisten und sonstigen Beobachtern nicht erwähnt werden, etwa wie die Laschungen an den schlüpfrigen Stämmen gesichert wurden und wie die einzelnen Stämme an Bug und Heck geformt waren, um den Wasserwiderstand zu verringern. Solche Informationen kann man aus den winzigen Floßmodellen – genauer gesagt Geisterflößen, denn als solche sind sie gedacht – gewinnen, die in den Wüstengräbern von Arica an der Pazifikküste unterhalb des Titicacasees in großer Zahl gefunden wurden. Diese Flöße waren mehr als 1000 Jahre vor der Ankunft Pizarros und der ersten Europäer entstanden und zeigen, daß die Laschungen aus Hanftauen oder Robbenhautstreifen rund um die Stämme in eingekerbten Rinnen lagen. Sie zeigen auch, daß jeder Balken vorn und achtern bootförmig abgeschrägt war, um den Wasserwiderstand zu verringern.[211] Ein kleines Floß, das Max Uhle ausgegraben hat, war mit einem quadratischen Binsensegel ausgestattet, ähnlich dem, das bis heute von den benachbarten Bergindios auf dem Titicacasee verwendet wird.[212] Ebendiese Entdeckung in einem Grab der primitiven Fischerbevölkerung von Arica, das in die ersten Jahrhunderte n. Chr. datiert wurde, veranlaßte E. Nordenskiöld zu dem Schluß, daß »das Segel an der peruanischen Küste wahrscheinlich früher bekannt war als Töpferei und Weben ...«[213]

Wie vorhin nach Inka Garcilaso zitiert, war das häufigste Fahrzeug an der Wüstenküste Altperus das Binsenboot der einzelnen Fischer. Flöße aus Holz mit Segel wurden nur zum Transport schwerer Ladung und zu regelrechten Ozeanreisen verwendet. Die Haupthäfen Perus für solche Flöße waren in der Inkazeit Paita, Tumbes und andere Dörfer an der Nordküste in der Nähe der großen Balsawälder Ecuadors, aber bis etwa 1900 gab es wichtige Balsafloßhäfen bis nach Sechura, Lambayeque, Pacasmayo und Huanchacoa hinunter, 500 Meilen südlich von Guayaquil. In der Inkazeit wurden Balsaflöße sogar noch weitere 500 Meilen südlicher verwendet, um Guano als Dünger von den Chinchainseln bei Pisco in die verschiedenen Provinzen Perus zu befördern. Zum Bau tragfähiger Flöße transportierten die Inka Balsastämme sogar über Land in entlegene Winkel ihres Reiches. Als daher die ersten Spanier unter Hernando Pizarro von Cuzco durch die Anden vorrückten, fanden sie im heutigen Bolivien große Mengen langer

Balsabalken, die auf dem Rücken einheimischer Arbeiter so weit getragen worden waren, um Balsaflöße auf dem Titicacasee herzustellen, wo sie Inka Huayna Capac zum Vergnügen dienen sollten.[214]

Durch die Verbindung historischer und archäologischer Informationen besitzen wir daher erhebliche Kenntnisse der Bauprinzipien und der lokalen Bedeutung des eigentümlichen Floßes, das die Schiffahrt im alten Peru und im angrenzenden Pazifikgebiet gestattete. So konnte der bekannte Amerikanist S. K. Lothrop im Jahr 1932, als er das Material für seine interessante Abhandlung über »Die Schiffahrt der Eingeborenen vor der Westküste Südamerikas« zusammenstellte, ein gutes Bild des dortigen Balsafloßes geben. Bei der Beurteilung seiner Seetüchtigkeit behauptete er jedoch, daß es »Wasser rasch aufsaugt und seine Schwimmfähigkeit nach ein paar Wochen völlig verliert. Infolge dieser Eigentümlichkeit war es notwendig, die *jangada* (das Balsafloß) von Zeit zu Zeit auseinanderzunehmen, die Stämme an Land zu ziehen und völlig trocknen zu lassen.« Lothrop schloß daraus, das Balsafloß sei für Überseereisen ungeeignet und man könne damit unmöglich bis zu den Südseeinseln, ja nicht einmal bis zur Galapagosgruppe, einige hundert Meilen vor der Küste, reisen.[215]

Lothrop zitierte G. Byam als Quelle für diese Angabe. Byam jedoch, ein englischer Reisender aus dem 19. Jahrhundert, kannte Balsaflöße überhaupt nicht. In seinem Buch von 1850 finden wir zwar, daß sein Segelschiff einem Balsafloß auf See in der Höhe von Cabo Blanco im nördlichen Peru begegnete. Doch es wird berichtet, daß man das Floß lediglich in der Ferne sichtete, während es gegen frischen Wind südwärts kreuzte. Und was Byam weiter im Hinblick auf die Schwimmfähigkeit mitteilte, wird lediglich als theoretische Meinung seines Schiffkapitäns zitiert.[216] Durch Unachtsamkeit führte Lothrop somit eine Ketzerei von erheblichen Konsequenzen in die anthropologische Literatur ein.

Andererseits war Lothrops Studie ein so wertvoller Beitrag, daß sich danach nur noch wenige Ethnologen bemühten, tiefer in das Problem einzudringen. Einiges zusätzliche Material wurde im Jahr 1942 noch von dem bekannten Inkaforscher P. A. Means vorgetragen, und zwar in dem interessanten Artikel: »Vorspanische Schiffahrt vor der Andenküste.« Means bezieht sich darin aber auf Lothrop und übernimmt in seinem theoretischen Urteil über das Balsafloß dessen negative Ansicht: »Es war offensichtlich ein Schiffstyp, der bei den Schiffsbauern fast jedes anderen Seevolkes auf der Welt nur Spott erregt hätte.« Means gelangte zu dem Ergebnis:

»Insgesamt sind wir zu dem Schluß berechtigt, daß in der altperuanischen Seefahrt von der spanischen Eroberung das Balsabaumfloß mit Segeln, Deckhaus und Laderaum noch der am wenigsten zu verachtende und am wenigsten unzureichende Fahrzeugtyp war, den man kannte. Dies ist, zugegeben, ein sehr bescheidenes Lob; doch angesichts der Tatsachen ist es noch das beste, das man der Schiffbaukunst der alten Andenbewohner, jenes einmalig unseemännischen Volkes, erteilen kann.«[217]

Der bekannte Fachmann für Eingeborenenfahrzeuge und -seefahrt, J. Hornell, sah sich im Jahr 1945 veranlaßt, das Thema aufzugreifen, zuerst in dem Artikel: »Gab es einen präkolumbischen Kontakt zwischen den Völkern Ozeaniens und Südamerikas?« Und dann im Jahr 1946: »Wie kam die Süßkartoffel nach Ozeanien?« Hornell war überzeugt, daß die frühen Peruaner die polynesische Insellandwirtschaft beeinflußt hatten, deshalb war er in seiner Beurteilung des Balsafloßes vorsichtig, gelangte jedoch zu dem Schluß: »Sicher konnte kein gewöhnliches, unpräpariertes Balsafloß eine lange Überseereise machen, es sei denn, die Inkaseeleute kannten eine wirksame Methode, die sich vollsaugenden Stämme mit einer Art Imprägnierungsflüssigkeit zu behandeln ...«[218]

Die überzeugt negative Einstellung der wenigen Amerikanisten, die die wesentlichen Prinzipien des peruanischen Schiffbaus tatsächlich untersucht hatten, übte eine zweifache Wirkung auf die moderne Ethnologie aus. Da sie das Balsafloß als »nicht seetüchtig« verschrien, beraubten sie die Altperuaner ihres wichtigsten Schiffahrtsmittels und werteten sie generell als erheblich unseemännische und landgebundene Bevölkerung ab. Dieses einseitige Bild der frühen Hochkulturen an der Pazifikküste Südamerikas drang in die technische Literatur genauso ein wie in die allgemeine und beeinflußte bald auch das Studium entscheidender Probleme in der polynesischen Ethnologie.

Im Jahr 1932 gelang es dem hervorragenden Pazifikkenner R. B. Dixon, nachzuweisen, daß die Süßkartoffel mit menschlicher Hilfe mitsamt ihrem quechua-peruanischen Namen *kumara* in vorspanischer Zeit von Peru nach Polynesien gebracht worden war. Unter Hinweis auf die Balsaflöße äußerte er die Vermutung, die Übertragung sei peruanischen oder anderen Indianern zuzuschreiben.[219] Im gleichen Jahr veröffentlichte Lothrop seine oben erwähnte Übersicht der peruanischen Seefahrt, und zwei Jahre später kam Dixon mit einer weiteren Veröffentlichung darauf zurück und behauptete nun: »Da wir keinen Beweis dafür haben, daß die Indianer der südamerikanischen Pazifikküste, wo die Süßkartoffel angebaut wurde, zu irgendeiner Zeit sowohl die Fahrzeuge als auch die Fertigkeiten für lange Seereisen besaßen, sehen wir uns zu der Schlußfolgerung gezwungen, daß die Übertragung der Pflanze durch Polynesier erfolgte.«[220]

Dementsprechend schrieb der bekannte amerikanische Polynesienarchäologe K. P. Emory in bezug auf die alte Großsteinarchitektur auf der Osterinsel, den Gesellschaftsinseln, der Marquesasgruppe, auf Hawaii, Tubuai und der Tongagruppe im Jahr 1933 zunächst: »Es ist durchaus berechtigt, amerikanische Herkunft für ein so spezialisiertes Kulturelement wie diese Großsteinverblendung anzunehmen. Es ist ein auffallendes Element und in dem Teil Amerikas lokalisiert, der Polynesien am nächsten liegt, einem Teil, von dem Strömungen hinausführen und in Richtung auf die Osterinsel und Tuamotugruppe fließen ... Kann nicht eins der seetüchtigen Flöße der frühen Inka in diese Strömung verschlagen worden sein und die Überlebenden bis zur Osterinsel, 2000 Meilen nach Westen, getragen haben?«

In einer späteren Veröffentlichung – im Jahr 1942 – sah sich Emory aber veranlaßt, diese Ansicht aufzugeben, da ihm Dixon, wie er sagt, inzwischen klargemacht habe, daß das Balsafloß des pazifischen Südamerika sich rasch vollsauge.[221] In einer Veröffentlichung von 1946 zitiert A. E. Morgan nun seinerseits Emory, der ihm auf Anfrage geschrieben habe, daß »sich Balsaflöße in einigen Tagen vollsaugen, wenn sie nicht zum Trocknen aus dem Wasser geholt werden«.[222]

Zu diesem Zeitpunkt hatte sich das Urteil über das Balsafloß schon fast zu einem Axiom ausgewachsen, und als Buck 1945 seine »Einführung in die polynesische Ethnologie« schrieb, ließ er eine Hälfte der pazifischen Randländer von vornherein außer Betracht und erklärte schlicht: »Da die südamerikanischen Indianer weder die Schiffe noch die Navigationskunst besaßen, den Meeresraum zwischen ihrer Küste und den nächsten polynesischen Inseln zu überqueren, kann man sie als mögliche Besiedler außer acht lassen.«[223]

Mit der gleichen Überzeugtheit schrieb der amerikanische Ethnologe J. B. Weckler 1943 in seiner Monographie über »Polynesische Entdekkungsreisende im Pazifik«: »Keine Indianer verfügten über seegängige Schiffe, die zu solchen Reisen wie der Überfahrt nach Polynesien imstande waren.«[224]

Diese Überzeugung saß so fest in den Köpfen der Amerikanisten und Ozeanisten, daß ich, als ich 1941[225] mit einer Veröffentlichung zu entgegnen versuchte, selbstverständlich keine Antwort bekam. Am Ende schien nur ein Weg möglich, die Streitfrage zu entscheiden, nämlich eine Kopie des strittigen Fahrzeugs zu bauen und durch den praktischen Versuch zu einer befriedigenden Antwort zu gelangen. Deshalb plante und leitete ich im Jahr 1947 das Unternehmen, das dann die *Kon-Tiki*-Expedition wurde.

Das Floß, nach dem aus Peru abgereisten Kulturheros und dem gesamtpolynesischen Ahnengott *Kon-Tiki* benannt, war aus neun 60 Zentimeter dicken Balsastämmen mit einer Länge von neun bis fast vierzehn Metern zusammengebunden, der längste in der Mitte. Sie waren an Querbäumen festgezurrt, die ein Bambusdeck und eine offene Hütte trugen. Ein zweibeiniger Mast, der ein viereckiges Segel trug, fünf *guara* (Steckschwerter) und ein Steuerruder vervollständigten die Konstruktion. Das Floß lief am 28. April 1947 mit einer Besatzung von sechs Mann vom peruanischen Hafen Callao aus. 93 Tage später wurde die erste bewohnte polynesische Insel gesichtet und passiert. Nach einer Gesamtreise von 4300 Meilen in 101 Tagen lief die *Kon-Tiki* auf dem Riff des Atolls Raroia im Tuamotuarchipel auf. Die Mannschaft und nahezu die ganze Ladung waren unversehrt geblieben.

Zweck der Expedition war gewesen, die wirklichen Eigenschaften und Möglichkeiten des Balsafloßes zu erproben und zu studieren. Außerdem sollte eine Antwort auf die alte strittige Frage gefunden werden, ob nun die polynesischen Inseln in Reichweite von Floßschiffen Altperus lagen oder nicht.

Das Fahrzeug erwies sich als hervorragend seetüchtig und vorzüglich geeignet, schwere Ladungen auf dem offenen, keinen Schutz bietenden Ozean zu befördern. Keine der wertvollen Eigenschaften überraschte und beeindruckte uns mehr als seine hervorragende Sicherheit und Seetüchtigkeit bei allen Wetterbedingungen. Neben seine Fähigkeit, die Wellen auszureiten, kann man vielleicht seine Tragfähigkeit stellen. Sie verwunderte uns jedoch nicht, da nach den Berichten der frühen Spanier Balsaflöße 30 Tonnen und mehr laden konnten.

Die theoretischen Urteile über das Balsafloß hatten es wegen der angeblich wasserziehenden Eigenschaft des Balsaholzes, die es zum Sinken bringen sollte, wenn es nicht regelmäßig auseinandergenommen und getrocknet würde, als seeuntüchtig verdammt. Auch glaubte man, daß die Seilzurrungen, die die Stämme und das ganze Fahrzeug zusammenhielten, infolge der Reibung durchgewetzt würden, wenn sich die großen Stämme auf See bewegten. Das leichte, poröse Holz galt ferner als zu zerbrechlich, wenn hohe Ozeanwellen Bug und Heck hoben, während Mannschaft und Ladung auf dem mittleren Teil lasteten. Schließlich meinte man, Mannschaft und Ladung wären auf einem offenen Floß, kaum 50 Zentimeter über der Wasserlinie, der Wut des Meeres gänzlich ausgeliefert.

Unsere Erfahrung gab Antwort auf all diese Fragen und zeigte, daß die alten Kulturvölker Perus und Ecuadors gute Gründe hatten, gerade diesen Typ eines Hochseefahrzeugs zu entwickeln – und daran festzuhalten.

Trockenes Balsaholz, wie man es heute überall kennt und im Handel kaufen kann, ist extrem wasserziehend und für den Floßbau ungeeignet. Grünes Balsaholz aber ist, wenn es frisch geschlagen und noch voller Saft ist, ausgesprochen wasserresistent, und obwohl das Wasser allmählich in den von der Sonne getrockneten oberen Teil eindringt, verhindert der Saft im Innern die weitere Absorption. Die *Kon-Tiki* war noch imstande, eine Ladung von mehreren Tonnen zu tragen, als sie über ein Jahr nach der Expedition schließlich zur Konservierung im Osloer Museum an Land gezogen wurde.

Die Balsastämme scheuerten die Seilzurrungen nicht durch. Der Grund war, daß die Oberfläche der Stämme weich und schwammig wurde und die Taue unbeschädigt blieben, als wären sie in Kork gebettet. Die 60 Zentimeter dicken Balsastämme erwiesen sich als zäh genug, dem Angriff zweier Stürme mit haushohen Wellen zu trotzen und sogar dem Auflaufen auf einem exponierten Riff in Polynesien standzuhalten.

Das Geheimnis der Sicherheit und Seetüchtigkeit des offenen Balsafloßes lag in seiner einzigartigen Fähigkeit, trotz seiner tiefen Lage im Wasser mit jeder drohenden Welle aufzusteigen und so über die gefährlichen Wassermassen hinwegzureiten, die in die meisten anderen kleinen Fahrzeuge hineingeschlagen hätten. Zweitens war es der geniale, durchlässige Bau, der alles Wasser wieder verschwinden ließ wie durch ein Sieb. Weder turmhohe Wellen noch überschwappende Brecher hatten die geringste Möglichkeit, einen Angriffspunkt auf dem Schiff zu finden, und der Erfolg war ein Gefühl vollkommener Sicherheit, die kein anderes offenes kleines Fahrzeug hätte bieten können. Darüber hinaus machten es die flache Konstruktion des Floßes und die Biegsamkeit, die all die voneinander unabhängigen Zurrungen gewährten, möglich, sogar unmittelbar auf einem exponierten Riff an der Windseite des gefährlichen Tuamotuarchipels zu landen. Wie im 2. Kapitel erwähnt, sind seit der Reise der *Kon-Tiki* viele andere Balsaflöße von der südamerikanischen Küste nach Polynesien, Melanesien und sogar nach Australien gesegelt.

Während der Reise wurden einige Versuche mit den obenerwähnten Steckschwertern gemacht, den *guara* der Indianer. Wir fanden, daß fünf *guara,* zwei Meter lang und 60 Zentimeter breit, genügten, wenn sie sicher festgemacht waren, um dem Floß einen Kurs fast im rechten Winkel zum Wind zu gestatten. Ebenso bestätigte sich, daß das Floß vor dem Wind durch Heben und Senken eines *guara* vor oder hinter dem Mast ohne Gebrauch des Steuerruders manövriert werden konnte.

Ein Versuch jedoch, gegen den Wind zu kreuzen, schlug gänzlich fehl, und die Floßmannschaft schloß sich daher zunächst der allgemeinen Behauptung an, daß das peruanische Balsafloß, genau wie jedes andere Fahrzeug mit flachem Boden, nur in der allgemeinen Windrichtung gesegelt werden könnte. Doch nach der Rückkehr von der Expedition verstärkte sich meine Vermutung, daß das Mißlingen unseres Versuchs zu kreuzen eher an der Unerfahrenheit der Besatzung als an Unzulänglichkeiten des frühperuanischen Schiffbaus lag. Diese Vermutung regte mich schließlich zu einem zweiten Floßexperiment an, auf das wir im folgenden Teil zurückkommen.

## Guara-Segeltechnik

Um Informationen über die Steuermethode bei der Schiffahrt der Eingeborenen vor der Westküste Südamerikas zu erhalten, sind wir im wesentlichen auf die Berichte der frühen Chronisten und in gewissem Maß auch auf die Archäologie, nicht zuletzt auf die ikonographische Kunst der Küstenbevölkerung vor der Konquista angewiesen. Manchmal fanden sich Einzelheiten, die von den frühen Spaniern nicht gesehen, zumindest nicht schriftlich aufgezeichnet worden waren, auf realistisch geformten Figurenkrügen abgebildet oder mit Linienzeichnungen auf Tontöpfe gemalt oder auch in Textilien von voreuropäischen Künstlern in Peru eingewebt. Viele dieser mit dem Meer in Verbindung stehenden Motive, ja, die meisten von ihnen, gehen auf die Vorinkazeit zurück. Die Mehrzahl der wirklich eindrucksvollen Binsenschiffe und Balsaflöße wurde in der Kunst der frühen Chimú oder Mochica abgebildet, das heißt jener sehr frühen Pyramidenbauer, die zu den Begründern der südamerikanischen Zivilisation gehören. Große Binsenschiffe mit vielen Passagieren und großer Ladung, oft mit Doppeldeck und gegabeltem Heck, sind in der keramischen Kunst der Mochica nicht ungewöhnlich. Bildniskrüge, die Reisende auf Flößen von geraden, zusammengebundenen Baumstämmen darstellen, kommen ebenfalls vor, sind jedoch selten.

Die frühesten schriftlichen Berichte, die den Gebrauch von Segeln auf den Wasserfahrzeugen der eingeborenen Peruaner melden, werden von Sáamanos, Xeres, Andagoya, Oviedo, Zárate, Las Casas, Balboa, Gamboa, Garcilaso, Benzoni und Cobo vorgelegt, die alle übereinstimmend erklären, daß die Segelkunst im Inkareich mit Balsaflößen auf dem Meer ausgeübt worden sei. Im Hochland wurden Segel sogar auf Binsenbooten des Titicacasees verwendet, dagegen sagt Inka Garcilaso von der Küstenbevölkerung: »Sie setzen keine Segel auf ihren Binsenbooten ... aber sie hissen Segel auf ihren hölzernen Flößen, wenn sie mit diesen über See fahren.«[226]

Wir sahen, daß das erste peruanische Segelfloß, dem die Europäer begegneten, gegen den Wind und den starken Niñostrom mit über 30 Tonnen Ladung kreuzte, als es von Pizarros Steuermann gekapert wurde. Dieses wahrhaft schwierige Schiffahrtsmanöver wurde nicht durch Paddeln erzielt; schon aus praktischen Gründen wäre das bei einem breiten Floß aus Baumstämmen, das 20 Männer und Frauen sowie 30 Tonnen Ladung trägt, unmöglich. Wir erfahren aus Sáamanos' Bericht über die Zeit vor der Konquista an Karl V. im Jahr 1526, daß dieses gewaltige Frachtfloß für regelmäßige Reisen angemessen ausgerüstet war. Es trug Masten und Rahen von sehr gutem Holz mit einer ausgezeichneten Takelung aus Sisaltauen und »Baumwollsegel in der gleichen Form und Art wie unsere eigenen Schiffe«.

Spätere Chronisten erklären ebenfalls, daß die Inkafischer und -händler geplante Segelreisen unternehmen und gegen den Wind zurückkehren konnten, eine Leistung, die von modernen Fachleuten auf dem Gebiet der Floß- und Schiffahrt als unmöglich bezeichnet worden ist. Versuche während des Krieges mit Schlauchbooten und Rettungsflößen aus Holz oder Aluminium überzeugten Marine- und Staatsbehörden von der Unbrauchbarkeit von Segelbooten als Mittel, bestimmte Zielorte zu erreichen, denn die Flöße mit flachem Boden gaben jedem Wind nach und bewegten sich seit- oder rückwärts als hilflose Beute der Elemente. Trotz der überlegenen Sicherheit der Flöße bei rauher See könne, wie man sagte, auch eine Betätigung von Steuer oder Steuerruder ein Floß nicht fahrtüchtig machen, wie es bei einem Rettungsboot mit Rumpf und Kiel der Fall sei. Es ist deshalb um so bemerkenswerter, von frühen Augenzeugen zu erfahren, daß die Inkaseeleute Segel setzen und nach Panama, zur Punainsel, zu Lobos- und Chinchagruppe usw. kreuzen oder sich tief in die trügerischen und reißenden Bewegungen des Humboldt- und des Niñostroms hinauswagen konnten und nach wochenlanger Abwesenheit mit schweren Lasten Dörrfisch zurückkehrten.

Es ist kein Geheimnis, daß die Inkaseeleute ihre Leistungen mit Hilfe der genannten *guara* erzielten, jener Steckschwerter aus Hartholz, die wir auf der *Kon-Tiki* mit begrenztem Erfolg erprobten. Die Balsafloß-*guara* weichen in ihren Ausmaßen entsprechend der Größe und dem Typ des Fahrzeugs und den Maßen des zur Verfügung stehenden Hartholzmaterials beträchtlich voneinander ab. Gewöhnlich sind sie eineinviertel bis zwei Meter lang und zehn bis fünfundzwanzig Zentimeter breit, obwohl sie vor den Urwaldküsten von Ecuador auch drei bis vier Meter lang und einen halben Meter breit sein können. Die *guara* sind rechteckige Bretter ohne Stiel, nur mit einem Knopf oder Griff am oberen Ende. Wir sind vielleicht auf die alten Chronisten, auf mehr oder weniger konventionalisierte Eingeborenenkunst angewiesen, um Näheres über die frühen peruanischen Wasserfahrzeuge zu erfahren, aber die echten Hartholz-*guara*, die von den alten eingeborenen Seeleuten benutzt wurden, können wir immer noch betrachten und studieren. Solche *guara*, gewöhnlich aus dem harten, dauerhaften Holz des peruanischen Algarrobobaums geschnitzt, gehören zu den am

Ungeschmückte Gebrauchs-*guara*, in Küstengräbern des südlichen Peru gefunden (aus Heyerdahl 1952, Tafel 74)

häufigsten vorkommenden hölzernen Artefakten in den vorspanischen Gräbern der peruanischen Küste. Wegen ihres künstlerischen Wertes und ihrer meisterhaften Ausführung sind sie zu besonders bekannten Objekten bei Peru-Ausstellungen in den Museen der ganzen Welt geworden. Die meisten *guara* jedoch waren roh gearbeitet, ohne Schmuck irgendwelcher Art; und da diese reinen Gebrauchsstücke keinerlei Eindruck auf Schätze suchende Sammler machten, sind viele in den Händen unwissender *huaqueros* (Grabräuber) verlorengegangen. Vielleicht könnte man formulieren: Das Verhältnis der Arbeit des archäologischen Fachmanns zur reinen Raubgräberei an peruanischen Küstenfundplätzen entspricht genau dem Zahlenverhältnis der einfachen zu den üppig geschmückten *guara*, wie dieses wiederum dem Verhältnis schlichter peruanischer Töpferware zu dekorierten Figurengefäßen entspricht, die für Museumskollektionen gerettet werden.

Die am kunstvollsten dekorierten *guara*-Stücke kommen aus dem Pisco-, Paracas- und Icagebiet im Süden des mittleren Küstenabschnitts. Aber auch hier wurden bei Ausgrabungen einfache und roh gefertigte *guara* aus Algarroboholz gefunden. Während die verzierten *guara* aus dem Chimúgebiet an der Nordküste gewöhnlich eine Rundplastik auf dem Griff zeigen, einen Vogel oder Vierfüßler – wie auch die Paddel dieser Gegend –, haben die schönsten Paracasstücke oft Griffe mit geschnitzten und bemalten Vögeln, Fischen, Menschen oder symbolischem Schmuck in zwei oder drei Reihen übereinander. In der oberen Reihe stehen manchmal sechs bis acht Männer nebeneinander, die sich so an den Händen halten, daß ein Wellenmotiv entsteht.

Man hat vermutet, daß einige der kunstvollsten Stücke rein zeremonielle Rangabzeichen sind, und wahrscheinlich stimmt das auch. Jedoch bin ich nie auch nur auf ein einziges Exemplar gestoßen, das seinen praktischen Zweck nicht hätte erfüllen können, dank der Härte des verwendeten Holzes und der sorgfältig ausgesuchten Plazierung der Schnitzereien, die niemals die Handhabung der *guara* behindern. Immer beschränkt sich die Schnitzerei auf das Griffende, und wenn sie sich – in seltenen Fällen – etwas weiter herunterzieht, dann an der Seitenkante des Brettes, so daß nie das freie Gleiten des Brettes durch den Spalt oder Schacht zwischen den weichen Balsastämmen behindert wird. Es ist wirklich bemerkenswert, daß die Schnitzerei stets auf den Teil der *guara* beschränkt ist, der bei Gebrauch frei sichtbar über das Deck ragt, während der Teil, der unter das Floß versenkt und damit für Besatzung und Passagiere unsichtbar wird, glatt und unverziert bleibt. Man sollte erwarten, daß ein reines Zeremonialgerät in seinem ganzen Ausmaß, etwa wie der Schaft einer Zeremonialaxt oder ein Stab, ornamentiert wäre und nicht über den größten Teil seiner Länge glatt und leer bliebe. Im Hinblick auf die Funktion des *guara*, der zufolge Griff und oberer Teil sichtbar frei liegen und keinerlei Belastung oder Abnutzung außer dem gelegentlichen Zugriff der Hand ausgesetzt sind, dürfen wir mit

Sicherheit annehmen, daß die große Masse selbst der am reichsten geschmückten Stücke tatsächlich auch in Gebrauch war, allerdings wohl bei den Würdenträgern der Dörfer an der Küste.

Als gegen Ende des vorigen Jahrhunderts die ersten kunstvoll geschnitzten Stücke in Pisco ausgegraben wurden und in Museen und Privatsammlungen gerieten, behandelte man sie lediglich als schöne Beispiele für die Holzschnitzkunst der Vorinkazeit. Obwohl der aus Deutschland stammende Peruforscher W. Gretzer sie 1914 als zur Seefahrt gehörige *guara* identifiziert hatte, schenkte man doch ihrer eigentlichen Funktion auch danach wenig Beachtung.

In dem Menschenalter, das Gretzer an der peruanischen Küste lebte, hatte er reichlich Gelegenheit, die letzten, allmählich verschwindenden Balsaflöße zu sehen, die immer noch mit *guara* manövrierten und viele Tonnen Dörrfisch nordwärts nach Ecuador brachten, Bauholz und anderes wiederum südwärts nach Peru. Als er seine Ausgrabungen in den Tälern von Pisco und Ica begann und die große Sammlung *guara* freilegte, die sich jetzt im Berliner Museum für Völkerkunde befindet, erkannte er sofort, wozu die *guara* dienten. Er betonte, sie allein seien schon ein Beweis, daß die Küstenbevölkerung selbst in der Vorinkazeit imstande war, regelrechte Seereisen auf den Ozean hinaus zu unternehmen, so, wie sie von den alten Spaniern beobachtet worden waren.[227]

Wer mit den merkwürdigen Eigenschaften der Binsen- und Balsaflöße der Inkazeit, mit ihrem Auftrieb auf See nicht vertraut ist, wird schwer verstehen, daß diese Küstenbevölkerung weit über das erste primitive Stadium in der Entwicklung der Seefahrt hinausgekommen war. In Wirklichkeit kannten die frühen Peruaner durchaus Einbäume und Boote mit Rumpf,[228] zogen aber auf See ihre speziell entwickelten Fahrzeugtypen bei weitem vor, da sie den besonderen Anforderungen der geographischen Bedingungen wunderbar angepaßt waren. Die allgemeine Fehlbeurteilung des scheinbar primitiven *totora*-Binsenbootes und des Balsabaumfloßes mag vielleicht einer der Gründe für die erstaunlich geringe Aufmerksamkeit sein, die dem vorhandenen Quellenmaterial über Unternehmungen der Eingeborenen zur See bisher gewidmet wurde. Selbst nach Gretzers Veröffentlichung war es nicht ungewöhnlich, peruanische *guara* in den Vitrinen der Museen als »Zeremonialspaten« oder mit ähnlichen Bezeichnungen beschriftet zu sehen, obwohl jedermann beim geringsten Versuch schon herausgefunden hätte, daß die *guara* für jede Art landwirtschaftlicher Arbeit höchst ungeeignet sind. Als Stücke in situ ausgegraben und nicht nur als Streufunde aus Sammlerhand erworben wurden, begriff man allmählich, daß die merkwürdigen Bretter eine Art Schiffszubehör waren, da sie allgemein in Gräbern mit Fischerausrüstung oder mit anderen Geräten zusammenlagen, die auf eine Tätigkeit zur See und nicht auf Ackerbau hinwiesen. Es war auch ziemlich auffallend, daß der besondere Dekor am Griff genau dem der örtlichen Paddelstiele entsprach. Daher sind die *guara* in späteren

Jahren allgemein als »Spezialform des Paddels« oder gar als »Steuerruder« ausgestellt worden.

Eine nähere Untersuchung des Griffs hätte jedoch gezeigt, daß dieses merkwürdige Artefakt weder als das eine noch das andere gedient haben konnte. Die Hauptsache am Paddel ist seine vollkommene Ausbalancierung: der Griff muß symmetrisch auf der zentralen Achse sitzen, damit vermieden wird, daß sich das Blatt beim Schlag dreht. Der Griff des breiten *guara* aber sitzt völlig gegen das Gleichgewicht exzentrisch an einer Ecke und macht es hoffnungslos unbrauchbar zum Paddeln oder Rudern. Ferner hat das *guara* keinen Stiel, der einen ausgleichenden Griff für die andere Hand böte. Die meisten *guara* der Südküste haben als Griff lediglich einen Schlitz zum Eingreifen für die Finger, ähnlich dem Tragegriff eines Plastikbeutels. Es ist offenkundig, daß der spezielle *guara*-Griff nur für das senkrechte Heben und Senken des breiten Bretts mit einer Hand vorgesehen ist, und nicht, um mit dem ausgewogenen Schlag beider Hände Schwung zu gewinnen. Ebensowenig eignet sich der Griff des *guara* als Ruderpinne. Daher bleibt uns nur die Tatsache, daß sich die praktischen Funktionen des *guara* von jedem Schiffzubehör unterscheiden, das auf europäischen Wasserfahrzeugen zu finden ist.

In jüngerer Zeit, im Jahr 1963, beendete D. Eisleb eine systematische Untersuchung der großen archäologischen Sammlung von einfachen und von dekorierten peruanischen *guara*, die in den Magazinen des Berliner Museums für Völkerkunde aufbewahrt werden. Er entdeckte, daß eins der allen diesen Brettern gemeinsamen Merkmale das war, daß sie Messerform aufwiesen: eine Kante war schmaler und schärfer als die andere, damit dieses Seefahrtsgerät das Wasser mit dem geringsten Widerstand durchschneiden konnte.[229] Diese Form schließt alle anderen Funktionen als die eines Steckschwertes aus.

Als Lothrop im Jahr 1932 die erste systematische Studie über die peruanische Eingeborenenschiffahrt veröffentlichte, war er zufällig ebenso vertraut mit Segeltechniken und Schiffahrtsangelegenheiten wie mit der lokalen Archäologie. Wie Gretzer erkannte Lothrop, daß diese seltsamen Schiffahrtsgeräte *guara* waren, eben jene besondere Art von Steckschwert, die an der Nordküste noch bis zur letzten Jahrhundertwende in Gebrauch war. Er betonte außerdem, daß das Vorhandensein von *guara* in frühen voreuropäischen Gräbern an der peruanischen Küste archäologische Beweise für den vorkolumbischen Gebrauch von Segeln in diesem Gebiet liefere. Er sagt: »Es liegt auf der Hand, daß ein Steckschwert sinnlos ist, wenn ein Fahrzeug keine Segel hat.«[230] Im Gegensatz zu einem Ruder oder einem Steuerriemen ist das bewegliche *guara* ausschließlich ein Segelgerät, überflüssig und unbrauchbar auf jedem Fahrzeug, das durch Riemen oder Paddel angetrieben wird.

Die Spanier, die in Karavellen kamen, zeigten an den *guara* als solchen keinerlei Interesse; sie rühmten lediglich die bemerkenswerte Geschicklichkeit der eingeborenen Seeleute in der Handhabung ihrer Flöße. Doch auf seiner frühen, im Jahr 1619 veröffentlichten Zeichnung eines Balsafloßes in Paita, Peru, bildet der holländische Admiral Spilbergen zwei mantelbekleidete Indianer ab, die an den Segeln stehen und drei anderen Befehle erteilen, die auf dem Floßdeck hocken: jeder hält den oberen Teil eines *guara,* das senkrecht durch einen Spalt zwischen den Stämmen geschoben ist. Das Floß hat weder Steuerriemen noch Ruder. Im Text erwähnt Spilbergen die *guara* mit keinem Wort. Er erklärt nur, wie die Spanier vor ihm, daß dies ein ganz wundervolles Fahrzeug sei, und setzt hinzu, daß das Segelfloß zwei Monate lang auf See gewesen sei und gefischt habe und in den Hafen Paita mit genügend Fisch für alle Schiffe der Flotte Spilbergens zurückgekehrt sei.[231]

Es ist wichtig, sich hier vor Augen zu halten, daß das *guara* dem Maler, der Spilbergens interessante Zeichnung lieferte, nichts bedeutete, denn der Gebrauch selbst regelrechter Steckschwerter war im damaligen Europa noch nicht bekannt. Deshalb verzichtete Spilbergen, wenn er auch der Nachwelt die allererste Abbildung der Prinzipien der *guara*-Navigation hinterließ, auf jeden Kommentar über die Erklärung hinaus, daß Floß und Segel »ganz wunderbar gemacht waren«.

Weitere 130 Jahre mußten vergehen, bevor sich die beiden spanischen Marineoffiziere Juan und Ulloa ausreichend für die von den peruanischen Indianern angewendete Navigationstechnik interessierten, um nach weiteren Einblicken in das Geheimnis der *guara* zu suchen. Nach einer ausgezeichneten Beschreibung der verschiedenen Größen und Typen des Balsafloßes, die sie in Guayaquil sahen, schrieben sie im Jahr 1748:

»Bisher haben wir nur den Bau und die Verwendungsmöglichkeiten erwähnt, doch das Einzigartige des schwimmenden Fahrzeugs ist, daß es bei widrigem Wind ebensogut segelt, kreuzt und manövriert wie Schiffe mit Kiel und daß es sehr wenig vom Wind abgetrieben wird. Diesen Vorteil erlangt es von einer anderen Steuermethode als der durch ein Ruder, nämlich durch einige Bretter von zweieinhalb bis dreieinhalb Meter Länge und 40 Zentimeter Breite, *guara* genannt, die senkrecht sowohl am Bug wie am Heck zwischen die Hauptbalken gesteckt werden; und wenn man einige davon tief ins Wasser schiebt, andere anhebt, fallen sie ab, luven an, kreuzen, liegen beigedreht und führen alle anderen Bewegungen eines regulären Schiffes aus. Eine auch den klügsten Nationen Europas bisher unbekannte Erfindung ... ein *guara,* das im vorderen Teil eines Fahrzeugs hinuntergeschoben wird, muß dieses anluven lassen, und wenn man es herausnimmt, fällt das Fahrzeug ab oder dreht bei. Ebenso, wenn ein *guara* achtern herabgelassen wird, fällt das Fahrzeug ab, und wenn man es aus dem Wasser zieht, luvt das Floß an oder hält sich näher am Wind. Das ist die von den Indianern angewandte Methode, die Flöße zu steuern, und bisweilen benutzen sie fünf bis sechs *guara,* um das Floß am Abtreiben durch den Wind zu hindern; es liegt auf der Hand, daß, je mehr sie unter Wasser sind, desto größer der Widerstand ist, dem die Seite des Fahrzeugs begegnet: die *guara* leisten den Dienst von Seitenschwertern, wie man sie in kleinen Fahrzeugen benutzt. Die Methode des Steuerns mit diesen *guara* ist so leicht und einfach, daß, wenn das Floß erst auf seinen gewünschten Kurs gebracht ist, nur noch eins benutzt wird: es wird gehoben und gesenkt, wie es die Gelegenheit erfordert, und so wird das Floß ständig in der gewünschten Richtung gehalten.«[232]

Sie waren so von dieser peruanischen Segeltechnik beeindruckt, daß sie die Einführung dieses Systems in Europa nachdrücklich empfahlen. Doch als Lescallier und Charnock in den Jahren 1791 und 1801 ihre umfassenden Weltgeschichten der Schiffahrt veröffentlichten, konnten sie auch nur Juans und Ulloas Beobachtungen in Ecuador zitieren und betonen, daß die Steuermethode mit Steckschwertern den Küstenindianern dieses Gebietes allein eigentümlich und in Europa noch nicht bekannt sei. Wie bereits erwähnt, unternahm Lescallier in seinen Instruktionen für französische Seekadetten tatsächlich einen Versuch, die *guara*-Navigation für europäische Rettungsflöße zu empfehlen. Er hatte jedoch keinen Erfolg.

Weitere Berichte über die peruanische *guara*-Navigation wurden im Jahr 1801 von Humboldt und im Jahr 1825 von Stevenson veröffentlicht. Letzterer hatte in Peru Balsaflöße gesehen, die lediglich mit Hilfe der *guara* Hunderte von Meilen mit 25 bis 30 Tonnen Ladung »gegen Wind und Strömung kreuzten«.[233]

Im Jahr 1832 berichtete B. Morell, daß man Balsaflöße noch 50 Meilen vom Land entfernt sehen könne und daß sie imstande seien, »wie ein Lotsenboot gegen den Wind zu kreuzen ...«.[234]

Bevor Paris in den Jahren 1841–43 seinen umfangreichen Versuch über nichteuropäische Wasserfahrzeuge veröffentlichte, fuhr er in das nordwestliche Südamerika, um die Balsaflöße zu studieren. Er schrieb: »In Peru hat man die Verwendung von Flößen, wie sie von den alten Einwohnern gebaut wurden, beibehalten; die Flöße sind für die örtlichen Verhältnisse so gut geeignet, daß sie immer noch jedem anderen Fahrzeug vorgezogen werden ...« Er veröffentlichte die Zeichnung eines Floßes mit eingesetzten *guara*, die hier in diesem Buch auf Seite 207 reproduziert worden ist. Er hatte jedoch keine Gelegenheit, Flöße beim Kreuzen auf See zu beobachten. Er war übrigens recht skeptisch wegen des Augenzeugenberichts von Juan und Ulloa über die unbegrenzten Möglichkeiten der *guara*-Navigation und schrieb: »Wir sind nicht in der Lage gewesen, diese genialen Flöße ausreichend zu beobachten, um sicher zu sein, daß sie wirklich all diese Manöver ausführen ...« Er gab jedoch zu: »Die Flöße haben keine anderen Steuervorrichtungen auf dem Ozean.«[235]

Wenige Jahre später, im Jahr 1852, beobachtete C. Skogman Balsaflöße mit *guara* weit draußen vor Nordperu auf dem Ozean und berichtete, daß sie Reisen zu den Galapagosinseln, einige 600 Meilen vor dem Festland, unternähmen.[236]

Weitere 20 Jahre sollten vergehen, bevor die ersten Steckschwerter auf europäischen Booten benutzt wurden. Und dabei wurde dem alten Volk, das das System seit vielen Jahrhunderten anwandte, wenig oder keine Ehre deshalb erwiesen. Nach Lothrop wurden im Jahr 1790 in England einige Experimente gemacht, gewissen kleinen Bootsmodellen Steckschwerter einzupassen, aber der tatsächliche Gebrauch von Steck- oder Kielschwertern in England und den Vereinigten Staaten begann erst um 1870. Bis dahin waren von europäischen Seglern lediglich Seitenschwerter verwendet worden, deren einzige Funktion die war, als Kiel zur Verminderung des Abtreibens durch den Wind beizutragen.

Um die vergangene Jahrhundertwende verschwand die echte *guara*-Navigation von Flößen mit den letzten noch in Resten vorhandenen Elementen der Eingeborenenkultur an den Küsten von Peru und Ecuador. Mit Beginn des 20. Jahrhunderts ging das Geheimnis der Floßnavigation verloren, bevor es zu den europäischen Rettungsflößen gelangt war.

Als das Floß *Kon-Tiki* im Jahr 1947 für seine Reise mit *guara* ausgerüstet wurde, waren sich Ethnologen wie Marinebehörden daher einig, daß sie für kontrolliertes Manövrieren eines Floßes nutzlos seien. Obwohl die Expeditionsmitglieder feststellten, daß es möglich war, mit fünf *guara* abzufallen und fast im rechten Winkel zum Wind zu segeln, schlugen doch all unsere Bemühungen fehl, zu wenden und gegen den Wind zu kreuzen. Also teilten wir, als wir von der Expedition zurückkehrten, die Ansicht von F. E. Paris und späteren Gelehrten, daß das Floß nur vor dem Wind zu segeln sei.

Im Jahr 1953 gelang es jedoch mit der freundlichen Hilfe des verstorbenen Emilio Estrada aus Guayaquil, praktische Versuche mit einem Balsafloß normaler Größe vor der Bucht von Playas in Ecuador aufzunehmen, wo noch winzige, aus drei Stämmen bestehende Flöße vom brasilianischen *jangada*-Typ von den lokalen Fischern benutzt wurden. Einige Fischer halfen uns beim Bau eines etwas kleineren Floßes, als es die *Kon-Tiki* war. Es war jedoch ähnlich aus neun zusammengebundenen Stämmen gebaut und mit einem Bambusdeck versehen. Zusammen mit Estrada und mir befanden sich die beiden Archäologen E. K. Reed und A. Skjölsvold an Bord. Abermals wurde ein viereckiges Segel an einem Zweibeinmast gehißt und sechs *guara* nach Art der Eingeborenen zwischen den Stämmen eingeschoben, davon zwei weit vorn im Bug und zwei im Heck. Zwei weitere waren willkürlich gesetzt worden, denn sie sollten lediglich als Seitenschwerter gegen das Abtreiben dienen und in unveränderter Position bleiben. Keine Paddel, Ruder oder Steuerriemen befanden sich auf dem Floß, als wir das Segel hißten und die Küste mit den Informationen verließen, die Estrada von den einheimischen Fischern erhalten hatte. Wir stellten fest, daß uns das richtige Wechselspiel zwischen der Behandlung des Segels und dem Heben und Senken der *guara* vorn und achtern in die Lage versetzte, nach einigen Versuchen gegen den Wind zu kreuzen und schließlich genau zu dem Punkt an

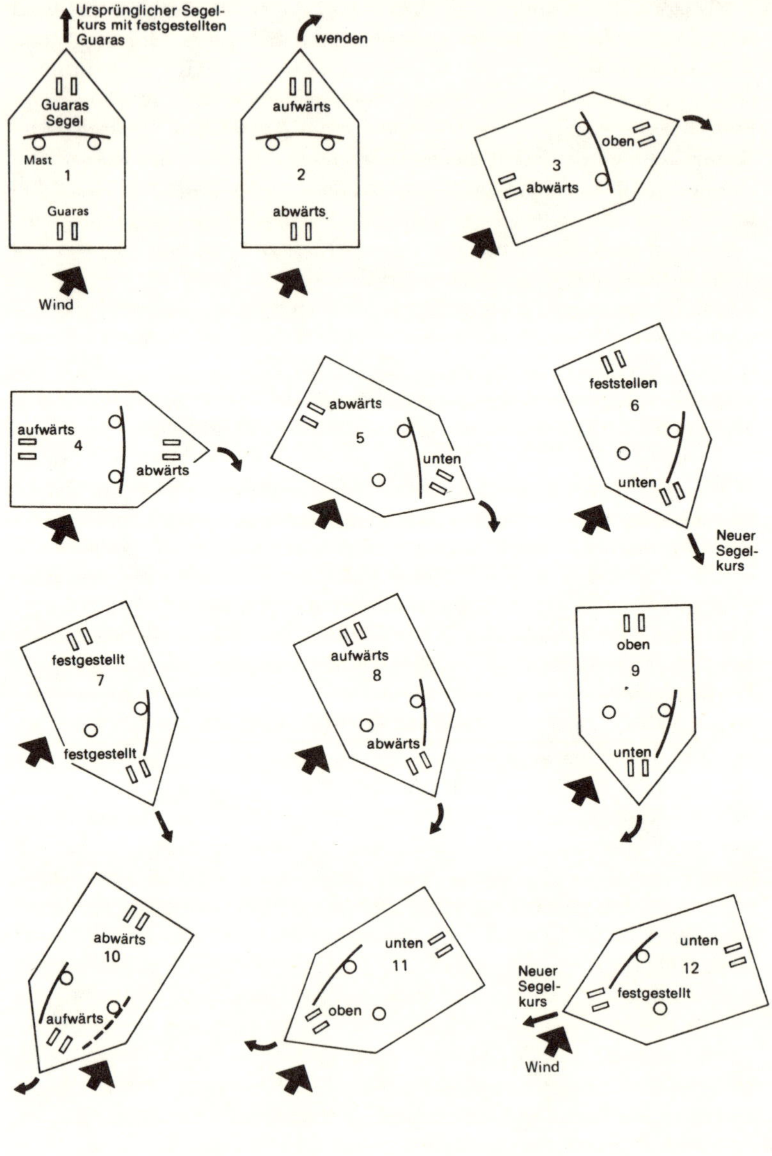


Die Prinzipien der *guara*-Navigation

der Küste zurückzusegeln, wo wir aufgebrochen waren. Als wir sie erst einmal verstanden hatten, erwies sich die Steuermethode mit *guara* als erstaunlich einfach und wirksam. Wir hatten bereits auf der *Kon-Tiki* entdeckt, daß das Floß, wenn wir das Steuerruder aus dem Wasser hoben, während wir unter Segel liefen, seinen eigenen stetigen Kurs in leichtem Winkel zum Wind steuerte; dieser Winkel änderte sich, wenn wir das Verhältnis der *guara* vorn und achtern änderten. Tatsächlich ließ ein Winddruck von der Seite das Floß, den Mast als Drehpunkt, drehen. Und um die Drehung anzuhalten, mußten wir in dem Teil des Fahrzeugs, der mit dem Wind schwang, weitere *guara* hinunterdrücken oder *guara* am entgegengesetzten Ende des Floßes hochziehen. Als einzige Schwierigkeit erwies sich zunächst der Augenblick, in dem wir um 180 Grad wenden wollten, um über den anderen Bug zu segeln, doch das Problem war gelöst, als wir die Rahe des viereckigen Segels bis zur Verbindung des Zweibeinmastes aufhißten, so daß es frei von einer Seite zur anderen schwingen konnte. Wenn wir rasch das Segel drehten und ebenso schnell das Verhältnis der *guara* vor und achter dem Mast in dem kritischen Augenblick wechselten, indem das wendende Fahrzeug den Wind genau querab hatte, wendete das Floß bereitwillig und nahm den neuen Kurs beim Wind von der anderen Seite auf. In dem Augenblick, wo das Floß gewendet hatte, brauchten die *guara* nur wieder in gleiche Lage gebracht zu werden, damit wir beim Wind in die gewünschte Richtung segeln konnten. Wir kreuzten in dem gleichen Winkel, den man bei einem regulären Segelboot mit Kiel erwarten konnte.[237]

Abschließend läßt sich sagen: Wir wissen heute, daß es keine Begrenzung für die Reichweite von Wasserfahrzeugen der südamerikanischen Eingeborenen im Pazifik gibt. Mit der Fähigkeit, ihre geräumigen und seetüchtigen Balsaflöße zu segeln und mit ihnen zu kreuzen, waren die frühen Menschen von Ecuador und Peru weit fortgeschritten in Fragen der Schiffahrt, und die voreingenommene Einstellung des modernen Menschen im Hinblick auf die andine Segel- und Navigationsfähigkeit bedarf einer völligen Neubewertung. So läßt sich gut verstehen, was uns die Geschichte berichtet, daß nämlich Pizarros Männer auf ein großes peruanisches Balsafloß mit Handelswaren für Peru trafen, daß Frauen die Seeleute an Bord begleiteten und daß sich Fischer, Soldaten und Entdeckungsreisende auf kühne Fahrten weit auf den Pazifik hinauswagten.

Unter den wahrhaft hervorstechenden Kulturvölkern des alten Peru gab es Stämme und ganze Nationen mit Männern und Frauen, die bemerkenswert seeerfahren und keineswegs landgebunden waren und ihr Dasein auf eine lange Seefahrertradition gründeten.

# 9

# Kulturpflanzen und frühe Seefahrer

Der amerikanische Anthropologe und Pflanzengeograph G. F. Carter sagte einmal im Zusammenhang mit der unabhängigen Evolution: »Eine Pfeilspitze kann jeder Narr machen, aber eine Süßkartoffel nur Gott.« Das Thema wurde angeschnitten in dem Versuch, die Aufmerksamkeit von Wissenschaftlern anderer Gebiete auf die äußerste Wichtigkeit der Genetik für die Auffindung der verlorenen Spuren früher Wanderer im Pazifik zu lenken. Ein in gleiche Richtung zielender Vorschlag wurde von einem anderen Freund und Kollegen, E. N. Ferdon, gemacht, der nach archäologischen Ausgrabungen in Ostpolynesien eine gründliche Bibliotheksforschung einleitete, um Beobachtungen der ersten europäischen Besucher dieser Inseln zu prüfen. Er schrieb, daß eines der interessantesten Dinge, auf die er stieß, in Byrons Journal seiner Reise von 1764 bis 1766 stehe, wo er über das Atoll Takaroa, genau dort, wo der Perustrom mit seiner höchsten Geschwindigkeit von Südamerika eintrifft, berichtet: »Die Vögel, die wir an Land sahen, waren Papageien und Sittiche und eine schöne Taubenart, die so zahm war, daß die Vögel uns ganz nahe kamen und oft in die Hütten der Wilden flogen.«[238] Papageien sind in Polynesien nicht heimisch. An der Pazifikküste Südamerikas waren sie Begleiter des Menschen, sogar auf See, wenn man Humboldts Aquarell eines riesigen, mit Obst und anderer Fracht beladenen Balsafloßes Glauben schenkt, auf dem ein grüner Papagei in den Stütztauen sitzt. Zufällig wurde uns in Peru auch ein Papagei als Schiffstier auf der *Kon-Tiki* geschenkt. Wir landeten mit diesem Floß in der Inselgruppe, zu der auch Takaroa gehört. Die Papageien waren im alten Peru, wo deren ausgestopfte Exemplare und Federn häufig in Gräbern aus voreuropäischen Zeiten zu finden sind, überaus beliebt. Jeder Maler kann einen Papagei zeichnen, aber nur Seeleute können lebende Exemplare eines Urwaldvogels, der nicht weit zu fliegen vermag, Tausende von Meilen über den Ozean befördern.

Der Hund in Polynesien ist ein weiterer genetischer Indikator für Bewegungen des Menschen. Der polynesische Hund, *Canis familiaris maori,* gehört zu einer anderen Rasse als der wilde Dingo Australiens, der Pariahund Asiens und der Polarhund oder Husky der Arktis, und das wenige, was von Skelettresten, die in der Marquesasgruppe gefunden wurden, und von den in Neuseeland gesammelten Fellen und Beschreibungen der frühen Reisenden bekannt ist, deutet auf eine enge genetische Verwandtschaft mit den einheimischen Rassen von Mexiko und Peru, die bereits erwähnt wurden. Während wir sahen, daß sich Schweine und Hühner von den Fidschiinseln aus nach Polynesien verbreiteten, nachdem die Isolierung der Maori begonnen hatte, können Hunde Polynesien nicht von Melanesien aus erreicht haben, wo sie anscheinend bis zur Ankunft der Europäer fehlten. Cooks Begleiter G. Forster schrieb aus dem inneren Melanesien: »Schweine und gewöhnliches Hausgeflügel sind ihre Haustiere; denen haben wir Hunde hinzugefügt, indem wir ihnen ein Paar Welpen verkauften, die wir von den Gesellschaftsinseln mitgebracht hatten. Sie empfingen sie mit lebhaften Zeichen äußerster Befriedigung; da sie sie jedoch Schweine *(puaha)* nannten, waren wir überzeugt, daß sie ihnen völlig neu waren.«[239]

Die Maori glauben, daß der Hund die *kumara* oder Süßkartoffel auf deren Reise vom Vaterland der Vorfahren begleitet habe. J. White zeigt in seiner »Alten Geschichte des Maori, seiner Mythologie und seiner Traditionen«, daß die Erinnerung an den Hund und die Süßkartoffel auf die Zeit zurückgeht, bevor sich die Vorfahren der Maori zu ihrer endgültigen polynesischen Heimat aufmachten. Die Legende sagt, daß die frühen Vorfahren im Vaterland »Leichtholzbäume fällten, die sie gemeinsam zur Quelle des Flusses Tohinga schleppten. Sie banden die Stämme mit Lianen der *Pirita* und mit Tauen zusammen und machten ein sehr breites Floß *(Moki).*« Außerdem »bauten sie ein Haus auf dem Floß und legten viele Lebensmittel hinein, Farnwurzeln, *kumara* und Hunde«.[240]

In seiner Ansprache zur Eröffnung des Ethnobotanischen Symposiums beim 10. Kongreß der Pazifikwissenschaftler im Jahr 1961 in Honolulu empfahl der Vorsitzende, der Botaniker J. Barrau, das gesamte Beweismaterial, das sich auf die Verwandtschaft und Verbreitung der Pflanzen auf den Pazifikinseln im Licht der neuen Beweise dafür bezog, daß eingeborene Floßfahrer das Stück des Ozeans zwischen Südamerika und Polynesien vor Eintreffen der Europäer überquert haben könnten, neu zu überprüfen.

Der im folgenden Kapitel gegebene Bericht ist eine erweiterte Fassung eines Aufsatzes, der unter dem Titel »Plant Evidence for Contact with America before Columbus« im Jahr 1964 in *Antiquity* (Bd. 38) veröffentlicht worden war.

Kein anderes Feld der Naturwissenschaft wie die Botanik ist so grundlegend von den vorgefaßten Ansichten der Ethnologen über den möglichen Aktionsradius primitiver Seefahrer beeinflußt worden. Botaniker halten sich gewöhnlich nicht für Autoritäten auf dem Gebiet der Eingeborenenseefahrt und der primitiven Wasserfahrzeuge und haben sich in Seefahrtsfragen an die Ethnologen um deren fachmännischen Rat gewandt. Die Ethnologen haben diesen Rat gern gegeben und danach die Reaktion der Botaniker dazu benutzt, ihre eigene isolationistische Ansicht über die amerikanische Vorgeschichte zu stützen.

Der hervorragende Botaniker A. de Candolle veröffentlichte im Jahr 1883 sein bahnbrechendes Werk über den Ursprung der Kulturpflanzen, dessen deutsche und englische Übersetzung im Jahr 1884 erschien. De Candolle wurde durch dieses Werk in gewissem Sinn zum Vater der Ethnobotanik. Er sammelte das zu jener Zeit verfügbare botanische Beweismaterial und zog daraus die Schlußfolgerung: »In der Geschichte der Kulturpflanzen habe ich keinen Hinweis auf eine Verbindung zwischen den Völkern der Alten und der Neuen Welt vor der Entdeckung Amerikas durch Kolumbus gefunden.« [241] Das war ein genetisches Argument von entscheidendem Gewicht in der Diskussion unter den zeitgenössischen Ethnologen und Prähistorikern. Obwohl de Candolle vorsichtig in seinen Schlüssen war, deutet die Tatsache, daß er keinerlei Beweise für einen Austausch von Nahrungspflanzen über den Atlantik und Pazifik finden konnte, doch auf eine wachsende Tendenz zum Isolationismus in der Interpretierung der kulturellen Entwicklung hin. Von jetzt an fragten immer mehr Anthropologen, ob nicht, wenn es Verbindungen zwischen dem vorkolumbischen Amerika und der Alten Welt gegeben hätte, irgendwelche Getreidearten der Alten Welt in das frühe Mexiko oder Peru oder amerikanischer Mais in die übrige Welt eingeführt worden wären.

Zu Anfang des 20. Jahrhunderts ergriff ein anderer hervorragender Botaniker, E. D. Merrill, bedingungslos Partei für die Isolationisten, weil er ihrer Behauptung glaubte, daß vor der Entwicklung der europäischen Karavelle kein Fahrzeug Amerika auf dem Seeweg hätte erreichen können. Als Anhänger de Candolles, auf dessen Lehren er seine Ansichten stützte, übernahm Merrill die moderne These, daß es vor den Wikingern und Kolumbus keinen Kontakt zwischen der Alten und der Neuen Welt gegeben habe. Diese These baute er weiter aus. Durch die Kraft seiner Ansichten und die Stärke seiner Beweisgründe wurde Merrill zu einem der entscheidendsten Verfechter der sich nun ausbreitenden Hypothese, daß die die tropischen und gemäßigten Zonen der Neuen Welt umgebenden Ozeane eine vollkommene und unüberwindliche Schranke für jede Form prähistorischer Seefahrt gebildet hätten. Merrill ging jedoch weiter als de Candolle. Während dieser lediglich zu dem Schluß gelangt war, daß das ihm zur Verfügung stehende pflanzliche Beweismaterial nicht auf Verbindungen der Alten Welt mit Amerika hinweise, erklärte Merrill, daß der fehlende botanische Beweis tatsächlich beweise, daß es solche Kontakte nicht gegeben haben könne.

Zu den ersten Botanikern, die erklärten, die pflanzlichen Beweise sprächen in Wirklichkeit dafür, daß zwischen Amerika und Polynesien frühe Kontakte bestanden hätten, gehörten zwei amerikanische Kollegen Merrills, O. F. und R. C. Cook. Im Lauf der beiden ersten Jahrzehnte dieses Jahrhunderts legten sie verschiedene botanische Beweise vor, nach denen sich amerikanische Eingeborenenlandwirtschaft nach Polynesien verbreitet hatte.[242] Merrill begegnete dieser Beweisführung mit einem anthropologischen Argument: »Die unter Ethnologen allgemein anerkannte Theorie unterstützt eine Kulturbewegung in *östlicher* Richtung über den Pazifik, nicht jedoch eine in *westlicher.* « Wenn es überhaupt irgendeinen amerikanisch-polynesischen Kontakt gegeben habe, argumentierte er, dann »wäre es weit vernünftiger, sich ihn als vom Pazifik nach Amerika gehend vorzustellen, als eine Wanderung von Amerika in den Pazifik anzunehmen«.[243]

Noch 1937 schrieb Merrill: »Da die Landwirtschaft in Amerika autochthon [an Ort und Stelle entstanden] war, dürfen wir annehmen, daß es auch die Kulturen waren, die darauf basieren.« Diese ziemlich kategorische und immer wieder erscheinende Erklärung eines führenden Botanikers – einer der wenigen, die schon früh das Feld der Ethnobotanik betraten – konnte ihre Wirkung auf die zeitgenössischen Anthropologen nicht verfehlen.

Merrills Schlußfolgerungen wurden jedoch von anderen hervorragenden Botanikern und Pflanzengeographen, die eine andere Ansicht vertraten, allmählich abgelehnt. Zu den bedeutendsten gehörten O. F. und R. C. Cook, die nach und nach Unterstützung von C. O. Sauer, G. F. Carter, J. B. Hutchinson, R. A. Silow, S. G. Stephens, C. R. Stoner und E. Anderson erhielten, die sämtlich historisches oder genetisches Beweismaterial dafür vorlegten, daß Kulturpflanzen doch von Eingeborenen über tropische Ozeane rund um die Neue Welt verbreitet worden waren. Der Fortschritt der modernen Archäologie förderte wichtige botanische Informationen zutage, die es zur Zeit de Candolles noch nicht gab, und es wurde für Merrill immer schwieriger, seinen kategorischen Standpunkt aufrechtzuerhalten, den er in den zwanziger und dreißiger Jahren so hartnäckig verteidigt hatte.

Wert und Überzeugungskraft von Merrills negativer Beweisführung standen und fielen mit dem absoluten und bedingungslosen Fehlen von Kulturpflanzen gemeinsamen Ursprungs in beiden Hemisphären. Eine solche negative Beweisführung wog, obwohl nicht zwingend, so doch schwer als Argument gegen transozeanische Reisen. Aber schon eine einzige Pflanze, die eine Ausnahme von dieser Regel bildete, mußte den ganzen Beweis zu Fall bringen. Merrill war also sozusagen gezwungen, sein Faß wasserdicht zu halten. Der Verlust auch nur einer einzigen Daube mußte es unbrauchbar machen, das heißt, seine negative Beweisführung mit der vielfach größeren Kraft eines positiven Zeugnisses gegen ihn wenden.

Eine Kulturpflanze, die durch ihr Vorhandensein in ganz Polynesien bei Ankunft der Europäer den Anthropologen lange Zeit Rätsel aufgegeben hatte, war die Süßkartoffel oder Batate, *Ipomoea batatas.* Obwohl es eine unbezweifelbar amerikanische Pflanze war, hatte sie doch lange vor Ankunft der Spanier in der Neuen Welt ihren Weg zu den polynesischen Inseln gefunden, wo sie von der Osterinsel bis nach Neuseeland die Hauptnahrungspflanze vor Ankunft der Europäer gewesen war. Keine andere Pflanze spielt eine so bedeutende Rolle in den maori-polynesischen Legenden über die frühen Vorfahren und Seefahrer und das ursprüngliche Vaterland. In ganz Polynesien, von der Osterinsel bis Hawaii und Neuseeland, wurde die Süßkartoffel *kumara* genannt – mit lediglich leichten Dialektabweichungen. *Kumara* war auch der Name der Eingeborenen im alten Peru für diese Pflanze, und von Peru nordwärts bis Panama wurde die Süßkartoffel als *ckumara, cumar, umar, kumal, umala* und *kuala* bezeichnet.[244]

Von Anthropologen sind häufig Versuche unternommen worden, die Süßkartoffel als Argument für voreuropäische Kontakte zwischen Polynesien und Amerika auszuschalten. Es ist von Gelehrten sogar ernsthaft erklärt worden, daß sich vielleicht eine Süßkartoffel zwischen den Wurzeln eines gefallenen Baumes verfangen habe und von der peruanischen Küste ohne menschliche Hilfe nach Polynesien gedriftet sei. Die Theorie erklärt jedoch nicht, wie der Name zusammen mit der Pflanze gedriftet sein könnte; sie fand auch nie viel Unterstützung. Eine zweite Theorie, die weite Zustimmung fand, lautet, daß die Süßkartoffel zusammen mit ihrem peruanischen Namen nach Polynesien gelangt sei, als die ersten spanischen Karavellen zu ihren Entdeckungen im Ostpazifik im späten 16. und frühen 17. Jahrhundert von Peru abgesegelt seien. Im Jahr 1932 veröffentlichte der bekannte Ethnologe R. B. Dixon seine Untersuchung über das Problem der Süßkartoffel in Polynesien, in der er zeigen konnte, daß die Süßkartoffel bereits im ganzen polynesischen Dreieck lange vor Ankunft der Spanier im 16. Jahrhundert fest angesiedelt war.[245]

Merrill war gezwungen, Dixons historische Beweise anzuerkennen, und gab nach, da er wußte, daß sich eine empfindliche Süßkartoffelknolle, die wie diese spezielle amerikanische Kulturpflanze als Wildpflanze völlig unbekannt ist, nur mit menschlicher Hilfe über einen Ozean ausbreiten kann. Im Jahr 1946 riß er die erste Daube aus seinem Faß und erkannte an, daß eingeborene Seeleute den Ozean von der Neuen Welt aus bis zu den polynesischen Inseln überquert hätten. Er schrieb: »Sie führten in der Tat eine wichtige Nahrungspflanze amerikanischer Herkunft in Polynesien ein, die Süßkartoffel, und verbreiteten sie von Hawaii bis Neuseeland ... lange vor Ankunft der Europäer im Pazifik.« Bald ging er sogar noch weiter und wies im Jahr 1954 auf die große Sorgfalt hin, die für eine solche erfolgreiche

Übertragung notwendig sei. Er erklärte, daß die eingeborenen Seefahrer ihre *kumara* als lebende Pflanze von Amerika gebracht haben müßten, und zwar in Erde, da sonst keine Süßkartoffelknolle ihre Lebensfähigkeit in feuchter Atmosphäre in Höhe der Meeresoberfläche länger als einen Monat oder höchstens sechs Wochen behalten könne. Er wies auf die Tatsache hin, daß die *Kon-Tiki* unter Segel über drei Monate für die Reise gebraucht habe. Er setzte sogar hinzu: »Es wäre töricht, behaupten zu wollen, vor Magellan habe es keinen Verkehr über den Pazifik gegeben ...«, und erklärte nun, daß der Anbau der amerikanischen Süßkartoffel in ganz Polynesien einen positiven Beweis für voreuropäische Verbindungen liefere.[246]

Mittlerweile hatte auch die Ansicht über die voreuropäische Verbreitung der Kokosnuß einen neuen Aspekt erhalten. Dieser überaus nützlichen Palme waren Europäer zuerst begegnet, als sie nach Südostasien und Indonesien vorstießen. Man hielt sie damals für eine asiatische Art. Als die Europäer später auch Westindien und das tropische Amerika erreichten, fanden sie dort die gleiche Palme. Sie wuchs in den tropischen Wäldern der nördlichen Anden sogar wild sowie überall von Ecuador bis Guatemala in kultivierten Hainen. Schon 1823 war C. F. P. de Martius in seiner Naturgeschichte der Palmen zu dem Schluß gelangt, daß Kokosnüsse aus dem Guayaquilgebiet von Ecuador und den Inseln in der Nähe von Panama den ganzen Weg bis Asien über den tropischen Pazifik gedriftet seien.[247]

De Candolle erkannte zunächst die auf der Hand liegenden botanischen Beweise für den amerikanischen Ursprung der Kokospalme, *Cocos nucifera*, an. Die zahlreichen Arten der Unterfamilie *Cocoinae*, zu der die Kokospalme gehört, sind sämtlich charakteristisch für das tropische Amerika, und keine von ihnen kommt in Asien vor. Nur die kultivierte und überaus nützliche Art mit den eßbaren Nüssen wurde von den Europäern in Eingeborenensiedlungen von Mittelamerika überall im Pazifik bis zu den asiatischen Küsten gefunden. Ihr Auftreten im wilden Zustand in Südamerika und unbezweifelbare traditionelle und historische Berichte über eine Einführung im asiatischen Küstengebiet in der jüngeren Vergangenheit führten unter den Botanikern zu einem Durcheinander sich widersprechender Theorien, in dem de Candolle eine führende Rolle übernahm: »Die Bewohner der Inseln Asiens waren weit kühnere Seefahrer als die Indianer. Es ist durchaus möglich, daß Kanus von den asiatischen Inseln, die Kokosnüsse als Proviant enthielten, durch Stürme oder falsche Manöver auf die Inseln oder an die Westküste Amerikas geworfen wurden. Das Umgekehrte ist höchst unwahrscheinlich.«[248]

Eine Rückkehr zu der ursprünglichen Ansicht von de Martius wurde im Jahr 1906 von dem englischen Botaniker H. B. Guppy nach vierjährigen persönlichen Forschungen im Pazifik angeregt. Er erkannte, daß die geographischen Bedingungen nicht vorlagen, wonach abgetriebene Seefahrer

Kokosnüsse von Indonesien nach Südamerika gebracht haben könnten, und schloß daher: »Man muß ... folgern, daß sie ursprünglich aus der Heimat ihrer Gattung in Amerika kam, vielleicht als ein Geschenk, das die Äquatorialströmung von der Neuen Welt nach Asien trug.«[249]

Um die Jahrhundertwende wurde deshalb eine natürliche transpazifische Verbreitung der Kokosnuß von vielen Botanikern als angemessene Lösung betrachtet. Doch selbst diese Hypothese wurde zurückgewiesen. Um 1941 waren in Hawaii Experimente mit schwimmenden Kokosnüssen durchgeführt worden. Die Ergebnisse widersprachen der alten Überzeugung, daß eine Kokosnuß über fast jede Entfernung im Meer schwimmen und dann keimen könne, sobald sie irgendwo ans Ufer gespült wurde. Es wurde festgestellt, daß die Augen einer schwimmenden Kokosnuß von Fäulnisorganismen angegriffen wurden und nach längerem Treiben, wie dem zwischen der Neuen Welt und Polynesien, ihre Keimfähigkeit verloren.[250]

Merrill wurde allmählich gezwungen, seine zweite Daube herzugeben und zu schreiben: »... um eine andere Erklärung hinzuzufügen, die vielleicht schockierend klingt: es ist nahezu sicher, daß die Polynesier die Kokosnuß an der Westküste Amerikas zwischen Panama und Ecuador eingeführt haben, nicht allzulange vor Ankunft der Spanier.« Er wehrte sich bis zum letzten gegen die amerikanische Herkunft der Kokospalme und führte aus: »Das letzte Wort über die Herkunft der Art ist noch nicht gesprochen ... Eins ist gewiß: die Kokospalme war entlang der pazifischen Westküste von Panama und dem benachbarten Kolumbien bereits vor Ankunft der Spanier völlig eingeführt.«[251]

Kaum hatte Merrill erklärt, daß er seine früher veröffentlichten Ansichten hinsichtlich des menschlichen Transports der Süßkartoffel und der Kokosnuß zwischen dem vorkolumbischen Amerika und Polynesien ändern müsse, als eine weitere Daube aus dem gleichen Faß fiel – der Flaschenkürbis, *Lagenaria siceraria.* Der Flaschenkürbis wurde als eine der wichtigsten Kulturpflanzen mit Verbreitung in Gesamtpolynesien zu voreuropäischer Zeit anerkannt.

Im Gegensatz zu Linné hatte de Candolle – und mit ihm Merrill – erklärt, der Kürbis sei der eingeborenen Bevölkerung Amerikas vor der Ankunft des Kolumbus völlig unbekannt gewesen. Dann fanden Archäologen Samen und aus Flaschenkürbissen angefertigte Gegenstände in frühen voreuropäischen Gräbern Perus und Chiles. So rief diese Pflanze ein ethnobotanisches Dilemma hervor. Im Jahr 1931 wies E. Nordenskiöld auf die große Ähnlichkeit der aus getrockneten Flaschenkürbissen hergestellten Objekte im vorspanischen Südamerika und in Ozeanien hin und bezeichnete die Pflanzen als »Hauptbeweis für vorkolumbische Beziehungen zwischen Ozeanien und Amerika«.[252]

Im Jahr 1938 betrachtete Buck den Flaschenkürbis bereits als Beweis dafür, daß polynesische Seefahrer auf ihren langen Kanuausflügen zu Anfang unseres Jahrtausends unbedingt Südamerika erreicht haben müßten. Als er diese Behauptung im Jahr 1945, zwei Jahre vor der *Kon-Tiki*-Überquerung, wiederholte, folgerte er: »Da die südamerikanischen Indianer weder über die Fahrzeuge noch über die Navigationskunst verfügten, den Meeresraum zwischen ihrer Küste und den nächsten polynesischen Inseln zu überqueren, kann man sie als mögliche Lieferanten außer acht lassen.«[253]

Die Ansicht dieses vielzitierten Anthropologen beeinflußte abermals die zeitgenössischen Botaniker, und A. J. Eames und H. St. John schrieben im Jahr 1943: »Man glaubt jetzt, daß vor dem 13. Jahrhundert polynesische Seefahrer von Mangareva oder den Marquesasinseln aus nach Osten segelten, Peru erreichten und wieder zurückkehrten. Solch eine Reise würde eine Erklärung für die Einführung der Süßkartoffel ... in Polynesien und des Flaschenkürbisses ... in Südamerika ermöglichen.«[254]

Im Jahr 1950 gab sogar Merrill zu, daß der Flaschenkürbis seine früheren Ansichten nicht mehr stütze, »denn es ist klar, daß diese Kulturpflanze bereits vor der Zeit Magellans auf beiden Halbkugeln vorkam«. Er setzte hinzu: »Sie könnte ihr Vorkommen im präkolumbischen Amerika polynesischen Seeleuten verdanken.«[255]

Doch auch diese Vermutung hielt angesichts der sich nun häufenden Beweise nicht stand. Gleichzeitig mit der *Kon-Tiki*-Expedition, die die Möglichkeit einer Floßfahrt von Peru aus zeigte, grub Junius Bird einen großen Abfallhaufen an der peruanischen Küste aus und entdeckte, daß der Flaschenkürbis vor mehr als 3000 Jahren von den Trägern einer südamerikanischen Fischerkultur angebaut und für die Herstellung verschiedener Geräte verwendet worden war. Das war lange, bevor irgendwelche Polynesier ihren Siedlungsraum in Ozeanien erreicht hatten.[256] Die Chronologie zeigt also, daß der Flaschenkürbis in Peru älter ist als in Polynesien und deshalb von Peru nach Polynesien gebracht worden sein muß und nicht umgekehrt. Im Jahr 1954 gab Merrill die Idee auf, daß Polynesier den Flaschenkürbis nach Amerika gebracht hätten. Nun behauptete er, das Ursprungsland sei Afrika. Er nahm an, die Pflanze habe die Urbewohner Amerikas über den Atlantik erreicht. Er erklärte, daß offensichtlich der Mensch für ihre Verbreitung in Amerika und auch in Polynesien verantwortlich sei.

Es wurde jetzt sinnlos, weiter den Isolationismus zu vertreten, nur um die letzten Dauben eines geborstenen Fasses festzuhalten. Merrill gab deshalb seinen Widerstand unter dem Druck des zunehmenden Beweismaterials auf und räumte ein, daß die Bananenstaude der Alten Welt bereits im vorkolumbischen Peru und Brasilien angebaut und nicht erst von den Portugiesen eingeführt worden sei, wie er früher angenommen hatte. Er änderte seine frühere Ansicht und schrieb im Jahr 1954: »Wir können ruhig zugeben, daß eine oder gar einige der zahlreichen polynesischen Bananenvarietäten von den Polynesiern selbst nach Südamerika gebracht worden sein mögen, denn die ›Augen‹ (die Sprossen) lassen sich mit einem Minimum an Sorgfalt leicht über weite Strecken befördern und behalten dennoch ihre Lebensfähigkeit. Möglicherweise wurde eine Form, die an der peruanischen Küste eingeführt worden war, über die Anden gebracht und erreichte so den Oberlauf des Amazonas.«[257]

Etwa zu diesem Zeitpunkt geriet noch eine weitere, von allen übersehene polynesische Pflanze in die Diskussion. Als die ersten Europäer kamen, wuchs eine verspinnbare Form der Baumwolle wild auf der Marquesasgruppe, den Gesellschaftsinseln, auf Hawaii und den von Polynesien beeinflußten Fidschiinseln. Die Pflanze blieb viele Jahre von den Ethnobotanikern unbeachtet, da die Polynesier zur Zeit der europäischen Entdeckungen das Weben nicht kannten und ihre Kleidung wie manche Indonesier und alle Stämme der amerikanischen Nordwestküste durch die einfachere Methode des Rindenklopfens herstellten. Die Möglichkeit, daß der Webstuhl – und sogar die Töpferei – einer deutlich abgrenzbaren früheren Kultur bekannt gewesen sein könnten, war noch nicht vermutet worden. Als die Europäer eintrafen, fanden sie zwar, daß die Baumwolle der Gesellschafts- und Marquesasinseln spinnbar war, doch die damaligen Insulaner hatten keinerlei Interesse an den Versuchen der Europäer, sie zum planmäßigen Anbau dieser nicht eßbaren Pflanze und zum mühseligen Spinnen und Weben zu ermuntern. Jahrelang war die einzige bemerkenswerte Besonderheit der langfasrigen polynesischen Baumwolle deshalb ihre geographische Verbreitung: wilde wie kultivierte Baumwolle jeder Art fehlte im übrigen Pazifik einschließlich Australien und Indonesien, während sie auf den unbewohnten Galapagosinseln wuchs und so die Lücke zu den wilden und den kultivierten Baumwollsorten der Neuen Welt überbrückte.

Im Jahr 1947 veröffentlichten J. B. Hutchinson, R. A. Silow und S. G. Stephens ihre bereits erwähnte Abstammungsanalyse der wilden und der kultivierten Baumwollsorten der ganzen Welt. Sie fanden zum Erstaunen aller, daß die polynesische Baumwolle zu der amerikanischen Art mit 26 Chromosomen gehörte, die durch Kreuzung und Kultivierung von den indianischen Baumwollpflanzern Mexikos und Perus geschaffen worden war. Alle wilden Baumwollarten in Amerika besitzen dreizehn Chromosomen, und ebenso ist es mit allen kultivierten und wilden Arten der Alten Welt. Doch die frühen Baumwollzüchter in Amerika hatten es, wie bereits erwähnt, fertiggebracht, Arten zu erzielen, die dreizehn große neben dreizehn kleinen Chromosomen aufwiesen und auf diese Weise künstlich langfasrige Baumwollsorten erzeugt, die tetraploid waren, nämlich 26 Chromosomen besaßen. Neben den polynesischen Arten und Sorten sind es die einzigen tetraploiden Baumwollpflanzen der gesamten Baumwollgattung. Aus rein botanischen Gründen mußten die drei Wissenschaftler also erklären, daß die langfasrige Baumwolle Polynesien notwendigerweise »nach der Errichtung der Zivilisation im tropischen Amerika« erreicht haben müsse.[258]

C. O. Sauer zeigte im Jahr 1950, daß diese späte und dennoch voreuropäische Verbreitung der kultivierten Baumwolle von Amerika nach Polynesien nicht Seevögeln zugeschrieben werden könne, da diese Samen von *Gossypium* nicht fressen, ebensowenig den Meeresströmungen, da Baumwolle völlig ungeeignet für so langdauerndes Schwimmen im Wasser ist. Er zeigte, daß zwar die *wilde* Baumwolle mit dreizehn Chromosomen Amerika auf natürliche Weise in weit zurückliegenden geologischen Perioden erreicht haben könnte, als sich die Geographie insgesamt völlig von der heutigen unterschied, daß diese Erklärung jedoch nicht gelte für »die weit spätere Zeit, als die tetraploide Gruppe entstand. Eine solche Hypothese trägt auch nicht dazu bei, das Vorkommen von Baumwollsorten mit stark amerikanischem Anteil zu erklären, das von den Galapagos- bis zu den Fidschiinseln reicht. Notgedrungen müssen wir dann menschliche Vermittlung bei der geographischen Verbreitung der Gattung *Gossypium* in Betracht ziehen. Das Problem bezieht sich ausschließlich auf die langfasrigen, für den Menschen nützlichen Formen.«[259]

G. F. Carter fragt im Jahr 1950: »Wurde Baumwolle ursprünglich wegen des ölhaltigen Samens mitgenommen, wie Hutchinson, Silow und Stephens behaupten? Oder wurde das Weben im Pazifikgebiet später zugunsten des Rindenstoffs aufgegeben?«[260]

Die spinnbare polynesische Baumwolle war in den Bereich der Ethnobotanik gerückt und hatte damit die gleiche genetische Überzeugungskraft gewonnen wie die Süßkartoffel, die Kokosnuß und der Flaschenkürbis. Selbst Merrill sagte im Jahr 1954, als er davon sprach, daß die polynesische Baumwolle als eine amerikanische Kreuzung erkannt worden sei: »Diese Hybride könnte Tahiti wohl durch die Vermittlung des Menschen erreicht haben, bevor die Seereisen der Polynesier aufgehört hatten.«

Mit dem ständig zunehmenden Beweismaterial für unmittelbare amerikanisch-polynesische Kontakte in vorkolumbischer Zeit konfrontiert, lokkerte Merrill nun alle Dauben seines isolationistischen Fasses: »Daß es gelegentlich zufällige Verbindungen zwischen den Völkern Polynesiens und Amerikas gegeben hat und gelegentlich sogar welche zwischen den Indianern und den ostpolynesischen Inseln, muß jetzt in der Tat anerkannt werden ...« Er betrachtet die Polynesier nicht mehr als die einzigen Seefahrer auf dem Pazifik, sondern setzt sogar hinzu: »Wir müssen zugeben, daß Eingeborene von Südamerika ... einige Inseln im Pazifik auf Balsaflößen erreicht haben könnten.«[261]

Dadurch, daß Merrill diese Zugeständnisse in seiner letzten Veröffentlichung vor seinem Tod machte, schlug er eine neue Seite in der amerikanischen und polynesischen Ethnobotanik auf. Keiner hatte mit mehr Leidenschaft für die Doktrin völliger Isolierung Amerikas gekämpft als er. Für Merrill und seine Anhänger war jeder Ozean in vorkolumbischer Zeit – ohne Rücksicht auf seine Strömungen – eine Schranke für menschliche Wanderungen und alles andere als ein Förderer von Seefahrten und Driften.

Ihre kritische Einstellung hat zweifellos als ein überaus wertvolles Hindernis gegen die Flut von Diffusionstheorien gedient, die im anderen Fall die heutige amerikanische Ethnologie verzerren würden. Es muß allerdings betont werden, daß sich die Zugeständnisse hinsichtlich überseeischer Kontakte – entsprechend dem sich allmählich häufenden Beweismaterial – auf Reisen von Eingeborenen über die vergleichsweise kurze Strecke offenen Meeres zwischen Südamerika und Polynesien beschränken. Botanische Beweise für direkte Kontakte mit Asien oder Indonesien fehlen. In Polynesien sind keine Nahrungspflanzen der Alten Welt von asiatischer Herkunft gefunden worden außer denen, die, wie schon erwähnt, durch Nachbarschaftskontakte mit den Fidschiinseln von Melanesien vermittelt wurden.

Eine weitere botanische Art von gesamtpolynesischer Bedeutung ist Gegenstand leidenschaftlicher Debatten zwischen Ethnobotanikern gewesen. Nur Menschen, die unter eingeborenen Polynesiern gelebt und an ihrem täglichen Kampf um das Überleben teilgenommen haben, können verstehen, daß eine verhältnismäßig unauffällige Pflanze wie der Lindeneibisch *(Hibiscus tiliaceus)* von so entscheidender Bedeutung für die Inselgemeinden gewesen ist. Dieser Hibiskus hat, anders als die bisher erwähnten Pflanzen, Samen, die für natürliche Verbreitung durch das Meer geeignet sind, und könnte daher die polynesischen Inseln vor jeder menschlichen Besiedlung erreicht haben. Dennoch ist die Pflanze in die ethnobotanische Debatte geraten, weil sie nämlich planmäßig in Polynesien angebaut wird und weil sich daran gewisse sprachwissenschaftliche Beobachtungen knüpfen. Der Botaniker F. B. H. Brown nennt den Lindeneibisch mit Recht »einen der nützlichsten Bäume, die von den alten Polynesiern gezogen wurden«.[262] O. F. und R. C. Cook brachten den Eibisch oder *maho* im Jahr 1918 als erste in die ethnobotanische Debatte, als sie erklärten: »Obwohl viele Botaniker den *maho* als kosmopolitische Meeresküstenpflanze beschrieben haben, dürfte seine enorme Verbreitung – wie bei der Kokospalme – weitgehend menschlicher Vermittlung zuzuschreiben sein.« Sie zeigen, daß der Baum in wildem Zustand an manchen Stellen Mittelamerikas massenhaft, ja dominierend auftritt, ebenso an der Westküste Südamerikas bis an die Grenze des Guayaquil. Hier wurde er von der eingeborenen Bevölkerung zur Herstellung von Rindenstoff, für die Anfertigung wasserresistenten Tauwerks sowie zum Feuerreiben gebraucht. Ferner zeigen sie, daß sowohl die besonderen Nutzungen als auch die Namen dieser Pflanze bei den Polynesiern nahezu die gleichen waren. So nannte man den Baum im tropischen Amerika *maho, mahagua* oder mit einer Variante dieses Namens, und in polynesischen Dialekten hieß er *mao, mau, vau, fau, hau* und *au.* Die beiden Autoren schlossen:

»*Maho, mahagua* oder Lindeneibisch ist eine der wirtschaftlich wichtigen Pflanzen, die man berücksichtigen muß, wenn man die Frage nach prähistorischen Verbindungen zwischen den Bewohnern des tropischen Amerika und der Pazifikinseln studiert. Obwohl *maho* als eine aus Amerika stammende Pflanze betrachtet wird, scheint sie über die Inseln und Küsten des Pazifischen und des Indischen Ozeans verbreitet worden zu sein, ehe die Europäer auftauchten. Ihre Bereitschaft, sich durch Stecklinge fortzupflanzen und befördern zu lassen, macht Naturvölkern den Anbau und die Verbreitung leicht. Obwohl menschliche Mitwirkung bei der Übertragung des *maho* nicht so unbedingt erforderlich zu sein scheint wie bei der Süßkartoffel und anderen Pflanzen, die nur aus Setzlingen aufgezogen werden, liefern die Bezeichnungen für den *maho* doch fast ebenso schlagende Beweise für menschliche Kontakte wie im Fall der Kumara, die, wie wir sahen, bei den peruanischen Indianern den gleichen Namen hat. Der Name *maho* oder *mahagua* mit seinen zahlreichen lokalen Varianten ist im tropischen Amerika weitverbreitet und kehrt sehr ähnlich auf vielen Südseeinseln wieder, wobei er sich entweder auf die Pflanze selbst oder auf ihre hauptsächliche Verwendung als Faser, Rindenstoff oder zum Feuerreiben bezieht ... Daß die primitiven Polynesier im Besitz des *maho* waren, bevor sie mit ähnlichen asiatischen Pflanzen bekannt wurden, läßt sich daraus entnehmen, daß die polynesischen Namen für andere wichtige Kulturpflanzen – den Papiermaulbeerbaum, *Broussonetia* oder *Papyrius,* die Chinarose, *Hibiscus rosa sinensis,* und den Pandang oder die Schraubenpalme, *Pandanus* – von der Wurzel *maho* abgeleitet wurden. Das Feueranzünden durch Reiben von Holz und die Stoffherstellung durch Schlagen von Baumrinde mit gerillten Klopfern sind spezielle Techniken, die sich vielleicht mit dem *maho* von Amerika aus in die tropischen Gebiete der Alten Welt verbreitet haben.«[263]

Merrill widersprach seinerzeit (1920) dieser Ansicht und behauptete, die Spezies sei außerhalb von Polynesien niemals *angebaut* worden. Der Grund für den Anbau des Lindeneibisch in Polynesien sei, wie er sagt, zweifellos der gewesen, daß er die beste oder mindestens eine der besten von den wenigen den primitiven Polynesiern zugänglichen Faserpflanzen gewesen sei. Er vertrat die Auffassung, *Hibiscus tiliaceus* sei eine Spezies von natürlicher gesamttropischer Verbreitung, die durch Meeresströmungen erfolgte. Er gab zu jener Zeit noch die gängige ethnologische Doktrin von der Unfähigkeit der eingeborenen Amerikaner in Seefahrtsfragen wieder und behauptete, daß es, wenn der Mensch schon verantwortlich für die Übertragung gewesen sein sollte, sehr viel vernünftiger sei, an eine Reise von den Inseln nach Amerika als umgekehrt zu denken.[264]

Die einander widersprechenden Theorien der beiden Botaniker wurden im Jahr 1950 von Carter einer Überprüfung unterzogen: »Diese Argumente erscheinen mir als ausgezeichnete Beispiele für die Ergebnisse fixer Ideen. Cook war so darauf versessen, den amerikanischen Ursprung der Landwirtschaft zu beweisen, daß er so unvorsichtig, um nicht zu sagen unklug, war, einen Halophyten (Salzböden liebende Pflanze) mit einem Samen, der dem Transport durch das Wasser angepaßt ist, als *Beweis* dafür zu nennen, daß der Mensch Pflanzen über den Ozean trägt. Merrill dagegen war entweder so entrüstet über Cooks einseitige Beweisführung oder so allergisch gegen transpazifische Kontakte (oder beides), daß ihn die Heftigkeit der eigenen Reaktion blind machte für die positiven Seiten von Cooks Argumenten ... Wenn die Pflanze wirklich von Naturkräften über den Pazifik getragen worden ist, sprechen Winde und Meeresströmungen dafür, daß dies von Amerika nach Polynesien geschehen sein muß. Aber eine solche natürliche Übertragung läßt das Problem der Verwendung und des Namens ungelöst ... Die Identität von Namen und Nutzung in Polynesien und Amerika, noch dazu gekoppelt mit dem positiven Beweis durch die Süßkartoffel, macht es gewiß, daß der Mensch, ob die Pflanze nun das Meer mit Hilfe der Naturkräfte überquert hat oder nicht, den Namen und vermutlich auch die Verwendungsarten über die gleichen Meere gebracht hat. Es ist sogar wahrscheinlich, daß er auch die Pflanze mit hinübergenommen hat.«

Carter schrieb in diesem Aufsatz auch: »Einen klareren Beweis für den Kontakt von Völkern des Pazifik mit Völkern Mittelamerikas könnte man kaum verlangen als den, den die Süßkartoffel und der als *maho* bekannte Hibiskus liefern.«[265]

Wir sahen bereits im 6. Kapitel, in dem wir nach einer Übertragungsmöglichkeit durch den Menschen von Indonesien aus gesucht haben, daß Buck zugegeben hat, keine der polynesischen Pflanzen könne aus diesem Gebiet gekommen sein, da die sandigen und trockenen Korallenatolle Mikronesiens ein Puffergebiet bildeten. Er zeigte, daß die in Polynesien angebauten Nahrungspflanzen der Alten Welt (Brotfrucht, in bewässertem Boden gezogener Taro, Zuckerrohr usw.) sämtlich in historischen Jahrhunderten während der lebhaften Beziehungen zwischen den Inseln erworben worden waren, als Besucher aus Samoa und Tonga im Fidschigebiet diese Pflanzen auf die meisten, jedoch nicht auf alle polynesischen Inseln gebracht hatten. Zusammen mit dem Fidschityp des Auslegerbootes, dem Huhn und dem Schwein hatten sich diese melanesischen Pflanzen allmählich von einer Insel zur nächsten verbreitet, nachdem sich die Maori von all ihren Verwandten im eigentlichen Polynesien isoliert hatten. Reis, die Hauptnahrung in Indonesien und Südostasien seit frühesten Zeiten, war im Fidschigebiet und dem übrigen Melanesien unbekannt und verbreitete sich deshalb zu keinem polynesischen Stamm.

Wenn auch die Nachbarschaft der Fidschiinseln die polynesische Wirtschaft in den Jahrhunderten vor Ankunft der Europäer stark beeinflußte, so können diese Inseln allein doch nicht die Vielzahl nützlicher Pflanzen erklären, die in verschiedenen Teilen Polynesiens wuchsen, als die ersten Europäer kamen. Es ist bekannt, wie überaus arm die heimische Flora Polynesiens vor Ankunft der ersten menschlichen Siedler gewesen sein muß, daß dies jedoch keinesfalls mehr so war, als die ersten europäischen Besucher eintrafen. Wir sahen, daß der Anbau von Süßkartoffel, Flaschenkürbis,

Kokosnuß im gesamten Polynesien und das Vorhandensein von Baumwolle und Lindeneibisch in manchen Gebieten lebhafte Debatten zwischen Gelehrten entfachten, die gewöhnlich meinten, diese Inseln lägen außerhalb der Reichweite von Wasserfahrzeugen südamerikanischer Eingeborener. Und trotzdem müssen noch viele weitere Pflanzen der gleichen nichtmelanesischen Kategorie in die Liste aufgenommen werden, wenn ihre Verbreitung innerhalb Polynesiens auch begrenzter ist.

Die drei Inselgebiete, die die polynesische Front Amerika gegenüber bilden, sind, von Süden nach Norden, die Osterinsel, die Marquesasgruppe und Hawaii. Sie alle haben bemerkenswertes botanisches Beweismaterial für Kontakte mit Amerika geliefert, das manche Botaniker verwirrt hat und eine vorurteilsfreie Erklärung fordert.

Die Osterinsel ist das Südamerika am nächsten gelegene polynesische Territorium. Wie die von Hawaii und Neuseeland, beruhte die Wirtschaft der Osterinsel völlig auf dem Anbau der amerikanischen Süßkartoffel, als die ersten Europäer diese Gebiete erreichten. Es wurden mehrere Sorten gezogen, alle mit dem peruanischen Namen *kumara* bezeichnet. Die holländischen Entdecker wurden mit großen Mengen Süßkartoffeln beschenkt,[266] Kapitän Cooks Reisegesellschaft beobachtete diese Knollenfrucht in ausgedehnten Anpflanzungen,[267] und der erste Missionar, der sich ansiedelte, schrieb: »Sie kochen die ewigen Süßkartoffeln. Sie sind das tägliche Gericht, die unveränderliche Hauptnahrung der Eingeborenen, groß und klein ... das Einerlei ist vollkommen: immer Süßkartoffeln, überall Süßkartoffeln ...«[268]

Die frühen Besucher fanden auch Flaschenkürbisse, die auf Feldern wuchsen,[269] und als W. J. Thomson eintraf, um seine wichtige Untersuchung für das Nationalmuseum der Vereinigten Staaten vorzunehmen, berichtete er: »Ein wilder Flaschenkürbis ist verbreitet und bildet den einzigen Wasserkrug und das einzige Haushaltsgerät, die den Eingeborenen bekannt sind.« Und: »Diese Kalabassen wachsen in großen Mengen auf der Insel. Sie sind jedoch bemerkenswert wegen des hervorragenden Platzes, den sie in den Überlieferungen einnehmen, und weil der Samen von den ersten Siedlern eingeführt wurde.«[270]

Es muß erwähnt werden, daß die Spanier, als sie von Peru herüberkamen, von Osterinsulanern empfangen wurden, die ihnen »Bananen, Chilipfeffer, Süßkartoffeln und Geflügel« anboten.[271] Diese Pflanzen waren sämtlich im voreuropäischen Peru bekannt und finden sich in frühen Vorinkagräbern an der Festlandküste. Der amerikanische Chilipfeffer (*Capsicum frutescens,* Cayenne-, spanischer oder roter Pfeffer, Peperoni) wurde anscheinend ebenfalls früh auf der Marquesasgruppe eingeführt, wo er in der Nähe verlassener Dörfer häufig wild wächst, doch nirgendwo ist der historische Bericht so unzweideutig wie im Fall der Osterinsel. Alle Arten der Gattung *Capsicum* sind amerikanischen Ursprungs, und keine einzige stammt aus der Alten Welt.

Ein erhebliches Problem für die Botaniker bot die Tatsache, daß eine kleine Tomate und eine strauchartige Sorte einer halbwilden Ananas in der sonst recht armseligen Flora auffielen. Thomson schrieb im vorigen Jahrhundert: »Tomatenpflanzen wurden auch wildwachsend gefunden und erwiesen sich als wertvolle Bereicherung unserer begrenzten Verpflegung.«[272] Um die letzte Jahrhundertwende sagt W. Knoche, als er vom Vorhandensein der Chilipflanze gesprochen hat: »Aus der gleichen Familie stammt eine kleine Tomate, *Solanum zycopersicum,* die von der Osterinsel verschwunden ist.« Er erklärt ferner, daß die kleine, halbwilde und strauchartige Ananas inzwischen fast ausgestorben sei, da sie nicht gepflegt wurde.[273]

Tomate und Ananas sind völlig amerikanische Pflanzen, die nicht von den Fidschiinseln gekommen sein können. Es wurde berichtet, daß sie in vormissionarischen Siedlungsgebieten an der Ostküste wild wuchsen. Das Gebiet gaben die Osterinsulaner dann auf, da sie alle nach Hangaroa an der Westküste zogen, als sich die ersten Europäer in dieser Gegend ansiedelten. Problempflanzen, die in den gleichen verlassenen Gebieten wuchsen, waren Maniok, Pfeilwurz und Tabak, sämtlich amerikanische Arten, von denen die Überlieferung der Eingeborenen dennoch behauptete, daß sie von ihren Vorfahren mitgebracht wurden – im Gegensatz zu den verschiedenen Gemüsearten, denen sie fremde Herkunft zuerkennen. In den ersten Jahren der europäischen Kolonisierung schrieb Thomson: »Wir sahen Tabakpflanzen, die an geschützten Stellen wuchsen, waren jedoch nicht in der Lage zu bestimmen, von wem oder wann sie eingeführt worden waren. Die Eingeborenen behaupteten, daß der Samen zu dem gehöre, was die ersten Siedler mit auf die Insel gebracht hätten.«[274] Der örtliche Name der Pflanze lautete *ava-ava,* was darauf hindeutet, daß die Blätter gekaut worden waren – wie *ava* oder *kava* –, während die Bezeichnung für den europäischen Rauchtabak *odmo-odmo,* saugen, oder *puhi-puhi,* blasen, ist. Im Andengebiet wurde Tabak vor der Einführung der nordamerikanischen Sitte des Rauchens durch die Europäer nur zum Kauen angebaut.

Es ist bemerkenswert, daß die ersten mit Erfolg auf der Osterinsel eingeführten Pflanzen von den Missionaren, die sich dort ansiedelten, mitgebracht worden waren. Diese Missionare kamen zwei Jahrzehnte vor Thomson. Sonst fand der erste aufgezeichnete Versuch, fremde Pflanzen einzuführen, im Jahr 1786, unternommen von La Pérouse, statt. Sein Gärtner pflanzte Kohlsorten, Karotten, Rüben, Mais, Kürbisse, Pfirsiche, Pflaumen, Kirschen, Apfelsinen, Zitronen und Baumwolle,[275] die sämtlich von den Eingeborenen aufgegessen oder vernichtet wurden, ehe sie Gelegenheit hatten, Wurzeln zu schlagen.

Als die Spanier bei ihrer ersten Reise von Peru herüberkamen, erkannten sie eine weitere wichtige amerikanische Pflanze. Sie berichteten, daß die Osterinsulaner Pflanzungen der gleichen *totora*-Binse, die von den Eingeborenen Perus kultiviert und genutzt würde, hätten und ihre Häuser daraus bauten.[276] Heute wächst diese amerikanische Pflanze, *Scirpus riparius*, die immer noch von entscheidender Wichtigkeit in der Wirtschaft der Osterinsel ist, nur noch wild in den großen Sümpfen der teilweise zugewachsenen Kraterseen der Insel. Bei Ankunft der Europäer war keine andere Pflanze den Osterinsulanern so wichtig als Baumaterial für ihre Häuser und Boote. Ihr einziges Mobiliar waren Matten aus *totora*-Binsen. Hüte und Körbe wurden daraus geflochten sowie Fischnetze, Schnüre und dicke geflochtene Seile aus diesen äußerst zähen Fasern hergestellt. Und die Toten wurden in *totora*-Hüllen begraben. Diese Osterinsel-Binse war die einzige Vertreterin der sonst strikt amerikanischen Art, die außerhalb der Neuen Welt wachsend gefunden wurde. Kohlenstoffdatierungen von Leichenumhüllungen, Pollenbohrungen und historische Berichte beweisen gemeinsam, daß die Pflanze in voreuropäischer Zeit auf der Osterinsel eingeführt wurde.[277] Als Süßwasserpflanze, die nur auf bewässerten Feldern der peruanischen Küste angebaut wird, können sich die *totora*-Knollen nicht mit Meeresströmungen verbreiten; ebensowenig werden die Samen von Seevögeln gefressen oder in den Federn auf einem Zweitausendmeilenflug weitergetragen. Der Gebrauch der Pflanze auf der Osterinsel zur Zeit der Eingeborenen für die Herstellung von Binsenbooten von genau dem Typ, den die frühen Fischer überall an der Pazifikküste Südamerikas gebaut haben, schafft ein Problem, bei dem die Botaniker die Lösung wieder einmal den Ethnologen überlassen haben. Die Pflanze war ursprünglich *Scirpus riparius* var. *paschalis* benannt worden, doch im Jahr 1956 überprüfte C. Skottsberg, die bekannte Autorität auf dem Gebiet der Osterinselflora, die Pflanze und stellte fest, daß sie es nicht verdiene, als Unterart bezeichnet zu werden, da sie mit der Art *Scirpus riparius* aus Peru identisch sei. Er erklärte, daß eine frühe Einführung durch den Menschen die einzige einleuchtende Erklärung biete: »Ein direkter Transport von Samen über den Ozean ohne Zutun des Menschen ist kaum vorzustellen, und es ist sinnlos, über Landverbindungen zu spekulieren.«[278]

Die Überlieferung auf der Osterinsel betont, daß einer der frühen Vorfahren, Ure, die ersten Wurzelstöcke der *totora*-Binse mitgebracht und in den Kratersee des Rano Kao gepflanzt habe. Es ist bemerkenswert, daß Uru der Name des einst sehr bedeutenden Stammes aus dem Gebiet des Titicacasees ist, der mehr als jeder andere seine Wirtschaft auf *totora* stützt. Die meisten Menschen des Uruvolkes leben heute auf schwimmenden *totora*-Inseln und bauen Boote und Häuser aus dem gleichen Material.

Die einzige Pflanze, die mit der *totora*-Binse, abgesehen von einem Torfmoos, in den Kraterseen der Osterinsel wächst, ist *Polygonum acuminatum*, ebenfalls eine ausgesprochen amerikanische Süßwasserpflanze, die sehr früh eingeführt wurde. Die Verbreitung in Übersee schafft das gleiche Problem wie die Süßwasserbinse *totora*. Das Polygonum wurde von den frühen Osterinsulanern wie von den Eingeborenen des Titicacabeckens als Heilpflanze gebraucht.

Die wilde (oder vermutlich wilde) Flora der einsamen Osterinsel war sonst bemerkenswert dürftig. Sie wurde im Jahr 1934 von Skottsberg untersucht, der feststellte, daß sie lediglich 31 Blütenpflanzen umfaßte, von denen elf pantropisch oder weitverbreitet waren, während 20 eine Verbreitung hatten, die sich entweder auf den Osten oder den Westen der Insel beschränkte. Davon waren nur sieben von unmittelbarer Bedeutung für die Wirtschaft der Osterinsulaner: zwei waren aus Polynesien und fünf von Südamerika gekommen.[279] Die Anwesenheit der beiden nützlichen polynesischen Arten ließe sich leicht damit erklären, daß nach anerkannter Ansicht die Vorfahren der heutigen Osterinsulaner von Polynesien gekommen waren, aber die fünf nützlichen südamerikanischen Spezies gaben den Gelehrten große Rätsel auf. Skottsberg schrieb im Jahr 1934 zunächst: »Vom botanischen Standpunkt aus betrachtet, bieten die Pflanzen mit Ausnahme der amerikanischen Spezies keine großen Schwierigkeiten, vorausgesetzt, daß wir uns darauf verlassen können, daß die transozeanische Wanderung tatsächlich stattgefunden hat ... aber das Vorhandensein eines amerikanischen Elements ist auf jeden Fall überraschend.« Als das *Kon-Tiki*-Experiment gezeigt hatte, daß südamerikanische Balsaflöße eine mindestens doppelt so große Reichweite hatten, als nötig war, um Samen und Wurzelstöcke zur Osterinsel zu bringen, überprüfte Skottsberg den rätselhaften Ursprung der Osterinselflora aufgrund neuer Voraussetzungen abermals und bestätigte, daß die Einführung mindestens der beiden Süßwasserarten durch Eingeborene nicht nur wahrscheinlich sei, sondern das schwierige botanische Problem der Verpflanzung in voreuropäischer Zeit ganz erheblich vereinfachen würde.[280]

Nachdem wir festgestellt haben, daß die Osterinsel mit genetischem Beweismaterial für Pflanzenimport vom amerikanischen Kontinent reichlich versehen ist, können wir uns der Marquesasgruppe zuwenden, die in der Hauptrichtung des Perustroms liegt und doppelt so weit von Südamerika entfernt ist. Die Flora der Marquesasgruppe wurde sorgfältig von F. B. H. Brown studiert, und die Ergebnisse veröffentlichte das Bernice P. Bishop Museum in den Jahren 1931–1935 in einem dreibändigen Bericht. Brown erkannte an, daß der wichtige Brotfruchtbaum und der auf bewässertem Boden gezogene Taro, Hauptnahrung auf der Marquesasgruppe, auf der Osterinsel unbekannt, Beweise für einen voreuropäischen Import von den Fidschiinseln seien, doch wurde er aus rein botanischen Gründen veranlaßt, die gängigen Vorstellungen in der Ethnologie zurückzuweisen und zu argumentieren, daß andere Pflanzen der Marquesasflora mit gleicher Sicherheit menschliche Reisen in voreuropäischer Zeit von Südamerika aus bewiesen.

Wir werden im 11. Kapitel sehen, daß die Bewohner der Marquesasinseln eindeutige Stammesüberlieferungen von einem fernen Land im Osten, in Richtung Südamerikas, hatten, woher ihre Vorfahren die ersten Kokosnüsse auf ihre Inseln gebracht hätten. Ferner war auch hier – wie anderswo in Polynesien – der Flaschenkürbis der einzige Wasserbehälter. Die Süßkartoffel – *kumara* – wurde hier wie auf den anderen Inseln angebaut, war jedoch von geringerer Bedeutung als auf der Osterinsel und Hawaii, weil die leichter zu erntende Brotfrucht vorgezogen wurde. Die kultivierte langfasrige Baumwolle wuchs wild. Brown erweiterte die Liste der Pflanzen von der Neuen Welt um die Ananas, *Ananas sativus,* eine strikt amerikanische Pflanze mit einer kleinfrüchtigen Form, die spontan von Brasilien bis ins Andenhochland wächst. Er argumentierte, daß ihr vorkolumbisches Vorkommen auf der Marquesasgruppe eine frühe Überquerung des Ostpazifik durch Eingeborenenfahrzeuge voraussetzt:

»... Als aus dem tropischen Amerika stammende Pflanze ist sie offensichtlich zu frühen Eingeborenenzeiten auf der Marquesasgruppe eingeführt worden. Sie ist dort in allen bewohnten Tälern zu finden. Einige Pflanzen treten hier und da in niedrigen Höhen auf, doch anscheinend sind sie häufiger im trockenen Hochland gepflanzt worden ... Eine der größten Ananasplantagen auf den Marquesas ist die auf dem östlichen Fatu Hiva auf den trockenen, felsigen, exponierten Hängen des Mouna Natahu in einer Höhe von 900 Metern.«[281]

Im Jahr 1937 habe ich einige Monate in dem völlig isolierten Quiatal am Fuß dieses Gebirges gelebt und konnte mit eigenen Augen sehen, daß diese Pflanzen in einem fast unzugänglichen Teil der Insel, der kaum von anderen Europäern als dem unerschrockenen Botaniker Brown besucht worden ist, wild wuchsen.[282] Die von Bergen eingeschlossenen Täler an der Ostküste Fatu Hivas haben niemals irgendeine europäische Siedlung erlebt und wurden kurz nach dem ersten Kontakt mit den Missionaren selbst von ihren frühpolynesischen Bewohnern aufgegeben und entvölkert. Die ziemlich kleine, dort heimische Ananas wurde in den Wüstengebieten der Marquesasinseln sich selbst überlassen, als die größere und in der Qualität bessere von den Europäern eingeführt wurde. Die Insulaner machen einen deutlichen Unterschied zwischen den beiden Typen, und die moderne Ananas wächst unveränderlich in der Nähe der historischen Siedlungen. Es ist aufgezeichnet, daß diese bessere Qualität Anfang des 19. Jahrhunderts im Tal Taiohae auf Nuku Hiva in der Marquesasgruppe eingeführt wurde.[283] Brown bringt weitere Beweise für ihr Vorkommen auf Lichtungen aus voreuropäischer Zeit:

»Die Namen der Eingeborenen sind *haa hoka* (nördlicher Dialekt) und *faa hoka* (südlicher Dialekt) auf den Marquesasinseln, *hara* auf den Cookinseln ... Die Frucht, klein im Vergleich mit den Handelssorten, ist außerordentlich wohlriechend und vorzüglich im Geschmack. Die folgenden sechs Namen und gezüchteten Unterarten, die sämtlich der alten Kultur angehörten, waren offensichtlich von den frühen Bewohnern der Marquesasinseln aus der einen brasilianischen Spezies entwickelt worden. Diese Tatsache erscheint als recht positiver Beweis dafür, daß die frühen Polynesier durch Kontakt mit Amerika ihren ursprünglichen Bestand an Kulturpflanzen lange vor Entdeckung der Marquesasgruppe durch die Europäer erhielten.« [284]

Die Papaya, *Carica papaya,* ist eine weitere Pflanze, die sich nicht vom Meer verbreiten läßt. Sie gehört zur Gattung *Carica,* im tropischen Amerika heimisch, mit einer kleineren, weniger schmackhaften Spezies von Kolumbien bis Peru, wo sie an der Küste häufig von Töpfern der Vorinkazeit modelliert wurde. Brown schreibt:

»Carica papaya ... mindestens zwei Unterarten sind auf den Marquesasinseln zu finden: *vi inana (vi inata),* von den Marquesanern als eine ihrer ältesten Nahrungspflanzen bezeichnet, ist zweifellos in voreuropäischen Zeiten eingeführt. Ihre Frucht ist kleiner und weniger wohlschmeckend als die der *vi Oahu,* die, wie die Eingeborenen behaupten, von den frühen Missionaren aus Hawaii eingeführt worden sei. Beide Sorten tragen reich. Der Name der Eingeborenen für die Spezies ist *vi inana, vi inata* oder *vi Oahu* auf den Marquesasinseln; *ita* auf Tahiti; *ninita* auf Rarotonga; *eita* auf Rimatara; und *hei* auf Hawaii. Der Saft der Papaya, vorzugsweise der von einem männlichen Baum *(mamee),* wird zu heilenden Umschlägen verwendet. Pflanze stammt aus dem tropischen Amerika; Einführung in Polynesien durch Eingeborene.« [285]

Brown war ebenso überrascht über das Vorhandensein eines starken südamerikanischen Elements in der Flora der Marquesasgruppe wie Skottsberg hinsichtlich der Osterinsel, und wenn er auch zugab, daß mehrere Spezies mit der natürlichen Meeresströmung von der Neuen Welt gekommen sein könnten, wies er doch darauf hin, daß andere ebenso bestimmt absichtlich oder unabsichtlich von eingeborenen Reisenden eingeführt worden seien. Da seine genetischen Ergebnisse nicht mit den gängigen anthropologischen Theorien übereinstimmten, schloß Brown:

»Wenn es auch den Anschein hat, daß der Hauptstrom der Einwanderung nach Polynesien aus dem Westen kam, genau aus der entgegengesetzten Richtung wie die einheimische Flora, kann doch zweifellos irgendwelcher Verkehr zwischen den Eingeborenen des amerikanischen Kontinents und denen der Marquesasgruppe stattgefunden haben.« [286]

Wenn wir uns nun Hawaii zuwenden, so liegt diese Gruppe weit nördlich des Kalmengürtels und damit außerhalb des Bereichs irgendwelcher Meeresströmung von Südamerika her. W. Hillebrand wies in seiner »Flora der Hawaii-Inseln« darauf hin, daß diese Inseln völlig im Bereich der Fortsetzung des von der amerikanischen Nordwestküste abgelenkten Japanstroms liegen, dennoch ließ er sich zu rein hypothetischen Spekulationen über eine Nebenströmung verleiten, die von Südamerika heraufkommen sollte: »Dieser Nebenstrom könnte das bedeutende amerikanische Element aus der Andenregion erklären, das in der hawaiischen Flora offensichtlich ist.« [287]

Zu diesem andinen Element auf Hawaii gehörte auch die Ananas, die wir bereits bei der Osterinsel und der Marquesasgruppe besprochen haben. In seinem 1919 erschienenen Aufsatz über die Gattung Ananas wies M. S. Bertoni als einer der ersten darauf hin, daß sich diese Nahrungspflanze in vorkolumbischer Zeit von Südamerika aus zu den Pazifikinseln verbreitet zu haben scheint.[288] Im Jahr 1930 zeigt O. Degener in seiner Abhandlung über hawaiische Pflanzen, daß laut aufgezeichneten Berichten die ersten von Europäern eingeführten Ananaspflanzen im Jahr 1813, das heißt eine Generation nach Cooks Entdeckung der Inselgruppe, auf Hawaii gepflanzt wurden, fügt jedoch hinzu, »daß die Bewohner von Hawaii die Pflanze in halbwildem Zustand schon lange zuvor angebaut haben«.[289] In seiner Studie über die Geschichte der Ananas macht J. L. Collins ebenfalls auf ihr frühes Vorhandensein auf Hawaii aufmerksam und schreibt, daß sie unter den Eingeborenen als *hala Kahiki* bekannt war.[290] Der Ausdruck *Kahiki* ist der polynesische Name für das legendäre Vaterland der Vorfahren, und *hala* ist die gleiche Wurzel wie *ha'a* und *hara,* was, wie wir sahen, die Namen der Eingeborenen für diese Pflanze auf der Marquesasgruppe und den Cookinseln waren.

Hawaii ist eine weitere polynesische Inselgruppe, auf der langfasrige Baumwolle bei Ankunft der Europäer wild wachsend gefunden wurde. Diese Baumwolle, *Gossypium tomentosum,* wurde früher als einheimisch auf Hawaii betrachtet, doch im Jahr 1947 bewies die bereits erwähnte Analyse von Hutchinson, Silow und Stephens, daß sie unmittelbar von der künstlich erzeugten Baumwolle mit 26 Chromosomen abstammte, die das eingeborene Kulturvolk Mexikos und Perus gezüchtet hatte. Die Autoren erklären, daß »angesichts ihrer engen Verwandtschaft mit den Baumwollsorten der Neuen Welt *G. tomentosum* Hawaii erst nach der Errichtung der Zivilisation im tropischen Amerika erreicht haben kann«.[291]

Eine weitere bemerkenswerte Spezies in der Reihe amerikanischer Nahrungspflanzen im frühen Hawaii ist die Ananaskirsche *Physalis peruviana.* Hillebrand erklärt, sie sei naturalisiert und verzeichnet ihren Namen bei den Eingeborenen als *poha.* Im frühen Hawaii wurden die eßbaren Beeren, die sich mehrere Monate lang halten, genutzt.[292] Die Ananaskirsche ist eine amerikanische Nahrungspflanze und stammt aus dem Gebiet von Mexiko bis Peru. Zwei Arten wurden in der Neuen Welt angebaut, doch wurde die hawaiische Form *Physalis peruviana* vor allem von den Eingeborenen Perus angepflanzt. Carter entnimmt Hillebrands Flora der Hawaiischen Inseln neun amerikanisch-hawaiische Pflanzenarten und erklärt, daß die ganze Liste vom ethnobotanischen Standpunkt aus studiert zu werden verdiene. Über die Ananaskirsche sagt er:

»Wie Baumwolle, Süßkartoffel und Hibiskus weist auch *Physalis* nach Peru.« Und: »Selbst diese wenigen Anmerkungen aus einem alten Botanikbuch bieten einen Schlüssel für die Herkunft des amerikanischen Elements in der Flora Hawaiis. Es wäre in der Tat seltsam, wenn sich erweisen sollte, daß nur die »kosmopolitischen Unkräuter«, die der Mensch in Amerika nutzt, von der Natur nach Hawaii befördert worden wären und daß Rezepte für die gleiche Anwendung, die man in Amerika findet, auch gleich mitgereist seien wie im Fall der Argemone.«[239]

Das Vorhandensein des strikt amerikanischen Stachelmohns (*Argemone alba* var. *glauca*) auf Hawaii war bereits von Kapitän Cook bei seiner Entdeckung dieser Inselgruppe bemerkt worden und hatte danach erhebliche Kopfschmerzen bei den Gelehrten hervorgerufen. In seinem Bericht über die Gattung *Argemone* schreibt D. Prain, daß ihr Vorkommen im voreuropäischen Polynesien »schwer zu erklären ist«,[294] und sein Kollege F. Fedde wiederholte in einer späteren Paralleluntersuchung lediglich, daß »es wirklich schwer zu erklären ist«.[295]

Die weißblütige hawaiische Argemone war, wie man herausfand, eng verwandt mit einer Spezies, die an der Pazifikküste Südamerikas gezogen wurde. Der Stachelmohn *Argemone* wurde im voreuropäischen Peru – und ebenso auf Hawaii – wegen der narkotischen und anästhetischen Eigenschaften angebaut.[296] Natürlich zog diese Pflanze bald die Aufmerksamkeit von Ethnologen auf sich. J. F. G. Stokes vom Bernice P. Bishop Museum in Hawaii gehörte zu denen, die an der Bedeutung der amerikanischen Süßkartoffel für das alte Hawaii interessiert waren, und schrieb: »Wenn es frühe Kontakte zwischen Hawaii und Mittelamerika gab, dann wäre es nicht so überraschend, daß Cooks Leute den mexikanischen Stachelmohn *(Argemone mexicana)* auf Hawaii gefunden haben. Er könnte mit dem Schiff gekommen sein statt mit dem Wind, wie allgemein erklärt wird.«[297]

Schließlich tat Carter den endgültigen Schritt und trug vor: »Wir haben es nicht mit einem Unkraut zu tun, sondern mit einer Pflanze, die kulturell bestimmte Verwendungsformen hat. Daß diese Pflanze zusammen mit ihren besonderen Verwendungsformen reiste, spricht eher für eine beabsichtigte als für eine zufällige Übertragung ... Sie wird medizinisch ebenso verwendet wie in Amerika: nicht nur das Samenöl, sondern auch die Anwendung des Milchsaftes bei chronischen Hautkrankheiten. Die Pflanze war bereits vorhanden, als Cook die Inseln entdeckte. Fedde bemerkte vor langer Zeit, daß diese Pflanze auf offenen Plätzen wuchs, ein Merkmal der eingeführten Pflanzen der Inseln, wie Engler noch früher bemerkt hatte. Fedde betrachtete sie nicht als einen alten Import. Solches Beweismaterial führt gewiß zu der Annahme, daß der Mensch die Pflanze nach Hawaii brachte.« Und ferner: »*Argemone* läßt vermuten, daß sich der Austausch von Wissen über die Nahrungspflanzen hinaus auf die Medizin und die damit verbundene Magie und das Ritual erstreckt hat.«[298]

Wie bereits gesagt, ist es ein Fehler, sich Polynesien vor der Ankunft der ersten menschlichen Siedler als ein Inselparadies vorzustellen. Überall, wo die Überlieferung bewahrt ist, erfahren wir, daß die Inseln in den Zeiten vor der menschlichen Besiedlung kaum irgendwelche nutzbare Vegetation besaßen. Die Überlieferung der heute grünen Mangarevagruppe berichtet: »Als Miru und Moa dort ankamen, war der Ort ohne Menschen. Auch gab es vom Strand bis zum Fuß des Gebirges keine hohen Bäume. Kahl stand das Land.«[299]

Gewisse amerikanische Pflanzen wie die *totora*-Binse und die Papaya verbreiteten sich anscheinend nicht weiter als bis zu den dem amerikanischen Kontinent benachbarten Pazifikinseln, während sich andere, wie die langfasrige Baumwolle, über die Gesellschaftsinseln und bis zur Fidschigruppe ausbreiteten. Wieder andere, wie die Süßkartoffel, gelangten tiefer nach Melanesien, überall dorthin, wo polynesische Ausleger gefunden wurden, jedoch nicht weiter. Dagegen scheint die Kokosnuß ihren Weg über den ganzen Pazifik bis nach Indonesien und zu den dahinterliegenden Territorien schon einige Jahrhunderte vor Ankunft der Europäer gefunden zu haben. Der Grund ist vielleicht einleuchtend: die Kokospalme ist durchaus geeignet, die Verbreitung zu überleben, da ihr auch die dazwischenliegenden trockenen Korallenatolle Mikronesiens zusagten. Und als sie dort einmal eingeführt war, wurde sie wegen ihres haltbaren Inhalts von Fruchtfleisch und Milch zum zuverlässigen Begleiter weitfahrender Reisender.

Wir sahen im 2. Kapitel, daß die ersten europäischen Entdecker – und sogar noch mehrere Balsafloß-Reisende des 20. Jahrhunderts – an den winzigen Inseln Polynesiens vorbeifuhren und geradewegs in den negriden Bereich Melanesiens segelten, bevor sie Land sichteten. Das gleiche konnte in der Tat auch in voreuropäischen Zeiten geschehen sein. Selbst wenn schon einige polynesische Inseln von vor-maori-polynesischen Entdeckern aus Peru gefunden worden sein sollten, so hatten diese Menschen damals wenig oder nichts als Fische und Seevögel zu bieten, und die Reisenden wären sicher gern über diese unbewohnten und unbebauten Inseln hinaus weitergesegelt bis zu den großen waldbedeckten Inseln Melanesiens, wo ihnen eine sehr alte semikontinentale Bevölkerung tropische Nahrungspflanzen ihrer eigenen Siedlungen hätte anbieten können.

Auf das frühe Eindringen in Melanesien vom primitiven Amerika aus deutet nicht nur das bei Ausgrabungen gefundene oder historische Vorhandensein handgeformter Tonwaren amerikanischen Typs in diesem Gebiet hin, zu dem eine ganze Reihe anderer kultureller Übereinstimmungen tritt, sondern auch das Vorhandensein spinnbarer Baumwolle, die, anders als Süßkartoffel und Flaschenkürbis, von *tapa* herstellenden maori-polynesischen Reisenden nicht angebaut worden wäre. Ferner hatte eine Anzahl weiterer Nutzpflanzen aus der Neuen Welt ihren Weg westlich bis zum Samoa-Tonga-Fidschi-Dreieck gefunden. B. Seemann hatte im vorigen Jahrhundert festgestellt, daß ein großer Teil der Pflanzen auf den Fidschiinseln amerikanischen Ursprungs ist,[300] und Merrill hatte zugegeben: »... doch könnten die Polynesier selbst, als sie möglicherweise die Süßkartoffel von Amerika in Polynesien einführten, gleichzeitig einige amerikanische Unkräuter miteingeführt haben.«[301] Abermals war jedoch der Anteil der *Nutzpflanzen* auffallend hoch. Darunter befand sich auch *Heliconia bihai,* eine eindeutig amerikanische Faserpflanze, die unerwartet im Grenzgebiet zwischen Melanesien und Polynesien wiederauftaucht. J. G. Baker entdeckte, daß diese *Heliconia* von den pazifischen Inseln nur eine gezüchtete Form zu sein schien, eng verwandt mit der Art, die von der Eingeborenenbevölkerung Mexikos und Perus angebaut wurde.[302] Cook sah abermals als erster die Wahrscheinlichkeit der Verbreitung durch den Menschen, da die Blätter von den eingeborenen Anbauern zur Anfertigung von Hüten, Matten, Körben und zum Decken von Dächern verwendet und die stärkehaltigen Wurzelstöcke gegessen wurden. Er sagte:

»Wenn sie auch von den Polynesiern nicht mehr angebaut wird, so hat sie sich doch in den Gebirgen von Samoa und auf vielen der westlicheren Archipele durchgesetzt. Auf Neukaledonien werden die zähen Blätter immer noch zu Hüten geflochten, doch die Pandane, die aus der malaiischen Region stammt, liefert für die verschiedensten Zwecke ein besseres Material und hat *Heliconia* im Anbau bei den Polynesiern verdrängt.«[303]

Der Taro ist nach allgemeiner Ansicht der Ethnologen von Melanesien aus in Polynesien eingeführt worden, und das trifft zweifellos für den echten Taro, *Colocasia antiquorum,* zu, der nur auf sumpfigem Boden und bewässerten Feldern wächst. Es trifft jedoch nicht für den auf trockenem Boden angebauten Taro, *Xanthosoma atrovirens,* zu, der auf Tahiti und den Marquesasinseln als *tarua* bezeichnet wird, die einzige Taroart auf der Osterinsel, die dort auf dem trockenen Boden zwischen verstreuten Lavablöcken wächst.[304] Der Trockenland-Taro kann nur aus Amerika gekommen sein, wo alle Arten dieser Gattung heimisch sind. Wie Cook zeigt auch Sauer, daß der Anbau von *Xanthomosa,* wie der des echten Taro, gewöhnlich in feuchten Niederungen stattfindet. Auf den peruanischen *junga* werden die Wurzeln getrocknet und aufbewahrt.

Die amerikanische Yamsbohne, *Pachyrrhizus,* gehört in das gleiche Grenzgebiet zwischen Polynesien und Melanesien. Da sie eng mit dem Anbau der Yamswurzel, *Dioscorea,* verbunden ist, könnte es ratsam sein, die Yamswurzel zuerst zu besprechen, da sie eine problematischere Geschichte hat. Die Yamswurzel wird allgemein als melanesische Pflanze betrachtet, die mit der Brotfrucht nach Polynesien gebracht wurde. Dies ist jedoch keineswegs sicher. Die Gattung wies in vorkolumbischer Zeit eine transpazifische Verbreitung auf und wurde von den vorrückenden Europäern, angefangen vom atlantischen Mittelamerika bis nach Indonesien, gefunden. Der Pflanzengeograph C. O. Sauer zeigt in seinem Überblick über die angebauten Pflanzen Süd- und Mittelamerikas, daß die Tropen der Neuen Welt eine Anzahl wilder Arten von *Dioscorea* aufweisen, einige davon mit eßbaren Knollen.[305] Carter zeigt, daß die Yamswurzel mit ihrem Eingeborenennamen *ajes* (gesprochen: ahes) eingehend beschrieben worden ist, seit die ersten Spanier in der Karibik gelandet sind. In Navarettes Bericht über die Reise des Kolumbus wird sie erwähnt, und Carter schreibt: »Hier ist also eine weitere Pflanze, die wie die Süßkartoffel vegetativ vermehrt wird und bei der es deshalb höchst unwahrscheinlich ist, daß sie das Meer mit

Hilfe des Windes, der Strömungen, von Vögeln oder durch andere nicht menschliche Vermittlung überqueren könnte, die jedoch den Ozean in vorkolumbischer Zeit überquert hat.«[306]

Brown war sich ebenfalls durchaus bewußt, daß die Yamswurzel die Marquesasgruppe eher von der Neuen Welt als von Melanesien aus erreicht haben könnte. Er erfuhr von den Eingeborenen, daß sie diese Knolle als *puahi* bezeichneten, und berichtete: »Das Material reicht für eine genaue Bestimmung nicht aus, aber sie scheint der *Dioscorea cayenensis* Lamarck, einer afrikanischen Art, die bereits zu früher Zeit weit im tropischen Amerika angebaut worden ist, sehr nahezustehen, wenn sie nicht sogar identisch mit ihr ist... Die unterirdischen Knollen werden von den Eingeborenen als Nahrung hoch geschätzt... Sehr selten auf den Marquesasinseln. Nur eine einzige Pflanze wurde auf Fatu Hiva, der südlichsten Insel des Archipels, gefunden. Zweifellos bereits früh von Eingeborenen eingeführt, und falls es *D. cayenensis* ist, der sie stark ähnelt, würde das ebenfalls auf Kontakt mit Amerika hinweisen.«[307]

Die Yamswurzel wurde auch von M. W. Jakeman zusammen mit Süßkartoffel, Baumwolle, Lindeneibisch, Kokospalme und Stachelmohn als ethnobotanisch verwandte Gruppe von Kulturpflanzen verzeichnet, die vor jedem Kontakt mit Europäern auf den pazifischen Inseln angebaut wurden: »Diese stammten jedoch vermutlich aus Amerika und wurden von dort zu den Inseln gebracht, da die Tradition der Landwirtschaft anscheinend weit älter ist als in der Neuen Welt und weil die Hauptströmungen des Pazifik von Amerika aus westwärts zu den Inseln führen. Daß die meisten dieser Pflanzen nicht nur zufällig von den Strömungen zu den Inseln getragen, sondern zielbewußt von einer oder mehreren wandernden Gruppen von Altamerikanern befördert worden sind, wird von der Tatsache bewiesen, daß wenige von ihnen, das heißt nur die, die in Salzwasser leben können, den Ozean ohne menschliche Hilfe überquert haben könnten...«[308]

Ein Argument dafür, daß die Yamswurzel die Inseln von Amerika aus und nicht von Indonesien aus erreicht hat, wird in der oben erwähnten Vergesellschaftung mit der Yamsbohne *Pachyrrhizus* gesehen. Die den Quichuaindianern in Peru als *ajipa* (gesprochen: ahipa) bekannte Yamsbohne ist in den sehr frühen Gräbern der rothaarigen Steckschwerter-Steuerleute in Paracas an der peruanischen Küste ausgegraben worden,[309] und man weiß, daß sie aus dem Andengebiet stammt, wo sie wegen ihrer insektentötenden Eigenschaften von den örtlichen Stämmen zusammen mit der Yamswurzel angebaut wurde.[310] Trotz ihrer bedeutenden medizinischen Eigenschaften dient sie hauptsächlich als Nahrung, da die wäßrigen Knollen köstlich und süß sind. Guppy war überrascht, die Yamsbohne in Ozeanien anzutreffen:

»Die Heimat des *Pachyrrhizus* liegt in Amerika. Man kann sich in der Tat wundern, wie eine Pflanze mit dieser Geschichte jemals den westlichen Pazifik erreicht hat... Obwohl ich fleißig gesucht habe, habe ich ihren Samen niemals zu Gesicht bekommen. In Tonga wird die Pflanze laut Graeffe häufig dazu verwendet, den Boden für den Anbau der Yamswurzel vorzubereiten ...«[311]

Wieder erkannte Cook offenbar als erster Botaniker, daß »die pazifischen Inseln, was Dauer und Mühsal der Reise anlangt, den Küstenbewohnern Perus näher lagen als viele der Binnenlandregionen, die von voreuropäischen Herrschern dieses Reiches erobert worden waren«. Dies könne, wie er sagt, erklären, wie sich die eßbaren Knollen dieser Kletterpflanze aus der Familie der Leguminosen wie die Yamsbohne von Peru aus bis nach Tonga und zu den Fidschiinseln verbreiten konnte. Cook sagt:

»Die Eingeborenen der Tongainseln bauen *Pachyrrhizus* nicht mehr als Nahrung an, dennoch fördern sie sein Wachstum auf ihren Brachlandrodungen in der Überzeugung, daß die Pflanze diese um so früher befähigt, größere Ernten der Yamswurzel zu bringen ... die Pflanze erscheint manchmal auf unerklärliche Weise in ihren religiösen Zeremonien, ein Hinweis auf größere Bedeutung in alten Zeiten.«[312]

Gegen diese Menge genetischen Beweismaterials dafür, daß wichtige Elemente der frühen Landwirtschaft auf den pazifischen Inseln vom Menschen aus Südamerika gebracht worden sind, ist nur ein einziges Gegenargument vorgetragen worden: Mais, die klassische amerikanische Hauptnahrungspflanze hohen Alters in der Neuen Welt, wurde vor der Einführung durch die Europäer nie in Ozeanien kultiviert. Da diese Tatsache unleugbar mit der gängigen Vorstellung übereinstimmte, daß die Neue Welt von allen Überseegebieten außer Sibirien isoliert gewesen sei, hat keine andere botanische Beobachtung die Ethnologen so tiefgreifend beeinflußt. Es wird deshalb nützlich sein, darauf hinzuweisen, daß die Mendaña-Expedition, als sie im Jahr 1595 die ersten polynesischen Inseln – die Marquesasgruppe – entdeckte, von Peru kam und Mais mitbrachte. Die Expedition berichtete ausdrücklich, daß die Besatzung »in Gegenwart der Eingeborenen Mais säte«.[313] Trotzdem wuchs auf der Marquesasgruppe kein Mais, als Kapitän Cook die Inseln im Jahr 1774 wiederentdeckte. Auch heute wird auf dieser Inselgruppe kein Mais angebaut. Ebenso hat, wie wir sahen, La Pérouse im Jahr 1786 bei seinem Besuch auf der Osterinsel Mais gesät, doch es wurde kein Mais gefunden, als die Missionare ein Jahrhundert später kamen und ein zweites Mal Mais säten. Niemand würde die in historischer Zeit stattgefundene Ankunft Mendañas auf den Marquesas und La Pérouses auf der Osterinsel bezweifeln, weil der Mais, den sie gesät haben, nicht aufgegangen ist. Es ist selbstverständlich die große Zahl amerikanischer Nutzpflanzen, die man in polynesischen Siedlungen als voreuropäische Einfuhren vorweisen kann und die von Überseereisen erzählen, und nicht die eine Spezies, von der gezeigt werden kann, daß sie fehlt. Wenn eine fehlende Pflanze benutzt werden kann, um fehlende Kontakte zu beweisen, dann müßte man dem Fehlen des indonesischen Hauptnahrungsmittels – Reis – die gleiche Aufmerksamkeit widmen.

Um zusammenzufassen: Jeder Gelehrte, der die wachsende Menge erdrückender ethnobotanischer Beweise in unserem Jahrhundert mit Interesse verfolgt hat, kann die Erklärung von J. Barrau in seinen Eröffnungssätzen als Vorsitzender des »Symposiums über Pflanzen und Wanderungen pazifischer Völker« beim Kongreß der Pazifikwissenschaften im Jahr 1961 in Honolulu nur von ganzem Herzen unterschreiben. Er gab zu, daß die Pazifikbotanik allzulange von dem fast universell anerkannten Dogma über den menschlichen Einbahnverkehr im Pazifik bestimmt worden sei, und hielt es für notwendig, das gesamte botanische Beweismaterial im Licht der Tatsache neu zu überprüfen, daß inzwischen nachgewiesen worden sei, wie Reisende auf Balsaflößen von Südamerika durchaus das andine Element in der voreuropäischen Flora Ozeaniens verbreitet haben könnten.[314]

# IV

## Zwischenstationen von Südamerika aus

# 10

# Die Nutzung der Galapagosinseln vor den Spaniern

Daß das Balsafloß *Kon-Tiki* mit lebender Besatzung in Polynesien ankam, überraschte die wissenschaftliche Welt so sehr, daß ein bekannter Amerikanist öffentlich verkündete, er weigere sich zu glauben, daß die Reise überhaupt stattgefunden habe. Bei dieser Überzeugung blieb er, bis er mit dem Dokumentarfilm der Expedition konfrontiert wurde. Nun wurde anerkannt, daß, im Gegensatz zu früheren Ansichten, ein Balsafloß ein seetüchtiges Fahrzeug war und daß Polynesien innerhalb der Reichweite eingeborener Floßreisender aus Südamerika lag. Das als nächstes vorgetragene Argument der Isolationisten lautete, es sei zwar bewiesen worden, daß das Balsafloß in der Lage sei, den Ozean zu überqueren, daß es die frühen Peruaner aber dennoch nur für Küstenfahrten benutzt haben könnten. Weshalb wären sonst, wie das allgemeine Argument unterstrich, die Amerika am nächsten liegenden Inseln, nämlich Juan Fernandez, die Galapagosgruppe und die Kokosinsel, nicht bewohnt gewesen wie das ferne Polynesien, als die Europäer ins Inkareich kamen? Weshalb sollte jemand an diesen Inseln vorbeifahren, die nur wenige hundert Kilometer vor der Küste lagen, und sich auf Inseln ansiedeln, die Tausende von Meilen weiter entfernt waren?

Eine Karte mit gedruckten Namen auf einem Ozean hinterläßt einen völlig anderen Eindruck, als wenn man die örtliche Geographie sieht. Hatten diese Inseln menschlichen Siedlern das gleiche zu bieten wie die weiter draußen liegenden? Anscheinend nicht. Weshalb sonst haben weder Juan Fernandez noch die Galapagosgruppe oder die Kokosinsel Anklang bei Indianern oder Spaniern gefunden, als sie von den Europäern offiziell entdeckt worden waren? Die Geschichte zeigt, daß die Galapagosgruppe, die von Iguanas, Riesenschildkröten, Robben und Vögeln so favorisiert wurde, bei menschlichen Siedlern wegen des Fehlens einer ständigen Wasserversorgung keinen Anklang fand. Erst in jüngster Zeit hat es eine kleine Gruppe von Siedlern, hauptsächlich aus Ecuador und Norwegen, fertiggebracht, der kaktusbedeckten Landschaft den Lebensunterhalt abzuringen, indem sie in der Regenzeit das Wasser in modernen

Tanks speicherte. Juan Fernandez wurde von niemand gewählt, obwohl Alexander Selkirk, das Vorbild für Defoes Robinson Crusoe, von 1704 bis 1709 dort lebte. Die Kokosinsel wird zwar regelmäßig von Abenteurern, die nach einem angeblichen Inkaschatz suchen, verheert, ist jedoch noch heute vom Menschen unbewohnt.

Das bloße Vorhandensein einer Insel bedeutet also nicht, daß sie auch Menschen zum Siedeln anregt – genausowenig wie es weite Gebiete auf dem Festland tun, die keine Bewohner angelockt haben. Polynesien ist eine der Regionen, die den Menschen immer angesprochen haben. Aber selbst dort sind Inseln aus verschiedenen Gründen bis heute unbewohnt geblieben, wenn man das auch bei einem Blick auf die Karte nicht sieht. Die Inseln Sala-y-Gómez, Ducie und Oeno, die zu beiden Seiten der Osterinsel liegen, sind sämtlich unbewohnt, waren den Menschen der Osterinsel und Mangarevas jedoch durchaus bekannt. Die unbewohnte Hendersoninsel ist wichtig für die Wirtschaft der Pitcairninsulaner, die in der Barkasse hinüberfahren und Holz für ihre Schnitzereien holen. Pitcairn selbst war aus unbekannten Gründen unbewohnt, als Fletcher Christian und die Meuterer der *Bounty* im Jahr 1790 dort ankamen und die jetzige Kolonie gründeten. Aber Pitcairn war eingeborenen Reisenden bekannt, wie es die kleinen steinernen Statuen und andere Spuren früherer Besiedlung beweisen, die die Meuterer fanden. Zu den Funden gehören auch nichtpolynesische Pfeilspitzen aus Quarz und Basalt, die jetzt dem Pitt-Rivers-Museum in Oxford gehören.[315]

Ist es denkbar, daß eine so große Gruppe wie die Galapagosinseln, der Küste von Ecuador verhältnismäßig nahe und im Hauptfluß des Perustroms gelegen, den südamerikanischen Seeleuten bekanntgewesen ist, ohne daß sie sie zur ständigen Besiedlung angeregt hätte? Abgesehen von der äußersten Armut des kaktusbedeckten Bodens, bei dem das gesamte verfügbare Wasser der Regenzeit unverzüglich in der porösen Lava versickert, ist bekannt, daß aktive Vulkane sogar noch in historischer Zeit Verheerungen auf diesen Inseln angerichtet haben.

Eine Suche in der über diese Gruppe verfügbaren Literatur zeigte, daß alle Autoren einmütig behaupteten, auf den Galapagosinseln gebe es keine archäologischen Möglichkeiten. Vor Ankunft der Europäer habe niemand den Fuß auf diese Inseln gesetzt. Diese Erklärung stützt sich jedoch auf keinerlei persönliche Beobachtungen von Archäologen, war aber die allgemeine Ansicht von Zoologen, Botanikern, Geologen oder Verfassern von Reiseberichten, die einander, wie es scheint, lediglich zitieren und wiederholen, was geradezu zum Axiom geworden ist. Allmählich wurde offenbar, daß kein Archäologe auch nur versucht hatte, die Galapagosgruppe zu erforschen, weil angenommen wurde, daß die Entfernung von 600 Meilen vom Festland für jedes Fahrzeug der südamerikanischen Eingeborenen zu weit war.

Ziemlich sonderbare Umstände brachten die Galapagosgruppe in das Interessenfeld von Archäologen. Die Fotografie eines merkwürdigen Steinkopfes, den eine botanische Expedition auf der Insel Floreana gefunden hatte, war den Archäologen des Amerikanischen Museums für Naturgeschichte zu Gesicht gekommen.[316] Der zum Teil von Flechten bewachsene und zum Teil vom Laub beschattete Kopf sah so echt aus, daß A. Métraux, der Osterinsel-Ethnologe, zu der Überzeugung kam, daß polynesische Fernsegler für diese Plastik, soweit vom Festland entfernt, verantwortlich sein müßten. Es war die allgemeine Ansicht, daß das umliegende Terrain untersucht werden sollte. Ich lud zwei berühmte Archäologen ein, E. K. Reed, den Chef der archäologischen Abteilung des Nationalparkdienstes der USA, und A. Skjölsvold, den Hauptkurator der archäologischen Abteilung der Universität Oslo, die erste systematische Suche nach voreuropäischen Wohnstätten auf den Inseln der Galapagosgruppe vorzubereiten.

Das Foto von Floreana erwies sich als höchst trügerisch; eine Gegenüberstellung mit dem wirklichen Steinkopf bewies, daß es von einem freundlichen deutschen Siedler jüngst ausgehauen worden war. Der Siedler hatte, um seinen Kindern eine Freude zu machen, lediglich einen natürlich zutage tretenden Lavafelsen retuschiert und wagte nun nicht, die Wahrheit zu sagen, als er bemerkte, wie froh die besuchenden Botaniker über den Kopf waren. Nicht weniger komisch war die Tatsache, daß derselbe Siedler, Herr Wittmer, als er von unserem Plan erfuhr, uns in seinen Hühnerhof führte, wo ihn das Geflügel seit langem damit überraschte, daß es alte Tonscherben ausscharrte. Kürzlich war nach einem ungewöhnlich starken Wolkenbruch mehr von diesem Material an den Hängen einer kleinen Schlucht ans Licht gekommen. So ergab sich, daß Hühner, nicht Wissenschaftler die ersten Stücke Archäologie auf der Galapagosgruppe entdeckten.

Unsere Untersuchung beschränkte sich auf die Inseln Floreana, Santa Cruz und Santiago. Unser Verfahren beim Auswählen verheißungsvoller Stellen für Testgrabungen war sehr einfach: Wir fuhren in einem kleinen Boot um die Inseln und gingen dort an Land, wo jeder Mensch, der vor uns kam, vielleicht versucht gewesen sein könnte, eine Landung zu probieren. Es zeigte sich, daß es nur eine äußerst begrenzte Zahl solcher Landeplätze in der Galapagosgruppe gab. Zerklüftete Felsen und zerrissene Lavaflüsse mit scharfen, zutage tretenden Steinen erlaubten nur an wenigen Plätzen zu landen, und in den Gebieten, wo es überhaupt möglich war, an Land zu gehen, fand man nur selten einen brauchbaren Liegeplatz, da scharfe

Felsen und Lavabrocken auf dem Boden kaum Möglichkeit dazu boten. Es gab jedoch auf allen drei besuchten Inseln einige Ausnahmen, und genau das waren die Stellen, wo die Maurerkellen der Archäologen verifizieren konnten, daß hier vor uns Eingeborene kampiert hatten.

Das folgende Kapitel stützt sich auf einen Vortrag mit dem Titel »Archäologie auf den Galapagosinseln«, der vor dem 10. Kongreß für Pazifikwissenschaften im Jahr 1961 in Honolulu gehalten wurde. Ein ausführlicher und illustrierter Report über die Funde der Galapagosexpedition wurde gemeinsam mit A. Skjölsvold als *Archaeological Evidence of Pre-Spanish Visits to the Galapagos Islands,* einer Denkschrift der Gesellschaft für amerikanische Archäologie, Nr. 12, 1956, veröffentlicht.

Archäologische Untersuchungen auf der Galapagosgruppe hielt man bis vor kurzer Zeit für überflüssig, da man annahm, daß dieses Gebiet außerhalb der Reichweite von Eingeborenenfahrzeugen sowohl aus Südamerika wie auch aus Polynesien gelegen habe. Bemerkenswert ist aber, daß diejenigen Beobachter vom 16. bis zum 19. Jahrhundert, die mit *guara*-gesteuerten Balsaflößen vertraut waren, meinten, daß die Galapagosgruppe durchaus im Bereich der primitiven Fahrzeuge aus Südamerika gelegen hätte. Die Überzeugung, daß man diese Inseln nur mit europäischen Schiffen erreichen könne, entstand erst, als Balsaflöße nicht mehr auf See zu sehen waren.

Wir haben erwähnt, daß sowohl Miguel Cabello de Balboa als auch Pedro Sarmiento de Gamboa Balsasegelflöße persönlich gekannt und beschrieben hatten, bevor sie über die Erinnerungen an die lange Ozeanreise Inka Tupacs berichteten. Die Galapagosgruppe war den Spaniern damals bereits bekannt, Polynesien jedoch noch nicht, und Balboa meinte, es könne die Galapagosgruppe gewesen sein, die die Inkaflotte besucht habe. Sarmiento de Gamboa hatte jedoch so viele Informationen gesammelt, daß er sehr genaue Segelanweisungen besaß, und er überredete den Vizekönig, die Mendaña-Expedition auf die Suche nach einer 2400 Meilen (600 Leguas) von den Galapagosinseln entfernt liegenden Insel, südsüdwestlich vom Hafen Callao, zu senden.

Hier wird eine kurze Zusammenfassung der frühen Aktivitäten auf den Galapagosinseln nach Ankunft der Spanier nötig sein, da die Vorgeschichte dieser Inseln als Hintergrund für historische Ereignisse vielleicht besser zu verstehen ist.

Zum erstenmal wurde die Gruppe im Jahr 1535 von Europäern besucht, als ein Schiff mit dem Bischof von Panama, Tomás de Berlanga, an Bord von dem ins offene Meer hinausführenden Strom erfaßt wurde, als es an der Festlandküste entlang südwärts nach Peru segelte. In dem Gebiet, wo sich der Niño- und der Humboldtstrom vereinigen, geriet Berlangas Segelschiff für sechs Tage in eine Windstille und wurde während dieser Zeit rasch ins offene Meer hinausgetragen. Nachdem das Fahrzeug zehn Tage lang bekalmt und hilflos abgetrieben war, kam es am zehnten Tag des März in Sichtweite einer Insel. In einem Bericht von Tomás de Berlanga an den Kaiser und spanischen König mit dem Datum vom 26. April 1535 wird von der vergeblichen Suche nach Wasser auf dieser neuentdeckten Insel gesprochen, wo die Schiffsbesatzung seltsamen Leguanen begegnete, die Schlangen ähnelten, und Schildkröten, die so groß waren, daß sie einen Mann auf dem Rücken tragen konnten. Nicht ein Tropfen Wasser wurde auf der Insel gefunden, die einen Umfang von vier bis fünf Leguas (22 bis 28 km) hatte. Das auf dem Schiff mitgeführte Wasser ging zu Ende, und die Spanier wie auch ihre Pferde litten große Not. Am folgenden Tag wurde eine weitere Insel gesichtet, die noch größer war und hohe Berge aufwies. Wegen der Strömung und der Windstille dauerte es drei Tage, zu dieser Insel hinüberzukreuzen, die einen Umfang von zehn bis zwölf Leguas (55 bis 65 km) aufwies. Als das Schiff Anker geworfen hatte, gingen alle an Land. Manche wurden ins Innere geschickt, um nach Wasser zu suchen, und andere mußten einen Brunnen graben, aus dem Wasser kam, »so salzig wie die See«. Zwei Tage lang wurde nicht ein Tropfen Süßwasser auf der Insel gefunden, und die Spanier hielten sich am Leben, indem sie von einem Kaktus aßen und den Saft darin ausdrückten. Robben, Schildkröten und Leguane wurden auf dieser Insel ebenso gefunden wie auf der ersten, dazu verschiedene Vögel, die so zahm waren, daß viele mit der Hand gefangen werden konnten.

Der Bischof bezweifelte, daß sich auf der Insel ein Platz finden lasse, auf dem man auch nur einen Scheffel Korn anbauen könne, da der Boden wertlos sei wie Asche, mit Kakteen statt Gras und so sehr mit Felsstücken bedeckt, daß »es aussieht, als hätte Gott irgendwann Steine herabgeschüttet«. Wegen des Wassermangels verloren die Spanier zwei von ihren Männern und zehn Pferde. Endlich wurde in einer Schlucht zwischen Felsen so viel Wasser entdeckt, daß man etwa zweitausend Liter in den Krügen und Fässern des Schiffes sammeln konnte.

Von dieser Insel aus wurden zwei weitere gesichtet, eine von mittlerer Größe, die andere jedoch weit größer als die übrigen. Man schätzte ihren Umfang auf mindestens 15 bis 20 Leguas (85 bis 110 km). Die Breite der Gruppe wurde zwischen einem halben Grad und eineinhalb Grad Süd berechnet. Diese beiden zuletzt gesichteten Inseln untersuchten die Spanier nicht, sondern setzten, da sie glaubten, die neuentdeckten Inseln, die sie so überaus leicht erreicht hatten, lägen nur 20 bis 30 Leguas (100 bis 150 km) von der peruanischen Küste entfernt, Segel zum Festland mit dem genannten dürftigen Wasservorrat. Bald entdeckten sie jedoch die Kraft des nach Westen führenden Stroms und segelten elf Tage, ohne Land zu sichten. Als sie dann feststellten, daß sie sich auf drei Grad Breite befanden, erkannte

Berlanga, daß sie die eingeschlagene Richtung allmählich in einen stärkeren Teil des nach Westen führenden Stroms gebracht hatte. Er ließ über den anderen Stag kreuzen, und nach weiteren zehn Tagen erreichte das Schiff die Bucht von Caráques in Ecuador, dem Bestimmungsort in Peru um nichts näher als vor der zufälligen Entdeckung der Galapagosinseln.

Ein zweiter Besuch auf der Gruppe, noch hastiger und oberflächlicher als der erste, fand im Jahr 1546 statt. Während des Bürgerkriegs zwischen Pizarro und dem Vizekönig Perus stahl Kapitän Diego de Rivadeneira in Arica an der Nordküste des heutigen Chile ein Schiff, wurde an der beabsichtigten Landung in Quilca gehindert und setzte Segel in der Hoffnung, nach Neuspanien zu entkommen. Nach 25 Tagen ohne Instrumente und Karten auf See geriet er in Sichtweite einer sehr hohen Insel, die er in drei Tagen umsegelte. Schwere See hinderte die Gesellschaft am Landen, und das Schiff kämpfte in den schnellen lokalen Strömungen, bis zwölf weitere Inseln gesichtet wurden, die sämtlich kleiner waren als die erste. Auf einer der kleineren Inseln gelang es einigen von Rivadeneiras 25 Mann, an Land zu kommen. Sie nahmen sich jedoch nicht die Zeit für mehr als eine flüchtige Suche nach Wasser, weil sie fürchteten, daß ihre Kameraden an Bord absegeln und sie auf der trostlosen Insel zurücklassen würden. Sie kehrten hastig zum Strand zurück und brachten lediglich ein paar Vögel mit aufs Schiff, das Segel setzte und die wasserlose Inselgruppe verließ. Rivadeneira und seine Leute litten große Not, bis ein Regensturm ihren Durst stillte. Schließlich erreichten sie die Küste von Guatemala, wo Rivadeneira von seiner Entdeckung berichtete und die riesigen Galapagosschildkröten, die Leguane, Seelöwen und Vögel beschrieb, die sie beobachtet hatten.

Andere spanische Karavellen segelten in der zweiten Hälfte des 16. Jahrhunderts in die Galapagossee, nutzten jedoch die Inseln nicht, da sie sie verlassen und ohne Früchte fanden. Die dortigen Strömungen und Wirbel trieben ihre Fahrzeuge immer wieder vom Kurs ab und riefen den Eindruck hervor, als ob die seltsamen Inseln auf der Meeresoberfläche schwämmen. Die Inselgruppe wurde deshalb als *Las Islas Encantadas* bekannt, und als Verzauberte Inseln blieben sie nutzlos für den Menschen, bis die englischen Seeräuber gegen Ende des 17. Jahrhunderts auf der Gruppe landeten. Von dem Zeitpunkt an war die lokale Verzauberung verflogen, und die Seeräuber bezeichneten die Gruppe mit ihrem realistischeren Namen *Galapagos*, der zum erstenmal von dem flämischen Kartographen Abraham Ortelius im Jahr 1570 zu Ehren der dortigen Riesenschildkröten benutzt wurde, von denen die ersten Entdecker so beeindruckt waren.

Die erste Seeräuberexpedition, die versuchte, auf den Galapagosinseln haltzumachen, wurde von Kapitän Bartholomew Sharp im Jahr 1680 befehligt. Sein südwärts segelndes Schiff folgte zunächst der Küste nach Peru, drehte dann jedoch in Höhe von Punta Parina in den Ozean hinaus ab, um von den Spaniern nicht entdeckt zu werden. Dort draußen, wo der Humboldtstrom seine Kraft auf die Galapagosinseln richtet, begegneten sie bei einer, wie es die Seeräuber bezeichneten, sehr steifen vom Festland her wehenden Brise einem Balsafrachtfloß unter Segel. Ihr eigener Steuermann riet ihnen, sich nicht um dessen eingeborene Besatzung zu kümmern, »denn es sei sehr zweifelhaft, ob wir sie einholen könnten oder nicht ...« Wir erfahren aus dem gleichen frühen Seeräuberbericht, daß diese Balsaflöße der Eingeborenen »ausgezeichnet« segeln und daß einige so groß sind, daß sie 250 Ballen Mehl von den Tälern Perus bis nach Panama befördern, ohne daß auch nur einer davon naß würde.[317]

Im Jahr 1684 lief das Piratenschiff *Bachelor's Delight* in den Pazifik aus, wo es zur *Nicholas* stieß und drei spanische Handelsschiffe bei den Lobosinseln vor der peruanischen Küste kaperte. Einer der beteiligten britischen Seeräuber, William Ambrose Cowley, beschreibt das historische Ereignis in einer Handschrift, die im Britischen Museum aufbewahrt wird. Cowley sagt: »Wir segelten nach Westen, um zu sehen, ob wir diese Galipoloes genannten Inseln finden konnten, weshalb uns die Spanier auslachten und uns erzählten, das seien verzauberte Inseln, und niemand außer Capitaino Porialto hätte sie jemals gesehen, aber auch der sei ihnen nicht nahe genug gekommen, um dort zu ankern, und es wären nur Schatten und keine richtigen Inseln.«[318]

Die Originaleintragung, die hier zitiert ist, wurde zum Teil ausgelassen, zum Teil verstümmelt, als das Manuskript im Jahr 1699 von Hacke in seiner *Collection of Original Voyages* als »Capt. Cowley's Voyage round the Globe« veröffentlicht wurde.

Nach drei Wochen fanden Cowley und seine Seeräuber doch die Galapagosinseln, wo sie für zwölf Tage Anker warfen und den Schatz unter sich teilten, während der kranke Kommandant, Kapitän John Cook, an Land gepflegt wurde. Mehrere Inseln wurden besucht, und Cowley, der behauptete, als erster dort geankert zu haben, gab allen Inseln Einzelnamen. Er nahm sich auch die Zeit, die erste Karte von der Inselgruppe zu zeichnen. Cowley und seine Gefährten, zu denen William Dampier, Edward Davis, Lionel Wafer, Basil Ringrose und John Cook gehörten, fanden auf keiner der besuchten Inseln Süßwasser außer an der Jamesbucht auf der James- oder Santiagoinsel* (die Cowley als Albany Bay der Duke of York's Insel nannte). Hier fanden sie »ausgezeichnetes, gutes Süßwasser« und brachten einige tausend Säcke und Ballen Mehl und acht Tonnen Quittenmarmelade hin, die aus ihrer seltsamen Piratenbeute von den spanischen Handelsschiffen stammten. Spätere Besucher haben häufig die große Menge zerbrochener »spanischer Krüge« erwähnt, die alle groß und vom gleichen Typ waren und an diesem Ort gefunden wurden. Zweifellos stammen sie aus der Marmeladenbeute der *Bachelor's Delight*.

Nachdem die Seeräuber ihre Ladung an Land gebracht hatten, segelten sie nordwärts, um ein zweites Mal nach Süßwasser auf den anderen Inseln

* Santiago und James entsprechen beide unserem Jakob oder Jacobus.

zu suchen, kamen jedoch in einen Strom, der so stark war, daß es ihnen nicht einmal gelang, zur Jamesinsel zurückzukehren, um dort ihren schwindenden Wasservorrat zu ergänzen. Sie waren gezwungen, nordnordostwärts zu steuern, und erreichten schließlich die Küste Neuspaniens.

Während der nächsten Monate des Jahres 1684/85 tat sich die *Bachelor's Delight* mit anderen Seeräubern zusammen, die in den Pazifik gekommen waren, und richtete die spanischen Schiffe vor der nordwestlichen Küste Südamerikas übel zu. Der Vizekönig Perus erfuhr von dem Proviant und den lebenden Ziegen, die die britischen Piraten auf den Galapagosinseln an Land gebracht hatten, und sandte ein Kommando aus, um die Vorräte zu vernichten und Hunde an Land zu bringen, die die Ziegen reißen sollten. Im Jahr 1685 kehrte die *Bachelor's Delight* zu den Verzauberten Inseln zurück und konnte nur noch 500 Sack Mehl an Bord nehmen, die versteckt worden waren. Und selbst die waren zum Teil durch Vögel verdorben. Bei diesem Besuch hatten die Freibeuter mehr Glück bei der Wassersuche, vermutlich wegen eines ungewöhnlich heftigen Regens, und sie entdeckten einige der wenigen kleinen Gebiete mit gutem Boden.

In den nächsten Jahren wurde die Galapagosgruppe zu einer wichtigen Basis für die Piraten, die die südamerikanische Küste unsicher machten. Hier waren sie so weit von den Routen der spanischen Schiffe entfernt, daß sie kaum einen plötzlichen Angriff zu fürchten brauchten. Die Inseln waren also ideal als abgelegene Zuflucht zwischen Kreuzfahrten und Kämpfen. Tiere wurden freigelassen, um zu verwildern und den Speisezettel von Schildkröten, Leguanen, Vögeln und Fischen zu bereichern, und allmählich fanden die Seeräuber heraus, an welchen Stellen sie auch in der trockenen Jahreszeit ein wenig Süßwasser erwarten konnten.

Nach den Freibeutern traf im Jahr 1700 eine französische Expedition mit zwei Schiffen in der Galapagosgruppe ein. Diese von M. de Beauchesne-Gouin geleitete Expedition hatte an der südamerikanischen Küste nordwärts bis Callao Handel getrieben, war jedoch auf viel Schwierigkeiten gestoßen, da sie ständig mit den Seeräubern verwechselt wurde, die allen noch frisch in Erinnerung waren. Die Franzosen entschlossen sich schließlich, die Küste zu verlassen und die Galapagosinseln zu erforschen, deren Lage einige Besatzungsmitglieder, die früher als Piraten gefahren waren, noch kannten. Die Expedition besuchte vier der Inseln und verbrachte einen Monat in der Gruppe, fand jedoch nur wenig Feuerholz und kaum Wasser. Die Schiffe verließen die Gruppe, und Beauchesne trug voller Verachtung in sein Journal ein: »... der abscheulichste Platz der Welt.« Das Manuskript des Journals befindet sich im Dépôt de la Marine.

Im Jahr 1709 wurde die Gruppe zweimal von der *Duke* und der *Duchess* besucht, die von Kaufleuten aus Bristol als Kaperfahrzeuge ausgerüstet worden waren. Wie Beauchesne war auch der Kommandant, Kapitän Woodes Rogers, weit weniger begeistert von den Galapagosinseln als die

Seeräuber, die 20 Jahre früher recht günstige Beschreibungen von der Gruppe gemacht hatten.

Nach diesen britischen und französischen Besuchern waren wieder die Spanier an der Reihe. Karl III. organisierte Expeditionen, um den Pazifik von Amerika aus zu erkunden, und im Jahr 1789 segelte Alonso de Torres zur Galapagosgruppe, wo er alle Inseln neu benannte und eine neue Karte zeichnete, die allerdings schlechter war als die von Cowley ein Jahrhundert früher. Soweit aus den Berichten hervorgeht, war Don Alonsos Besuch auf den Verzauberten Inseln der erste mit einigen Ergebnissen seit der Entdekkung durch Berlanga im Jahr 1535. Das ist von erheblicher Bedeutung für unsere Interpretation der Tonscherben auf den Inseln, die wir noch erörtern werden.

Im folgenden Jahr, 1790, leitete Alessandro Malaspina die erste kurze wissenschaftliche Expedition zu den Galapagosinseln mit den beiden Schiffen *Descubierta* und *Atrevida*. Nach seiner Rückkehr wurde Malaspina leider in politische Verwicklungen hineingezogen und ins Gefängnis gesperrt. Deshalb kamen seine Aufsätze leider niemals zu einer Veröffentlichung.

Im Jahr 1793 erreichte eine weitere Expedition die Galapagosgruppe und eröffnete eine wichtige Phase der Lokalgeschichte. Kapitän James Colnett von der britischen Marine wurde mit dem Schiff *Rattler* in den Pazifik gesandt, um die Walfanggründe zu untersuchen und Inseln und Häfen zu erkunden, wo Walschiffe zur Instandsetzung und Neuausrüstung einlaufen konnten. Colnett fand die Lage der Galapagosinseln geeignet für Walfänger. Hier konnten sie auch ihre Fangboote an Land ziehen und neuen Proviant nehmen, darunter ungeheure Mengen der wohlschmeckenden und leicht zu fangenden Schildkröten. Er zeichnete die erste moderne Karte der Galapagosgruppe und benannte die Inseln, die er nicht identifizieren konnte, neu. Er fand den Wasserplatz der Freibeuter auf der Jamesinsel völlig ausgetrocknet, vermutete jedoch, daß weiter landeinwärts auch andere Wasserlöcher seien. Eine erhebliche Anzahl der spanischen Krüge, die die Seeräuber zurückgelassen hatten, lagen noch verstreut herum, einige davon unbeschädigt. Auch alte Dolche, Nägel und anderes Gerät wurden von Colnetts Expedition als Reste des Aufenthalts der Freibeuter an diesem Platz gefunden.

Mit der Veröffentlichung von Colnetts ausführlichem Bericht über seine Mission im Jahr 1798 begann die Walfängerära der Galapagosgruppe. Die Freibeuterzeit war längst zu Ende gegangen. Lediglich im Jahr 1816 hatte die Gruppe wieder einen sehr kurzen Besuch von solchen Abenteurern, als die Korsaren Buchard und Brown in die Gruppe einliefen, um ihre Beute zu teilen. Während die Seeräuber zu ihrer Zeit die James Bay der Insel Santiago vorgezogen hatten, benutzten die Walfänger den guten Ankerplatz mit Süßwasser in der Tagusbucht an der Westküste Isabelas, und die Post Office Bay der Insel Floreana wurde zum regelmäßigen Anlaufhafen, wo wieder auslaufende Schiffe ihre Post in einer Tonne an Land hinterließen, während andere, die nach Europa segelten, sie heraus- und mitnahmen.

Krieg suchte die Galapagosgruppe im Jahr 1812 heim, als Kapitän David Porter in der Fregatte *Essex* von der Marine der Vereinigten Staaten einlief mit der Absicht, den Pazifik von britischen Walfängern zu säubern. Er wurde von einem amerikanischen Walfänger aus den südamerikanischen Küstengewässern zu der Tonne in der Post Office Bay geführt. Dort fand er einige wichtige Nachrichten in der auf heimsegelnde britische Schiffe wartenden Post und konnte auf diese Weise eine große Zahl feindlicher Schiffe kapern.

In jener Zeit hatte die Galapagosgruppe auch gerade ihren ersten ständigen Bewohner in historischer Zeit erhalten. Ein irischer Seemann namens Patrick Watkins hatte mit dem Kapitän seines Schiffes gestritten und war auf eigenen Wunsch in der Nähe der Post Office Bay auf Floreana an Land gesetzt worden. Etwa eine Meile landeinwärts baute er sich eine Hütte an einem Fleck mit ausreichend gutem Boden und Feuchtigkeit, um etwa fünf, sechs Morgen mit Kartoffeln und Kürbissen zu bestellen, die er zur Küste brachte und an die regelmäßig einlaufenden Walfänger verkaufte. Kapitän Porter gibt im Journal seiner eigenen Kreuzfahrt, im Jahr 1823 in London veröffentlicht, eine lebendige Beschreibung des Einsiedlers, der in seiner Einsamkeit zum Rum Zuflucht nahm und es schließlich durch Täuschung und Gewalt fertigbrachte, vier Seeleute von anderen Schiffen an Land zu locken, wo er sie als Sklaven hielt. Bei der Beschreibung, wie Patrick und seine unheimlichen Gefährten schließlich in einem gestohlenen Boot flohen, sagte Kapitän Porter voraus, daß die Galapagosgruppe für viele Generationen unbewohnt bleiben werde. Doch etwa zehn Jahre danach wurde der erste organisierte Versuch, die Insel zu besiedeln, von José Villamil geplant.

Die Galapagosgruppe war bis dahin von keinem Staat für sich in Anspruch genommen worden, doch als Ecuador seine Unabhängigkeit erhielt, kam Villamil, ein ecuadorianischer General, auf die Idee, eine Kolonisierungsgesellschaft zu gründen. Im Jahr 1832 ergriff er im Namen der Regierung von Ecuador offiziell Besitz von den Inseln. Er nannte die Gruppe nun Archipiélago de Colón. Er erhielt Begnadigung für 80 Soldaten, die nach einer Rebellion zum Tod verurteilt worden waren, und schickte sie mit einer Anzahl ihrer Frauen auf die Insel Floreana, wo sie ein paar Meilen vom Schwarzen Strand landeinwärts die erste historische Siedlung auf der Gruppe bilden sollten. Hier, in der *garúa*-Zone in 300 Meter Seehöhe, besaß die Insel eine kleine, aber gute Quelle in den Felsen und ausreichend Humus für eine bescheidene Landwirtschaft und die Haltung von einigen Haustieren. Aber die Siedler gerieten in Schwierigkeiten, als die Regierung die Insel in eine Strafkolonie verwandelte und die örtliche Bevölkerung um 200 Sträflinge vermehrte. Nach wenigen Jahren war Villamil entmutigt und legte sein Amt als Gouverneur der Inselgruppe nieder. Schwierigkeiten und

Aufstände folgten, und die meisten Sträflinge flohen. Im Jahr 1845 wurde die inzwischen auf einen Bruchteil ihrer früheren Größe verkleinerte Kolonie an die Wreck Bay der Insel San Cristóbal verlegt, wo im Hochland Süßwasser entdeckt worden war. Nur wenige Kolonisten blieben auf Floreana, sämtlich Kriminelle in Verbannung.

Etwa um diese Zeit fuhr der schwedische Kapitän C. Skogman auf seiner Weltumseglung von 1851 bis 1853 durch diese Gewässer und berichtete, Balsaflößen begegnet zu sein, die mit an Zweibeinmasten gehißten Segeln und langen *guara*, vorn und achtern zwischen den Stämmen steckend, dort kreuzten. Es ist wichtig, sich vor Augen zu halten, daß diese Flöße offensichtlich eine lange Überlieferung aufrechterhielten und daß Skogman ausdrücklich berichtete, daß sie sogar die ferne Galapagosgruppe besuchten.[319]

Ein zweiter Versuch, Floreana zu kolonisieren, wurde im Jahr 1870 von Valdizian unternommen, doch abermals mischte sich die Regierung ein, indem sie die Kolonie in eine Sträflingssiedlung verwandelte. Valdizian wurde von den Verbrechern im Kampf erschlagen, und alle übrigen Kolonisten verließen die Insel. Verlassene Obstgärten und verwildertes Rindvieh blieb und verlockte im Jahr 1893 Antonio Gil, einen dritten Versuch zur Kolonisierung dieser Insel zu machen, doch nach vier Jahren gaben auch er und seine Gefährten auf und fuhren nach Isabela, wo sie an der Südostküste eine Siedlung vorfanden. Während sie auf Brackwasser angewiesen waren, das sie zwischen den Felsen in Küstennähe fanden, verdienten sie sich den Lebensunterhalt durch das Verschiffen von Schwefel aus dem Krater der Insel nach Guayaquil in Ecuador. Der Hafen auf der Insel Isabela wurde nach Villamil benannt, und im Jahr 1902 errichtete man dort eine kleine Garnison.

Zu dieser Zeit war San Cristóbal das Sträflingszentrum, und ein gewisser Manuel Cobos hatte sich zum lokalen Diktator ernannt und behandelte die Sträflinge auf der Zuckerrohrplantage, die er im Jahr 1880 auf dem *garúa*-Plateau im Innern angelegt hatte, mit brutaler Härte. Danach wurden die Sträflinge nach Villamil auf Isabela verlegt, während die Wreck Bay von San Cristóbal heute der Haupthafen und Verwaltungssitz der Inseln geworden ist und eine kleine ecuadorianische Garnison aufzuweisen hat. Eine Wasserleitung wurde im Zweiten Weltkrieg von amerikanischen Ingenieuren gebaut, die Wasser aus dem *garúa*-Gebiet, das früher über einen Wasserfall auf der unbewohnbaren Seite der Insel ins Meer stürzte und verlorenging, in den Hafen führte.

In den zwanziger und dreißiger Jahren unseres Jahrhunderts kamen einige norwegische, ecuadorianische und deutsche Auswanderer auf die Insel, gelegentlich sogar in organisierten Gruppen. Fast alle sind wieder gegangen, weil das Wasser zu knapp ist. Einige wenige siedeln jedoch in Academy Bay auf Santa Cruz, einige davon zwischen Asche und Kakteen in der Nähe der Bucht, wo brackiges Wasser bei der Reinigung eines Brunnens zwischen den Felsen gefunden wurde, und andere am Ende eines Pfades, der ein paar Kilometer hügelauf in ein *garúa*-Gebiet führt, in dem es Humus gibt und wo man den Regen in Tanks auffangen kann. Einige Ecuadorianer haben sich seither der europäischen Siedlung in Academy Bay angeschlossen, und eine winzige ecuadorianische Garnison liegt jetzt auf Seymour, einer trockenen kleinen Insel am Nordende Santa Cruz', wo die Luftwaffe der Vereinigten Staaten während des Zweiten Weltkriegs einen Landestreifen gebaut hat. Die Garnison ist auf eingeführtes Wasser angewiesen. Wreck Bay ist die einzige Siedlung auf San Cristóbal und Villamil die einzige auf Isabela geblieben. Kürzlich haben ein Dutzend Ecuadorianer Black Beach auf Floreana wiederbesiedelt, und ein deutscher Siedler fand den Lebensunterhalt für sich und seine kleine Familie etwas höher auf den Hügeln an der kleinen Quelle, die Villamil und seine Pioniere gewählt hatten. Im übrigen ist die Galapagosgruppe völlig unbewohnt und unausgebeutet geblieben – abgesehen von der fast unerschöpflichen Fischmenge. Ein moderner Versuch, eine Fischereisiedlung in der Post Office Bay zu errichten, schlug völlig fehl, ebenso ein Versuch, Salz aus einem Kratersee an der Jamesbucht auf Santiago zu exportieren. Eine begrenzte Menge Salz wurde in den dreißiger Jahren des vorigen Jahrhunderts vom Krater weggeschafft. Die dortigen Ablagerungen sind zuerst von den britischen Freibeutern erwähnt worden. In den letzten Jahren haben einige einzelne versucht, sich an dieser Bucht und an ein, zwei weiteren Stellen auf den Inseln anzusiedeln, vor allem auf Floreana, doch ihr Aufenthalt war immer nur von kurzer Dauer, und von ihren Lagern und Hütten sind nur noch wenige Spuren zu sehen.

Mit dem 20. Jahrhundert begannen die ersten gelehrten Debatten über mögliche vorspanische Besuche auf den Galapagosinseln. Fachleute der Inkageschichte von C. R. Markham im Jahr 1907 bis zu P. A. Means im Jahr 1942 sind so beeindruckt von den offensichtlich historischen Aspekten der Meeresreise Inka Tupacs, daß sie glaubten, seine Floßarmada habe die Galapagosgruppe besucht, da dies die nächsten Inseln im Ozean sind. T. J. Hutchinson hatte das Balsafloß bereits im Jahr 1875 ein »schwimmendes Bündel Korkholz« genannt,[320] und Means, der zwar glaubte, die Inka hätten die Galapagosgruppe erreicht, unterschätzte doch das Floß, das sie dorthin getragen hatte, und erklärte, es sei »offenbar ein Schiffstyp, der nur Verachtung bei Schiffsbauern fast jeden seefahrenden Volkes auf der Welt hervorrufen müsse«.[321]

Wie wir sahen, verfaßte S. K. Lothrop im Jahr 1932 eine umfassendere Studie über die praktischen Seiten einer solchen Reise, wurde jedoch durch eine falsche Quelle aus dem 19. Jahrhundert zu der Annahme verleitet, daß die Galapagos mit Balsaflößen keinesfalls zu erreichen seien, weil diese – so berichtete die Quelle irrigerweise – nach wenigen Wochen im Meerwasser ihre Schwimmfähigkeit verlören und zum Trocknen an Land gezogen werden müßten. Daraus schloß Lothrop, daß ein Balsafloß nicht einmal so lange auf See schwimmen könne, daß es auch nur die Reise zur Galapagosgruppe schaffte. Er äußerte die Ansicht, daß Tupac statt dessen seine Armee vielleicht zum Festland nördlich von Guayaquil transportiert und das Gebiet geplündert habe.[322]

J. Hornell zitierte Lothrop im Jahr 1946, meinte jedoch, daß die frühen Peruaner möglicherweise ein Präparat aus Gummi, Harz oder Wachs in irgendeinem Lösungsmittel benutzt hätten, mit dem sie die Balsastämme behandelten, und daß dies die Inkaflöße bis zu den Galapagosinseln schwimmfähig gehalten habe.[323]

Jedenfalls nahmen die falschen Vermutungen hinsichtlich der Balsaflöße den Archäologen jede Motivierung, die unbewohnten Galapagosinseln näher zu untersuchen. Andere Besucher der Gruppe wurden nicht auf die Möglichkeit hingewiesen, Spuren aus Vorinkazeiten zu finden, sondern es wurde geleugnet, daß solche vorhanden sein könnten. Beispielsweise wurde V. W. von Hagen im Jahr 1949 zu der Behauptung veranlaßt: »Zu welchen Inseln der Inka auch immer segelte, zu den Galapagos segelte er nicht.« Er unterstützte diese Behauptung durch die Zitierung angeblich zuverlässiger Erklärungen, nach denen die andinen Küstenbewohner »majestätisch unfähig« in Seefahrtsdingen seien, und er schloß, daß eine Landung der Inka auf den Galapagosinseln »eine offenkundige Unmöglichkeit« sei.[324]

Experimente haben gezeigt, daß diese modernen Einschätzungen der Balsaflöße falsch waren, da, wie wir sahen, Balsaflöße seit 1947 sowohl von Peru als auch von Ecuador aus in der Galapagosgruppe gelandet sind, und daß viele andere nach Polynesien, Melanesien und sogar nach Australien segelten. Also liegen die Galapagosinseln tatsächlich doch in Reichweite der südamerikanischen Eingeborenenfahrzeuge, wie es Skogman Mitte des vorigen Jahrhunderts als Augenzeuge erlebte.

Nachdem ich im Jahr 1947 nach Polynesien gesegelt war, lief ich im Jahr 1953 in vollem Vertrauen zum Balsafloß zur Galapagosgruppe aus, begleitet von den Archäologen E. K. Reed und A. Skjölsvold. Wir hatten nicht vor, eine erschöpfende Untersuchung der Gruppe oder einer einzelnen Insel vorzunehmen, und die Gebiete für die Nachforschungen wurden unter Berücksichtigung der offensichtlichen geographischen Möglichkeiten für eine Besetzung durch Eingeborene sowie im Hinblick auf Landemöglichkeiten für primitive Fahrzeuge ausgewählt.

Auf drei verschiedenen Inseln wurden vier vorspanische Besetzungsgebiete lokalisiert. Die größte Stätte befand sich auf dem Plateau oberhalb der Jamesbucht auf der Santiagoinsel, wo acht verschiedene Eingeborenenlagerstätten gefunden wurden. Ein Bergrücken schied diese von einer weiteren Stätte an der Buccaneer Bay der gleichen Insel. Die beiden anderen Stätten lagen an der Whale Bay auf Santa Cruz und am Black Beach auf Floreana. Nach unserer Abreise wurde von J. C. Couffer und C. Hall eine weitere prähistorische Stätte lokalisiert.

Das aus dem kargen Boden gegrabene und in Lavaspalten gefundene Material waren frühe Keramikscherben, eine vogelförmige Terracottaflöte vom Mochicastil, nach Schablone gearbeitete Froschapplikationen im Chimústil, ein Spinnwirtel aus Kalkstein und mehrere Feuerstein- und Obsidianschaber. Die Stätten erbrachten zusammen 1961 Keramikscherben aus der Eingeborenenzeit, die von mindestens 131, vermutlich aber noch mehr verschiedenen Gefäßen stammten. Von diesen waren 44 Gefäße nach bekannten Waren von den Küsten Ecuadors und Nordperus und dreizehn weitere Gefäße vermutlich nach Ware aus dem gleichen Gebiet zu identifizieren. Die verbleibenden 74 Gefäße stellen Eingeborenenware dar, von denen 67 nur deshalb nicht identifiziert sind, weil die begrenzten Materialmengen, die erhalten geblieben sind, nicht genügend Merkmale aufwiesen, während sieben von Hand aufgebaute Eingeborenengefäße trotz auffallender Charakteristika nicht zu identifizieren sind. Einige Fundstätten erbrachten nur peruanische Ware, während an anderen sowohl peruanisches als auch ecuadorianisches Material zu finden war. Die Keramiktypen der Nordküste Perus wurden von den führenden Autoritäten auf dem Gebiet prähistorischer Ware aus dieser Gegend, C. Evans und B. J. Meggers vom Smithsonian Institut des US-Nationalmuseums, studiert und identifiziert. Das Material von den Galapagosinseln wurde wie folgt beurteilt:

La-Plata-Molded-Ware wird von drei Krügen aus zwei verschiedenen Fundorten an der Jamesbucht repräsentiert. San-Juan-Molded wird von einem Krug aus einer weiteren Lokalität der Jamesbucht repräsentiert. Queneto-Polished-Plain findet sich von zwei Gefäßen an zwei verschiedenen Fundorten der Jamesbucht. Tiahuanacoide Ware wird repräsentiert von drei Krügen aus zwei verschiedenen Stätten der Jamesbucht, San-Nicolás-Molded von einem Gefäß der Jamesbucht. Tomaval-Plain wird von mindestens 15 Gefäßen von der Jamesbucht, Buccaneerbucht, Walbucht und vom Black Beach repräsentiert. Weitere fünf Gefäße von drei Fundstätten waren vermutlich ebenfalls Tomaval-Plain. Castillo-Plain wird von mindestens zehn Krügen von der Jamesbucht, Walbucht und dem Black Beach vertreten. Letztere Fundstätte erbrachte auch eine tönerne Pfropfflöte vom Mochicatyp. Weitere sechs Gefäße waren vermutlich Castillo-Plain. Die anderen identifizierbaren Gefäße waren charakteristische Plain-Ware aus dem Guayasgebiet in Ecuador.

Mit Ausnahme von drei Gefäßen bisher unbekannten nichteuropäischen Typs, repräsentiert von 377 Rand-, Griff- und Korpusscherben einer sehr dünnen Ware mit dickem, glänzendrotem Überzug und komplizierter Form, wurden keine neuen Typen keramischer Ware gefunden. Mit anderen Worten, das gesammelte Material ist an sich kaum von wissenschaftlichem Wert. Seine einzige Bedeutung liegt in der Tatsache, daß es auf den Galapagosinseln zurückgelassen worden ist, wobei die Entfernungen von den identifizierbaren Ursprungsorten auf dem Festland zwischen 900 und 1600 Kilometer betragen.

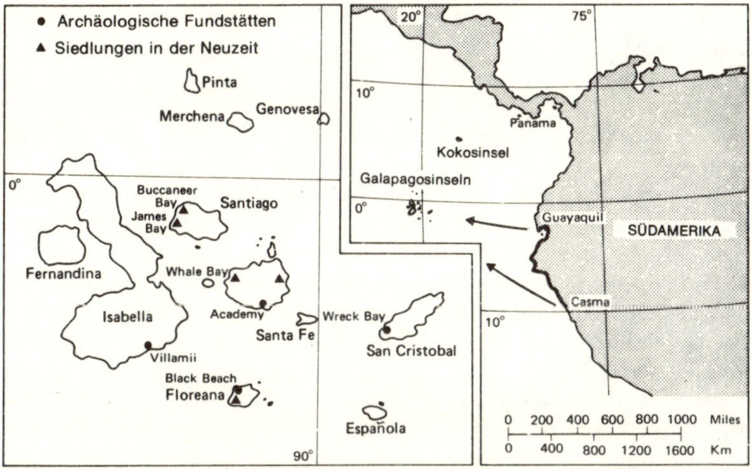


Archäologische Fundstätten in der Galapagosgruppe

Natürlich erhebt sich die Frage: In welchem Umfang könnten einige dieser Reste ihren Weg in postkolumbischen Zeiten zu diesen pazifischen Inseln gefunden haben?

Wie wir sahen, wurde die Gruppe zufällig im Jahr 1535 von Europäern entdeckt, als Bischof Tomás de Berlanga von der starken, vom Land wegführenden Strömung erfaßt wurde, während er von Panama nach Peru segeln wollte. Ein Tag wurde auf einer und zwei Tage wurden auf einer anderen Insel mit der vergeblichen Suche nach Wasser verbracht, worauf es den Spaniern eben noch gelang, nach Ecuador zurückzukreuzen. Da der Bischof und seine Begleiter von Panama kamen, konnten sie kaum peruanische oder ecuadorianische Eingeborenenkeramik auf die Galapagosinseln gebracht haben.

Der zweite Besuch in der Gruppe war der im Jahr 1546, als Kapitän Diego de Rivadeneira in Arica im heutigen Chile ein Schiff stahl und nach Guatemala auslief. Er entdeckte die Galapagosinseln neu und unternahm auf einer der kleineren Inseln eine kurze und vergebliche Suche nach Wasser, woraufhin das Schiff die Gruppe unverzüglich wieder verließ, ohne daß irgend jemand den Fuß auf eine der anderen Inseln gesetzt hätte.

Wir wissen, daß noch einige weitere spanische Karavellen in der zweiten Hälfte des 16. Jahrhunderts in die Galapagossee segelten, es ist jedoch auch bekannt, daß sie keinen Gebrauch von den Inseln machten, die sie verlassen, ohne Früchte und ohne Wasser fanden. Es ist möglich, daß sich an Bord mancher dieser Karavellen Indianer befanden, von denen einige mit Tongefäßen an Land gegangen sein könnten, von denen wiederum einige dort zerbrachen, aber es ist kaum wahrscheinlich, daß diese Indianer mindestens 131 Eingeborenenkrüge an Land brachten und sie sämtlich an verschiedenen Orten zerbrachen. Sie hätten auch kaum eine solche Vielfalt von Ware mitgebracht, die weit voneinander entfernte geographische Regionen und Kulturepochen des frühen Peru und Ecuador repräsentierten, von denen einige in historischen Zeiten nur noch bei Ausgrabungen zu finden waren.

Wir sahen, daß diese ferne Inselgruppe im tückischen Perustrom für die Spanier *Las Islas Encantadas* blieb, bis die britischen Freibeuter dort gegen Ende des 17. Jahrhunderts ein passendes Versteck fanden.

Es gibt deshalb keinerlei Grundlage für irgendwelche Hypothesen, daß Eingeborenenabfälle an verschiedenen Plätzen in der Galapagosgruppe in nachkolumbischer Zeit dort eingeführt worden sein könnten. Die Identifizierung der peruanischen Ware durch Evans und Meggers zeigt, daß die Depositen aus Material der Vorinkazeit bestehen, die aus den Perioden Estero, La Plata und Tomaval stammen. Das bedeutet, daß in mindestens zwei Fundstätten in der Galapagosgruppe Abfälle in die Tiahuanacozeit an der Küste zu datieren sind.

Die Entdeckung der Scherben von mindestens 131 Eingeborenengefäßen, die in der Galapagosgruppe zerbrachen und zurückgelassen wurden, setzt eine erhebliche menschliche Aktivität in vorkolonialer Zeit voraus. Es liegt auf der Hand, daß unsere Überprüfung nicht alle Fundstätten entdeckte und nur einen Teil des noch vorhandenen Materials zutage förderte. Infolge der allgemeinen Knappheit von Humus auf den Küstenklippen mußte vieles vom Abfall ins Meer gespült worden sein. Außerdem ist klar, daß wir es eher mit wiederholten Besuchen als mit einer ständigen Besiedlung zu tun haben, da letztere mehr Depositen und eine homogenere Ware hinterlassen hätte. Die lokale Entwicklung hätte kaum eine unabhängige Evolution der Töpferei zur Folge gehabt, die das Festlandmuster wiederholte: von Castillo- und Tomaval-Plain-Ware über Polychrome Tiahuanacoide, San-Nicolás-Molded und schließlich bis zu den drei charakteristischen Typen der schwarzen Chimú-Ware, wie sie von Queneto-Polished-Plain, San-Juan- und La-Plata-Molded repräsentiert werden. Geographisch umfaßt der Abfall Keramiktypen aus dem Guayasgebiet in Ecuador bis hinunter zum Casmatal in der Nähe des Übergangs zur peruanischen Zentralküste, 1600 Kilometer entfernt.

Um zusammenzufassen: Die Nutzung der trockenen, aschebedeckten Galapagosinseln, vermutlich als Fischereiaußenposten, ist nicht europäischen Ursprungs, sondern die Fortsetzung eines Verhaltensschemas der Eingeborenen, das mindestens bis zur Tiahuanacoperiode an der Küste in der archäologischen Folge Perus zurückgeht.

# 11

# Die Kokosnüsse der Kokosinsel

Die drei Inseln des Archipiélago Juan Fernández liegen in der nach Norden führenden Abzweigung des Antarktisstroms so weit südlich vom Inkareich und so fern dem Gebiet, das früher von Balsaflößen besucht worden ist, daß sie für die eingeborenen Seefahrer aus Südamerika kaum von großer Bedeutung gewesen sein können. Bei der Galapagosgruppe und der Kokosinsel war das anders. Die Galapagosgruppe liegt genau auf dem Äquator, also in der Breite von Manta, wo sich nach den Inkalegenden Con-Tici Viracocha mit seinen weißen, bärtigen Männern einschiffte und wohin die Inkageschichte auch den Abreiseort für Inca Tupacs lange Balsafloß-Expedition verlegt.

Wir haben von der Archäologie erfahren, daß die Galapagosgruppe seit der Tiahuanacoperiode vom Festland aus besucht worden ist, und die Geschichte berichtet, daß Balsaflöße noch in der ersten Hälfte des vorigen Jahrhunderts zu diesen verlassenen Inseln segelten. Es ist nicht schwer einzusehen, daß die Galapagosgruppe, obwohl sie keine ständige Wasserversorgung besaß, doch große Anziehung auf eingeborene Nahrungssammler und Händler ausübte. Die Inseln wiesen ungeheure Mengen von großen eßbaren Leguanen und Riesenschildkröten auf. Beide Tierarten ließen sich leicht mit der Hand fangen, und die Schildkröten waren besonders auf langen Reisen als Öl- und Nahrungsvorrat geeignet. Daß auf diesen trockenen Inseln auch versucht worden ist, Baumwolle anzubauen, ergibt sich aus der Tatsache, daß Botaniker mittlerweile die auf den Galapagosinseln wachsende wilde Baumwolle *Gossypium darwinii* als eine bloße Varietät des *Gossypium barbadense* erkannt haben, die 26 Chromosomen aufweist und in Südamerika von den voreuropäischen Zivilisationen Perus künstlich gezüchtet worden ist. Diese verwilderte Galapagosbaumwolle besitzt immer noch verspinnbare, wenn auch nicht besonders gute Fasern. Sie erklärt auch, weshalb sich unter den bei unserer Expedition zur Galapagosgruppe ausgegrabenen Artefakten auch ein Spinnwirtel aus Kalkstein befand. Der Hauptwert der Inselgruppe liegt jedoch in dem gewaltigen Fischreichtum, der immer noch Fischereifahrzeuge aus allen Teilen des Pazifik anzieht. Da die Gruppe, wie wir sahen, genau auf dem Äquator liegt, ist sie von einem Chaos aus Strömungen und Strudeln umgeben, die das Leben im Meer stimulieren. Kaltes Wasser vom Humboldt- oder Perustrom fließt westwärts an den südlichen Inseln der Gruppe entlang, während der warme Niñostrom von Panama und äquatoriale Aufwallungen den nördlichen Teil der Gruppe umgeben. Diese Ströme sind, wie wir sahen, so stark, daß sie die frühen Segelschiffe mit ungeheurer Geschwindigkeit mitrissen und die Seeleute, manchmal sogar noch in unserem Jahrhundert, veranlaßten, die Inseln als treibend zu betrachten. Daher kam ihr Name *Las Islas Encantadas,* die Verzauberten Inseln.

Die Entdeckung, daß die Galapagosinseln, wenn vielleicht auch nie ständig besiedelt, für die voreuropäischen Seefahrer von Ecuador und Peru wichtiger waren als für die später eintreffenden Spanier, rechtfertigt eine neue Untersuchung der verwirrenden Vorgeschichte der einsamen Kokosinsel. Diese Insel hat, anders als die aschebedeckte Galapagosgruppe, viel Wasser und fruchtbaren Boden. Obwohl die Insel in modernen Zeiten zum bequemen Zwischenhafen für kreuzende Schiffe von Panama geworden ist, hat sie in nachkolumbischer Zeit niemals Siedler angelockt. War sie in voreuropäischen Zeiten ebenso unwichtig? Es besteht Grund, das Gegenteil anzunehmen.

Das folgende Kapitel beruht auf »Notes on the Pre-European Coconut Groves on Cocos Island«, die als Teil 17 des zweiten Bandes von *The Norwegian Archaeological Expedition to Easter Island and the East Pacific* im Jahr 1965 erschien.

Die Kokosinsel liegt auf 5° 35′ nördlicher Breite, etwa 800 Kilometer westlich von Panama, also in dem Kalmengürtel durcheinanderlaufender Strömungen zwischen den beiden gewaltigen, nach Westen ziehenden Strömen nördlich und südlich des Äquators. Für etwaige Segelrouten von Südamerika nach Polynesien ist das zu weit nördlich. Doch liegt die Kokosinsel nur knapp 500 Kilometer südwestlich von Costa Rica, auf der Linie von Guatemala nach Ecuador. Da moderne Archäologen immer mehr Beweise für direkte Handelsbeziehungen zwischen Guatemala und den Küstenkulturen von Ecuador und Nordperu in voreuropäischer Zeit gefunden haben, ist von M. D. Coe[325] und anderen darauf hingewiesen worden, daß die Kokosinsel ideal als Zwischenhafen für eingeborene Reisende zwischen diesen beiden Gebieten läge. Hier konnten sie ihre Fahrzeuge mit jeder gewünschten Menge Proviant aus grünen Kokosnüssen voller erfrischender und haltbarer Flüssigkeit versorgen.

Anderen Beobachtern ist die starke Ähnlichkeit zwischen den in Kolumbien und Ecuador entdeckten steinernen Statuen und denen auf den nächsten Inseln Polynesiens aufgefallen, nämlich auf den beiden östlichsten Inseln der Marquesasgruppe, Hivaoa und Nuku Hiva. Als wir die Ausgrabungen dieser beiden Statuenstätten in den Kokoshainen der Marquesasgruppe beendet hatten und mit unserem Expeditionsschiff nach Panama zurückfuhren, lag die Kokosinsel unmittelbar auf unserer Route, und wir beschlossen im Juli 1956, die Insel anzulaufen, um uns mit ihrer Geographie bekannt zu machen.

Die Kokosinsel ist rundherum von senkrechten Klippen, 100 bis 200 Meter hoch, geschützt, die jäh vom Küstenhochland in den brandenden Ozean hinabstürzen. Die Insel hat eine Fläche von etwa 45 Quadratkilometern, und die Berge im Innern steigen bis 911 Meter Seehöhe auf. Nur am Nordende der Insel werden die Klippen von zwei ständig fließenden Bächen unterbrochen, deren Mündungen kleine schlammige Untiefen gebildet haben, wodurch die Wafer Bay und die Chatham Bay entstanden. Diese beiden Buchten erstrecken sich ein Stück landeinwärts als geschlossene, bergumwallte Täler. Keiner der Bäche erreicht das Innere der Insel, da beide an der Landseite durch steile Wände abgeschlossen werden.

Die Niederschlagsmenge ist groß, und der Regen schafft zahllose Wasserfälle, die aus plötzlich abreißenden Tälern oder über Felsschwellen in Becken stürzen, die in die Küstenflachsee gehöhlt sind. Wegen der Feuchtigkeit sind sowohl die steilen Talwandungen als auch die Hochebene und die Bergrücken im Innern von undurchdringlichem Regenwald bedeckt, und die meisten senkrechten Felsen rund um die Küste weisen Moos und dichtes Buschwerk auf. Es ist unmöglich, anders als ein Stück aufwärts in den beiden Hauptflußbetten ins Innere vorzudringen, es sei denn, man schlüge sich einen Weg durchs Unterholz.

Die allgemeine Vegetation hat sich stark verändert, seit die Insel ihren Namen erhielt und von den Europäern beschrieben wurde. Kokospalmen sind jetzt so wenig vorhanden, daß der Name Kokosinsel wirklich übertrieben erscheint, wenn man die Insel mit anderen vergleicht, die Panama näher sind oder auch weiter draußen im Pazifik liegen. Daß die Insel ihren beschreibenden Namen jedoch verdient hat, geht aus den mündlichen Berichten hervor, die die spanischen Entdecker Kapitän Dampier gegeben haben. Dampier schreibt: »Die Insel Kokos ist von den Spaniern so benannt worden, weil eine Überfülle von Kokosnußbäumen darauf wächst. Sie finden sich nicht nur an ein oder zwei Stellen, sondern wachsen in großen Hainen ... Dies ist der Bericht, den die *Spanier* von ihr geben, und ich erhielt den gleichen von Kapitän Eaton, der danach dort war.« [326]

Zu den ersten Besuchern gehört Kapitän Wafer, der im Jahr 1695 die Insel besuchte und dessen Landungsplatz seinen Namen erhielt: »Als unsere Männer sich einigermaßen erholt hatten, segelten wir südwärts und kamen an die Insel *Cocos* auf 5 Grad 15 Minuten nördlicher Breite. Sie heißt so nach ihren Kokosnüssen, an welchen sie reichen Vorrat hat. Es ist nur eine kleine Insel, aber eine angenehme: in der Mitte ein steiler Berg, ein Plateau rundherum, das zur See abfällt. Diese Ebene und besonders das Tal, wo man an Land geht, sind dicht mit Kokosnußbäumen bestanden, die dort herrlich gedeihen, weil der Boden so reich und fruchtbar ist. Sie wachsen auch überall am Fuß des Bergkegels in der Mitte der Insel und stellenweise an den Hängen, sehr hübsch.

Was aber am meisten zur Annehmlichkeit der Insel beiträgt, ist, daß man bis zum Berggipfel hinauf eine Fülle von Quellen klaren Süßwassers findet, die in ein tiefes Becken oder einen Teich strömen. Er ist rings von Hängen eingeschlossen, und das Wasser findet daher kein Bett, durch das es abfließen könnte wie in einem Bach oder Fluß. Das Wasser läuft an verschiedenen Stellen über den Rand des Beckens und rieselt in vielen lieblichen Rinnsalen zu Tal. An einigen Stellen hängen die Felswände weit über die Ebene darunter, da bildet sich ein Wasserfall, als käme ein Schwall aus einem Eimer, so daß hinter dem Wasservorhang unter einem Gewölbe von Wasser ein trockener Platz bleibt. Dies und der liebliche Anblick der sich aneinanderdrängenden Kokosnußbäume sowie die Frische, die das stürzende Wasser der Luft in diesem heißen Klima gibt, machen diesen Platz reizvoll und köstlich für mehrere Sinne zugleich.

Unsere Männer freuten sich sehr über die Abwechslung, die ihnen diese Insel bot: sie füllten hier auch alle Wasserfässer. Denn in dem Flüßchen, das die kleinen Wasserfälle dann unten in der Ebene bilden, ist herrlich frisches Wasser, und das Schiff lag gerade an seiner Mündung ins Meer, wo man sehr gut vor Anker ging: es ist daher eine so bequeme Stelle zum Wasserübernehmen, wie ich sie nur je gefunden habe.

Wir sparten auch nicht an Kokosnüssen und aßen, was wir konnten, tranken die Milch und trugen noch mehrere hundert an Bord. Von unserer Mannschaft gingen manche täglich an Land. Und eines Tages, als sie sich ein Vergnügen leisten wollten, landeten sie und hieben eine Menge Kokosnußbäume um. Sie sammelten die Nüsse und füllten etwa 20 Gallonen (etwa 100 l) Milch ab. Dann setzten sich alle hin und tranken auf das Wohl des Königs, der Königin und so weiter. Sie tranken ungeheure Mengen, aber es kam nicht zur Trunkenheit. Jedoch hatte diese Art Flüssigkeit ihre Nerven so abgekühlt und betäubt, daß sie weder gehen noch stehen konnten. Ebensowenig konnten sie an Bord zurückkehren ohne Hilfe derer, die nicht an der Lustbarkeit teilgenommen hatten. Auch erholten sie sich erst nach vier, fünf Tagen.«[327]

Das Vorhandensein dieser ausgedehnten Kokospalmenhaine aus voreuropäischer Zeit erklärt sich entweder aus örtlicher Aktivität von Pflanzern aus Amerika oder aus Polynesien, oder die Nüsse müßten auf natürliche Weise mit der Meeresströmung angetrieben worden sein. Alle drei Hypothesen sind untersucht worden. Wie es in der pazifischen Botanik so häufig der Fall ist, sind die Schlußfolgerungen der Botaniker, die von großer Bedeutung für ethnologische Rekonstruktionen sind, weitgehend auf die gängigen Vorstellungen von menschlichen Wanderungen gestützt worden.

Die Frage nach dem Ursprung von *Cocos nucifera* ist in Kapitel 9 erwähnt worden.

Die Kokospalme wurde den Europäern zuerst aus Indien und Indonesien bekannt, jedoch nur, weil sie in diese Gebiete weit vor der Entdeckung Amerikas kamen. Apollonius von Tyana sah die Kokospalme zu Beginn der christlichen Zeitrechnung in Indien. Damals wurde sie als indische Kuriosität betrachtet. Wahrscheinlich hatte sie das asiatische Festland vom Malaiischen Archipel aus erst kurz vor jener Zeit erreicht. Die frühesten chinesischen Beschreibungen stammen aus dem 9. Jahrhundert unserer Zeitrechnung, und ihre Ankunft auf Ceylon wird einer fast historischen Epoche zugeschrieben.[328]

Als Kolumbus auf seiner ersten Amerikareise Kuba entdeckte, berichtete er in seinem Journal, daß er einen Strand mit vielen sehr hohen Palmen und »eine große Nuß von der zu Indien gehörenden Art« gefunden habe. Als die Spanier die Landenge von Panama erreichten, berichtete Oviedo im Jahr 1526, daß »es dort sowohl auf dem Festland als auch auf den Inseln einen gewissen, Cocus genannten Baum gibt...«, worauf er eine überaus eingehende Beschreibung der Kokosnuß und ihrer Verwendungsmöglichkeiten bringt.[329]

Botaniker des 17. Jahrhunderts betrachteten die Kokospalme oft weiterhin als eine asiatische Spezies, aber im 19. Jahrhundert kamen Martius (1823–50) und Grisebach (1872) zu dem Schluß, daß die Pflanze aus botanischen Gründen ihre Herkunft in der Neuen Welt haben mußte. De Candolle teilte diese Ansicht zunächst, da elf verwandte Spezies des Genus *Cocos* amerikanisch, keine jedoch asiatisch war. Doch wie wir im 9. Kapitel sahen, wurde de Candolle, selbst der Begründer ethnobotanischer Lehren, allmählich so stark von den Ethnologen beeinflußt, daß er zu schwanken begann. Obwohl er immer noch zugab, daß die eindeutig botanischen Beweise für den amerikanischen Ursprung sprächen, führte ihn das seefahrttechnische Problem, zusammen mit einer Vielfalt von Namen und Nutzungen in Indonesien, im Jahr 1884 zu dem Schluß, daß die Herkunft der Kokosnuß dunkel sei. Er behauptete, daß Kanus aus Indonesien, mit Kokosnüssen beladen, »wahrscheinlich durch Stürme oder falsche Manöver zu den Inseln oder zur Westküste Amerikas verschlagen worden sind« und daß »das Umgekehrte höchst unwahrscheinlich ist«. Deshalb nahm de Candolle an, daß selbst die Kokospalmen der Kokosinsel von polynesischen Reisenden dorthin gebracht wurden und nicht von den Küstenbewohnern des nahen Südamerika.[330]

Wir sahen, daß eine Reihe von Gelehrten de Candolle in seiner Theorie über die Ausbreitung der Kokosnuß, die sich stark auf ethnographische Argumente stützt, gefolgt sind, während sich andere ebenso konsequent an Martius und Grisebach hielten und auf das Fehlen verwandter Arten in Indonesien und dem kontinentalen Asien hinwiesen. Der eifrigste Vorkämpfer dafür, daß diese Spezies amerikanischen Ursprungs sei, war, wie bereits erwähnt, O. F. Cook, dem auch das Verdienst gebührt, die Kokosinsel in den Mittelpunkt der Diskussion gerückt zu haben. Er schrieb:

»Könnte man die Kokosnuß als vollständig neues Phänomen einem Spezialisten vorlegen, der mit allen bekannten Palmen vertraut ist, so würde er ohne Zögern ein Produkt Amerikas in ihr erkennen, da all die Dutzende verwandter Gattungen mit etwa 300 Arten amerikanisch sind. Mit gleicher Überzeugung würde der Spezialist die Kokosnuß Südamerika zuschreiben, weil alle anderen Arten der Gattung *Cocos* auf diesen Kontinent beschränkt sind, und er würde sie weiterhin im nordwestlichen Teil Südamerikas lokalisieren, weil die wilde Spezies der Gattung *Cocos* aus diesem Gebiet der Kokosnuß ähnlicher ist als die des Amazonasbeckens und Ostbrasiliens. Deshalb ist es vom rein biologischen Standpunkt aus nur vernünftig, anzunehmen, daß die kräftigen und ertragreichen Kokospalmen im Innern von Venezuela und Kolumbien, von denen Humboldt berichtet, nahe der Urheimat der Spezies gewachsen sind.« Und: »Die vielseitigsten Verwendungsarten der Kokosnuß sind deshalb auf den pazifischen Inseln entwikkelt worden, weil der Mangel an anderen Pflanzen die Einwohner immer stärker von ihr abhängig gemacht hat. Die Not hat zur Vielfalt der Nutzung geführt, aber die Palme selbst mußte aus dem einzigen Teil der Welt gebracht werden, wo solche Palmen wild wuchsen – aus Südamerika.

Das Vorhandensein einer großen Zahl von Kokospalmen auf der Kokosinsel zur Zeit Wafers (1685) und ihr späteres Verschwinden sollte als Beweis dafür betrachtet werden, daß die Insel früher von seefahrenden Eingeborenen des nächstgelegenen Festlands bewohnt oder wenigstens regelmäßig aufgesucht wurde ... Selbst ohne ständige Besiedlung können die Kokosnüsse von Eingeborenen des Festlands zur Nutzung während ihrer Fischfangexpeditionen gepflanzt und betreut worden sein, so, wie es auch an einigen Orten im Malaiengebiet üblich ist. Die starken Zerstörungen, die der Ankunft der Spanier im Raum von Panama folgten, haben wahrscheinlich zur Unterbrechung solcher Besuche geführt. Ethnologen mögen in dieser bisher nicht vermuteten primitiven Okkupation der Kokosinsel einen zusätzlichen Beweis für die Seefahrerfähigkeiten der Indianer von der Pazifikküste des tropischen Amerika finden und so eher bereit sein, die Möglichkeit prähistorischer Verbindungen zwischen den Küsten des amerikanischen Kontinents und der pazifischen Inseln zu erwägen.«[331]

Heute neigt die Mehrheit der Botaniker zu der Ansicht, daß Amerika das Ursprungsland der *Cocos nucifera* und ihr erstes Domestizierungszentrum gewesen sei. Die Kokosinsel liegt von den voreuropäischen Kokosnußhainen in Costa Rica, Panama und Kolumbien nicht weiter entfernt, als man von einer Kokosnuß vernünftigerweise erwarten kann zu schwimmen, ohne ihre Schwimmfähigkeit zu verlieren. Die Selbstverbreitung über so erhebliche Meeresräume wie dem zwischen der Kokosinsel und Polynesien wäre dagegen mehr als unwahrscheinlich, da die Keimfähigkeit einer Kokosnuß weit früher verlorengeht als ihre Schwimmfähigkeit.

Wir sahen im 9. Kapitel auch, wie sich aus Experimenten ergibt, die Edmondson mit schwimmenden Kokosnüssen auf Hawaii und wir mit Kokosnüssen, unter das Deck der *Kon-Tiki* getaucht, angestellt haben, daß Seewasser allmählich in die weiche Gegend der Kokosnußaugen eindringt und daß Mikroorganismen die Keimfähigkeit der Nuß nach einigen Monaten auf See zerstören. Nach einer weiten Drift, wie der zwischen Polynesien und der Kokosinsel, würde eine Nuß nicht mehr sprießen, selbst wenn sie ideale Bedingungen erhielte, indem sie zu einem gerodeten Stück Land getragen und dort angemessen in Sand, mit Humus gemischt, gepflanzt würde. Wenn die Kokospalme die Kokosinsel von irgendeinem Teil Polynesiens aus erreicht haben sollte, dann muß das durch den Menschen geschehen sein.

Das nächste Gebiet in Polynesien, von dem die Kokosnüsse zur Kokosinsel gebracht worden sein könnten, ist die Marquesasgruppe. Es ist bemerkenswert, daß die Bewohner der Marquesasinseln durchaus von einer Insel weit östlich ihrer Gruppe wußten, eine Tatsache, die den frühen Europäern recht rätselhaft war. Selbst auf der bemerkenswert korrekten Segelkarte, die für Kapitän Cook von seinem eingeborenen Gewährsmann Tupia von Ulitea angefertigt wurde, war eine nicht identifizierte Insel, von den Polynesiern Utu genannt (und von den Engländern Ootoo geschrieben), im Ozean ostwärts der Marquesasgruppe verzeichnet. Unabhängig davon wurde Kapitän Porter später von Eingeborenen der Marquesasgruppe berichtet, daß es windwärts, das heißt im Osten ihrer eigenen Gruppe, eine Insel gebe, die sie Utupu (Ootoopoo) nannten. Vor mehr als 150 Jahren schrieb Porter:

»Keiner unserer Seefahrer hat bis jetzt eine Insel dieses Namens entdeckt, die so gelegen ist; aber wenn man Tupias Karte prüft ... findet man fast an der Stelle, die von den Bewohnern *Nooaheevahs* [Nuku Hiva] als Ootoopoo angegeben wird, eine Ootoo genannte Insel ... Diese Karte, wenn auch nicht mit der Genauigkeit gezeichnet, die wir von unseren Kartenzeichnern erwarten können, wurde dennoch unter Anleitung Tupias von Sir Joseph Banks ausgeführt und war für Cook und andere Seefahrer bei der Entdeckung der Inseln von großem Nutzen ... Die Existenz von Ootoo oder Ootoopoo ist nicht zu bezweifeln; Tupia erhielt seine Informationen vor nahezu 50 Jahren durch die Berichte anderer Seefahrer, so daß er imstande war, ihre Lage auf seiner Karte anzugeben, und die Position, die Gattenewa [aus Nuku Hiva] ihr jetzt zuschreibt, weicht kaum von der Tupias ab.«

Von besonderem Interesse für die vorliegende Untersuchung ist, daß die im Osten liegende Insel Utupu in polynesischen Überlieferungen besonders deshalb genannt wurde, weil die Vorfahren dort die überaus wichtige Kokospalme erhalten hatten. Porter betonte diesen bedeutsamen Teil der Überlieferung von den Marquesasinseln: »Der Kokosnußbaum soll, wie ich zuvor bemerkte, von Ootoopoo hierhergebracht worden sein, einer Insel, von der die Eingeborenen vermuten, daß sie irgendwo windwärts von La Magdalena [Fatu Hiva] liegt.«[332]

Die Volkserinnerung, nach der die Kokospalme von einer Insel, die ostwärts der Marquesasgruppe liegt, eingeführt worden sei, an dem Punkt, wo die Europäer tatsächlich eine einsame Pazifikinsel so angefüllt mit Kokospalmen entdeckten, daß sie die einzige nach einer Pflanze benannte Insel im Pazifik wurde, spricht sehr dafür, daß die Kokosinsel identisch mit der Insel Utupu in den polynesischen Überlieferungen ist. Es gibt windwärts der Marquesasgruppe keine anderen Inseln als die Kokosinsel und die aschebedeckte Galapagosgruppe, wo keine Kokospalmen wuchsen.

Das botanische Beweismaterial dafür, daß sich die Kokospalme von ihrem Ursprungsland im nordwestlichen Südamerika westwärts über den Pazifik verbreitete, wird deshalb stark von ethnographischen Berichten gestützt, die sogar die Route von der Kokosinsel zur nächsten Gruppe im östlichen Polynesien angeben. Die noch zu beantwortende Frage ist, wie die Kokospalme die Kokosinsel im Pazifik von einem der Domestizierungszentren in Kolumbien, Panama oder Costa Rica erreichte. Der Zweck unseres kurzen Besuchs war es, die Möglichkeit einer natürlichen Verbreitung zu untersuchen, indem wir uns mit den Einzelheiten der lokalen Topographie und Vegetation bekannt machten, die man der spärlichen Literatur und den ziemlich skizzenhaften Karten der Insel nicht entnehmen konnte.

Eine Fahrt dicht am Land rund um die Steilküste zeigte uns zur Genüge, daß die hohen Klippen und überhängenden Wände der Kokosinsel einer über See treibenden Kokosnuß nirgendwo auch nur den geringsten Halt geboten hätten, außer an den beiden schmalen Flußmündungen der Chatham- und der Waferbucht an der Nordküste. Das Expeditionsschiff ging vor der Chathambucht vor Anker, und Landungen wurden sowohl dort als auch an der Waferbucht unternommen.

Die Veränderung der Vegetation seit Wafers Besuch im Jahr 1685 war so ausgeprägt, daß man in Versuchung kommen konnte, anzunehmen, er habe eine andere Insel besucht. Aber er hatte die genaue Position angegeben, was jeden Irrtum ausschloß. Während Wafers Mannschaft die Insel »lieblich« gefunden und offensichtlich keinerlei Schwierigkeiten gehabt hatte, die ebene Fläche, die das gebirgige Gelände in der Mitte der Insel umgab, zu betreten, hatte unsere Gruppe erhebliche Schwierigkeiten, auch nur in das zugewachsene Tal einzudringen, wo Wafer gelandet war.

Während des einzigen Tages, den wir auf der Insel zur Verfügung hatten, kam kein Mitglied der Expedition weiter als bis zu den vom Grund des Wafertales steil aufsteigenden Wänden oder bis an die Bergrücken nahe der Landestelle. Ferner hatten wir gelesen, daß es L. J. Chubb bei seiner geologischen Untersuchung nicht gelungen sei, das Innere ausreichend zu erkunden, um das Vorhandensein eines Kratersees festzustellen, den man nach Wafers Beschreibung erwarten mußte.[333] Zweifellos ist es durchaus möglich, einen Pfad bergauf und ins Innere der Insel freizuhauen, wenn man sich entschlossen darum bemüht; aber bei Wafers Besuch schien das nicht nötig gewesen zu sein, da die innere Ebene und das Tal, wo seine Gruppe an Land gegangen war, »dicht mit Kokosnußbäumen bestanden waren, die dort herrlich gedeihen«.

Zweifellos hatte der Regenwald im Lauf von mehr als zweieinhalb Jahrhunderten die vorhandenen Kokospalmenhaine überwuchert und die früheren Rodungen zurückerobert. Unser Erkundungsvorstoß, der einen Blick ins Innere ermöglichte, ergab, daß im hochgelegenen inneren Waldgebiet und an weit voneinander entfernten Punkten auf den dichtbewaldeten Bergrücken isoliert einzelne Kokospalmen standen. Sehr vereinzelt überragten auch wenige Palmen das geschlossene Dach des Regenwaldes im Innern der beiden Täler. Nur ein sehr kleines Stück ebenen Landes nahe dem Strand der Waferbucht wies eine Gruppe von Kokospalmen auf, die groß genug war, um als Hain bezeichnet zu werden. Dieses Gebiet am Strand wies Spuren jüngster Rodungen auf, und einige Palmen waren gefällt worden, möglicherweise während der kurzen Zeit, als sich hier eine Strafkolonie des Staates Costa Rica befand.

Wenn wir nicht Wafers Bericht besäßen, der von ausgedehnten Kokoshainen im Innern der Insel zu jener Zeit spricht, könnte man vermuten, daß die *Cocos nucifera* auf der Kokosinsel keine für den Anbau an der Küste gezüchtete Kulturform sei, sondern eine wirkliche Wildpflanze, die spontan als Bestandteil des Regenwaldes wuchs. Die Insel wäre dann der einzige Ort gewesen, wo man *Cocos nucifera* in wildem Zustand hätte finden können, und damit wäre die Frage nach ihrem Ursprung endgültig beantwortet.

Die Palmengruppe am Strand der Waferbucht könnte theoretisch aus vor Wafers Besuch angetriebenen Nüssen aus dem kontinentalen Amerika stammen. Von diesem Strand aus könnten sich die Palmen dann auf dem Boden der Schlucht durch natürliche Fortpflanzung ins Innere der Insel verbreitet haben, falls der heutige Regenwald damals nicht da war und die äußerst sonnenhungrigen Jungpalmen nicht aufhielt und unterdrückte. Ein Koprapflanzer, A. Kinander, der unsere Expeditionsgruppe von den Gesellschaftsinseln aus begleitete, war jedoch fest überzeugt, daß eine keimende Kokosnuß von dem dichten Laubdach erstickt würde, ehe der Schößling das Dach über ihm durchdringen könnte. Tatsächlich sahen wir auch im Gebüsch nirgends eine keimende Nuß oder eine junge Palme – außer auf der Rodung am Strand. Die wenigen Kokospalmen, die wir beobachteten, waren sämtlich alt und hatten ihre hohen Wipfel weit über dem erstickenden Zugriff des Regenwalddaches. Der dichte Dschungel auf den Hochebenen im Innern und auf den Bergrücken ist von den beiden tiefen Schluchten durch steile Berghänge getrennt. Diese Felswände, die die jäh endenden Tieflandtäler einschließen, sind so hoch, daß eine herabfallende Kokosnuß ohne menschliche Hilfe die hochliegenden inneren Gebiete der Insel nicht erreichen könnte, dort wo Wafer jedoch noch ausgedehnte Ko-

kosanpflanzungen gesehen hat und wo wir selbst noch einzelne Palmenwipfel, weit voneinander entfernt, fanden.

Wenn wir Wafers Bericht nicht ignorieren und annehmen wollen, *Cocos nucifera* sei eine wilde Pflanze und ihre Heimat die Kokosinsel, dann bleibt nur die Lösung, daß der Mensch beträchtliche Flächen in den Talschluchten und auf den Plateaus und Bergrücken im Innern gerodet und diese Lichtungen zu Kokospflanzungen von ganz beträchtlicher Ausdehnung genutzt hat, und zwar lange vor Ankunft der Europäer.

Abgesehen von den Kokospalmen in der Ferne, entdeckten wir während unseres kurzen Besuchs keinen weiteren Hinweis auf eine Tätigkeit von Eingeborenen, vielleicht mit Ausnahme der Chatham Bay. Ausgrabungen wurden nicht vorgenommen. Eine genauere Suche in der Nähe der beiden Flußmündungen und auf dem bewaldeten Hochland im Innern würde sich aber für künftige archäologische Forscher lohnen.

In der Chathambucht werden zwei sehr kleine Strandflächen durch ein hohes, beherrschendes Vorgebirge voneinander getrennt. Es hat steile Flanken und einen künstlich geebneten Rücken. Das ganze Vorgebirge ist über und über mit außergewöhnlich dichtem Gras bedeckt, mehr als mannshoch, und von Kriechpflanzen durchzogen. Diese Vegetation bildete einen deutlichen Kontrast zu dem umliegenden Regenwald. Hier wurden nun die Spuren früherer menschlicher Tätigkeit deutlich sichtbar, wenn sie auch in die Zeit nach Ankunft der Europäer gehören könnten. In das hohe Gras konnten wir nur mit Hilfe von Macheten eindringen, und wir stießen auf mehrere kleine Terrassen, in den Hang hineingehauen und aufgeschüttet. Ihre Funktion bleibt unklar, es sei denn, daß sie kleine Wohnbauten getragen haben. Das geebnete und ebenfalls zugewachsene Gipfelplateau, das etwa 60 Meter breit und ungefähr doppelt so lang war, konnte nicht ohne erheblichen Arbeitseinsatz geschaffen worden sein. Ein senkrechter Einschnitt auf der Innenseite, etwa vier Meter tief durch Fels und Humusboden verlaufend, bildete die westliche Begrenzung der geebneten Fläche. Das von dem ursprünglich schmalen Kamm abgetragene Material war benutzt worden, um das künstliche Plateau zu verbreitern. An der Nordseite lief eine tiefe, breite Schlucht den Hang herauf und schnitt in das Plateau ein wie ein natürlicher Befestigungsgraben. In einigen offensichtlich erst in neuester Zeit angelegten Rodungen verrieten Wellblechtafeln und andere Reste von Lagerplätzen die Tätigkeit moderner Besucher. Vielleicht waren es Schatzgräber.

Wir wußten, daß eine Strafkolonie des Staates Costa Rica für kurze Zeit auf der Insel gewesen war. Möglicherweise auf diesem terrassierten Vorgebirge. Wenn nicht, blieb als einzige Alternative die Arbeit von Eingeborenen. Später konnten wir jedoch feststellen, daß sich die Strafkolonie überhaupt nicht an der Chatham Bay, sondern an der Wafer Bay befunden hatte. Aus dem Gebiet der Chatham Bay ist nichts von landwirtschaftlicher oder Bautätigkeit berichtet. Wenn die Strafkolonie also an der Wafer Bay untergebracht war, läßt sich das Planieren und Terrassieren des Vorgebirges kaum der historischen Periode zuschreiben, weil die Kokosinsel, abgesehen von den Sträflingen und gelegentlichen kurzen Besuchen von Schatzgräbern, seit der Entdeckung durch die Europäer unbewohnt war.

Versuchsgrabungen von alten und neuen Schatzjägern fanden wir überall in der Nähe des Strandes der beiden Buchten, desgleichen auf Lichtungen am Unterlauf der Flüsse. Diese Abenteurer waren zur Schatzsuche autorisiert: sie zahlten der Regierung Costa Ricas eine festgesetzte Gebühr. Sie waren die einzigen regelmäßigen Besucher der Insel, die dank ihrem undurchdringlichen Wald und der unzugänglichen Steilküste keine Attraktionen für Händler oder Touristen bot. Das gesamte erreichbare Terrain auf dem begrenzten ebenen Gebiet der Landungsplätze war daher völlig umgegraben worden, teilweise sogar mit Dynamit gesprengt. Verwilderte Schweine haben ständig zur Verwüstung beigetragen, indem sie lockeres Gestein und modrigen Boden durchwühlten und damit noch den letzten Rest des ursprünglichen Zustands beseitigten.

In der Waferbucht fanden sich, etwa 50 Meter vom Sandstrand entfernt, parallel zum Fuß des Berges, die Reste zweier kurzer Reihen von Steinsetzungen, tief in den Boden eingelassen und der Zerstörung entgangen. Der Boden ringsherum war dagegen zu arg verwüstet, als daß man die ursprüngliche Funktion hätte erkennen können: mit irgendwelchen praktischen Zwecken war sie kaum in Zusammenhang zu bringen. Allerdings hatte die Strafkolonie in unmittelbarer Nähe gelegen.

Die sichere Feststellung, wie alt die künstlichen Anlagen an der Chatham- und Waferbucht sind, hätte mehr Zeit erfordert, als unser kurzer Besuch gestattete. Und ausreichende Beweise für die prähistorische Besitzergreifung der Insel durch den Menschen ließen sich nur von den vielen Spuren früherer Rodungen für Kokospflanzungen ableiten.

Schließlich müssen vorgeschichtliche Pflanzer die Lage der Kokosinsel wichtig genug für die ungeheure Arbeit gefunden haben, den Urwald für Kokospflanzungen zu roden und zu planieren. Es ist schwer einzusehen, warum sich Polynesier diese gewaltige Mühe auf einer Insel gemacht haben sollten, die mindestens 4000 Meilen von ihren Siedlungen entfernt liegt, es sei denn, sie hätten einen intensiven Handel mit dem Gebiet von Panama unterhalten, wofür es jedoch keinerlei Beweise gibt. Es ist ebenso schwer einzusehen, warum sich Indianer diese Mühe hätten machen sollen, große Urwaldgebiete auf einer weit vor der Küste liegenden Insel zu roden, wenn die Kokosinsel nur eine geringe Rolle in ihrer Ernährung gespielt hätte, wo es reichlich Platz für solche Rodungen in den eigenen Wäldern auf dem Festland gab.

Meiner Ansicht nach sind die einst ausgedehnten Kokospalmenhaine auf dieser Insel nur unter der Voraussetzung sinnvoll gewesen, wenn die Insel entweder dicht besiedelt oder aber für Seefahrer günstig gelegen war, die dieses Gebiet häufig passierten und entsprechenden Proviant brauchten.

Aus eigener Erfahrung weiß ich, daß sich kein Naturprodukt besser als Proviant für Seefahrer in offenen Fahrzeugen eignet als frisch gepflückte, halbreife Kokosnüsse, die auch bei schlechter Lagerung fast jede Menge Spritzwasser vertragen und doch frische flüssige und feste Nahrung für wochenlange Seereisen bieten. Nach den Beobachtungen des Archäologen Ferdon wurden große Mengen grüner Kokosnüsse noch in der Faserhülle als wichtigster Wasservorrat für hochseetüchtige Einbäume verwendet, mit denen die Küstenbevölkerung des nördlichen Teils der Provinz Esmeraldas in Ecuador noch 1943 nach Tumaco und Buenaventura in Kolumbien segelte. Grüne Kokosnüsse wurden auch als einziger Wasservorrat von den ecuadorianischen Flößern mitgebracht, die meine Begleiter waren und mich im Jahr 1947 mit den Balsastämmen für die *Kon-Tiki* stromab nach Guayaquil brachten.

Das Roden und Planieren des Urwalds in den küstennahen Tälern und auf dem Hochland im Innern der Kokosinsel war eine so umfangreiche Arbeit, daß die Pflanzer, die in voreuropäischen Zeiten so zahlreiche Kokosnußhaine anlegten, besondere Gründe dafür gehabt haben müssen. Der einzige einleuchtende Grund wurde uns sofort deutlich, als wir uns die geographische Lage dieser Insel im Hinblick auf das sich rasch ansammelnde Beweismaterial für Überseeverbindungen zwischen Guatemala und dem nordwestlichen Südamerika in vorkolumbischer Zeit angesehen hatten. Worauf auch Coe hinweist, sprechen das Fehlen vergleichbarer archäologischer Funde in den Küstengebieten der weit zurückspringenden Landenge, die Guatemala von Ecuador trennt, dazu frühere Gutachten über die *guara*-Navigation, die unsere Ergebnisse auf der Galapagosgruppe bestätigten, sowie die Geographie der Kokosinsel als idealem Zwischenhafen dafür, daß sich eingeborene Händler, die das offene Meer vor Panama befuhren, tatsächlich dort mit Proviant versorgten.

Wie O. F. Cook zeigte, genügten die Eroberung des Festlandes durch die Spanier sowie die folgenden schweren Unruhen durchaus, um alle Besuche der Kokosinsel zu verhindern und dem tropischen Wald die Möglichkeit zu geben, das Land, das einst so fleißig von den Händen früher Menschen kultiviert worden war, wieder in Besitz zu nehmen.

# 12

# Statuen der Osterinsel

Es ist in der akademischen Welt oft fruchtbar gewesen, von einem Zweig der Wissenschaft zu einem anderen, nur entfernt verwandten Forschungsgebiet überzuwechseln. Mit der gleichen Ausbildung in wissenschaftlichem Denken und Verfahren, doch ohne die Neigung beeinflußt, die Doktrin seines Lehrers anzunehmen, die jeder Schüler hat, findet der Eindringling aus einer anderen Disziplin auf dem neuen Gebiet häufig eine frische und unkonventionelle Einstellung zur allgemein anerkannten Lehre. Als ich die Universität Oslo verließ, um ein Jahr lang als Biologe und wie ein Eingeborener unter den Polynesiern der Marquesasgruppe zu leben, war das Ziel meiner Feldarbeit, zu erforschen, wie die heutigen Arten der Tierwelt dazu gelangt waren, diese fernen Ozeaninseln zu besiedeln. Ich hatte Zoologie und Geographie studiert, doch nach drei Jahren, in denen ich Zugang zu der größten Privatbibliothek der Welt über Polynesien gehabt hatte – der Kroepelin-Sammlung in Oslo –, war ich in allen Fragen, die die polynesische Bevölkerung betraf, sehr viel besser unterrichtet, als wenn ich formale Kurse über Ethnologie gehört hätte.

Als ich im Jahr 1938 mit einer beträchtlichen archäologischen Sammlung von der Marquesasgruppe zurückkam, erschien es mir nur natürlich, auf der biologischen Leiter eine Sprosse höher zu steigen. Nach der ersten Untersuchung, wie die ozeanischen Inseln ihre Fauna erhalten hatten, widmete ich meine ganze Zeit der Frage, wie sie zuerst vom primitiven Menschen erreicht worden waren. Ein Jahr auf der isolierten Insel Fatu Hiva, mit Auslegerkanus und einem offenen Rettungsboot als einzigen Verkehrsmöglichkeiten in einem Ozean, in dem sich Wellen und Wolken das ganze Jahr hindurch von Ost nach West bewegen, weckten in mir Kritik an den gängigen Theorien, nach denen die steinzeitlichen Entdecker dieser Inseln 16 000 Kilometer gegen die nach Westen rotierenden Elemente gekommen sein sollten. Da ich mehr als einmal um mein Leben gekämpft hatte in dem Bemühen, wieder an Land zu gelangen, hatte ich aus der praktischen Erfahrung gelernt, daß Fatu Hiva inmitten eines marinen Förderbands lag.[334]

Der Entschluß, von Südamerika aus auf einem Balsafloß nach Polynesien zu driften und auf der Galapagosgruppe nach archäologischen Spuren zu suchen, war der Kampf eines undoktrinären Geistes gegen wissenschaftlich unbewiesene Dogmen. Das nächste Fleckchen Land im Ozean hinter der Galapagosgruppe war die Osterinsel. Zwischen Südamerika und den nächsten Nachbarn in Polynesien gelegen, war die Osterinsel zur Zeit der Entdeckung durch die Europäer die einsamste unter den bewohnten Inseln der Welt. Mit ihren über 600 riesigen Steinstatuen und eindrucksvollen Megalithmauern unbekannten Ursprungs bildete sie für Laien wie Gelehrte eines der verwirrendsten Rätsel der Archäologie. Auch für diese Insel gab es ein unbestrittenes Dogma. Es war die am weitesten von Asien entfernte Insel und mußte deshalb, wie behauptet wurde, als letzte Insel vom Menschen erreicht worden sein und die jüngste Siedlungsgeschichte haben.

Die Logik dieser allgemein akzeptierten Schlußfolgerung beruhte auf der Theorie, daß der Mensch infolge einer Wanderung gegen den Wind von Asien aus und nicht auf einer Reise vor dem Wind von Amerika aus auf diese Insel gestoßen sei. So sehr überzeugt waren heutige Gelehrte von der sehr späten Besiedlung der Osterinsel, daß keiner von ihnen stratigraphische Ausgrabungen auch nur versuchte, obwohl diese Insel der ungeheuren Menge ihrer Reste auf der Oberfläche wegen mehr Ruhm erlangt hatte als jede andere pazifische Insel. Nach kurzen Besuchen von Ethnologen des 19. Jahrhunderts wurde die erste gründliche Oberflächenuntersuchung der Statuen und Ruinen auf der Osterinsel von einer britischen Gruppe unter Leitung Katherine Scoresby Routledges im Jahr 1914 vorgenommen. Ein vollständiges Verzeichnis aller wichtigen Überreste an der Oberfläche wurde danach von dem ortsansässigen Missionar P. Sebastian Englert angelegt. Der einzige Berufsarchäologe, der die Insel vor unserem Team besuchte, war der belgische Professor H. Lavachery, der gemeinsam mit dem französischen Ethnologen Alfred Métraux im Jahr 1934 die Oberflächenarbeit auf der Insel fortsetzte und seine Aufmerksamkeit auf die bis dahin nicht aufgezeichneten Petroglyphen konzentrierte.

Die überaus zahlreichen Autoren, die über archäologisches Material der Osterinsel geschrieben hatten, ohne jemals den Fuß auf ihren Boden gesetzt zu haben, übernahmen die Ansichten der wenigen Wissenschaftler, die diese völlig unbewaldete Insel gesehen hatten. Die kahle Insel war für Menschen, die von Asien kamen, so weit entfernt und abgelegen, daß die Zeit einfach nicht ausgereicht haben konnte, daß die vom Menschen hergestellten Dinge von dem sich langsam ansammelnden Boden bedeckt wurden. Deshalb hielt man Ausgrabungen für überflüssig.

Das Floß *Kon-Tiki* war doppelt so weit gesegelt, wie die Entfernung von Peru bis zur Osterinsel beträgt, und die Tonscherben auf den Galapagosinseln zeugten von Segelfahrten vor der Inkaperiode seit der Tiahuanacozeit. Deshalb gab es meines Wissens gar nichts, was Reisende von Südamerika daran hätte hindern können, die Osterinsel lange vor Wanderern aus dem fernen Asien zu erreichen, ganz gleich, welche Route die Asiaten vielleicht benutzt haben mochten. Für Reisende von Peru war die Osterinsel das nächste bewohnbare Land im Ozean, und nur sie wären aus einem Gebiet gekommen, wo es üblich war, Kolossalstatuen, dem Menschen nachgebildet, auf Steinplattformen im Freien zu errichten.

Um von jeder beliebigen Richtung aus auf die einsame Osterinsel zu stoßen, erforderte entweder erhebliches Glück oder den Einsatz einer Segelflotte, die sich auf einer breiten Front verteilte, oder aber einen ausgedehnten Reiseverkehr in beiden Richtungen in diesem Gebiet. Wie es nun auch tatsächlich gewesen sein mag, Reisende von Südamerika besaßen alle Vorteile. Wenn eingeborene Reisende – wie später die Europäer – von Peru aus in Ozeanien eingedrungen waren, könnten auch sie an der Osterinsel vorbeigesegelt sein und zuerst größere, dichter beieinanderliegende Inseln in Zentralpolynesien oder gar Melanesien erreicht haben. Welche Reihenfolge die Entdeckungen in Polynesien auch gehabt haben mögen, die Osterinsel würde in jedem Fall die einzige unter Hunderten sein, die als Zwischenstation auf halbem Weg vom kontinentalen Mutterland zu der neugeborenen Inselwelt lag. Nur diese Tatsache könnte den polynesischen Namen der Osterinsel erklären: *Te-Pito-o-te-Henua,* »Der Nabel der Welt«. Die Osterinsel besaß wirklich wenig, was sie geradezu zu einem Tempelland, übersät von heiligen *ahu*-Altären und Riesenstatuen, hätte machen können, wenn nicht ihre einzigartige geographische Lage in Beziehung zu Amerika gestanden hätte. Der karge Boden und die kahle Landschaft, ihr Mangel an fließendem Wasser, das Fehlen eines geschützten Hafens und ihre dürftige Größe von elf mal zweiundzwanzig Kilometern machten sie kaum zu einer Konkurrenz für Tahiti, Hawaii, Neuseeland oder die großen dicht beieinanderliegenden grünen Inseln am Rand Melanesiens.

Bevor der Flugplatz vor einigen Jahren eröffnet wurde, behinderte der schwierige Zugang die archäologische Arbeit auf der Osterinsel. Der kurze Besuch eines Schiffs der chilenischen Kriegsmarine einmal im Jahr bot die einzige festgelegte Verbindung mit der Außenwelt. Um Proviant und Ausrüstung für archäologische Arbeiten von der Dauer eines Jahres in diesen äußersten Ostwinkel Polynesiens zu schaffen, wurde es notwendig, einen Grönlandtrawler von 150 Fuß zu chartern und für unsere Zwecke umbauen zu lassen. Der Trawler ankerte vor unserem Hauptlager in der Anakenabucht. Offiziere und Mannschaft des Schiffs, dazu große Gruppen von Insulanern halfen bei den Ausgrabungen, die von vier erfahrenen Archäologen organisiert wurden: E.N. Ferdon, damals Archäologe am Museum von Neu-Mexiko; W. Mulloy, Professor und Leiter des Anthropologischen Departements der Universität Wyoming; C.S. Smith, Professor und Leiter des Anthropologischen Departements der Universität Kansas; und A. Skjölsvold, damals Direktor des archäologischen Departements am Museum Stavanger in Norwegen.

Die Ergebnisse unserer Ausgrabungen auf der Osterinsel im Jahr 1955/56 sind in den beiden Bänden von *The Reports of The Norwegian Archaeological Expedition to Easter Island and the East Pacific* (I. *Archaelogy of Easter Island,* 1961, und II. *Miscellaneous Papers,* 1965) veröffentlicht. Die ethnographischen Beobachtungen und Sammlungen sind in dem Band *Die Kunst der Osterinsel. Geheimnisse und Rätsel,* München 1975, zusammengefaßt. Das folgende Kapitel stützt sich auf einen Vortrag vor der Schwedischen Gesellschaft für Anthropologie und Geographie, der unter dem Titel »Die Statuen auf der Osterinsel: Problem und Ergebnis« im ethnographischen Journal *Ymer* des Jahres 1962 abgedruckt wurde.

Geographisch wie archäologisch hebt sich die Osterinsel auffallend von den Tausenden anderer Inseln auf der pazifischen Halbkugel ab. Keine andere Insel besaß eine Bevölkerung, die so weit von jedem anderen Land, in welcher Richtung es auch sei, und von Asien entfernt lag. Dennoch besitzt keine andere Insel solch eindrucksvolle und ungewöhnliche Reste einer früheren hohen Kultur wie dieser Amerika gegenüberliegende winzige und unwirtliche Außenposten. Es gibt Zehntausende von Inseln und Atollen im Pazifik, aber nur die Osterinsel besitzt Reste eines urtümlichen Schriftsystems; eindrucksvolle Tempelplattformen aus gigantischen Blöcken verschiedener Größe, allseitig behauen, poliert und mit absoluter Genauigkeit zusammengepaßt; und eine riesige Vielfalt heterogener Kunstwerke; sowie mehrere hundert Steinkolosse in Menschengestalt, mit Perücken aus rotem Stein, rundum an der Küste aufgestellt. Seit drei holländische Schiffe, die vor zweieinhalb Jahrhunderten von Südamerika aus westwärts segelten, zufällig auf diese Insel stießen, bilden die nichtpolynesischen Aspekte der Funde auf der Insel ein Rätsel für die wissenschaftliche Welt.

Als Laienbruder Eugène Eyraud im Jahr 1864 auf der Insel abgesetzt wurde und sich als erster Europäer dort seßhaft machte, brachten er und seine Missionarskollegen es sehr bald fertig, der ursprünglichen Geschichte der Osterinsel ein Ende zu machen. Mit ihm fiel der Vorhang nach dem tragischen Schlußakt eines der seltsamsten Dramen, die je auf einer einsamen Ozeaninsel, Tausende von Meilen entfernt von jedem Augenzeugen, stattgefunden haben.

Wir sind auf die Archäologie und andere Mittel der Vorzeitforschung angewiesen, um die große Epoche der Osterinsel in ihren Hauptpunkten zu rekonstruieren. Heute dürfen wir sicher sein, daß die ersten Europäer nur noch die letzten Phasen einer sterbenden Kultur auf der Osterinsel beobachten konnten. Der erste Besucher war der holländische Admiral Jacob Roggeveen, der sich in der Abenddämmerung des Ostersonntags 1722 der Insel näherte.[335] Als die Sonne am nächsten Morgen aus dem Meer aufstieg, brachten die Holländer ihre Schiffe näher ans Land und beobachteten eine gemischte Menge hell- und dunkelhäutiger Menschen, die vor einigen riesigen Statuen, die in einer Reihe standen, Feuer angezündet hatten. Die Leute an Land hockten vor den Statuen, den Kopf gebeugt, während sie die Arme abwechselnd hoben und senkten. Als die Sonne aufstieg, warfen sie sich der Länge nach zu Boden, das Gesicht der Sonne zugewandt. Die Feuer flakkerten noch vor den Steinkolossen, die schon damals so alt und verwittert waren, daß Roggeveen mit den bloßen Fingern Stücke aus der zerfallenden Oberfläche brechen konnte. Deshalb schloß er, daß die Riesenfiguren aus Lehm und Erde, mit Kies gemischt, geformt seien. Die Holländer segelten nach einem Tag wieder ab.

Fast 50 Jahre vergingen, bis der Spanier Felipe Gonzalez de Haedo und seine Begleiter dieselbe Insel wiederentdeckten. Sie waren im Jahr 1770 von Peru abgesegelt. Die Spanier begnügten sich nicht damit, sich die verwitterte Oberfläche der Statuen lediglich anzusehen. Sie schlugen so heftig mit Äxten darauf, daß die Funken flogen. So entdeckten sie, daß die Statuen aus sehr hartem und schwerem Stein ausgehauen worden waren. Sie berichteten, daß die zehn Meter hohen monolithischen Statuen große Zylinder aus einer anderen Gesteinsart auf dem Kopf trugen. Darauf wiederum lagen Menschenknochen. Dadurch gelangten sie zu dem Schluß, daß die Monumente sowohl Götterbilder als auch Plätze zur Aufnahme von Leichenbestattungen seien.

Die holländischen und die spanischen Besucher wiesen beide darauf hin, daß es auf der Osterinsel weder Balken noch Taue gab, die stark genug wären, solche Kolossaldenkmäler aufzurichten. Wie schon erwähnt, glaubte Roggeveen, das Rätsel gelöst zu haben, und behauptete, die Statuen seien aus Ton gefertigt worden, aber die Spanier widerlegten seine Behauptung. Sie brachten der staunenden Welt die ersten Berichte über die gewaltigen Monolithe in menschlicher Gestalt, die in großer Zahl, aufgerichtet unter der gemischten Bevölkerung primitiver Eingeborener, auf einer kahlen Insel, Tausende von Meilen entfernt von jedem anderen Land, standen. Während der beiden folgenden Jahrhunderte beschäftigte das Geheimnis der Osterinsel die Phantasie der Menschen auf der ganzen Welt immer stärker.

Vier Jahre nach den Spaniern besuchte Kapitän Cook die Insel, nach ihm kamen die Franzosen unter La Pérouse. All diese frühen Besucher erklärten ausdrücklich, daß die Monumente von außerordentlich hohem Alter seien und daß die derzeitige armselige und primitive Bevölkerung nichts mit ihrer

Frühe Zeichnung der Osterinsel-Statuen, die noch auf dem *ahu*, der Stufenplattform, stehen, den Haarschopf auf dem Kopf. Herabgefallener Haarschopf links außen (aus La Pérouse 1786)

Errichtung zu tun gehabt habe. Als erster bemerkte Cook, daß viele Statuen, absichtlich umgestürzt, am Fuß ihrer zerstörten, altarähnlichen Mauerwerkfundamente lagen, und wies darauf hin, daß sich die Insulaner nicht einmal um die Erhaltung dieser alten Bauwerke kümmerten.

Cook brachte einen polynesischen Dolmetscher mit, der zwar größte Schwierigkeiten hatte, das Idiom der Insulaner zu verstehen, aber doch jedenfalls soviel begriff, daß die vielen Statuen tote Könige und Häuptlinge darstellten. Beweise dafür, daß die Steinbilder angebetet wurden, wie es die Holländer noch beobachtet hatten, gab es nicht mehr. Viele von den Monumenten waren sogar bereits umgestürzt worden. Doch die Engländer und Franzosen fanden wie schon früher die Spanier Knochenreste um die Statuen verstreut und bezeichneten sie daher als Grabmale.

Was immer auch die Statuen für die damaligen Bewohner bedeutet haben mochten, sie wurden nach und nach von ihren Plattformen gestürzt. Der Russe Lisjanski war 1804 der nächste, der die Osterinsel besuchte. Er berichtete, daß noch vier Statuen auf ihren altarähnlichen Fundamenten an der Cook Bay und sieben weitere in Vinapu ständen. Zwölf Jahre später, 1816, lief noch einmal eine russische Expedition unter Kotzebue die Insel an. Er fand alle Statuen an der Cook Bay umgeworfen, und von den sieben in Vinapu standen nur noch zwei.

Der letzte Bericht über Statuen, die aufrecht auf ihren gemauerten Plattformen verblieben waren, stammt von du Petit-Thouars, der 1838 nördlich der Cook Bay noch neun Statuen aufragen sah. In den folgenden Jahren wurden auch diese umgestürzt. Bei Eugène Eyrauds Eintreffen im Jahr 1864 stand nicht eine einzige mehr auf den Bilderplattformen, alle waren von ihren früheren Fundamenten geworfen worden und viele im Fallen zerbrochen. Die großen Steinzylinder, die sie auf dem Kopf getragen hatten, waren oft wie schwere Dampfwalzen die nahen Abhänge hinuntergerollt. Die einzigen noch stehenden Statuen, jene, die niemand hatte umstürzen können, waren die unfertigen, die Cooks Vorauskommando, halb im herabgerutschten Schutt steckend, am Fuß der längst aufgegebenen und zugewachsenen Bildhauerwerkstatt an den inneren Kraterhängen des Vulkans Rano Raraku entdeckt hatte.

Eyraud wurde nach neun Monaten von der Insel vertrieben, kehrte jedoch 1866 mit anderen Missionaren zurück. Er und seine Amtsbrüder lernten als erste die Sprache der Osterinsulaner zu sprechen. Durch unmittelbare Fragen versuchten sie die Rätsel der Osterinsel zu lösen. Die damaligen Eingeborenen vermochten keine bessere Erklärung als die zu geben, daß vor langer Zeit alle Statuen allein zu den verschiedenen *ahu*-Plattformen gewandert seien, als es der Schöpfergott Makemake ihnen befohlen hatte.

Sieben Jahre später wurden die Missionare abermals von der Insel vertrieben. Kurz danach kamen der tahitische Schafzüchter Tati Salmon und später ein chilenischer Meteorologe, Martinez mit Namen. Beide lebten in engem Kontakt mit den Eingeborenen, und durch sie sind uns einige höchst interessante, noch nicht entstellte Überlieferungen aus voreuropäischer Zeit erhalten geblieben.[336]

Nach den frühesten überlieferten Erinnerungen, die aufgezeichnet worden waren, wurden die Vorfahren der heute noch lebenden Bevölkerung als »Kurzohren« bezeichnet. Sie hatten die Osterinsel mit einem Häuptling namens Tuu-ko-ihu erreicht und kamen von einer anderen Insel, die weit im Westen, das heißt im eigentlichen Polynesien, lag. Bei ihrer Ankunft entdeckten sie, daß die Insel bereits von einem anderen Volk, den »Langohren«, bewohnt war. Diese frühere Bevölkerung hatte die Insel unter Führung ihres eigentlichen Entdeckers, des Königs Hotu Matua, erreicht, der aus der entgegengesetzten Richtung gekommen war, nämlich aus Osten. Ihre Seereise hatte 60 Tage gedauert und in einem riesigen Land in der Richtung des Sonnenaufgangs begonnen. Dort war es so heiß, daß die Vegetation in gewissen Jahreszeiten von der glühenden Sonne versengt wurde und verdorrte. Die zuerst gekommenen Langohren hatten *moai* oder Statuen errichtet, seit sie mit Hotu Matua gelandet waren. Die später eintreffenden Kurzohren halfen den Langohren 200 Jahre lang *(karau-karau)* beim Bau von *ahu*-Mauern und langohrigen Statuen, bis das friedliche Zusammenleben in einem unheilvollen Bürgerkrieg endete. Die Kurzohren brachten alle langohrigen Männer um bis auf einen einzigen. Dazu hatten sie einen gewaltigen Scheiterhaufen in einem ausgedehnten Verteidigungsgraben errichtet, der sich über die ganze Poike-Halbinsel hinzog. Das eine Langohr wurde geschont, um die Fortpflanzung seiner Sippe fortzusetzen. Während der dem Gemetzel folgenden Epoche fanden Stammesfehden unter den auf der Osterinsel lebenden Kurzohren statt, und sämtliche Statuen wurden nach und nach umgestürzt, indem man den Boden untergrub und die Monumente mit Hilfe von Seilen herunterzog. So berichtet die gleiche Überlieferung.

Im Jahr 1914 wurde auf der Osterinsel mit Archäologie begonnen, als die erwähnte Mrs. Katherine Scoresby Routledge auf ihrer englischen Yacht eintraf. An der Expedition nahm kein ausgebildeter Archäologe teil, aber Mrs. Routledges populäres Buch über den Besuch enthält wissenschaftlich überaus wichtige Beobachtungen und ist dadurch die Hauptquelle für allgemeine Informationen über die Archäologie der Osterinsel geworden.[337] Ihre ausführlichen unveröffentlichten ethnographischen Notizen, die zweifellos von erheblichem Wert gewesen wären, wenn man sie entsprechend analysiert hätte, galten trotz aller Bemühungen als verloren, bis sie kürzlich in den Archiven der Royal Geographical Society wiederaufgefunden wurden.

20 Jahre später, im Jahr 1934 , wurde die Insel von einem französisch-belgischen Wissenschaftlerteam aufgesucht. Doch leider starb der französische Archäologe unterwegs, und so mußte sein belgischer Kollege Henri Lavachery die Denkmäler der Vorzeit allein studieren, während der französische Ethnologe Alfred Métraux wichtige Untersuchungen auf seinem Arbeitsfeld anstellte.

Mrs. Routledge hatte vermutet, daß ein unbekanntes und später ausgestorbenes Volk, möglicherweise melanesischer Herkunft, die Osterinsel vor den jetzigen Polynesiern bewohnt habe, aber Métraux und Lavachery lehnten diese Vorstellung ab und erklärten kategorisch, daß kein anderes Volk die isolierte Insel besucht habe, bevor die Polynesier um das 12., 13. Jahrhundert unserer Zeitrechnung angekommen seien. Sie stellten die – sich später einwurzelnde – Theorie auf, daß die Bewohner der Osterinsel zuerst riesige Steinstatuen aufgestellt hätten, weil sie auf dieser kahlen, unfruchtbaren Insel kein Material fanden, mit dem sie die Holzschnitzerei fortführen konnten, wie sie auf den anderen, waldbedeckten Inseln des eigentlichen Polynesien praktiziert wurde. Diese Theorie erschien immerhin so einleuchtend, daß andere Archäologen abgeschreckt wurden, die Insel zu besuchen. Stratigraphische Ausgrabungen waren also nie unternommen worden.

War die Osterinsel wirklich so kahl, als sich die ersten menschlichen Seefahrer dort ansiedelten, wie es die Ethnologen glaubten? Das war eine der wichtigsten Fragen, die wir zu lösen hofften, als wir eine moderne Ausrüstung für Pollenbohrungen auf die Insel brachten. Die analytischen Pollenbohrungen, die wir rund um die Kraterseen in den erloschenen Vulkanen Rano Raraku und Rano Kao auf der Osterinsel unternahmen, förderten reiches paläobotanisches Material zutage, das von Professor O. H. Selling im Reichsmuseum für Naturgeschichte in Stockholm untersucht wurde.

Die Pollenablagerungen zeigen, daß sich das natürliche Milieu, das die ersten Siedler auf der Osterinsel vorfanden, von dem unterschied, das wir von heute kennen und das seit der Entdeckung der Insel im Jahr 1722 charakteristisch für sie ist. Die Insel, heute arm an Vegetation, besaß früher eine reichere Flora, zu der sogar Bäume aus Familien gehörten, die später ausstarben. Zwischen den Bäumen standen Büsche verschiedener Arten. Die Vegetation muß in gewisser Hinsicht der ursprünglichen Tieflandvegetation beispielsweise an der windabgewandten Seite Hawaiis oder der Marquesasinseln geähnelt haben, wenn sich manche Arten auch voneinander unterschieden. Bevor die Steinbildhauer ihre Arbeit an den Kraterwänden des jetzt völlig kahlen Vulkans Rano Raraku begannen, müssen diese Hänge von Palmen einer Art bewachsen gewesen sein, die heute auf der Insel unbekannt ist. Ihre Pollen waren in jedem Kubikmillimeter der Bodenschicht des Kratersees zu finden. Eine der erstaunlichsten Entdeckungen war der Pollen eines Strauches aus der Gattung *Ephedra,* einer Gymnospermengattung, der bis dahin im ganzen Pazifik unbekannt war, jedoch mit einer südamerikanischen Art eng verwandt, wenn nicht gar identisch ist. Professor Selling hat Pollen der gleichen Art auf den Marquesasinseln gefunden.

Das allmähliche Verschwinden dieser ursprünglichen Vegetation der Osterinsel ließ sich bei unseren acht Meter tiefen Bohrungen, die geschichtete Pollenablagerungen erbrachten, verfolgen. Während noch Bäume die damals offenen Kraterseen umstanden, erschien plötzlich eine amerikanische Süßwasserpflanze, *Polygonum amphibium,* vermutlich von den ersten Siedlern der südamerikanischen Küste als Medizinalpflanze mitgebracht. Dann zeigten sich Rußpartikeln in gewissen Pollenschichten zugleich mit einer raschen Verarmung der ursprünglichen Flora. Die Rußpartikeln können nur von Vegetationsbränden gestammt haben, die einen Aschenregen über die Kraterseen schickten. Diese Feuer wurden offenbar von den ersten Siedlern gelegt, als sich die Bevölkerung vermehrte und mehr Land für Wohnbauten und Landwirtschaft brauchte. Später entstanden die Brände vielleicht durch Kriege. Die Zerstörung war schließlich so wirksam, daß sich in den oberen Schichten überhaupt kaum noch irgend etwas von der ursprünglichen Vegetation fand, während sich Gräser und Farne allmählich über die ausgebrannte Landschaft verbreiteten.

Die Entdeckung dieser Veränderung der Flora ist nicht nur von botanischem Interesse. Sie zeigt, daß wir uns falsche Vorstellungen über das Leben auf der Osterinsel während der ersten Periode der kulturellen Entwicklung gemacht haben. Die Steinmetzen, die an Land gingen und anfingen, ungeheure Basaltblöcke zu schneiden und zusammenzufügen, waren nicht auf eine kahle, grasbedeckte Insel gekommen, wo sie ihre riesigen Monolithen beliebig über die Flächen zerren konnten. Sie mußten vielmehr erst Bäume fällen und den Boden roden, um Zugang zu Steinbrüchen zu gewinnen und Bewegungsfreiheit für sich und ihre Monumente zu schaffen. Diese Entdeckung widerlegt unverzüglich die lange Zeit hingenommene Behauptung, daß die Bevölkerung der Osterinsel Steinbrüche anlegte, weil sie auf einer Insel gelandet sei, auf der sie nicht, wie auf den anderen Inseln Polynesiens, in Holz schnitzen konnte. Die Umgebung, in der sich die ersten Osterinsulaner ansiedelten, war im wesentlichen die gleiche wie auf den anderen Inseln Polynesiens, und deshalb ist es um so auffallender, welche eigenartigen Kulturmerkmale sie bei ihrer Ankunft, wie wir noch zeigen werden, mitbrachten.

Von einer weiteren und völlig anderen Behauptung, die ebenfalls überall auf Glauben gestoßen war und die Probleme im Zusammenhang mit der Osterinsel nur unnötig weiter kompliziert hatte, erwies sich, daß sie auf einer Reihe von Fehldeutungen einer einzigen Beobachtung der Routledge-Expedition beruhte. Mrs. Routledge hatte Sand und Kies vom unteren Teil einiger halb im Schutt der Steinbrüche am Fuß des Rano Raraku begrabenen Statuen entfernen lassen. Sie schrieb in ihrem Expeditionsbericht, daß eine dieser Figuren, wie sich herausgestellt habe, eine zugespitzte Basis aufweise. Sie nahm an, daß sie auf diese Weise angefertigt worden sei, weil sie in die Erde gesetzt werden und nicht auf einer *ahu*-Plattform balancieren sollte wie alle anderen Statuen, die über die ganze Insel verstreut waren.[338] Métraux und Lavachery interpretierten diese Entdeckung dahingehend, daß sämtliche etwa 60 Statuen, die im Schutt am Fuß der Steinbrüche halb begraben standen, eine auf ähnliche Weise zugespitzte Basis hätten. Ohne weitere Nachprüfung schrieb Métraux in seinem Werk über die Ethnologie der Osterinsel, daß es zwei grundverschiedene Klassen von Statuen gebe, die eine mit pflockförmiger Basis, die in die Erde gesetzt würden, und eine andere mit breiter, flacher Basis, die frei auf den *ahu*-Mauern der Insel stehen sollte.[339]

Sir Peter Buck, die führende Autorität auf dem Gebiet der polynesischen Kultur, der die Insel niemals besucht hat, vermehrte die Verwirrung dadurch noch, daß er annahm, Métraux habe gemeint, auch alle 170 Statuen, die unfertig im Steinbruch selbst lagen, besäßen zugespitzte Basen und sollten in die Erde versenkt werden. Eine einzige Statue, die in Wirklichkeit nur defekt war, wurde so in der veröffentlichten Literatur mit 230 Figuren gleichgesetzt, und in seinem verbreitetsten Werk *Vikings of the Sunrise* zieht Buck den weitreichenden Schluß:

»Die Bildwerke mit zugespitzten Basen waren nicht dafür vorgesehen, auf die steinernen Plattformen der Tempel gesetzt zu werden, sondern sollten als säkulare Objekte im Boden aufgerichtet werden, um die Landschaft zu schmücken und Bezirksgrenzen und Landstraßen zu bezeichnen. Weil die im Steinbruch verbliebenen Statuen sämtlich zugespitzte Basen hatten, scheinen die Aufträge für die Plattformen ausgeführt worden zu sein, und die Leute waren wohl auf etwas wie Landstraßenverschönerung umgestiegen.«[340]

Es war für unsere Expedition eine einfache Sache, festzustellen, daß nicht eine einzige unter allen in den Steinbrüchen verbliebenen Statuen eine zugespitzte Basis hatte, obwohl Arne Skjölsvold, der die Untersuchung im Rano Raraku leitete, etwa 50 Statuen entdeckt hatte – außer denen, die bis dahin bekannt gewesen waren.[341] Als wir mit der Ausgrabung der teilweise begrabenen Kolosse am Fuß der Steinbrüche begannen, entdeckten wir, daß jeder von ihnen – abgesehen von dem einen defekten Exemplar – ebenfalls einen vollständigen Körper mit langen Armen und schlanken Fingern besaß, die am unteren Teil in der Nähe der breiten, flachen Basis angebracht waren. Diese war keineswegs zugespitzt, um in den Boden gesenkt zu werden, sondern im Gegenteil so entworfen, daß die Statue völlig frei auf einer Plattform stehen konnte.

Unsere Untersuchungen ergaben, daß alle etwa 600 bisher bekannten Statuen auf der Osterinsel im Grunde vom gleichen Typ sind, einschließlich der unfertigen Exemplare, die verschiedene Arbeitszustände darstellen. Die Statuen lassen sich in vier Hauptphasen der Fertigung unterteilen. Im ersten Stadium war die Figur am Rücken noch mit der Kraterwandung verbunden, während Front und Seiten teilweise oder vollständig fertig waren, manchmal bis ins letzte Detail, einschließlich der vollendeten Glättung. Nur die Augenhöhlungen fehlten noch. Im zweiten Stadium wurde auch der Rücken freigeschlagen und die Statue vorübergehend im Abfallschutt am Fuß des Steinbruchs aufgestellt, damit man den Rücken bearbeiten und glätten konnte; in einigen Fällen erhielt er Symbole im Flachrelief. Auf den steilen Hängen des Vulkans ließ sich die Figur leicht hochwippen. Sie stand dann mit ihrer breiten, flachen Basis auf einer vertieften Terrasse, die grob mit unbearbeiteten Lavabrocken gepflastert war. Im dritten Stadium wurde die Statue, bis auf die tiefen Höhlungen für die Augen vollendet, abermals hingelegt und auf gepflasterten Straßen vom Vulkan wegtransportiert. Erst im vierten Stadium, in dem die Figur auf ihrem eigenen *ahu* aufgestellt wurde, erhielt sie die Augenhöhlen. Außerdem wurde ihr ein großer roter Steinzylinder auf den Kopf gesetzt, den die Insulaner *pukao*, »Haarknoten«, nannten.

Mit dieser Entdeckung hatte sich das ganze Problem vereinfacht. Keine der Statuen war als Landschafts- oder Straßenschmuck gedacht. Die Bildhauer hatten stets mit der gleichen Absicht gearbeitet: gleichartige Monumente mit roten Haarknoten anzufertigen, die nebeneinander, jedes auf seiner *ahu*-Plattform, rundum die ganze Küste aufgestellt werden sollten.

Aber es gab noch andere Rätsel der Osterinsel zu lösen. Während Skjölsvold die Ausgrabungen am Rano Raraku leitete, begannen Mulloy und Smith mit den ersten systematischen Untersuchungen und Ausgrabungen der *ahu*-Ruinen, auf denen die Statuen früher gestanden hatten. Dabei stellten sie fest, daß das Mauerwerk frühere Bauten überdeckte, die später zum Teil umgebaut, zum Teil erweitert und verstärkt worden waren. Die ursprünglichen Anlagen waren nicht dafür geeignet, schwere Monumente zu tragen, und außerdem gehörten sie einer anderen architektonischen Tradition an und verrieten eine andere Technik der Steinbearbeitung.[342]

Als die Ausgrabungen vorankamen, zeigte sich an den verschiedentlich umgebauten Konstruktionen deutlich, daß sich die Vorgeschichte der Osterinsel in drei voneinander getrennte Phasen gliedert, die von den Archäologen als »frühe«, »mittlere« und »späte« Periode bezeichnet wurden. In der frühen Periode stellte man keine *ahu*-Figuren her, obwohl Statuen angefertigt wurden. Die Tempel waren altarähnliche Erhöhungen aus sehr großen, ungleichen und überaus genau behauenen und ineinandergefügten Steinen. Ihre Fassade war dem Meer und der vertiefte Tempelhof dem Binnenland zugewandt. Sie waren astronomisch orientiert und von hochspezialisierten Steinmetzen gebaut, die die Jahresbewegungen der Sonne studiert hatten und diese Beobachtungen für die religiöse Architektur benutzten. Während der frühen Periode wurden verschiedene Typen von Skulpturen im Tempelhof aufgestellt.

Erst in der nächsten, der mittleren Kulturperiode wurden die Riesenstatuen des bekannten Typs ausgehauen und auf terrassierte Steinplattformen gestellt. Inzwischen waren die ursprünglichen Tempelbauten entweder zerstört oder verändert worden. Danach hatte man sie mit anderem Mauerwerk überbaut und die später so bekannten *ahu* geschaffen. Die *ahu* waren ohne astronomische Ausrichtung und für die Aufstellung der erst jetzt erscheinenden Reihen von Kolossalmonumenten bestimmt. Diese Riesenstatuen kehrten dem Meer den Rücken, das Gesicht dem landeinwärts liegenden Hof zu.

Die Architekten und Bildhauer der mittleren Periode konzentrierten ihre Energie und ihr Interesse völlig auf die Herstellung und Aufrichtung ihrer gewaltigen Monumente aus Rano-Raraku-Tuff. Dagegen war die frühere Bevölkerung der Osterinsel – in der ersten Kulturperiode – weit erfahrener in der Kunst, riesige Blöcke harten Basalts zu behauen und zu glätten und daraus ihre altarähnlichen religiösen Bauten zu errichten.

In der dritten und letzten, der späten Periode endeten zunächst ganz plötzlich alle Arbeiten in den Rano-Raraku-Steinbrüchen sowie der Transport der Statuen auf den Straßen. Während dieser Periode wurden die Statuen eine nach der anderen von den *ahu*-Plattformen heruntergestürzt. Ein neuer Bestattungsbrauch wurde eingeführt. Bisher war die unpolynesische Verbrennung praktiziert worden, wobei man die verbrannten Gebeine und Gegenstände in Steingräbern neben dem *ahu* bestattete. Von nun an begruben Holzschnitzer, denen die Fähigkeiten für Megalith-Bildhauer- und -Steinmetzarbeiten fehlten, ihre Toten unter formlos aufeinandergeworfenen Steinbrocken auf den zerstörten *ahu*-Plattformen oder in großen, ebenso rohen Kammern für mehrere Bestattungen unter dem Bauch oder dem Gesicht der gestürzten Kolosse. Die späte Periode war überall von Dekadenz, Krieg und Vernichtung geprägt. Tausende von Speerspitzen aus Obsidian kennzeichnen alle Schichten dieser Endperiode, während Waffen in den beiden früheren Perioden überhaupt nicht oder äußerst selten vorkamen.

Mit dieser Entdeckung war nicht nur eine Aufeinanderfolge verschiedener Kulturen auf der Osterinsel sichtbar geworden, sondern auch die bisher hypothetisch angenommene Entwicklungsrichtung auf den Kopf gestellt. Mrs. Routledge hatte bereits vermutet, daß die *ahu* der Osterinsel umgebaut worden seien und ursprünglich anders ausgesehen hätten, aber Métraux und Lavachery hatten diese Vermutung zurückgewiesen und behauptet, daß die Kultur der Osterinsel völlig einheitlich und ohne jedes Zeichen für eine Schichtung gewesen sei.[343]

Alle Beobachter hatten auf die auffallende Ähnlichkeit der größten und am besten erhaltenen *ahu*-Fassaden auf der Osterinsel mit entsprechenden Anlagen im Andengebiet hingewiesen. Sie hatten jedoch angenommen, daß die besten Mauern auf der Osterinsel neueren Datums seien und das Ergebnis der lokalen Entwicklung darstellten. Man vermutete, daß die Polynesier die Osterinsel ohne jede Kenntnis dieser besonderen Art der Steinmetzkunst erreicht hätten und erst im Lauf der Zeit auf dieser baumlosen Insel zu erfahrenen Steinmetzen geworden seien, den hervorragendsten Fachleuten Südamerikas in der Bildhauerei und im Zusammenfügen megalithischer Mauern ebenbürtig. Doch genau das Gegenteil war der Fall. Die ersten Siedler hatten auf der Osterinsel sofort damit begonnen, die besten Mauern vom gleichen Typ zu bauen, wie er in Peru und den benachbarten Gebieten der Anden zu finden war, nachdem sie zunächst das Gelände für Steinbrüche und Tempelstätten gerodet hatten. Das Volk der mittleren Periode beherrschte diese spezialisierte Mauertechnik überhaupt nicht mehr und hatte lediglich Kolossalstatuen errichtet. Ferner wies die letzte Periode keinerlei Zeichen irgendeiner Entwicklung der Steinbearbeitung auf und war von Dekadenz, Massenzerstörung und Vernichtung alles bisher Geschaffenen geprägt. Die Situation war also auf den Kopf gestellt, und eine Besiedlung aus dem Gebiet der Steinbildhauerkulturen Südamerikas ließ sich nicht mehr ausschließen, da es im ganzen Pazifik keine andere Region gab, von der Einwanderer eine fertig entwickelte Fähigkeit der spezialisierten Steinmetztätigkeit mitgebracht haben könnten.

Die mehrschichtige Natur der Osterinselkultur reichte, wie sich herausstellte, über religiöse Bauten und Bestattungsbräuche hinaus und schloß auch die säkularen Wohnstätten der Eingeborenenbevölkerung mit ein. Nach den anfänglichen Untersuchungen der Inseloberfläche vermutete Ferdon bereits, daß es Spuren völlig verschiedener Haustypen in verschiedenen Teilen der Insel gebe. Ethnologen und Archäologen waren sich bis dahin einig gewesen, daß sich auf der Osterinsel, abgesehen von unterirdischen Höhlen, nur ein einziger Haustyp finde, nämlich lange, linsenförmige Binsenhäuser, die einem umgedrehten Boot ähnelten. Ein Rahmen aus gebogenen Stangen, die ein Dach aus Binsen und Gras trugen, war in enge Bohrlöcher in einer bootförmigen Grundmauer aus behauenen Steinen eingesetzt. Die Archäologen der Expedition gruben zunächst eine Anzahl dieser Hausfundamente aus, die, wie sich herausstellte, sämtlich aus der Zeit unmittelbar vor oder nach den ersten Kontakten mit Europäern stammten, das heißt aus der späten Periode. Danach richteten Ferdon und Skjölsvold ihre Aufmerksamkeit auf gewisse kreisförmige Mauern, die in verschiedenen Teilen der Insel in großer Menge erhalten geblieben waren.[344] Frühere Ethnographen und Archäologen hatten sich die Behauptung der heutigen Eingeborenen zu eigen gemacht, daß dies die Plantagen ihrer Vorfahren gewesen seien. Die runden Mauerringe seien gebaut worden, um die *mahute*-Pflanzungen vor dem Wind auf der offenen Insel zu schützen. Der schwedische Botaniker C. Skottsberg, der die Osterinsel 1917 besucht hatte, bestätigte, daß innerhalb der Ringmauern Pflanzungen angelegt worden seien, und stellte dies so auch in seiner Publikation über die Flora der Osterinsel dar. Diese Abbildung wurde später in dem ethnologischen Werk Métraux' reproduziert.[345] Unsere Ausgrabungen ergaben, daß diese Nutzung der Ringmauern völlig sekundär war und erst in der dritten Periode der Insel einsetzte. In Wirklichkeit waren die Ringe ursprünglich die dicken Mauern von runden Häusern, die mit einem Binsendach gedeckt gewesen waren. Bei der Ausgrabung fanden wir den Boden voller Abfall und Werkzeuge nach lang dauernder Benutzung. Die Herdstelle lag entweder im Zentrum der Grundfläche oder gleich außerhalb der Mauer, und einmal fand Skjölsvold sogar einen Ofen voll verkohlter Reste von gebackenem Zuckerrohr und Süßkartoffeln, der in höchster Eile verlassen worden war. Radiokarbondatierungen ergaben, daß dieser völlig unpolynesische Haustyp der zweiten Periode angehörte, der Zeit also, als die Kolossalstatuen errichtet wurden. In einzelnen Fällen reichten sie noch in die dritte Periode hinein, Seite an Seite mit den ganz andersartigen bootförmigen Binsenhütten. Ferdon, der eingehende Kenntnisse der Archäologie Südamerikas mitbrachte, erkannte sofort, daß solche Häuser, im ganzen übrigen Polynesien unbekannt, für den nächstgelegenen Teil des Andengebiets, gerade der Osterinsel gegenüber, typisch waren.[346]

Unsere Ausgrabungen auf der Ebene von Vinapu brachten das Haus eines dritten, ebenfalls völlig abweichenden Typs ans Tageslicht, mit massivem Dach aus Steinplatten, das mit Erde bedeckt war. Es war sekundär als Grabstätte eines Toten ohne Kopf verwendet worden. Ein ganzes Dorf solcher Steinhäuser lag auf dem Gipfel des höchsten Vulkans der Osterinsel und war seit Ankunft der Missionare als bedeutendstes Zeremonialzentrum bekannt. In diesem Dorf namens Orongo versammelte sich die gesamte Bevölkerung jedes Jahr um die Frühlings-Tagundnachtgleiche. Die Leute saßen dann als Zuschauer und Schiedsrichter bei dem alljährlichen Wettbewerb, bei dem die Teilnehmer auf kleinen *totora*-Binsenbooten zu den winzigen Vogelinseln vor der Küste hinausschwammen, um das erste Ei der Rußseeschwalbe zu suchen. Der Sieger gewann den Titel des heiligen Vogelmenschen für dieses Jahr.

Sowohl Mrs. Routledge als auch Métraux haben dieser eigenartigen Zeremonie, die bis in historische Zeit weiterlebte, besondere Aufmerksamkeit gewidmet, aber sie betrachteten die Steinhäuser in Orongo nur als ein für die Osterinsel charakteristisches Zeremonialdorf, da kryptenartige Steinbauten dieser Form im ganzen übrigen Pazifik unbekannt waren. Ferdon leitete die umfangreichen Ausgrabungen in Orongo und konstatierte die gleiche kulturelle Schichtung auch hier. Er entdeckte, daß die merkwürdigen Häuser, die in Form eines Zeremonialzentrums auf dem Gipfel des Vulkans erhalten geblieben waren, in Wirklichkeit nur die Fortsetzung einer Bauform darstellten, die in der frühen Periode für Wohnhäuser auf der Osterinsel verwendet worden war. Auch diesen Haustyp mit dem falschen Gewölbe, der anderswo in Polynesien unbekannt ist, konnte er auf Peru und angrenzende Teile des Andengebiets zurückführen.

Vorspringende Felszacken im Dorf Orongo waren über und über mit Reliefs von Vogelmännern bedeckt. Sie stellten die hier wohlbekannten hockenden Gestalten mit menschlichem Körper und menschlichen Gliedmaßen, jedoch mit Vogelkopf und langem Schnabel mit Haken an der Spitze dar. Ein Vogelmann umarmte eine realistisch geritzte Sonne. Während Ferdon einige der niedrigen Zeremonialhäuser ausgrub, die häufig eingestürzt waren, entdeckte er mehrere bis dahin unbekannte Malereien auf glatten Steinplatten von Wand und Dach. Die beherrschenden Motive waren sichelförmige Binsenboote, doppelblattige Paddel und das »weinende Auge«, sämtlich unpolynesische Elemente, die aber für amerikanische Hochkulturen kennzeichnend sind.[347]

Ferdons Ausgrabung erbrachte den stratigraphischen Nachweis, daß dieses Dorf auf dem Gipfel des höchsten Vulkans der Insel mit kurzen Unterbrechungen Kulturzentrum während aller drei Perioden der Osterinsel gewesen war. In der untersten Schicht legte Ferdon ein Sonnenobservatorium frei, in dem die Stellen des Sonnenaufgangs zur Sommer- und Wintersonnenwende und zur Frühjahrs- und Herbst-Tagundnachtgleiche markiert sind. Beweise für ein Zeremonialdorf an dieser Stätte während der frühen Periode gab es zwar nicht, wohl aber wurden Sonnensymbole, zu denen neben Felszeichnungen auch eine kleine, bisher unbekannte Statue von völlig abweichendem Typ gehörte, in unmittelbarer Verbindung mit dem Sonnenobservatorium gefunden. Das Gebäude mit den Vorrichtungen zum Messen des Sonnenstandorts stellt das erste dieser Art dar, das innerhalb Polynesiens überhaupt bekannt ist. Auch hier muß man ins Andengebiet gehen, um Parallelen zu finden.

In der mittleren Periode wurde das schön behauene und sauber gefügte Mauerwerk des Sonnenobservatoriums von einem rohen *ahu*-ähnlichen Tempelbau überdeckt. Das Dorf aus Steinhäusern wurde nun in nächster

Nachbarschaft erbaut und der Vogelmannkult plötzlich in voll entwickelter Form eingeführt und mit der älteren Sonnenverehrung vermischt, bis er diese allmählich fast völlig verdrängte. Eine verhältnismäßig kleine, schön ausgeführte Statue aus schwarzem Basalt – jetzt im Britischen Museum – wurde zu Anfang der mittleren Periode von ihrem ursprünglichen Platz im Sonnenobservatorium in das größte und wichtigste Steinhaus des Kultzentrums Orongo gebracht und in das dortige Inventar aufgenommen. Später hatte man primitive Vogelmänner und Doppelpaddel über die ursprünglichen Sonnensymbole aus der frühen Periode auf ihrem Rücken eingeritzt, was Mrs. Routledge als erste beobachtete, ohne es sich jedoch erklären zu können. Diese bedeutende Statue aus Orongo unterscheidet sich von allen *ahu*-Statuen der mittleren Periode darin, daß sie eine konvexe, nicht flache Basis besitzt und nicht aus dem üblichen gelblichgrauen Tuff, sondern aus hartem schwarzem Basalt ausgehauen ist, weshalb sie nicht aus den Steinbrüchen im Rano Raraku stammen kann. Wie wir noch sehen werden, könnte diese Statue aus der frühen Periode möglicherweise den Prototyp für alle *ahu*-Bildwerke darstellen, die in der mittleren Periode auf der Insel errichtet worden sind.

Als sich die Ausgrabungen in das Tiefland unter dem Dorf hinabzogen, stieß man auch dort auf Statuen bisher unbekannten Typs. Einige dieser frühesten Statuen waren, wie sich herausstellte, absichtlich zerschlagen worden, und die Bruchstücke hatte man in die kreisförmigen Steinhäuser der mittleren Periode vermauert. Andere wurden entehrt, indem man sie, das Gesicht nach innen, als gewöhnliche Bausteine in die rohen *ahu*-Plattformen für die großen Statuen der mittleren Periode einmauerte. Einige waren wie die Orongo-Statue aus schwarzem Basalt, andere aus der gelblichroten Vulkanschlacke verschiedener Art und Herkunft, wieder andere aus dem gelbgrauen Tuff des Rano Raraku. In ihrer Form unterschieden sie sich aber ausnahmslos vom Standardtyp der bisher bekannten Osterinsel-Statue, und da sie respektlos als gewöhnliches Baumaterial in die Mauern von Bauten der mittleren Periode eingefügt worden waren, stellen sie mit größter Wahrscheinlichkeit Zeugnisse der Arbeiten von Bildhauern der frühen Periode dar.

Die Statuen aus der ersten Periode der Osterinsel, die wir entdeckten, ließen sich in vier grundlegend verschiedene Typen einteilen, von denen drei vorher nicht bekannt gewesen waren – weder auf der Insel selbst noch aus irgendeinem anderen Teil Ozeaniens. Monument Typ 1 wird von rechtwinklig behauenen, manchmal ziemlich flachen Steinköpfen ohne Körper und Gliedmaßen, mit abgerundet rechteckigen Umrissen repräsentiert. Das im Flachrelief herausgearbeitete flache Gesicht weist stets riesige Augen und vorspringende Augenbrauen auf, die Y-förmig in die flache Nase verlaufen. Andere Details wie Ohren und Mund sind unbedeutend oder fehlen. Es wurden mehrere Exemplare gefunden. Im allgemeinen waren sie einfach dadurch unkenntlich gemacht worden, daß sie mit dem Gesicht nach unten in der Nähe eines *ahu* oder auf einem steinigen Feld niedergelegt worden waren.

Monument Typ 2 wird von einer starren, säulenförmigen und höchst unrealistischen Figur mit ebenfalls abgerundet rechteckigem Querschnitt, jedoch mit vollständigem Körper und verkümmerten Beinen repräsentiert. Die im Relief ausgehauenen dünnen Arme sind rechtwinklig gebeugt, und die Finger der Hände berühren sich fast auf dem Bauch. Ein einziges vollendetes – aber zerbrochenes – und zwei unvollendete, noch im Steinbruch befindliche Exemplare, sämtlich aus roter Vulkanschlacke, sind gefunden worden.

Monument Typ 3 wird von der bemerkenswert realistischen Figur eines nackten Riesen repräsentiert, der in einer Art kniet, daß die senkrechten Sohlen seiner Füße hinter ihm als Stütze für das sich wölbende Gesäß dienen. Die Knie springen vor, so daß die Oberschenkel einen rechten Winkel mit dem Körper bilden, und die Hände ruhen in der Nähe der Knie auf den Oberschenkeln. Das Gesicht starrt leicht aufwärts, die ovalen Augen sind nicht hohl, sondern leicht konvex, und die Wangen sind voll. Der kleine Mund hat geschürzte Lippen, und das Kinn weist einen kleinen Spitzbart auf. Es wurde nur ein einziges Exemplar gefunden, unter dem Schutt des ältesten Teils der Rano-Raraku-Steinbrüche begraben.

Während diese drei neuentdeckten Typen vorher in Ozeanien völlig unbekannt waren, war Monument Typ 4, ebenfalls aus der frühen Periode, insofern bekannter, als es dem bisher für den einzigen Statuentyp gehaltenen sehr ähnlich war, nämlich dem *ahu*-Bildwerk, von dem viele bei den ersten Besuchen der Europäer noch standen. Typ 4 der frühen Periode ist deutlich ein Prototyp der folgenden Steinkolosse, die der Osterinsel ihren Ruhm brachten. Dieser Typ ist eine steife, konventionalisierte Büste, unmittelbar unter den Geschlechtsorganen abgeschnitten, weist Brustwarzen und Nabel, lange, schlanke, an den Seiten herabhängende Arme auf, die Hände rechtwinklig so abgebogen, daß die Spitzen der äußerst langen, dünnen Finger die Seiten der Genitalien erreichen. Nase und Ohren ragen hervor, die Lippen des Mundes sind geschürzt, und die Stirn springt über die Augenregion vor. Die Augen unterscheiden sich erheblich von denen bei den anderen Statuen der frühen Periode im Relief ausgearbeiteten und verdienen besondere Aufmerksamkeit: Typ 4 weist tiefe Höhlungen anstelle der Augen auf, ein besonderes Merkmal, das später bei allen Exemplaren dieses Typs in der mittleren Periode wieder auftrat.

Es ist ein verbreiteter Irrtum, daß die großen Monumente der Osterinsel blinde Steinköpfe seien. Dieses Mißverständnis ergibt sich daraus, daß die einzigen Statuen, die bis in moderne Zeiten aufrecht stehen geblieben sind, gerade zu jenen gehören, die man unvollendet am Fuß der Steinbrüche fand. Doch waren sie nur deshalb blind, weil die Augenhöhlen erst dann ausgearbeitet wurden, wenn die Figuren an ihrem Bestimmungsort auf einer *ahu*-Plattform aufgerichtet waren. Wie wir sahen, sind alle vollendeten und früher stehenden Kolosse während der späten Periode der Bürgerkriege umgestürzt worden, und das geschah ausnahmslos so, daß sie mit dem Gesicht zur Erde lagen. Wir begannen im Jahr 1955 mit der Wiederaufrichtung gefallener *ahu*-Bildwerke, und andere fuhren damit fort, so daß sich jetzt mehrere Statuen wieder in ihrer ursprünglichen Stellung befinden – alle mit tiefen, leeren Augenhöhlen. Diese tiefen Höhlungen anstelle von Augen bei den Figuren des Typs 4 haben manche zu der Annahme gebracht, sie sollten hohläugige Schädel darstellen. Diese Theorie muß jedoch zurückgewiesen werden, da die fleischigen Partien von Ohren, Lippen und Nase realistisch dargestellt sind. Weitere Nachforschungen während der letzten Jahre brachten mich zu der Überzeugung, daß die Statuen vom Typ 4 aus der frühen und der mittleren Periode der Osterinsel ursprünglich eingelegte Augen hatten. Einige der steinernen Kolossalstatuen in menschlicher Gestalt, die von den Hethitern stammen, und manche der lebensgroßen Steinmänner des voreuropäischen Mexiko weisen genau die gleichen hohlen, ovalen Vertiefungen anstelle der Augen auf, doch in diesen Fällen wissen wir, daß die Einlagen tatsächlich herausgefallen sind, da andere Exemplare in beiden Gebieten Augenhöhlen besitzen, die mit weißen Seemuscheln gefüllt sind, in deren Mitte sich eine schwarze Obsidianscheibe befindet. Tatsächlich hatten auch auf der Osterinsel sämtliche gut erhaltenen Holzfigürchen, die vor dem Einfluß der Missionare gesammelt worden waren, genau die gleiche Art von Augen: tiefe, ovale Höhlungen, mit weißen Knochen oder Muscheln gefüllt, die in der Mitte eine schwarze Obsidianpupille aufweisen. W. J. Thomson sammelte im Jahr 1886 den abgeschlagenen Kopf einer der typischen Osterinselstatuen, der solche Einlagen besaß.[348] Selbst die riesigen *tapa*-Bildwerke *(paina)* aus der späten Periode der Insel hatten weiße Scheiben, aus menschlichen Schädelknochen herausgeschnitten, als Augen, in die eine Pupille aus einer schwarzen Muschel eingesetzt war.

Der auffallendste Unterschied zwischen den Statuen vom Typ 4 aus der mittleren Periode der Osterinsel und ihrem im allgemeinen kleineren Prototyp aus der frühen Periode ist der, daß die Figuren aus der mittleren Periode einen abgeflachten Kopf hatten, damit man einen Haarknoten aus rotem Stein *(pukao)* darauflegen konnte. Außerdem war ihre Basis abgeflacht, damit die Statue sicher auf einem steinernen *ahu* balancierte. Die Exemplare aus der frühen Periode hatten Basis und Kopf gerundet, da sie keinen Haarknoten bekamen und in den Boden des Tempelplatzes gesetzt wurden.

Nach der Überlieferung stellten bereits die ersten aus dem Osten kommenden Einwanderer Steinstatuen her. Wenn wir nach Anregungen außerhalb suchen, finden wir keinen der vier Typen anderswo in Ozeanien oder Südostasien dargestellt. Nur auf den Marquesasinseln, Raivavae und früher auf Pitcairn – sämtlich im äußersten Ostteil Polynesiens gelegen – gab es große Steinstatuen, doch diese stellen alle unproportioniert dicke Männer mit vorspringendem Bauch, kurzen, leicht gekrümmten Beinen und großem rundem Kopf mit diabolischen Zügen im Flachrelief dar. Sie stimmen gut mit der Sorte großköpfiger und kurzbeiniger Steinmänner überein, die auf dem ganzen Weg von Mexiko über San Agustín in Kolumbien bis zum Titicacasee in Peru/Bolivien auf erhöhten Plattformen oder im Boden stehen. Obwohl all diese Statuen äußerst kurze Beine haben, sind Büsten völlig ohne Beine nur in archäologischen Fundstätten im Bezirk Huaras, Zentralperu, verbreitet und erscheinen sporadisch rund um den Titicacasee. Die Statuen des bärtigen Con-Tici-Viracocha in Tiahuanaco und in der benachbarten Fundstätte Mocachi haben keine Beine, und ein einziger stämmiger Steinriese in der Tiahuanaco-Fundstätte am Nordufer dieses Sees ist unterhalb der Genitalien abgeschnitten und ähnelt, wie ich andernorts erläutert habe, stark dem Monument vom Typ 4 der Osterinsel, wie es in seiner ursprünglichen Phase in der frühen Periode erschien.[350] Dennoch muß man beinlose Büsten in den Anden als ungewöhnliche Form betrachten. Zweifellos haben sie sich lediglich auf der Osterinsel während des Übergangs von der frühen zur mittleren Periode infolge einer örtlichen Selektivität entwickelt.

Dagegen sind die anderen drei neuentdeckten Typen der frühen Periode, die anderswo in Ozeanien ebenfalls unbekannt sind, in den Anden überaus verbreitet. Sie stimmen genau mit den drei Typen von Steinstatuen überein, die der Andenarchäologe W. C. Bennett als charakteristisch für die Monumente der Vorinkazeit in der Tiahuanacoperiode aufgezählt hat. Die drei Formen auf der Osterinsel folgen den drei Tiahuanacoformen in jeder Einzelheit. Das gilt ebenso für den rechteckigen, körperlosen Kopf mit großen Augen und Y-förmiger Nase wie für die Pfeilerstatue im quadratischen Querschnitt mit gebeugten Armen und Händen auf dem Unterbauch und für die realistische kniende Statue, die die Hände auf den Oberschenkeln hat, sowie für jedes der anderen oben aufgezählten Merkmale.[351] Skjölsvold, der den knienden Riesen aus dem Schutt unter dem ältesten Teil der Steinbrüche ausgegraben hat, vergleicht sämtliche sehr speziellen Einzelheiten mit den entsprechenden Exemplaren aus Tiahuanaco, die Bennett in die früheste vorklassische Periode dieser Fundstätte datiert. Skjölsvold erklärt: »Die Ähnlichkeit zwischen dieser Statue von Tiahuanaco in Südamerika und unserem Exemplar ist so groß, daß sie kaum dem Zufall zugeschrieben werden kann, sondern auf enge Verwandtschaft zurückgeführt werden muß, die voraussetzt, daß ein Zusammenhang zwischen diesen beiden Beispielen alter Steinbildhauerei in den Anden und auf der Osterinsel besteht.«[352]

Vor dem Hintergrund der neuentdeckten Typen der frühen Periode kann man sich eine Entwicklung der *ahu*-Monumente der Osterinsel vorstellen. Bisher hatte man nur die gleichförmigen Kolosse aus der mittleren Periode gekannt, und sie wiesen keine Ähnlichkeit mit Statuen auf – ob auf den Inseln im Westen oder auf dem Kontinent im Osten. Das war einer der Gründe, weshalb ihr isoliertes Vorkommen auf der Osterinsel solche Rätsel mit sich brachte. Die neuen Entdeckungen zeigen, daß während einer bisher unbekannten, noch früheren Periode die allererste Bevölkerung mit verschiedenen Gesteinsarten auf der Osterinsel und mit vier verschiedenen Typen anthropomorpher Monumente experimentiert hatte, von denen sich drei als charakteristisch frühe Formen in Tiahuanaco auf dem nächsten Festland im Osten erwiesen. Außerdem war der vierte Typ ebenfalls unter Steinstatuen von Tiahuanaco vorhanden, wenn dieser sich auch auf der Osterinsel bis zum Ende der frühen Periode zu einer stärker spezialisierten Form entwickelt hatte. Später wurde dieser Typ einmütig als Norm für mehrere hundert Kolossalstatuen akzeptiert, die während der mittleren Periode der Osterinsel auf den umgebauten *ahu* errichtet wurden.

Warum? Um eine Erklärung für diese Entwicklung und die darauffolgende merkwürdige Stagnation zu finden, wie sie die Archäologen demonstrieren, müssen wir uns um Hilfe an die Ethnologie wenden. Es besteht kein Grund, an den mündlichen Informationen zu zweifeln, die Cook, La Pérouse und andere frühe Besucher von den Eingeborenen der letzten Periode erhielten, als noch mehrere Statuen aufrecht auf ihrem *ahu* standen: das waren keine Götterbilder in der eigentlichen Bedeutung des Wortes, sondern Denkmäler von Königen, Häuptlingen und anderen bedeutenden Persönlichkeiten, auf oder neben deren Grabstätte sie aufgestellt wurden. Jede einzelne Statue war zu Ehren einer bestimmten verstorbenen Persönlichkeit errichtet worden, und selbst nach den Stammesfehden in der späten Periode, in denen die Statuen gestürzt wurden, konnten sich viele alte Eingeborene noch an die Namen bestimmter *ariki* oder Häuptlinge erinnern, die gewisse Statuen darstellten. Unsere Ausgrabungen ergaben, daß vorbereitete Grabkammern und sonstige Bestattungen während des allerletzten Teils der zweiten und der gesamten dritten Periode auf die *ahu* beschränkt waren, während wir in den astronomisch ausgerichteten altarähnlichen Bauten ohne Statuen aus der ersten Periode keinerlei Beweise für Bestattungen fanden. Wie bereits erwähnt, wurden Verbrennungsplätze mit Mehrfachbestattungen vor der Front der schön behauenen, ineinandergepaßten und astronomisch orientierten Tempelmauern freigelegt. Auch das war eine überraschende Entdeckung, da es vorher völlig unbekannt war, daß jemals Leichenverbrennungen auf der Osterinsel praktiziert worden waren.

Natürlich erhebt sich jetzt eine weitere Frage: Weshalb wünschten sich all diese mächtigen Häuptlinge in der mittleren Periode ihre Grabdenkmäler als stereotype Kopien der Statue Typ 4 aus der frühen Periode? Die Frage ist um so sachdienlicher, als diese Häuptlinge alle Statuen der frühen Periode, sogar die des Typs 4, zerstört oder beschädigt hatten – mit einer einzigen Ausnahme: der schönen Basaltfigur aus dem Sonnenobservatorium auf dem Gipfel des Vulkans Rano Kao, die gerettet und in ihr eigenes steinernes Zeremonialhaus in Orongo gebracht worden war. Dies war in der Tat die einzige freistehende Statue auf der Osterinsel, die selbst in der späten Periode nicht umgestürzt worden war, sondern fast bis zu dem Zeitpunkt angebetet wurde, als man sie wegschaffte und ins Britische Museum brachte.

War diese Statue aus Orongo von besonderer Bedeutung? Darauf werden wir zweifellos mit Ja antworten dürfen. Mit ihrer konvexen Basis war sie nicht nur die einzige Statue der Insel, die man auf dem erdigen Fußboden im Innern eines Gebäudes aufrichten konnte, und die einzige, die alle drei Kulturperioden überlebt hatte, sondern sie war auch die einzige Statue auf der Osterinsel, die, wie bekannt wurde, der einzige Gegenstand der Anbetung und religiösen Aufmerksamkeit der gesamten Inselbevölkerung ohne Rücksicht auf Familie oder Stamm wurde. Alle anderen Statuen gehörten zusammen mit dem *ahu*, auf dem sie standen, einzelnen Familien und wurden gerade aus diesem Grund in den grausamen Stammesfehden der späten Periode als Racheakt umgeworfen und zerstört. Sogar einige der unvollendeten Statuen, die am Fuß der Rano-Raraku-Steinbrüche standen, wiesen tiefe Schrammen auf vom Versuch, sie zu enthaupten, weil es den Eingeborenen nicht gelungen war, sie umzustürzen, da sie tief im Schutt vergraben lagen. Nur diese einzige Figur im Steinhaus von Orongo blieb unberührt und war immer noch Objekt eines Fruchtbarkeitskults mit wichtigen Ritualen für sämtliche miteinander kämpfenden Stämme auf der Insel, als die Missionare in der zweiten Hälfte des vorigen Jahrhunderts eintrafen. Unsere Ausgrabungen vor dem Eingang des großen Zentralsteinhauses, in dem die wichtige kleine Basaltfigur verwahrt wurde, erbrachten beträchtliche Mengen Holzkohle, die von Zeremonialfeuern stammte.

Aller Wahrscheinlichkeit nach war diese Figur ursprünglich mit dem Sonnenritual der frühen Periode verbunden gewesen. Sie trug das Symbol der Sonne und des Regenbogens im Relief auf dem Rücken, bis sie in ein neu erbautes Steinhaus der mittleren Periode gebracht wurde. Dann ritzte man die Vogelmannsymbole der neuen Periode grob über die früheren Motive ein. Doch nahm die Figur ihre Zentralposition im Kult der Insel als Fruchtbarkeitssymbol wieder ein und wurde in Zeremonien während der jährlichen Frühjahrs-Tagundnachtgleiche angebetet. Während die anderen Statuen, die nun die Menschen der mittleren Periode auf ihrem Familien-*ahu* errichteten, verstorbene Einzelmenschen darstellten, war die Orongofigur weiter eine gemeinsame Gottheit, von allen Familien der Insel verehrt. Das könnte die einförmige Beerdigungskunst erklären, die sich in den *ahu*-Bildwerken ausdrückte. Daß die Könige der Osterinsel – wie anderswo in Polynesien und Peru – den Anspruch erhoben, von der höchsten Gottheit abzustammen, macht verständlich, daß sie ihr Porträt diesem göttlichen Vorfahren, der durch seine Figur im gemeinsamen Zeremonialzentrum in Orongo allen bekannt war, so ähnlich wie möglich wünschten. Da die physische Ähnlichkeit mit diesem allmächtigen Erzeuger erhalten blieb, lag ihr einziger Spielraum, ihre eigene Macht und Bedeutung zur Schau zu stellen, darin, ihre Grabmale so groß wie nur möglich zu machen, und diese Tendenz verstärkte sich im Lauf der Zeit.

Als wir erst einmal eine Anzahl von Statuen gefunden hatten, die älter waren als die berühmten Figuren der Osterinsel, zeigte sich deutlich, daß die theoretischen Datierungen für die erste Besiedlung der Insel nicht mehr zu halten waren. Die Osterinsulaner selbst hatten frühen Besuchern zwei königliche Genealogien angegeben, von denen die frühere 57 Generationen bis zu Hotu Matua, dem ersten eingewanderten König, zurückging. Da angenommen worden war, daß diese Einwanderer aus dem fernen Asien kamen, wurde die lange Linie willkürlich aufgegeben zugunsten einer kürzeren königlichen Linie, die – uneinheitlich – zwischen 20 und 30 Namen enthielt. Es war bei unseren Ausgrabungen wichtig, nach organischen Überbleibseln zu suchen, die sich für Radiokarbondatierungen eigneten, weil alle bisherigen Versuche, die Besiedlung der Osterinsel zu datieren, auf legendäre Genealogien gestützt wurden.

Mrs. Routledge hatte geglaubt, daß zwei nicht miteinander verwandte Einwanderergruppen die Osterinsel erreicht hätten. Die Polynesier unter ihnen seien um 1400 n. Chr. gekommen.[353] Knoche nahm ebenfalls an, daß zwei verschiedene Völker auf die Insel gelangt seien, das erste zwischen dem 11. und 13. Jahrhundert unserer Zeitrechnung.[354] Lavachery und Métraux vertraten beide die Ansicht, daß die Kultur auf der Osterinsel jung und einheitlich und die Insel vom Menschen erst zwischen dem 12. und 13. Jahrhundert n. Chr. entdeckt worden sei.[355] Englert nahm dagegen wieder an, daß es deutliche Beweise für eine örtliche Verschmelzung zweier Kulturen gebe, meinte jedoch, daß keine von beiden die einsame Osterinsel vor etwa 1575 unserer Zeitrechnung erreicht habe.[356]

Unsere Ausgrabungen deuteten darauf hin, daß die Osterinsel bereits um 380 n. Chr. plus oder minus 100 Jahre von einer zahlreichen Bevölkerung bewohnt gewesen sei, die sich schon damit beschäftigte, ausgedehnte Verteidigungsanlagen zu bauen. Das war über ein Jahrtausend länger, als irgend jemand bisher vermutet hatte, und stellte das früheste Datum dar, das bis dahin für irgendeine Insel in Polynesien angegeben worden war. Durch die Entdeckung stratigraphisch günstig liegenden Holzkohlen- und Knochenmaterials wurde es möglich, 17 verschiedene Radiokarbondatierungen auf der Osterinsel vorzunehmen. Zwei der interessantesten stammen vom legendären Graben, der die Halbinsel Poike von der übrigen Insel trennt. Nach den sich ständig wiederholenden Berichten aus frühester historischer Zeit haben die Eingeborenen immer wieder behauptet, dieser Graben sei von Menschen angelegt worden, und dort habe die entscheidende Schlacht zwischen ihren Vorfahren und den »Langohren« stattgefunden. In diesem Kampf seien die Langohren in den Verteidigungsfeuern des drei Kilometer langen Grabens verbrannt.

Doch bislang hatten Geologen und Ethnologen stets einmütig erklärt, daß der Poikegraben nur eine natürliche geologische Senke sei,[357] und Métraux wie auch Lavachery waren zu dem Schluß gelangt, daß die Eingeborenen die Überlieferung erfunden hätten, um eine natürliche geologische Erscheinung zu erklären.[358] Infolgedessen wurde auch die damit verbundene Überlieferung von »Langohren« und »Kurzohren« gewöhnlich als bloßes Märchen zurückgewiesen. Als wir jedoch Testgrabungen in dieser Poikesenke vornahmen, zeigte es sich, daß sie große Mengen Holzkohle von einem gewaltigen und intensiven Feuer enthielt. Nach den Radiokarbontests hat dieser Brand um 1676 unserer Zeitrechnung – plus oder minus 100 Jahre – stattgefunden.[359] Diese Zahl stimmte bemerkenswert mit dem Jahr 1680 überein, zu dem Pater Sebastian Englert bereits vorher aufgrund von Eingeborenenüberlieferungen gekommen war, nach denen die Schlacht am brennenden Poikegraben vor zwölf Generationen stattgefunden hatte.[360]

Smith' Ausgrabungen zeigten, daß dieser Verteidigungsgraben lange vor den Fehden erbaut worden war, die zu dem Brand um 1680 führten: als dieser Scheiterhaufen angezündet wurde, war der Graben bereits eine alte Anlage, teilweise von Staub und Sand zugeweht. Smith fand Obsidianabschläge ganz unten auf dem Grabenboden. Der Poikegraben erwies sich als natürliche Senke, die einmal künstlich verändert und auf vier bis fünf Meter vertieft und auf zehn bis zwölf Meter verbreitert worden war. Der fast drei Kilometer lange Graben trennte die Halbinsel vom übrigen Teil der Insel. Kies und Schutt vom Boden des Grabens war zu einem Schutzwall an der höheren Grabenseite aufgehäuft worden. Während dieser Arbeit war Holzkohle von einem Feuer unter dem aufgeworfenen Boden zugeschüttet worden und bewies nun, daß die Verteidigungsarbeiten an dieser steilen Halbinsel bereits um 380 unserer Zeitrechnung in Gang waren.[361] Das scheint auf lokale Fehden hinzuweisen, die bereits zu jener frühen Zeit begannen, aber vielleicht auch auf Furcht vor der Verfolgung durch Feinde aus der früheren Heimat, da Erwähnungen einer solchen Verfolgung tatsächlich ein wichtiges Element in den ältesten Legenden der Insel bilden. Von dem legendären ersten König, Hotu Matua, wurde behauptet, er sei aus seinem Vaterland im Osten geflohen, um Gefangennahme und Tod zu entgehen, nachdem er in drei großen Schlachten besiegt worden war.

Am Fuß der Steinbrüche im Rano Raraku lag eine Reihe von grasbewachsenen Hügeln und Rücken, die bisher als natürliche Formationen betrachtet worden waren. Auf der Kuppe einer der höchsten Erhebungen befand sich die Grundmauer des heiligen Wohnhauses des jährlich gewählten Vogelmannes. Dieses Haus hatte bis zur Zeit der Mission noch gestanden, und Routledge und Métraux hatten es mit den frühesten Ritualen auf der Insel in Verbindung gebracht. Skjölsvolds Ausgrabungen zeigten, daß all diese Hügel ganz und gar künstlich waren. Es handelte sich um gewaltige Schuttberge, in denen sich auch Mengen zerbrochener Basaltpicken und Vulkanasche befanden, die aus den Steinbrüchen höher am Hang hierher befördert worden waren. In diesem Abfall fanden sich Reste früherer Feuerstellen, die es ermöglichten, die Aktivitäten in die mittlere Periode zu datieren, als in den Rano-Raraku-Steinbrüchen noch gearbeitet wurde. Die Entdeckung des künstlichen Ursprungs dieser Hügel bewies, daß das darauf gesetzte Haus des Vogelmannes nicht die frühesten Rituale der Osterinsel repräsentierte, sondern erst sekundär, während der späten Periode, oben auf die Schuttberge aus der mittleren Periode gesetzt worden war, nachdem die Arbeit in den Statuensteinbrüchen aufgegeben worden war.[362]

Mit Hilfe verschiedener Radiokarbondatierungen konnten die Archäologen der Expedition die Grenzen der folgenden drei Kulturepochen für die Osterinsel festlegen: die frühe Periode von irgendwann vor 380 unserer Zeitrechnung bis etwa 1100, die mittlere von etwa 1100 bis um 1680 und die späte von etwa 1680 bis zur endgültigen Einführung des Christentums im Jahr 1863.[363]

Um eine Grundlage für chronologische und typologische Vergleiche zu gewinnen, besuchte unsere Expedition, nachdem sie die Osterinsel verlassen hatte, Pitcairn und Raivavae sowie Hivao und Nuku Hiva in der Marquesasgruppe, die einzigen vier Inseln im ganzen Pazifik außer der Osterinsel, auf denen monumentale Steinfiguren vorkommen.

Pitcairn und Raivavae besaßen früher eine geringe Zahl kleinerer Statuen von offensichtlich recht jungem Ursprung. Es ist nie versucht worden, zu behaupten, daß diese die alten Bildhauer von der Osterinsel inspiriert haben könnten.[364] Dagegen glaubten Buck[365] und andere, in den ungefähr mannsgroßen, aber dicken und diabolischen Steinfiguren auf zwei Tempelterrassen der Marquesasinseln die primitiven Vorläufer der hochentwickelten Monumente der Osterinsel sehen zu können.[366] Diese Inselgruppe ist übrigens von der Osterinsel ebensoweit in nordwestlicher Richtung entfernt wie Peru von ihr in östlicher. Skjölsvold gelang es, Holzkohle in zwei verschiedenen Höhen unter der gemauerten Plattform, die die Statuen auf Hivaoa trug, zu finden, und Mulloy und Ferdon gruben Holzkohle unter den Fundamenten der Figuren auf Nuku Hiva aus. Dadurch konnte man die Errichtung der marquesanischen Monumente auf etwa 1316 bzw. 1516 unserer Zeitrechnung datieren, das heißt weit in die mittlere Periode der Osterinsel.[367] Die Möglichkeit, daß sie die ersten Künstler auf der Osterinsel inspiriert haben, darf deshalb außer acht gelassen werden, da die Bildhauerei, wie wir sahen, schon während der frühen Periode ein wichtiges Element auf der Osterinsel darstellte. Und diese Statuen sind 1000 Jahre älter als die Figuren auf den Marquesasinseln. Stilistisch oder chronologisch können diese marquesanischen Produkte aus dem 14. bis 16. Jahrhundert nicht einmal die Massenproduktion der *ahu*-Figuren in der mittleren Periode der Osterinselkultur, die um 1100 begann, beeinflußt haben. Dagegen läßt sich die Möglichkeit eines Einflusses, der sich in entgegengesetzter Richtung ausbreitete, aus chronologischen Gründen nicht ausschließen.

Wie bereits anderwärts beschrieben, haben die heutigen Nachkommen von Ororoina, dem einzigen »Langohr«, das die Massaker im Poikegraben überlebte, unserer Expedition durch eine praktische Demonstration gezeigt, wie die großen Statuen aus den harten Kraterwänden des Rano Raraku bis vor zwölf Generationen mit Hilfe von grob zugespitzten Handpicken aus hartem Andesit ausgehauen wurden; ferner, wie wenige hundert Mann die Kolossalfiguren über das Gelände befördern konnten; und wie zwölf Insulaner ohne andere Hilfsmittel als zwei Balken, Seile und einem Haufen grober Felsbrocken ein Monument von 20 Tonnen Gewicht auf der oberen Plattform eines *ahu* innerhalb von 18 Tagen aufzurichten vermochten.[368]

Wenn auch noch viel archäologische Arbeit auf der Osterinsel – wie übrigens auch in Tiahuanaco in den Anden – zu tun bleibt, so läßt sich jetzt doch wenigstens eine Rekonstruktion einiger der größeren voreuropäischen Ereignisse in diesem einsamsten aller menschlichen Wohngebiete versuchen.

Zu einem noch nicht bekannten Zeitpunkt vor dem Jahr 380 unserer Zeitrechnung landeten die ersten Siedler auf der Osterinsel. Alle Vulkane der Insel waren längst erloschen, und in den drei Kratern gab es offene Seen. Die landenden Menschen fanden eine grünende Insel, bedeckt mit Bäumen und Sträuchern vielfältiger Art, darunter auch Palmen. Sie mußten deshalb Rodungen für ihre Steinhaussiedlungen, für ihre religiösen Mauerwerkbauten und für ihre Steinbrüche anlegen. Obwohl also kein Mangel an Holz bestand, errichteten sie ihre Wohngebäude nicht auf die polynesische Art aus Holzpfosten und pflanzengedecktem Dach, sondern aus Steinen von ihren Steinbrüchen, mit denen sie kreisrund und bootförmig gemauerte Wohngebäude mit falschem Gewölbe errichteten. Manche Häuser waren mit Steinplatten, andere mit *totora*-Binsen gedeckt. Diese Binse konnte nur als Wurzelstock von einem bewässerten Feld an der Wüstenküste Südamerikas befördert worden und von den Siedlern in den Süßwasserseen der Krater zusammen mit der ebenfalls amerikanischen Heilpflanze *Polygonum amphibium* gepflanzt worden sein. Obwohl es also Holz gab, bauten die Siedler auch ein eigentümliches Wasserfahrzeug aus den gleichen *totora*-Binsen, womit sie abermals dem charakteristischen Bauprinzip der binnenländischen Wasserwege des Tiahuanacogebiets und der pazifischen Wüstenküste des alten Peru folgten. Sie rodeten die heimischen Palmen – schließlich beseitigten sie sie sogar mit Feuer –, die die grünen Hänge des erloschenen Vulkans Rano Raraku bedeckten, um Zugang zu dem festen Tuff unter der Erde zu gewinnen. Diesen ausgesuchten Stein, außerdem Vulkanschlacke und Basalt in anderen Steinbrüchen, nahmen sie mit bemerkenswerter handwerklicher Geschicklichkeit und Erfahrung in Angriff, wozu sie zugeschlagene und zugespitzte unpolynesische Handpicken vom amerikanischen Typ benutzten, um Kolossalblöcke zu schaffen, die sie behauten und in einer Vielfalt von Formen ineinanderpaßten, so genau, daß nicht die Klinge eines Messers zwischen sie geschoben werden konnte.

Diese hochspezialisierte Mauertechnik war überall sonst in Polynesien unbekannt, jedoch kennzeichnend für das alte Peru vom Cuzcotal bis Tiahuanaco. Die Religion, die diese frühen Einwanderer mitbrachten, muß eine Form des Sonnenkults gewesen sein, da ihre eindrucksvollen religiösen Megalithbauten altarähnliche Plattformen waren, die sie so ausrichteten, daß sie der Bewegung der Sonne dort folgen konnten. Sie nutzten außerdem den Gipfel des höchsten Vulkans, um ein Sonnenobservatorium und eine Kultstätte für die Sonne zu errichten. Statt in der üblichen polynesischen Art, in Holz zu schnitzen, meißelten sie Figuren aus sehr hartem Basalt und aus Tuff und Vulkanschlacke verschiedener Art. Diese Statuen wurden in den Tempelhöfen aufgestellt und gehörten verschiedenen Spezialtypen an, die auf allen Pazifikinseln unbekannt, aber für das dynamische Kulturzentrum Tiahuanaco charakteristisch waren. Quer über die Halbinsel Poike wurde eine Verteidigungsanlage gezogen, vielleicht aus Furcht vor feindlicher Verfolgung aus der ursprünglichen Heimat.

Was den Gründern dieser Kultur der frühen Periode schließlich zustieß, ist nicht bekannt. Archäologisches Beweismaterial in Vinapu und Orongo scheint darauf hinzudeuten, daß die lokalen Tempelbauten vorübergehend und vielleicht sogar die ganze Insel zwischen der frühen und der mittleren Periode eine Zeitlang völlig aufgegeben worden waren. Doch nach den wenigen Radiokarbondatierungen, die bisher zur Verfügung stehen, läßt sich über den Wechsel der frühen zur mittleren Periode einstweilen noch nichts mit letzter Gewißheit sagen.

Festzustehen scheint dagegen, daß die Menschen, die die Insel als nächste in Besitz nahmen, ihren Vorgängern feindlich gesinnt waren: sie rissen deren Tempel ab und ordneten die Baublöcke neu, ohne Rücksicht auf die ursprüngliche Zusammenpassung der erlesen geformten und behauenen Flächen und ohne Interesse für die Jahresbewegungen der Sonne. Die alten Steinfiguren wurden ebenfalls zerbrochen und entehrt, und ihre Trümmer dienten als grobes Baumaterial für die Mauern einer neuen architektonischen Äußerung: des Bilder-*ahu*.

Trotz Feindseligkeit und ausgeprägten Unterschieden in den religiösen Vorstellungen war die neue Kultur der alten doch immerhin so weit verwandt, daß man wohl annehmen darf, daß die zweite Einwanderungswelle aus der gleichen geographischen Region kam. Es ist deshalb nicht undenkbar, daß die Lage der Osterinsel den Einwanderern, deren Ankunft den Beginn der mittleren Periode einleitet, bekannt war. Um 1100 n. Chr. wurde von diesen neuen Einwanderern plötzlich der Vogelmannkult eingeführt und beherrschte die religiösen Aktivitäten. In enger Verbindung mit dem Vogelmannkult beteten die Neuankömmlinge ihre verstorbenen Vorfahren an. Große Ahnenfiguren wurden zum zentralen Zug in der architektonischen Entwicklung und beherrschten sämtliche kreativen Bemühungen, und die vielen verschiedenen Bestattungsplätze wurden zu privaten Kultstätten der entsprechenden Familien. In weniger als 600 Jahren wurden über 600 kolossale Ahnenstatuen aus den mittlerweile nackten Kraterwänden des Ranao Raraku herausgehauen, wo der Mensch schon seit langem die grünen Hänge gerodet hatte und der Palmenwald im Rano-Raraku-Krater in Asche verwandelt und vom Wind davongetragen worden war. Im Lauf der Zeit wurde die Erwerbung einer Begräbnisstatue zu einer Prestigeangelegenheit, und die aufeinanderfolgenden Generationen, durch die Isolierung vor äußeren Kriegen geschützt, wetteiferten immer ehrgeiziger miteinander in dem Bemühen, sich gegenseitig in den Ausmaßen der jeweiligen Familienfiguren zu übertreffen. Am Ende der mittleren Periode war die baumlose Insel also völlig von *ahu*-Plattformen eingekreist, auf denen riesige Begräbnisfiguren standen. Sie alle blickten auf den landeinwärts liegenden Tempelhof und kehrten dem Ozean den Rücken. Am Ende dieser Periode scheinen auch Brandbestattungen vor dem *ahu* durch Mehrfachbestattungen in oder auf dem *ahu* ersetzt worden zu sein, ein Brauch, der in der späteren Periode nahezu allgemeine Verbreitung fand.

Als die Statuenherstellung den Höhepunkt erreichte – unmittelbar vor dem Zusammenbruch der mittleren Periode –, vermochten die Ingenieure der Insel Figuren bis zu 14,02 Metern aufzurichten, das ist ein Monolith in der Höhe eines vierstöckigen Gebäudes. Die größte Statue, die, acht Kilometer von den Steinbrüchen entfernt, auf eine *ahu*-Plattform gehoben worden war, wog über 80 Tonnen, und obwohl sie 9,75 Meter maß, balancierte sie auf dem Scheitel ihres Kopfes einen roten Steinzylinder, der zwölf Tonnen wog, also soviel wie zwei ausgewachsene Elefanten. Es läßt sich kaum vorstellen, wie diese Entwicklung einmal geendet hätte. Eine monolithische Figur von 21,33 Meter Höhe, das heißt so hoch wie ein siebenstöckiges Gebäude, war fast vollendet von den Bildhauern in den Steinbrüchen zurückgelassen worden, als sich die Katastrophe um das Jahr 1680 n. Chr. ereignete. Die Arbeit in den Steinbrüchen, den Straßen entlang und auf den *ahu*-Plattformen kam plötzlich zum Erliegen und wurde nie wieder aufgenommen. In dieser letzten Periode von Totschlag und Barbarei versteckten sich Familien mit ihrem gesamten Besitz in geheimen unterirdischen Höhlen, die in den Lavafeldern und Küstenklippen sehr zahlreich sind. Tausende von Speerspitzen aus Obsidian wurden nun – zum erstenmal – hergestellt und beherrschen sämtliche Abfallschichten während der gesamten folgenden Periode. Die *ahu*-Figuren wurden umgestürzt, die Binsenhäuser niedergebrannt, bis die Fundamentsteine barsten, und die Mauern niedergerissen.

Der Sieger, der am Leben blieb, war der Polynesier. Er war weder Steinmetz noch Bildhauer. Er errichtete Häuser aus Pfosten und Dachlatten und sammelte an der Küste Treibholz, aus dem er Holzfiguren und winzige Kanus wie überall sonst in Polynesien herstellte. Auf der Osterinsel wird seine wichtigste traditionelle Holzschnitzerei, eine eigentümlich ausgemergelte Gestalt, *moai kavakava* genannt, auch heute noch zu Hunderten für kommerzielle Zwecke produziert. Diese Figur weist einen Spitzbart, eine starke Adlernase und lange, bis auf die Schultern herabhängende Ohrläppchen auf. So sahen, wie die Osterinsulaner erklären, die fremden Menschen aus, die ihre Vorfahren auf der Insel fanden und im Poikefeuer umbrachten.

Die Polynesier, die auf die Osterinsel kamen, brachten den *poi*-Stampfer und den *tapa*-Klopfer, die beiden wichtigsten Haushaltsgeräte, die so bezeichnend für die gesamtpolynesische Kultur sind, nicht mit. Es gibt tatsächlich nur sehr wenig oder gar kein Beweismaterial für die Zeit ihrer Ankunft. Es ist, als wären sie auf ganz bescheidene Weise gekommen und hätten die lokalen nichtpolynesischen Bräuche und Glaubensvorstellungen lautlos angenommen. Von welcher Insel sie abgesegelt waren, läßt sich noch nicht mit einiger Gewißheit sagen. Nach ihren eigenen Überlieferungen, die im vorigen Jahrhundert gesammelt wurden, kamen sie *karau-karau*, das heißt zweihundert Jahre, vor ihrem Aufstand an, der zur Schlacht am Poikegraben führte. Das stimmt gut mit den Schätzungen von Routledge und anderen überein, die sich auf die kürzere der beiden verschiedenen Osterinselgenealogien stützen. Diese Genealogie umfaßt 22 Generationen, während Hotu Matua, wie es heißt, vor 57 Generationen aus dem Osten kam.

Vieles weist darauf hin, daß die Polynesier nicht aus eigenem Antrieb auf die isolierte Osterinsel kamen, um den langohrigen Steinbildnern bei ihren fanatischen megalithischen Unternehmungen zu helfen. Die Möglichkeit ist nicht von der Hand zu weisen, daß sie vielleicht von Osterinsulanern der mittleren Periode geholt worden sind, die durchaus die Marquesasgruppe etwa im 14. Jahrhundert besucht haben könnten.

Jedenfalls fand die Geschichte die Polynesier als dominierende Bevölkerungsgruppe, die zwischen vom Krieg geschaffenen Ruinen und umgeworfenen Statuen auf einer kahlen, baumlosen Insel lebten. Unter ihnen befanden sich auf der Bühne, als Roggeveen den Vorhang für die europäischen Zuschauer hochzog, einige weißhäutige und rothaarige Menschen, doch die Hauptvorstellung war damals lange vorüber, und die führenden Schauspieler waren bereits von der Bühne abgetreten.

# 13

# Der einsamste Treffpunkt der Welt

Es gibt kaum einen bewohnbaren Platz auf der Erde, der sich nicht als Treffpunkt, Versammlungsort oder gar Schmelztiegel verschiedener Völker und Kulturen erweist. Auf den Kontinenten und großen Inseln hat jede Nation die Eigentümerschaft mindestens einmal gewechselt oder fremde Einwanderer aufgenommen, die Hochkulturen des Mittelmeerraumes sogar mehrmals. Die Phönizier waren frühe Entdecker, doch niemals irgendwo die ersten. Selbst auf den Kanarischen Inseln waren die Guanchen vor ihnen da. Die Wikinger fanden ihre heutige nördliche Heimat von Lappen bewohnt. Als sie Island besiedelten, fanden sie keltische Mönche vor, und als sie Grönland erreichten, Eskimos.

War Polynesien eine Ausnahme? Es besteht wenig Grund, das anzunehmen. Die polynesische Kultur ist untergegangen und die Bevölkerung so sehr mit modernen asiatischen und europäischen Siedlern und Besuchern vermischt, daß man nichts mehr beobachten kann, was auch nur annähernd ein wahres Bild von den ursprünglichen Zuständen wiedergeben könnte. Aber die frühen europäischen Reisenden haben sämtlich sehr nachdrücklich behauptet, daß sich drei unterschiedliche Völker in dem Inselgebiet, das wir Polynesien nennen, vermischt haben. Der dominante Typ hatte helle bis hellkupferfarbene Haut, schwarzes Haar, vorspringende, fast europäische Züge und Bartwuchs. Dabei wies er leicht mongolides Gepräge und die imposante Statur von häufig 180 Zentimetern auf. Dieser Grundtyp erscheint in ganz Polynesien, entspricht der Norm der Maori auf Neuseeland und ebenfalls dem physischen Typ, der so charakteristisch für die Inselstämme der Nordwestküste Amerikas ist. Das waren die Insulaner, die sich als die normalen menschlichen Wesen betrachteten, die *tangata.*

Der zweite Typ wies Verwandtschaft mit den Melanesiern auf, die den Berichten nach bemerkenswert dunkelhäutig, mit sehr flachen, breiten Nasen, dicken Lippen, krauserem Haar und von kleinerem Wuchs waren. Solche Menschen wurden von den Insulanern zwischen Hawaii und Neuseeland als Nachkommen des legendären *Menehune* oder *Manahune* betrachtet. Der dritte Typ dagegen hatte eine ganz ungewöhnlich helle Haut, rötliches oder braunes Haar und eine stark vorspringende Nase. Häufig wurde er bezeichnet als »jüdisch« oder »arabisch-semitisch«.[369] Diese Menschen fanden sich in ihrer reinsten Form unter den Flüchtlingen, die vor den Maori Neuseeland verlassen und sich auf den Chathaminseln angesiedelt hatten. Der Typ ist in Polynesien als *Keu, Uru-keu* und *Ehu* oder *Haole* und *Hao'e* und in Neuseeland als *Pakeha, Turehu* oder *Patupaiarehe* bekannt.[370] Buck erklärt, daß man glaube, ein Vollblutmaori, der hellere Haut und rötliches Haar aufweise, stamme von einem Patupaiarehe ab. Er setzt hinzu, daß man von gewissen Maoristämmen sage, sie hätten mehr als den normalen Anteil an Rothaarigen, und in diesen Stämmen soll das rote Haar in bestimmten Familien überwiegen.[371]

Die Beobachtungen der frühen Europäer und die festen Überzeugungen der Polynesier wurden von Sullivans bereits erwähnter bahnbrechender Studie über vorhandene Skelettreste in die Wissenschaft eingebracht. Sullivan schloß: »Die sich jetzt rasch ansammelnden Daten über die Bewohner Polynesiens weisen immer deutlicher darauf hin, daß die ›Polynesier‹ keinesfalls als gleichförmiger Rassentyp betrachtet werden können. Der ›polynesische Typ‹ ist ein abstrakter Begriff, in dessen Zusammensetzung die Merkmale verschiedener physischer Typen eingegangen sind.« Er bemerkte, daß diese physischen Typen in ungleichmäßiger Verteilung auf verschiedenen polynesischen Inseln vorkommen, und nahm deshalb an, daß die Rassenmischung nicht *vor* der Verbreitung in Polynesien stattgefunden habe. »Es ist klar, daß sie zu verschiedenen Zeiten in den Pazifik gekommen sein müssen, möglicherweise auf verschiedenen Routen. Bestimmt werden sie verschiedene Sprachen und Kulturen gehabt haben.«[372]

R. Linton stimmte Sullivans Ansichten zu und schrieb: »Neue Untersuchungen des physischen Typs haben schlüssig bewiesen, daß die Polynesier keine reine Rasse sind, sondern aus mindestens drei rassischen Typen zusammengesetzt sind.«[373] E. S. C. Handy faßte als nächster den Konsens unter den Polynesienwissenschaftlern zusammen:

»Sullivan, Dixon und Shapiro haben sämtlich auf die zusammengesetzte Natur des Rassentyps in Polynesien und auf die verschiedene Verteilung seiner kennzeichnenden Elemente hingewiesen. Dixon, Linton und der Verfasser haben die eine oder andere Phase der Kultur analysiert und das Vorhandensein mehrerer verschiedener Strata oder Schichten von Kulturelementen demonstriert. Und Churchill teilte vor fast 20 Jahren polynesische Sprachelemente in zwei unterschiedliche Gruppen.«[374]

Danach ist nichts mehr vorgetragen worden, was diese Schlußfolgerungen hätte ungültig machen können, und da die Osterinsel die östliche Spitze des polynesischen Dreiecks bildet, müßte sie eine interessante Möglichkeit für das Aufspüren der Quellen dieser Mehrschichtigkeit durch eine Analyse der anomalen örtlichen Kultur bieten.

Der Text des hier folgenden Kapitels stützt sich auf einen Vortrag mit dem Titel *How far is Easter Island Culture Polynesian?*, gehalten auf dem 7. Internationalen Kongreß für Anthropologie und Ethnologie im Jahr 1964 in Moskau. Einige zusätzliche Daten sind der jüngeren Arbeit *Die Kunst der Osterinsel* aus dem Jahr 1975 entnommen.

Die Vorstellung, daß die einsame Osterinsel ein Schmelztiegel von Kulturen sei, ist nicht erst durch die letzten Ausgrabungen geweckt worden. Die holländischen Entdecker beschreiben im Jahr 1722 verschiedene rassische Typen, die gleichzeitig auf der Insel leben. Unter den ersten, die an Bord kamen, befand sich ein Insulaner von offensichtlich hohem Rang, der stark erweiterte Ohrläppchen hatte und »völlig weiß« war. Die Gesichtsfarbe der meisten Osterinsulaner wurde sonst von den Holländern als etwa so braun wie die Tönung der Spanier beschrieben, »aber man findet unter ihnen auch einige von dunklerer Farbe und andere völlig weiß und ebenso einige von rötlicher Hautfarbe, als ob sie von der Sonne verbrannt wären«.[375] Die spanischen Wiederentdecker im Jahr 1770 bezeichneten einige Männer als »groß, wohlgebaut, weiß und rotbäckig und mit dichtem Bart«. Sie bezeichneten die verschiedenen Hautfarben der Inselbevölkerung als »weiß, schwärzlich und rötlich« und das Haar als »kastanienfarbig und weich, manche haben schwarzes, und andere neigen zu roter oder Zimtfarbe«.[376]

Die späte Periode mit ihrem ständigen Umwerfen der Vorfahrenstatuen und dem Bürgerkrieg muß bis 1774, als Cook vor der Insel ankerte, weiteren Zoll von der Bevölkerung gefordert haben, denn Cook fand eine dezimierte, hungernde und vom Krieg in Not gebrachte Bevölkerung, die er als polynesisch erkannte. Cook erklärte ausdrücklich, daß sie nichts mit den monolithischen Figuren auf der Insel zu tun haben könnte, die er für Überbleibsel aus einer früheren Epoche hielt, von den zeitgenössischen Insulanern nicht einmal instand gehalten.[377]

Als sich die ersten Europäer auf der Insel ansiedelten und lernten, sich mit den Bewohnern zu verständigen, erfuhren sie, wie wir bereits hörten, daß früher zwei verschiedene Völker mit unterschiedlichen Sprachen zusammen auf der Insel gelebt hatten, die zu verschiedenen Zeiten aus verschiedenen Richtungen eingetroffen waren: die ersten aus dem Osten, die zweiten aus dem Westen. Die Idee, Statuen zu errichten, kam von den ersten Besiedlern, den »Langohren«, doch die Mehrzahl der heutigen Osterinsulaner stammt von der zweiten Einwanderergruppe, den »Kurzohren«, ab, die sich nach einer langen Zeit friedlichen Zusammenlebens schließlich auflehnten und die männlichen »Langohren« im Poikegraben umbrachten. Eine sorgsame Befragung aller älteren Eingeborenen mit Hilfe des Siedlers A. P. Salmon aus Tahiti als Dolmetscher, die W. J. Thomson im Jahr 1886 vornahm, überzeugte ihn von der Wahrheit der Behauptung der Befragten, daß mehr als eine Einwanderung auf diese östliche Insel stattgefunden hatte.[378]

W. Knoche teilte diese Ansicht, nachdem er die Verschiedenartigkeit in der lokalen Kultur festgestellt hatte. Er gelangte zu dem Schluß, daß ein nichtpolynesisches Substrat vor der jetzt dominierenden Bevölkerung dagewesen sei, lehnte jedoch die Annahme des Inkahistorikers Sir Clement Markham ab, der im Jahr 1870 eine Beeinflussung von Tiahuanaco aus als möglich bezeichnet hatte. Knoches Gegenargument war das anerkannte Dogma, nach dem südamerikanische Balsaflöße nicht für Reisen übers offene Meer geeignet seien. Er stellte deshalb die Hypothese auf, daß die Osterinsel ein vorpolynesisches Substrat von Melanesien erhalten habe.[379]

Als nächster erklärte H. Balfour, daß die Kultur der Osterinsel mehrschichtig sei und mindestens eine vorpolynesische Einwanderungswelle, vermutlich aus Melanesien, erlebt habe.[380] Balfours Ansicht wurde von Haddon weiterentwickelt, der annahm, drei verschiedene Wanderwellen hätten die einsame Insel erreicht, und zwar aus Australien, Melanesien und Polynesien. Er stützte diese Ansicht auf die Schädeluntersuchungen von Volz, Hamy, Joyce, Pycraft und Keith, die sämtlich auf nichtpolynesische Züge bei den Osterinsulanern hingewiesen hatten.[381]

Dann fuhr Mrs. Routledge im Jahr 1914 auf die Insel, um die erste systematische Aufnahme der Bodendenkmäler vorzunehmen. Grabungen waren nicht vorgesehen. Sie schrieb: »Roggeveens Beschreibung, nach der die Leute alle Hauttönungen aufweisen, trifft immer noch zu. Sie selbst sind sich dieser Unterschiede durchaus bewußt, und als wir Genealogien sammelten, waren sie gern bereit, die Hautfarbe selbst entfernter Verwandter anzugeben. (Entweder als ›schwarz‹ oder ›weiß‹ bezeichnet.)... Es ist klar, daß wir es hier mit einer Mischrasse zu tun haben...«[382]

H. L. Shapiro betrachtete das Problem noch einmal vom Standpunkt der physischen Anthropologie aus und fand keine Einmütigkeit der Ansichten. Seine persönliche Schlußfolgerung lautete: »... die Osterinsel mit der Bevölkerung Melanesiens oder Australiens in Verbindung zu bringen ... tut den bekannten Tatsachen Gewalt an.«[383] Diese Ablehnung eines melanesischen Elements wurde von Métraux als beweiskräftig betrachtet, und in seiner Abhandlung über die Ethnologie der Osterinsel erklärt er, die Untersuchung der archäologischen Denkmäler habe ihn überzeugt, »daß die Kultur der Osterinsel einheitlich« ist.[384] Doch Métraux' Begleiter Lavachery, der ausgebildete Archäologe, betont, daß ihre Arbeit auf reine Oberflächenbeobachtungen beschränkt geblieben sei. Er schloß vorsichtiger: »Die Polynesier fanden die Osterinsel wahrscheinlich ohne Baudenkmäler und unbewohnt vor; aber für diese Erklärung fehlen die Beweise.«[385]

Schon vor meinem Besuch auf der Insel bezweifelte ich die Richtigkeit von Métraux' Schlußfolgerung und führte im Jahr 1941 wieder die Argumente für eine kulturelle Mehrschichtigkeit ins Feld. Aber statt ein melanesisches Substrat anzunehmen, vermutete ich, wie Markham, ein Substrat aus dem andinen Kulturraum. Obwohl ich damals noch keine Erfahrungen mit der Balsafloßfahrt besaß, glaubte ich nicht an die behauptete Unfähigkeit der Südamerikaner in Fragen der Seefahrt. Dagegen glaubte ich, daß die Osterinsel durchaus im Bereich der Seefahrer in Vorinkazeiten von Peru aus lag.[386] Kurz darauf hat Pater Englert, der die archäologischen Oberflächenuntersuchungen auf der Insel wiederaufgenommen hatte, die Folgerungen von Métraux und Lavachery angegriffen. Er kehrte zu der von Mrs. Routledge und anderen vertretenen ursprünglichen Auffassung zurück, nach der ein rassisches und kulturelles Substrat unter dem polynesischen vermutet wurde. Dagegen modifizierte er die alte Hypothese einer Reise von Melanesien aus, indem auch er auf einige der vorhandenen Parallelen im alten Peru hinwies.[387]

Dieser kurze Überblick über die Ansichten zeigt, daß schon vor unseren archäologischen Grabungen auf der Osterinsel verschiedene Gebiete der Wissenschaft Argumente für kulturelle Mehrschichtigkeit hergaben.

Sprachwissenschaftlich bestand weniger Grund, ein fremdes Substrat anzunehmen. Englert, der die gründlichste Untersuchung der modernen Sprache der Osterinsel vorgenommen hat, erwähnt jedoch die traditionelle Behauptung der Eingeborenen, daß ein früheres und fremdes Volk auf der Insel eine andere Art zu sprechen hatte, und er meint, daß einige Synonyme, die noch heute existieren, ihren Ursprung in diesen verschiedenen Sprachen haben könnten. Er spricht auch von überlieferten Texten, die von alten Leuten zitiert werden, wenn sie sich gegenseitig Fadenfiguren von den Fingern abheben. Er fand die Wörter jedoch völlig unverständlich, und deshalb gelang es ihm nicht, sie aufzuzeichnen.[388]

Das erste Vokabular von 94 Osterinselausdrücken wurde 1770 von Agüera, einem Mitglied der spanischen Expedition, gesammelt. Die Liste enthält viele charakteristisch polynesische Wörter und einige, die ebenso offensichtlich nicht polynesisch waren. Zu den fremden Wörtern gehören die Zahlwörter, die von eins bis zehn notiert worden sind. Sie lauteten – die polynesischen Zahlwörter der Insel in Klammer daneben –:

| | | | |
|---|---|---|---|
| coyana | (etahi) | feuto | (eono) |
| corena | (erua) | fegea | (ehitu) |
| cogojui | (etoru) | moroqui | (evaru) |
| quiroqui | (eha) | vijoviri | (eiva) |
| majana | (erima) | queromata | (angahuru)[389] |

Um eine Erklärung für die scheinbar unerklärlichen Wörter zu geben, die ganz und gar nicht zur Theorie eines einzigen Ursprungs der Bewohner passen, haben A. S. C. Ross und mit ihm Métraux die Vermutung geäußert, diese Wörter hätten vermutlich eine völlig andere Bedeutung, als der Autor annimmt.[390] Wenn das zutrifft, dann wären diese Wörter ebenso fremd, weil sie im Polynesischen keine andere Bedeutung haben!

Wie Englert zeigt, muß der unheilvolle Hotu-iti-Krieg ungefähr in den Jahren 1772–74 auf der Osterinsel getobt haben, unmittelbar vor der Ankunft Cooks.[391] Die Pflanzungen waren vernichtet, und ein paar desorganisierte Gruppen vom Krieg erschöpfter Polynesier, die in äußerster Armut lebten, waren alles, was die enttäuschten Engländer vorfanden. Und sie konnten nicht einmal Proviant erhalten. Cook und seinen Begleitern wurde der große Unterschied zwischen den paar hundert noch lebenden Osterinsulanern, auf die ihre Expedition traf, und der blühenden Bevölkerung aus mehreren Rassen, die die früheren Besucher beschrieben hatten, durchaus bewußt. Er wie Forster erkannten das polynesische Element, beschrieben die Überlebenden jedoch als klein, schmächtig, ängstlich und elend. Sie glaubten, eine Katastrophe habe die Insel heimgesucht und nur die umgestürzten Monumente als Zeugen der Vergangenheit hinterlassen.[392] Moderne Beobachter übersehen gewöhnlich diese drastische Veränderung des Gesamtbildes zwischen den beiden europäischen Besuchen von 1770 und 1774. Dennoch deutet, wie wir sahen, die Überlieferung vom Poikegraben, gestützt durch den archäologischen Befund, auf eine ähnliche Vernichtung einer großen Bevölkerungsgruppe schon um das Jahr 1680 hin, also noch vor Roggeveens Besuch.

In welchem Umfang nichtpolynesische Sprachausdrücke zur Zeit von Cooks Besuch noch lebendig waren, wissen wir nicht, denn Cook und Forster sammelten zum Vergleich nur eine kleine Liste sehr spezieller Wörter, bei denen sie und ihr Dolmetscher aus Tahiti erkannten, daß es dafür Äquivalente auf Tahiti gab, während Ausdrücke, die sie nicht erkannten, überhaupt nicht aufgezeichnet wurden.[393] Daß die von Cook zusammengestellte Liste von 28 ausgewählten Wörtern, die mit der Sprache von Tahiti verwandt waren, nicht repräsentativ für die damals auf der Osterinsel gesprochene Sprache war, gab sogar der Autor selbst zu, als er von dem ersten Osterinsulaner, der auf das Schiff kam, während der Dolmetscher Otiti von Tahiti anwesend war, sagte: »Seine Sprache war, genaugenommen, für uns alle völlig unverständlich.«[394]

Noch bevor die Sprache der Insel aufgezeichnet worden war, ließ sich Eyraud im Jahr 1864 mit einer Gruppe von Mangarevanern und den einzigen Überlebenden der unheilvollen Sklavenjagden der Peruaner, die auf dem Weg über Tahiti repatriiert worden waren, auf der Insel nieder. Die Sprache von Tahiti wurde nun in Wort und Schrift bei der dezimierten Osterinselbevölkerung eingeführt. Einige Jahre später stellte Roussel (1908) ein Rapanuivokabularium zusammen, das nach seinem Tod veröffentlicht wurde[395]. Doch während Roussels Aufenthalt auf der Insel berichtete Palmer: »Ihre Sprache hat sich so stark verändert, daß niemand sagen kann, wie sie ursprünglich war.«[396]

Die Anpassung an den Dialekt Tahitis verstärkte sich noch im Jahr 1871, als die meisten Osterinsulaner nach Mangareva und Tahiti zogen, während sich polynesisch sprechende Schafzüchter und auf Tahiti ausgebildete Katechisten unter den zurückgebliebenen Osterinsulanern niederließen, deren Gesamtzahl bis zum Jahr 1877 auf 111 gesunken war.[397] Von deren Nachkommen, die immer noch in der Sprache Tahitis unterrichtet wurden, erhielt man die meisten Vokabulare der Osterinsel. Kein Wunder, daß Churchill im Jahr 1912, als er sein eigenes, oft zitiertes Vokabularium mit dem von Thomson eine Generation früher auf der Osterinsel aufgezeichneten Rapanuitext verglich, schrieb: »Von dem Text können wir nur sagen, daß es nicht die gleiche Rapanuisprache ist, die sich auf den Seiten dieses Vokabulars niederschlägt, er entspricht auch nicht dem Dialekt irgendeines anderen bekannten polynesischen Volkes, es handelt sich vielmehr um ein Durcheinander aus mehreren.«[398]

Englert schrieb ebenfalls: »Heute ist es nicht mehr möglich, Grammatik und Vokabular der ursprünglichen Sprache zu rekonstruieren ... die Eingeborenen wurden als Christen in der Sprache Tahitis zivilisiert, die zu der gleichen linguistischen Gruppe wie Polynesisch gehört ... weil aus diesem und anderen Gründen die alte reine Rapanuisprache schon teilweise vergessen ist.«[399]

Unabhängig von der übrigens geteilten Meinung über die Richtigkeit der Glottochronologie*, können daher Berechnungen, die auf vorhandenen Osterinselvokabularen beruhen, wie sie etwa von K. P. Emory und anderen versucht werden, keine sinnvollen Informationen erbringen.[400]

Die beherzten tahitisch sprechenden Gruppen, die der kleinen und aufnahmebereiten Osterinselbevölkerung ihre Sprache aufzwangen, waren sämtlich zum Christentum bekehrt und brachten deshalb das Vokabular der polynesischen Mythologie nicht mit auf die Insel. Infolgedessen wurden die Götter und Göttinnen der Osterinsel nie mit denen von Tahiti und dem übrigen Polynesien durcheinandergebracht oder von diesen beeinflußt. Die höchsten gesamtpolynesischen Gottheiten Tu, Tane, Tangaroa, Tiki und Maui spielten in der Religion der Osterinsulaner keine Rolle. Hiro, Rongo, Tangaroa und Tiki waren nur traditionelle Namen, wurden jedoch nicht angebetet oder verehrt. Mit gutem Grund hebt Métraux hervor: »Der auffälligste Zug der Osterinselreligion ist die Bedeutungslosigkeit der großen Götter und Helden anderer polynesischer Religionen.« Métraux behauptet deshalb: »Die Bedeutung, die in der Mythologie der

* Wissenschaft, die anhand etymologisch nachweisbarer Sprachformen das Tempo sprachlicher Veränderungen und Trennungszeiten von miteinander verwandten Sprachen zu bestimmen sucht (nach Duden 5, 1974).

Osterinsel Göttern zugeschrieben wird, deren Namen im übrigen Polynesien unbekannt sind, zeigt, daß die Auswanderer, die sich auf der Insel ansiedelten, einige der polynesischen Hauptgottheiten durch geringere Götter ersetzten, die deren Rang und ihre Eigenschaften annahmen.«[401]

Es gibt jedoch in Polynesien keine geringeren Götter mit den Namen, die auf der Osterinsel verehrt wurden. Der höchste Gott der Osterinsulaner war Makemake, und neben ihm war Haua die einzige Gottheit, der man Opfer und Gebete darbrachte.[402] Weder Makemake noch Haua waren auch nur dem Namen nach in irgendeinem anderen Teil Polynesiens bekannt. Es ist eher anzunehmen, daß diese nichtpolynesischen Götter aus einer anderen Kulturtradition auf derselben Insel übernommen wurden, als daß die polynesischen Auswanderer bei Ankunft auf einer leeren Insel alle hervorragenden gesamtpolynesischen Götter aufgegeben und irgendeiner selbst ausgedachten neuen Gottheit Opfer dargebracht haben sollten, die den eigenen Vorfahren unbekannt gewesen war. Ein solches Vorgehen wäre völlig unpolynesisch. Makemake war schließlich kein vergöttlichter Mensch, sondern der höchste Gott der Osterinsel, der die Erde, das Meer, die Sonne, den Mond und die Sterne, den Menschen und alle Lebewesen geschaffen hatte. Er belohnte die Guten und verschlang den Geist der Bösen nach dem Tod. Seinen Zorn machte er durch Donner bekannt. Ferdon hat gezeigt, daß die Makemake-Symbole eng mit den Anlagen zur Sonnenmessung und anderen Überbleibseln der Sonnenverehrung verbunden sind, die man auf dem höchsten Vulkan, im Dorf Orongo, fand.[403] Dieses Zeremonialdorf mit seinen Steinhäusern war das Zentrum des Makemake-Gottesdienstes und der gesamten religiösen Betätigung auf der Osterinsel. Und dennoch war die ganze Struktur sowie die lokalen Zeremonien so sicher nichtpolynesisch wie Makemake selbst. Das eigens für die Messung der Sonnenposition zu den Tagundnachtgleichen und den Sonnenwenden erbaute Observatorium hat bis heute in Polynesien oder den angrenzenden Inselgebieten keine Parallele. Solche Anlagen waren jedoch in Peru auf dem der Osterinsel am nächsten gelegenen Festland üblich, wo sie, wie auf der Osterinsel, in Verbindung mit Sonnenzeremonien und Sakralfeuern standen.[404]

Wir erwähnten bereits, daß das überaus wichtige Zeremonialdorf Orongo sogar in seiner Architektur nicht polynesisch ist. Nirgendwo in Polynesien findet sich diese Konzeption der Zusammenfassung verschiedener Häuser zu einer kompakten Einheit wieder. Dagegen ist dies ein immer wiederkehrendes Merkmal der altperuanischen Architektur sowohl im Gebirge als auch an der Küste. Ebenso einzigartig in Polynesien ist die spezialisierte Bautechnik jedes einzelnen Orongohauses mit seinen gemauerten Wänden, dem falschen Dachgewölbe und der Verzahnung der Steinplatten an den Ecken. In Polynesien ist nichts Entsprechendes bekannt, doch im nahen Peru und den benachbarten Gebieten Südamerikas sind Steinhäuser mit der Technik der falschen Gewölbe aus vorragenden

Steinen und Verzahnung der Ecken verbreitete architektonische Merkmale.[405]

Die Archäologie zeigt, daß die Makemake-Verehrung, die in Verbindung mit der Sonne steht, später durch den in der Folge allumfassenden Vogelmannkult ergänzt oder von ihm aufgesogen wurde, in dem die nichtpolynesische Gottheit Haua eine Hauptrolle spielte. Von der mittleren Periode der Osterinselgeschichte an wurden alle Felsen rund um Orongo mit menschlichen Gestalten bedeckt, die einen krummschnabligen Vogelkopf tragen. Zu den Vogelmannriten gehörte das alljährliche Schwimmen auf stoßzahnförmigen Flößen aus *totora*-Binsen zu einer kleinen Insel vor der Küste, um das erste Vogelei zu suchen. Der Sieger wurde der heilige Vogelmann des Jahres, der fast unbeschränkte soziale Vorrechte genoß. Métraux schreibt:

»Die Bedeutung des Vogelkults kann angesichts der Ruinen von Orongo und der zahlreichen Bilder von Vogelmännern, die in die Felsen eingemeißelt sind, nicht bestritten werden. Überlieferungen, Zeugnisse der frühen Missionare und Reiseberichte bestätigen die außergewöhnliche Bedeutung des Kultrituals, aber auch die soziale Ordnung, die sich auf diesem jährlichen Wettbewerb aufbaute ... Der Komplex des Vogelkults ... hat im übrigen Polynesien keine Parallele ... nirgends sonst gab es einen allgemeinen Wettbewerb, der zur Kür eines heiligen Mannes führte.«[406]

Ferdon sieht keinen Grund, den der Osterinsel am nächsten liegenden Kontinent von den Überlegungen auszuschließen und schreibt: »Obwohl die künstlerischen Darstellungen von Vogelmännern der Osterinsel heute einzigartig zu sein scheinen, legt der Nachweis von Vogelmannkulten in Tiahuanaco, Bolivien und einem weiteren in der Chimúkultur an der peruanischen Nordküste die Annahme nahe, daß der Kult auf der Osterinsel aus Amerika stammt.«[407]

Die stoßzahnförmigen Binsenflöße, die beim Vogelmannwettbewerb verwendet werden, stellen ein weiteres nichtpolynesisches Element dar. Fahrzeuge aus Bündeln der Flachslilie *Phormium tenax* wurden früher in Neuseeland verwendet, aber sie saugten sich rasch voll Wasser. Stoßzahnförmige Binsenboote von der Größe und dem Typ der auf der Osterinsel gebrauchten – und aus der gleichen Binse – waren die verbreitetsten Wasserfahrzeuge im alten Peru. Auf dem Titicacasee und besonders an der Pazifikküste nahmen Binsenboote gelegentlich erstaunliche Dimensionen an, und wie in Kapitel 3 erwähnt, ist es bemerkenswert, daß Vogelmänner mit langem Hakenschnabel, wie auf der Osterinsel, in der frühen Chimúkunst häufig dargestellt sind, wie sie auf Binsenfahrzeugen fahren. In Kapitel 9 haben wir außerdem gesehen, daß die führende Autorität auf dem Gebiet der Flora der Osterinsel, Professor Skottsberg, jetzt nachgewiesen hat, daß die auf der Osterinsel heimische Binse der nichtpolynesische *Scirpus riparius* ist, eine amerikanische Süßwasserpflanze, die zu ihrem Transport von bewässerten Gebieten an der Küste Perus zu den Süßwasserseen auf der

a

b

Binsenboote mit Vogelmännern aus dem Peru der Vorinkazeit
(gemalte Dekorationen auf Keramikkrügen der Mochicaperiode)

(a) aus Joyce 1912; (b) aus Leicht 1944

Osterinsel menschlicher Hilfe bedarf. Abermals erklärt Ferdon, daß das Vorkommen des Wasserfahrzeugs vom südamerikanischen Typ und auch der Pflanze, aus der es hergestellt wird, »den überzeugenden Beweis für eine Verbindung mit Amerika darstellt und auf die Mittel hinweist, mit deren Hilfe aus Amerika stammende Elemente die Osterinsel erreicht haben könnten«.[408]

Große und kleine Binsenboote spielen eine bedeutende Rolle in den Malereien auf den Steinplatten der Orongohäuser. Dabei begegnet uns auch die stark konventionalisierte Maske auf dem Doppelpaddel, das auf der Osterinsel so wichtig ist. Doppelpaddel hat es in ganz Ozeanien nicht gegeben, nicht einmal bei religiösen Tänzen wie auf der Osterinsel. Es war aber in Amerika weit verbreitet. Solche Paddel waren in den Binsenbooten vor Kalifornien bis ins letzte Jahrhundert hinein zu beobachten und wurden auch an der Küste von Peru und Chile ausgegraben. Die geschnitzten und bemalten Paddel, zusammen mit Floßmodellen aus der Vorinkazeit von der frühen vorkeramischen Fischerbevölkerung an der Pazifikküste unterhalb von Tiahuanaco in die Gräber mitgegeben, sind doppelblattig wie die Zeremonialpaddel der Osterinsel. Thomsons Kommentar über die schönen Exemplare von der Osterinsel, die er im vorigen Jahrhundert nach Washington gebracht hatte, lautet, sie seien in alten Zeiten verwendet worden »auf die gleiche Weise, wie sie die Indianer praktizieren«.[409] Bemerkenswerter ist aber, daß diese großen Paddel mit zwei Blättern, auf der Osterinsel *ao* genannt, während zeremonieller Versammlungen auch als Rangabzeichen getragen wurden. Dieses *ao*-Paddel war streng konventionalisiert und wies die folgenden eigentümlichen Merkmale auf: Der lange schlanke Holm oder Stiel endet in einem geschmückten oberen und einem schmucklosen unteren Blatt; das obere Blatt war durchweg entweder geschnitzt oder bemalt, so daß es einer stilisierten menschlichen Maske glich; diese Maske trug unveränderlich eine hohe senkrechte Federkrone und wies zwei erweiterte hängende Ohrläppchen auf, die wie zwei seitliche Taschen geschnitzt sind und bis zur Höhe des Holms herabhängen, wodurch das obere Blatt seine eigentümlich eckige Form erhält.

Obwohl es an sich schon bemerkenswert ist, daß die Osterinsulaner dieses nichtpolynesische und typisch amerikanische Bootszubehör als zeremonielles Abzeichen an Land trugen, habe ich doch kürzlich auch noch entdeckt, daß ein Doppelpaddel mit allen besonderen Merkmalen des *ao* auf gleiche Weise als Rangabzeichen bei den frühesten Bewohnern der südamerikanischen Küste in Vorinkazeiten getragen worden ist. Das *ao*-Paddel war zur Zeit der Inka und danach in Peru unbekannt, wurde jedoch an der Pazifikküste hier und da sowohl in der frühen als auch der späten Chimúperiode verwendet. Ein Hierarch, der in jeder Hand ein geschnitztes Zeremonialpaddel hält, ist sowohl auf roter Mochicaware als auch auf schwarzer Spätchimúware verewigt, und in beiden Fällen weist das rechte Paddel jedes einzelne der recht ungewöhnlichen Details der oben angegebenen Merkmale von der Osterinsel auf.[410] Diese Übereinstimmung geht weit über alle Möglichkeiten des Zufalls hinaus, und das Wiedererscheinen des eigentlichen *ao* in der religiösen Kunst an der Festlandküste auf der Windseite der Osterinsel ist ein Fingerzeig, der nur als peruanische Inspiration für eine grundlegende zeremonielle Kunstäußerung auf der Osterinsel interpretiert werden kann. Den Beginn der späten Chimúperiode (Late Chimú) datiert man im allgemeinen etwa auf das Jahr 1200 n. Chr. Das entspräche dem 1. Jahrhundert der mittleren Periode auf der Osterinsel, während die Mochicaperiode (das Frühe Chimú) in die erste Hälfte des 1. Jahrtausends unserer Zeitrechnung fällt und etwa mit der frühen Periode auf der Osterinsel zusammenfällt. Daß das *ao* in der peruanischen Keramikkunst in beiden frühen Perioden abgebildet wurde, zur Inkazeit dagegen unbekannt war, zeigt, daß die frühe und die mittlere, nicht jedoch die späte Periode auf der Osterinsel von Übersee eingeführt worden ist.

Noch ein weiteres südamerikanisches Element erscheint als wichtige Einzelheit auf den Masken, die zusammen mit Binsenschiffen, *ao*-Paddeln und Vogelmännern an die Steinmauern der Zeremonialhäuser Orongos gemalt wurden: das Motiv des »weinenden Auges«.[411] Dieses konventionalisierte Symbol, so äußerst wichtig in der frühen Kunst der Osterinsel, ist überall sonst in Polynesien völlig unbekannt. Wie von Ferdon gezeigt, ist es ebenfalls ein Kennzeichen der frühen Kulturen Perus und in weiten benachbarten Gebieten Amerikas, typisch beispielsweise für den Sonnengott und die Vogelmänner am Sonnentor in Tiahuanaco. P. A. Means zeigt in der Tat die äußerste Wichtigkeit des Motivs des »weinenden Auges« in der Kunst Tiahuanacos, wo es symbolisch für die höchste Gottheit der Vorinkazeit ist, für Viracocha, das heißt den weißen und bärtigen Führer der Langohren von Tiahuanaco, der in den Pazifik hinaussegelte. Means bezeichnet ebenso wie T. A. Joyce die Tränen als Regentropfen, die aus den Augen des himmlischen Sonnengottes fallen, um das Leben zum Gedeihen auf Erden zu bringen.[412] Means zeigt ferner, daß der Kopf des weinenden Gottes in Tiahuanaco einen Federkopfschmuck trägt, der die Strahlen der Sonne darstellt, eine sonderbare Einzelheit, die sich auf den Masken des weinenden Auges auf der Osterinsel ständig wiederholt.

Der oberste Gott Makemake wurde in Orongo auch als katzenartige Gestalt dargestellt. Thomson sagte daher von einigen Felsgravierungen, von denen er annimmt, daß sie älter sind als alle anderen: »Die häufigste Gestalt ist ein mythisches Wesen, halb Tier, halb Mensch, mit gekrümmtem Rükken und langen, klauenartigen Armen und Beinen. Nach Angabe der Eingeborenen soll dieses Symbol den Gott ›Meke-Meke‹ vorstellen ...« Er behauptete, es habe »verblüffende Ähnlichkeit« mit einer Form, die er in der peruanischen Kunst gesehen habe.[413] Eine katzenhafte Gestalt mit gekrümmtem Rücken, eingezogenem Bauch, hohen Beinen und einem runden Kopf mit aufgerissenem Rachen findet man gewöhnlich zusammen mit Vogelmännern auf den Tafeln der Osterinsel eingeritzt. Bischof T. Jaussens vielzitierte Theorie, dieses Tier sei eine »Ratte«, ist so weit hergeholt, wie das überhaupt möglich ist, und wird lediglich von der Tatsache bestimmt, daß Ratten die einzigen Säugetiere auf der Osterinsel waren und, mehr noch, daß Katzenartige auf keiner Pazifikinsel vorkommen.[414] Aber in Amerika gab es Raubkatzen, und dort beherrschten sie die religiöse und symbolische Kunst seit der Zeit der Tiahuanacoperiode von Mexiko bis Peru und, wie in Mesopotamien und Ägypten, durchweg als Symbol des Schöpfergottes.

Außer dem wichtigen, allen Stämmen gemeinsamen Kultzentrum Orongo hatte jeder Familienverband seine eigene Statuenplattform, die dem Gedenken der Ahnen diente. In seiner historischen Phase hat dieser Statuen-*ahu* am Ende eines offenen Tempelhofes viel mit den religiösen Bauten im übrigen Südostpolynesien gemein, die wiederum alle mit ähnlichen erhöhten Steinplattformen mit Tempelhöfen verwandt sind, wie sie uns im benachbarten Südamerika, einschließlich Tiahuanaco, als typisch begegnen. Wir haben im vorigen Kapitel gezeigt, daß der *ahu* über einem früheren Bau mit anderem Plan und anderen Zwecken errichtet ist. Dieses frühere Bauwerk war astronomisch orientiert und hatte in Ozeanien keine Entsprechung. Seine Front lag dort, wo der *ahu* seine Rückseite hat, und bestand aus einer Kernfüllung, die ummauert und mit erlesen geformten und zugepaßten Blöcken verblendet worden war. Die zahlreichen Statuen auf den Bilder-*ahu* waren sämtlich so aufgestellt, daß sie land*einwärts* blickten, und der landeinwärts gelegene Hof war das Zentrum des zeremoniellen Tuns. In der vorhergehenden Periode richtete sich dagegen die zeremonielle Aufmerksamkeit auf die hohe *zur See* gerichtete Mauer, die sorgfältig nach den Jahresbewegungen der Sonne orientiert war. Hier waren Unregelmäßigkeiten in den riesigen recht- und vieleckigen Blöcken mit peinlich genau eingepaßten Steinen ausgefüllt und die Flächen glatt und leicht konvex geschliffen. Diese hochspezialisierte Steinmetztechnik hatte in Polynesien nichts Entsprechendes. Mauern aus zusammengefügten Blöcken kommen auf manchen Inseln gelegentlich vor, aber die Art des Behauens ist nicht die gleiche, und sie sind nicht nach der Sonne orientiert. Mauern mit Kernfüllung, nach der Sonne orientiert, genau zusammengefügt und in der spezialisierten Technik der frühen Periode der Osterinsel behauen und geglättet, kommen in weiten Gebieten Perus in der Vorinkazeit vom Cuzcotal mit Rumi-Kolke bis nach Ollantay-Tambo und Tiahuanaco vor.

Buck erklärte, die Statuen auf der Osterinsel müßten von den wenigen lebensgroßen Steinfiguren in der Marquesasgruppe inspiriert worden sein.[415] Wie im vorigen Kapitel gezeigt, gilt diese Hypothese angesichts der neuesten Ausgrabungen und Radiokarbondatierungen nicht mehr. Die fraglichen Bauten und Bildwerke auf den Marquesasinseln liegen zeitlich so spät, daß sie überhaupt erst nach Beginn der Statuenbildhauerei in der mittleren Periode der Osterinsel entstanden sein können. Als die Statuen der frühen Periode auf der Osterinsel ausgehauen wurden, gab es auf keiner anderen Pazifikinsel Steinriesen, während kolossale Steinmänner, die im Freien errichtet wurden, charakteristisch für die gleichzeitigen Kultstätten im nordwestlichen Südamerika waren. Wir haben schon gezeigt, daß die nichtpolynesischen Typen der Statuen aus der frühen Periode der Osterinsel denen in Tiahuanaco überaus ähnlich sind.

Die Vielschichtigkeit der Bestattungsbräuche auf der winzigen Osterinsel ist außerordentlich bemerkenswert. Das wurde besonders deutlich durch Mulloys Ausgrabung nebeneinanderliegender Steingräber mit zahlreichen Brandbestattungen, die zuerst vor der Front der sonnenorientierten Mauern in Vinapu und danach vor anderen *ahu* auf der Osterinsel gefunden wurden.[416] Verbrennung, wird von Neuseeland berichtet, ist anderswo in Polynesien unbekannt, kommt jedoch sporadisch sowohl in Melanesien als auch in einigen westlichen Regionen Südamerikas vor.[417] Ebenso unbekannt in ganz Polynesien ist das auf der Osterinsel so häufige bootförmige, mit dicken Wänden um einen Kern gemauerte Grab mit einem langen, zentralen Schacht für sekundäre Bestattungen.[418]

Und unpolynesisch ist auch der zylindrische, mit falschem Gewölbe gemauerte Turm, der auf der Insel als *tupa* bezeichnet wird und in allen Einzelheiten ein Duplikat des südamerikanischen Bestattungsturms darstellt, der dort *chulpa* heißt und in den Gebieten um Tiahuanaco sehr häufig zu finden ist.

Wenn wir uns nun mit den Wohnbauten beschäftigen, finden wir das gleiche unpolynesische Bild. Ferdon schreibt in seiner Spezialuntersuchung der Haustypen der Osterinsel: »Einer der vielen Züge, die die materielle Kultur der Osterinsel so vielschichtig machen und sie so außerordentlich von der anderer polynesischer Inseln unterscheiden, ist die Vielfalt der Hausformen ... die Tatsache, daß jedes einzelne dieser Gebäude in seiner Gesamtkonstruktion einzigartig in Polynesien zu sein scheint, bietet ein weiteres Problem, das nicht ohne weiteres mit dem Hinweis auf unabhängige Erfindung gelöst werden kann.«[419]

Einer der Haupttypen früher Wohnbauten auf der Osterinsel, dessen Reste in großer Zahl, vor allem auf der Ostseite der Insel, gefunden wurden, sind kreisrunde Steinhäuser mit dicken, niedrigen, mit einer Schüttung gefüllten Mauern, eingebauten Vorratsgruben und dem Eingang durch ein vermutlich kegelförmiges, mit Binsen gedecktes Dach. Diese kreisrunden Häuser sind bisweilen aus fortlaufend ummauerten Einheiten zusammengebaut, die regelrechte Dorfmuster bilden.[420] Sie weisen keinerlei Ähnlichkeit mit der polynesischen Architektur auf, erscheinen jedoch – sogar mit dem Eingang durch das Dach – in den kreisrunden, fortlaufend mit dicken Mauern umgebenen Häusern, deren Räume ineinander übergehen, an den dem Pazifik zugekehrten Hängen unterhalb von Tiahuanaco wieder.[421] Ebenso wichtig wie die kreisrunden Häuser aus Mauerwerk mit Kernfüllung waren die langen, bootförmigen Häuser aus Steinplatten, die an den spitzen Enden in Verzahnung vermauert waren, mit falschem Gewölbe als Dach und tunnelförmigem seitlichem Eingang. Das Zeremonialdorf Orongo ist das am besten erhaltene Beispiel für diese bemerkenswert nichtpolynesische Architektur, wenn auch einzelne Gebäude und Ruinen eines ausgedehnten Dorfes dieses Typs noch anderwärts auf der Insel vorhanden waren.[422] Das Binsenhaus der Osterinsel ist nicht rechteckig oder oval wie die polynesischen Häuser aus Pfosten und pflanzengedecktem Dach, sondern folgt dem linsenförmigen Grundriß des alten Steinplattenhauses mit verzahnten spitzen Enden, die durch bauliche Notwendigkeiten bedingt waren. So weichen selbst die Häuser der Osterinsel aus historischer Zeit in ihrem eigentümlichen Grundriß sowie darin, daß sie aus der südamerikanischen *totora*-Binse erbaut sind und daß ihre Pfosten in Bohrlöchern der kunstvoll zugeschnittenen und zusammengepaßten Randsteine ruhen, von den Wohngebäuden im übrigen Polynesien ab.[423] Die überall vorhandenen Rand- oder Fundamentsteine aus Basalt, die *paenga*, gehören zu den besonders charakteristischen Bodenfunden der Osterinsel und haben in ganz Polynesien nicht ihresgleichen. Steine der gleichen Form und Zurichtung mit den gleichen Bohrlöchern, ebenso in der Schmalseite angebracht, finden sich sekundär in den umgebauten Tempelplattformen Tiahuanacos wieder, genau wie es auf der Osterinsel der Fall ist.[424]

Die eigentümliche gemauerte Kochstelle, die überall auf der Osterinsel ausgegraben werden konnte und dem gesamtpolynesischen Erdofen ganz unähnlich ist, wurde aus schmalen, rechteckigen Blöcken gebaut. Man setzte die Blöcke hochkant, zur Hälfte in die Erde gegraben, und gab der Kochstelle eine vier- oder fünfeckige Form. Die Kochstelle ist die Wiederholung eines charakteristischen Ofens, den wir von Wohnstättenausgrabungen des alten Peru kennen.[425]

Üblicherweise hat man das unerwartete Vorhandensein von Steinhäusern, genau zusammengepaßten Megalithmauern und Riesenstatuen einer besonderen Entwicklung auf der Osterinsel zugeschrieben, die auf das Fehlen von Holz für Schnitzerei und Bau zurückzuführen sei. Wie bereits erklärt wurde, ist diese Theorie nicht mehr zu halten. Pollenbohrungen ergeben, daß die Insel früher von jetzt ausgestorbenen Baum- und Straucharten bedeckt war, sogar Palmen befanden sich darunter, und daß die ursprünglichen Besiedler sofort begannen, die Wälder mit Feuer zu roden, um freien Raum für Steinbrüche und Mauerwerke zu schaffen.

Ein Unterscheidungsmerkmal, dem offensichtlich von der gesamten Bevölkerung der Osterinsel höchste Bedeutung beigemessen wurde, war die künstliche Ohrerweiterung, von einer Gruppe der Vorfahren praktiziert, während alle anderen normale Ohrläppchen behielten. Der Brauch spiegelt sich in jeder einzelnen der Steinstatuen aus der mittleren Periode wider, und selbst heute unterscheidet die Bevölkerung noch zwischen der Minderheit, die für sich in Anspruch nimmt, von den Langohren abzustammen, und jenen, deren Vorfahren die siegreichen Kurzohren waren. Erweiterung der Ohrläppchen wurde übrigens bis in historische Zeiten praktiziert. Vermutlich hielt sich der Brauch über die mütterliche Linie, da die beharrlichsten aller Stammeserinnerungen berichten, daß alle Langohrmänner bis auf einen einzigen während der Poikeschlacht umgebracht wurden, während gewiß die Frauen und wahrscheinlich sogar die Kinder am Leben blieben und sich mit den siegreichen Kurzohren vermischen konnten.

In Uapou auf der Marquesasgruppe wurde der höchste polynesische Gott Tiki unter dem Namen »Tiki mit den langen Ohren« verehrt,[426] und

Ein Langohr von der Osterinsel, von Kapitän Cooks Maler Hodges 1777 gezeichnet

die Herveyinsulaner hatten zur Zeit des Kapitäns Cook einen Gott, den sie »Große Ohren« nannten. Trotzdem kann die künstliche Verlängerung der Ohrläppchen nicht als polynesischer Brauch bezeichnet werden. Sie war jedoch eines der auffallendsten Merkmale auf der Osterinsel. Behrens, der mit Roggeveen am ersten Besuch der Insel durch Europäer teilnahm, sah unter den Leuten an Land »einige von rötlicher Hautfarbe, als ob sie von der Sonne verbrannt wären. Ihre Ohren waren so lang, daß sie ihnen bis auf die Schultern hingen«.[427] Beechey sah später einige mit so langen Ohrläppchen, daß sie, um nicht gestört zu werden, manchmal »ein Ohrläppchen am anderen auf dem Hinterkopf befestigten«.[428]

Wenn wir uns wieder nach Peru wenden, so hatte dieser Brauch der künstlichen Ohrerweiterung dort eine lange Tradition und größte soziale Bedeutung. Markham zeigt, daß das Recht, die Ohrläppchen auszudehnen, ein Privileg war, das den Inka königlichen Bluts vorbehalten blieb und ihnen den Namen »die großohrigen Leute« eintrug, was die Spanier in *orejones* verwandelten.[429] Pedro Pizarro, der mit seinem Vetter Francesco während der Eroberung, der Konquista, nach Peru kam, schrieb: »Da waren einige *orejones,* die so große Ohren hatten, daß sie ihnen bis auf die Schultern herabhingen. Wer die längsten Ohren hatte, wurde als der feinste Herr unter ihnen betrachtet.«[430] Nach den Inkalegenden erweiterten auch die Gottmänner, die Tiahuanaco erbauten, ihre Ohren und nannten sich selbst »Großohren«.[431]

Pizarros Gefährte Juan de Betanzos, der eine Inkafrau heiratete, berichtete, daß der weiße und bärtige Hierarch Ticci in Tiahuanaco, der Führer der abreisenden *Viracochas,* auf dem Weg vom Titicacasee in Cuzco Aufenthalt gemacht hatte, um dort einen Nachfolger zu ernennen, bevor er zur Pazifikküste, nach Manta, hinabstieg. Als letztes »hinterließ er Anweisungen, wie sie die *orejones* anfertigen sollten, wenn er fort war«, dann »versammelte er seine eigenen Leute und fuhr auf das Meer hinaus und wurde nie wieder gesehen«.[432]

Ticci, der legendäre Gott der »Großohren«, der an der Küste von Peru aufbrach, und Tiki-mit-den-großen-Ohren, der nach Mythen von den Marquesasinseln die Menschen nach Polynesien führte, sind sehr wahrscheinlich die gleiche legendäre Person, doch nur auf der Osterinsel erhielt die Ohrerweiterung soziale Bedeutung, die der in Peru entsprach, und nur dort sprechen realistische Überlieferungen davon, daß »Langohren« mit König Hotu Matuas eingeborenen Entdeckern aus einem großen Land in Richtung des Sonnenaufgangs gekommen seien.

Abgesehen von den Statuen aus der mittleren Periode, sind keinen anderen Fragmenten eines früher hohen kulturellen Standards auf dieser Insel mit ihrer einzigartigen geographischen Lage so viel Aufmerksamkeit in der Öffentlichkeit zuteil geworden wie den Tafeln mit eingeritzter Schrift, den *kohau rongo-rongo.* Sie hingen bei Ankunft der ersten Missionare in jeder Hütte unter dem Dach, doch auf ihre Anweisung hin wurden die meisten verbrannt, andere in geheimen Familienhöhlen versteckt, wo sie zerfielen, und nur sehr wenige für die Nachwelt gerettet. Von allen frühen Missionaren wurde klar und deutlich dokumentiert, daß nicht einmal die intelligentesten und am besten informierten Insulaner die Bedeutung eines einzelnen Zeichens von den auf den Tafeln eingeritzten angeben oder das Ideogramm für das einfachste Wort zeichnen konnten. Sie wußten, daß jede Tafel einen bestimmten Text wiedergab, waren sich jedoch nicht einig darin, welcher

Text zu welcher Tafel gehörte. Wenn die eine Tafel mitten in ihrem Vortrag mit einer anderen vertauscht wurde, fuhren sie ohne Unterbrechung mit dem ursprünglichen Text fort. Der Text wurde mit eher singender als sprechender Stimme vorgetragen. Pflichtgetreu kopierten sie die alten Originaltafeln auf neue Bretter und betrachteten sie als magische Objekte von größtem Wert.[433]

Als zwei von diesen Eingeborenen später als Arbeiter nach Tahiti geschickt wurden, behaupteten sie, gelehrte *rongo-rongo*-Männer zu sein. Einer wurde sofort von T. Croft bei einer Täuschung ertappt, da er an drei aufeinanderfolgenden Sonntagen drei verschiedene Texte von den gleichen Tafeln ablas;[434] der andere, Metoro mit Namen, wurde von Bischof Jaussen als Gast eingeladen und las vierzehn Tage lang hintereinander zusammenhanglose und unsinnige Texte von den wenigen Zeichen auf fünf kleinen Tafeln, die ihm vorgelegt worden waren. Der leichtgläubige Bischof schrieb über 200 Seiten voll mit erfundenen Vorlesungen, doch der schlaue Metoro entzog sich dieser Schlinge, indem er behauptete, der größte Teil der Wörter werde nicht geschrieben und bleibe deshalb unsichtbar. Daher versuchte der Bischof, ein *rongo-rongo*-Wörterbuch zusammenzustellen, in dem beispielsweise fünf verschiedene Zeichen erscheinen, die sämtlich »Porzellan« bedeuten, ein Wort, das der Osterinsulaner niemals gehört hatte, bevor er nach Tahiti gekommen war. Der findige Metoro übersetzte sogar ein einzelnes *rongo-rongo*-Zeichen mit »er öffnet eine Porzellanterrine«, ein anderes mit »die Heiligen Drei Könige« und eins mit »Kanu, das gut schlingert, mit Mann und Federn (an Bord)«.[435] Wenn man solche Zeichen zusammenstellte, wurde der sich ergebende Text natürlich völlig sinnlos.

Die Seiten von Bischof Jaussens *rongo-rongo*-Wörterbuch gelangten irgendwie wieder auf die Osterinsel, wo sie von den Eingeborenen begrüßt und mit Hilfe des Katechisten aus Tuamotua kopiert wurden wie das heilige Evangelium und schließlich mit heidnischen Überbleibseln in das Versteck geheimer Familienhöhlen gelangten. Ihr Vorhandensein als hochgeschätzte Erbstücke wurde keinem enthüllt, bis Mitglieder unserer Expedition im Jahr 1955/56 zum erstenmal Zugang zu einigen dieser Familienverstecke bekamen. Wir erhielten so die ersten nachmissionarischen Papiermanuskripte, denen Seiten echter Stammeserinnerungen zugefügt worden waren. Danach tauchten auch andere aus den Höhlen auf.

Später verkündete T. Barthel seine sensationelle Behauptung, er habe die *rongo-rongo*-Schrift entziffert. Er hatte das Originalmanuskript des Bischofs von Metoros Lügengeschichten studiert, das mit Jaussens übrigen Sammlungen in der Congrégation des Sacrés Cœurs in Rom aufbewahrt wird, und erzielte weltweite Aufmerksamkeit, als er behauptete, diese Notizen hätten ihm geholfen, die *rongo-rongo*-Tafeln zu lesen. Nach Barthels Erklärung berichteten die entzifferten Tafeln, daß die ersten Osterinsulaner etwa im 14. Jahrhundert unserer Zeitrechnung von der Insel Raiatea gekommen seien.[436] Vor Barthel hatte Dr. A. Carroll behauptet, die Tafeln lesen zu können, doch er hatte einfach die alte, von Thomson berichtete Überlieferung »gelesen«: daß die ersten Siedler aus der Richtung Südamerikas gekommen seien, als sie auf die untergehende Sonne zugesteuert seien.[437] Als Barthel von den Osterinsel-Archäologen Mulloy, Skjölsvold und Smith[438] herausgefordert wurde, eine Wort-für-Wort-Übersetzung irgendeiner der erhaltenen Tafeln vorzulegen, wich er aus, wie es Carroll vor ihm getan hatte. Die *rongo-rongo*-Bretter bleiben also unentziffert, wenn es auch nicht an anderen unbegründeten Behauptungen mangelt, sie lesen zu können – übrigens mit völlig verschiedenen Ergebnissen.[439]

Die Schrift ist ein weiteres, ganz unpolynesisches Element auf der Osterinsel. Daß ein solches Zeichen echter Zivilisation, Merkmal großer Nationen, auf der einsamen Osterinsel unabhängig entwickelt (und danach vergessen) worden sein sollte, hat mehr gelehrte Auseinandersetzungen hervorgerufen als jedes andere Problem. Auf den anderen polynesischen Inseln war die einzige mnemotechnische Erfindung ein System von Knoten auf Schnüren, das, besonders in der Marquesasgruppe, auffallende Ähnlichkeit mit dem komplizierten *quipu* erreichte, das typisch für die Inkazeit in Peru ist. Es sind Theorien aufgestellt worden, daß die Schrift der Osterinsel von Reisenden aus Mohenjo-Daro im Industal auf der genau entgegengesetzten Seite der Erde mitgebracht worden sei; daß transpazifische Wanderer von China nach Mexiko ihre Fahrt auf der Osterinsel unterbrochen und die Schrift hinterlassen hätten; daß die *rongo-rongo*-Schrift gar keine Schrift sei, sondern nur ein Eingeborenengekritzel; oder daß die Eingeborenen die ersten Europäer hätten schreiben sehen und danach die eigene Schrift erfunden hätten. All diese Theorien sind widerlegt worden. Heute ist bekannt, daß es sich bei *rongo-rongo* um eine Schrift mit einer gewissen Zahl von Zeichen handelt, die in unregelmäßigen Abständen wiederholt und im umgekehrten Bustrophedon geschrieben werden, das heißt in einem fortlaufenden Serpentinenband, in dem jede zweite Zeile auf den Kopf gestellt wird. Europäer, Chinesen und die Leute aus dem Industal haben niemals im umgekehrten Bustrophedon geschrieben, und ebensowenig wurde *rongo-rongo* nach der Ankunft der ersten Europäer erfunden, sondern war zu jener Zeit bereits vergessen. Wenn man theoretisch einmal eine Segelfahrt von China nach Mexiko annehmen wollte, dann würde diese nach Norden gezwungen und auf der subarktischen Karavellenroute verlaufen. Diese Route verfehlt die Osterinsel um Tausende von Meilen. Die Indusschrift ähnelt *rongo-rongo* nicht überzeugend. Sie war viele Jahrhunderte, bevor die ersten Menschen die Osterinsel erreichten, bereits vergessen. Geographisch lag sie so weit entfernt, daß statt der fast den ganzen Erdball umkreisenden Reise der Weg durch den Atlantik und über Amerika unendlich viel leichter gewesen wäre.

Métraux, der eine Zeitlang bezweifelte, daß *rongo-rongo* tatsächlich eine Schrift sei, gehörte zu den glühendsten Gegnern der vorher verbreiteten

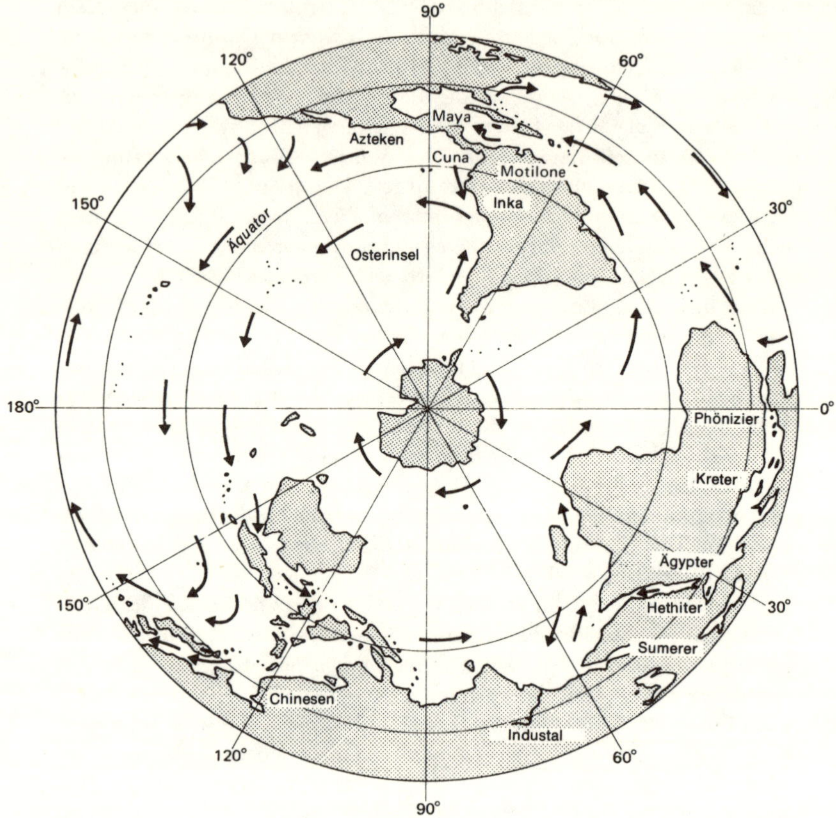


Die Erdkugel, von der Antarktis aus betrachtet

Eine hypothetische Wanderung vom Industal oder von Mesopotamien zur Osterinsel ist über den Pazifik weiter als über den Atlantik.

Theorie der Industaleinflüsse. Er schrieb: »Ich könnte die Indusschrift mit den Bilderschriftzeichen der Indianer vergleichen und ebensoviel Ähnlichkeit finden ... Wenn Wissenschaftler darauf bestehen, die Osterinsel mit dem Industal in Verbindung zu bringen, dann fordere ich dasselbe Vorrecht für die vernachlässigten Cunaindianer der heutigen Republik Panama.« [440]

In der Tat wohnen die Cunaindianer, die auf Holztäfelchen schrieben, der Osterinsel 900 Meilen (etwa 1500 km) näher als die Polynesier auf Tonga. Selbst die altamerikanischen Schriftzentren in Mexiko und Nicaragua sind der Osterinsel näher als viele Inseln Polynesiens. Der erste, der ernstlich eine Beziehung zwischen der Cuna- und der Osterinselschrift vermutete, war E. von Hornbostel, wenn er auch die Hypothese aufstellte, die Schrift sei von der Osterinsel zu den Cuna in Panama gekommen und von dort zu den frühen Zivilisationen in Mexiko.[441] R. von Heine-Geldern nahm diese Idee auf und schrieb:

»Heute schreiben die Cunas im allgemeinen auf Papier. Doch daneben sind auch hölzerne Täfelchen vorhanden, und die Cunas sagen, das sei das ursprüngliche Schreibmaterial gewesen. Die von Nordenskiöld gesehenen Täfelchen waren dazu bestimmt, in den Häusern während Feiern aufgehängt zu werden. Die Ideogramme sind mit Farben aufgemalt. Doch nach der Information D. L. Gassos ... wurden die Ideogramme früher in hölzerne Täfelchen eingeschnitzt. Das erinnert an die Schrifttäfelchen der Osterinsel. Auch das Schreiben in Bustrophedon und die Aufeinanderfolge der Zeichen von unten nach oben rufen die Osterinselschrift ins Gedächtnis.« Ferner: »Alle hier vorgelegten Übereinstimmungen zusammengenommen, könnten wohl die Annahme rechtfertigen, daß tatsächlich eine gewisse Beziehung zwischen der Osterinselschrift und der Schrift der Cunaindianer besteht.«[442]

Die Cunazeichen stehen jedoch, obwohl sie im Bustrophedon geschrieben werden, nicht in jeder zweiten Zeile auf dem Kopf und unterscheiden sich auch einzeln genügend von den *rongo-rongo*-Zeichen, um klarzumachen, daß diese Indianer in Panama auf halbem Weg zwischen Mexiko und Peru, wenn wir vielleicht auch auf der rechten Spur sind, nicht die Reisenden waren, die die Täfelchen zur Osterinsel brachten. Die Osterinsulaner sind sehr bestimmt in ihrer Behauptung, daß der erste Einwandererkönig, Hotu Maru, 67 beschriftete Tafeln mitgebracht habe, als er aus seiner unwirtlichen, wüstenähnlichen Heimat im fernen Osten kam, und daß ein gewisser Hinelilu, der ihn in einem Boot mit Langohren begleitete, »ein Mann von Klugheit war und *rongo-rongo* auf Papier schrieb, das er mitbrachte«.[443]

Der russische *rongo-rongo*-Fachmann J. V. Knorozov hat darauf hingewiesen, daß der einzige Ort auf der Welt – außer auf der Osterinsel –, an dem ein Schriftsystem gefunden wurde, in dem jede zweite Zeile auf dem Kopf steht, das heißt im »umgekehrten Bustrophedon«, im alten Peru liegt.[444] Bei Ankunft der Europäer benutzten jedoch nur noch die Indianer vom Titicacasee eine primitive Form von Bilderschrift. Das *quipu*-System mit Knoten auf Schnüren wurde andererseits allgemein im Inkareich verwendet. Pater Montesinos ist der einzige Chronist, der lokale Informationen über Vorinkazeiten aufgezeichnet hat:

»Die *amautas*, die die Ereignisse jener Zeit durch sehr alte, von Hand zu Hand weitergegebene Überlieferungen kennen, sagen, daß es, als dieser Fürst [Sinchi Cozque Pachacuti I.] herrschte, eine Schrift gab und auch Männer, *amautas* genannt, die sehr klug darin waren, und daß diese Männer Lesen und Schreiben lehrten ... Soweit ich erfahren kann, schrieben sie auf den Blättern des Bananenbaumes, die sie trockneten und dann beschrifteten... Diese Schriftzeichen gingen den Peruanern durch ein Ereignis verloren, das ihnen in der Zeit von Pachacuti dem Sechsten zustieß...«

Große Heere wilder Völker aus dem Landesinneren kamen, und die Peruaner »hatten große Kriege, in denen sie die Buchstaben verloren, die bis zu dieser Zeit erhalten geblieben waren... So ging das Regierungssystem der peruanischen Monarchie verloren und wurde vernichtet. Sie [die Monarchie] kam 400 Jahre lang nicht wieder zur Herrschaft, und die Kenntnis der Buchstaben ging verloren... Als sie Buchstaben und Zahlen oder Hieroglyphen hatten, schrieben sie die auf Blätter des Bananenbaumes, wie wir sagten, und ein *chasqui* gab das gefaltete Blatt dem nächsten, bis es in die Hände des Königs oder des Gouverneurs gelangte. Als sie den Gebrauch der Buchstaben verloren hatten, gaben die *chasquis* die Botschaft mündlich von einem zum anderen weiter...«.[445]

Montesinos' wiederholte Bezugnahme darauf, daß die Peruaner früher auf Bananenblätter geschrieben haben, ist bemerkenswert, da sowohl Métraux als auch Englert berichten, daß Bananenblätter früher auch auf der Osterinsel zum Schreiben benutzt worden seien.[446] Englert erfuhr von alten Osterinsulanern, daß eigene *rongo-rongo*-Schulen in Form von kreisrunden Steinhäusern mit dem Eingang durch das konische Dach gebaut worden waren, Schulen, in denen die Schüler zuerst die Texte auswendig zu lernen hatten. »Nachdem die Schüler gelernt hatten, die Texte zu rezitieren, begannen sie die Zeichen zu kopieren, um sich an das Schreiben zu gewöhnen. Diese Kopierübungen wurden noch nicht auf Holz gemacht, sondern mit einem Stilus aus einem Vogelknochen oder einem kleinen angespitzten Stock auf Bananenblättern.[447]

Daß das Schreiben früher auch in Peru auf Holztafeln praktiziert wurde, geht aus den Berichten Pater Cristóbal de Molínas, eines Priesters im Hospital für die besiegten Inka in Cuzco, hervor: »Zunächst ist es im Hinblick auf ihre Götzendienerei so, daß diese Menschen keine Kenntnisse von der Schrift hatten. Doch in einem Haus der Sonne, Poquen-Cancha genannt, das sich in der Nähe von Cuzco befindet, hatten sie die Biographie von jedem Ynca, mit den Ländern, die er erobert hat, mit Figuren auf bestimmte Bretter gemalt und auch ihre Herkunft.«[448]

Sarmiento de Gamboa, der 42 gelehrte *amautas* der Inka versammelt hatte, berichtet: »Sie hörten ihre Väter und Vorfahren sagen, daß Pachacuti Inga Yupanqui, neunter Inga, der einen Aufruf an alle alten Historiker aller Provinzen, die er unterworfen hatte, und sogar noch an viele andere mehr aus allen Königreichen ergehen ließ, diese für eine lange Zeit in der Stadt Cuzco behielt und sie über die Altertümer, den Ursprung und über denkwürdige Tatsachen ihrer Vorfahren in diesen Königreichen befragte. Und nachdem er sich der denkwürdigsten ihrer alten Geschichten wohl vergewissert hatte, ließ er alles nach seiner Ordnung auf großen Brettern aufmalen, und er legte sie in einen großen Saal im Haus der Sonne, wo die besagten Bretter, die mit Gold verziert waren, unseren Bibliotheken glichen, und er ernannte gelehrte Männer, die sie verstehen und auslegen konnten. Und niemand durfte eintreten, wo diese Bretter waren, außer dem Inga oder den Historikern, ohne ausdrückliche Erlaubnis des Inga.«[449]

Wenn wir auch nicht in der Lage sind, einen Ort außerhalb der Osterinsel genau anzugeben, an dem die Tafeln ihren Ursprung gehabt haben können, ist doch völlig klar, daß alle grundlegenden Elemente dieses Eingeborenenschriftsystems, von der Verwendung von Bananenblättern und hölzernen Brettern bis zum System des Schreibens im umgekehrten Bustrophedon, auch im Gebiet der alten Hochkulturen Amerikas erscheinen. Westlich der Osterinsel ist nichts auch nur im entferntesten Ähnliches zu finden.

Eine genauere Prüfung der verschiedenen Ideogramme der Osterinselschrift zeigt, daß viele völlig ungegenständlich sind, während andere an ihren Enden tierische und menschliche Details einfach als Schmuck aufweisen. Die fundamentalen und ständig wiederkehrenden Motive, die als vollständige Ideogramme verwendet werden oder Kopf oder Gliedmaßen zur Verschönerung nichtgegenständlicher Zeichen leihen, sind tatsächlich sehr gering an Zahl: menschliche Gestalten, stets von vorn mit dreieckigem oder quadratischem Kopf, großen Ohren und drei Fingern an jeder Hand dargestellt, wenn die Hand gezeigt wird; Vögel oder vogelköpfige Männer, stets im Profil mit langen oder kurzen, scharf hakenförmigem Schnabel dargestellt; ein rundköpfiges Säugetier, stets im Profil mit aufgerissenem Maul, langen gebeugten Beinen und gekrümmtem Rücken gezeigt; realistische Fische; merkwürdige doppelköpfige Darstellungen der gleichen vier Geschöpfe; und die gleichen menschlichen Gestalten, die ein oder zwei Stäbe halten. Sämtliche sonstigen Darstellungen sind deutlich von untergeordneter Bedeutung, während diese ständig wiedererscheinenden Motive oder Teile von ihnen, an nichtgegenständliche Symbole angefügt, die *rongo-rongo*-Schrift beherrschen.

Keins dieser Symbole ist polynesisch, während sie alle charakteristisch für die andine symbolische Kunst sind. In dem Reliefschmuck des monolithischen Sonnentors, des berühmtesten Monuments im Tiahuanaco der Vorinkazeit, wird der zentral plazierte Sonnengott von vorn mit viereckigem Kopf und dreifingrigen Händen gezeigt; in jeder Hand hält er einen geschmückten Stab mit doppelten Köpfen hakenschnäbliger Vögel; an beiden Ellbogen hängen langohrige menschliche Trophäenschädel, deren sehr lange, herabhängende Ohrläppchen wiederum in hakenschnäbligen Vogelköpfen enden. Den Sonnengott umgeben drei Reihen hakenschnäbliger Vogelmenschen, sämtlich im Profil dargestellt, ebenfalls Stäbe in dreifingrigen Händen. Von den Stäben enden einige in doppelköpfigen Vögeln, manche in doppelköpfigen Fischen. Ein gekrümmter Fisch wird auch, in der Art der Osterinsel, als mondförmiges Pektorale auf der Brust der zentralen Gottheit gezeigt, und Fischköpfe und -schwänze sind bei den Vogelmännern willkürlich als Schmuck an den Spitzen der Kopfschmuckfedern und der Flügel beigefügt. Das einzige dargestellte Säugetier ist katzenartig, und sechs der Federn der strahlenförmigen Federkrone des zentralen Gottes enden in Raubkatzenköpfen; andere Katzenköpfe sind paarweise auf seinen Armen und an den Enden seines Gürtels eingraviert. Der Sonnengott selbst steht auf der oberen Plattform eines abgestuften, *ahu*-ähnlichen Baus, flankiert von zwei Pumaköpfen und geschmückt mit einem nichtgegenständlichen Ideogramm, das auf Osterinselart in Köpfen hakenschnäbliger Vögel und von Raubkatzen endet. Köpfe eines oder mehrerer dieser drei Tiere – Raubkatze, hakenschnäbliger Vogel und Fisch – sind auch anderswo auf symbolisch-ornamentale Weise den dekorativen Ideogrammen zugefügt, die den Türsturzbereich dieses ungewöhnlichen Beispiels religiöser Plastik aus Vorinkazeiten vervollständigen. Kurz, alle künstlerischen Begriffe dieses südamerikanischen Monuments stimmen mit denen auf den Tafeln der Osterinsel überein. Es gibt keine mehr, und es fehlen auch keine.

Wenn wir uns den freien Skulpturen kleineren Formats aus Stein und aus Holz auf der Osterinsel zuwenden, finden wir eine individualistische Freiheit und eine unheimliche Phantasie, die diese Insel deutlich von allen anderen Gebieten Polynesiens unterscheidet. Lavachery, sowohl Kunsthistoriker als auch Archäologe, hat als erster auf einen bemerkenswert unpolynesischen Individualismus in der Kunst hingewiesen, der bei seiner Untersuchung von Felszeichnungen und -gravierungen auf der Osterinsel zutage trat.[450] Nach meiner kürzlich beendeten Untersuchung aller bekannten Kunstobjekte der Osterinsel, die in 64 öffentlichen und privaten Sammlungen auf der ganzen Welt zusammengefaßt sind, kann ich bestätigen, daß dieser Individualismus über die Motive der Petroglyphen hinausgeht.[451] Die große Zahl kleiner Stein- und Holzskulpturen, die vor Ankunft der Missionare und der darauf folgenden Einführung kommerzieller Kunst von der Osterinsel weggebracht wurde, zeigt, wie irrig der bisher so verbreitete Glaube ist, daß die Kunst der Osterinsel nur wiederhole, daß sie monoton sei und nur wenigen vorgegebenen Normen sklavisch folge. Diese falsche Ansicht hat sich nur deshalb gehalten, weil die wenigen reproduzierten Skulpturen der Osterinsel ständige Wiederholungen derjenigen sind, die aus besonderen Gründen absichtlich genormt worden waren. Die großen *ahu*-Monumente wurden gleichmäßig gestaltet, um dem göttlichen Erzeuger aller wichtigen Genealogien zu ähneln. Das Bild dieses Erzeugers wurde von allen Stämmen in Orongo verehrt, und die Kolossalstatuen spiegeln als Bestattungsdenkmäler nicht weniger künstlerische Phantasie wider, als es die ständige Wiederholung des Kruzifixes in der christlichen religiösen Kunst tut. Auch der ausgemergelte hölzerne *moai-kavakava* mußte auf eine strikt unveränderliche Weise geschnitzt werden, weil er nach der Überlieferung ein Porträt des letzten Überlebenden der »Langohren« war. Die extrem flache weibliche *moai papa* oder *pa'a-pa'a* mußte ihre überlieferte Form behalten, weil sie eine bestimmte Gottheit darstellte, die Erdmutter, die tatsächlich in all ihren Erscheinungsformen von der frühen

Kunst des Mittelmeerraums bis nach Mexiko und Peru ebenso flach ist. Der schöne männliche *moai tangata* – wörtlich »Männergestalt« – und der geflügelte und hakenschnäblige *tangata-manu*, »Manvogel«, stellen ebenfalls festgelegte Gottheiten aus der Zeit der Vorfahren dar, die der Künstler nicht ändern durfte. Schließlich das *ao*-Doppelpaddel, der zwillingsköpfige *ua*-Stab, das sichelförmige *rei-miro*-Pektorale und der eiförmige *tahonga*-Ball, die sämtlich genormte Rangabzeichen waren und wegen ihrer sich niemals ändernden Form und ihrer Merkmale anerkannt wurden. All diese wohlbekannten künstlerischen Arbeiten der Osterinsel wurden entweder im Freien als feste Monumente aufgestellt oder aber öffentlich bei religiösen Tänzen und anderen Zeremonien getragen.

Es gab jedoch noch eine weitere Klasse von Skulpturen, *moai maea* genannt, über die Geiseler bei seinem Besuch im Jahr 1882 schrieb: »Diese Götzen bleiben stets in den Hütten, sie sind eine Art Familiengötzen, deren jede Familie mindestens einen besitzt, während die Holzgötter mit zu den Festen genommen werden.«[452] Thomson schrieb nach seinem Besuch vier Jahre später: »Die kleinen hölzernen und steinernen, als ›Hausgötter‹ bekannten Bilder stellen bestimmte Geister dar und gehören einer anderen Ordnung als die Götter an, wenn ihnen auch viele der gleichen Attribute zugeschrieben wurden. Sie nahmen in jeder Hütte einen bevorzugten Platz ein und wurden als das Medium angesehen, durch das eine Verständigung mit den Geistern möglich war. Doch sie wurden nie selbst verehrt.«[453]

Nach Einführung des Christentums nahmen Besucher eine große Zahl dieser verschieden gestalteten *moai maea* mit, die ihren Platz in den Schaukästen oder Lagerräumen von Museen fanden, und eine noch größere Zahl verschwand in den geheimen Familienhöhlen, aus denen im Jahr 1956 fast tausend Stücke zur Kenntnis unserer Expedition kamen. Einige der am stärksten erodierten Skulpturen wurden von späteren Bildhauergenerationen ein oder mehrere Male neu bearbeitet; doch davon abgesehen, wiesen die Exemplare in Museen wie in Höhlen eine unendliche Vielfalt von Motiven und eine lebhafte individualistische Phantasie auf, die, wie Lavachery später zeigte, nur im alten Peru ihresgleichen hatten. Er schrieb:

»Die Osterinsel ist in Polynesien einzigartig in der Weise, wie ihre Künstler Stile und Produkte dem verwendeten Material angepaßt haben. Die Phantasie der eigentlichen Polynesier ist im Vergleich zu der der Osterinsulaner arm. Selbst auf den an Kunst besonders reichen Inseln, etwa in der Marquesasgruppe oder auf Neuseeland, wird diese Armut nur durch die Wiederholung einer großen Zahl von Motiven ähnlichen Charakters überwunden. So sind auf den Marquesasinseln die Motive ständig an die konventionelle Maske mit großen runden Augen und an die traditionellen Arabeskenornamente gebunden, ganz gleich, ob es sich um plastische Skulpturen in Stein und Holz, um Flachreliefs auf Perlmutt, Knochen oder Holz, um Felszeichnungen oder um Tätowierungen handelt. Auf den anderen Inseln Ostpolynesiens verraten die Kunstmotive sogar einen noch größeren Mangel an Erfindungsgabe. Gibt uns also die kapriziöse und vielfältige Kunst der Osterinsel hier ein weiteres Rätsel auf? Zweifellos müssen wir wie bei so vielen anderen Problemen dieser Insel unsere Aufmerksamkeit nach Südamerika richten ...« [454]

Wenn wir uns nun den Werkzeugen und Geräten der Osterinsel zuwenden, dann finden wir keinerlei nahe Verwandtschaft mit polynesischen Normen. Das zweifellos verbreitetste Artefakt ist die Hauptwaffe, die *mataa* oder breite, mit Schäftungszunge versehene Speerspitze aus Obsidian, deren Merkmale völlig unpolynesisch sind. Es ist lange Zeit ein Rätsel gewesen, weshalb man nur zwei solcher Obsidian-*mataa* außerhalb der Osterinsel gefunden hat, beide auf einem südamerikanischen Eingeborenenbegräbnisplatz in Llolleo in der Nähe der chilenischen Küste. Kürzlich sind jedoch weitere Obsidian-*mataa,* ebensowenig von den Exemplaren der Osterinsel zu unterscheiden, in zwei anderen archäologischen Stätten ausgegraben worden, nämlich in Zapallar und auf der Mochainsel, ebenfalls an und bei der chilenischen Küste.[455]

Die neolithischen steinernen Schneidwerkzeuge der Osterinsel umfassen sowohl polynesische als auch nichtpolynesische Typen. Abgeschrägte Doppeläxte oder Kelte werden nicht als polynesisches Werkzeug betrachtet, dennoch sind sie – in die mittlere Periode datierbar – gefunden worden. Handpicken mit zwei oder einer Spitze sind sehr viel häufiger als jedes andere Schneidwerkzeug, doch sie werden niemals als polynesisches Gerät genannt, während sie, wie der Kelt, in Südamerika allgemein verbreitet waren.

Im 6. Kapitel sahen wir, daß in Südostasien, Indonesien eingeschlossen, Angelhaken jeder Art unbekannt sind und daß ihre allgemeine Verbreitung in Ozeanien stets den Formen bei arktischen und amerikanischen Eingeborenen entspricht. Die einfachen und die zusammengesetzten knöchernen Angelhaken der Osterinsel stimmen mit den von Südamerika bis Neuseeland ausgegrabenen überein, aber der bemerkenswerteste Typ der Osterinsel ist ein einwärts gekrümmter einteiliger Angelhaken aus poliertem Stein, der in seiner Vollkommenheit in Entwurf und Gleichgewicht als der Höhepunkt der ozeanischen Steinarbeiten betrachtet worden ist. Mit Ausnahme von drei ähnlichen Stücken der Chathaminseln stammen die einzigen außerhalb dieser östlichen Insel gefundenen Exemplare aus Abfallhaufen auf den Inseln und der Festlandküste Südkaliforniens. Die Übereinstimmung mit den Stücken von der Osterinsel läuft nahezu auf Identität hinaus und veranlaßte im Jahr 1949 Heine-Geldern und Ekholm, Exemplare aus beiden Gebieten nebeneinander im Amerikanischen Museum für Naturgeschichte auszustellen. Damit sollte ihre Theorie der transpazifischen Wanderungen gestützt werden. Welcher Art die Verbindung zwischen diesen Verbreitungsgebieten nun auch sein mag, die Exemplare von der Osterinsel bleiben nichtpolynesisch.

Die einzigen Einrichtungsgegenstände in den oben beschriebenen Wohnungen auf der Osterinsel waren Schlafmatten und steinerne Kissen. Die Matten wurden aus der südamerikanischen *totora*-Binse geflochten. Die überraschende unpolynesische Verwendung steinerner Kissen wurde von Métraux zunächst dem früher angenommenen Mangel an Holz zugeschrieben,[456] was unwahrscheinlich ist, weil es immer genug Treibholz und *toromiro* gab, um daraus die Vielfalt von Figuren und Rangabzeichen zu schnitzen, die bereits erwähnt wurden.

Bei unserer Oberflächenuntersuchung früherer Wohnstätten auf der Osterinsel fanden wir eine erhebliche Anzahl nichtpolynesischer Mahlsteine, die von den typisch amerikanischen *metate* nicht zu unterscheiden waren. Ihre Verwendung auf der Insel bleibt unerklärlich, und ebenso steht es mit der Funktion einer beträchtlichen Zahl von schön bearbeiteten und polierten halbkugelförmigen Basaltschalen, die in verschiedenen Teilen der Insel vollständig oder als Scherben gefunden wurden. Solche Steinschalen und *metate* sind anderswo in Polynesien unbekannt, aber verbreitet im alten Peru, wo mehrere Exemplare beider Arten an der Pazifikküste unterhalb Tiahuanacos gefunden worden sind.

Nachdem wir nun alle Hauptaspekte voreuropäischer Glaubensvorstellungen, Bräuche und Artefakte auf diesem östlichsten Außenposten Polynesiens analysiert haben, scheint es angemessen, die Frage zu stellen: Wo sind die polynesischen Elemente? Mit Ausnahme eines Teils des Wortschatzes und einiger primitiver holzschneidender Werkzeuge haben wir keinerlei erkennbare, rein polynesische Kulturelemente auf der Osterinsel gefunden. Auf die Frage, was denn tatsächlich als typisch polynesisches Kulturelement zu bezeichnen ist, haben wir die Antwort bereits im 6. Kapitel erhalten: abgesehen von Querbeil- und Angelhakentypen, die ebenso amerikanisch wie polynesisch sind, und dem Erdofen, der auf der Osterinsel neben einem südamerikanischen Feuerstellentyp gefunden wurde, sind die im allgemeinen als gesamtpolynesisch betrachteten Details der *poi*-Stampfer, der *tapa*-Klopfer und die *kava*-Trinkzeremonie. So überraschend das auch erscheinen mag, keins davon war in der Kultur der Osterinsel vorhanden.

Unstreitig ist der schön bearbeitete und polierte steinerne *poi*-Stampfer ein entscheidendes Artefakt in sämtlichen polynesischen Kulturen und besonders auf den Marquesasinseln, woher angeblich die polynesische Komponente in der Bevölkerung der Osterinsel gekommen ist. Doch er fällt durch sein völliges Fehlen auf der Osterinsel auf, obwohl *taro* angebaut wird und dennoch *poi*, die gesamtpolynesische und in der Marquesasgruppe unerläßliche Hauptnahrung, unbekannt ist.

Der gerillte *tapa*-Klopfer aus Holz oder Walknochen, der zusammen mit dem *poi*-Stampfer in ganz Polynesien das wichtigste Frauenwerkzeug ist, war auf der Osterinsel unbekannt, bis er zur Zeit der Missionare eingeführt wurde. Die Osterinsulanerinnen benutzten abgerundete und glatte Steine vom Strand, um ihren *mahute*-Bast zu Streifen zu klopfen, die dann auf eine völlig unpolynesische Weise aneinander befestigt wurden: mit Knochennadel und Faden. Métraux schreibt: »Die Osterinsel ist der einzige Ort in Polynesien, an dem Streifen zusammengenäht werden. Anderswo in Ostpolynesien wurden die Streifen durch Walken miteinander verfilzt; im westlichen Polynesien wurden sie geklebt.« [457] Die auf der Osterinsel benutzten Knochennadeln erscheinen in identischer Form auch im alten Peru.[458]

*Kava*, das Zeremonialgetränk, das als Kriterium für die polynesische Kultur angesehen wird und mit dem südamerikanischen *chicha* oder *cawau* verwandt ist, war auf der Osterinsel unbekannt.

Es ist schwer, den bereits im vorigen Kapitel gezogenen Schluß zu vermeiden, daß das erhebliche polynesische Kontingent, das auf die Osterinsel kam, wenig von der eigenen angestammten Kultur bewahrte, abgesehen von den elementaren Holzschnitzgeräten, dem Erdofen und einem Teil ihres Wortschatzes. In gewissem Sinn könnte gesagt werden, daß die vorpolynesische Kultur auf der Osterinsel bis in europäische Zeiten, wenn auch in überaus reduzierter und degenerierter Form, erhalten blieb und von einer anderen Bevölkerungsgruppe als der, die sie geschaffen hatte, getragen wurde. Daß die Polynesier, nachdem sie die Osterinsel erreicht hatten, nach ihren eigenen Überlieferungen ihre Kultur aufgaben und die Bräuche ihrer Vorgänger auf der Insel annahmen, verhilft uns nicht zu dem deutlichen, archäologisch feststellbaren Bruch, nach dem man ihre Ankunft hätte datieren können. Der einzige Hinweis ist die in der Tradition bewahrte Erinnerung, daß die beiden Völker 200 Jahre lang friedlich zusammenlebten, bevor die Nachkommen der Einwanderer aus dem Westen es satt hatten, für die früher Gekommenen aus dem Osten zu schuften, und den Poikeaufstand unternahmen, den sowohl die Archäologie als auch die Überlieferung auf die Zeit um 1680 datieren. Wenn diese Berechnung verläßlich ist, müßten die Polynesier im späten 15. Jahrhundert auf der Osterinsel angekommen sein, was recht gut mit den Berechnungen von Mrs. Routledge übereinstimmt, die nach sorgfältigem Studium der örtlichen Genealogien auf die Zeit um 1400 n. Chr. kam. Wir sahen, daß die wenigen steinernen Riesen in der Marquesasgruppe etwa zwischen 1316 und 1516 errichtet worden waren, und die Frage, ob das irgend etwas mit möglichen Besuchen von Bildhauern der Osterinsel um diese Zeit dort zu tun haben könnte, dürfte ganz interessant sein. Abgesehen von der auffallenden Größe dieser eigentümlichen Monumente in der Marquesasgruppe, gibt es einen ausgeprägten stilistischen Unterschied zwischen ihnen und ihren Gegenstücken von der Osterinsel, da die Steinriesen der Marquesasinseln wie die gesamte dortige Kunst sklavisch dem Vorbild der stereotypen Tiki-Darstellungen folgen.

Wenn wir mit Mrs. Routledge und in Übereinstimmung mit den örtlichen Überlieferungen und Genealogien annehmen, daß die Polynesier die

Osterinsel zwischen 1400 und 1480 erreicht haben, sind sie zu spät gekommen, um die Ursache für die örtliche Umschaltung von der Sonnenverehrung der frühen Periode zum Vogelmannkult der mittleren Periode zu sein. In der Marquesasgruppe oder sonstwo in Polynesien gab es ohnehin keinen Vogelmannkult. Die Radiokarbondatierungen unserer Expedition wiesen auf eine stratigraphische Veränderung im Bau der untersuchten *ahu* hin, die um die Zeit 1100 stattgefunden zu haben scheint. Es sind weitere Grabungen notwendig, um zu erkennen, ob alle *ahu* um jene Zeit umgebaut wurden oder ob sich, wie es wahrscheinlicher ist, der Umbau je nach den Bedürfnissen der Neuankömmlinge über eine längere Periode hinzog. Wenn auch die Kulturen der frühen und der mittleren Periode soviel gemeinsam haben, daß sie grundsätzlich vom gleichen Volk und aus der gleichen allgemeinen Region kommen müssen, so stammen sie doch gewiß nicht von Abkommen der gleichen Ahnen, da die Architekten der mittleren Periode Ahnenverehrer waren und bestimmt niemals die Bauten und Monumente ihrer eigenen Vorfahren zerstört hätten. Wir finden auf der Osterinsel tatsächlich genau das gleiche wie in allen benachbarten Gebieten hoher Kultur in Südamerika: eine archäologische Schichtung verschiedener und doch im Grund verwandter Kulturen. Das fällt auch in Tiahuanaco mit seinen einander überlagernden Kulturepochen auf, die durch die Zerstörung und den Umbau der örtlichen abgestuften Tempelterrassen markiert und von Veränderungen im Statuenstil begleitet werden, wie etwa an der Pazifikküste, wo das Frühe und das Späte Chimú im Norden und das Frühe und Späte Nazca im Süden aufeinander folgen. All diese frühen peruanischen Kulturen überlagert schließlich als letzte die Inkakultur. Wenn die Radiokarbondatierung von etwa 1100 für den Anfang der mittleren Periode auf der Osterinsel richtig ist, dann fällt dieses Datum mit dem Aufstieg des Inkareichs in Peru zusammen. Da die Merkmale nicht nur der frühen, sondern auch die der mittleren Periode eher nach Peru als nach Polynesien weisen, muß hier angemerkt werden, daß der Beginn der Kultur der mittleren Periode auf der Osterinsel mit der Machtübernahme des ersten Inka mit all den Kriegen im Andengebiet, die sie mit sich brachte, zusammenfällt. Die Überlieferungen auf der Osterinsel von Hotu Maru, dem ersten König, machen ihn nicht zum Helden. Tatsächlich sprechen sie ausdrücklich davon, daß es zu seiner Zeit große Kriege in dem weiten und von der Sonne versengten östlichen Reich gab, wo er residierte, und weil er in der Schlacht besiegt wurde, floh er mit seinen Anhängern und deren Familien in den offenen Pazifik hinaus in Richtung der untergehenden Sonne.

# 14

# Zusammenfassung und Diskussion

Die Entwicklung der Schiffahrt ist wie der Lauf eines Flusses: Nebenflüsse aus unscheinbaren Inlandquellen fließen zusammen und gewinnen an Größe, bis sie ins offene Meer münden. Früher hatte der primitive Mensch versucht, ruhiges Wasser rittlings auf einem schwimmenden Baum zu überqueren. Es bedurfte keines großen Scharfsinns, zu spüren, daß man, um das Herumrollen zu verhindern, einen zweiten Stamm neben dem ersten befestigen mußte. Das war der unvermeidliche erste Schritt zum groben Floß aus Baumstämmen.

Man wird annehmen müssen, daß die Tragfähigkeit eines Baumstammes dem frühen Menschen klar wurde, bevor er an den gemeinsamen Auftrieb vieler Binsenstengel dachte, und daß es deshalb in der frühen Schiffahrt eher Flöße aus Baumstämmen gab als Boote aus Binsenbündeln. Ob jedoch Bäume oder Binsen vorhanden waren, wurde zum entscheidenden Faktor in der jeweiligen lokalen Entwicklung.

Formlose, rasch zusammengebundene Flöße wurden zweifellos zuerst angefertigt, um einen tiefen Fluß zu überqueren oder eine verlockende Insel zu erreichen. Als der primitive Mensch die Vorteile von Wasserfahrzeugen für ausgedehnten Reiseverkehr im Binnenland oder entlang der Küste, für Transporte schwerer Lasten und für das Fischen in Binnenseen entdeckte, verminderte er den Wasserwiderstand des Floßes, indem er den Bug zuspitzte und damit die Geschwindigkeit erhöhte. Dabei wurden allmählich verfeinertere Formen von Holzflößen und Binsenbooten entwickelt. Die am meisten vollendeten Vertreter dieser beiden Grundkategorien, die bis in jüngste Zeiten benutzt wurden, waren die Flöße aus Balsaholzbalken und die Fahrzeuge aus *totora*-Binsen an den Küsten des früheren Inkareichs.

Ein großer Schritt vorwärts, doch auf einer völlig anderen Idee aufbauend, war es, das Innere eines mächtigen Baumstamms auszuhöhlen und die Schwimmfähigkeit durch den Auftrieb des von Luft und nicht vom Gewicht des entfernten Holzes verdrängten Wassers zu gewinnen. Dieses Nebengleis vom Floß zum Einbaum verringerte außerdem den Wasserwiderstand auf das Minimum eines einzigen zugespitzten Baumstamms und erhöhte gleichzeitig die Bewegungsfreiheit auf schmalen Wasserstraßen.

Zweifellos war das Einbaumkanu das erste Wasserfahrzeug, das durch das Prinzip des Rumpfes schwimmfähig gemacht wurde. Wir werden jedoch wohl niemals wissen, ob das wasserdichte Kanu oder das durchspülte Binsenbündelfahrzeug als erstes in Form eines wirklichen Schiffes erbaut wurde. Wir wissen jedoch, daß die Erfindung des Kanus als solches eine Sackgasse war, ob es nun aus einem ausgehöhlten Baumstamm entstand oder aus einem Rahmen gemacht wurde, den man mit Tierhaut oder Rinde bedeckte. Das Prinzip des Rumpfes sollte sich auf völlig anderen Wegen auf den Schiffbau auswirken. In der Tat waren die größten und kunstvollsten jemals erbauten Kanus, die wir kennen, die der Indianer der amerikanischen Nordwestküste und ihrer ozeanischen Nachbarn von Hawaii bis Neuseeland. Riesige Kanus wurden in voreuropäischen Zeiten auch für die Verwendung in der Karibischen See und vor der Westküste Afrikas erbaut. Besonders in Polynesien wurden gewöhnlich Seitenplanken an den Einbaum gefügt, wenn keine riesigen Stämme zur Verfügung standen, doch nirgendwo auf der Welt ist irgendein ausgehöhltes Kanu mit einem inneren Rahmen gefunden worden, der hinzugefügt wurde, um die Ausmaße und die Form des Einbaums auf die eines echten Schiffs mit Spantenrumpf zu erweitern. Es spricht nichts für die verbreitete Ansicht, daß sich die Schiffe der ersten zivilisierten Nationen aus Einbäumen entwickelt hätten.

Die ersten bekannten Schiffe wurden aus Binsenbündeln und nicht aus Balken oder Brettern gebaut. Sie gehorchten dem einfachen Prinzip der Schwimmfähigkeit des Baustoffs, der vom Wasser durchspült wurde, und nicht dem der Wasserverdrängung durch einen wasserdichten hohlen Rumpf. Wir kennen diese frühesten Fahrzeuge aus der prähistorischen Kunst Nordafrikas und Westasiens. Ihre Gestalt und Größe läßt sich aus vordynastischen Felsritzungen in Ägypten, Felsmalereien in der Sahara und Gravierungen auf den ältesten mesopotamischen Siegeln erschließen. Die Verwendung von Mast und Segel geht bereits auf diese frühe Binsenschiffperiode zurück. Ein tönernes Schiffsmodell im Irakischen Museum mit einem zylindrischen Mastschuh zeigt, daß die Segelkunst in jenem Gebiet mindestens bis 4000 v. Chr. zurückgeht. Ein großer prädynastischer Krug im Britischen Museum ist mit der, wie es heißt, ältesten ägyptischen Darstellung eines Schiffs unter Segel dekoriert; das Schiff trägt eine Kabine auf Deck und wird in die Periode Naqada II, vor 3100 v. Chr., datiert. Doch die ungeheure Zahl von Binsenschiffen, viele mit Mast und Segel, die in den letzten Jahren in dem längst ausgetrockneten *wadi* zwischen Nil und Rotem Meer ans Licht kamen, führen uns in die gleiche vordynastische Periode zurück und können es an Alter durchaus mit denen in der frühen keramischen Kunst sowohl Ägyptens als auch Mesopotamiens aufnehmen.

Der erste Übergang von Kompaktschiffen aus Binsenbündeln zu hohlen Schiffen mit Plankenverkleidung ist im allgemeinen als Verdienst der Phönizier bezeichnet worden, doch diese Ansicht stimmt nicht mit dem archäologischen Beweismaterial überein. Die Phönizier als Volk lassen sich von der Masse der Kanaaniter frühestens in der zweiten Hälfte des 2. Jahrtausends v. Chr. unterscheiden,[459] und die Hethiter mit ihrem Zugang zu den gleichen Zedernwäldern hatten schon früher kunstvolle Holzschiffe gebaut, wie zwei realistische hethitische Schiffreliefs beweisen, das eine *in situ* bei Karatepe in der südlichen Türkei, das andere aus dem Tell Halaf im Britischen Museum. In Ägypten dagegen ließ sich Pharao Cheops ein hölzernes Luxusschiff bauen – etwa um 2800 v. Chr. –, das in der vollendeten Eleganz seiner Linien dem besten Wikingerfahrzeug gleichkommt, in der Größe jedoch auch die längsten der uns bekannten übertrifft und dieses sowie die phönizischen Schiffe geradezu neu erscheinen läßt. Das Überraschende an diesem, dem frühesten aller bekannten Holzschiffe ist, daß es ohne eigentliche Spanten aus importierten Planken aus dem Libanon zusammengefügt ist, und wenn es auch die früheren Binsenschiffe in der Stromlinienform und im Dekor nachahmt, zeigt seine zerbrechliche Bauweise, daß es nur für den Gebrauch auf den ruhigen Wassern des Nils vorgesehen war.

Der plötzliche Sprung vom Bündelschiff aus Binsen der Gegend zum Plankenschiff aus importierten Baumstämmen ist in Ägypten so abrupt, daß er deutlich eine Anregung von außen widerspiegelt. Man wird den Blick nach Kleinasien wenden müssen, von wo der Pharao seine Zedern erhalten hatte. Einen deutlichen Übergang vom Bündelboot zum Schiffsrumpf mit Spanten kann man in Mesopotamien erkennen. Frühe Tempelreliefs aus jenem Gebiet bringen zahlreiche realistische Darstellungen von Binsenbooten, die in Seekämpfe verwickelt sind oder Männer und Frauen befördern, sie zeigen aber auch Frachttransporte auf Flößen aus Baumstämmen oder in großen *guffa*, Rundbooten aus Geflecht. Diese runden *guffa* und die *jillabie* vom gewohnten Bootstyp werden heute noch auf dem Euphrat benutzt und stimmen in jeder Einzelheit mit den ausgegrabenen Modellen im Museum von Bagdad überein. Sie wurden an diesem Fluß schon vor mehr als 5000 Jahren gebaut. Ihr Rumpf besteht aus Holzspanten oder aus Rohrgeflecht, mit Binsenmatten überzogen und innen und außen mit Bitumenanstrich versehen, genau wie der biblische Patriarch Noah sein großes Schiff nach den sehr frühen Verfassern des Alten Testaments baute. Noahs Methode war es, Zypressenspanten zu schnitzen und die Verwendung der Binsen von kompakten Bündeln einzuschränken auf einen äußeren, mit Pech wasserdicht gemachten Mantel. Für die frühen Bewohner der Mittelmeerküste Kleinasiens, wo Binsen selten und Zedernwälder häufig waren und sich das Zedernholz ungewöhnlich gut zum Spalten in dünne harte Bretter eignete, war die Ersetzung der Binsenmatten durch einen hölzernen Plankenmantel nur logisch. Aber auch die ursprüngliche Bevölkerung Mesopotamiens hatte auf dem Landweg Zugang zu den östlichen Teilen der einst riesigen Zedernwälder. Anscheinend sind hölzerne Schiffe bereits in sehr frühen Zeiten im Irak und im Persischen Golf verwendet worden. Dieser haltbarere Typ des Schiffs mit Hohlrumpf breitete sich natürlich rasch nach Ägypten aus, wo die Pharaonen bereits seit den ersten Dynastien Zedernplanken für den Bau ihrer Tempel importierten.

Binsenschiffe hatten jedoch ihre Vorzüge und haben sich bis auf den heutigen Tag auf Binnenseen Westasiens, Afrikas, Mexikos und Südamerikas erhalten, von wo aus sie auf die Osterinsel gelangten. Sie sind noch im Gebrauch – oder waren es zumindest bis zum Anfang unseres Jahrhunderts – auf den Mittelmeerinseln Korfu und Sardinien, an der Atlantikküste Marokkos, im Persischen Golf und fern im Osten auf der Insel Ceylon. Es ist bemerkenswert, daß sie sich gerade in der Nähe hervorragender früher Kulturzentren gehalten haben: in Südamerika auf dem Titicacasee, ganz in der Nähe der Ruinen von Tiahuanaco; in Afrika dort, wo der Fluß Lucus neben den gewaltigen Ruinen von Lixus in den Atlantik mündet, und am Tanasee, wo der Nil seinen Lauf durch Ägypten beginnt; in Asien auf den Flüssen Euphrat und Tigris, die von sumerischen Ruinen begleitet werden; auf Bahrain, wo man den Ursprung der sumerischen Kultur vermutet; und in den Sumpfländern des Helmandflusses, der sein Quellgebiet mit dem des Indus teilt. An dessen Ufern liegen die berühmten Ruinenstädte Harappa und Mohenjo-Daro. Binsenboote gehören nicht nur zu den dominierenden Motiven früher Darstellungen aus Mesopotamien und Ägypten, sie sind auch in der Kunst des frühen Zypern und Kretas bekannt. Sie sind in Begräbnishöhlen der israelischen Küste eingeritzt, auf Siegel im hethitischen Gebiet der südlichen Türkei graviert und auf die Megalithplatten der alten Tempel Maltas eingehauen, die nach jüngsten Korrekturen der Radiokarbondatierungen älter sind als der Beginn der ägyptischen Kultur.

Ägypten und Mesopotamien haben lange um die Ehre gestritten, als älteste Quelle der Kultur betrachtet zu werden. Deshalb hat es Aufregung unter den Wissenschaftlern gegeben, als sie sich in den letzten Jahren plötzlich Radiokarbondatierungen gegenübersahen, nach denen auf der unbedeutenden Insel Malta eine fortgeschrittene Kultur bestand, ehe von einer solchen in dem breiten und fruchtbaren Niltal die Rede sein konnte. Die Dinge wurden noch verwickelter, als kürzlich dänische Archäologen, die auf der sandbedeckten küstennahen Insel Bahrain im Persischen Golf arbeiten, umfangreiche Funde einer dortigen Kultur machten, die älter ist als die Mesopotamiens.[460]

Die lange gehegte Überzeugung, daß sich die Kultur von Ägypten aus sowohl west- als auch nordwärts durch das Mittelmeer verbreitete und von Mesopotamien aus süd- und ostwärts durch den Persischen Golf, läßt sich aus chronologischen Gründen nicht mehr halten. Wenn reife Inselkulturen auf Malta und Bahrain älter sind als die bisher in Ägypten und Mesopotamien angenommene Geburt der Zivilisation, dann sehen manche Isolationisten darin ein Argument für mehrfachen Ursprung von Kulturen an Stelle der bisher angenommenen Verbreitung der Kultur von den beiden kontinentalen Flußtälern aus. Dieses isolationistische Argument wird scheinbar noch dadurch unterstützt, daß die gleiche Korrektur der Radiokarbondatierungen nun auch die Steintürme und die zugehörigen Anzeichen einer fortgeschrittenen Kultur in Küstengebieten der Britischen Inseln und der benachbarten Archipele, die Ähnlichkeit mit Entsprechungen im Mittelmeerraum aufweisen, auf weit frühere prähistorische Daten zurückschiebt.

Die Archäologie könnte sich in der Tat zu erheblichen Datierungskorrekturen gezwungen sehen, möglicherweise sogar zur Aufgabe lang vertrauter Ansichten, aber die jüngsten Entdeckungen können kaum als günstig für den Standpunkt der Isolationisten betrachtet werden. Malta und Bahrain sind, wie Großbritannien, Inseln, und allein schon die Tatsache, daß sie besiedelt sind, ist Beweis dafür, daß es vorher bereits Schiffe, Seefahrt und dementsprechend einen gewissen Grad von Diffusion gegeben haben muß. Man wird vermuten dürfen, daß sich die eindrucksvolle Kenntnis kunstvoller megalithischer Architektur auf Malta und die vielen anderen Spuren organisierter Gesellschaften und echter Zivilisation, die dort und auf der Insel Bahrain hinterlassen worden sind, nicht an Ort und Stelle entwickelt haben, sondern von Siedlern mitgebracht wurden, die ihre maritime Kunst und ihre seefahrerischen Fähigkeiten anderswo erworben haben müssen. Das ist um so einleuchtender, als die Ruinen vergangener Zivilisationen auf Malta und Bahrain wie auch die prähistorischen Steintürme auf den Britischen Inseln bis auf die ersten lokalen Perioden und gewiß nicht auf spätere Jahrhunderte zurückgehen, so daß gar keine Zeit für eine Entwicklung an Ort und Stelle blieb.

Die Wissenschaft hat stets – und, wie es scheint, mit gutem Grund – große, durch gemeinsame Führung organisierte Bevölkerungsgruppen und eine solide Wirtschaft, gestützt auf Landwirtschaft mit erheblichen Flächen fruchtbaren Landes, als wesentliche Erfordernisse für das Entstehen einer wirklichen Zivilisation mit all ihren vielfältigen Künsten gehalten, von denen vor allem der Bau megalithischer Tempel ohne praktische Funktion herausragt, der den Einsatz organisierter Massenarbeitskräfte voraussetzte. Es ist bisher nichts gefunden worden, was diese logische Begründung widerlegen könnte. Den meisten der hier genannten Inseln fehlen jedoch diese Erfordernisse, nicht zuletzt Malta und Bahrain. Selbst bevor ihre begrenzten Landflächen die heutige Kahlheit erlangten, besaßen sie nichts von wirtschaftlichem Wert, was das Wachsen einer Zivilisation hätte stimulieren können und nicht auch an der Festlandküste zu finden gewesen wäre. Wenn wir eindrucksvolle Reste früherer Kultur auf nahezu jeder bewohnbaren Insel im Mittelmeer und im Persischen Golf finden, liegt das unbezweifelbar an Diffusion und nicht an unabhängiger Entwicklung auf parallelen Linien. Die Geschichte zeigt, daß alle größeren Inseln im östlichen Mittelmeer Ägypten Steuern zahlten, wozu sie sich niemals bereit erklärt hätten, wenn dieser Festlandstaat diese überseeischen Verpflichtungen nicht hätte zwangsweise eintreiben können. Außerdem sind ägyptische Artefakte weit westlich, bis über die Straße von Gibraltar hinaus, gefunden worden. Man hat sie kürzlich in dem alten phönizischen Hafen Cadiz an der Atlantikküste Spaniens ausgegraben. Die Phönizier selbst errichteten Kolonien und verbreiteten ihr Wissen und ihre Artefakte bis in jeden Winkel des Mittelmeers und über Gibraltar hinaus nach Norden und Süden. In entgegengesetzter Richtung diente der Ozean jenseits von Kleinasien auf ähnliche Weise als frühe Verkehrsstraße. Vom Chefbibliothekar der ägyptischen Papyrusbibliothek in Alexandrien erfahren wir, daß ägyptische Papyrusschiffe bis in so ferne Regionen wie Ceylon und den Fluß Ganges segelten. Die Sumerer und andere frühe Reisende trieben Handel mit Bahrain und sogar mit Harappa und Mohenjo-Daro im Industal. Die Araber erläuterten Vasco da Gama die Monsunzeiten und die Segelrichtung für die Reise nach Indien, doch vor ihnen hatten schon die Phönizier Asien erkundet und waren mindestens bis Indonesien gelangt.

Lange vor all diesen historischen und frühhistorischen Reisen wurden auf den Inseln Malta und Bahrain Kulturen errichtet. Die Motive für Seefahrer, diese Inseln anzulaufen und sich auf ihnen seßhaft zu machen, waren vermutlich die gleichen, die Ägypter und Sumerer nach Indien oder Phönizier aus ihrem Mittelmeer hinausführten. Die Anreize für das Reisen haben sich von den prähistorischen bis zu den historischen Zeiten kaum geändert. Der Mensch, wie wir ihn kennen, wird von einem Drang beherrscht, das Unbekannte zu erforschen und nach besseren Weiden zu suchen. Er wird von der Gier verlockt, Schätze nach Hause zu bringen und Reichtum durch neue Handelswege zu erlangen. Er hat Fremde zur Anbetung seiner eigenen Götter bekehren wollen. Er ist von religiösem Fanatismus angetrieben worden, aber auch von Furcht. Seit der primitive Mensch die ersten Schritte auf der Straße zu einer organisierten Gesellschaft getan hat, lebt er in niemals endender Furcht vor feindlichen Heeren, die ihn, seine Familie und seine Gemeinde überfallen könnten, um ihnen Eigentum und Land zu nehmen. Der Grund dafür, daß so viele Inseln zur Heimat sehr früher Zivilisation wurden, könnte durchaus in der Bedrohung durch Feinde liegen, die dann zur Einschiffung führte. Es bestand die Gefahr, unerwartet aus Wäldern, von Gebirgen oder aus endlosen Wildnissen irgendwo auf dem Festland angegriffen zu werden. Eine Insel war eine sichere Festung, wenigstens in den Anfangsperioden der Zivilisation, bis Küstenvölker in der Lage waren, mächtige Flotten aufzubauen, die ihre Angriffe überall hintragen konnten.

Daß Inseln wie Malta und Bahrain frühere Spuren einer Zivilisation zeigen als Ägypten und Mesopotamien, kehrt – geographisch gesprochen – lediglich die Aufeinanderfolge der Zeiten um. Es bedeutet, daß sich die frühe Kultur möglicherweise nach Osten im Mittelmeer und nach Norden im Persischen Golf verbreitet haben könnte und nicht in umgekehrter Richtung, wie so lange angenommen wurde. Das sollte die Aufmerksamkeit der Archäologen auf bisher unerforschte Gebiete lenken. Vermutlich sind diese Gebiete von Sand oder von Wasser bedeckt, da wir kein Recht zu der Annahme haben, daß die heutige Ausdehnung von Wüste und Salzwasser in allen Einzelheiten mit der übereinstimmt, wie sie die afrikanisch-asiatische Welt vor dem Entstehen der ägyptischen und der mesopotamischen Welt erlebte. Im Gegenteil, wir wissen, daß die Wüste über fruchtbare Weiden und Wälder gekrochen ist und daß sie es in Nordafrika noch heute mit einer Geschwindigkeit tut, die sich in Kilometern pro Jahr messen läßt. Dabei decken riesige Sandhügel frühere Flußbetten und Siedlungen zu. Die Felsgravierungen auf den Wänden der Schlucht des jetzt völlig trockenen Wadi Abu Subeira in Oberägypten liegen fast 200 Kilometer vom Roten Meer und die Felsmalereien in der Tassiliwüste des südlichen Algerien etwa 1500 Kilometer von der Mittelmeerküste entfernt, doch beide stellen Binsenboote dar, umgeben von Vogelmenschen im ägyptischen Stil, Krokodile, Flußpferde, Wasserbüffel, Giraffen, Hirsche, Löwen und eine Reihe anderer Fluß- und Waldtiere, die heute in allen in der Nähe liegenden Regionen Afrikas unbekannt sind, weil der Wüstensand diese begraben hat. In den heute dürren Wüsten paddelte der frühe Mensch vor dem Jahr 3000 v. Chr. Binsenboote durch bewaldete Gebiete mit Flüssen, Seen und Sümpfen. Auch Mesopotamien und das gesamte Kleinasien bis zu den Mittelmeerküsten Libanons waren von Wald und Weide bedeckt, als der zivilisierte Mensch die ersten Rodungen schlug. Die tiefen Sanddünen, die zahllose Städte und sogar hohe Pyramiden und Tempel von Ur bis Ninive und auch jene, die die noch älteren Ruinen aus behauenen Steinen und Hunderttausende von längst geplünderten Grabhügeln auf der Insel Bahrain begraben haben, verbergen noch immer zahllose Geheimnisse der ältesten Vorgeschichte des Menschen.

Soviel über den Sand. Und wie ist es mit den Grenzen von Land und Meer? Von einigen Küsten weiß man, daß sie sich verändert haben. Einige Inseln, Buchten und Häfen, die den frühen Seefahrern bekannt waren, sind nicht mehr die, die wir heute sehen. Geologische Störungen haben manche Stätten im Meer versinken lassen, andere liegen unter Schlamm, Lava und Asche verborgen. Schlamm aus allen großen Flüssen Afrikas und Mesopotamiens hat langsam, aber stetig frühere Mündungsebenen, Buchten und Landungsgebiete zugedeckt. Die meisten Hafengebiete der afrikanisch-asiatischen Welt haben sich seit den Zeiten der Sumerer, der Pharaonen und der Phönizier verändert. Eine Untersuchung des winzigen Hafens von Byblos weist heute Reste der Pflasterung der frühen Frachtkais aus dem Mittelalter unter dem Wasser außerhalb der heutigen Einfahrt auf. An den afrikanisch-asiatischen Küsten hat sich selbst nach etwa 600 v. Chr., als die gemeinsame ägyptisch-phönizische Expedition des Pharao Necho ins Rote Meer auslief und den afrikanischen Kontinent umsegelte, noch vieles verändert. Nicht mehr zu sehen sind die sechs Häfen an der Atlantikküste Marokkos, wo Hanno etwa im Jahr 450 v. Chr. mit seiner Flotte aus Karthago vor Anker ging, als er in umgekehrter Richtung segelte, um mit seinen 60 Galeeren, vollgepackt mit 30 000 Siedlern, die Westküste Afrikas zu erkunden. Einige dieser Häfen sind sogar noch nach den Fahrten der Römer, die durch die Straße von Gibraltar fuhren, um Siedlungen von Berbern und Phöniziern zu erobern, weit ins Landesinnere gerückt.

Die Hauptentdeckung der Römer an der atlantischen Afrikaküste war die Inselstadt Lixus, damals als Maqom Semes, »Stadt der Sonne«, bekannt. Ihre eindrucksvollen, sonnenorientierten Megalithbauten waren bereits damals so alt, daß die Römer Lixus als »die ewige Stadt« betrachteten, als älter denn jede Siedlung innerhalb des Mittelmeeraums. Die Römer brachten den Ort sogar in Verbindung mit den Halbgöttern, die vor den Menschen auf der Erde lebten, und glaubten, daß das Grab des Herkules auf dieser Insel Lixus liege, die auf den Ozean hinausblickte. Heute ist Lixus keine Insel mehr, und Schiffe können die früheren Kaianlagen nicht mehr erreichen. Die eindrucksvollen Ruinen liegen jetzt, halb begraben, als höchste Erhebung eines Vorgebirges auf einem Rücken, den auf allen Seiten Niederungen umgeben. Durch diese Niederungen schlängelt sich der Fluß Lucus dem in der Ferne kaum noch sichtbaren atlantischen Ufer zu. Schiffe, die im Maßstab zweifellos zu den Kolossalbauten der Insel paßten, legten früher an ihrer Küste an. Heute gelingt es nicht einmal mehr den winzigen Binsenbooten, die vier bis sechs Fischern Platz bieten und bis in unsere Zeit erhalten geblieben sind, den Fuß des von Land umschlossenen Berges zu erreichen. Ein großes römisches Neptunmosaik bezeugt die frühere Verbindung mit dem Meer. Ruinen arabischer Moscheen und römischer Tempel stehen auf früheren Bauten der Berber und Phönizier, wiederum errichtet aus den gigantischen Blöcken, die von unbekannten Sonnenanbetern, den ersten Bewohnern des Platzes, weit herbeigeschleppt worden waren. Ihr früheres Landegebiet am Fuß des Berges liegt in unbekannten Tiefen begraben, während die gewölbten Dächer der viel späteren Handelsgebäude aus römischer Zeit in einer Reihe über das grüne Gras ragen, dort, wo früher die Galeeren anlegten.

Wenn wir auch von vielen im Schlamm ertrunkenen Hafenorten und im Sand begrabenen Inlandstädten wissen, müssen wir doch auch an geologische Störungen denken, um zu erkennen, wieviel von der Vergangenheit unseren Augen noch verborgen ist. Die Städte Pompeji und Herculaneum wurden im Jahr 79 n. Chr. verschüttet und erst im vorigen Jahrhundert wiederentdeckt. Die bronzezeitliche Stadt Akrotiri auf der griechischen Insel Thera (Santorin) war völlig verloren, sogar für Überlieferungen, bis sie im Jahr 1956 von dem griechischen Archäologen Spyridon Marinatos bei Ausgrabungen entdeckt wurde. Seine Ausgrabungen, gekoppelt mit geologischen und ozeanographischen Forschungen, erweiterten unsere unvollkommenen Kenntnisse über die frühe Mittelmeergeschichte.

Wir sahen im 3. Kapitel, daß nach L. Pomerance das vulkanische Auseinanderbrechen Santorins Flutwellen nach allen Richtungen durch das Mittelmeer schickte, die verheerende Wirkungen auf küstennahe Siedlungen ausübten. Wir wissen, daß um 1200 v. Chr. im östlichen Mittelmeerraum schwere Katastrophen fast üblich waren. Pomerance glaubt beweisen zu können, daß zu jener Zeit eine umfassende Zerstörung stattfand und einen weiten Horizont öden Landes schuf. Dieser Zusammenbruch habe sich, wie er behauptet, über so weite Gebiete verbreitet, daß er nicht nur auf die Gewalttaten der Überlebenden, der Seevölker, zurückgeführt werden könne, sondern eher eine Folge des Vulkanausbruchs und der verheerenden Flutwellen sei. Nach bisher allgemeiner Ansicht hat die vulkanische Zerstörung Santorins um 1400 v. Chr. stattgefunden, das heißt etwa 200 Jahre vor dem umfassenden Zusammenbruch der ostmittelmeerischen Zivilisationen, der – ebenfalls nach einhelliger Meinung – um 1200 v. Chr. vor sich ging. Falls künftige Forschungen Pomerance bestätigen sollten und das Chaos in dem Santorin umgebenden Gebiet einschließlich der Inseln, Ägyptens und Kleinasiens mittel- oder unmittelbar durch vulkanische Katastrophen und Flutwellen ausgelöst wurde, dann haben wir in der Tat eine bessere Begründung für den völligen Umbruch als allein die lokalen Angriffe der Seevölker.

Es ist bemerkenswert, daß man allgemein annimmt, der Auszug der Juden aus Ägypten und ihre Wanderung nach Israel zurück habe in ebendieser chaotischen Periode stattgefunden. Da sich die Erinnerungen an das Ereignis auf schriftliche Berichte stützen, könnte es tatsächlich gewisse kollektive Erinnerungen an eine Flutwelle hinter der Behauptung der Hebräer geben, sie hätten aus ägypten fliehen können, weil die ägyptischen Heere, ihre Wagen und Kavallerie in einer Flut ertranken, während die Flüchtlinge in das Sinaigebirge zogen. Diese Überzeugung der Hebräer, berühmt geworden durch den Bericht im 2. Buch Mose, wird noch dramatischer im Psalm 114 beschrieben:

»Da Israel aus Ägypten zog ... Das Meer sah es und floh; der Jordan wandte sich zurück; die Berge hüpften wie die Lämmer, die Hügel wie die jungen Schafe. Was war dir, du Meer, daß du flohest, und du Jordan, daß du dich zurückwandtest? Ihr Berge, daß ihr hüpftet wie die Lämmer, ihr Hügel, wie die jungen Schafe? Vor dem Herrn bebte die Erde, vor dem Gott Jakobs, der den Fels wandelte in einen Wassersee und die Steine in Wasserbrunnen.«

Zweifellos ist es das gleiche Ereignis, von dem David in seinem Lied zum Preise des Gottes von Israel sang (2. Samuel 22,4–20): »Ich rufe an den Herrn, den Hochgelobten, so werde ich von meinen Feinden erlöst. Es hatten mich umfangen die Schmerzen des Todes, und die Bäche des Verderbens erschreckten mich ... Da mir angst war, rief ich den Herrn an und schrie zu meinem Gott; da erhörte er meine Stimme von seinem Tempel, und mein Schreien kam vor ihn zu seinen Ohren. Die Erde bebte und ward bewegt; die Grundfesten des Himmels regten sich und bebten, da er zornig war. Dampf ging auf von seiner Nase und verzehrend Feuer von seinem Munde, daß er davon blitzte. Er neigte den Himmel und fuhr herab, und Dunkel war unter seinen Füßen . . . Sein Gezelt um ihn her war finster, und schwarze dicke Wolken. Von dem Glanz vor ihm brannte es mit Blitzen. Der Herr donnerte vom Himmel, und der Höchste ließ seinen Donner aus. Er schoß seine Strahlen und zerstreute sie; er ließ blitzen und schreckte sie. Da sah man das Bett der Wasser, und des Erdbodens Grund ward aufgedeckt von dem Schelten des Herrn, von dem Odem und Schnauben seiner Nase. Er streckte seine Hand aus von der Höhe und holte mich und zog mich aus großen Wassern. Er errettete mich von meinen starken Feinden, von meinen Hassern, die mir zu mächtig waren... Und er führte mich aus in das Weite, er riß mich heraus; denn er hatte Lust zu mir.«

Auch Psalm 77 betont, daß Moses und Aaron ihr Volk aus Ägypten führten, als das Meer bis in seine Tiefen aufgewühlt war und es Wolkenbrüche, Wirbelwinde und Donner gab, und sie entkamen durch gewaltige Wasser, während Blitze die Welt erhellten und die Erde bebte und sich bewegte.

Ob die Katastrophe von Santorin nun um 1400 oder um 1200 v. Chr. stattfand, sie muß gewaltige Auswirkungen auf die ägyptische Tiefebene gehabt haben, und man kommt kaum um den Schluß herum, daß die sehr frühen hebräischen Aufzeichnungen über diese geologische Katastrophe von Augenzeugenberichten stammen. Die Bibel könnte also die einzigen Aufzeichnungen enthalten, die Flutwellen beschreiben, von denen man heute vermutet, daß sie den Zusammenbruch der minoischen Kultur auf Kreta verursacht, den alten Reichen der Hethiter und Ägypter ein Ende gesetzt, die Angriffe der noch nicht identifizierten »Seevölker« auf alle Länder ausgelöst und vielleicht sogar den Zug der Phönizier über Gibraltar hinaus angeregt haben – Bevölkerungsunruhen, die scheinbar alle in der kritischen Periode um oder unmittelbar vor 1200 v. Chr. stattgefunden haben.

Die Stadt Santorin blieb hoch und trocken liegen, war aber von einer gewaltigen Schicht Lava und Asche bedeckt. Als die Archäologen durch die vulkanischen Schichten drangen und die Dächer und Mauern der Stadthäuser ans Tageslicht kamen, wurde die frühe Bedeutung von Schiffen alsbald deutlich. Im Obergeschoß eines Hauses auf dem öffentlichen Platz wurden Wandmalereien in bunten Farben gefunden, die Santorins früheren Hafen darstellten. Eine Flotte schnittiger Segelschiffe, mit Blumengirlanden geschmückt, die Segel gerefft, wird gezeigt, wie sie gerade in den Hafen einfährt, während elegante Männer und Frauen ihre Rückkehr auf den Dächern und Balkons der Häuser erwarten, die nacheinander vor dem Hintergrund roter Gebirge aufragen. Andere dekorative Wandmalereien stellen exotische Pflanzen und Tiere dar, und eine malerische Landschaft mit einem sich schlängelnden Fluß halten Archäologen für eine Darstellung des Nil. Ob die bronzezeitlichen Seefahrer von Santorin nun als triumphierende Heimkehrer von einem Besuch in Afrika vor fast dreieinhalbtausend Jahren gezeigt werden oder nicht, spielt keine Rolle dabei, da die Hafenszene bezeugt, daß das Meer keine Schranke war, sondern eine Verkehrsstraße für diejenigen, die die Insel als Heimat gewählt hatten.

Die jüngste Entdeckung der untergegangenen Inselzivilisation von Santorin hat die alte Atlantislegende neu belebt. Ernsthafte Wissenschaftler suchen Santorin und Atlantis gleichzusetzen. Platos Geschichte von Atlantis ist bis vor kurzem fast allgemein als Fabel betrachtet worden, von Gelehrten erfunden und eifrig von Science-fiction-Schreibern und Enthusiasten jener Art benutzt, die Supermänner aus dem Weltraum oder aus den Tiefen des Ozeans zu uns bringen möchten. Die Legende, die so lange von Berufsgelehrten verachtet oder mit Stillschweigen übergangen wurde, schlummerte anscheinend im Geist einer ganzen Reihe von ihnen, weil das, was man – soweit es außerhalb der Straße von Gibraltar lag – als Fabel betrachtete, einleuchtete, wenn es innerhalb lokalisiert wurde.

Mit allem Respekt vor den vielen kompetenten Anthropologen und Geographen, die jetzt versuchen, Santorin mit Atlantis zu identifizieren, und in voller Würdigung der Tatsache, daß die Eruption auf Santorin vermutlich Auswirkungen auf die Kulturgeschichte hatte, die mit keiner der folgenden Katastrophen zu vergleichen waren, wäre es dennoch verlokkend, den Advokaten des Teufels zu spielen: wer ein Körnchen Wahrheit in der Atlantisgeschichte sucht, sollte der Fassung Platos folgen, die mit ausführlichen Einzelheiten in zwei von seinen Gesprächen – *Timaios* und *Kritias* – aufgezeichnet ist, da es keine anderen Quellen gibt, die man zu Rate ziehen könnte. In Platos Schriften wird Atlantis nachdrücklich in den Atlantik verlegt, das Hauptweltmeer, von dem, wie es damals hieß, das Mittelmeer lediglich ein Hafen innerhalb der Säulen des Herkules sei. Der griechische Verfasser erklärt, sein Vorgänger Solon habe von einer Insel Atlantis erfahren, die in dem Ozean gleichen Namens untergegangen sei. Das sei ausführlich in einem alten Papyrustext beschrieben, der sich im Besitz der Priester von Sais in Unterägypten befand, wo Solon tatsächlich war. Das Wesentliche des Originaltextes im Hinblick auf Ort, Ereignis und Zeit läßt sich in drei Punkten zusammenfassen: Atlantis lag jenseits von Gibraltar; es versank im Meer und verschwand; dies geschah in so weit zurückliegenden Zeiten, daß es sich vor Beginn der ägyptischen Geschichte ereignete.

Santorin dagegen liegt nicht jenseits von Gibraltar, sondern innerhalb der griechischen Heimatgewässer, die Solon besser bekannt waren als seinen ägyptischen Informanten; die Insel ist niemals versunken, sondern liegt immer noch da, wo sie vorher war; und die Katastrophe fand nicht so früh statt, daß sie sich vor Beginn der ägyptischen Geschichte ereignete, sondern so spät, daß sie zeitlich mit dem Ende der pharaonischen Linien zusammenfiel.

Bis bessere Argumente auftauchen, die Atlantislegende wiederzubeleben, scheint es am besten zu sein, Platos Berichte im Bereich der Mythologie und überlieferten Geschichte ruhen zu lassen. Es ist trockenes Land im Atlantik versunken, wie sich nach den Unterwasserschluchten beurteilen läßt, die sich vor afrikanischen Flußmündungen über den Meeresboden erstrecken; runde Geröllblöcke wurden unter dem Wasser auf dem Mittelatlantischen Rücken gefunden und bezeugen früheres Land; das gleiche gilt für Ablagerungen von Süßwasserplankton, das auf dem Boden in Gebieten mitten im Ozean erbohrt wird; dort müssen früher also einmal Binnenseen gewesen sein. Doch bisher gibt es nichts, was beweisen könnte, daß irgendeine dieser geologischen Veränderungen zur Zeit des Menschen stattgefunden hat. Meeresböden haben – wie kontinentale Massen – niemals aufgehört, sich zu bewegen. So jagte der Steinzeitmensch einmal Waldtiere dort, wo heute die Nordsee liegt: Pfeilspitzen werden gefunden, wenn das Schleppnetz über den Boden streicht. Und man muß sich nach dem Ausmaß der geologischen Katastrophe fragen, die den Atlantik aufgewühlt und Island gespalten hat. Dabei wurde die eindrucksvolle Schlucht geschaffen, die quer durch die Insel und auf dem Meeresboden über sie hinausläuft. Radiokarbondatierungen eines in die Lava dieser Spalte eingebetteten Baumes zeigten, daß diese atlantische Katastrophe in den Jahrhunderten unmittelbar um 3000 v. Chr. stattgefunden hat. Das fällt mit den Jahrhunderten um 3100 und 3000 v. Chr. zusammen, als Kulturen überall im Mittelmeer einen neuen Anfang zu nehmen schienen; ein Zwischenspiel in der langsamen Entwicklung der Zivilisation, wo alles einen neuen und anderen Weg nahm infolge von Störungen und Verschiebungen beispiellosen Ausmaßes. In mancherlei Hinsicht erinnert die Periode um 3100 bis 3000 v. Chr. an die unruhige und chaotische Zeit um 1200 v. Chr., die unmittelbar der katastrophalen Explosion der Insel Santorin folgte. Inseln und Kontinentalküsten weisen deutliche Spuren auch dieses frühen Zusammenbruchs von Kulturen auf.

Auf der strategisch liegenden Insel Malta bezeichnet ein zentrales Datum um 3000 v. Chr. das Ende der neolithischen Phase, und an diesem Punkt gibt es einen deutlichen Bruch in der fortlaufenden kulturellen Entwicklung, mit dem eine neue Hauptperiode beginnt.[461] Archäologen haben ähnliche Zeichen weitverbreiteter Umstürze und Bewegungen auf der gesamten Insel Kreta um etwa 3000 v. Chr. festgestellt.[462] Viele Menschen auf der Insel scheinen Zuflucht in Höhlen gesucht und sich danach auf den Bergen angesiedelt zu haben. Die Besetzung neolithischer Stätten auf Zypern fand ebenfalls um 3000 v. Chr. vermutlich infolge einer Naturkatastrophe ihr Ende, und eine völlig neue Periode begann.[463] Da diese Radiokarbondatierungen sämtlich innerhalb eines Zeitraums von plus oder minus 100 Jahren liegen, passen sie gut zu der Periode um 3100 v. Chr., als die wirkliche Zivilisation sowohl in Ägypten als auch in Mesopotamien mit der Gründung der ersten lokalen Dynastien entstand.

Wenn man bedenkt, wie lange der Mensch bereits auf der Erde lebt, kann es dann bloßer Zufall sein, daß die voneinander unabhängigen Dynastien in

Mesopotamien und Ägypten zur gleichen Zeit, nur durch die Arabische Halbinsel voneinander getrennt, gegründet wurden? Eine zeitliche Übereinstimmung innerhalb desselben Jahrhunderts erschien in den frühen Tagen der Wissenschaft vernünftig, als man annahm, die menschliche Art existiere erst seit Jahrtausenden, höchstens Zehntausende von Jahren, doch ein einziges Jahrhundert um 3000 v. Chr. erscheint wie eine Sekunde in der menschlichen Zeitspanne, die, wie man inzwischen weiß, Jahrmillionen umfaßt. Altsteinzeitmenschen waren über Tausende von Kilometern durch afrikanisch-asiatisches Gebiet gestreift. Im Lauf zahlloser Jahrhunderte hatten ihre Nachkommen eine Vielfalt von Lebensmustern und primitiven Kulturen auf allen Kontinenten entwickelt, während die Flußufer in Ägypten und Mesopotamien innerhalb etwa desselben Jahrhunderts von Hierarchien mit absoluter Macht besetzt wurden, deren Repräsentanten behaupteten, von den Göttern abzustammen. Sie verehrten ihre Ahnen, zählten Vogelmänner zu ihren Vorfahren, segelten auf Binsenschiffen, erbauten der Sonne gewaltige Pyramiden, gravierten Rollsiegel und errichteten riesige Stelen, die sie mit den ältesten Hieroglyphen beschrifteten, die die Archäologen bisher entdeckt haben. Kurz, zwei Dynastien, die bereits eine auffallend ähnliche Zivilisationsebene erreicht hatten und deren Erben später diese beiden Flußtäler im Nahen und Mittleren Osten zahlreiche Generationen hindurch beherrschten, wurden inmitten früherer archaischer Kulturen gegründet, chronologisch gesehen zum gleichen Zeitpunkt und auf Territorien, die lediglich durch ein paar Wochen oder Monate Fußreise voneinander entfernt waren.

Wenn diese beiden wegbereitenden Zivilisationen unabhängige Wurzeln gehabt hätten, wäre es durchaus möglich gewesen, daß die Schrift auf beiden Seiten der Arabischen Halbinsel mit einem Zeitunterschied von einigen Jahrtausenden erfunden worden wäre. Es käme einer Beleidigung der heutigen Entwicklungsländer gleich, zu behaupten, die Menschheit sei plötzlich nach Jahrmillionen allmählichen Wachstums um 3000 v. Chr. reif für die Schrift gewesen. Wir wollen ruhig zugeben, daß die Schrift ohne Grenzkontakte, Wanderlehrer und -missionare Europa nicht vom Nahen Osten aus erreicht hätte, wie sie es allmählich tat, und daß die meisten Völker bei einer unabhängigen Entwicklung bis heute ohne Schrift geblieben wären.

Angesichts der offensichtlichen Übereinstimmung in Zeit und Raum liegt die Beweislast in diesem Fall selbstverständlich bei denen, die einen unabhängigen Ursprung der beiden großen Zivilisationen im Nahen und Mittleren Osten vermuten. Kein Gelehrter würde leugnen, daß die ursprünglichen hieroglyphischen Zeichen der frühesten sumerischen Periode später von den völlig anderen Keilschriftsymbolen verdrängt wurden und danach mittel- oder unmittelbar die große Vielfalt völlig verschiedener Schriften Kleinasiens von hethitischen Ideogrammen bis zu hebräischen und phönizischen Buchstaben inspirierten. Könnte es nicht ein ähnliches

Verbindungsglied zwischen den beiden scheinbar unterschiedlichen Schriften der frühesten Sumerer und deren Zeitgenossen im Niltal geben? Tatsächlich enthüllten, wie wir im 1. Kapitel sahen, Falkensteins und Amiets Untersuchungen der ältesten bekannten sumerischen Schrift, daß das Hieroglyphenzeichen für »Schiff« in den archaischen Texten aus Uruk – vor der Einführung der Keilschrift – identisch mit dem Ideogramm für »Seefahrt« im alten Ägypten war. Ein sichelförmiges Binsenboot, das neben der Kreuzverschnürung eigentümliche Doppelkrümmungen oben an dem hochgezogenen Bug und Heck im ägyptischen Stil aufwies, ein stilistisches Detail ohne bekannte praktische Funktion und bei allen Wasserfahrzeugen irgendwo sonst auf der Welt unbekannt.

Die Schreiber der frühen Dynastien in Mesopotamien und Ägypten müssen also irgendeinen Kontakt untereinander oder eine gemeinsame Quelle gehabt haben, die aus der Zeit vor der Errichtung getrennter Kulturen zu beiden Seiten der Arabischen Halbinsel stammen. Es ist bedeutsam, daß das gemeinsame Schriftzeichen für Schiff und für Seefahrt gilt.

Es wird allgemein angenommen, daß die alten Sumerer ein seefahrendes Volk gewesen seien, und zwar schon von ihrem ersten Auftreten an, als sie die Städte Ur und Uruk gründeten, um 3000 v. Chr. bedeutende Häfen am Persischen Golf. Die zahlreichen Inschriften aus der ersten Periode legen deutliches Zeugnis dafür ab. Die Ägypter dagegen hielt man für ein Festlandvolk und, als an einem Fluß lebend, ganz allgemein für untüchtig in Seefahrtsdingen. Diese Ansicht bedarf bei genauerer Prüfung einer gewissen Modifzierung. Ein solches Urteil ist ungerecht für eine Nation, deren eindrucksvolle Hinterlassenschaft bezeugt, daß sie wahre Meister in anderen frühen Künsten und Techniken waren, die sich nach Europa verbreiteten und dort bis ins Mittelalter hinein das Rückgrat der europäischen Kultur bildeten. Alle Einzelheiten in der Betakelung der spanischen Karavellen des 15. Jahrhunderts waren von den ursprünglichen Konstrukteuren im Nahen Osten übernommen worden, wie frühägyptische Modelle und Abbildungen zeigen. Diese Schiffskonstrukteure bleiben aber im Schatten des allmächtigen Pharaos, und die Pharaonen waren keine Seefahrer. Sie waren so beschäftigt mit ihrem eigenen Ruhm und den umfangreichen Vorbereitungen für ihr Leben nach dem Tod, daß sich ihre gesamte Aufmerksamkeit auf die beiden Nilufer richtete. Für sie war die übrige Welt von weit geringerer Bedeutung. In dieser Hinsicht unterschieden sie sich völlig von den umherstreifenden und kontaktfreudigen Phöniziern, deren Händlerkolonisatoren nicht müde wurden, neue Länder und Handelswege zu suchen. Doch gibt es reichlich Beweise dafür, daß die ägyptischen Gemeinden, auch schon zu pharaonischen Zeiten, Schiffbauer, Marinearchitekten und erfahrene Seeleute zu ihren Mitgliedern zählten. Die Schiffe, die sie für die Pharaonen entwarfen, erscheinen in großer Zahl auf den Wandmalereien und Flachreliefs, die das tägliche Leben und besondere Ereignisse im alten Ägypten darstellen. Daß die meisten von ihnen der Nilschiffahrt dienten, liegt ebenso auf der Hand, wie es die Menge der Binnenschiffe heute tut. Doch der so ungewöhnlich hochgezogenen Bug und das Heck, die besonderen Einzelheiten von Segel und Takelung, dazu die merkwürdige »Bogensaite« achtern und die »Abreißsicherung« für das Steuerruder zeigen deutlich, daß der Prototyp ursprünglich für die Schiffahrt auf offener See konstruiert war. Und dafür wurden manche Schiffe auch verwendet. Weshalb sonst die Bogensaite und andere Einzelheiten, die lediglich in Brandungswellen und brechender See von Nutzen sind?

Quellen außerhalb Ägyptens bezeugen das. Der jüdische Prophet Jesaja erwähnt das Ägypten seiner Zeit als das Land, das Gesandte in Schiffen aus Binsen über das Meer schickt. Der früheste erhaltene Text des Jesaja, heute in Jerusalem aufbewahrt, nennt die Binsen dieser Schiffe *gomeh,* was Papyrus bedeutet. Obwohl heute oft lediglich mit »Binse« übersetzt, wurde der Ausdruck »papyrus« ausdrücklich im 2. vorschristlichen Jahrhundert benutzt, als hellenistische Juden das Buch Jesaja im Rahmen der *Septuaginta* ins Griechische übertrugen. Eine der Pflichten dieser seefahrenden Gesandten Ägyptens war es zweifellos, Steuern von fremden Völkern einzuziehen. Lange nachdem die Pharaonen ihre Flußuferdynastien errichtet hatten, forderten sie weiter Steuern von fernen Inseln im östlichen Mittelmeer. Diese Inseln hätten nicht unter ihre Oberhoheit kommen können, wenn die Ägypter nicht selber bis weit über die Nilmündung hinausgesegelt wären.

Ein besonders expansiver Pharao war Rames II., der persönlich durch Kleinasien reiste und sein Porträt an den Küstenklippen des Libanon ausmeißeln ließ und dessen Bündnis mit den Hethiterkönigen noch in so weiter Ferne wie dem türkischen Bogazköy in ägyptischen Hieroglyphen zu finden ist. Die Künstler der Königin Hatschepsut verewigten deren Rotmeerexpedition nach fernen Ländern auf detaillierten Reliefs von Holzschiffen, auf denen Zubehör, wie wir es später auf den Schiffen in der Zeit des Kolumbus wiederfinden, nicht fehlt. Das gleiche läßt sich über die vielen anderen kunstvoll gebauten pharaonischen Segelschiffe aus Holz sowie aus Papyrusbündeln sagen, die im Tempel von Edfu, in Karnak, im Tal der Könige oder auf den Wänden der Gräber von Edlen in Sakkara dargestellt sind. Und die griechischen Historiker bewahrten schriftlich den Bericht des Pharao Necho auf, der eine gemeinsame ägyptisch-phönizische Flotte für den ausdrücklichen Zweck finanzierte, das Rote Meer nach Süden, rund um ganz Afrika und durch die Straße von Gibraltar zurück zu durchsegeln. Die Kenntnis der Ägypter vom Atlantik wird von ihren Berichten an die frühen Griechen bezeugt, denen sie den heutigen Namen dieses Ozeans nannten, seine Lage außerhalb Gibraltars angaben und seinen Umfang als um ein Vielfaches größer als den des Mittelmeers beschrieben.

Auch der Indische Ozean war den alten Ägyptern, die ihn auf ihren Papyrusschiffen überquerten, bekannt. Diese Kenntnis haben wir von keinem Geringeren als Eratosthenes, dem leitenden Bibliothekar in Alexandrien, bevor die Bücherei abbrannte. Er war nicht nur der führende Geograph seiner Zeit, sondern der wahre Vater der Landkarten mit Gradnetz. Er wußte durchaus – wie andere griechische Gelehrte vor ihm –, daß die Erde eine Kugel war, und berechnete bereits zwei Jahrhunderte vor Christus ihre richtige Größe nach der Oberflächenkrümmung, während Kolumbus mehr als anderthalb Jahrtausende später nur auf einen Bruchteil ihres wahren Umfangs kam. In seiner Beschreibung der Geographie auf der anderen Seite des Indischen Ozeans gab Eratosthenes die Entfernung als Angaben der Reisezeit wieder und berichtete, daß Papyrusschiffe mit der gleichen Besegelung und Betakelung wie auf dem Nil 20 Tage brauchten, um von der Gangesmündung bis zur Insel Ceylon zu segeln. Wir könnten uns keine bessere Quelle für die Information vorstellen, daß ägyptische Papyrusschiffe ganz Indien umsegelt hatten und bis in den fernen Golf von Bengalen gelangt waren.

Die frühen Sumerer hatten ebenfalls Handelsverbindungen mit Indien, vor allem mit der Industalkultur, die vom 2. Jahrtausend v. Chr. an mehrere Jahrhunderte an den Ufern des Flusses Indus und von dessen Mündung ostwärts bis zum Golf von Cambay blühte. Dort wurde ein Siegel vom Persischen Golf in der alten Hafenstadt Lothal gefunden.[464] So viele Indussiegel mit Zeichen der Indusbilderschrift sind im alten Sumer ausgegraben worden, daß Kramer die Annahme für begründet hielt, nach der Händler vom Indus mehr oder weniger ständig in mehreren der sumerischen Städte lebten.[465]

Die Erwähnung von Schiffen, Überseehandel und anderen seemännischen Tätigkeiten ist auf den vielen Schrifttafeln aus frühsumerischer Zeit überaus häufig zu finden. Viele Texte spezifizieren die Fracht, und wir erfahren von Fahrzeugen, die 300 *gur*, das heißt 96 Tonnen, laden konnten. Andere Texte zeigen, daß einlaufenden Schiffen Importsteuern auferlegt wurden, und einige Tafeln enthalten Verträge zwischen den seefahrenden Händlern und den unternehmenden Kapitalisten. Schiffbrüche werden auf den frühesten Inschriften erwähnt, deshalb war es nur logisch, daß auch folgende Klausel in einer Urkunde erscheint: »Das wohlerhaltene Schiff und seine Ausrüstung wird er seinem Eigentümer im Hafen von Ur intakt zurückgeben ...«[466] Die Bedeutung der Seefahrt spiegelt sich sogar in sumerischen Sprichwörtern wider. In einem heißt es, daß ein Schiff, das auf rechtschaffene Ziele aus ist, vor dem Wind segelt und daß der Sonnengott ehrliche Häfen für so ein Schiff findet, während ein Schiff, das mit bösen Absichten ausläuft, vom Sonnengott auf die Küste geworfen wird.[467]

Die Existenz der Sumerer und ihrer Kultur war der modernen Welt unbekannt, bis archäologische Ausgrabungen im südlichen Irak ihre kolossalen Pyramiden entdeckten und Ansammlungen von Zehntausenden beschrifteter Tafeln fanden. Als diese entziffert waren, brachten sie das Alltagsleben und die Handelstätigkeiten der einzelnen hinter dieser so lange verlorenen Zivilisation wieder ans Licht, deren Einfluß von der frühesten Periode an die mesopotamischen Flüsse aufwärts bis Mari und Brak an der Schwelle zur mittelmeerischen Welt[468] und durch den Persischen Golf bis in die Länder des Indischen Ozeans hinüberreichte.[469]

Von den vielen geographischen Namen, die auf den sumerischen Tafeln erwähnt werden, sind die lokalen Ursprungs gewöhnlich zu erkennen, während Namen fremder Länder nicht in heutige Ortsnamen zu übertragen sind. Der am häufigsten auf Tafeln, die über Seehandel berichten, erscheinende Name ist »Dilmun« oder »Telmun«, von den meisten heutigen Gelehrten mit Bahrain, der Insel im Persischen Golf, gleichgesetzt. Diese ist übersät mit den archäologischen Resten von Aquädukten, Gräbern und Tempeln, die, wie die dänischen Expeditionen unter P. Glob und G. Bibby festgestellt haben, älter sind als die Zivilisation von Sumer selbst. Dilmun spielt eine entscheidende Rolle in den ältesten sumerischen Mythen und wurde weiter in Urkunden und Handelsberichten Mesopotamiens erwähnt, als Sumer schon lange nicht mehr existierte. Einer der assyrischen Herrscher benutzte den Titel »König von Dilmun und Meluhha«. Professor Kramer, eine der führenden Koryphäen auf dem Gebiet der Sumerer, setzt versuchsweise Meluhha mit Äthiopien gleich, und Magan, ein weiteres fernes Land, aus dem Schiffe in mesopotamischen Häfen anlegten, hält er für Ägypten.[470] Nicht identifiziert bleiben andere ferne Länder wie »Hazmani« und »Kuppi«, die weit über Dilmun hinaus liegen und lange Reisen über See und Land erfordern. Eine Inschrift in Ninive erklärt ausdrücklich, diese Regionen lägen so weit entfernt, daß Boten, die aus Kuppi kamen, »sechs Monate zu reisen hatten, um ihre Geschenke zu bringen und den König zu begrüßen«.[471] Angenommen, sumerische Binsenschiffe fuhren nicht langsamer als die ägyptischen Papyrusschiffe, die in 20 Tagen vom Ganges bis Ceylon segelten, wie Eratosthenes berichtet, dann könnten die Boten aus Kuppi durchaus von jedem Teil Indonesiens oder gar aus China gekommen sein.

Einer meiner Gefährten auf den beiden Fahrten der *Ra*, Carlo Mauri, reiste nach der zweiten Überquerung des Atlantik in den Fußstapfen Marco Polos und erreichte die Grenzen Chinas zu Fuß und zu Pferde von Mesopotamien aus in nicht viel mehr als sechs Monaten. Die Boten von Kuppi kamen übers Meer. Wenn wir annehmen, daß sie in Etappen mit ungünstigen Winden segelten und, sagen wir, von einem der großen maritimen Reiche auf Sumatra oder Java kamen, müssen wir uns der Tatsache bewußt sein, daß sie bei anderen Gelegenheiten durchaus ebensoweit in entgegengesetzter Richtung gefahren sein könnten, mehr als nötig, um China zu erreichen.

Historische Berichte und die Archäologie zeigen, daß die großen Zivilisationen in Indonesien und China, wie jene des Industals, zeitlich später liegen als die Blüte der sumerischen Zivilisation in Mesopotamien. Wenn sich zunächst auch zweifellos in den meisten dieser Gebiete örtliche Kulturen irgendeiner Art nach unabhängigen Linien entwickelt hatten, so gibt es doch nichts, was darauf hinweist, daß nicht doch gelegentlich Händler-Entdecker oder »Boten« der Art, wie sie zeitgenössische Schreiber darstellen, gewisse anregende Ideen über weite Entfernungen – ohne regelmäßige Kontakte – hätten vermitteln können. Nach aufgezeichneten Berichten aus Alexandrien und Ninive hatte Indien in den frühen Tagen der Binsenbootschiffahrt sowohl mit Ägypten als auch mit Sumer Verbindung. Auch wenn wir in unserer Einstellung zu diesem Problem vorsichtig sein wollen, so kann man doch nicht übersehen, daß alle Teile der asiatischen Küste im 2. Jahrtausend v. Chr. kulturelle Impulse erhielten, durch die so viele bis dahin bescheidene Kulturen in diesem Gebiet zu voll ausgebildeten Zivilisationen wurden. Tatsächlich begünstigte die jahreszeitliche Umkehr der Wind- und Strömungsrichtungen im Monsungebiet maritime Beziehungen aller Art im Indischen Ozean, während die beständigen Passate und die mächtigen, sie begleitenden Strömungen frühe Seefahrer aus dem Mittleren Osten und dem Industal, sogar die aus Indonesien, zwangen, ihre nach Osten gerichteten Erkundungen ausschließlich auf die Küstengewässer Asiens zu beschränken.

Die Bedeutung Dilmuns (Bahrains) als Marktplatz und Handelszentrum für die benachbarten Zivilisationen in der sumerischen Zeit wird von der Archäologie und aufgezeichneten Texten klar dokumentiert. Die vorherrschende Rolle dieser Insel in der sumerischen Mythologie ist mindestens bemerkenswert und verdient einige Aufmerksamkeit. Kramer hat mit Recht darauf hingewiesen, daß die Sumerer die spirituellen Konzeptionen und den Pantheon geschaffen haben, die alle Völker des Nahen Ostens tief beeinflußten. Die Assyrer und Babylonier übernahmen sie vollständig; die Hethiter übersetzten sie in ihre eigene Sprache, und von dort aus wiederum wurden sie von den alten Griechen übernommen. Selbst Judentum, Christentum und Islam haben dazu beigetragen, daß frühere sumerische Konzepte in die moderne Welt eindrangen.[472] Nach den biblischen Berichten kam Abraham, der erste Patriarch all dieser drei modernen Religionen, aus der früheren sumerischen Hauptstadt Ur. Gemeinsam mit seinem Vater und dem ganzen ihn begleitenden Stamm wanderte er zu Anfang des 2. vorchristlichen Jahrtausends aus diesem Hafen am Persischen Golf aus, zog nordwärts durch Mesopotamien und dann weiter zum Mittelmeerland der Kanaaniter. Mit der Zerstörung Urs um 2050 v. Chr. verschwand Sumer allmählich als politisches Gebilde. Doch mit Abraham, der den Berichten nach der Begründer des hebräischen, des christlichen und des islamischen Glaubens ist, wurden manche der Lehren aus Ur als literarisches Erbe weitergetragen, bis sie in die gedruckten Schriften eingingen. Zu diesen erhaltenen Glaubensvorstellungen, die, wie Abraham selbst, aus Ur gekommen sein müssen, gehört der Bericht über die Sintflut, in der der größte Teil der Menschheit ertrunken sein soll.

Auf der entgegengesetzten Seite Kleinasiens war den Griechen von ägyptischen Schreibern von einer ebenso entsetzlichen Katastrophe erzählt worden. Nach ihrer Beschreibung war der Mittelpunkt der frühesten Zivilisation ausgelöscht, als eine Insel im Atlantischen Ozean versank und die gesamte Bevölkerung umkam. Die Griechen erhielten später auch die hebräische Fassung, die Abrahams Stamm in die Mittelmeerwelt gebracht hatte und die daher von der asiatischen Seite der Arabischen Halbinsel stammte. Den Menschen aus Mesopotamien war nichts von einer versunkenen Insel bekannt; sie berichten von einer gewaltigen Überschwemmung, in der die Mehrzahl ihrer eigenen Vorfahren als Strafe Gottes umgekommen war.

Erst im letzten Jahrhundert ist es Archäologen gelungen, mesopotamische Texte zu entdecken, die älter sind als das Alte Testament und sein Bericht über die Sintflut. Im Jahr 1872 stellte man fest, daß eines der Zehntausende von Keilschrifttäfelchen aus der Bibliothek des assyrischen Königs Assurbanipal eine ausführliche Darstellung enthielt, die, obwohl älter als die hebräische Fassung, dieser so ähnlich war, daß sie nur Variante einer gemeinsamen Urform sein konnte. In der assyrischen Fassung tritt ein alter Mann namens Utu-Nipischtim an die Stelle des biblischen Noah, und der sumerisch-assyrische Wassergott Enki an die des hebräischen Gottes Jahwe. Wassergott Enki berichtete Utu-Nipischtim, daß die anderen Götter beschlossen hätten, die Menschheit zu ertränken, und befahl ihm, ein großes Schiff zu bauen und seine Familie und sein Vieh mit an Bord zu nehmen. Sechs Tage und Nächte wüteten Regen und Sturm, und am siebenten Tag lief das Schiff auf einer Bergspitze im oberen Kurdistan auf Grund, das heißt ungefähr in dem Gebiet, in dem die Hebräer Noah auf dem Ararat landen ließen. Eine Taube und eine Schwalbe wurden nacheinander ausgesandt, kehrten jedoch zurück, und erst als ein Rabe ausgesandt worden war, der nicht wiederkam, verstand Utu-Nipischtim, daß das Wasser zurückging. Er stieg aus und brachte Opfer für die Götter dar, die versprachen, niemals wieder alle Menschen für die Sünden von einigen zu bestrafen. Den Überlebenden vom Schiff wurde befohlen, sie sollten »in der Ferne wohnen, an der Mündung der Flüsse«.[473] Für die Assyrer konnte das nur bedeuten, an der Mündung ihrer beiden Ströme, im früher sumerischen Wohngebiet.

Um die letzte Jahrhundertwende gruben Archäologen der Universität Pennsylvanien an der Mündung dieser Flüsse die gewaltige sumerische Zikkurat von Nippur aus, eine der riesigen, nach der Sonne orientierten Stufenpyramiden mit einem Tempel auf der Spitze – das entscheidende Merkmal der frühen Städte in Mesopotamien. Am Fuß der Pyramide wurde eine Sammlung von 35 000 beschrifteten Täfelchen gefunden, von denen eins die original sumerische Fassung der Sintflutgeschichte enthielt. Das ist die älteste erhaltene Aufzeichnung der Erinnerung an die große Überschwemmung. Der Hauptunterschied gegenüber den jüngeren Fassungen ist der, daß die Überlebenden nicht auf einem fernen Berggipfel im Binnenland festlaufen. Sie besiedeln vielmehr Dilmun, die Insel Bahrain im Persischen Golf. Es heißt, Städte und Reiche hätten schon vor der allgemeinen Katastrophe existiert, doch anscheinend mißfielen die Menschen wieder den Göttern, da sie auch in dieser Fassung beschließen, die Menschheit zu vernichten. Wie in der assyrischen Geschichte, so war es auch im sumerischen Text der Wassergott Enki, der die Menschheit retten wollte. In diesem Fall fiel seine Wahl auf einen frommen, gottesfürchtigen und demütigen König namens Ziusudra, und der Wassergott riet ihm, »sich zu retten, indem er ein sehr großes Schiff baute«. Der Teil der Tafel, auf dem beschrieben ist, wie das Schiff gebaut werden sollte, ist leider beschädigt; dann erfahren wir jedoch, daß die Sintflut sieben Tage und sieben Nächte über die Erde raste. »Und das riesige Schiff war auf den großen Wassern hin und her geworfen worden«, bis der Sonnengott Utu hervorkam und Licht über Himmel und Erde goß. Der König, wie Noah, »öffnete ein Fenster des gewaltigen Schiffes« und warf sich vor dem Sonnengott nieder, während er einen Ochsen und ein Schaf opferte. Er wird auf dem Täfelchen als Erhalter des Menschen bezeichnet, und die Götter schenkten ihm die Insel Dilmun, wo er anfangen konnte, die Erde wieder zu bevölkern.[474]

Der gleiche Wassergott Enki, der in der sumerischen wie auch in der assyrischen Fassung einige einzelne vor der Flut rettete, wird bei den monotheistischen Hebräern durch den unsichtbaren Gott ersetzt. Enki selbst stellten sich die Sumerer jedoch als Seefahrer vor; als solcher wird er häufig an Bord seines göttlichen Binsenschiffes mit dem hohen und anmutig geschwungenem Bug und Heck dargestellt. Bisweilen trägt das Schiff einen geweihten Altar oder eine Sphinx an Bord, und eine menschenähnliche Galionsfigur hilft Enki bei der Fahrt durch das Wasser. Enki, der mit Poseidon aus der griechischen Mythologie gleichgesetzt werden kann, soll ebenfalls auf der Insel Dilmun gelebt haben oder dorthin gerufen worden sein. Und hier »setzte er Segel« und reiste zur Festlandküste weiter, genauer zur Stadt Ur, der Stadt Abrahams. »Nach Ur kam er, Enki, König des Abgrunds, und beschließt das Schicksal: O du Stadt, wohlversorgt, von viel Wasser umspült ... grün wie das Gebirge, Haschur-Wald, weiter Schatten ...«[475]

Dies ist die älteste bekannte Beschreibung von Ur, einer Stadt, die heute meilenweit von jedem Wasser entfernt liegt, deren formlose Ruinen tief im Wüstensand begraben sind, wo nichts grünt und wo kein Baum Schatten vor der versengenden Sonne bietet. Diese drastische Landschaftsveränderung seit der sumerischen Zeit von etwa 3000 v. Chr. muß bei jedem Versuch berücksichtigt werden, von Menschen bevorzugte Gebiete und Küstenlinien zu rekonstruieren, die Siedlungsmuster aus jenen Tagen aufweisen, als die ersten Schiffe über die Meere segelten. Daß Götter und Halbgötter seit mythologischen Zeiten sowohl in Sumer als auch in Ägypten als Seefahrer auf Binsenschiffen dargestellt und beschrieben wurden, ist bemerkenswert. Obwohl auch Räderwagen dort bekannt waren und von Fürsten und Kriegern benutzt wurden, zeigte man Götter und Gottmenschen nie auf solchen Fahrzeugen, sondern immer nur auf kleinen oder größeren Binsenbooten. Nicht nur der Wassergott, sondern auch der Sonnengott, die Vogelmenschen, die löwenköpfigen Gottheiten und die sonstigen übernatürlichen Vorfahren, von denen die ägyptischen und sumerischen Dynastien ihre Abstammung ableiteten, werden auf Wandmalereien, Reliefs, auf Papyrus oder Siegeln sämtlich als in Schiffen fahrend dargestellt. Die legendäre Geschichte nimmt ihren allerersten Anfang bei einem seegehenden Schiff, groß genug, seine Fahrgäste und deren Vieh vor der Wut der Sintflut zu retten. Vor 5000 Jahren betrachteten sumerische Schreiber wie die Vorfahren Abrahams den Schiffbau als eine Kunst, die sie nicht selbst erfunden hatten. Die Schiffsarchitektur und die Seefahrt wurden damals fraglos als Fertigkeiten angesehen, die ihre Vorfahren lange vor sumerischen Zeiten, vor den Tagen von Ur und Nimrod, sogar noch ehe der erste Mensch auf die Insel Dilmun gelangte, von den Göttern erlernt hatten.

Worauf die Sintflutgeschichte zurückzuführen ist, mag strittig bleiben und vielleicht sogar als Mythos abgetan werden. Aber wir können nicht ignorieren, daß die sumerischen Schreiber, als sie über die Gründung der ersten Dynastie in Mesopotamien berichteten und Taten und Glaubensüberzeugungen auf den Täfelchen, die am Fuß der Zikkurat von Nippur liegen, festhielten, selbst glaubten, daß ihre Vorfahren von der Insel Dilmun draußen im Golf gekommen seien. Doch als das erste Siedlungsgebiet ihrer Vorfahren wurde auch Dilmun nicht betrachtet: König Ziusudra war nur mit seinem großen Schiff nach der Flut dort gelandet.

Da in den Jahrhunderten um 3000 v. Chr. eine geologische Katastrophe im Atlantik stattfand, die gewaltig genug war, Island zu spalten, ist es vielleicht nicht ganz unstatthaft, zu überlegen, ob Flutwellen auch in weiterer Ferne Störungen verursacht und Bevölkerungsgruppen gezwungen haben könnten, neues Land zu suchen. Solche Ereignisse könnten im frühen Ägypten und Sumer in die Überlieferung eingegangen sein und die jähe Überlagerung aller großen Mittelmeerinseln und auch der beiden bedeutenden Flußtäler zu beiden Seiten der Arabischen Halbinsel durch neue Zivilisationen ausgelöst haben.

Vielleicht verursachten Flutwellen vom Atlantik, die Gibraltar bestimmt erreicht haben müssen, in jener frühen Zeit Umwälzungen, die dem Chaos nach der Explosion Santorins in einer weit späteren Periode entsprechen. Welches auch die ersten Wege der Menschheit zur Hochkultur gewesen sein mögen, bestimmt sind die beiden Daten von etwa 3100 und 1200 v. Chr. von entscheidender Bedeutung in der Geschichte des Mittelmeerraums und des Mittleren Ostens: das erste durch die kulturellen Störungen auf den Mittelmeerinseln und das Entstehen der ersten Dynastien in Ägypten und Mesopotamien, das zweite durch eine ähnliche Umwälzung, die abermals festgefügte Gesellschaften entwurzelte, mit alten Dynastien ein Ende machte und ganze Bevölkerungsgruppen auf die Suche nach neuen

Siedlungsgebieten schickte. Unter denen, die während des zweiten Wanderungswirbels aufbrachen, befanden sich die zahllosen phönizischen Familien, die in organisierten Kolonisationsexpeditionen über Gibraltar hinaussegelten und neue große Siedlungen an der Atlantikküste Spaniens und Marokkos gründeten und sogar in die Hauptdrift des Kanarenstroms gerieten und sich auf den Kanarischen Inseln niederließen.

Beide Meilensteine in der Geschichte, das heißt um 3100 und um 1200 v. Chr., sind auch für die Zeitrechnung des frühen Amerika entscheidend. Das Datum Null in dem unglaublich genauen Mayakalender ist *4 Ahau 2 Cumhu*, was in unserem Kalendersystem der 12. August 3113 v. Chr. ist. Anderseits haben Archäologen 1200 v. Chr. als etwa die Periode bezeichnet, in der die Zivilisation in Mexiko zur Blüte kam: die Olmeken gründeten Siedlungen mit Pyramidenbau und Kolossalstelen in Urwäldern und Sumpfgebieten am Golf von Mexiko, am Ende des Kanarenstroms.

Eine befriedigende Erklärung dafür, weshalb die Maya das frühe Datum 3113 v. Chr. zu ihrem Nulljahr gemacht haben, ist noch nicht gefunden. Es ist vorgetragen worden, daß sie zu irgendeinem besonderen astronomischen Ereignis zu jener Zeit zurückgerechnet haben könnten, aber man weiß von keinem solchen. Eine andere Vermutung geht dahin, daß das Datum willkürlich gewählt worden sei. Das ist ebenso unwahrscheinlich. Die Maya waren in der Astronomie so fortgeschritten und außerdem so zeitbewußt, daß sie zu einem astronomischen Jahr von 365,2420 Tagen gelangten, das nur alle 5000 Jahre um einen Tag zu wenig hat, während unser moderner Kalender alle 5000 Jahre um anderthalb Tage zu kurz ist. Das Jahr der Maya war also der Wahrheit um 8,64 Sekunden näher als der Kalender, den wir heute verwenden. Wir sahen auch, daß eine Hieroglypheninschrift auf der Begräbnispyramide in Palenque berichtet, daß 81 Monate 2392 Tage ausmachen. Das heißt, daß die dortigen Astronomen von einem Monat von 29,53086 Tagen ausgingen, was um nur 24 Sekunden von der wirklichen Länge abweicht. Kein Wunder, daß die mittelalterliche Geistlichkeit unter den ankommenden Spaniern aus Furcht vor dem Teufel alle mexikanischen Papierbücher und schriftlichen Berichte, die ihr in die Hände fielen, verbrannte. Sie meinte, daß alles, was nicht in lateinischer Sprache abgefaßt war, ein Werk des Satans und Zauberei der Wilden sei.

Dennoch haben sich wesentliche Einzelheiten der mexikanischen Geschichte erhalten, dazu mündliche Berichte, die aufmerksame Spanier nacherzählt haben. Zusammen mit der historischen Begrüßungsrede, die kein anderer als der aztekische Priesterkönig Montezuma seinem Gast und späteren Besieger Hernando Cortez hielt, haben wir angemessene Informationen über die am stärksten miteinander übereinstimmenden Berichte unter diesen astronomisch fortgeschrittenen und historisch aufgeschlossenen Kulturmenschen. Ihre aufgezeichneten und ihre mündlich überlieferten Texte betonen ganz allgemein, daß die Spanier nicht als erste über den Atlantik nach Mexiko gekommen seien. Sowohl die Azteken im Hochland als auch die Maya in den Küstenniederungen führten ihre Abstammung auf ein zivilisiertes Volk zurück, das wie die Spanier von Osten gesegelt gekommen sei und sich an Land angesiedelt und Frauen eines früheren Volkes geheiratet habe, das bereits dort ansässig war. Das frühere Volk hatte bis dahin in ungeordneten kleinen Gruppen gelebt, im Wald Nahrung gesucht, ohne Landwirtschaft, ohne Städte, Tempel, Schrift oder astronomisches Wissen. Die Einwanderer von jenseits des Ozeans wurden weder von den Azteken noch von den Maya als Fremde betrachtet, ebensowenig von den zivilisierten Gemeinden in Zentralamerika und Peru, die alle die gleiche Ansicht über sie hatten. Obwohl sie stets als wandernde Gruppen von Lehrern bezeichnet wurden, die die Eingeborenen in der Sonnenanbetung unterwiesen und sie verschiedene Seiten der Kultur lehrten, und obwohl sie geringer an Zahl waren als die ungebildeten Menschen, denen sie die Segnungen der Zivilisation brachten, wurden sie dennoch als Verwandte ihrer Vorfahren betrachtet, mindestens von priesterlichen Familien und den herrschenden Schichten. Priester, denen keine Bärte wuchsen, wie es bei den gefeierten Vorgängern der Fall war, legten, sowohl in Peru als auch in Mexiko, häufig falsche an.

Die lebendigen Darstellungen in Schrift, Wort und Kunst dieser frühen Kulturbringer als weißhäutig und bärtig machte auf die Spanier anfangs tiefen Eindruck, und dank ihrem eigenen Aussehen konnten sie die beiden stärksten Militärmächte der damaligen Welt besiegen: die Nation der Azteken und die der Inka. Anders als die Spanier wurden die Kulturbringer jedoch in der Eingeborenenkunst und in den Erinnerungen der Amerikaner von Mexiko bis Peru mit Turban, langen lockeren Gewändern und Sandalen abgebildet. Sie trugen einen Wanderstab und Gegenstände, die eher einem Brevier als einer Waffe ähnelten. Die Spanier nahmen deshalb an, daß diese bedeutenden Vorgänger semitische Missionare gewesen seien. Eine Zeitlang gründeten sie sogar religiöse Orden zu Ehren der angenommenen Besuche des heiligen Thomas in Mexiko und des heiligen Bartholomäus in Peru.

Diese ungemein wichtigen Erinnerungen und hieroglyphischen Aufzeichnungen in dem begrenzten, aber zusammenhängenden zentralamerikanischen Gebiet von Mexiko bis Peru stammen aus einer weit früheren Zeit als die historischen Dynastien der Azteken und Inka. Mit Hilfe der bei archäologischen Ausgrabungen gefundenen Kunstgegenstände läßt sich zeigen, daß sie bis zu den ersten Anfängen der zentralamerikanischen Hochkulturen zurückgehen. Die frühesten Menschendarstellungen im alten Peru, sowohl in Tiahuanaco im Hochland als auch im Frühen-Chimú-Gebiet der Nordküste, zeigen Statuen und Keramikdarstellungen dieser bärtigen Kulturhelden in der oben beschriebenen charakteristischen Gewandung. Entsprechend haben in den Küsten des Golfs von Mexiko die Olmeken, die angenommenen Gründer der mexikanischen Zivilisation,

Selbstporträts auf kolossalen Monolithen hinterlassen, die von fernen Gebirgen über die örtlichen Sumpfländereien geschleppt worden sind. Sie stellen in überaus realistischer Weise zwei gegensätzliche Typen dar. Der eine hat eine charakteristisch negroide Physiognomie, der andere typisch semitische Züge, mit langem wallendem Bart. Diese olmekischen Persönlichkeiten sind in dem örtlichen Regenwald in der gleichen traditionellen Wüstenbekleidung mit langen lockeren Gewändern und Sandalen dargestellt. Weshalb die Gründer der mexikanischen Zivilisationen im Sumpfgebiet von La Venta, wo die Meeresströmung Marokkos die Küste bespült, solch seltsame Reliefs auf Stelen hinterließen, ist von den Isolationisten niemals so recht erklärt worden. Bei denen, die für Diffusion eintreten, hat es nicht an Theorien gefehlt. Indianer im heutigen Mexiko ziehen es wie anderswo in tropischen Regenwäldern vor, barfuß zu gehen und eine Schambinde, bisweilen auch ein Lendentuch oder auch gar nichts zu tragen, da Turban und langes Gewand im dichten Wald hängen- und Sandalen im Schlamm steckenbleiben würden.

Primitive Stämme streiften fischend und jagend bereits seit Zehntausenden von Jahren durch Amerika, und die meisten von ihnen taten es noch, als die Europäer nach Nord- und Südamerika kamen. Die Entdeckungen der Familie Leakey und späterer Archäologen haben die Geschichte des frühen Menschen in der Alten Welt um Jahrmillionen und nicht nur auf Zehntausende von Jahren zurückgeschoben.[476] Weshalb sollten die Maya 3113 v. Chr. als ihr Nulljahr festlegen, was mit den Anfängen in Ägypten und Mesopotamien übereinstimmt, wenn dieses Jahr nicht etwas ganz Besonderes in der religiösen Geschichte ihrer Vorfahren bedeutete, wie es ja auch mit dem Jahr Null in den Kalendern der Hebräer, der Christen, der Mohammedaner und der Buddhisten der Fall ist? Wenn mit Sicherheit feststeht, daß das Jahr 3113 v. Chr. für den Beginn jeder amerikanischen Kultur zu früh liegt, könnte es dann vielleicht sein, daß dieses Jahr Null von gelehrten Reisenden importiert wurde, die selbst erst später eingetroffen sind? Wenn zutrifft, was heute allgemein angenommen wird, dann gab es in Mexiko kein Kalendersystem, bis die Olmeken die erste lokale Zivilisation aufbauten. Schrift und Astronomie der Maya soll auf dem Erbe der früheren Olmeken beruhen, von denen man glaubt, sie hätten die Ausbreitung ihrer Kultur vom Golf aus landeinwärts um 1200 v. Chr. begonnen. Ist es nicht ein bemerkenswertes Zusammentreffen innerhalb der Jahrmillionen, in denen schon Menschen leben, daß die Maya ein überliefertes Nulljahr 3113 v. Chr. auf Lehren von Leuten gründeten, die ihre erstaunliche kulturelle Laufbahn am Endpunkt des Kanarenstroms begannen, und zwar um 1200 v. Chr., genau um die Zeit, als die Phönizier ganze Flotten von Kolonisten in den Atlantik hinausschickten, die im Kanarenstrom nach Land suchen sollten?

Der Beweis für sehr frühen Schiffsverkehr auf dem Kanarenstrom findet sich in der Existenz der Guanchen, die die Kanaren bewohnten, bevor die ersten Europäer – Portugiesen und Spanier – eintrafen. Die Guanchen sind ein Mischvolk mit weißer und negroider Komponente, deren Anteil von einer Insel der Gruppe zur nächsten schwankt. Eine dunkelhäutige, unstreitig negroide Bevölkerung lebte neben einer hellhäutigen, deren Männer langes blondes oder rötliches Haupt- und Barthaar trugen. Ein Originalaquarell aus Torrianis Manuskript von 1590, das blonde und bärtige Guanchen zeigt, ist im archäologischen Museum von Gran Canaria zusammen mit blondem und rötlichbraunem Haar von Guanchenmumien ausgestellt (1940 von Wölfel, 1952 von Heyerdahl reproduziert). Eine Guanchenmumie im gleichen Museum, mit Hilfe einer Radiokarbonuntersuchung auf etwa 300 n. Chr. datiert, weist Reste eines roten Bartes auf.

Es ist ein besonderes Merkmal der Guanchen, daß sie eine gemischte Gruppe waren, aus weißen und negroiden Rassenelementen zusammengesetzt, und doch als ein Volk lebten, ein Merkmal, das sie mit der Berbernation an der nächsten afrikanischen Küste und, nach der olmekischen Kunst zu urteilen, auch mit dem Volk gemein haben, das die Zivilisation am anderen Ende des Kanarenstroms einleitete.

Es kann kaum Zweifel daran geben, daß die Guanchen Berber waren und von Seefahrern abstammten, die diese Inseln von der Atlantikküste Marokkos aus erreichten. Es ist jedoch schwierig, den Anteil der an der Blutmischung beteiligten früheren phönizischen Kolonisten zu beurteilen. Die Phönizier waren weder Eroberer noch Piraten, sondern friedliche und erfolgreiche Kaufleute und Verbreiter der Kultur aus dem Nahen und Mittleren Osten. Sie kannten sowohl die Stufenpyramiden ihrer Nachbarn und Handelspartner in Mesopotamien als auch die pharaonischen Tempel und Riten der eng mit ihnen zusammenarbeitenden Ägypter jener Zeit. Sie fuhren auf ihren langen Reisen mit gemischten Mannschaften, die ihnen gleichzeitig als Dolmetscher und Führer dienen konnten, und haben tatsächlich – wie berichtet wird – im ägyptischen Auftrag gehandelt, als sie den Kontinent Afrika umsegelten. Sie stellten Berber als Küstenlotsen ein, als Hanno seine Kolonisationsexpedition die westafrikanische Küste nach Süden hinab unternahm. Mit ihren Kolonien und Handelsposten überall an der Nord- und Nordwestküste Afrikas, in zahllosen Orten Spaniens und auf allen Mittelmeerinseln, waren die Phönizier zweifellos selbst zu einem Mischvolk geworden. Wenn man auch annimmt, sie stammten als blonder und bärtiger Zweig des kanaanitischen Volkes aus Kleinasien, ist doch nichts über das Aussehen dieser legendären Seefahrer bekannt.[477] Die griechischen Historiker gaben ihnen den Sammelnamen Phönizier, weil sie keinen besseren hatten, genau wie wir heute den Ausdruck Olmeken benutzen, um unbekannte Kulturverbreiter zu bezeichnen, die am amerikanischen Ende des Kanarenstroms gerade dann erschienen, als die Phönizier am Strömungsanfang an der afrikanischen Küste auftauchten.

Hethiter, Phönizier und Seevölker sind nur ein paar von den überaus vielen Namen, die uns heute bequem zur Hand sind, wenn wir Mitglieder einer vielschichtigen Völkergruppe benennen wollen, die überwiegend von Kanaanitern oder Semiten, die in den Jahrhunderten zwischen 3000 und 1200 v. Chr. durch das Mittelmeer streiften, abstammt oder mit ihnen verwandt ist. Die Kanaaniter selbst wurden von den Juden besiegt, die um 1200 v. Chr. aus Ägypten zurückkamen, in jener Periode, die so kritisch für alle Völker rund um das Mittelmeer war. In der Zeit zwischen 3000 und 1200 v. Chr. segelte diese verschiedenartige und doch eng zusammengehörige Gruppe eines frühen Kulturvolkes kreuz und quer durch das Mittelmeer und hinterließ in weit voneinander entfernten Regionen Beweise ihrer hervorragenden Keramik, ihrer Lehmziegelbauten und erlesen behauenen und ineinandergepaßten Megalithblöcke.

Daß die Guanchen auf den Kanarischen Inseln irgendwie mit dieser frühen afrikanisch-asiatischen Völkergruppe verbunden sind, zeigt sich durch so spezielle Kulturelemente wie Mumifizierung, Trepanieren, Tonfigürchen, keramische Stempelsiegel und dreifüßige Vasen. Obwohl anscheinend kein Gelehrter die Gültigkeit dieser Elemente als Beweis dafür angezweifelt hat, daß diese fernen Atlantikinseln Impulse von irgendeiner nicht identifizierten, voreuropäischen Mittelmeerkultur empfangen haben, scheint es doch, als wäre hier die Welt zu Ende: Amerika wird behandelt, als liege es auf einem anderen Planeten. Dennoch wiederholen sich die wenigen Übereinstimmungen zwischen der frühen Mittelmeer- und der Kanarenkultur ebenso deutlich am Ende des Kanarenstroms, wo sie nur einen Bruchteil der Gesamtsumme von kulturellen Übereinstimmungen und Ähnlichkeiten bilden, die im 3. Kapitel des vorliegenden Buches aufgezählt worden sind. Und die Entfernung von den Kanarischen Inseln bis zum Golf von Mexiko ist nicht in Jahrhunderten oder Generationen von Reisenden zu messen, nicht einmal in Jahren, sondern in wenigen Wochen an Bord eines jeden Wasserfahrzeugs, das fähig war, die Kanaren von Afrika aus zu erreichen.

Es ist bemerkenswert, daß die Guanchen auf jeder einzelnen der Kanarischen Inseln nicht das geringste von irgendeiner Art des Schiffbaus wußten, als die Europäer zum erstenmal dorthin kamen. Aber ihre Vorfahren müssen mit irgendeinem schwimmenden Fahrzeug gereist sein, um die Inseln zu erreichen. Bauholz war genügend vorhanden, wie sich nach den vielen prähistorischen Resten von sehr breiten Brettern der Guanchensärge beurteilen läßt. Man ist versucht, darüber nachzudenken, ob die Vorfahren der Guanchen überhaupt gelernt hatten, Plankenschiffe zu bauen. Wie wir sahen, sind in Lixus Binsenschiffe verwendet worden, und Lixus war der berberisch-phönizische Haupthafen, dem afrikanischen Festland am nächsten; und wenn die Phönizier auch berühmt wurden für ihre hölzernen Schiffe, so waren ihnen doch auch Binsenfahrzeuge vertraut. In der Tat ist die einzige von ihnen hinterlassene und uns bekannte bildliche Darstellung phönizischer Schiffe westlich von Gibraltar, die von Binsenfahrzeugen. Im Meer bei La Caleta, dem früheren phönizischen Hafen an der Atlantikküste Spaniens, wurde kürzlich eine dreiseitige punische Amphora genau dort gefunden, wo heute der Leuchtturm von Cádiz steht. Auf allen Seiten waren im Relief sichelförmige Binsenboote mit einwärts gebogenem Bug und Heck und Bändern von querverlaufenden Seilzurrungen um den Körper des Bündelfahrzeugs dargestellt. Im selben Hafen fand man auch eine ägyptische Bronzestatuette, die im Museum von Cádiz aufgestellt ist. Die Stücke zeigen die Mannigfaltigkeit des Fernhandels dieser Kolonisten am Atlantik. Weshalb Phönizier Binsenfahrzeuge in einer Periode darstellen, in der sie längst mit Plankenschiffen vertraut waren, läßt sich nur mutmaßen; vielleicht findet sich eine Antwort in den dramatischen Erlebnissen mit Bohrwürmern, die im Atlantik in großen Mengen vorkommen und Plankenschiffe zum Sinken bringen können, für ein Binsenboot jedoch keine Gefahr darstellen.

Die Entfernung von Kleinasien bis zu den Kanaren ist gleich der von diesen Inseln bis Mittelamerika, doch der transatlantische Teil ist unvergleichlich einfacher und schneller zurückzulegen. Um das Mittelmeer der Länge nach zu durchqueren und die Kanaren jenseits von Gibraltar zu erreichen, sind seemännische Tüchtigkeit und ein steuerbares Fahrzeug erforderlich. Den Rest der Strecke auf dem Kanarenstrom bis Mittelamerika zu treiben verlangt weiter nichts als einen schwimmenden Untersatz. Das ist etwas, was gar nicht genug betont werden kann, wenn es um die Auseinandersetzung zwischen Diffusion kontra unabhängige Entwicklung geht: das weite tropische Gebiet von Meer und Luft ist in einer ständigen Bewegung nach Westen – von Afrika nach Amerika und auf der anderen Seite von Amerika nach Asien. Die Geschichte hat gezeigt, daß europäische Rahsegelschiffe diesen Drehbewegungen folgten und in ihnen gefangen wurden, so daß sie nur in höheren Breiten zurückkehren konnten.

Es ist eine gesunde isolationistische Ansicht, daß sich die Geschichte stets wiederholt, wenn die Geographie gleich oder ähnlich ist. Aber es ist ein verbreiteter Fehler, die frühen Spanier und andere Europäer von der Betrachtung auszuschließen. Häufig wird argumentiert, weshalb die Gründer der vorkolumbischen Kultur, wenn sie über den Atlantik kamen, nicht schon auf den Karibischen Inseln Dynastien gründeten und Pyramiden errichteten, statt nach Mexiko weiterzusegeln oder sogar den Isthmus zu durchqueren und eine Zivilisation in Ecuador oder Peru zu gründen? Aber genau das taten auch die Spanier, als sie mit dem Kanarenstrom eintrafen und die Kette der Karibischen Inseln erreichten. Ermutigt von dieser Entdeckung, machten sie sich auf, die dicht bewaldeten Festlandküsten dahinter zu erkunden, und nur innerhalb weniger Jahrzehnte hatten sie sich entschlossen, ihre beiden Hauptkolonien in Mexiko und in Peru zu gründen, genau dort, wo es die früheren Begründer lokaler Zivilisation auch getan hatten.

Innerhalb einer einzigen Generation waren die Spanier zu Fuß durch Mexiko, Zentralamerika und die ganze Breite Südamerikas marschiert.

Ohne größere Schwierigkeiten überwanden sie das gesamte Terrain, das im Verlauf von Jahrtausenden die Heimat einer Vielfalt amerikanischer Hochkulturen gewesen war. Die Urwälder, Sümpfe und Gebirge waren damals die gleichen wie in voreuropäischer Zeit, und die Spanier, wie alle anderen Reisenden, die die undurchdringlichen Mangroveküsten südwärts des schmalen Isthmus von Panama erkunden wollten, mußten übers Meer fahren und waren deshalb gezwungen, auf der Pazifikseite neue Schiffe zu bauen. Vor 1200 v. Chr. bestand jedoch wenig Gefahr, von mächtigen Herren zivilisierter Nationen angegriffen und besiegt zu werden.

Es gibt also keinerlei geographischen Grund zu der Annahme, daß Reisende, die über den Atlantik kamen, Mexiko besiedelt und erst Jahrhunderte später Peru erreicht hätten. Die Spanier taten es nicht. Pizarro segelte in einer zerbrechlichen Karavelle von der Mittelmeerwelt nach Panama, wanderte über den Isthmus und baute neue Wasserfahrzeuge, um Peru zu entdecken und zu erobern. Die Chancen für frühe Segelfahrzeuge, die ins Karibische Meer fuhren, scheinen gleich im Hinblick darauf gewesen zu sein, ob sie das Festland nördlich oder südlich von Yucatán erreichten. Wenn die Landung im Gebiet des Isthmus und nicht im Mexikanischen Golf stattfand, mußten erfahrene Kolonisatoren wie die Phönizier das gleiche tun, was Pizarro tat. Sie mußten weiter und einladendere Küsten suchen als die Mangrovesümpfe, die die Küsten sperrten, bis sie die offenen Buchten und Strände von Südecuador und die offenen Flußtäler von Peru mit dem kultivierbaren Hochland dahinter fanden.

Wenn die Geographie allein der entscheidende Faktor war, dann bestehen genügend Gründe für die Vermutung, daß die Wahl von kolonisierenden Entdeckern aus der afrikanisch-asiatischen Welt auf das Übergangsgebiet zwischen Südecuador und Nordperu fallen würde. Hier öffnet sich eine grüne Waldlandschaft mit tiefen Häfen allmählich zu weiten, halbtrockenen, aber bewässerbaren Flußuferebenen, und die einladende Küste, an der der kalte Humboldtstrom auf die warme Niñoströmung trifft, bildet die reichsten Fischgründe auf der ganzen Welt. Die Muschelabfallhaufen bezeugen das hohe Alter der örtlichen Siedlungen und die überragende Bedeutung des Meeres als Wirtschaftsfaktor. Archäologie und Geschichte beweisen gemeinsam, daß dies seit frühester prähistorischer Zeit bis tief in die geschichtliche Periode hinein ein Hauptzentrum seefahrerischer Betätigung war. Von hier aus trugen große Balsaflöße mit Segel und Takelung wie die spanischen Karavellen, aber mit einem örtlich entwickelten System von *guara* gesteuert, Handelswaren über 3000 Kilometer weit an der offenen Inkaküste abwärts und weit nach Mittelamerika aufwärts. Das Balsafloß, dem Pizarro begegnete, als es auf dem Weg nach Panama hinauf war, trug über 30 Tonnen Fracht und kam von dieser Küste.

Es würde also kaum verwundern, wenn dies das Gebiet wäre, aus dem frühe Radiokarbondatierungen unerwartet aus lokalen Ausgrabungen berichtet wurden, die der ecuadorianische Amateurarchäologe E. Estrada und seine Lehrer C. Evans und B. J. Meggers vom Nationalmuseum der Vereinigten Staaten unternommen hatten. Doch ihre Entdeckungen und Schlüsse erregten mehr Unruhe in Kreisen der Isolationisten als jedes andere Ereignis seit der Demonstration, daß ein Floß vom örtlichen Typ bis Polynesien segeln konnte. Langgehegte Ansichten begannen zu wanken, und das Dogma wurde widerlegt. Nach einer Generation von Archäologen des 20. Jahrhunderts, die so an moderne Transportmittel gewöhnt waren, daß sie sich eingeborene Amerikaner, die über ihre eigenen Stammesgrenzen hinauswanderten oder -paddelten, gar nicht mehr vorstellen konnten, haben moderne Forscher allmählich herausgefunden, daß auch der frühe Mensch wanderte. Diese Forscher konnten zeigen, daß die Olmeken von der atlantischen Seite Mexikos bis zu den Pazifikküsten Guatemalas tätig waren, Siedlungen in Urwald und Gebirgen errichteten, die tausend Meilen voneinander entfernt lagen. Und in den allerletzten Jahren haben sich selbst glühende Isolationisten dem sich häufenden Beweismaterial gebeugt, daß Diffusion und nicht unabhängige Entwicklung ein fast gleichzeitiges Wachsen von Hochkulturen verwandten Charakters im ganzen Gebiet zu beiden Seiten des zentralamerikanischen Isthmus verursacht hat. D. Collier machte sich im Jahr 1976 zum Sprecher für diese neue Denkweise unter den Amerikanisten, die früher anderer Meinung waren: »Die kulturellen Leistungen in Peru und Mexiko – und anderswo in Mittelamerika – beruhen auf Diffusion von einer gemeinsamen Quelle: Ecuador ... Selbstverständlich bedarf die allgemein anerkannte Ansicht von der Kulturgeschichte des Kernamerika, das sich von Mexiko bis Peru erstreckt, umfassender Revision.« [478]

Ohne Furcht vor den oft heftigen Angriffen der Kollegen, die ihnen vorwarfen, wild gewordene Theoretiker zu sein, verteidigten die bahnbrechenden Archäologen Betty Meggers und ihr Ehemann Clifford Evans weiter, was ihnen als die logischste Erklärung für das sehr frühe und plötzliche Auftreten hochentwickelter Bildniskrüge aus Ton in Valdivia an der Urwaldküste Ecuadors erschien. Ihrer Ansicht nach entstand dieser früheste bekannte Vorläufer einer amerikanischen Zivilisation nicht an der heißen und feuchten tropischen Küste, wo sie deren Reste gefunden hatten, sie vermuteten vielmehr, daß er von Reisenden, die über den Ozean kamen, voll entwickelt mitgebracht worden sei. Wie Heine-Geldern, Ekholm und andere Kollegen, die angefangen hatten, außerhalb des arktischen Gebietes von Sibirien nach einigen der Elemente zu suchen, die zusammen das vielschichtige Bild der Kultur im Amerika der Eingeborenen ausmachten, richteten sie ihre Aufmerksamkeit auf zivilisierte Nationen auf der anderen Seite der pazifischen Halbkugel: auf Nationen im südlichen Japan und China.

Es besteht kein Grund, solche Theorien von transpazifischen Kontakten zu mißachten, geschweige denn lächerlich zu machen. Bemannte Balsaflöße sind von Ecuador und von Peru aus während der letzten Jahrzehnte bis nach Australien gesegelt, und Südostasien konnte mit den gleichen Fahrzeugen von jedem Teil Mexikos, Ecuadors oder Perus aus erreicht werden. Die Rückreise erforderte weit kompliziertere Manöver, ließ sich jedoch durchführen, wenn die später von den Kapitänen der europäischen Karavellen mit ihrer Rahbesegelung entdeckte Route nördlich von Hawaii benutzt wurde.

In einer Ausgabe des *American Anthropologist* aus dem Jahr 1975 behauptete Meggers auch für die mexikanische Hochkultur eine außeramerikanische Quelle, genau wie sie es vorher für ihre eigenen Entdeckungen in Ecuador getan hatte. Sie weist darauf hin, daß die meisten Autoritäten sich darin einig seien, daß die Zivilisationen um 1200 v. Chr. mit dem Auftreten der olmekischen Kultur in Mittelamerika angefangen hätten und daß außerdem ein Konsensus darüber zu bestehen scheine, daß die olmekische Kultur bedeutenden Einfluß auf die mittelamerikanischen Zivilisationen gehabt habe. Sie zitiert eine ganze Liste führender Autoritäten in Mexiko, die Sätze wie das »plötzliche Erscheinen der olmekischen Zivilisation in voller Blüte«, daß »alle bekannten großen Kunststile der mittelamerikanischen Tiefebene einen einzigen Ursprung im Olmekenstil haben« und »die Welt der Olmeken und Olmekoiden Mittelamerika formten und Zivilisationsmuster aufstellten, die dieses Gebiet von allen anderen Teilen beider Amerika unterscheiden sollten« benutzen. Meggers nimmt in Mittelamerika um 1200 v. Chr. eine Ankunft von Einwanderern aus der Shangzivilisation an, die um 1750 einer neolithischen chinesischen Bevölkerung aufgezwungen worden war. Die Autorin verzeichnet sechs grundlegende kulturelle Entsprechungen, um ihre Hypothese zu stützen, und fordert ihre Kollegen zu einer weniger voreingenommenen Einstellung zur Möglichkeit früher Seereisen auf.[479]

In einem Versuch, diese Diffusionstheorie zurückzuweisen, erwiderte D. C. Grove mit einem Gegenvorschlag. Er betonte, daß er seinen eigenen Standpunkt habe, wenn seine Erwiderung auch keine Verneinung der Möglichkeit transpazifischer Kontakte in prähistorischen Zeiten sein solle: »Sowohl Lathrap ... als auch ich ... haben vorgetragen, daß einiges von den Grundlagen des olmekischen Glaubenssystems vermutlich aus einem Glaubenssystem früherer südamerikanischer Tropenwaldbewohner stammt, das sich nordwärts zum südlichen Mittelamerika ausbreitete ... die Möglichkeit südamerikanischer Kontakte erscheint als weit fruchtbarerer und produktiverer Boden für Forschungen als transpazifische Kontakte.«

In aller Fairness Meggers gegenüber, sagt er, müsse angemerkt werden, daß sie Spezialistin in ecuadorianischer und nicht in mexikanischer Archäologie sei. Deshalb müsse man ihr verzeihen, daß sie sich eher auf veröffentlichte Angaben verlasse als auf die fotokopierten Manuskripte, die nur zwischen ihm selbst und anderen mexikanischen Feldforschern zirkulierten. Die vor den ersten siebziger Jahren veröffentlichte Literatur, sagt er, spiegele nicht unbedingt sein neuestes »Denken« und das anderer über die Olmeken wider. Er wundere sich, wie es Meggers als Spezialistin in ecuadorianischer Archäologie unterlassen haben könne, die starke Ähnlichkeit zwischen frühecuadorianischer Keramik und der der formativen Periode in Mexiko zu untersuchen. »Doch in diesen Fällen lassen sich weit stärkere Argumente dafür vorbringen, daß die Diffusion real und signifikant war.«[480]

Ein Außenseiter mag sich wundern, wie tief ein Spezialist sein Loch gegraben haben muß, bevor er erkennt, daß er den Blick auf den Horizont verloren hat. Er mag sich auch wundern, wie Grove, der Meggers für inkompetent in Fragen seines eigenen mexikanischen Loches erklärt, sich erlauben kann, in das ihre in Ecuador hineinzuspähen und ihr dann zu erklären, daß *dies* das Evolutionszentrum gewesen sei, woher *seine* mexikanische Zivilisation stamme. Wenn die Spezialisierung so eng wird, daß ein Archäologe, der im tropischen Ecuador gräbt, auf dem Gebiet der Archäologie im tropischen Mexiko für inkompetent gehalten wird, dann muß auch das Umgekehrte der Fall sein, und dann liegt wohl auf der Hand, daß Spezialisten nicht die geeignetsten Leute sind, allgemeine Schlußfolgerungen zu ziehen. Leider sind bisher allzu wenige Universitäten bereit, Studenten zu Spezialisten in horizontaler Forschung, das heißt dazu auszubilden, daß sie die akademische Fähigkeit erwerben, die Fragmente, die die vertikale Forschung aus ihren tiefen Gräben ans Tageslicht bringt, zusammenzusetzen.

Wenn unveröffentlichte fotokopierte Manuskripte ungültig machen können, was mexikanische Fachleute vor den ersten siebziger Jahren gedacht und besprochen haben – und es besteht kein Grund zu zweifeln, daß sie vielleicht Erfolg damit hatten –, dann haben die Diffusionisten eine große Schlacht gewonnen, und das maritime Zentrum um die Guayaquilbucht in Ecuador nimmt einen zentralen Platz bei der Verbreitung amerikanischer Impulse ein. Dann wird noch wichtiger, daß die Spezialisten für die Archäologie Ecuadors selbst überzeugt sind, daß sich die Zivilisation nicht hier entwickelt hat, sondern von irgendeinem anderen Gebiet eingeführt wurde.

Collier, als der schon erwähnte Sprecher der neuen Ansicht, daß Ecuador das Diffusionszentrum für eingeborene amerikanische Zivilisationen sei, sagt, daß um 3000 v. Chr. frühe Bauern bereits an der Küste Ecuadors und in den Flußebenen fest angesiedelt gewesen seien; sie hätten Einbäume und Binsenboote benutzt.[481] Er vergißt, daß dies auch das Zentrum der Balsafloßschiffahrt war. Aber das Entscheidende scheint von allen übersehen worden zu sein: von den angenommenen Evolutionsgebieten amerikanischer Hochkulturen in Valdivia, Machalilla und Chorrera kann kein Reisender Mittelamerika anders als mit Wasserfahrzeugen erreichen. Nicht einmal der glühendste Diffusionist kann einen Weg finden, um durch die Mangrovesümpfe an der Küste nach Norden zu wandern oder sich einen

Pfad durch den dichtesten Inlanddschungel zu schlagen, der die Dreitausend-Kilometer-Strecke zwischen Ecuador und Mexiko zu einem Paradies der Isolationisten macht. Mit anderen Worten, jede Diffusion von Ecuador nach Mexiko mußte übers Meer gehen, entweder in gerader Linie vom Golf von Panama aus oder an der Küste entlang gegen den nach Süden führenden Niñostrom. In beiden Fällen beträgt die Entfernung zwischen den weit voneinander getrennten Kulturen, von denen man jetzt glaubt, daß sie einen gemeinsamen Ursprung haben, wie Collier feststellt, etwa 3000 Kilometer, ebensoviel wie die Entfernung von Westafrika bis Südamerika!

Die ruhige Erwiderung Betty Meggers an ihre Gegner trug die Überschrift: »Ja, wenn zu Lande, nein, wenn zur See: zweierlei Maß bei der Interpretierung kultureller Übereinstimmungen.« [482]

Es ist bemerkenswert, daß nun das Zentrum der amerikanischen Seefahrttätigkeit, wie es die frühen Spanier erlebten und berichteten – Ecuador und Nordperu –, gleichzeitig als das Gebiet vermutet wird, von dem aus sich die frühe Kultur verbreitete. Manche glauben anscheinend, daß dieses südamerikanische Gebiet nur für Pizarro und seine Männer zugänglich war, die nach der Überquerung des Isthmus von Panama Karavellen zu bauen verstanden. Es lohnt, daran zu erinnern, daß der Bau von Binsenschiffen in diesen Gewässern sein Zentrum besaß, und empirische Tests haben gezeigt, daß solche leicht zu bauenden Fahrzeuge die Lücken überbrücken können. Gleichzeitig mit meinen eigenen Experimenten auf den Binsenschiffen *Ra I* und *Ra II*, bei denen demonstriert wurde, daß sich der Atlantik von Nordafrika über die Kanarischen Inseln nach Mittelamerika überqueren ließ, segelte ein anderes Binsenschiff, von G. Savoy getestet, von der peruanischen Zentralküste über Ecuador nach Panama.

Seit die moderne Wissenschaft anfängt, die amerikanische Eingeborenenzivilisation als einen zusammenhängenden Block zu betrachten, hat auf einem seit langem stagnierenden Feld eine erhebliche Revolution stattgefunden. Sobald ein gemeinsamer Stamm anerkannt wird, ist es wahrscheinlich leichter, nach gemeinsamen Wurzeln zu suchen, statt das Entstehen einzelner Zweige zu erforschen. Valdivia, Mochica, Tiahuanaco, Nazca Chavín, San Agustín, Coclé, Olmeken, Tolteken, Mixteken, Azteken, Maya, Chibcha, Inka und viele andere erloschene wie auch historische Kulturen werden dann zum Komplex von Ästen und Zweigen eines Baumes, während man früher geglaubt hatte, sie wären wie vereinzelte Pilze im tropischen Regenwald Amerikas entstanden.

Die Archäologie der Neuen Welt ist in Bewegung geraten. Lang gehegte Dogmen und allgemein akzeptierte Chronologien stoßen bei einer wachsenden Zahl von Feldarbeitern, die im tropischen Amerika frühe Fundstätten nach konkreteren Beweisen als nach Vermutungen, auf Lehrmeinungen gestützt, untersuchen, auf Mißtrauen. In jüngster Zeit ruft ein archäologisches Projekt, das gemeinsam vom Britischen Museum und der Universität

Cambridge durchgeführt wird, Zweifel an den bisher akzeptierten Angaben über Anfänge und Alter der Mayakultur hervor. In seinem Bericht über die bisherigen Ergebnisse behauptet N. Hammond, daß die Fortsetzung der Arbeit in Belize im früher britischen Honduras »die Anfänge der formativen (oder präklassischen) Mayaperiode um mehr als 1500 Jahre zurückgeschoben hat, von etwa 900 v. Chr. vielleicht so weit wie 2600 v. Chr.«. Das ist keine Spekulation. Der Schluß beruht auf kontrollierten Ausgrabungen und vielen übereinstimmenden Radiokarbondatierungen von Ausgrabungsstätten auf der karibischen Seite der Halbinsel Yucatán. Die frühesten dabei gefundenen Daten reichten von 2450 bis 2750 v. Chr. Das bringt uns mit einem Schlag näher an das Nulljahr des Mayakalenders (3113 v. Chr.) als an das bisher von den Gelehrten angenommene Datum von etwa 900 v. Chr. Hammond macht deutlich, daß diese Ausgrabungen bei Belize die wirklichen Anfänge noch nicht lokalisiert haben. Er zeigt, daß der aufgefundene keramische Komplex sowohl in Farbe als auch in Dekor erheblich fortgeschritten ist: »Die Gefäße sind fraglos das Produkt einer reifen Technik und nicht das einer eben entstehenden. Dennoch sind dies die frühesten Keramiken aus dem Maya-Flachland und gehören zu den frühesten in ganz Mittelamerika. Wo hat sich diese Technik entwickelt?«

Wenn Hammond selbst auch sagt, er überlasse künftigen Archäologen die Frage, woher die Schöpfer dieser Keramik und wann sie kamen, so erklärt er doch, daß sein Kollege D. Lathrap behauptet, es gebe »starke Ähnlichkeiten« zwischen diesen 4500 Jahre alten Töpferwaren in Belize und den 4500 Jahre alten, die Lathrap kürzlich in Real Alto, einer Fundstätte im südlichen Ecuador, ausgegraben habe.[483] Die amerikanische Chronologie ist also wieder in Fluß geraten. Die olmekische und die Mayazivilisation können völlig verschiedene Anfänge haben. Wenn es sicher bleibt, daß die olmekische Zivilisation an den Küsten des Golfs von Mexiko um 1200 v. Chr. begann, und wenn die Anfänge der Maya weiter zurückgeschoben werden, so daß sie mit denen in Ecuador um etwa 3000 v. Chr. übereinstimmen, dann spiegeln sich die beiden entscheidenden Daten in der Entwicklung der Alten Welt auch auf der anderen Seite des Atlantischen Ozeans.

Für die ständig zunehmenden Entdeckungen in der Archäologie der Neuen Welt werden von Spezialisten für jede einzelne Region Bewertungen aufgestellt, die in ihren Beurteilungen und Schlußfolgerungen auseinandergehen; doch sie alle suchen nach unbekannten Anfängen. Hier muß man daran denken, daß es vertikale Spezialisierung leichter macht, die örtlichen Variationen und Unterschiede zwischen diesen benachbarten Kulturen zu sehen als die breiten gemeinsamen Linien. Sekundäres Wachstum und künstlerische Vorlieben prägen so deutlich ihren lokalen Stempel auf, daß ein Fachmann gewöhnlich kaum Schwierigkeiten hat, Artefakte ethnographisch und archäologisch zu identifizieren. Es erfordert jedoch eine andere

Fähigkeit und eine horizontal ausgerichtete Einstellung, hinter der Oberflächendekoration die Wesentlichkeiten zu entdecken und zu erkennen, die sich in einer früheren gemeinsamen, jetzt jedoch verlorenen Wurzel vereinigen, das heißt, den kleinsten gemeinsamen Nenner zu suchen, wie es jetzt immer mehr von modernen Amerikanisten getan wird. Was diese bisher jedoch erreicht haben, ist vor allem die Zusammenstellung einer ganzen Reihe von Grundkonzeptionen, die, wie sie annehmen, überall in Mittelamerika von Wanderern ererbt wurden, deren mittelbarer oder unmittelbarer Einfluß über die gut 3000 Kilometer Land von Mexiko bis Peru reichte. Diese grundlegenden Übereinstimmungen sind in der Tat zahlreich und vielschichtig, da sie von sozialen und architektonischen Strukturen bis zu Zylindersiegeln, dreifüßigen Gefäßen, flachen Keramikfigürchen und spezialisierten Bildniskrügen reichen und sowohl Bräuche und Methoden als auch grundlegende religiöse Begriffe umfassen. Die Schlange, die Raubkatze und die gefiederte Schlange waren Symbole für eine Hierarchie, die in diesem ganzen Gebiet behauptete, von der Sonne abzustammen, und dabei gab es keine zeitlichen Unterschiede. Diese spezialisierten Eigentümlichkeiten vereinheitlichen die amerikanischen Hochkulturen und heben sie von den eingeborenen Indianern im gesamten übrigen vorkolumbischen Amerika ab, während nicht ein einziges dieser Elemente sie von den afrikanisch-asiatischen Zivilisationen unterscheidet, die weitverzweigt sogar bis zu den Kanarischen Inseln reichen. Es gibt in der Tat nicht ein einziges der bisher genannten Elemente auf der gemeinsamen mexikanisch-peruanischen Liste, das nicht auch auf der Liste der transatlantischen Parallelen am Ende des 3. Kapitels erscheint. In mehreren Fällen lassen sich besondere Übereinstimmungen zwischen einem bestimmten begrenzten Kulturgebiet in Amerika und einem in der Mittelmeerwelt aufzeigen, ohne daß sie überall in diesen beiden Gebieten aufträten, entweder weil sie verlorengingen oder gar nicht vollständig in beiden Gegenden verbreitet waren.

Ein kontinentales Gebiet in der Alten Welt, das mehr als seinen logischen Anteil an solchen Übereinstimmungen mit der Zivilisation der Neuen Welt aufweist, ist die frühere hethitische Region Kleinasiens. Hier scheint sich eine Anzahl wirklich besonderer Übereinstimmungen zu häufen. Dazu gehört eine bedeutende hethitische Stele mit dem Relief eines bärtigen Kulturheros, der die Hand hebt, um eine monströse Schlange mit zwei Hörnern zu töten, die senkrecht auf der Schwanzspitze vor ihm steht. Eine Stele mit einem Relief, das genau dieses Motiv darstellt, wurde von den frühesten Olmeken in La Venta am Golf von Mexiko hinterlassen. Ebenso bemerkenswerte Übereinstimmungen finden sich in Motiven und Technik der hochspezialisierten Bildniskrüge aus Keramik im gleichen Gebiet; in den steinernen Statuen mit eingelegten Augen aus Muscheln und Obsidian; in den riesigen verwitterten Lehmziegelhaufen; in der symbolischen Darstellung ihres Sonnenherrschers mit Federkrone, dessen Körper halb Vogel und halb Schlange (gefiederte Schlange) ist; und nicht zuletzt in dem eigentümlichen Aussehen der Hieroglyphen, die auf örtlichen Stelen in Flachreliefs hinterlassen wurden. Sie unterscheiden sich völlig von der sumerischen Keilschrift, von ägyptischen Ideogrammen oder phönizischen Buchstaben, am meisten ähneln sie den unentzifferten Hieroglyphen, die auf olmekischen, mextekischen und anderen frühmexikanischen Stelen zu finden sind. Da inzwischen klargeworden ist, daß trotz äußerer Unterschiede Wechselbeziehungen zwischen den verschiedenen afrikanisch-asiatischen Schriftsystemen bestehen, ist es höchst aufschlußreich, daß sich nicht zwei von ihnen in Zeichen, Stil, Ausführung und Anwendung so sehr ähneln wie die hethitischen und die frühesten mexikanischen Hieroglyphen. Es ist bemerkenswert, daß die Hethiter, deren bloßes Dasein den Archäologen bis in die letzten Jahrhunderte völlig unbekannt geblieben war, früher lebten als die Phönizier und dennoch große Schiffe sowohl aus Holz als auch aus Binsen besaßen, wie sich aus ihrer frühen Kunst ersehen läßt. Mehr noch, dieser Brennpunkt der hethitischen Übereinstimmungen mit Mittelamerika ist gleichzeitig die geographische Brücke und kürzeste Verbindung zwischen den fruchtbaren Tälern Mesopotamiens und der Mittelmeerküste, das heißt die früher einmal üppigen Ebenen rund um Aleppo in Syrien, wo die Karawanenroute seit frühesten prähistorischen Zeiten entlangführt. Hier beträgt die Entfernung vom Euphrat zum Mittelmeer kaum 300 Kilometer. Das Gebiet ist stets ein Zentrum von Handel und Diffusion zwischen den drei Kontinenten der Alten Welt gewesen, die sich hier – wie auch heute noch – begegnet sind und vermischt haben. Phönizier, die später diese Küste regelmäßig besuchten, führten ihren Überlandhandel zwischen Ägypten und Mesopotamien über diese früher hethitischen Felder, und die Juden zogen hier auf ihrer Wanderung von Ur zum Land Kanaan entlang. Andere Gegenden, reich an besonderen und bisweilen einzigartigen Parallelen zu mittelamerikanischen Kulturen, sind die Kette der Mittelmeerinseln von Zypern, Kreta und Malta bis zu den Phöniziersiedlungen auf Ibiza. In der Neuen Welt scheinen solche Sammelpunkte konzentrierter Übereinstimmungen die Urwälder von Vera Cruz und Tabasco, dem Golf von Mexiko benachbart, zu sein und weiter das bereits erwähnte Übergangsgebiet von Regenwald zu Wüstenküste in Ecuador und Nordperu.

In weiterem Sinn sind es jedoch die Elemente, die den voreuropäischen Zivilisationen des afrikanisch-asiatischen Winkels und der vorgelagerten Inseln gemeinsam und häufig auf diese beschränkt sind, die auch dem begrenzten Teil Amerikas zwischen Mexiko und Peru gemeinsam und für ihn charakteristisch sind. Mit anderen Worten: Der grundlegende Komplex von Elementen, der ein begrenztes afrikanisch-asiatisches Gebiet unterscheidet und als gültiger Indikator für eine fundamentale kulturelle Einheit innerhalb dieses Gebiets betrachtet wird, tritt nur in einem einzigen anderen, ebenso klar umgrenzten geographischen Gebiet wieder auf, das von dem ersten durch die Wasser des Kanarenstroms getrennt, oder richtiger: mit ihm verbunden ist.

Erst spätere Archäologen könnten imstande sein, schlüssig zu beweisen, ob Keime für eine gemeinsame mittelamerikanische Kultur in Ecuador oder am Golf von Mexiko Wurzeln schlugen oder in beiden Gebieten. Da die Maya ihre Zeitrechnung mit dem Jahr 3113 v. Chr. begannen, könnte sich vielleicht die jüngste Vermutung von Archäologen als richtig erweisen, nämlich, daß der früheste Zweig der mittelamerikanischen Kultur in Ecuador sich um eine Zeit ungefähr um das Jahr 3000 v. Chr. zu entwickeln begann, die mit dem Nulljahr der Maya übereinstimmt. Der Kanarenstrom, von ständigen Passatwinden begleitet, hat in den zur Erörterung stehenden Jahrtausenden seinen Lauf niemals eingestellt, und vielleicht wurde das Leben amerikanischer Völker von mehr als nur einer Gruppe von Kolonisten beeinflußt. Die Maya selbst behaupteten, wie im 4. Kapitel zitiert, von zwei Einwandererwellen abzustammen: von der »großen Ankunft«, vom ersten legendären Zivilisator Itzamna geführt, und von der späteren »kleineren Ankunft« unter dem gefeierten Sonnenhierarchen Kukulcan, der Gefiederten Schlange.

Wenn die Balsawälder der Küste Ecuadors eine wichtige Rolle in der Verbreitung der mittelamerikanischen Kultur gespielt haben, ist es leichter zu verstehen, wie wichtig diese Küstengebiete in den Glaubensvorstellungen und Erinnerungen der historisch denkenden Hochlandinka waren. Als Pizarro hier ankam, im äußersten Norden des Inkareichs, liefen Boten vom Hafen Tumbez in Stafetten zur Hauptstadt der Inka in den Anden und brachten eine Nachricht, die das mächtige Inkareich ohne Kampf zusammenbrechen ließ: die weißen bärtigen Männer, die früher dem Land die Zivilisation gebracht hatten, seien jetzt nach Peru zurückgekehrt. Überall in den weiten Gebieten Perus und des heutigen Boliviens glaubte man, daß die weißen Bärtigen von Tiahuanaco, deren Blut in den Adern des herrschenden Inka floß, schließlich unter Führung ihres Sonnenhierarchen Con-Tici Viracocha vom Hafen Manta in Ecuador in den offenen Pazifik hinausgesegelt waren. Später, nur drei Generationen vor der Ankunft Pizarros, war ein Inkaeroberer namens Tupac von der gleichen Küste bei Manta ausgelaufen, weil Kaufleute des Ortes, als er mit seinem Heer dorthin kam, auf ihren Segelflößen aus dem Pazifik zurückgekommen waren und ihm von bewohnten Inseln dort draußen berichtet hatten.

Die Reisen des legendären Inka-Zivilisators Con-Tici Viracocha, in Tiahuanaco lediglich Tici oder Ticci genannt, und die des protohistorischen Inka Tupac, in Peru auch als Tupa bekannt, blieben andernorts nicht unbemerkt, denn beide ragen in den Erinnerungen der geschichtsbewußten Polynesier hervor. Tiki, auch Tisi oder Ti'i genannt, wurde ein gesamtpolynesischer Heldengott, im größten Teil des Ostpazifik gefeiert. In der Ecuador am nächsten gelegenen Marquesasgruppe war Tiki der Gottmensch, der die ersten Siedler in ihr gegenwärtiges Wohngebiet gebracht hatte; anderswo wurde seinem mythischen Verwandten Mauri-Tiki-Tiki symbolisch zugeschrieben, er habe die Inseln aus dem Ozean gefischt, als er vergeblich versuchte, sie in *Hilo* im mythischen Vaterland an Land zu ziehen. Ilo ist der Inkaname eines der wichtigsten Häfen der Eingeborenen an der Pazifikküste, unmittelbar unterhalb des Titicacasees und Tiahuanacos.[484]

Tupa trat im Gegensatz zu Tiki nur in der mangarevanischen Überlieferung als führende Persönlichkeit auf. Dort erinnerte man sich seiner als eines bedeutenden Königs, der zu einem einfachen Besuch mit einer ganzen Flotte von Segelflößen aus dem Osten auf die Insel gekommen sei. Er hatte den Mangarevanern von seinem mächtigen Reich in Richtung des Sonnenaufgangs erzählt, in das er nach seinem Besuch zurückkehrte. Tiki siedelte sich in Polynesien an, doch Tupa segelte zurück – in beiden Fällen in völliger Übereinstimmung mit den Überlieferungen der Inka.

Segelanweisungen zu Inseln, zwei Monate Floßreise westlich von Ica und Arica im südlichen Peru, wurden auch den ankommenden Konquistadoren gegeben und mit den gesamtperuanischen Erinnerungen an die Reisen Ticis und Tupacs ausgeschmückt in dem Bemühen, die Europäer zur Fortsetzung ihrer Erkundungen in westlicher Richtung zu verlocken. Diese Inkaberichte machten einen solchen Eindruck auf die Spanier aus Pizarros Generation, die die Segeltüchtigkeit der örtlichen Flöße gesehen und die große seemännische Tüchtigkeit der Küstenbevölkerung miterlebt hatten, daß sie die Segelanweisungen schließlich sammelten und in den Pazifik ausliefen, darauf bedacht, die Inseln, von denen berichtet wurde, aufzufinden. Das unmittelbare Ergebnis war die Entdeckung Melanesiens und Polynesiens durch die Europäer. Kaum hatten sich die Europäer einen festen Stand an den Pazifikküsten Amerikas gesichert, als sie sich auch schon mit ihren rahgetakelten Karavellen in diesen Ozean hinauswagten und nacheinander alle Inseln entdeckten, die drei Jahrhunderte lang für andere Europäer mit Ausgangspunkt vom asiatischen Küstengebiet unzugänglich gewesen waren und die auch weitere 200 Jahre lang unzugänglich für sie blieben, bis moderne Segler die mittelalterlichen Karavellen mit ihren Rahsegeln ersetzten. Fünf Jahrhunderte aufgezeichneter Geschichte lang konnte der Mensch Ozeanien von Asien aus nur auf einem Umweg erreichen, indem er zunächst nach Norden, dann nach Osten segelte, bis er die westlichen Winde zwischen Hawaii und den Aleuten erreichte und mit ihrer Hilfe von der amerikanischen Seite aus nach Polynesien und auf die anderen Inseln zurückkehrte. Die gleichen transpazifischen Umlaufrouten sind, wie festgestellt wurde, entscheidend für die Bewegungen nachgebauter prähistorischer Flöße und Dschunken gewesen, die man in moderner Zeit getestet hat. Die besten Küstenfahrzeuge, die in voreuropäischen Zeiten in Südamerika und Südostasien zur Verfügung standen, konnten den mittleren Pazifik nur über die Routen erreichen, die später auch von den Spaniern benutzt wurden.

Als die Europäer die Welt umsegelt hatten, fanden sie, daß die Entfernung nach Asien fünfmal so weit war, wie Kolumbus sie geschätzt hatte.

Kolumbus hatte nur die Breite des Atlantik berechnet, diese jedoch vollendet genau. Ferner stellten die europäischen Weltumsegler fest, daß der von griechischen Astronomen nach himmelskundlichen Beobachtungen in Ägypten berechnete Erdumfang schließlich doch erstaunlich richtig war. Und überall, wohin diese Europäer auf ihren Weltumseglungen kamen, fanden sie Menschen, die ihnen zuvorgekommen waren: auf den Kanaren, auf dem Karibischen Archipel, in Amerika und auf jeder bewohnbaren Insel im Pazifik. Plankenschiffen wie ihren eigenen begegneten sie nirgendwo in diesem bisher verborgenen Gebiet, doch stets standen Menschen an der Küste, um die neuen Besucher willkommen zu heißen, die eroberten und plünderten und in Europa als die wahren Entdecker des Landes bejubelt wurden.

Die Begegnung mit diesen neuen überseeischen Quellen des Reichtums hatte solche Auswirkungen auf die gesamte Weltgeschichte und hinterließ einen solchen Eindruck bei den damaligen und den folgenden Generationen in Europa, daß wir niemals wieder zu der nötigen Ruhe gekommen sind, um diejenigen, die wir besiegten, als wirklich unseresgleichen zu betrachten. Sie und was sie besaßen, von Monumenten bis zu Goldschätzen, waren unser Eigentum, und kein rivalisierender Entdecker wurde beteiligt. Bis in unsere eigene Zeit sind wir so besitzgierig auf diese Neue Welt, so stark von dem fast schon religiösen Dogma erfüllt gewesen, keiner vor Kolumbus könne Anspruch auf dieses Land erheben, daß wir uns weigerten, die Möglichkeit zu erwägen, es könnten andere früher eingetroffen sein – außer den Nordmännern, die ohnehin Europäer waren. Und niemand »konnte« die andere Seite Amerikas verlassen haben, bis wir kamen und den Weg in den offenen Pazifik zeigten.

Von dieser Einstellung hatten sich auch die meisten Wissenschaftler beeinflussen lassen. Isolationisten akzeptieren extreme Diffusion, solange sie nicht Amerika betrifft. Die gleichen Gelehrten, die nicht glauben wollten, daß die große Galapagosgruppe von eingeborenen Amerikanern mit einer Tausend-Kilometer-Drift vor dem Wind von Ecuador aus erreicht werden konnte, haben eine Dreizehnhundert-Kilometer-Expedition gegen Wind und Strömung zur winzigen Osterinsel von eingeborenen Indonesiern als gegeben vorausgesetzt – solange diese Reise bei der Osterinsel aufhörte und Amerika nicht berührte. Die Isolierung Amerikas ist tatsächlich so weit gegangen, daß Polynesien als Alte Welt betrachtet wird, obwohl es von den Europäern nach Amerika entdeckt wurde und sogar von allen Ethnologen als letztes vom Menschen besiedeltes großes Gebiet betrachtet wird. Wenn man Polynesien von der Neuen Welt unterscheiden wollte, müßte man es als die Neueste Welt bezeichnen.

Jene, die den Galapagosarchipel als unzugänglich für amerikanische Flöße, die Osterinsel jedoch als erreichbar für asiatische Kanus beurteilten, übersehen die Lektionen der Geschichte. Nur zwei Jahre waren nach Pizarros Eroberung Perus vergangen, als Bischof de Berlanga von Europa kam und in die Galapagosgruppe lief, weil sein Schiff von dem unsichtbaren Strom gepackt wurde, der ihn in den Pazifik hinauszog, während er versuchte, die Küste von Ecuador zu erreichen. In etwa gleicher Entfernung von Kontinentalasien, Indonesien und Japan liegt die noch ausgedehntere Gruppe der Marianen mit Guam. Diese Gruppe blieb den nahen östlichen Zivilisationen und den längst errichteten europäischen Kolonien auf den Philippinen jedoch unbekannt, bis Magellan mit seinen drei Rahschiffen von Südamerika absegelte und Guam fand, noch bevor Pizarro Peru erreicht hatte. Magellan selbst hatte vorher fünf Jahre in Indonesien verbracht, mußte jedoch erst nach Südamerika reisen, um Guam zu entdecken.

Menschen, die die Pazifikhalbkugel selbst nicht von einem kleinen Fahrzeug aus gesehen und erlebt haben – wie die Welt zu unendlichen Horizonten spurenlosen Ozeans reduziert wird, wo es überhaupt keine Inseln und Atolle zu geben scheint, bis der Zufall einem eine genau vor den Bug legt –, irren sich gründlich, wenn sie an ein leichtes Springen von Insel zu Insel entlang einer Kette von Namen glauben, die sie auf einer winzigen, leblosen Karte zusammengedrängt sehen. Nichts könnte weniger repräsentativ sein für die ungeheure pazifische Erdhalbkugel, die ebenso groß ist, wie alle übrigen Weltmeere und Kontinente zusammen. Auf dem papierenen Ozean erscheint die Masse der Pazifikinseln groß und auf der asiatischen Seite zusammengedrängt, während sie auf der amerikanischen Seite leere Räume läßt, wo das Springen von Insel zu Insel auf natürliche Weise mit der Osterinsel zu Ende geht. In völligem Gegensatz dazu wird der lebendige Ozean jedoch von einem breiten Förderband durchzogen, das all diese Inseln umfaßt und sie von Asien wegzieht und unmittelbar vor die Türschwelle Mexikos und Südamerikas holt, wie die Geschichte deutlich zeigt.

Die Galapagosgruppe, auf dem Papier scheinbar weit von Ecuador entfernt, liegt in Wirklichkeit so nahe, daß sofort Karavellen über den Archipel stolperten, die nicht einmal neues Land suchten, sondern vorhatten, die Küste Ecuadors entlangzusegeln. Die trockene und fast wasserlose Inselgruppe wurde von den Spaniern nicht besiedelt, die, wie die Eingeborenen vorher, die fruchtbareren Küsten und Inlandgebiete von Ecuador und Peru vorzogen. Die erste archäologische Untersuchung dieser kakteenbedeckten Inselgruppe konnte jedoch unschwer nachweisen, daß diese Inseln in vorspanischen Zeiten sehr stark genutzt worden waren. Seefahrer der Küsten Ecuadors und Perus waren vermutlich zum Fischen und zum Fang von Schildkröten und Leguanen hingekommen, vielleicht auch zum Baumwollanbau. Die Häufigkeit der vielen unabhängigen Besuche läßt sich den zahlreichen Scherben identifizierbarer Keramiktypen nach beurteilen, deren Ursprung mindestens vom Guayaquilgebiet in Ecuador bis hinunter nach Casma, etwa 800 Kilometer südlich an der peruanischen Küste, reicht. Die Zeitspanne der Besuche geht aus der Tatsache hervor, daß die Keramiktypen mit verschiedenen Kulturperioden auf dem Kontinent gleichgesetzt werden können und bis zur Küsten-Tiahuanaco-Zeit zurückgehen. Ein

Spinnwirtel aus Kalkstein wurde ebenfalls ausgegraben und könnte erklären, weshalb die Baumwolle auf den Galapagosinseln, die von Botanikern gefunden wurde, zu der Sorte mit den 26 Chromosomen gehört, wie sie von amerikanischen Eingeborenenzivilisationen durch künstliche Kreuzung erzielt wurde.

Die Kokosinsel schien ebenso zugänglich und brauchbar für frühe Seefahrer gewesen zu sein, die vor Pizarros Ankunft die Gewässer zwischen Ecuador und Mittelamerika benutzten. Die Insel erhielt ihren Namen, weil ankommende Europäer angenehm überrascht waren, die Landgebiete und die Hochebene im Binnenland gerodet und mit dichten Kokoshainen bepflanzt zu finden. Die Europäer waren so fest davon überzeugt, daß vor ihnen niemand dorthin gelangt sein konnte, daß Anthropologen wie Botaniker auf gleiche Weise darüber theoretisierten, ob die Kokosnüsse vom tropischen Amerika oder von Polynesien aus vom Meer dorthin getragen worden seien. Der Unterschied lag lediglich im Herkunftsgebiet dieser nützlichen Pflanze, die in einem wirklich wilden Zustand unbekannt war. Bis zu unserem Besuch im Jahr 1956 dachte niemand daran, die Insel zu untersuchen. Dann wäre nämlich festgestellt worden, daß es heute kaum noch Kokospalmen dort gibt. Der Regenwald hat die ganze Insel wieder in Besitz genommen, und die wenigen Palmen, die noch um ihr Überleben kämpfen, könnten niemals auf die Hochebene im Innern gelangt sein, wenn sie nicht nach der Rodung des Urwalds im Binnenland vom Menschen die hohen Felshänge hinaufgetragen worden wären. Die ungeheure Arbeit, diesen hochgelegenen Regenwald im Inselinneren in eine Kokosplantage zu verwandeln, ging fraglos über die örtlichen Bedürfnisse jener Menschen hinaus, die diese vorübergehende Verwandlung vorgenommen hatten, und kann nur dazu gedient haben, Eingeborenenfahrzeuge, die dieses Gebiet vor Panama befuhren, mit dem häufig erforderlichen Proviant an frischer Nahrung und Getränken zu versehen.

Die Osterinsel war die Südamerika am nächsten gelegene Insel, seit ihrer Entdeckung berühmt für ihre riesigen Steinstatuen. Als die ersten Europäer die Insel erreichten, standen die Statuen auf Plattformen aus großen behauenen Steinen, mit einer erstaunlichen Technik zusammengepaßt, die nur noch in Verbindung mit ähnlichen Kolossalstatuen im Südamerika der Vorinkazeit bekannt ist. Stratigraphische Ausgrabungen waren auf dieser Insel nie versucht worden, bis unsere Expedition im Jahr 1955 eintraf. Trotz der Oberflächendenkmäler, die im ganzen pazifischen Gebiet einmalig waren, hatte man angenommen, die Peru am nächsten liegende Insel sei als letzte von Reisenden aus Asien erreicht worden: deshalb konnte der Boden nichts vom Menschen Geschaffenes enthalten, das alt genug war, durch Erosion bedeckt worden zu sein. Die Ausgrabungen schoben jedoch das Datum der frühesten Besiedlung um tausend Jahre hinter die bis dahin angenommene Zeit zurück, und zusammen mit Daten, die später auf den Marquesasinseln errechnet wurden, ergab sich, daß die Siedlungen auf diesen beiden, Südamerika am nächsten liegenden Regionen um viele Jahrhunderte älter waren als alles, was bisher auf den Gesellschaftsinseln oder in irgendeinem benachbarten Teil Zentralpolynesiens gefunden worden war.

Die geographische Lage der Osterinsel in nächster Nachbarschaft Südamerikas sagt an sich noch nicht unbedingt aus, daß es sich hier um die erste, von Reisenden aus der Neuen Welt erreichte Pazifikinsel handeln muß. Die Spanier, die ausdrücklich nach Inseln suchten, als sie zu ihren beiden ersten Expeditionen von Peru ausliefen, entdeckten Melanesien im Jahr 1568, danach die Marquesasgruppe im Jahr 1595, und erst im Jahr 1722 stieß eine holländische Entdeckungsexpedition, die ebenfalls von Südamerika aus absegelte, zufällig auf die Osterinsel. Wenn auch die europäischen Entdecker in einzelnen Schiffen oder in Flotten von zwei bis drei Fahrzeugen segelten, so weiß man doch, daß die peruanischen Entdecker mit großen Mengen von Flößen fächerförmig segelten und dadurch weit bessere Chancen hatten, kleine Inseln zu sichten. Dennoch ist es mehr als wahrscheinlich, daß eingeborene Reisende aus Peru, die späteren Europäer und manche Balsafloßreisende des 20. Jahrhunderts die winzigen und weit voneinander entfernten Inseln Polynesiens verfehlten und zuerst auf die großen, fast kontinentalen und dicht beieinanderliegenden Gruppen Melanesiens stießen, wo negroide Menschen aus Asien bereits seßhaft waren. Die frühe Wahl der winzigen und bedeutungslosen Osterinsel als den kulturellen Kern, wo die Schrift die frühe Zivilisation beweist, könnte tatsächlich von geographischer Bedeutung gewesen sein. Unter den Hunderten von größeren und fruchtbareren Inseln lag keine Peru näher als die Osterinsel, und wenn Peru das Zentrum der Verbreitung und der Wohnsitz der Vorfahren war, so wurde diese Insel wegen ihrer bloßen Nähe gewählt. Als geographisches Verbindungsglied mußte diese Insel unter den zahllosen anderen aus logischen Gründen ihren polynesischen Namen erhalten, der Te-Pito-o-te-Henua lautet: »Der Nabel der Welt.«

In ganz Polynesien finden sich Beweise für die unterschiedliche Herkunft seiner Bewohner und für die Mischung von Eingeborenenkulturen. Physisch und kulturell zeigt die historische Bevölkerung dieser ostpazifischen Inseln die engste Verwandtschaft zum voreuropäischen Amerika, sprachlich zum heutigen Indonesien. Wenn wir auch ein protoindonesisches oder frühes südostasiatisches Element in der polynesischen Rasse annehmen, können wir doch nicht allen anderen Fakten und Schranken Gewalt antun, indem wir dieses Element auf einem falschen Abkürzungsweg Tausende von Meilen über einen papierenen Ozean genau nach Osten führen. Wie die Geschichte und die jüngsten Dschunkenversuche gezeigt haben, müssen wir diese vorhistorischen Reisenden von Südostasien nordwärts und dann ostwärts nach Nordwestamerika bringen, bevor sie geradewegs nach Hawaii hinunter und weiter in das übrige Polynesien und Neuseeland segeln oder driften können. Historische Traditionen in ganz

Polynesien – außer in Hawaii – berichten ausdrücklich, daß eine Inselgruppe, als Hawai'i oder Hawaiki bezeichnet, das Verbreitungszentrum gewesen sei, von dem aus die Vorfahren ihre vielen zerstreuten Inseln erreicht hätten. Die Maori Neuseelands nennen eine Liste von legendären Königen und ihren Frauen, die nach den historischen Überlieferungen in Hawaiki vor einer Wanderung nach Neuseeland geherrscht hätten. Diese Namen stimmen überein mit einer Folge von Königen und Königinnen in hawaiischen Genealogien; doch in Hawaii erinnert man sich ihrer als lokaler Herrscher.

Außer den Spuren einer Verwandtschaft der Sprachwurzeln von schätzungsweise einem Prozent des gesamten Wortschatzes[485] sind niemals Spuren polynesischer Bindungen irgendwelcher Art an irgendeine Region im westlichen Pazifik gefunden worden. Die Gegensätze im physischen Typ zwischen Polynesiern und Indonesiern sind während der Entwicklung kürzlich durchgeführter Blutmusteruntersuchungen sogar noch auffallender geworden. Nach diesen Untersuchungen gehören die Polynesier deutlich in eine Gruppe mit der eingeborenen Bevölkerung Amerikas. Mehr als ein Jahrhundert konzentrierter Suche im Westpazifik hat tatsächlich auch nicht ein einziges Zentrum erbracht, in dem die polynesische Kultur hätte zu Haus sein können, bevor sie sich über die weit verstreuten Inseln, die Amerika am nächsten liegen, verbreitete. Man gelangte früh zu der Ansicht, daß mehr als eine Wanderungswelle Polynesien erreicht haben müsse, nicht nur, weil dies in den historischen Überlieferungen aller Stämme erklärt wird, sondern auch der vielen unterschiedlichen rassischen Typen und kulturellen Merkmale wegen.

Der verschiedenartigen und doch deutlich miteinander verwandten Kulturen innerhalb des polynesischen Dreiecks zu analysieren wäre unmöglich, wenn nicht in diesem ganzen Gebiet geschichtsbewußte Ahnenverehrer religiös an alte Kulturtraditionen gebunden wären und sich wenig bemüht hätten, ererbte Bräuche und Methoden zu ändern. Die kulturelle Mischung scheint am vollkommensten in dem dichtesten Inselgebiet von West- und Zentralpolynesien zu sein, wo Handel zwischen den Inseln und Randkontakte mit Melanesien bis in historische Zeiten fortgesetzt wurden. Die Osterinsel und Neuseeland, die Chathamgruppe eingeschlossen, waren dieser fortgesetzten Verbindung beraubt, weil der Kontakt mit dem übrigen Polynesien bald nach der Ankunft der übrigen Gruppen auf diesen Inseln in den ersten Jahrhunderten unseres Jahrtausends aufhörte. Die Osterinsel, Neuseeland und die Chathaminseln bieten deshalb bessere Möglichkeiten einer Analyse der rassischen und kulturellen Mischung als irgendwelche anderen Gebiete.

Die historischen Überlieferungen und die genealogischen Linien der Osterinsel berichten, daß die Vorfahren der jetzt dominierenden Komponente in der gemischten Inselbevölkerung in den Tagen von Tuu-ko-iho von Westen gekommen seien. Das würde ihre Ankunft von irgendwo in

Polynesien etwa um 22 Generationen zurückdatieren, das heißt in die lebhafteste gesamtpolynesische Wanderungsperiode. Die gleichen frühen Überlieferungen erklären ausdrücklich, daß damals ein anderes Volk bereits dort gelebt habe, Menschen, die ihre Ohrläppchen erweiterten und steinerne Statuen errichteten. Diese ursprünglichen Siedler seien unter Führung des Königs Hotu Matua von Osten gekommen. Das würde bedeuten, sie waren früher und von Südamerika aus eingewandert. Eine moderne Analyse der Osterinselkultur zeigt, daß keins ihrer Elemente typisch polynesisch ist – mit Ausnahme der Holzschnitzwerkzeuge. Alle anderen Elemente der materiellen Kultur wie auch die der Bräuche und Glaubenssysteme erscheinen ebenso auch in Südamerika und sind dem übrigen Ozeanien im allgemeinen fremd, charakteristisch jedoch für das Südamerika der Vorinkazeit.

Wenden wir uns Neuseeland zu, dann finden wir, daß historische Überlieferungen beharrlich berichten, daß auch in diesem Gebiet ein anderes, fremdes Volk im Besitz des Landes gewesen sei, als die Maorivorfahren von Hawaiki aus eintrafen. Einige von diesen flohen, suchten Zuflucht auf den Chathaminseln und benutzten dabei offenbar Binsenboote vom *mokihi*-Typ, wie sie früher auf Neuseeland üblich waren. Sie stellten übrigens den einzigen Wasserfahrzeugtyp dar, den die Europäer vorfanden, als sie die Maori der Chathaminseln entdeckten. Nichts hat die Chathaminsulaner interessanter gemacht als ihre äußere Erscheinung: man fand gewöhnlich, daß sie arabisch-semitische Gesichtszüge, häufig mit Hakennasen von unheimlichen Ausmaßen, und rötliches Haar aufwiesen.

Auch die Maori selbst unterschieden sich von der polynesischen Norm. Sie kannten weder den Bootsausleger noch das Huhn oder das Schwein, Kulturschätze, die sich mittlerweile durch engen Kontakt mit den Fidschiinseln auf den meisten übrigen Inseln verbreitet hatten. Ihre beherrschenden physischen Züge und kulturellen Merkmale waren diejenigen, die unter allen polynesischen Stämmen die engste Verwandtschaft mit den maritimen Stämmen entlang dem nordwestamerikanischen Archipel aufwiesen. In der Tat hat von der Zeit der frühen europäischen Entdecker bis heute, wo moderne Ethnologen die neuseeländische Kultur untersuchen, die Gesamtheit der oft hochentwickelten Maoricharakteristik ihre unmittelbare Entsprechung auf den jenseits von Hawaii liegenden, dem nordamerikanischen Kontinent vorgelagerten Inseln gefunden. Von den Bewohnern Hawaiis selbst wird berichtet, sie hätten ihre großen Kanus aus Kiefernholz gebaut, das von dieser nordwestamerikanischen Küste bei ihnen angetrieben wurde.

Wenn man das gesamte, heute bekannte Beweismaterial zusammennimmt und alle unbekannten Tatsachen von der Betrachtung ausschließt, scheint eine logische Lösung des Polynesienproblems die zu sein, daß die aus historischen Zeiten bekannte Bevölkerung ihre Wurzeln irgendwo in Südostasien hat, jedoch nicht direkt auf einer Überseereise aus diesem Gebiet nach Polynesien gekommen ist. Sie kamen auch nicht durch das über 6000 Kilometer breite, ihnen fremde mikronesisch-melanesische Pufferterritorium, das den Weg zum Ostpazifik versperrte. Sie machten dort auch keinen längeren Zwischenaufenthalt. Sie müssen der natürlichen Meeresroute nach Norden, nicht nach Osten gefolgt sein und Polynesien als Teil der Einwanderer von Ostasien aus erreicht haben, die seit neolithischen Zeiten das Inselgebiet an der amerikanischen Nordwestküste besetzt hatten. Als diese Vorfahren der Maori-Polynesier nach einer Abwesenheit von Asien von zwei Jahrtausenden oder mehr schließlich zu Beginn unseres Jahrtausends die ostpazifischen Inseln erreichten – immer noch strikt jungsteinzeitliche Menschen, die weder Webstuhl noch Töpferei kannten –, fanden sie bereits eine Bevölkerung vor. Das gesamte verfügbare Beweismaterial spricht dafür, daß diese ersten Entdecker Polynesiens und der melanesischen Randgebiete von Reisenden aus dem Südamerika der Vorinkazeit abstammten. Während des Wanderwirrwarrs zwischen den verschiedenen Inseln in den ersten Jahrhunderten unseres Jahrtausends vertrieben die neuen Ankömmlinge zum Teil die ursprünglichen Siedler, zum anderen Teil absorbierten sie sie. Beweise für dieses kulturell weiterentwickelte Substrat – außer den historischen Überlieferungen der heutigen Bevölkerung – sieht man in den Ruinen nichtpolynesischer kreisrunder Steinhäuser und *tupa*-Türme, in den Resten des Megalithmauerwerks vom peruanischen Typ und den aufgegebenen Steinstatuen am Rand von Inseln, die Südamerika gegenüberliegen, im Wachsen künstlich gezüchteter amerikanischer Baumwolle auf weit voneinander entfernten polynesischen Inseln, in den seltenen, aber dauerhaften Scherben nichtpolynesischer Tonware, in der Rasse des auf den westlichen Inseln fehlenden, aber sonst vorhandenen Hundes, der dem Hund der Eingeborenen Amerikas entspricht, im Anbau der Süßkartoffel *kumarabis* in europäische Zeiten hinein, im Vorhandensein von Flaschenkürbis, Ananas, Ananaskirsche, Kokosnuß, Argemone, *Polygonum, Pepsicum, totora*-Binse, Papaya und einer Anzahl weiterer Nutzpflanzen amerikanischen Ursprungs, die Polynesien nur durch menschliche Mitwirkung erreicht haben konnten. Beweise für das Erbe dieses kulturellen Substrats sind in verschiedenen Graden überall innerhalb des polynesischen Dreiecks vorhanden, nicht nur in der Archäologie. Auf den meisten polynesischen Inseln wurde der Brauch übernommen, Wurzeln zu kauen, um auf die charakteristische südamerikanische Art Kava-Trink-Zeremonien vorzubereiten. In allen Winkeln des polynesischen Dreiecks blieb die Praxis des Baus von Binsenbooten erhalten – mindestens in der Erinnerung. Fast allgemein verbreitet war die Bewahrung königlicher Genealogien, die bis zu legendären Kulturheroen oder Gottheiten zurückführten, wobei die Herrscher als Halbgötter verehrt wurden. Sporadisch treten auch in ganz Polynesien in königlichen Familien Ehen zwischen Bruder und Schwester, der Gebrauch von Federmänteln und Federkopfschmuck auf, ferner Mumifizierung, Beschneidungsriten, die schwierige Kunst des Trepanierens, ein verfeinertes Kalendersystem, nach dem das neue Jahr mit dem ersten Aufgehen der Pleiaden beginnt; das örtliche Auftreten von besonderen Elementen, etwa die Idee Ideogramme im umgekehrten Bustrophedon auf Holzbretter einzuschneiden und dann für rituelle Gesänge zu benutzen; oder das Bewahren von Erinnerungen durch eine komplizierte Zusammenstellung geknoteter Schnüre; die Handpicken für das Brechen von Stein und einige aus der reichen polynesischen Vielfalt von Querbeil- und Angelhakentypen; der eckige, mit Steinplatten ausgekleidete Ofen der Osterinsel; Schüsseln aus poliertem Stein und durchbohrte Nähnadeln; der Poncho der Gesellschaftsinseln; der hawaiische Mumienbehälter aus Flechtwerk und Schieferspiegel; die Stelzen der Marquesasinseln; der Kopfschmuck aus *pavahina*-Gras und die Pfeilspitzen von Pitcairn, um nur einige der auffallendsten Beispiele zu nennen, die auf das alte Peru zurückgehen.

Die großen gesamtperuanischen Zivilisationen Südamerikas lebten in einer baumlosen Welt von Fels und Sand, flankiert von einer geraden und offenen Küstenlinie, die zur Schiffahrt mit flachen, widerstandsfähigen Flößen, vom Wasser durchspült, einlädt. Die Fischerkulturen der Fjorde und der von Inseln umgebenen Küste Nordwestamerikas lebten dagegen in der reichsten Waldregion des gesamten Pazifikraums und hatten unbegrenzten Zugang zu riesigen Bäumen mit leicht spaltbarem Holz.

Es ist deshalb nur natürlich, daß Erforscher der polynesischen Wasserfahrzeuge allenthalben ein Substrat von Floßschiffahrt gefunden und daraus geschlossen haben, daß mindestens einige aus der frühen Wanderwelle in den Pazifik auf Fahrzeugen gekommen sein müssen, die vom Wasser durchspült wurden. Die Neuankömmlinge, die Hawaii aus dem Waldgebiet des Nordpazifik erreichten, kamen jedoch nicht auf Flößen. Sie kamen in großen Einbäumen, geschnitzt und mit Schalen der Seeohrschnecke eingelegt und zu Doppelkanus zusammengebunden, um den Ozeanwellen besser standzuhalten. Diese Einwanderer wußten nichts von Steinbearbeitung, waren vielmehr erfahrene Holzschnitzer, die ihre Giebelhäuser, wo es das Klima erlaubte, aus mit dem Beil gespaltenen Planken erbauten. Sie richteten Totempfähle auf und schnitzten hölzerne Bildnisse und Schüsseln; sie ignorierten die Töpferei und bereiteten ihre Speisen in runden Erdöfen. Sie übersahen die spinnbare Baumwolle auf den polynesischen Inseln und suchten Rinde, die, mit gerillten Klopfern geschlagen, zur Kleiderfertigung dienen konnte. Ihre traditionellen Waffen waren nicht Schleuder und lange Holzkeule, wie sie vorher in Übereinstimmung mit den Kampftraditionen in Peru auf diese Inseln gebracht worden waren, sondern die mit einer Hand zu führende konventionalisierte Walknochen- und Steinkeule vom *patu*- und *mere*-Typ aus Nordwestamerika. Sie brachten auch die wichtigsten Haushaltsgeräte aller Stämme an der Nordwestküste mit: die schön behauenen und polierten glocken- und T-förmigen steinernen Stößel, die archäologisch nachweisbar auf Hawaii zu Stampfern modifiziert wurden und sich als Hauptküchengerät fast all dieser Inseln mit den Neuankömmlingen über ganz Polynesien verbreiteten.

Der Artefaktekomplex in Polynesien ist, anders als die vergänglichen Gegenstände, außerordentlich dürftig, und außer gewissen Formen steinerner Querbeilklingen mit knieförmiger Schäftung, Keulen und Klopfern konnten nur wenig Neuheiten von Nordwestamerika mitgebracht worden sein, die sich merklich von nicht vergänglichen, bei den Inselsiedlern Südamerikas bereits vorhandenen Werkzeugen und Geräten unterschieden. Angelhakentypen, Querbeilgrundformen, Schaber, Feilen, Steinsägen, Mörser und andere dauerhafte Einzelheiten, die den Neuankömmlingen bereits bekannt waren, überlappten und mischten sich mit denen ihrer Vorgänger weiter aus dem Süden des gleichen Kontinents. Sie hinterließen wenig, was einen jähen Übergang in der örtlichen Archäologie, der weiter ging als das oben Aufgezählte, bezeichnen könnte. Obwohl beispielsweise Angelhaken jeder Art in Indonesien und Südostasien unbekannt waren, sind doch die hochspezialisierten – archäologisch gefundenen – Formen zusammengesetzter Haken mit Schaft aus Stein und Widerhaken aus Knochen von der amerikanischen Nordwestküste fast identisch mit denen von Chile und Südperu.

Die Mischung der Kulturen in Polynesien ist so vollständig, daß sich die höchsten gesamtpolynesischen Heldengötter Tiki und Kane von Insel zu Insel miteinander in Konflikt und Konkurrenz der Führung in den genealogischen Linien wegen befinden. Die Sonnengottheit und höchster männlicher Gott Kane ist also den Hawaii-Insulanern das, was Tiki den Bewohnern der Marquesasgruppe bedeutet. Wir müssen auf den kontinentalen Teil der Neuen Welt zurückgehen, um sie deutlich voneinander getrennt zu sehen. In Südamerika wurde Tici als der gesamtperuanische Heldengott und Kulturbringer gefeiert, der den Anspruch erhob, von der Sonne abzustammen, und der in Tiahuanaco die Kolossalstatuen errichtete und die Inka unterwies, sich die Ohrläppchen zu erweitern, bevor er nach Manta an der Küste von Ecuador aufbrach und mit seinen weißen, bärtigen Anhängern in den Pazifik hinaussegelte. Im Nordwesten erinnerte man sich in der überlieferten Geschichte des Helden und Sonnengottes Kan-e, der zu Fuß zu den dort ansässigen Menschen kam, wunderbare Dinge verrichtete und eine Weile bei ihnen blieb, bevor er eine Frau vom Meer heiratete und in den Pazifik hinaussegelte. Dabei ließ er nur seinen Bruder zurück.

Die beiden Heldengötter waren allen Bewohnern der polynesischen Inseln so real, wie sie es den Menschen der Inkanation und den Stämmen der Insel Vancouver an der Nordwestküste waren. Wenn ihre Namen, Eigenschaften und Reiserouten Mythen waren, die auf dem amerikanischen Festland ersonnen worden waren, dann hatte sie mindestens jemand als Mythen zu den verstreuten ostpazifischen Inseln gebracht, was beweist, daß eine Übertragung irgendwelcher Art stattgefunden hat. Weshalb will man, wenn es so ist, das entscheidende Wesen dieser Tradition ignorieren, die behauptet, daß die beiden berühmten Herrscher selbst in den Pazifik hinausfuhren! Es gibt nirgendwo sonst auf den beiden amerikanischen Kontinenten historische Überlieferungen über Abreisen in den offenen Pazifik als unter den Ahnenverehrern in Peru und den Kwakiutl in dem Gebiet um die Insel Vancouver an der amerikanischen Nordwestküste, und das sind genau die beiden Gebiete, in denen wir aus guten Gründen geographische, physische und kulturelle Ursprünge der gemischten ostpazifischen Bevölkerung vermuten.

Wir kritisieren die Priester, die die Papierbücher der Azteken verbrannten, weil das damalige Europa auf die nichtchristlichen Amerikaner herabblickte und deren heidnische Glaubensüberzeugungen zerstören wollte. Doch wir selbst bringen so wenig Achtung für die gleichen Glaubensüberzeugungen auf, daß wir sie, obwohl die wichtigsten davon bereits von den frühen Spaniern aufgezeichnet wurden, als Fabeln primitiver Nationen zurückweisen. Wir leugnen ihren historischen Wert einfach, weil wir nicht glauben wollen, daß sich irgendein Herrscher auf seinem festen Platz in Amerika oder von diesem weg bewegt haben könnte, bevor die Europäer kamen und die Dinge auf der anderen Seite des Atlantik in Bewegung setzten.

Die Ozeane zu beiden Seiten Amerikas waren belebt von Flößen, Kanus und großen Binsenschiffen, lange bevor Europäer von Reisenden aus dem Nahen Osten zivilisiert worden waren. Diese Reisenden lehrten Europa schreiben, sie brachten Europa bei, wen es anbeten sollte, und sie führten die vielen Fertigkeiten und Künste der Zivilisation zu Lande und zur See in Europa ein. Was Europäer im Zeitalter der Entdeckungen nach Amerika brachten, war nur das, was wir selber durch Diffusion vom Nahen und Mittleren Osten zu einer Zeit übernommen hatten, als bereits seit langem die größten afrikanisch-asiatischen Zivilisationen aufgeblüht, abgestiegen und verschwunden waren. Was die Reisezeit betrifft, lag Nordeuropa weiter von den Pionieren entfernt, die die afrikanisch-asiatische Zivilisation geschaffen hatten, als die Menschen am anderen Ende des Transportbandes, das der Kanarenstrom darstellte. Die Olmeken waren mit der Schrift vertraut, bevor sich die Kunst des Schreibens von Kleinasien nach Spanien verbreitet hatte, und dennoch verbrannten die Spanier die mexikanischen Hieroglyphen voller Verachtung, um die semitischen Schriften einzuführen, die mit phönizischen Zeichen geschrieben waren.

Vielleicht ist die Kultur im Küstengebiet Ecuadors älter als die am Golf von Mexiko. Vielleicht hat die eine die andere inspiriert, und vielleicht sind sie verschiedenartiger Herkunft. Vielleicht erreichte eine Flotte mit Siedlungswilligen Mittelamerika auf dem Kanarenstrom. Vielleicht kamen sie sogar den weiteren Weg, um Südafrika herum, den Wintermonsun Asiens und die südöstlichen Passatwinde des Südatlantik im Rücken. Vielleicht brachten diese beiden Atlantikrouten frühe Seefahrer zum tropischen Amerika. Keine dieser Reisen erforderte Jahrhunderte, sondern nur Monate, um Familien von Seefahrern mit Binsenschiffen und mit Fischereigerät aus den Heimatgewässern in die tropischen Regionen der Neuen Welt zu bringen. Als diese Menschen kamen, fanden sie gewiß Stämme von Dschungelbewohnern vor, deren Vorfahren Jahrtausende früher auf einem langen Treck durch die arktischen Regionen von Sibirien nach Alaska gekommen waren. Nur die künftige Archäologie kann die vollständige Antwort auf die großen Fragen geben, die bisher ungelöst geblieben sind, Fragen über den komplexen und gewiß mehrseitigen Ursprung der Eingeborenenstämme und -kulturen in der uns von Kolumbus geöffneten Welt.

In der Zwischenzeit ist der einzige sichere Weg, Fehler in unseren Überlegungen zu begehen, der, das Uhrwerk der Meere außer acht zu lassen, das sich gleichmäßiger über den tiefen Ozean bewegt als jeder Fluß über trokkenes Land. Die einzige Einstellung gegenüber dem Uhrwerk der Meere, die unvorsichtiger ist als extremer Diffusionismus, ist die dogmatische Behauptung, daß der Mensch erst zu reisen begonnen habe, als wir aus Europa den Schritt angaben.

# ANHANG

# Nachwort

Dieses Buch ist kein Bericht über persönliche Reiseabenteuer, keine Fortsetzung zu *Kon-Tiki, Aku-Aku, Expedition Ra, Tigris* oder *Fatu Hiva. Wege übers Meer* ist eine Sammlung von Aufsätzen und Vorträgen, die vorher an verschiedenen Stellen veröffentlicht worden sind und die ich hier zusammengefaßt und als Buch für ein breites Publikum herausgegeben habe. Die Idee einer solchen Zusammenfassung stammt von Dr. Karl Jettmar, Professor der Ethnologie an der Universität Heidelberg. Eine von ihm herausgegebene Fassung erschien 1975 unter dem Titel *Zwischen den Kontinenten.* Das Buch sollte den vielen Menschen, die die Diskussionen über die frühen Wanderwege der Menschen und deren kulturelle Herkunft verfolgten, als Orientierung dienen. Diese Diskussionen begannen, als es den primitiven Fahrzeugen *Kon-Tiki* und *Ra* gelang, im Widerspruch zu den vorher geäußerten Überzeugungen der Fachleute den Pazifischen und den Atlantischen Ozean zu überqueren.

Die Kontroverse stützte sich überwiegend auf die irrige Ansicht, daß der Führer des Balsafloßes *Kon-Tiki* und der Papyrusschiffe *Ra I* und *Ra II* behauptet habe, die Maori-Polynesier stammten von den peruanischen Inka ab und die Inka, die Azteken und die Maya von den Pyramidenbauern des alten Ägypten. Solche Theorien sind leicht zurückzuweisen, sind jedoch weder in meinen Reisebüchern noch in meinen wissenschaftlichen Arbeiten jemals aufgestellt worden. Bände wie *American Indians in the Pacific* (1952, 821 S.), *Reports of the Norwegian Archaeological Expedition to Easter Island and the East Pacific*, Bd. 1 (1961, 667 S.) und Bd. 2 (1965, 572 S.), und *Die Kunst der Osterinsel* (1975, 736 S.) sind dem Laienpublikum kaum bekannt und werden in unseren Tagen der Spezialisierung von den vielen Wissenschaftlern und Pseudowissenschaftlern, die dem Publikum ihre Ansichten über die modernen Massenmedien aufdrängen, sehr selten vorgetragen oder zitiert. Diese Werke stehen allen, die tiefer in die den hier zusammengestellten verständlicheren Aufsätzen zugrundeliegende Bibliotheks-, Museums- und Feldforschung eindringen möchten, stets zur Verfügung. Die für den vorliegenden Band verwerteten Aufsätze sind Kongreßberichten und Zeitschriften entnommen, die dem Laien – und auch vielen Wissenschaftlern aus verwandten Disziplinen – nicht so leicht zugänglich sind.

Der Band *Wege übers Meer* ist so bearbeitet worden, daß er für jeden leicht lesbar ist, der sich für die Abenteuer des Menschen in der Vergangenheit, als die Fundamente der Seefahrt und der großen Mittelmeer- und neuweltlichen Kulturen gelegt wurden, interessiert. Jedem Kapitel ist eine Einführung vorangestellt worden, um den Leser auf den folgenden Text vorzubereiten.

*Thor Heyerdahl*
7. August 1976

Die Bearbeitung des Bandes durch den Autor machte für die aus dem Band *Zwischen den Kontinenten* übernommenen Kapitel auch neue Übersetzungen notwendig. Die Übersetzer benutzten die Übertragungen der Kapitel 7, 8, 11, 12 und 13 von Prof. Dr. K. Jettmar weitgehend, mußten sie jedoch der neuen Fassung entsprechend verändern, die Thor Heyerdahl dem vorliegenden Sammelband gegeben hat.

*Jutta und Theodor Knust*

# Anmerkungen

KAPITEL 1

1 Resch 1967
2 Lhote 1958, Tafel 26, 32
3 Oppenheim 1954, S. 6–17; vgl. auch Kramer 1963, S. 112
4 Rao 1963, S. 99 und Karte S. 97
5 Amiet 1961, S. 121–22; Falkenstein 1936, S. 56, Abb. 216–19
6 Oppenheim 1954, S. 8; Salonen 1939, S. 5, 160; vgl. auch Salonen 1942
7 Kramer 1944, S. 54, 60, 97f.
8 Plinius d. Ä. 77, Buch 6

KAPITEL 2

9 Bisschop 1939, S. 57
10 Sharp 1898, S. 204
11 Levison, Ward & Webb 1973, S. 44
12 *ebd.* S. 42
13 *ebd.* S. 40
14 *ebd.* S. 61
15 *ebd.* S. 46
16 Stokes 1934, S. 2791–92; Handy 1930a, S. 102; Sayce 1933, S. 261
17 Greenman 1962
18 Glas 1764, S. IV

KAPITEL 3

19 Fraser 1965
20 Rowe 1966
21 Hutchinson, Silow & Stephens 1947, S. 79
22 Stonor & Anderson 1949, S. 392
23 Sauer 1950, S. 499
24 Rowe 1966, S. 335
25 Hutchinson, Silow & Stephens 1947
26 Prescott 1847, S. 147
27 Rochebrune 1879, S. 346, 348
28 Harms 1922, S. 166
29 Merrill 1946, S. 300
30 Sauer 1950, S. 527
31 Pomerance 1970, S. 2, 14, 16, 26

KAPITEL 4

32 Behrens 1722, zit. nach Knoche 1925, S. 14, 17f.
33 Thomson 1889, S. 526–32
34 Wilson 1862, Bd. 2, S. 228, 232, 235, 246
35 Stewart 1943, S. 59
36 Kroeber 1944, S. 56
37 Chervin 1908, S. 139
38 Trotter 1943, S. 69, 70, 72, 75
39 Brief an Autor vom 22. Juni 1951 von Prof. M. Trotter, Washington
40 Brief an Autor vom 21. Mai 1951 von W. R. Dawson; vgl. auch Dawson 1928
41 Pizarro 1571, S. 380
42 Relación anónyma 1615, S. 148

43 Garcilaso 1609, S. 71
44 *ebd.*; Karsten 1938, S. 200
45 Cieza de León 1553, Kap. 87, S. 309
46 Valcárel, im Gespräch
47 Cieza de León 1553, Kap. 105, S. 379
48 *ebd.*
49 Bandelier 1910, S. 294
50 Garcilaso 1609, Teil 3, S. 62
51 Cieza de León 1560, Kap. 5, S. 5f.
52 Betanzos 1551, Kap. 2
53 Andagoya 1541–46, S. 55
54 Zárate 1555, S. 44
55 Gómara 1553, zit. nach Bandelier 1910, S. 304
56 Stevenson 1825, Bd. 1, S. 394; Bandelier 1910, S. 305
57 Stout 1948, S. 267
58 Brinton 1882, S. 73, 82, 89, 140, 145, 159, 163, 210, 212, 218
59 Bennett 1934, S. 441, 482
60 Heyerdahl 1952, S. 295–303
61 Morris, Charlot & Morris 1931, Bd. 2, Tafel 146

## KAPITEL 5

62 Snorris Königssagen, Anfang
63 Wilson 1970, S. 8f.
64 Gray 1930, S. 35f.
65 *ebd.* S. 37
66 *ebd.* S. 65
67 Enterline 1972, S. 85
68 Snorris Königssagen, gegen Ende
69 *ebd.*
70 nach Kolsrud 1913, Nr. 527
71 Caddeo o. J., S. 10

## KAPITEL 6

72 Heyerdahl 1952, S. 77
73 Gregory 1927, S. 56
74 Sullivan 1922, S. 232
75 Simmons u. a. 1955
76 Murdock 1949; Buck 1938a, S. 17
77 Buck 1938a, S. 45, 307, 309ff.
78 Christian 1910, S. 246
79 Petri 1936, S. 551, 553
80 Cook 1910–12, S. 317
81 Friederici 1929, S. 461f.
82 Moerenhout 1837, Bd. 2, S. 244
83 Brown 1924, S. 264
84 Brown 1927, Bd. 2, S. 46
85 St Johnston 1921, S. 244
86 Beyer 1948, S. 81f.
87 Heine-Geldern 1932, S. 584
88 Buck 1949, S. 181
89 Cook 1784, Bd. 2, S. 373
90 Dixon 1789, S. 244
91 Jacobsen 1891, S. 162
92 Holmes 1919, S. 29
93 Olson 1927–29, S. 30
94 Boas 1895, S. 376
95 Shapiro 1940, S. 28
96 Hrdlička 1944
97 Cook 1784, Bd. 2, S. 301
98 Vancouver 1798, Bd. 2, S. 262
99 Jacobsen 1891, S. 162
100 Hill-Tout 1898
101 Matson u. a. 1946, S. 22
102 Graydon 1952, S. 338
103 Mourant 1954
104 Simmons u. a. 1955, S. 687
105 Thorsby u. a. 1973, S. 294
106 Campbell 1897–98
107 Hill-Tout 1898
108 Goddard 1924
109 Niblack 1888
110 Dreyer 1898, S. 137
111 Voss 1926
112 Olson 1927–29
113 Brown 1927, Bd. 2, S. 68
114 Best 1925, S. 173; Swanton 1905
115 Bancroft 1875
116 Best 1925
117 Gudger 1927, S. 342
118 Cook 1784, Bd. 2, S. 280
119 Jacobsen 1891, S. 162
120 Scheurmann 1927, S. 12–18
121 Petri 1936, S. 550
122 Dreyer 1898, S. 128, 132
123 Stokes 1932, S. 599
124 Brown 1924, S. 265
125 Jacobsen 1891, S. 162
126 Imbelloni 1928, S. 327; 1930, S. 336
127 Skinner 1931
128 Dixon 1933, S. 315
129 Polack 1838, Bd. 1, S. 92
130 Barbeau 1929
131 Dreyer 1898, S. 131; Bachmann 1931

132 Niblack 1888
133 Drucker 1943, S. 33
134 Dawson 1888, S. 81
135 Boas 1935, Teil 1, S. 1, 5
136 Fornander 1878, Bd. 1, S. 25, 60
137 Malo 1898, S. 180
138 Heyerdahl 1952, S. 71–158
139 Buck 1933
140 Fornander 1878
141 Shortland 1856, S. 2
142 Fornander 1878, Bd. 1, S. 203
143 Smith 1910, S. 125


## KAPITEL 7


144 Smith 1910, S. 131ff.
145 Handy 1927, S. 105
146 Cook 1784, Bd. 3, S. 159
147 Amherst & Thomson 1901, Bd. 1, S. XVII
148 Sáamanos 1526, S. 196
149 Andagoya 1541–46, S. 36
150 Oviedo 1535–48, Bd. 4, Buch 46, Kap. 6
151 Zárate 1555, Buch 1, Kap. 6
152 Pizarro 1571, S. 157
153 Zárate 1555, Buch 1, Kap. 6; Cieza de León 1553, LIV, S. 196
154 Garcilaso 1609, S. 432
155 Cobo 1653, Buch 12, Kap. 32
156 Garcilaso 1609, Bd. 1, Buch 3, Kap. 16
157 Sarmiento 1572, S. 135
158 Balboa 1576–86, S. 501; 1586, S. 81
159 Betanzos 1551, Kap. 3
160 Sarmiento 1572, S. 32, 186
161 Balboa 1576–86
162 Stevenson 1825, Bd. 1, S. 394
163 Oliva 1631, S. 325
164 Acosta 1590, Bd. 1, S. 56
165 Heyerdahl 1952, S. 550–55; Eisleb 1963
166 Amherst & Thomson 1901, Bd. 1, S. IV–VI
167 Agüera 1770, S. 109
168 Amherst & Thomson 1901, Bd. 1, S. IV–VI
169 Gonzalez 1770–71, S. XLVI
170 Amherst & Thomson 1901, Bd. 1, S. 8, 67, 83ff., 97f., 161f., 217f., 461
171 Christian 1924, S. 525
172 Rivet 1928, S. 583, 603; 1943, S. 124
173 Buck 1938, S. 22f., 453
174 Heyerdahl & Skjölsvold 1956; Heyerdahl 1961
175 Beechey 1831, Bd. 1, S. 186–88


## KAPITEL 8


176 Haddon & Hornell 1936, Bd. 1, S. 144, 219
177 Hornell 1931, S. 353
178 Beechey 1831, S. 135
179 Knudsen 1963, S. 43f.
180 Polack 1838, Bd. 2, S. 221
181 Best 1925
182 Hornell 1931, S. 354
183 Heyerdahl 1941
184 Hutchinson 1875, S. 426, 454
185 Lothrop 1932, S. 229–56
186 Means 1942
187 Hornell 1945, S. 167–91
188 Sáamanos 1526
189 Xeres 1534
190 Murphy 1941, S. 17
191 Sáamanos 1526, S. 196
192 Pizarro 1571, S. 138
193 Las Casas 1559, Kap. XLI, S. 78f.
194 Oviedo 1535–48, Bd. 4, Buch 45, Kap. 17; Andagoya 1541–46, S. 41; Zárate 1555, Buch 1, Kap. 6
195 Benzoni 1565, S. 242
196 Garcilaso 1609, Bd. 1, Buch 3, Kap. 16
197 Lizarraga 1560–1602, S. 32f.
198 Balbao 1586, S. 81
199 Sarmiento 1572, S. 135
200 Cobo 1653, Kap. 14, S. 218
201 Spilbergen 1619, S. 83
202 Juan & Ulloa 1748, Bd. 1, S. 189
203 Lescallier 1791, Bd. 1, S. 458–63
204 Charnock 1801, Bd. 1, S. 12
205 Humboldt 1810, S. 295
206 Stevenson 1825, S. 222f.
207 Blaxland 1840
208 Paris 1841–43, S. 148
209 Lothrop 1932, S. 240
210 Bennett 1954, Abb. 89, 90

211 Abbildungen und Beschreibungen in Bird 1943; und Heyerdahl 1952, S. 553–55, Tafel LXXVI
212 Uhle 1922, S. 49
213 Nordenskiöld 1931, S. 265
214 Valverde 1879, S. 179
215 Lothrop 1932, S. 238
216 Byam 1850, S. 200
217 Means 1942, S. 15, 18
218 Hornell 1946, S. 54
219 Dixon 1932
220 Dixon 1934, S. 173
221 Emory 1933, S. 48; 1942, S. 129
222 Morgan 1946, S. 80
223 Buck 1945, S. 11
224 Weckler 1943, S. 35
225 Heyerdahl 1941
226 Garcilaso 1609, Bd. 1, S. 261
227 Gretzer 1914, S. 7
228 Cobo 1653, Kap. 14, S. 218
229 Eisleb 1963
230 Lothrop 1932, S. 240
231 Spilbergen 1619, S. 83
232 Juan & Ulloa 1748, S. 189ff.
233 Humboldt 1810, S. 295; Stevenson 1825, S. 223
234 Morell 1832, S. 120
235 Paris 1841–43, S. 148
236 Skogman 1854, Bd. 1, S. 164
237 Heyerdahl 1954

## KAPITEL 9

238 Byron 1764–66, S. 102
239 Forster 1777, Bd. 2, Buch 3, Kap. 1, S. 226
240 White 1889, Bd. 1, S. 173
241 Candolle 1884, S. 461
242 Cook & Cook 1918; Cook 1901, 1903, 1910–12, 1916a, 1916b, 1925
243 Merrill 1920, S. 195
244 Heyerdahl 1952, S. 429f.
245 Dixon 1932
246 Merrill 1954, S. 213
247 Martius 1823
248 Candolle 1884, S. 433
249 Guppy 1906, S. 413
250 Edmondson 1941
251 Merrill 1954, S. 195, 267
252 Nordenskiöld 1931, S. 269
253 Buck 1938a, S. 315; 1945, S. 11
254 Eames & St John 1943, S. 256
255 Merrill 1950, S. 9
256 Bird 1948; Whitaker & Bird 1949
257 Merrill 1954, S. 242
258 Hutchinson, Silow & Stephens 1947, S. 79
259 Sauer 1950, S. 537
260 Carter 1950, S. 169
261 Merrill 1954, S. 190, 242, 338
262 Brown 1935, S. 174
263 Cook & Cook 1918, S. 156, 169
264 Merrill 1920, S. 195
265 Carter 1950, S. 164, 181
266 Roggeveen 1722, S. 21; Behrens 1722, S. 135, zit. nach Knoche 1925, S. 16f.
267 Forster 1778, S. 236
268 Eyraud 1864, S. 126f.
269 Hervé 1770, S. 123
270 Thomson 1889, S. 456, 535
271 Hervé 1770, S. 121
272 Thomson 1889, S. 456
273 Knoche 1925, S. 122
274 Thomson 1889, S. 456
275 La Pérouse 1797, Bd. 2, S. 135
276 Hervé 1770, S. 123; Agüera 1770, S. 102
277 Smith 1961, S. 193
278 Skottsberg 1956, S. 407, 412
279 Aus Polynesien *Chenopodium* und *Solanum insulaepaschalis;* aus Amerika *Scirpus riparius* (wichtigstes Baumaterial), *Sophora toromiro* (einziger wilder Baum, hochgeschätzt für Holzschnitzerei), *Lycium carolineanum* (einziger wilder Strauch, eßbare Beeren), *Cyperus vegetus* (eßbare Wurzeln) und *Polygonum acumenatum* (Heilpflanze)
280 Skottsberg 1934, S. 278; 1957, S. 3
281 Brown 1931, Bd. 1, S. 137
282 Heyerdahl 1952, S. 467; 1974, Kap. 9
283 Porter 1815, Bd. 2, S. 134
284 Brown 1931, S. 137
285 Brown 1935, S. 190
286 *ebd.*, S. 49
287 Hillebrand 1888, S. 14
288 Bertoni 1919, S. 280
289 Degener 1930, S. 88
290 Collins 1949
291 Hutchinson, Silow & Stephens 1947, S. 79
292 Hillebrand 1888, S. 310
293 Carter 1950, S. 172ff.
294 Prain 1895, S. 325
295 Fedde 1909, S. 280
296 Yacovleff & Herrera 1935, S. 41
297 Stokes 1932, S. 599

298 Carter 1950, S. 172, 179
299 Buck 1938b, S. 20, 23
300 Seemann 1865–73, S. XVI
301 Merrill 1946, S. 339
302 Baker 1893, S. 192
303 Cook 1903, S. 490
304 Heyerdahl 1961, Tafel 2c
305 Sauer 1950, S. 511
306 Carter 1950, S. 165
307 Brown 1931, S. 158
308 Jakeman 1950, S. 32
309 Yacovleff & Herrera 1934, S. 283
310 Clausen 1944, S. 3, 7, 29, 31
311 Guppy 1906, S. 413
312 Cook 1903, S. 483, 496
313 Quiros 1609, S. 23
314 Barrau 1963, S. 1f.

## KAPITEL 10

315 Heyerdahl & Skjölsvold 1965, S. 3–7
316 Orcutt 1953, S. 270
317 Sharp 1704, S. 58, 64
318 Cowley 1684
319 Skogmann 1854, Bd. 1, S. 164
320 Hutchinson 1875, S. 426, 454
321 Means 1942, S. 15
322 Lothrop 1932, S. 238
323 Hornell 1946, S. 60
324 Hagen 1949, S. 178

## KAPITEL 11

325 Coe 1960, S. 384–86, 390
326 Dampier 1729, Bd. 1, S. III
327 Wafer 1699, S. 379–81
328 Candolle 1884, S. 434f.
329 Kerchove 1878, S. 147; Cook 1910–12, S. 283f.; Candolle 1884, S. 431
330 Candolle 1884, S. 429–35
331 Cook 1910–12, S. 293, 304, 318, 340
332 Porter 1815, Bd. 2, S. 139
333 Chubb 1933, S. 26

## KAPITEL 12

334 Heyerdahl 1974
335 Eingehendere Berichte über Beobachtungen der verschiedenen europäischen Besucher in Heyerdahl 1961, S. 45–89
336 *ebd.* S. 33–43
337 Routledge 1919
338 ebd. S. 186f.
339 Métraux 1940, S. 293
340 Buck 1938a, S. 234
341 Skjölsvold 1961, Bericht 14
342 Mulloy 1961, Bericht 1; Smith 1961, Bericht 2
343 Routledge 1919, S. 171f.; Métraux 1940, S. 414ff.; Lavachery 1936, S. 393
344 Ferdon 1961, Bericht 13 u. 10; Skjölsvold 1961, Bericht 9
345 Skottsberg 1920, Abb. 2; Métraux 1940, S. 157
346 Ferdon 1961, S. 338
347 *ebd.* S. 236–40
348 Abgebildet in Heyerdahl 1975, Tafel 156i
349 Métraux 1940, S. 344
350 Heyerdahl 1975, Tafel 304a u. b
351 Bennett 1934, S. 460–75
352 Skjölsvold 1961, S. 362
353 Routledge 1919, S. 295–99
354 Knoche 1925, S. 313f.
355 Lavachery 1936, S. 392; Métraux 1940, S. 88–94
356 Englert 1948, S. 156
357 Chubb 1933, S. 33
358 Métraux 1940, S. 7; Lavachery 1935, S. 346f.
359 Smith 1961, S. 391
360 Englert 1948, S. 157
361 Smith 1961, Bericht 16
362 Skjölsvold 1961, S. 291f. 343ff.
363 Smith 1961, S. 218f.
364 Heyerdahl & Ferdon 1965, Tafeln 1c, 26–31

365 Buck 1938a, S. 232
366 Heyerdahl 1965, Tafel 35–45
367 Ferdon 1965, S. 121; Heyerdahl 1965, S. 136ff.
368 Heyerdahl 1958, Kap. 5

KAPITEL 13

369 Shand 1894, S. 77
370 Poirier 1953
371 Buck 1922, S. 38, 40
372 Sullivan 1924a, S. 22; 1924b, S. 25
373 Linton 1923, S. 447
374 Handy 1930b, S. 4
375 Behrens 1737, S. 134, 136, zitiert nach Knoche 1925, S. 17
376 Agüera 1770, p. 96; Corney 1908, S. XIV
377 Cook 1777, Bd. 2, S. 296
378 Thomson 1889, S. 532
379 Knoche 1912, S. 876f.; 1925, S. 309–12
380 Balfour 1917, S. 377f.
381 Haddon 1918, S. 161f.
382 Routledge 1919, S. 221, 295f.
383 Shapiro 1940, S. 24–30
384 Métraux 1940, S. 414f.
385 Lavachery 1935, S. 324f.; 1936, S. 393
386 Heyerdahl 1941, S. 18, 21f.
387 Englert 1948, S. 88, 101, 156f.
388 *ebd.* S. 121f.
389 Agüera 1770, S. 109ff.
390 Ross 1936; Métraux 1940, S. 31
391 Englert 1948, S. 139–47; vgl. auch Heyerdahl & Ferdon 1961, S. 30, 39f.
392 Cook 1777, Bd. 1, S. 290; Forster 1777, Bd. 1, S. 564, 584f.
393 Cook 1777, Bd. 2, S. 364; Forster 1778, S. 284
394 Cook 1777, Bd. 1, S. 278
395 Roussel 1908
396 Palmer 1870, S. 109
397 Pinart 1878, S. 238
398 Churchill 1912, S. 5
399 Englert 1948, S. 327
400 Bergsland & Vogt 1962
401 Métraux 1940, S. 309, 315
402 Geiseler 1883, S. 131; Ferdon 1961, S. 250–53
403 Ferdon 1961, S. 250–54
404 Roggeveen 1722, S. 15; Behrens 1722, S. 133; Ferdon 1961, S. 534
405 Smith 1940; Debenedetti & Casanova 1933–35, Abb. 1–3
406 Métraux 1940, S. 340f.
407 Ferdon 1961, S. 534
408 *ebd.* S. 535
409 Thomson 1889, S. 537f.
410 Heyerdahl 1965, Farbtafel XIV u. Tafel 320
411 Geiseler 1883, Abb. 7; Thomson 1889, Tafel 23; Lavachery 1939, Abb. 315 u. 398; Ferdon 1961, Abb. 65b u. f
412 Ferdon 1961, S. 254f.; Means 1931, S. 424f.; Joyce 1913; Heyerdahl 1975, S. 64, 81, 93, 224, 225, 242, 278, Tafel 183a
413 Thomson 1889, S. 481f.
414 Jaussen 1894, S. 261
415 Buck 1938a, S. 232
416 Mulloy 1961, S. 100, 128, 130, 133ff.
417 Ferdon 1961, S. 535
418 Geiseler 1883, S. 31; Ferdon 1961, S. 381ff., Abb. 12b
419 Ferdon 1961, S. 329
420 Skjölsvold 1961, S. 295–303; Ferdon 1961, S. 305–11
421 Ferdon 1961, S. 338; Bruayn 1963
422 Thomson 1889, S. 486; Ferdon 1961, S. 329ff.
423 Mulloy 1961, S. 138–45; Smith 1961, S. 287ff.; Skjölsvold 1961, S. 291ff.; Heyerdahl 1961, S. 449f.
424 Heyerdahl 1975, Tafel 307d
425 Heyerdahl & Ferdon 1961, Taf. 40d; Izumi & Sono 1963, Taf. 24c–e
426 Tautain 1897, S. 674
427 Behrens 1737, S. 136 zit. nach Knoche 1925, S. 17f.
428 Beechey 1831, S. 38
429 Markham 1911, S. 67
430 Pizarro 1571, S. 275
431 Bandelier 1910, S. 304f.; Oliva 1631, S. 37
432 Betanzos 1551, Kap. 3
433 Eyraud 1864, S. 71, 124; Roussel 1869, S. 464; Zumbohm 1880, S. 232
434 Croft 1874, S. 318ff.
435 Jaussen 1893
436 Barthel 1958
437 Carroll 1892, S. 103–06, 233–53
438 *American Anthropologist*, Bd. 66, S. 148f.

439 Z. B. José Quintela de Melo in *O Cruzeiró Internacional,* Brasilien, 11. 4. 1973
440 Métraux 1938, S. 238
441 Hornbostel 1930
442 Heine-Geldern 1938, S. 890
443 Routledge 1919, S. 279, 281
444 Knorozov 1964, S. 4
445 Montesinos 1642, S. 18, 32, 58, 62
446 Métraux 1940, S. 390; Englert 1948, S. 316
447 Englert 1948, S. 222, 316
448 Molina 1570–84, S. 4
449 Sarmiento 1572, S. 200
450 Lavachery 1939; 1965
451 Heyerdahl 1975
452 Geiseler 1883, S. 31f.
453 Thomson 1889, S. 470
454 Lavachery 1965, S. 159
455 Aichel 1925; Ortiz 1964; Brief an Autor von Dr. Hernan San Martim aus Concepción, Chile, vom 6. 12. 1966
456 Métraux 1940, S. 201
457 *ebd.* S. 215
458 Heyerdahl 1961, S. 412f.; Izumi & Sono 1963, Taf. 164

## KAPITEL 14

459 Harden 1962, S. 32
460 Bibby 1969, S. VIII
461 Evans 1971, S. 212ff.
462 Hood 1971, S. 29
463 Karageorgis 1969, S. 37
464 Rao 1963
465 Kramer 1963, S. 114
466 Oppenheim 1954, S. 10
467 Gordon 1954, S. 84
468 Mallowan 1965, S. 17
469 Oppenheim 1954, S. 12
470 Kramer 1963, S. 112
471 Oppenheim 1954, S. 17
472 Kramer 1944, S. VII
473 Bibby 1969, S. 75f.
474 Kramer 1944, S. 97f.
475 *ebd.* S. 54–60
476 Johanson 1976
477 Harden 1962, S. 19–24
478 Collier 1976, S. 16f.
479 Meggers 1975
480 Grove 1976, S. 635f.
481 Collier 1976, S. 17
482 Meggers 1976, S. 637
483 Hammond 1977, S. 116, 121, 130, 133
484 Fornander 1878, Bd. 1, S. 199
485 Wie bereits von Dixon (1921, S. 79) betont, glichen nur etwa 250 Wörter denen in melaiischen Sprachen oder hatten die gleiche Wurzel. Er wies darauf hin, daß die bekannten polynesischen Wörter mindestens 25 000 übertreffen, und »dies uns einen Prozentsatz von nur einem Prozent gibt, was, wie wir bemerken möchten, keinen ausreichenden Prozentsatz ausmacht, um darauf eine rassische Verbindung aufzubauen«.

# Bibliographie


Acosta, J. de (1590): Historia natural y moral de las Indias ... Sevilla (engl. Übersetzung, London 1604)

Agüera y Infanzon, F. A. de (1770): Journal of the principal occurrences during the Voyage of the Frigate »Santa Rosalia« in the year 1770. Hakluyt Soc., Reihe 2, Nr. 13, Cambridge 1908

Aichel, O. (1925): Osterinselpaläolithen in prähistorischen Gräbern Chiles, Congr. Int. Américanistes, Bd. 21, Nr. 2, Göteborg

Amherst, Lord, und Thomson, B. (1901): The Discovery of the Solomon Islands by Alvaro de Mendaña in 1568, 2 Bde., London

Amiet, P. (1961): La Glyptique Mesopotamienne Archaique, Paris

Andagoya, P. de (1541–46): Narrative of the Proceedings of Pedrarias Davila ... 1541–46. Hakluyt Soc., Bd. 34, London 1865

Bachmann, K. W. (1931): Die Besiedlung des alten Neuseeland. Leipzig

Baker, J. G. (1893): A Synopsis of the genera and species of Museae, Ann. of Bot., Bd. 7., London

Balboa, M. C. de (1576–86): Miscelánea antártica, Manuskript in der Public Library, New York

– (1586): Histoire du Pérou, in: Ternaux-Compans: Voyages, Relations et Mémoires originaux pour servir à l'histoire de la découverte de l'Amérique, Paris 1840

Balfour, H. (1917): Some Ethnological Suggestions in Regard to Easter Island, or Rapanui. Folklore, Bd. 28, S. 356–81, London

Bancroft, H. H. (1875): The Native Races of the Pacific States of North America, 5 Bde., London

Bandelier, A. F. (1910): The Islands of Titicaca and Koati, New York

Barbeau, M. (1929): Totem Poles of the Gitksan, Upper Skeena River, Br. Columbia, Nat. Mus. Canada Bull. Nr. 61, Anthrop. Reihe, Nr. 12, Ottawa

Barrau, J., Hrsg. (1963): Plants and the Migrations of Pacific Peoples, Honolulu

Barthel, T. S. (1958): The »Talking Boards« of Easter Island, Scientific American, Bd. 198, Nr. 6, New York

Beechey, F. W. (1831): Narrative of a Voyage to the Pacific and Bering's Strait, Philadelphia

Behrens, C. F. (1722): Der wohlversuchte Süd-Länder, das ist: ausführliche Reise-Beschreibung um die Welt (hier zitiert nach Knoche 1925, S. 9–21)

– (1737): Reise durch die Süd-Länder und um die Welt

Bennett, W. C. (1934): Excavations at Tiahuanaco, Anthrop. Papers Amer. Mus. Nat. Hist. Bd. 34, Teil 3, New York

– (1954): Ancient Arts of the Andes, New York

Benzoni, G. (1565): La Historia del Mundo Nuevo, Venedig

BERGSLAND, K., und VOGT, H. (1962): On the validity of glottochronology. Current Anthropology, Bd. 5, Nr. 12, New Haven, Conn.
BERTONI, M. S. (1919): Essai d'une monographie du genre Ananas. Anal. Ci. Paraguayos, Bd. 2, Nr. 4, Asunción
BEST, E. (1925): The Maori Canoe, An Account of Various Types of Vessels used by the Maori of New Zealand in Former Times ... Dominion Mus. Bull. Nr. 7, Wellington, Neuseeland
BETANZOS, E. DE (1551): Suma y narración de los Incas, Madrid 1880
BEYER, H. O. (1948): Philippine and East Asian Archaeology, and its Relation to the Origin of the Pacific Islands Population. National Research of the Philippines, Bull. 29, Quezon City
BIBBY, G. (1969): Looking for Dilmun, New York
BIRD, J. B. (1943): Excavations in Northern Chile. Anthrop. Papers Amer. Mus. Nat. Hist. Bd. 38, Teil 4, New York
– (1948): America's Oldest Farmers. Nat. Hist. Bd. 57, Nr. 7, New York
BISSCHOP, E. DE (1939): Kaimiloa. D'Honolulu à Cannes par l'Australie et le Cap à bord d'une double pirogue polynésienne, Paris
BLAXLAND, G. (1840): Treatise on the Aboriginal Inhabitants of Polynesia with Evidences of their Origin and Antiquity. MS Nr. B 760, Mitchell Library, Sidney
BOAS, F. (1895): Mitteilung zur Anthropologie der nordamerikanischen Indianer. Zeitschr. Ethn. Bd. 27, Berlin
– (1935): Kwakiutl Tales. New Series, Teil 1–2, New York
BRINTON, D. G. (1882): American Hero-Myths. A Study in the Native Religions of the Western Continent, Philadelphia
BROWN, F. B. H. (1931): Flora of Southeastern Polynesia, Bd. 1, Monocotyledons. B. P. Bishop Mus. Bull. 84, Honolulu
– (1935): Flora of Southeastern Polynesia, Bd. 3, Dicotyledons. B. P. Bishop Mus. Bull. 130, Honolulu
BROWN, J. M. (1924): The Riddle of the Pacific, London
– (1927): Peoples and Problems of the Pacific, Bd. 1–2, London
BRUAYN, E. DE (1963): Informe sobre el descubrimiento de un área arqueológico. Museo Nacional de Historia Natural Publicación Ocasional, Nr. 2, S. 1–16, Santiago de Chile
BRYAN, E. H., jr. (1935): Hawaiian Nature Notes, Honolulu
BUCK, P. H. (1922): Maori Somatology: Racial Averages, Journ. Polynesian Soc., Bd. 31, Nr. 1, 3, 4, New Plymouth, Neuseeland
– (1933): Polynesian voyages, Man, Bd. 32, Nr. 136, London
– (1938 a): Vikings of the Sunrise, New York
– (1938 b): Ethnology of Mangareva, B. P. Bishop Mus. Bull. 157, Honolulu
– (1945): An Introduction to Polynesian Anthropology, B. P. Bishop Mus. Bull. 187, Honolulu
– (1949): The Coming of the Maori. Wellington, Neuseeland
BYAM, G. (1850): Wanderings in some of the Western Republics of America ... London (deutsche Ausgabe, Dresden 1851)
BYRON, L. G. A. (1764–66): Byron's Journal of his Circumnavigation, 1764–1766, Hakluyt Soc. 2. Reihe, Nr. 122, Cambridge 1964
CADDEO, E., Hrsg. (o. J.): Giornale di bordo di Cristoforo Columbo 1492–1493, zitiert nach der dänischen Übersetzung, Kopenhagen 1942
CAMPBELL, J. (1897–98): The Origin of the Haidahs of the Queen Charlotte Islands, Trans. Royal Soc. of Canada, 2. Reihe, Bd. 3, Abt. 2

CANDOLLE, A. DE (1884): Ursprung der Kulturpflanzen, Leipzig 1884, (franz. Original: Origine des plantes cultivées, Paris 1883)
CARROLL, A. (1892): The Easter Island Inscriptions, and the Translation and Interpretation of them, Jour. Polyn. Soc. Bd. 1, Nr. 4, S. 103–106, 233–253, London
CARTER, G. F. (1950): Plant Evidence for Early Contacts with America, Southwestern Journ. Anthrop. Bd. 6, Nr. 2, Albuquerque, Neumexiko
CHARNOCK, J. (1801): A History of Marine Architecture, London
CHERVIN, A. (1908): Craniologie, Bd. 3 der Anthropologie Bolivienne, Paris
CHRISTIAN, F. W. (1910): Eastern Pacific Lands: Tahiti and the Marquesas Islands, London
– (1924): Early Maori Migrations as Evidenced by Physical Geography and Language, Report Sixteenth Meeting Australas. Ass. Adv. Sci., Wellington, Neuseeland
CHUBB, L. J. (1933): Geology of Galapagos, Cocos, and Easter Island, B. P. Bishop Mus. Bull. 110, Honolulu
CHURCHILL, W. (1912): Easter Island. The Rapanui Speech and the Peopling of Southeast Polynesia, Carnegie Inst. Wash. Publ. Nr. 174, Washington, D.C.
CIEZA DE LEÓN, P. DE (1553): The Travels of Pedro de Cieza de León, A. D. 1532–50, Contained in his First Part of his Chronicle of Peru, Hakluyt Soc., London 1864
– (1560): The Second Part of the Chronicle of Peru, Hakluyt Soc., London 1883
CLAUSEN, R. T. (1944): A Botanical Study of the Yam Beans (Pachyrrhizus), Cornell Univ. Mem. 264, Ithaca, N.Y.
COBO, B. (1653): Historia del Nuevo Mundo ... Hrsg. Marcos Jiménez de la Espada. Sevilla 1890–95
COE, M. D. (1960): Archaeological Linkages with North and South America at la Victoria, Guatemala, American Anthropologist, Bd. 62, Nr. 3
COLLIER, D. (1976): Ecuadorian Roots, The Univ. of Chicago Magazine, Bd. 69, Nr. 1, S. 16–18
COLLINS, J. L. (1949): History, Taxonomy and Culture of the Pineapple, Econ. Bot. Bd. 3, Nr. 4, Lancaster, Pa.
COOK, J. (1777): Second Voyage Towards the South Pole and Round the World, Performed in the »Resolution« and »Adventure«, 1772–75, 2 Bde., London
– (1784): A voyage to the Pacific Ocean ... In the years 1776–80, 3 Bde., Dublin.
COOK, O. F. (1901): The Origin and Distribution of the Cocos Palm, Contr. U.S. Nat. Herb., Bd. 7, Nr. 2, Washington, D.C.
– (1903): Food Plants of Ancient America, Ann. Rept. Smithsonian Inst., Washington, D.C.
– (1910–12): History of the Coconut Palm in America, Contr. U.S. Nat. Herb. Bd. 14, Washington, D.C.
– (1916a): Quichua Names of Sweet Potatoes, Jour. Wash. Acad. Sci., Bd. 6, Nr. 4
– (1916b): Agriculture and Native Vegetation in Peru, Jour. Wash. Acad. Sci., Bd. 6, Nr. 10
– (1925): Peru as a center of domestication, Jour. Heredity, Bd. 16, Nr. 2 u. 3, Washington, D.C.
COOK, O. F., und COOK, R. C. (1918): The Maho, or Mahagua, as a Trans-Pacific Plant, Journ. Wash. Acad. Science, Bd. 8
CORNEY, B. G. (1908): Introduction to the Voyage of Captain Don Felipe Gonzalez to Easter Island in 1770, Hakluyt Soc., 2. Reihe, Nr. 13, London
COWLEY, W. A. (1684): Manuskript im Britischen Museum, B. M. Sloane, MS 54, London

CROFT, T. (1874): Brief unter dem 30. April 1874 von Thomas Croft, Papeete, Tahiti, an den Präsidenten der Kalifornischen Akademie der Wissenschaften, California Acad. Sci. Proc., Bd. 5, S. 317–323, San Francisco 1875
DALES, G. F. (1962): Harappen Outposts on the Makran Coast, Antiquity, Bd. 36, Nr. 142, S. 86–92
DAMPIER, W. (1729): Captain William Dampier's Voyage round the Terrestrial Globe, A Collection of Voyages, 4 Bde., London
DAWSON, G. M. (1888): Notes and Observations on the Kwakiool People of the Northern Part of Vancouver Island ... with a Vocabulary of About Seven Hundred Words, Proc. Trans. Royal Soc. Canada, Bd. 5, Abt. 2, Montreal
DAWSON, W. R. (1928): Mummification in Australia and in America, Journal of the Royal Anthrop. Inst., Bd. 58, London
DEBENEDETTI, S., und CASANOVA, E. (1933–35): Titiconte, Museo Antropol. y Etnográf., Publ. Reihe A, Bd. 3, Buenos Aires
DEGENER, O. (1930): Ferns and Flowering Plants of Hawaii National Park, Honolulu
DIXON, G. (1789): A Voyage Round the World, but more particularly to the North West Coast of America Performed in 1785–88, London
DIXON, R. B. (1921): A New Theory of Polynesian Origins. A Review, Jour. Polynes. Soc., Bd. 30, Nr. 2, New Plymouth, Neuseeland
– (1932): The Problem of the Sweet Potato in Polynesia, Americ. Anthrop., Bd. 34
– (1933): Contacts with America Across the Southern Pacific, in: The American Aborigines, Their Origin and Antiquity, Assembled by D. Jennes, Toronto
– (1934): The long voyages of the Polynesians, Proc. Amer. Philos. Soc., Bd. 74, Nr. 3
DREYER, W. (1898): Naturfolkenes Liv, Kopenhagen
DRUCKER, P. (1943): Archaeological Survey on the Northern Northwest Coast, Bur. Amer. Ethn. Bull. Nr. 133, Anthrop. Papers, Nr. 20, Washington, D.C.
EAMES, A. J., und ST JOHN, H. (1943): The Botanical Identity of the Hawaiian Ipu Nui or Large Gourd, Amer. Journ. Bot. Bd. 30, Nr. 3
EDMONDSON, C. H. (1941): Viability of Coconut Seeds After Floating in Sea, B. P. Bishop Mus. Occ. Papers, Bd. 16, Nr. 12, Honolulu
EISLEB, D. (1963): Beitrag zur Systematik der altperuanischen »Ruder« aus der Gegend von Ica, Baessler Archiv, N. F. Bd. 10, S. 105–28, Berlin
EMORY, K. P. (1933): Stone Remains in the Society Islands, B. P. Bishop Mus. Bull. 116, Honolulu
– (1942): Oceanic Influence on American Indian Culture. Nordenskiöld's View, Journ. Polynes. Soc., Bd. 51
ENGLERT, P. S. (1948): La Tierra de Hotu Matu'a. Historia, Etnología y Lengua de Isla de Pascua, Imprenta y edit. »San Francisco« Padre las Casas, Chile
ENTERLINE, J. R. (1972): Viking America, New York
EVANS, J. D. (1971): The Prehistoric Antiquities of the Maltese Islands: A Survey, London
EYRAUD, E. (1864): Lettre au T. R. P. Supérieur général de la Congrégation des Sacrés-Cœurs de Jesus et de Marie, Valparaiso Décembre 1864, Ann. Assoc. Propagation de la Foi, Bd. 38, S. 52–71, 124–138, Lyon 1866
FALKENSTEIN, A. (1936): Archaische Texte aus Uruk, Berlin
FEDDE, F. (1909): Papaveraceae-Hypecoideae et Papaveraceae-Papaveroideae, in A. Engler: Das Pflanzenreich, Hft. 49, Leipzig

FERDON, E. N., jr. (1961): The Ceremonial Site of Orongo – Sites E–4 and E–5 – Stone Houses in the Terraces of Site E–21 – Easter Island House Types – Site E–6, an Easter Island Hare Moa – A Summary of the Excavated Record of Easter Island Prehistory, 6 Aufsätze in: Heyerdahl und Ferdon (1961)
– (1965): Surface Architecture of the Site of Paeke, Taipi Valley, Nukuhiva, Bericht 9 in: Heyerdahl und Ferdon (1965)
FORNANDER, A. (1878): An Account of The Polynesian Race, Its Origin and Migrations, 4 Bde., London
FORSTER, G. (1777): A Voyage round the World, in His Britannic Majesty's Sloop, Resolution, Commanded by Capt. James Cook, During the Years 1772, 3, 4, and 5, 2 Bde., London. Deutsche Übers. v. Autor: Beschreibung einer Reise um die Welt ... Berlin 1778–80
FORSTER, J. R. [der Vater] (1778): Observations made during a Voyage Round the World ... 2 Bde., London. Deutsche Übers. vom Sohn G. Forster, Berlin 1779–80
FRASER, D. (1965): Theoretical Issues in the Trans-Pacific Diffusion Controversy, Social Research, Bd. 32, Nr. 4
FRIEDERICI, G. (1929): Die vorkolumbischen Verbindungen der Südsee-Völker mit Amerika, Anthropos, Bd. 24, Wien
GARCILASO DE LA VEGA, INKA (1609): First Part of the Royal Commentaries of the Yncas, Hakluyt Soc., Bde. 41–45, London 1869–71
GEISELER, Kapitänlieutenant (1883): Die Oster-Insel. Eine Stätte prähistorischer Kultur in der Südsee, Berlin
GLAS, G. (1764): The History of the Discovery and Conquest of the Canary Islands: Translated from a Spanish Manuscript Lately Found in the Island of Palma, London
GODDARD, P. E. (1924): Indians of the N. W. Coast, Amer. Mus. Nat. Hist. Handbook, Ser. Nr. 10, New York
GÓMARA, F. L. DE (1553): Primera y Segunda Parte de la Historia generale de las Indias hasta el año de 1551, Madrid 1858
GONZALEZ, F. (1770–71): The Voyage of Captain Don Felipe Gonzalez in the Ship of the San Lorenzo, with the Frigate Santa Rosalia in Company, to Easter Island in 1770–1771, Hakluyt Soc., 2. Reihe, Nr. 13, Cambridge 1908
GORDON, E. J. (1954): The Sumerian Proverb Collections: A Preliminary Report, Journ. Amer. Oriental Soc., Bd. 74, Nr. 2
GRAY, E. F. (1930): Leif Eriksson Discoverer of America A. D. 1003, London
GRAYDON, J. J. (1952): Blood Groups and the Polynesians, Mankind, Bd. 4, Nr. 8, Sidney
GREENMAN, E. F. (1962): The Upper Palaeolithic and the New World, Current Anthropology, Bd. 3, Chicago
GREGORY, H. E. (1927): The Geography of the Pacific, Problems of the Pacific, Proc. 2nd Conf. Ist. Pac. Rel., Honolulu, Chicago
GRETZER, W. (1914): Die Schiffahrt im alten Peru vor der Entdeckung ... Mitteil. Roemer-Mus. Hildesheim, Nr. 24, Hannover
GROVE, D. C. (1976): Answer to B. J. Meggers in American Anthropol., Bd. 78
GUDGER, E. W. (1927): Wooden hooks used für catching sharks ..., Anthrop. Papers Amer. Mus. Nat. Hist., Bd. 28, Teil 3
GUPPY, H. B. (1906): Observations of a Naturalist in the Pacific Between 1896 and 1899, Bd. 2 of Plant-Dispersal., London
HADDON, A. C. (1918): Melanesian Influence in Easter Island, Folk-lore, Bd. 80, Nr. 1, London

HADDON, A. C., und HORNELL, J. (1936): Canoes of Oceania, Bd. 1 von The Canoes of Polynesia, Fiji, and Micronesia, B. P. Bishop Mus. Spec. Publ., Nr. 29, Honolulu

HAGEN, V. W. VON (1939): The Tsàtchela Indians of Western Ecuador, New York Mus. Amer. Ind., Heye Foundation, Indian Notes and Monographs, Nr. 51, New York

– (1949): Ecuador and the Galápagos Islands, Oklahoma

HAMMOND, N. (1977): The Earliest Maya, Scient. American, März

HANDY, E. S. C. (1927): Polynesian Religion, B. P. Bishop Mus. Bull. 34, Honolulu

– (1930a): Sources of Polynesian Culture, Hawaiian Annual 1931, Honolulu

– (1930b): The problem of Polynesian origins, Occ. Papers B. P. Bishop Mus., Bd. 9, Nr. 8, Honolulu

HARDEN, D. (1962): The Phoenicians, Bd. 26 von Ancient People and Places, hrsg. v. Dr. G. Daniel, London

HARMS, H. (1922): Übersicht der bisher in alt-peruanischen Gräbern gefundenen Pflanzenreste, Festschr. Eduard Seler ... hrsg. v. W. Lehmann, Stuttgart

HEINE-GELDERN, R. VON (1932): Urheimat und früheste Wanderungen der Austronesier, Anthropos, Bd. 27

– (1938): Die Osterinselschrift, Anthropos, Bd. 33

HERVÉ, J. (1770): Narrative of the Expedition undertaken by Order of ... Viceroy of Peru ... to the Island of David in 1770, Hakluyt Soc., 2. Reihe, Nr. 13, Cambridge 1908

HEYERDAHL, T. (1941): Did Polynesian Culture Originate in America? Internat. Science, Bd. 1, New York

– (1952): American Indians in the Pacific: The theory behind the Kon-Tiki expedition, London

– (1954): En gjenoppdaget Inka-kunst. Guara-metoden so lar flåter krysse og jibbe uten ror eller styreåre, Teknisk Ukeblad, Bd. 48, Oslo

– (1958): Aku-Aku. The Secret of Easter Island. Chicago (Or.-Ausg. Oslo 1957; dt. Ausg. Frankfurt/Main 1957)

– (1961): An Introduction to Easter Island – Surface Artifacts – General Discussion, in: Heyerdahl und Ferdon (1961)

– (1965): The Statues of the Oipona Me'ae, with a Comparative Analysis of Possibly Related Stone Monuments, in: Heyerdahl und Ferdon (1965)

– (1974): Fatu-Hiva: Back to Nature. London (dt. Ausg. München, Gütersloh, Wien 1974)

– (1975): Die Kunst der Osterinsel. München, Gütersloh, Wien

HEYERDAHL, T., und FERDON, E. N., jr. (1961): Archaeology of Easter Island. Reports of the Norwegian Archaeological Expedition to Easter Island and the East Pacific, Bd. 1, Monogr. School Amer. Research a. Mus. New Mexico, Nr. 24, Teil 1, 1961, Santa Fe

– (1965): Miscellaneous Papers. Reports of the Norwegian Archaeological Expedition to Easter Island ... Bd. 2, Monogr. School Amer. Research and the Kon-Tiki-Mus., Nr. 24, T. 2, 1965. Santa Fe

HEYERDAHL, T., und SKJÖLSVOLD, A. (1956): Archaeological Evidence of Pre-Spanish Visits to the Galápagos Islands, Mem. Soc. Am. Arch., Nr. 12, Salt Lake City

– (1965): Notes on the Archaeology of Pitcairn, in: Heyerdahl und Ferdon (1965)

HILL-TOUT, C. (1898): Oceanic Origin of the Kwakiutl-Nootka and Salish Stocks of British Columbia and Fundamental Unity of Same, with Additional Notes on the Déné, Proc. Transact. Royal Soc. Canada, 2. Reihe, Bd. 4

HILLERBRAND, W. (1888): Flora of the Hawaiian Islands, Heidelberg

Holmes, W. H. (1919): Handbook of Aboriginal American Antiquities, Teil 1, Smithson. Inst. Bur. Amer. Ethn. Bull. 60, Washington, D.C.
Hood, S. (1971): The Minoans: Crete in the Bronze Age, London
Hornbostel, E. von (1930): Chinesische Ideogramme in Amerika, Anthropos, Bd. 25
Hornell, J. (1931): South American Balsas: The Problem of their Origin, Mariners Mirror, Bd. 17, Cambridge
– (1945): Was there a pre-Columbian contact between the peoples of Oceania and S. America? Journ. Polynes. Soc., Bd. 54
– (1946): How Did the Sweet Potato Reach Oceania? Journ. Linnean Soc. of London, Botany, Bd. 53, Nr. 348, London
Hrdlička, A. (1944): Catalog of Human Crania in the U.S. Nat. Mus. Collections: Non-Eskimo People of the Northwest Coast, Alaska, and Siberia, Proc. U.S. Nat. Mus., Bd. 94, Washington, D.C.
Humboldt, A. von (1810): Vues des Cordillères et monuments des peuples indigènes de l'Amérique, Paris
Hutchinson, J. B., Snow, R. A., und Stephens, S. G. (1947): The Evolution of Gossypium and Differentiation of the Cultivated Cottons, London
Hutchinson, T. J. (1875): Anthropology of Prehistoric Peru, Jour. Roy. Anthrop. Inst., Bd. 4, London
Imbelloni, J. (1928): Einige konkrete Beweise für die außerkontinentalen Beziehungen der Indianer Amerikas, Mitteil. Anthrop. Ges. Wien, Bd. 58
– (1930): On the Diffusion in America of Patu Onewa, Okewa, Patu Paroa, Miti, and Other Relatives of the Mere Family, Jour. Polyn. Soc., Bd. 39, Nr. 4, New Plymouth, Neuseeland
Izumi, S., und Sono, T. (1963): Excavations at Kotosh, Peru 1960, Andes Report 2, The Univ. of Tokyo Sci. Exped. to the Andes, 1960, Tokio
Jacobsen, A. (1891): Nordwestamerikanisch-polynesische Analogien, Globus, Bd. 59, Nr. 2, Braunschweig
Jakeman, M. W. (1950): The XXIX International Congress of Americanists, Bull. Brigham Young Univ., März, Salt Lake City
Jaussen, T. (1893): L'île de Pâques. Historique – écriture et répertoire des signes des tablettes ou bois d'Hibiscus intelligents, Paris
– (1894): L'île de Pâques. Historique et écriture, Mémoire posthume rédigé par Ildefonse Alazard d'après les notes laissées par le prélat, Bull. Géogr. Hist. et Descriptive, Nr. 2, Paris
Johanson, D. C. (1976): Ethiopia Yields First ›Family‹ of Early Man, The Nat. Geograph. Magazine, Bd. 150, Nr. 6
Joyce, T. A. (1912): South American Archaeology, New York
– (1913): The Weeping God, in: Essays and Studies presented to William Riedgway ..., Cambridge
Juan, G., und Ulloa, A. de (1748): Relación histórica del viaje a la America meridional, 4. Bde., Madrid
Karageorgis, V. (1969): The Ancient Civilization of Cyprus, New York
Karsten, R. (1938): Inkariket och dess kultur i det forna Peru, Helsinki
Kerchove de Denerghem, O. de (1878): Les Palmiers: histoire iconographique, géographie, paléontologie, botanique, description, culture, emploi, etc., Paris
Knoche, W. (1912): Vorläufige Bemerkung über die Entstehung der Standbilder auf der Osterinsel, Zeitschr. f. Ethnologie, Bd. 44, Berlin
– (1925): Die Osterinsel. Eine Zusammenfassung der chilenischen Osterinselexpedition des Jahres 1911, Concepción

KNOROZOV, J. V. (1964b): Berichte bei den Gesprächen am Runden Tisch, von der Izvestija am 10. 8. 1964, veranstaltet, in »Kon-Tiki plyl ne zrja«, Izvestija, 12. 8. 1964, S. 4, Moskau

KNUDSEN, K. (1963): Traces of Reed Boats in the Pacific, The American Neptune, Bd. 23, Nr. 1, Salem, Mass.

KOLSRUD, O., Hrsg. (1913): Diplomatarium Norvegicum, Oldbreve til Kundskab om Norges indre og ydre forhold ... i Middelalderen, Christiania (Oslo)

KRAMER, S. N. (1944): Sumerian Mythology; A Study of Spiritual und Literary Achievements in the Third Millennium B. C., Philadelphia

– (1963): Dilmun; Quest for Paradise, Antiquity, Bd. 37, Nr. 146

KROEBER, A. L. (1944): Peruvian Archaeology in 1942, Viking Fund. Publ. Anthrop. 4, New York

LA PÉROUSE, J. F. DE (1797): Voyage autour du monde pendant les années 1785–1788 ... 4 Bde. mit Atlas, Paris (deutsch von G. Forster und Sprengel, 2 Bde., Berlin 1799–1800)

LAS CASAS, B. DE (1599): Historia de las Indias, Madrid 1876

LAVACHERY, H. (1935): La mission franco-belge dans l'île de Pâques, Bull. Soc. Royale de Géogr. d'Anvers, Bd. 55, Antwerpen

– (1936): Easter Island, Polynesia, Ann. Rpt. Bd. of Regents Smithson. Inst., Washington, D.C.

– (1939): Les petroglyphes de l'île de Pâques, 2 Bde., Antwerpen

– (1965) Thor Heyerdahl et le Pacifique, Journ. Soc. Océanistes, Bd. 21, Nr. 21, Paris

LEICHT, H. (1944): Indianische Kunst und Kultur. Ein Jahrtausend im Reiche der Chimú, Zürich

LESCALLIER, M. (1791): Traité pratique du gréement des vaisseaux et autres bâtiments de mer, Bd. 1, Paris

LEVISON, M., WARD, R. G., und WEBB, J. W. (1973): The Settlement of Polynesia: A Computer Simulation, Canberra

LHOTE, H. (1958): Die Felsbilder der Sahara. Würzburg, Wien (orig.: À la découverte des fresques du Tassili)

LINTON, R. (1923): The Material Culture of the Marquesas Islands, B. P. Bishop Mus. Memoirs, Bd. 8, Nr. 5, Honolulu

LIZARRAGA, R. DE (1560–1602): Descripción de las Indias: Crónica sobre el antiguo Perú ... Los pequeños grandes libros de historia americana, Reihe 1, Bd. 12, Lima 1946

LOTHROP, S. K. (1932): Aboriginal navigation off the west coast of South America, Journ. Royal Anthrop. Inst., Bd. 62, London

LUTZ, H. F. (1927): Neo-Babylonian Administrative Documents from Erech, Univ. California Publ. Semit. Philol., Bd. 9, Nr. 1

MALLOWAN, M. E. L. (1965): Early Mesopotamia and Iran, London

MALO, D. (1898): Hawaiian Antiquities, B. P. Bishop Mus. Spec. Publ. Nr. 2, Honolulu, 1951 (aus dem Hawaiischen übers. v. Dr. N. B. Emerson, 1808, 1. Ausg., Wellington, 1903)

MARKHAM, C. R. (1911): The Incas of Peru, London

MARTIUS, C. F. P. VON (1823–53): Historia naturalis palmarum, 3 Bde., München

MATSON, G. A., LEVINE, P., und SCHRADER, H. F. (1946): Anthropological Application of the Blood Groups, Dept. Bacteriology, Univ. Utah Med. School, Salt Lake City

MEANS, P. A. (1931): Ancient Civilizations of the Andes, New York, London
– (1942): Pre-Spanish Navigation Off the Andean Coast, American Neptune, Bd. 2, Nr. 2
MEGGERS, B. J. (1975): The Transpacific Origin of Mesoamerican Civilization: A Preliminary Review of the Evidence and Its Theoretical Implications, American Anthropologist, Bd. 77, Nr. 1
– (1976): Yes if by Land, No if by Sea: The Double Standard in Interpreting Cultural Similarities, Answer to D. C. Grove in American Anthropologist, Bd. 78
MERRILL, E. D. (1920): Comments on Cook's Theory as to the American Origin and prehistoric Polynesian Distribution of certain economic Plants, especially Hibiscus tiliaceus Linnaeus, Philippine Journ. Sci., Bd. 17, Manila (nachgedruckt in: Merrill 1946)
– (1937): Domesticated Plants in relation to the diffusion of culture, in: Early Man. Philadelphia
– (1946): Merrilleana: A selection from the general writings of Elmer Drew Merrill, Chronica Botanica, Bd. 10, Nr. 3/4
– (1950): Observations on Cultivated Plants with Reference to Certain American Problems, Ceiba, Bd. 1, Nr. 1, Tegucigalpa, Honduras
– (1954): The Botany of Cook's Voyages and Its Unexpected Significance in Relation to Anthropology, Biography and History, Waltham
MÉTRAUX, A. (1938): The proto-Indian script and the Easter Island tablets, Anthropos, Bd. 33
– (1940): Ethnology of Easter Island, B. P. Bishop Mus. Bull. 160, Honolulu
MOERENHOUT, J. A. (1837): Voyages aux îles du Grand Océan, 2 Bde., Paris
MOLINA, C. DE (um 1570–84): The Fables and Rites of the Yncas, Hakluyt Soc., Bd. 48, London 1873
MONTELL, G. (1929): Dress and Ornaments in Ancient Peru. Archaeological and Historical Studies, Diss. Göteborg
MONTESINOS, F. (1642): Memorias antiguas historiales del Perú, hrsg. v. P. A. Means, London 1920
MORELL, B., jr. (1832): A Narrative of Four Voyages to the South Sea . . ., New York
MORGAN, A. E. (1946): Nowhere was Somewhere, New York
MORRIS, E. H., CHARLOT, J., und MORRIS, A. A. (1931): The Temple of the Warriors at Chitzen Itza, Yucatan, Carnegie Inst. Wash. Publ. Nr. 406, 2 Bde., Washington, D.C.
MOURANT, A. E. (1954): The Distribution of Human Blood Groups, Blackwell Sci. Publ., Oxford
MULLOY, W. (1961): The Ceremonial Center of Vinapu; The Tupa of Hiramoko; in: Heyerdahl und Ferdon (1961)
MURDOCK, G. P. (1949): Report on the Seventh Pacific Science Congress, New Zealand Science Review, Bd. 7, Nr. 1/2
MURPHY, R. C. (1941): The earliest Spanish advances southward from Panama along the West Coast of South America, Hispanic Amer. Hist. Rev., Bd. 21, Durham, N.C.
NIBLACK, A. P. (1888): The Coast Indians of Southern Alaska and Northern British Columbia, Report of the Nat. Mus. of Br. Columbia 1888
NORDENSKIÖLD, E. (1931): Origin of the Indian Civilizations in South America, Comp. Ethnogr. Stud., Bd. 9, Göteborg
OLIVA, P. A. (1631): Histoire de Pérou, Paris 1857
OLSON, R. L. (1927–29): Adze, Canoe, and House Types of the Northwest Coast, Univ. Washington Publ. Anthrop. 2, Seattle

Oppenheim, A. L. (1954): The Seafaring Merchants of Ur, Journ. Amer. Oriental Soc., Bd. 74, Nr. 1
Orcutt, P. D. (1953): A Stone Carving on the Galapagos, American Antiquity, Bd. 18, Nr. 3, Salt Lake City
Ortiz, O. (1964): El Matá: Un instrumento litico Pascuense y sus problemas, Apartado del Boletín de la Universidad de Chile, Nr. 53/54
Oviedo, G. F. de (1535–48): Historia general y natural de las Indias..., 4 Bde., Madrid 1855
Pachacuti Yamqui Salcamayhua, J. (1620): An Account of the Antiquities of Piru, Hakluyt Soc., Bd. 48, London 1873
Palmer, J. L. (1870): A Visit to Easter Island, or Rapa Nui, in 1868, Royal Geogr. Soc. Journ., Bd. 14, London
Paris, F. E. (1841–43): Essai sur la construction navale des peuples extra-européens, Paris
Petri, H. (1936): Die Geldformen der Südsee, Anthropos, Bd. 31, Nr. 1/2, Wien
Pinart, A. (1878): Voyage à l'île de Pâques, Le Tour du Monde, Bd. 36, Paris
Pizarro, P. (1571): Relación del descubrimiento y conquista de los reinos del Perú, Colección de documentos inéditos para la historia de España, Bd. 5, Madrid, 1844
Plinius der Ältere (77): Naturgeschichte
Poirier, J. (1953): L'élément blond en Polynésie et les migrations nordiques en Océanie et en Amérique, Société des Océaniste, Paris
Polack, J. S. (1838): New Zealand. Being a narrative of Travels and Adventures during a residence... 1831 and 1837, 2 Bde., London
Pomerance, L. (1970): The Final Collapse of Santorini (Thera), Studies in Mediterranean Archaeology, Bd. 26, Göteborg
Porter, D. (1815): Journal of a Cruise made to the Pacific Ocean, Philadelphia
Prain, D. (1895): An Account of the genus Argemone, Jour. Bot., Bd. 33
Prescott, W. H. (1847): History of the Conquest of Peru, 2. Bde., London
Quiros, P. F. de (1609): Narrative of the Second Voyage of the Adelantado Alvaro de Mendaña, Hakluyt Soc., 2. Reihe, Nr. 14, Bd. 1, London 1904
Rao, S. R. (1963): A ›Persian Gulf‹ Seal from Lothal, Antiquity, Bd. 37, Nr. 146
Reischek, A. (1924): Sterbende Welt, Leipzig
Relación Anónyma (1615): Relación anónyma de los costumbres antiguos de los naturales del Pirú, Madrid 1879
Resch, W. F. E. (1967): Die Felsbilder Nubiens, Graz
Rivet, P. (1928): Relations commerciales précolombiennes entre l'Océanie et Amérique, Festschrift P. W. Schmidt, Wien
– (1943): Les origines de l'homme américain, Montreal
Rochebrune, A. T. de (1879): Recherches d'ethnographie botanique sur la flore des sépultures péruviennes d'Ancon, Actes Soc. Linn. Bordeaux, 4. Reihe, Bd. 3, Bordeaux
Roggeveen, M. J. (1722): Extract from the Official Log of Voyage of Mynheer Jacob Roggeveen, in the Ships Den Arend, Thienhove, and De Afrikannische Galey in 1721–22, in so far as it relates to the Discovery of Easter Island, Hakluyt Soc., 2. Reihe, Nr. 13, Cambridge 1908
Ross, A. S. C. (1936): Preliminary notice of some late eighteenth-century numerals from Easter Island, Man, Bd. 36, Nr. 120
Roussel, H. (1908): Vocabulaire de la langue de l'île-de-Pâques ou Rapanui, Muséon, Nr. 2/3, Löwen
Routledge, K. S. (1919): The Mystery of Easter Island, London

Rowe, J. H. (1966): Diffusionism and Archaeology, Americ. Antiquity, Bd. 31, Nr. 3, Teil 1
Sãamanos, J. de (1526): Relación de los primeros descubrimientos de Francisco Pizarro y Diego Almago ... Colección de documentos inéditos para l'historia de España, Bd. 5, Madrid 1844
Salonen, A. (1939): Die Wasserfahrzeuge in Babylonien nach sumerisch-akkadischen Quellen, Studia orientalia ed. Soc. Orient. Fennica, Bd. 3, Helsinki
– (1942): Nautica Babyloniaca, Studia or. ed. Soc. Or. Fennica, Bd. 11, Helsinki
Sarmiento de Gamboa, P. (1572): History of the Incas, Hakluyt Soc., 2. Reihe, Bd. 22, Cambridge 1907
Sauer, C. O. (1950): Cultivated Plants of South and Central America, in: Handbook of South American Indians, Bd. 6, Smithson. Inst. Bur. Amer. Ethn., Bull. 143, Washington, D.C.
Sayce, R. U. (1933): Primitive Arts and Crafts. An Introduction to the Study of Material Culture, Cambridge
Scheurmann, E. (1927): Samoa, Konstanz
Seemann, B. (1865–73): Flora Vitiensis, London
Shand, A. (1894): The Moriori people of Chatham Islands, Journ. Polyn. Soc., Bd. 3, New Plymouth, Neuseeland
Shapiro, H. L. (1940): The Physical Relationships of the Easter Islanders, in: Métraux (1940)
Sharp, B. (1704): The dangerous Voyage, and bold Attempts of Capt. Bartholomew Sharp ... The History of the Buccaneers of America, Bd. 2, T. 4, London
– (1898): Rock Inscriptions in Kauai, Hawaiian Islands, Proc. Acad. Nat. Science, 1898, Philadelphia
Shortland, E. (1856): Traditions and Superstitions of the New Zealanders, London
Simmons, R. T., Graydon, J. J., Semple, N. M., und Fry, E. I. (1955): A blood group genetical survey in Cook Islanders, Polynesia, and comparisons with American Indians, Amer. Journ. Anthrop., Neue Reihe, Bd. 13, Nr. 4, Philadelphia
Skinner, H. D. (1931): On the Patu Family and its occurrence beyond new Zealand, Journ. Polyn. Soc., Bd. 40, Nr. 4, New Plymouth, Neuseeland
Skjölsvold, A. (1961): Dwellings of Hotu Matua; House Foundations (Hare Paenga) in Rano Raraku; Site E–2, a Circular Stone Dwelling, Anakena; The Stone Statues and Quarries of Rano Raraku, in: Heyerdahl und Ferdon (1961)
Skogman, C. (1854): Fregatten Eugenies Resa Omkring Jorden Åren 1851–53, 2 Bde., Stockholm
Skottsberg, C. (1920): Notes on a Visit to Easter Island, The Natural History of Juan Fernandez and Easter Island, Bd. 1, Uppsala
– (1934): Le peuplement des îles pacifiques du Chili, Soc. de Biogéogr., Bd. 4, Paris
– (1956): Derivation of the Flora and Fauna of Juan Fernandez and Easter Island, The Natural History of Juan Fernandez and Easter Island, Bd. 1, Uppsala 1920–56
– (1957): Påskön, Göteborgs Handels- och Sjöfarts-Tidning, 7. Okt., Göteborg
Smith, A. L. (1940): The Corbeled Arch in the New World, The Maya and Their Neighbors, New York
Smith, C. S. (1961): A Temporal Sequence Derived from Certain Ahu; Two Habitation Caves; The Maunga Ahuhepa House Site; Tuu-ko-ihu Village; The Poike Ditch; Radio Carbon Dates from Easter Island, in: Heyerdahl und Ferdon (1961)

SMITH, S. P. (1910): Hawaiki: The Original Home of the Maori, Wellington, Neuseeland
SNORRI STURLUSON (um 1200): Heimskringla (zwei verschiedene Handschriften, die »Königssagen« von etwa 850–1177 umfassend), mehrere norwegische, dänische, deutsche u. a. Ausgaben
SPILBERGEN, J. VAN (1619): Speculum orientalis occidentalis qua Indiae navigatio 1614–18, Leiden
ST JOHNSTON, T. R. (1921): The Islanders of the Pacific Or The Children of the Sun, New York
STEVENSON, W. B. (1825): A Historical and Descriptive Narrative of Twenty Years' Residence in South America, 3 Bde., London
STEWARD, J. H., Hrsg. (1949): The Comparative Ethnology of South American Indians, Handbook of South American Indians, Bd. 5, Smithson. Inst. Bur. Amer. Ethn., Bull. 143, Washington, D.C.
STEWART, T. D. (1943): Skeletal Remains from Paracas, Peru, Amer. Journ. Phys. Anthrop., Bd. 1
STOKES, J. F. G. (1932): Spaniards and the sweet potato in Hawaii and Hawaii-American Contacts, Americ. Anthrop., Bd. 34, Nr. 4
– (1934): Japanese cultural influences in Hawaii, Proc. Fifth Pacif. Sci. Congr. Canada 1933, Bd. 4, Toronto
STONOR, C. R., und ANDERSON, E. (1949): Maize among the Hill Peoples of Assam, Ann. Missouri Bot. Gard., Bd. 36, Nr. 3
STOUT, D. B. (1948): Handbook of South American Indians, Bd. 4, Smithson. Inst. Bur. Amer. Ethn., Bull. 143, Washington, D.C.
SULLIVAN, L. R. (1922): A Contribution to Tongan Somatology, B. P. Bishop Mus. Mem., Bd. 9, Nr. 2, Honolulu
– (1924a): Race Types in Polynesia, Amer. Anthrop., Bd. 26, Nr. 1
– (1924b): The Racial Diversity of The Polynesian Peoples, Rept. Australas. Ass. Adv. Science, Wellington Meeting 1923, Wellington, Neuseeland
SWANTON, J. R. (1905): Haida Texts and Myths, Washington, D.C.
TAUTAIN, DR. (1897): Notes sur les constructions et monuments des Marquises, L'Anthropologie, Bd. 8, Paris
TESSMANN, G. (1930): Die Indianer Nordost-Perus, Hamburg
THOMSON, W. J. (1889): Te Pito te Henua, or Easter Island, Rept. U.S. Nat. Mus. for year ending 30. June 1889, Washington, D.C.
THORSBY, E., COLOMBANI, J., DAUSSET, J., FIGUEROA, J., und THORSBY, A. (1973): HL-A, Blood Group and Serum Type Polymorphism of Natives on Easter Island, Histo-compatibility Testing 1972, Kopenhagen
TROTTER, M. (1943): Hair from Paracas Indian Mummies, Americ. Journ. Phys. Anthrop., Bd. 1
UHLE, M. (1922): Fundamentos étnicos y arqueología de Arica y Tacna, Quito
VALVERDE, V. (1879): Relación del sitio del Cuzco y principio de las guerras civiles del Perú ... 1535 a 1539, Colección de libros españoles raros o curiosos, Bd. 13, Madrid
VANCOUVER, G. (1798): A Voyage of Discovery to the North Pacific Ocean and Round the World ... in the Years 1790–95, 3 Bde., London
VOSS, J. C. (1926): The Venturesome Voyages of Capt. Voss, London
WAFER, L. (1699): A New Voyage and Description of the Isthmus of America, in: Dampier (1729), Bd. 3
WECKLER, J. E. (1943): Polynesian Explorers of the Pacific, Smithson. Inst. War. Background Stud., Nr. 6, Washington, D.C.

WHITAKER, T. W., und BIRD, J. B. (1949): Identification and Significance of the Cucurbit Materials from Huaca Prieta, Peru, Amer. Mus. Novitates, Nr. 1426, New York

WHITE, J. (1889): The Ancient History of the Maori, His Mythology and Traditions, 4 Bde., London

WILSON, D. (1862): Prehistoric Man. Researches into the Origin of Civilization in the Old and New Worlds, 2 Bde., London

– (1970): The Vikings and Their Origins, London

WILSON, J. (1799): A Missionary Voyage to the Southern Pacific Ocean, 1796–1798, London

XERES, F. DE (1534): A True Account of the Province of Cuzco, Teil I der Reports on the Discovery of Peru, Hakluyt Soc., London 1872

YACOVLEFF, E., und HERRERA, F. L. (1934): El mundo vegetal de los antiguos peruanos, Rev. Mus. Nacional, Bd. 3, Nr. 3, Lima

– (1935): El mundo vegetal ... (continuación), Rev. Mus. Nacional, Bd. 4, Nr. 1, Lima

ZÃRATE, A. DE (1555): A History of the Discovery and Conquest of Peru: Books 1–4, London 1933

# Sachregister

# Namenregister

ASIEN
JAPAN
NORD-
PAZIFISCHER OZEAN
U
Hawaii-In.
Hawai
Johnston
PHILIPPINEN
MIKRONESIEN
POLYNESIEN
Marshall-In.
S
Karolinen-In.
MELANESIEN
Gilbert-In.
Christmas-I.
Papua
Salomon-In.
Ellice-In.
Marquesas-In.
INDONESIEN
Tuamotu-Archipel
Gesellschafts-In.
Raiatéa
Tahiti
Raroia
Reao
Mangareva
Henderson
Pitcairn
Oster-I.
Neue Hebriden
Samoa
Fidschi-In.
Cook-In.
Tubuai-In.
Raivavae
Rapa
Neukaledonien
AUSTRALIEN
NEUSEELAND
MEXIKO
OZEAN
K Die „Kolumbus-Route" von Afrika nach dem Golf von Mexiko
E Die „Leiv-Eiriksson-Route" von Island nach dem nordöstlichen Nordamerika
U Die „Urdaneta-Route" von den Philippinen nach Nordwestamerika und Mexiko
S Die „Saavedra-Route" von Mexiko nach Mikronesien und Indonesien
M Die „Mendaña- oder Inka-Route" von der Andenküste nach Polynesien und Papua-Melanesien

ISLAND
NORD-
ATLANTISCHER
OZEAN
EUROPA
KA
Madeira
Kanarische In.
Safi
Kap Jubi
CUBA
DOM. REP.
HAITI
Martinique
RA II
BARBADOS
PANAMA
TRINIDAD
U. TOBAGO
Kapverdische
In.
RA I
2662 Meilen von Safi
AFRIKA
Kokos-I.
KOLUMBIEN
Galapagos-In.
ECUADOR
Guayaquil
PERU
Lima
Callao
47
SÜD-
AMERIKA
Gomez
CHILE
SÜD-
ATLANTISCHER
OZEAN
R
TIS
0 1000 2000 3000 4000 km